Ekbert Hering
Hans-Peter Bürgler

Lotus Symphony
Schritt für Schritt

EKBERT HERING
HANS-PETER BÜRGLER

Lotus Symphony™

SCHRITT FÜR SCHRITT

VERSION 2.0 DEUTSCH

SOFTWARE TRAINER GRUNDSTUFE

2., erweiterte und verbesserte Auflage

Springer Fachmedien Wiesbaden GmbH

CIP-Titelaufnahme der Deutschen Bibliothek

Hering, Ekbert:
Lotus Symphony – Schritt für Schritt /
Ekbert Hering; Hans-Peter Bürgler. –
2., erw. u. verb. Aufl. – Braunschweig;
Wiesbaden: Vieweg, 1989
(Software Trainer: Grundstufe)
ISBN 978-3-528-14364-0 ISBN 978-3-322-96183-9 (eBook)
DOI 10.1007/978-3-322-96183-9

NE: Bürgler, Hans-Peter:

1. Auflage 1988
2., erweiterte und verbesserte Auflage 1989

Das in diesem Buch enthaltene Programm-Material ist mit keiner Verpflichtung oder Garantie irgendeiner Art verbunden. Die Autoren und der Verlag übernehmen infolgedessen keine Verantwortung und werden keine daraus folgende oder sonstige Haftung übernehmen, die auf irgendeine Art aus der Benutzung dieses Programm-Materials oder Teilen davon entsteht.

Der Verlag Vieweg ist ein Unternehmen der Verlagsgruppe Bertelsmann.

Umschlaggestaltung: Ludwig Markgraf, Wiesbaden

Vorwort

Tabellenkalkulationsprogramme haben bei den Anwendern vielfältige Einsatzgebiete erobert, weil sie ohne Umwege über eine Programmiersprache dem Benutzer für seine Probleme sehr effiziente Lösungen bieten. Als eines der häufig eingesetzten Standardprogramme gilt wohl Symphony. Es stellt eine benutzerfreundliche Erweiterung des Erfolgsprogrammes Lotus 1-2-3 dar. Wie dieses besteht es aus drei Grundbausteinen:

- *Symphony-Baustein*

Dies ist der eigentliche Arbeitsbereich des Anwenders. Seine Besonderheiten werden weiter unten geschildert.

- *PrintGraph-Baustein*

Die Grafiken, die am Bildschirm sichtbar sind, können nur mit diesem speziellen Baustein ausgedruckt werden. Er stellt die benötigten Drucker-Treiber zu Verfügung und stellt die entsprechenden Formate bereit.

- *Transfer-Baustein*

Mit ihm wird es möglich, Dateien aus anderen, weit verbreiteten Softwareprodukten, wie Word, Wordstar, dBASE II/III+, VisiCalc, Jazz oder Multiplan zu übernehmen und weiterzuverarbeiten. Auf der anderen Seite können auch Symphony-Dateien in diese Programme überspielt werden.

Im Symphony-Baustein stehen dem Anwender für besondere Aufgaben fünf *Fenster-Typen* zur Auswahl:

1. Das BLATT-Fenster

Hier befindet sich das Arbeitsblatt, in dem tabellarische Zusammenstellungen aufgebaut und Berechnungen vorgenommen werden können. Neben eigenen Auswertungen können auch statistische und finanzmathematische Berechnungen vorgenommen werden. Bei Änderung einzelner Zahlenwerte wird auf Knopfdruck das neue Ergebnis sichtbar. Auf diese Weise kann die wichtige Frage: "Was wäre, wenn?" in Sekundenschnelle beantwortet werden. Die so aufbereiteten Daten können, ohne Wechsel in ein anderes Fenster, in eine Datenbank übernommen oder grafisch ausgewertet werden.

2. Das TEXT-Fenster

Mit diesem Fenster kann eine komfortable Textverarbeitung vorgenommen werden. Dies ist ein wesentlicher Vorteil gegenüber Lotus 1-2-3 und vor allem für ein das Arbeitsblatt kommentierendes Berichtswesen unerläßlich. Texte können formatiert, d.h. der linke und rechte Rand sowie Tabulatorstops festgelegt werden. Ferner besteht die Möglichkeit der Darstellung im Block- oder Flattersatz. Worte können natürlich gelöscht, eingefügt und auch ersetzt werden. Der erfaßte Text läßt sich auch nach bestimmten Textstellen durchsuchen und ein veränderter Text kann wieder neu formatiert werden.

3. Das GRAFIK-Fenster

Das Datenmaterial kann hier auf unterschiedlichste Weise grafisch dargestellt werden: Als Liniendiagramm, in Form von Balken, gestaffelten Balken, als Kreisdiagramm, XY-Diagramm oder als Aktienverlaufsgrafik.

4. Das MASKE-Fenster

Dieses Fenster dient zum Aufbau einer Datenbank. Die hier abgelegten Daten lassen sich nach bestimmten Kriterien, auch statistischen, auswerten. Selbstverständlich können die Daten nach bis zu drei Schlüsseln sortiert werden. Auch ist es möglich, Etiketten zu beschriften und Serienbriefe zu schreiben. Eine Eingabemaske erleichtert die Eingabe der Daten.

5. Das KOMM-Fenster

Mit diesem Fenster wird eine Kommunikation mit anderen Rechnersystemen über Telefon, Modem oder Akustikkoppler möglich.

Die Befehle in Symphony sind so gegliedert worden, daß es *allgemein gültige* Befehle gibt, die in allen Fenstern gelten. Sie werden *{Service}-Befehle* genannt und mit der Funktionstaste <F9> aufgerufen. Daneben gibt es noch *spezielle*, nur in der jeweiligen Fenster-Sicht gültige Befehle. Das sind die *{Menü}-Befehle*, die mit der Festtaste <F10> aufgerufen werden.

Wir haben alle Befehle als Übersicht in einer herausnehmbaren Klapptafel zusammengestellt. Dadurch ist der Leser in der Lage, sich an jeder Stelle im Buch zu orientieren.

Unsere Beispiele wurden so gewählt, daß der Leser ohne EDV-Kenntnisse sofort mit Symphony umgehen lernt. Schritt für Schritt wollen wir Sie, lieber Leser, an Hand von praxisnahen Beispielen durch das Programmpaket Symphony führen, bis Sie schließlich Ihre eigenen Anwendungen selbst in Symphony schreiben können. Dann werden Sie dieses Buch jedoch weiterhin gerne als Nachschlagewerk benutzen.

Das vorliegende Buch soll dem Leser auch Anregungen vermitteln, wie er seine eigenen Probleme lösen kann. Deshalb haben wir folgende Gliederung gewählt und praktische Beispiele ausgesucht:

Das *erste Kapitel* stellt das Programmpaket Symphony vor, zeigt die *Installation* und den Arbeitsbeginn einer Symphony-Sitzung.

Im *zweiten Kapitel* wird an ganz einfachen, kleinen Beispielen gezeigt, wie ein *Arbeitsblatt* aufgebaut wird und wie Zahlen, Texte und Formeln eingegeben werden. Das Arbeitsblatt wird in seiner Aufteilung verändert (z. B. die Spaltenbreite); ferner werden die Daten geändert und die Auswirkungen auf das Ergebnis untersucht.

Im *dritten Kapitel* zeigen wir am Beispiel des Auftragseingangs einer Maschinenfabrik die Arbeit im BLATT-Fenster. Neben dem Aufbau eines Arbeitsblattes und der Auswertung der Daten mit Funktionen wie @Summe stellen wir die *Fenster-Technik* vor. Damit können unterschiedliche Informationen in verschiedenen Bereichen des Bildschirms auf einmal sichtbar gemacht werden.

Im *vierten Kapitel* wird mit Hilfe der *statistischen Funktionen* wie Mittelwert, Standardabweichung u.a. eine statistische Auswertung von Fertigungsdaten vorgenommen.

Das *fünfte Kapitel* zeigt die Anwendung von *Finanzfunktionen* in der Zins-, Tilgungs- und Rentenrechnung am Beispiel der Finanzierung einer Maschine.

Im *sechsten Kapitel* stellen wir die Möglichkeiten der *Investitionsrechnung* vor. Dabei werden Investitionsalternativen auf ihre Wirtschaftlichkeit überprüft.

Das *siebte Kapitel* beschäftigt sich mit einer *Datenbankanwendung* im Lagerwesen. Unter anderem werden die verschiedenen Lager nach bestimmten Artikeln durchsucht und die höchsten Bestände ermittelt. Daneben wird die Funktion *Etiketten-* und *Serienbriefschreibung* an Beispielen vorgestellt.

Im *achten Kapitel* wird eine Artikel-Umsatz-Statistik *grafisch* ausgewertet, sei es als Linien-, Balken- oder Kreisdiagramm. Der Zusammmenhang zwischen Werbeaufwendungen und Zusatzerlösen wird in einem XY-Diagramm gezeigt und die Preisschwankungen bei Heizöl an einer Aktienverlaufsgrafik veranschaulicht.

Das *neunte Kapitel* ist der *Textverarbeitung* gewidmet. Am Beispiel eines Maßnahmenkatalogs zur Ertragsverbesserung für die Fertigung und den Vertrieb wird die Möglichkeit vorgestellt, ein *internes Berichtswesen* mit Symphony aufzubauen.

Im *zehnten Kapitel* wird die Übernahme von Dateien anderer Softwarepakete gezeigt, und zwar mit WORD-Dateien und einer Datei aus dBASE III.

Das *elfte Kapitel* gibt Hinweise, wie Symphony mit anderen Rechnern *kommunizieren* kann.

Im *zwölften Kapitel* geben wir eine Einführung in die *Programmierung mit Makros*. Zunächst werden ganz einfache Makros erstellt. Zum Schluß zeigt ein umfangreiches Makro einer *Zuschlagskalkulation* die Leistungsfähigkeit der Programmierbausteine in Symphony.

Alle Kapitel sind nach bewährter Weise gegliedert. An Hand eines praktischen Beispiels wird Schritt für Schritt in die Arbeitsweise von Symphony eingeführt. Alle Tasten, die betätigt werden müssen, sind zwischen < > gesetzt, und alle Eingaben sind fett gedruckt. Meist werden die Befehlsfolgen ausgeschrieben und in Klammern fett gedruckt die Kurzbezeichnungen wiederholt. Auf diese Weise prägen sich die Befehle leichter ein. Manchmal wird die ganze Vorgehensweise nochmals vorgestellt. Dann stehen links die Befehle und rechts wird ihre Wirkung erklärt. Viele Bilder veranschaulichen die Vorgänge.

Wer sich nicht der Mühe unterziehen möchte, alle Arbeitsblätter dieses Buches selbst zu erstellen, der wird zur Diskette greifen. Mit ihr kann er die Arbeitsblätter sofort aufrufen und die Daten entsprechend seinen eigenen Wünschen ändern. Dabei wird er sehr schnell die Leistungsfähigkeit von Symphony erkennen, wenn er sieht, wie schnell die Arbeitsblätter mit geänderten Daten neu berechnet werden.

An dieser Stelle möchten wir ganz herzlich dem bewährten Team vom Vieweg-Verlag danken, allen voran Herrn W. Dumke, der nicht nur hervorragend lektorierte, sondern uns in jeder Phase schnell und wirkungsvoll unterstützte.

Zum Schluß wünschen wir allen unseren Lesern viel Spaß und Erfolg bei der Einarbeitung in Symphony. Wir würden uns freuen, möglichst viel, auch kritische Resonanz zu erfahren.

Ekbert Hering und Hans-Peter Bürgler
Heubach, Ellwangen Im Februar 1988

Inhaltsverzeichnis

1 Installation von Symphony

In dieser Einführung wird das Softwarepaket Symphony vorgestellt und die wichtigsten Schritte gezeigt, die Sie machen müssen, um mit Symphony arbeiten zu können. Dieses Kapitel sollte deshalb unbedingt vor Inbetriebnahme von Symphony zu Rate gezogen werden. Bei der *Installation* wird Symphony so an Ihre *Systemkonfiguration angepaßt*, daß Sie damit optimal arbeiten können. Insbesondere wird die Hardware, die eingebauten Speichererweiterungen die Grafikkarten und die Ausgabegeräte (Drucker für Text und Grafik sowie Plotter) berücksichtigt. Für die von Ihnen eingestellte Konfiguration wird ein *Treibersatz* (standardmäßig mit dem Namen LOTUS.SET) erzeugt und gespeichert. Damit ist eine optimale Anpassung von Symphony an Ihre Rechnerumgebung geschaffen.

Der folgende Abschnitt gliedert sich in folgende Teile:

1. Das Programmpaket Symphony
2. Hardwarevoraussetzungen
3. Installation von Symphony
4. Rekonfiguration
5. Umstellen auf die neue Version
6. Bezeichnung der Dateinamen
7. Tastaturbelegung für den IBM-PC
8. Symphony starten
9. Aufbau eines Arbeitsblattes.

1.1. Das Programmpaket Symphony

Das Programmpaket Symphony wird auf 5,25"- (360 kByte) und 3,5"- (720 kByte)-Disketten geliefert. Folgende Programmteile befinden sich auf den Disketten:

a) Disketten im Format 5,25"

Auf den 10 Disketten befinden sich die einzelnen Programm-Moduln von Symphony:

1. Programmdiskette

Auf ihr befindet sich das vollständige Programm von Symphony, d.h. das *Kalkulationsblatt*, das *Textblatt*, das *Grafikblatt*, das *Datenbankblatt* und das *Kommunikationsblatt*. Außerdem ist hier der *Treibersatz* LOTUS.SET gespeichert, in dem die Informationen über die Hardware und die anderen angeschlossenen Geräte gespeichert werden.

2. Hilfe- und Tutorial-Diskette

Auf ihr befinden sich die *Hilfe-Texte*, das *Lernprogramm* (Tutorial) sowie die *Kommunikationsprogramme*. Ferner werden folgende wichtige Funktionen bereitgestellt:

- *Verwendung von DOS-Befehlen*

Mit dem Programm DOS.APP ist es möglich, von Symphony aus DOS-Befehle direkt auszuführen.

- *Verwenden von Makros in verschiedenen Arbeitsblättern*

Das Makromanager-Programm MAKROMGR.APP hält *Makrobefehle*, Daten und Tabellen *zentral im Speicher*, so daß sie von anderen Arbeitsblättern verwendet werden können.

- *Erstellung von Eingabeformularen in Arbeitsblättern*

Das Programm EINGABE.APP gestattet in einem Arbeitsblatt die Erstellung von *Eingabeformularen* für Daten.

- *Zusätzliche Statistik-Funktionen*

Das zusätzliche Programm STATIST.APP erlaubt *Matrizeninversionen* und *Matrizenmultiplikationen*, wie sie u. a. zur Lösung linearer Gleichungssysteme erforderlich sind. Ferner kann für einen linearen Zusammenhang zwischen Werten aus zwei Gruppen eine *lineare Regressionsanalyse* durchgeführt werden.

3. Installations-Diskette

Um mit Symphony optimal arbeiten zu können, müssen Sie Symphony Ihre Systemkonfiguration mitteilen. Dies geschieht beim Durchlaufen des *Installationsprogrammes*. Hier werden unter anderem die Hardware, die Speichererweiterung, die Grafikkarte sowie die Ausgabegeräte an Symphony angepaßt.

4. Hauptbibliotheks-Diskette

Hier finden Sie die sogenannten *Treiberprogramme* (MASTER.LBR). Symphony kopiert während der Installation die zu Ihrer Ausrüstung gehörenden Treiber in eine spezielle Datei, mit der Sie in Symphony optimal arbeiten können.

5. PrintGraph-Diskette

Diese Programme ermöglichen es, die erstellten *Grafiken auszudrucken*, wobei Farben, Layout und Schriftarten gewählt werden können.

6. Translate-Diskette

Die Programme auf dieser Diskette erlauben den *Datenaustausch* zwischen anderen Programmpaketen, beispielsweise mit

- dBase II/III+
- DIF
- Jazz
- Lotus 1-2-3
- Multiplan
- Open Access
- Symphony früherer Versionen
- VISICALC.

7. Tutorial-Diskette

Auf ihr befinden sich *Lektionen* und die dazugehörigen Arbeitsblätter. Mit ihrer Hilfe können Sie sich in Symphony einarbeiten.

8. Rechtschreibprüfung und Strukturplaner

Mit der *Rechtschreibprüfung* wird der Text auf Rechtschreibfehler geprüft und mit dem Strukturplaner können *Gliederungsstrukturen* für Texte angelegt werden.

9. Rechtschreibprüfung Wörterbuch

Neben der Rechtschreibprüfung werden *Wörterbücher* angelegt, in die zusätzliche Begriffe aufgenommen werden können, die dann ebenfalls der Rechtschreibkontrolle unterliegen.

10. Zusätzliche Treiber

Auf dieser Diskette sind *zusätzliche* Drucker- und Tastaturtreiber zu finden. Aus Platzgründen ist zu empfehlen, nur die tatsächlich benötigten Treiber auf die Festplatte zu kopieren.

b) Disketten im Format 3,5"

Die Bausteine des Symphony-Programmpakets sind auf sechs 3,5"-Disketten folgendermaßen untergebracht:

- Programm, Hilfe und Tutorial

- PrintGraph und Translate

- Install

- Hauptbibliothek und Tutorial-Lektionen

- Rechtschreibprüfung und Strukturplaner

- Zusätzliche Treiber.

1.2 Hardwarevoraussetzungen

Um das Softwarepaket Symphony nutzen zu können, benötigen Sie einen IBM Personal Computer, Personal Computer XT, Portable Computer oder Personal Computer AT bzw. dazu kompatible Rechner. Der interne Speicher muß eine Mindestgröße von 384 kBytes besitzen (ohne Rechtschreibprüfung); für Umfangreichere Anwendungen (z. B. mit Rechtschreibprüfung) sind 512 kBytes oder 640 KBytes erforderlich. Empfehlenswert ist eine Festplatte mit einem Diskettenlaufwerk (bzw. zwei Diskettenlaufwerke), ein Grafikbildschirm, ein Grafik- und Textdrucker sowie ein Modem.

1.3 Installation von Symphony

Um von den Originaldisketten Kopien anfertigen zu können, muß zunächst die Programm-Diskette (5,25") bzw. die Programm-, Hilfe- und Tutorial-Diskette (3,5") *initialisiert*, d. h. mit einer *persönlichen Kennzeichnung* versehen werden. Dazu wird folgendermaßen vorgegangen:

1. Entfernen des Schreibschutzstreifens.

2. Einlegen der Programmdiskette in Laufwerk A.

3. Umschalten auf das Laufwerk A durch Eingabe von:

   a: <RETURN>.

4. Eingabe des Befehls:

   init <RETURN>.

5. Eingabe des Benutzers und des Firmennamens.

Anschließend werden alle Originaldisketten sicherheitshalber mit dem Schreibschutzstreifen versehen und Kopien hergestellt. (Wir gehen davon aus, daß der Anwender von Symphony in der Lage ist, Kopien anzufertigen. Im anderen Falle müssen die entsprechenden Befehle im DOS-Handbuch nachgeschlagen werden). Die Originaldisketten werden an einem sicheren Ort aufbewahrt und man arbeitet nur mit den Kopien.

Obwohl Symphony gestartet werden kann, ohne die nachfolgend beschriebene Installation durchzuführen, ist dies nicht ratsam. Für bestimmte Anwendungen ist die Installation zwingend erforderlich. Es sind dies beispielsweise:

- Anzeige und Ausdruck von Grafik

- Kommunikation mit anderen Rechnern

- Einstellen spezieller Farbattribute für Monitore.

Aus diesem Grunde ist dringend zu empfehlen, vor dem Einsatz von Symphony das Installationsprogramm zu durchlaufen.

Tabelle 1-1 zeigt die Vorgehensweise bei den Vorbereitungen zum Einsatz von Symphony für ein Diskettensystem und einen Festplattenrechner.

Tabelle 1-1 Vorgehensweise beim Einsatz von Symphony

Diskettensysteme	Festplattensysteme
Erstellen von Reservekopien	Kopieren auf die Festplatte
Starten des Install Programms Benutzen des Install-Programms Beenden des Install-Programms	

Zur Installation von Symphony werden folgende Tasten benötigt:

Tabelle 1-2 Tasten zur Installation

Taste	Funktion
⟨RETURN⟩	Eingabe abschließen
⟨LEERTASTE⟩	Bewegen des hellen Balkens nach rechts
⟨PFEIL UNTEN⟩	Bewegen des hellen Balkens nach unten
⟨PFEIL OBEN⟩	Bewegen des hellen Balkens nach oben
⟨ESCAPE⟩	Zurück zum vorigen Schirm
⟨F 1⟩	Hilfe-Bildschirm
⟨F 9⟩	Zurück zum Hauptmenü
⟨F 10⟩	Aktuelle Wahl zeigen

1.3.1 Installation bei einem System mit zwei Diskettenlaufwerken

Um Symphony zu installieren, wird folgendermaßen vorgegangen:

a) Kopieren der DOS-Datei COMMAND.COM

Damit das Programm Symphony und einige Spezialanwendungen problemlos verlassen werden können und in die DOS-Ebene zurückgekehrt werden kann, müssen Sie die DOS-Datei *COMMAND.COM* auf folgende Disketten kopieren:

- Programmdiskette

- Hilfe- und Tutorial-Diskette

- Dienstprogramm-Diskette

- PrintGraph-Diskette.

Dazu gehen Sie folgendermaßen vor:

1. Einlegen der DOS-Diskette in Laufwerk A.

2. Einlegen einer der vier oben genannten Disketten in Laufwerk B.

3. Umschalten auf das Laufwerk A Durch Eingabe von **a:** <RETURN>.

4. Eingabe von **copy command.com b:** <RETURN>.

Die anderen Disketten werden nacheinander in Laufwerk B gelegt und der Befehl wiederholt:

<F3> <RETURN>	Wiederholen des Befehls **copy command.com b:** und Ausführen des Befehls.

b) Starten des Installations-Programms

Da auf der Original-Programmdiskette einige wichtige Informationen der Installationsvorgänge gespeichert werden müssen, muß der Schreibschutzstreifen entfernt werden.

Die Installation erfolgt in folgenden Schritten:

1. Umschalten auf Laufwerk A: **a:** <RETURN>.

2. Einlegen der Kopie der Installations-Diskette in Laufwerk A.

3. Eingabe von: **install** <RETURN>.

Nach einigen Sekunden startet das Install-Programm und wir sehen folgendes Bild:

Symphony Install-Programm

Copyright 1986,1987
Lotus Development Corporation
Alle Rechte vorbehalten
Version 2.0

Durch das Install-Programm können Sie Symphony mitteilen, über was für eine Ausrüstung Sie verfügen. In einer Liste mit den verschiedenen Optionen bringen Sie den Menüzeiger zur gewünschten Option und drücken [RETURN]. Sie können Symphony auch ohne das Install-Programm starten, können dann aber nicht drucken, keine Grafiken zeichnen oder mit anderen Computern kommunizieren.

Wenn Sie für eine bestimmte Wahl weitere Informationen benötigen, drücken Sie [F1], um einen Hilfe-Bildschirm abzurufen. Prüfen Sie vor dem Beginn des Install-Programms, ob Sie die erforderliche Hardware besitzen.

[RETURN] drücken, um das Install-Programm zu beginnen.

Bild 1-1 Vorstellung des Symphony Install-Programms

Nach Drücken der <RETURN>-Taste erscheinen folgende Aufforderungen:

Das Install-Programm benötigt Informationen von der Diskette mit der Hauptbibliothek.

WENN SIE DAS INSTALL-PROGRAMM VON EINER DISKETTE AUS GESTARTET HABEN:

- Nehmen Sie die Install Diskette aus Laufwerk A und ersetzen Sie sie durch die Diskette mit der Hauptbibliothek.
- Drücken Sie [RETURN], um fortzufahren.

WENN SIE DAS INSTALL-PROGRAMM VON EINER FESTPLATTE AUS GESTARTET HABEN:

- Einige der benötigten Dateien sind nicht in diesem Verzeichnis.
- Drücken Sie [ESCAPE], um zum Betriebssystem zurückzukehren, kopieren Sie alle Symphony-Dateien in ein Verzeichnis und starten Sie das Install-Programm von diesem Verzeichnis aus.

Bild 1-2 Eingabe von Informationen der Hauptbibliotheks-Diskette

4. Einlegen der *Hauptbibliotheks-Diskette* in Laufwerk A. Bestätigen mit der <RETURN>-Taste.

```
WENN SIE DAS INSTALL-PROGRAMM VON EINER DISKETTE AUS GESTARTET HABEN:

  o  Legen Sie die Symphony-Programmdiskette in Laufwerk A.

  o  Drücken Sie [RETURN], um fortzufahren.

  o  Wenn Sie mit einem anderen Treibersatz als LOTUS.SET arbeiten
     wollen, drücken Sie [ESC] und geben Sie den Namen ein.

WENN SIE DAS INSTALL-PROGRAMM VON EINER FESTPLATTE AUS GESTARTET HABEN:

  o  Drücken Sie [ESC], um fortzufahren.
```

Bild 1-3 Aufforderung zum Einlegen der Programm-Diskette

5. Einlegen der *Original-Programmdiskette* (Schreibschutz muß entfernt sein!) und Drücken der <RETURN>-Taste.

```
                          H A U P T M E N Ü

                                           Wählen Sie Erst-Installation,
Menüzeiger mit ↓ oder ↑ bewegen            wenn Sie Hilfe bei der
                                           Wahl der Treiber im
 Erst-Installation                         Install-Programm wünschen.
 Gewählte Ausrüstung Ändern
 Zusatzoptionen                            Drücken Sie [RETURN], um
 Install-Programm Verlassen                Erst-Installation zu wählen,
                                           oder bewegen Sie den
                                           Menüzeiger mit ↓ weiter.

↓ und ↑ : Zeiger versetzen                 [F1]: Hilfe-Bildschirm
[RETURN]: Wahl der Option bestätigen.      [F9]: Zurück zum Hauptmenü.
[ESCAPE]: Zurück zum vorigen Schirm.       [F10]: Aktuelle Wahl zeigen.
```

Bild 1-4 Installations-Hauptmenü

Es gibt vier Möglichkeiten zur Auswahl:

a) Erstinstallation

b) Gewählte Ausrüstung Ändern

c) Zusatzoptionen

d) Install-Programm Verlassen

Auf der rechten Seite werden in einem Fenster die verschiedenen Möglichkeiten erklärt. Der Menüzeiger kann mit der Taste <PFEIL OBEN> bzw. <PFEIL UNTEN> bewegt werden.

6. Auswahl der Option *Erstinstallation* durch Drücken der <RETURN>-Taste. Auf dem Bildschirm werden Informationen zur Erstinstallation angezeigt.

```
Lotus liefert Programme, sog. Treiber, die Symphony mit verschiedenen
Ausrüstungstypen arbeiten lassen. Symphony besitzt einen Treiber, mit dem
sich direkt Kalkulationsblätter, Datenbanken und Textdokumente erstellen
lassen. Das Install-Programm läßt Sie außerdem Treiber für die Arbeit mit
Grafiken und Druckern sowie für Kommunikation hinzufügen.

Bei der Erstinstallation erleichtert das Programm durch Fragen die
Auswahl der noch benötigten Treiber. Diese Treiber werden dann als Datei
oder Treibersatz mit dem Namen LOTUS.SET gespeichert. Bei jeder Erst-
Installation wird völlig neu begonnen und alle zuvor gewählten Treiber
verlieren ihre Gültigkeit.

Erscheint rechts am unteren Rand des Bildschrims NU, drücken Sie [NUM LOCK].

[RETURN] drücken, um fortzufahren.
```

Bild 1-5 Informationen zur Erstinstallation

Durch Drücken der <RETURN>-Taste wird der Installationsvorgang erstmalig begonnen. Sie werden aufgefordert, folgende Fragen zu beantworten:

- Grafikfähiger Computer (Ja)

- Anzahl Monitore (Ein Monitor)

- Text und Grafik zusammen anzeigen.

Wenn Sie *Ja* wählen, dann können Sie auf Ihrem Bildschirm *Text und Grafik* darstellen (Gemischter oder *Simultan-Modus*). Dies ist für die folgenden Anwendungen sinnvoll. Im anderen Fall kann der Bildschirm nur entweder *Text oder Grafik* anzeigen (*Alternativ-Modus*).

- Wahl der Grafikkarte

- Bestimmung des Textdruckers

- Festlegung des Grafikdruckers

- Kommunikation mit anderen Rechnern (Nein)

- Benennung des Treibersatzes (Nein).

Durch die Wahl von Nein und Drücken der <RETURN>-Taste weist Symphony dem Treibersatz automatisch den Namen LOTUS.SET zu.

Hinweis! Sie können je nach Hardwareumgebung verschiedene Treibersätze erstellen. Dazu verwenden Sie zweckmäßigerweise die Option Gewählte Ausrüstung Ändern im Installations-Hauptmenü. Den entsprechenden Treibersätzen geben Sie unterschiedliche Namen und speichern diese auf einer leeren, formatierten Diskette ab.

7. Einlegen der Hauptprogramm-Diskette in das Laufwerk A und Drükken der <RETURN>-Taste.

8. Einlegen der Original Symphony-Programmdiskette und Drücken der <RETURN>-Taste.

9. Einlegen der PrintGraph-Diskette in Laufwerk A und Drücken der <RETURN>-Taste.

Das Installationsprogramm ist abgeschlossen und Sie sehen folgende Meldung:

```
                 Das Install-Programm ist abgeschlossen.

Wenn Sie den Inhalt des soeben erstellten Treibersatzes kontrollieren
möchten, drücken Sie [F10].  Der Treibersatz stellt sich aus zwei Gründen
etwas anders dar als von Ihnen erwartet: Erstens fügt das Install-Programm
automatisch einige Treiber hinzu, zweitens existieren zwei Treiber für die
Bildschirmanzeige - einer für Text, der andere für Grafiken.  Drücken Sie
[F9], um zum Hauptmenü zurückzukehren.

Durch Drücken von [RETURN] können Sie das Install-Programm jetzt verlassen.
```

Bild 1-6 Abschluß des Installations-Programms

Mit der Funktionstaste <F10> kann man sich die eingestellten Parameter ansehen. Im vorliegenden Fall ist dies:

```
──────────── Momentan gewählte Spezifikationen in LOTUS.SET ────────────

Textanzeige          IBM Farbkarte oder COMPAQ - Komb.·
Grafikanzeige        IBM oder Compaq Hohe Aufl. - Komb.
Tastatur             IBM Tastatur·
Port Intrface        IBM Port Interface·
Komm Port            Kein Treiber dieses Typs wurde gewählt.
Modem                Kein Treiber dieses Typs wurde gewählt.
Komm Protokol        Kein Treiber dieses Typs wurde gewählt.
Dateiumsetz.         IBM PC oder Kompatibel·
MATH. EINHEIT        KOPROZSSOR FLOATING POINT TREIBER
                     SOFTWARE FLOATING POINT TREIBER
Sortierfolge         Zahlen Zuerst
Textdrucker          Epson·FX, RX und JX Serie; LQ-1500·
                     HP·2686 LaserJet oder LaserJet+·
Grafikdrucker        Epson·LQ-1500
                     HP·LaserJet+

──────────────── [ESCAPE] drücken, um fortzufahren ────────────────
```

Bild 1-7 Eingestellte Parameter

Durch Drücken der <RETURN>-Taste wird das Installationsprogramm verlassen und durch nochmaliges Drücken der <RETURN>-Taste erscheint der Ausgangsbildschirm wieder.

Hinweis! Falls Sie einen Grafikdrucker-Treiber gewählt haben, kann es vorkommen, daß auf der Programmdiskette nicht genügend Speicherplatz zur Verfügung steht. In diesem Fall wird der Treibersatz auf der PrintGraph-Diskette und auf der Tutorial-Diskette geändert, während auf der Programmdiskette lediglich die Treiber für den Textdrucker und die Rechnerkommunikation stehen.

Sie gehen dazu folgendermaßen vor:

1. Laden des Install-Programms (Laufwerk A).

2. Die Print-Graph- und Tutorial-Disketten werden nicht eingelegt. Die Aufforderung wird mit <Esc> quittiert.

Sie wählen also nur die Treiber für den Textdrucker und die Kommunikation aus.

3. Wahl von Gewählte Ausrüstung Ändern im Installations-Hauptmenü.

4. Auswahl des Grafikdruckers oder Plotters.

5. Der Treibersatz wird nicht benannt (LOTUS.SET wird bestätigt).

6. Statt der Programm-Diskette wird die PrintGraph-Diskette eingelegt.

7. Das Vorgehen wird für die Tutorial-Diskette wiederholt.

Wenn Sie Symphony nicht auf Festplatte installieren wollen, überspringen Sie den folgenden Abschnitt 1.3.2 und lesen in Abschnitt 1.4 (Rekonfiguration) weiter.

1.3.2 Installieren auf Festplatte

Dazu gehen wir in folgenden Schritten vor:

a) Erstellen eines Verzeichnisses für Symphony

Es ist zweckmäßig, das Programmpaket Symphony und seine Dateien in einem gesondertem Verzeichnis zu führen.

Nach dem Einschalten des Rechners wechseln wir in das Festplattenlaufwerk C, so daß auf dem Bildschirm **C>** erscheint.

Danach wird folgendes eingegeben:

md\sym <RETURN> Erstellen eines Unterverzeichnisses mit dem Namen **sym**.

cd\sym <RETURN> Wechsel in das Unterverzeichnis **sym**.

b) Kopieren der Symphony-Dateien auf die Festplatte

Beim Kopieren des Softwarepaketes Symphony auf die Festplatte geht man in folgenden Schritten vor:

1. Einlegen der Systemdiskette in das Laufwerk A.

2. Eingabe von **copy a:*.*** /**v** <RETURN>.

Mit dem DOS-Befehl *.* werden alle Dateien der Diskette auf die Festplatte in das Unterverzeichnis \sym kopiert. Der Zusatz /**v** (verify, d.h. nachprüfen) stellt sicher, daß Original und Kopie vollständig übereinstimmen. Während des Kopiervorgangs werden die kopierten Dateien am Bildschirm angezeigt (es empfiehlt sich, die Diskette mit den "Zusätzlichen Treibern" und eventuell die Tutorial-Lektionen aus Platzgründen nicht auf die Festplatte zu kopieren).

3. Herausnehmen der Systemdiskette aus Laufwerk A.

Mit den restlichen Disketten wird der soeben beschriebene Kopiervorgang folgendermaßen wiederholt:

Durch Drücken der Funktionstaste <F3> wird der Befehl zum Kopieren *.* /v wiederholt. Anschließend legt man die zu kopierende Diskette in das Laufwerk A ein und drückt die <RETURN>-Taste, wodurch der Kopiervorgang in Gang gesetzt wird.

Am Schluß befinden sich alle erforderlichen Dateien der Symphony-Disketten auf der Festplatte.

c) Starten des Installationsprogramms

install <RETURN> Starten des Installations-Programms.

Nach kurzer Zeit startet das Install-Programm und wir sehen folgendes Bild:

```
                    Symphony Install-Programm

                      Copyright 1986,1987
                 Lotus Development Corporation
                    Alle Rechte vorbehalten
                          Version 2.0

Durch das Install-Programm können Sie Symphony mitteilen, über was für
eine Ausrüstung Sie verfügen. In einer Liste mit den verschiedenen
Optionen bringen Sie den Menüzeiger zur gewünschten Option und drücken
[RETURN]. Sie können Symphony auch ohne das Install-Programm starten,
können dann aber nicht drucken, keine Grafiken zeichnen oder mit
anderen Computern kommunizieren.

Wenn Sie für eine bestimmte Wahl weitere Informationen benötigen, drücken
Sie [F1], um einen Hilfe-Bildschirm abzurufen. Prüfen Sie vor dem Beginn
des Install-Programms, ob Sie die erforderliche Hardware besitzen.

        [RETURN] drücken, um das Install-Programm zu beginnen.
```

Bild 1-8 Vorstellung des Installations-Programms

Wird die <RETURN>-Taste gedrückt, erscheint folgendes Bild:

```
                         H A U P T M E N Ü

                                           Wählen Sie Erst-Installation,
Menüzeiger mit ↓ oder ↑ bewegen            wenn Sie Hilfe bei der
                                           Wahl der Treiber im
 Erst-Installation                         Install-Programm wünschen.
 Gewählte Ausrüstung Ändern
 Zusatzoptionen                            Drücken Sie [RETURN], um
 Install-Programm Verlassen                Erst-Installation zu wählen,
                                           oder bewegen Sie den
                                           Menüzeiger mit ↓ weiter.

↓ und ↑ : Zeiger versetzen                 [F1]: Hilfe-Bildschirm
[RETURN]: Wahl der Option bestätigen.      [F9]: Zurück zum Hauptmenü.
[ESCAPE]: Zurück zum vorigen Schirm.       [F10]: Aktuelle Wahl zeigen.
```

Bild 1-9 Hauptmenü des Installations-Programms

Bei der Wahl der *Erstinstallation* drücken Sie die <RETURN>-Taste. Es erscheint zunächst ein Text, der Ihnen erläutert, wie der Installationsvorgang abläuft. Wenn Sie die <RETURN>-Taste drücken, erfolgt die Anpassung an die Hardware-Umgebung in folgender Reihenfolge (in Klammern steht die getroffene Auswahl):

- Grafikbildschirm (Ja)

- Anzahl Monitore (Ein Monitor)

- Anzeige von Text und Grafik zusammen auf einem Bildschirm (Ja).

In unserem Falle wählen wir die Möglichkeit, Text und Grafik zusammen auf einem Bildschirm darstellen zu können. Dieser Anzeige-Modus wird *gemischter Modus* bezeichnet.

- Grafikkarte (Hercules Karte)

- Textdrucker (Ja)

- Typ des Textdruckers (Epson, LQ)

- Weiterer Textdrucker (Ja, HP, Laserjet+)

- Weiterer Textdrucker (Nein)

- Grafikdrucker (Ja)

- Typ des Grafikdruckers (Epson, LQ 1500)

- Weiterer Grafikdrucker (Ja, HP, Laserjet+)

- Weiterer Grafikdrucker (Nein)

- Kommunikation mit anderen Computern (Nein)

- Benennung des Treibersatzes (Nein).

Es wird kein Treibersatz benannt. In diesem Fall nennt Symphony diesen automatisch *LOTUS.SET*. Die soeben getroffene Auswahl wird nach Drücken der <RETURN>-Taste in den Treibersatz mit dem Namen LOTUS.SET gespeichert.

Am Schluß zeigt Ihnen eine Bildschirmmeldung, daß die Installation abgeschlossen ist.

Durch Drücken der <F10>-Taste können Sie die Treibersätze kontrollieren. Es erscheint in unserem Fall folgendes Bild (s. Bild 1-10):

```
Momentan gewählte Spezifikationen in LOTUS.SET

Textanzeige          Hercules Karte - 90 x 38 - Bit Mapped
Grafikanzeige        Hercules Karte - Komb. (90x38 Text)
Tastatur             IBM Tastatur·
Port Intrface        IBM Port Interface·
Komm Port            Kein Treiber dieses Typs wurde gewählt.
Modem                Kein Treiber dieses Typs wurde gewählt.
Komm Protokol        Kein Treiber dieses Typs wurde gewählt.
Dateiumsetz.         IBM PC oder Kompatibel·
MATH. EINHEIT        KOPROZSSOR FLOATING POINT TREIBER
                     SOFTWARE FLOATING POINT TREIBER
Sortierfolge         Zahlen Zuerst
Textdrucker          Epson·FX, RX und JX Serie; LQ-1500·
                     HP·2686 LaserJet oder LaserJet+·
Grafikdrucker        Epson·LQ-1500
                     HP·LaserJet+

[ESCAPE] drücken, um fortzufahren
```

Bild 1-10 Anzeige der gewählten Treibersätze

Mit <ESC> kehrt man zur letzten Bildschirmmeldung (abgeschlossene Installation) zurück, drückt die <RETURN>-Taste und verläßt das Installationsprogramm. Sie befinden sich wieder im Verzeichnis C:\sym und können Symphony von der Festplatte aus starten (s. Abschn. 1.8).

1.4 Rekonfiguration

Um für eine *veränderte Hardwareumgebung* (z.B. zusätzlicher zweiter Bildschirm und anderer Grafikdrucker) die entsprechenden Treibersätze neu festzulegen, starten Sie mit **install** <RETURN> wieder das Installationsprogramm und wählen die Option **Gewählte Ausrüstung Ändern** aus

Hier können gezielt Änderungen vorgenommen werden, die die *Bildschirmanzeige, den Text- und Grafikdrucker und die Kommunikationsmöglichkeiten* betreffen. Bild 1-11 zeigt das entsprechende Auswahlmenü:

```
                GEWÄHLTE AUSRÜSTUNG

                                          Wählen Sie Zurück zum
                                          Hauptmenü, wenn die Arbeit in
 Zurück zum Hauptmenü                     diesem Menü beendet ist. Wenn
 Bildschirmanzeige                        Sie bei der Wahl von Optionen
 Textdrucker                              im Install-Programm Hilfe
 Grafikdrucker                            wünschen, wählen Sie aus dem
 Kommunikation-Optionen                   Hauptmenü Erst-Installation.
 Änderungen Speichern
 Install-Programm Verlassen

↓ und ↑ : Zeiger versetzen                [F1]: Hilfe-Bildschirm
[RETURN]: Wahl der Option bestätigen.     [F9]: Zurück zum Hauptmenü.
[ESCAPE]: Zurück zum vorigen Schirm.      [F10]: Aktuelle Wahl zeigen.
```

Bild 1-11 Menü zur Änderung der gewählten Ausrüstung

Hinweis! Bestimmte Grafik-Drucker besitzen spezielle Treiber, die Sie nur über die Funktion Zusatzoptionen als neuen Treibersatz hinzufügen können. Dabei kann es vorkommen, daß diese Treiber von der Diskette "Zusätzliche Treiber" kopiert werden müssen.

1.5 Umrüsten alter Versionen auf die Version 2

Es ist zu empfehlen, die *Version 2* in ein *neues Unterverzeichnis* zu kopieren und nach erfolgreicher Installation die Dateien der älteren Version samt dem dazugehörigen Unterverzeichnis zu löschen. Symphony der Version 1.1 und 1.2 wird in folgenden Schritten von der Festplatte gelöscht:

1. *Sichern* aller vorhandenen Arbeitsblatt-Dateien (Zusatz .WR1) auf Diskette.

2. *Wechseln* in das Unterverzeichnis der alten Symphony-Version (z. B. durch cd\symphony).

3. *Löschen* der alten Symphony-Dateien mit **del *.*** <RETURN>.

4. Einlegen der *neuen Installations-Diskette* (Version 2) ins Laufwerk A und umschalten ins Laufwerk A mit **a:** <RETURN>.

5. *Löschen* der Datei *SYMPHONY.COM* von der Festplatte durch Aufrufen des *ZAP-Programms* mit folgender Eingabe:

   zap symphony <RETURN>.

6. Die restlichen Anweisungen folgen *bildschirmgeführt*.

Ist die alte Version entfernt worden, so wird vom Hauptverzeichnis aus das ehemalige Unterverzeichnis gelöscht mit dem Befehl:

rd\symphony <RETURN>.

1.6 Bezeichnung der Dateinamen

Spezielle Dateien tragen in Symphony besondere Zusätze. Es sind dies:

.APP Zusatz-Anwendungsdatei

.CCF Kommunikations-Konfigurationsdatei

.CTF Zeichencode-Umsetzungsdatei

.DCT Persönliche Wörterbuchdatei (Rechtschreibprüfung)

.MLB Makrobibliotheksdatei

.PIC Grafikdatei

.PRN Text-Druckdatei

.SET Treiberdateien des Installations-Programmes

.WR1 Arbeitsblattdatei

Selbstgewählte *Dateinamen* dürfen bis zu *8 Zeichen* aufweisen. Dabei sind folgende Zeichen zulässig:

Ziffern 0..9

Buchstaben A..Z (Groß- oder Kleinbuchstaben gleichbedeutend)

Sonderzeichen ! $ % & ( ) ’ ‘ # ^ - _{ } @ .

Nationale Sonderzeichen wie Umlaute und ß sind nicht erlaubt.

1.7 Tastaturbelegung für den IBM-PC

Bild 1-12 zeigt die Tastaturbelegung für den IBM-PC.

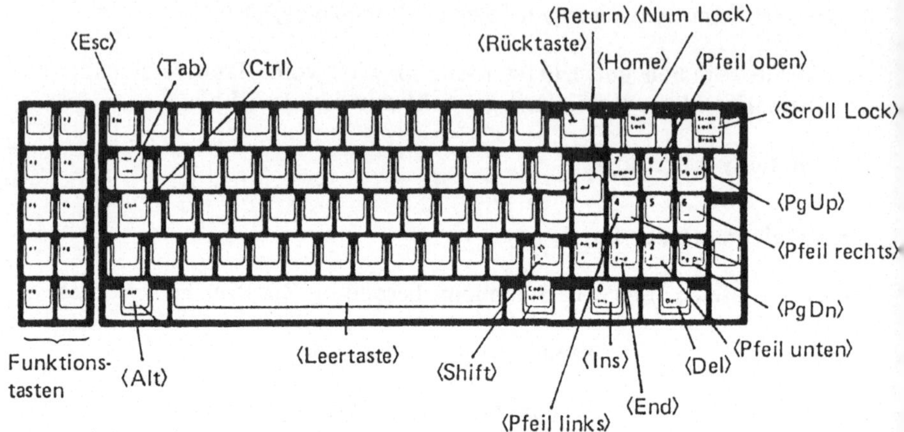

Bild 1-12 Tastatur des IBM-PC

Wie Sie aus den mitgelieferten Tastatur-Schablonen sehen, sind die Funktionstasten für spezielle Aufgaben vorgesehen. Die *10 Funktionstasten* erfüllen *23* verschiedene Aufgaben. Aus der Tastaturschablone sind verschiedene Farben zu erkennen, die angeben, in welchem MODUS diese Funktionen anzuwenden sind.

Allgemein läßt sich sagen:

Schwarze Farbe — In allen Modus-Arten.

Rote Farbe — Nur im TEXT-Modus.

Blaue Farbe — Spezialfunktionen.

EDIT — Eingaben im BLATT- und MASKE-Modus.

ABS — Ändern von relativer in absolute Adresse. (Nur im BLATT- und MASKE-Modus möglich).

PROT — Datenübernahme im KOMM-Modus.

Die in der Tastaturschablone *grau unterlegten Funktionen* entsprechen der Tastenkombination *<Alt> <Funktionstaste>*.

Tabelle 1-3 zeigt die Aufgaben der Funtionstasten und Tabelle 1-4 die Funktionen beim Betätigen von <ALT> <FUNKTIONSTASTE>.

Tabelle 1-3 Aufgaben der Funktionstasten

Taste	Funktion	Beschreibung
⟨F1⟩	HILFE	Aufruf der Hilfe-Funktion
⟨F2⟩	EDIT	Eingabe in MASKE- und TEXT-Modus
	JUST	Justierung des Randes
⟨F3⟩	ABS	Ändern in absolute Adressen
	EINR	Einrücken des aktuellen Abschnitts
⟨F4⟩	PROT	Datentransfer über den KOMM-Modus
	LÖSCHEN	Löschen eines Textteils
⟨F5⟩	GEHEZU	Bewegen des Cursors zu einer bestimmten Position im Arbeitsblatt, im Text oder einer Datenbank
⟨F6⟩	FENSTER	Umschalten in ein anderes Fenster
⟨F7⟩	FUNKTION	Ausführung eines Makro-Kommandos
⟨F8⟩	KALK	Neuberechnung des Arbeitsblatts
⟨F9⟩	SERVICE	Anzeige des Service-Menüs
⟨F10⟩	MENÜ	Anzeige des Hauptmenüs

Tabelle 1-4 Funktion und Wirkung der Tastenkombination ⟨ALT⟩ ⟨FUNKTIONSTASTE⟩

Tastenkombination	Funktion	Wirkung
⟨ALT⟩ ⟨F1⟩	KOMB	Eingeben spezieller Zeichen im Lotus-Zeichensatz
⟨ALT⟩ ⟨F2⟩	WO	Anzeige der Seiten- und Druckparameter für die Seiten- und Zeilenpositionen
⟨ALT⟩ ⟨F3⟩	ABSATZ	Aufteilung einer Textzeile
⟨ALT⟩ ⟨F4⟩	ZENTR	Zentrieren einer Textzeile
⟨ALT⟩ ⟨F5⟩	MAKGEN	Speichern der Eingabe als Makro-Kommando
⟨ALT⟩ ⟨F6⟩	ZOOM	Vergrößern eines Fensters auf einen Bildschirm
⟨ALT⟩ ⟨F7⟩	SCHRITT	Schrittweise Ausführen eines Makros
⟨ALT⟩ ⟨F8⟩	ZEICHNEN	Neuberechnung aller Arbeitsblätter
⟨ALT⟩ ⟨F9⟩	UMSCHALT	Umschalten des Fensters
⟨ALT⟩ ⟨F10⟩	TYP	Umschalten der MODUS-Art

In Tabelle 1-5 sind die in Symphony oft benötigten besonderen Zeichen zusammengestellt, die sich ergeben, wenn die <ALT>-Taste zusammen mit den numerischen Tasten (nicht über den numerischen Eingabeblock) gedrückt wird.

Tabelle 1-5 Sonderzeichen

Tastenkombination	Zeichen
⟨Alt⟩ ! 1	{
⟨Alt⟩ " 2	}
⟨Alt⟩ § 3	~
⟨Alt⟩ $ 4	¦
⟨Alt⟩ % 5	#
⟨Alt⟩ & 6	^
⟨Alt⟩ / 7	\
⟨Alt⟩ (8	`
⟨Alt⟩) 9	§
⟨Alt⟩ = 0	@

1.8 Symphony starten

Vor dem Start sollten Sie sich die entsprechende Tastaturschablone zurechtlegen, damit Sie die Tasten schneller finden, die Sie während der Arbeit mit Symphony brauchen. Zu empfehlen ist auch, die dem Buch beigefügte Klapptafel griffbereit zu haben, damit eine bessere Orientierung in den Befehlsfolgen von Symphony möglich ist.

Es gibt zwei Möglichkeiten Symphony aufzurufen:

- über das *Access System*

- *direkt von DOS.*

1.8.1 Starten über das Access-Menü

1.8.1.1 Disketten-System

Sie gehen in folgenden Schritten vor:

1. Einschalten des Rechners und Laden des Betriebssystems MS-DOS.

2. Einlegen der Original-Symphony-Programm-Diskette in Laufwerk A.

3. Einlegen einer formatierten Diskette in Laufwerk B.

4. Aufrufen des Access-Systems durch folgende Eingabe:
   access <RETURN>.

1.8.1.2 Festplatten-System

Beim Festplatten-Rechner stellen Sie zunächst sicher, daß sich MS-DOS auf der Festplatte befindet und C das aktuelle Laufwerk ist. Anschließend führen Sie folgende Schritte durch:

1. Umschalten in das Unterverzeichnis von Symphony:
   cd\sym <RETURN>.

2. Eingabe von:
   access <RETURN>.

In beiden Fällen sehen Sie das Access-Menü auf dem Bildschirm:

```
Lädt Symphony
Symphony  Tutorial  PrintGraph  Install  Dienstprogramm-Translate  Ende

                      Symphony Access System
                    Copyright (C) 1986, 1987
                  Lotus Development Corporation
            Alle Rechte vorbehalten.        Version 2.0

Das Access System erlaubt die Auswahl von Symphony, PrintGraph, dem
Tutorial, dem Install-Programm oder dem Translate Dienstprogramm.
Die Auswahl erfolgt über das Menü am oberen Bildschirmrand.  Bei einem
Diskettensystem erfolgt in Access möglicherweise eine Aufforderung,
Disketten zu wechseln.  Starten Sie das Programm entsprechend der
folgenden Anweisungen.

o  Setzen Sie mit Hilfe der Pfeiltasten den Menüzeiger (der erhellte
   Balken am oberen Bildschirmrand) auf den Namen des gewünschten
   Programms.
o  Drücken Sie [RETURN] um das Programm zu starten.

Sie können ein Programm auch starten, indem der Anfangsbuchstabe der
Menüoption eingegeben wird. Für weitere Informationen [HILFE] drücken.
```

Bild 1-13 Access-System von Symphony

Mit diesem Menü können Sie die entsprechenden Programmteile von Symphony laden. Wie Sie an den Ausführungen am Bildschirm erkennen können, ist eine Auswahl möglich durch:

- Bewegen des Cursors mit den <PFEIL LINKS>- bzw. <PFEIL RECHTS>-Tasten oder der <LEERTASTE> zur gewünschten Stelle und anschließender Auswahl durch die <RETURN>-Taste.

- Eingabe des *ersten Buchstabens* der gewünschten Option.

Hinweis! Diese beiden Möglichkeiten bei der Auswahl bestehen prinzipiell bei allen Menü-Optionen.

1.8.2 Symphony direkt aufrufen

Diese Methode umgeht das Access-System und startet gleich mit Symphony. Es ist deshalb schneller und beim Start von Symphony dem Access-System vorzuziehen.

Symphony kann aus dem Betriebssystem MS-DOS direkt aufgerufen werden. Dazu muß natürlich MS-DOS geladen sein.

Bei einem Diskettensystem legen Sie die Original-Programmdiskette oder die Diskette mit den entsprechenden Programmteilen in das Laufwerk A und eine formatierte Leerdiskette in das Laufwerk B. Anschließend geben Sie den Namen des Teilprogramms nach Tabelle 1-6 ein und bestätigen mit der <RETURN>-Taste.

Tabelle 1-6 Programme und ihre Bezeichnung

Programm	Diskette	Name
Symphony	Symphony-Programm-Diskette	symphony
Tutorial	Symphony-Programm-Diskette	tutorial
Install	Install-Programm-Diskette	install
PrintGraph	PrintGraph-Programm-Diskette	pgraph
Translate	Dienstprogramm-Diskette	translate

Bei einem Festplattenrechner muß das Betriebssystem MS-DOS geladen und C das aktuelle Laufwerk sein. Mit der Eingabe **cd\sym** <RETURN> wird das Unterverzeichnis aufgerufen, in dem sich Symphony befindet.

Nun wird eingegeben:

symphony <RETURN>.

Es erscheint das Eröffnungsbild von Symphony (Bild 1-14). Wird die <RETURN>-Taste gedrückt, dann erscheint das leere Arbeitsblatt (Bild 1-15):

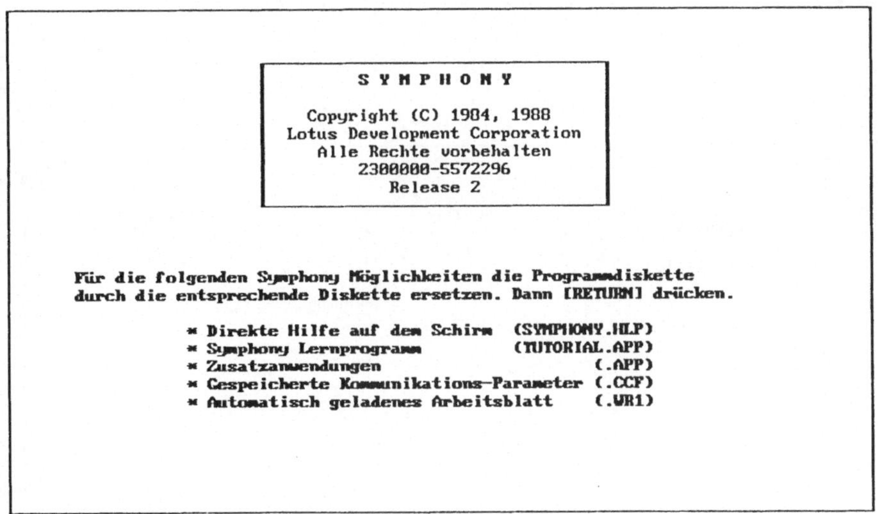

Bild 1-14 Eröffnungsbild von Symphony

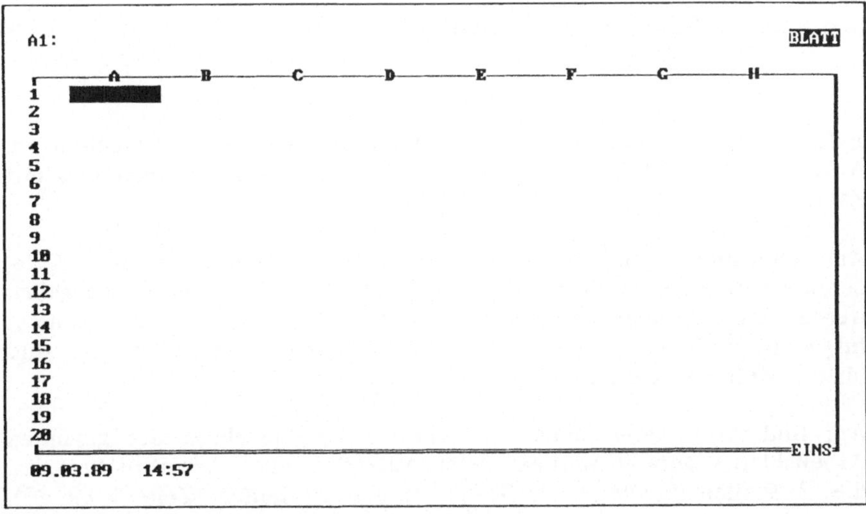

Bild 1-15 Leeres Arbeitsblatt von Symphony

1.9 Aufbau eines Arbeitsblattes

Das Arbeitsblatt stellt ein BLATT-Fenster dar und hat den Namen EINS. In Bild 1-16 ist der Aufbau eines Arbeitsblattes gezeigt.

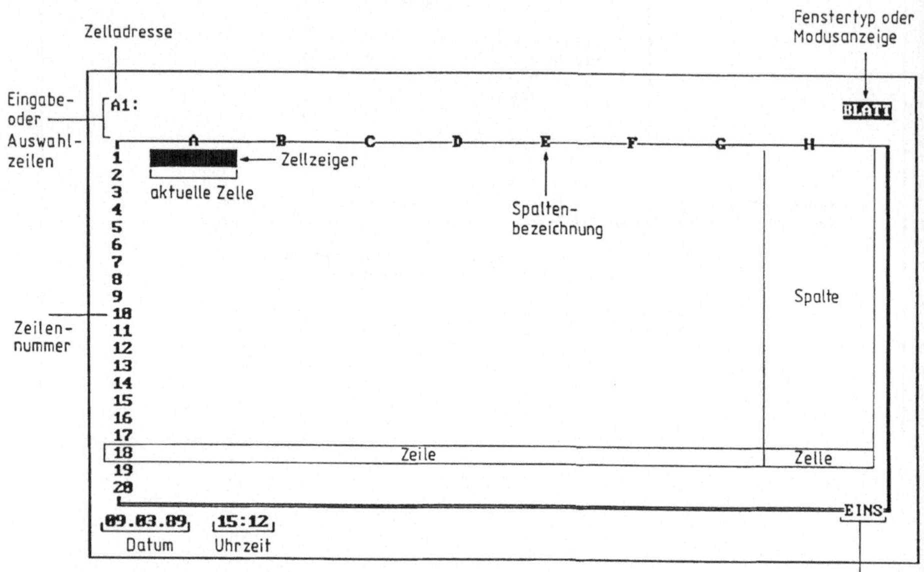

Bild 1-16 Aufbau eines Arbeitsblattes.

Jedes Arbeitsblatt besteht aus 256 Spalten (Bezeichnung mit Buchstaben: A..Z, AA..AZ, BA..BZ bis IA..IK) und 8192 Zeilen (Bezeichnung mit Zahlen).

Am Schnittpunkt einer Spalte mit einer Zeile befindet sich eine *Zelle*, deren Position durch Benennung der Spalte und Zeile genau angegeben werden kann. So liegt beispielsweise die Zelle C6 in Spalte C und Zeile 6. Insgesamt verfügt ein Arbeitsblatt über 256 mal 8192 Zellen, das sind über 2 Millionen Zellen.

Am Bildschirm kann immer nur ein kleiner Ausschnitt des gesamten Arbeitsblattes gezeigt werden. Beim Aufrufen eines Arbeitsblattes sind dies 8 Spalten (Spalte A bis Spalte H) und 20 Zeilen (Zeile 1 bis 20). Durch Drücken entsprechender Tasten kann man sich durch den Bildschirm bewegen und die gewünschten Informationen ansehen.

In der rechten oberen Ecke des Arbeitsblattes befindet sich ein Feld, in dem angezeigt wird, um welchen *Fenstertyp* oder um welche *MODUS-Art* es sich handelt. In den beiden folgenden Tabellen sind diese zusammengestellt:

Tabelle 1-7 FENSTER-Typen

BLATT	Arbeitsblatt zur Tabellenkalkulation
GRAFIK	Grafik-Darstellung
MASKE	Datenbank
KOMM	Kommunikation
TEXT	Textverarbeitung

Tabelle 1-8 MODUS-Arten

DATEI	Anzeige einer Dateiliste
EDIT	Bearbeiten des Zellinhaltes
FEHLER	Fehlermeldung (Beenden mit ⟨ESC⟩)
FINDEN	Ausführen der Funktion *Daten finden*
HILFE	Einblenden eines Hilfe-Textes
LABEL	Eingabe von Text in eine Zelle
KRIT	Eingabe eines Kriteriensatzes
MENÜ	Anzeige eines Menüs
NAMEN	Anzeige einer Liste von Bereichsnamen
WARTEN	Warten während einer Berechnung
WERT	Eingabe von Zahlen in eine Zelle
ZEIGEN	Zeigen auf eine Zelle oder einen Bereich

Oberhalb des Arbeitsblattes befinden sich zwei Zeilen.

Befindet man sich im BLATT-Modus, so werden in der *zweiten* Bildschirmzeile die *Eingaben* (Zahlen, Text, Formeln) vorgenommen, die durch Betätigen der <RETURN>-Taste in die entsprechenden Zellen übertragen werden.

Ist man dagegen im MENÜ-MODUS, dann stehen in der *zweiten* Zeile die *Auswahlmöglichkeiten* aus dem entsprechenden Menü und in der darüberliegenden Zeile (*erste* Bildschirmzeile) nähere *Informationen* zur jeweiligen Option.

Werden beispielsweise die für *alle Teile* in Symphony gültigen Befehle, die sogenannten *{Service}-Befehle*, durch Drücken der *Taste <F9>* gewählt, so erscheint folgendes Bild:

```
Ändert das aktuelle Fenster oder benutzt ein anderes Fenster                MENÜ
Fenster  Transfer  Ausdruck  Konfiguration  Zusatz  Parameter  Neu  Ende
```

Bild 1-17 Befehle der {Service}-Funktion

In der rechten oberen Ecke wird der MODUS MENÜ angezeigt. Die erste Bildschirmzeile ist die Informationszeile für die darunter stehenden Optionen. Die gewählte Option ist durch einen *hellen Balken* gekennzeichnet.

Das Menü der Befehle für die speziellen Symphony-Fenster (BLATT, TEXT, GRAPHIK, MASKE und KOMM) werden durch Drücken der {Menü}-Taste <F10> sichtbar. Bild 1-18 zeigt als Beispiel das Menü für den BLATT-Modus.

```
Kopiert einen Zellenbereich                                                  MENÜ
Kopie Versetze Radiere Einfügen Löschen Spalte Format Bereich Grafik Daten Param
```

Bild 1-18 Menü für das BLATT-Fenster

Wie bereits erwähnt, kann die Auswahl aus den Menüs auf zwei Arten erfolgen:

a) Bewegen des *Zellzeigers* auf die entsprechende Option und Drücken der <RETURN>-Taste.

b) Eingabe des *Anfangsbuchstabens* der Option.

In der rechten unteren Ecke des Fensterrahmens befindet sich der Name des Fensters. Standardmäßig wird die Bezeichnung EINS vorgegeben.

Die *unterste Bildschirmzeile* zeigt auf der linken Seite das *Datum* und die *Uhrzeit* an.

Nach diesen einleitenden Ausführungen haben Sie, lieber Leser, bestimmt Lust verspürt, die Arbeitsweise von Symphony näher kennenzulernen. Dazu laden wir Sie in den nächsten Kapiteln ein.

2 Einführung in das Symphony-Kalkulationsprogramm

Folgende Arbeitsschritte werden in diesem einführenden Kapitel behandelt:

1. Bewegen des Zellzeigers

2. Eingabe von Daten in das Arbeitsblatt

   2.1 Eingabe von Texten

   2.2 Eingabe von Werten

3. Korrigieren von Texten im EDIT-Modus

4. Justieren von Texten

5. Zellübergreifende Eingaben

6. Formeleingabe

   6.1 Eintippen der Zelladressen

   6.2 Formeleingabe durch Zeigen

7. Zeichenketten

8. Funktionen

9. Kommandos

   9.1 Allgemeines

   9.2 Beenden der Symphony-Sitzung.

2.1 Bewegen des Zellzeigers

Der *Zellzeiger* ist ein heller Balken (dunkle Schrift auf hellem Hintergrund), der auf die *aktuelle Zelle* verweist. Diese aktuelle Zelle kann mit den Pfeil-Tasten (<PFEIL OBEN>, <PFEIL UNTEN>, <PFEIL RECHTS> und <PFEIL LINKS>) verschoben werden. Die aktuelle Zelladresse wird im Kontrollfeld (1. Zeile, 1. Wert) angezeigt.

Durch die Randbegrenzung des Bildschirms kann nur ein Ausschnitt des ganzen BLATT-Fensters betrachtet werden. Im Ausgangszustand zeigt das leere BLATT-Fenster 8 Spalten (A bis H) und 20 Zeilen (1 bis 20). Der Bildschirm ist sozusagen das Fenster, durch das lediglich ein Teil des Arbeitsblattes sichtbar wird. Wird der Zeiger über den Rand hinaus bewegt, dann wird der Bildschirm eine Spalte bzw. eine Zeile weitergeschoben (gerollt). Das Fenster kann auf diese Weise an jede beliebige Stelle des BLATT-Fensters bewegt werden, so daß andere Teile des BLATT-Fensters sichtbar werden.

Mit den <PGUP>- und <PGDN>-Tasten können Sie den Bildschirm jeweils einen ganzen Bildschirm herauf oder herunter bewegen.

Wenn Sie die Tasten <CTRL> und <PFEIL RECHTS> zugleich drücken, springt der Bildschirm eine Seite nach rechts. Beim gleichzeitigen Drükken von <CTRL> und <PFEIL LINKS> bewegt sich der Bildschirm eine Seite nach links.

Durch das Drücken der <HOME>-Taste bringen Sie den Zellzeiger grundsätzlich wieder in Zelle A1.

Durch gleichzeitiges Drücken der Tasten <END> und <PFEIL UNTEN> bringen Sie den Cursor in die Zelle A8192. Wenn Sie dann <END> und <PFEIL RECHTS> drücken, sind Sie in der letzten Zelle des gesamten Arbeitsblattes (IV8192). Es ist noch zu erwähnen, daß Sie mit der <END>-Taste und einer <PFEIL>-Taste den Zellzeiger zu der Position bringen, wo Zellen mit Daten solchen ohne Daten gegenüberstehen. Da wir in unserem Arbeitsblatt noch keine Daten eingegeben haben, können wir noch kein Beispiel nachvollziehen.

Durch Drücken der <SCROLL>-Taste und dann einer <PFEIL TASTE> wird bewirkt, daß sich das gesamte Fenster über das Arbeitsblatt bewegt, der Zellzeiger aber immer an der gleichen Stelle bleibt. In der rechten unteren Ecke des Bildschirms erscheint **Rol**.

2.2 Eingabe von Daten in das Arbeitsblatt

Grundsätzlich können in eine Zelle zwei Datentypen eingegeben werden: LABELS und WERTE. Ein LABEL umfaßt alle in Symphony mögliche Zeichen. Meist handelt es sich um Texte. WERTE können Zahlen oder Formeln sein.

Bei der Eingabe des ersten Zeichens wird in der rechten oberen Ecke des Arbeitsblattes angezeigt, um welchen Datentyp es sich handelt. Bei Eingabe von Zahlen oder Formeln erscheint WERT in der rechten oberen Ecke. Bei der Eingabe eines Labels erscheint LABEL in der rechten oberen Ecke.

2.2.1 Eingabe von Texten

Um einen Text in eine Zelle zu schreiben, wird der Zellzeiger einfach in die gewünschte Zelle gebracht und der Text über die Tastatur eingegeben.

Als erstes soll das Wort "Symphony" in Zelle A1 eingegeben werden. Es wird folgendermaßen vorgegangen:

<HOME>	Drücken der <HOME>-Taste.

Mit der <HOME>-Taste können Sie Ihren Zellzeiger in die linke obere Ecke (Zelle A1) des Arbeitsblattes bewegen.

Symphony	Eintippen des Wortes Symphony.

Beachten Sie dabei, was in den ersten beiden Zeilen des Arbeitsblattes (*Bedienfeld*) angezeigt wird:

In der *ersten* Bildschirmzeile (*Kontrollzeile*) sagt uns **A1:**, daß sich der Zellzeiger in Zelle A1 befindet.

Während der Eingabe erscheint jedes eingegebene Zeichen in der *zweiten* Zeile des Bedienfeldes (*Eingabezeile*). Mit der Eingabe des ersten Buchstabens wechselt die Modusanzeige, in der rechten oberen Ecke, von BLATT zu LABEL. Dadurch wird angezeigt, welcher Datentyp gerade eingegeben wird.

<RETURN>	Abschließen der Eingabe durch Drücken der <RETURN>-Taste.

Der Text verschwindet in der Eingabezeile des Bedienfeldes und erscheint sowohl in der Zelle A1 des Arbeitsblattes als auch in der ersten Zeile des Bedienfeldes, hinter der Zelladresse und dem Apostroph. Das Apostroph zeigt an, daß es sich bei der Eingabe um einen Text handelt. Beim Übertragen des Textes von der Eingabezeile in das Arbeitsblatt befindet sich Symphony einen kleinen Moment im WARTEN-Modus. Danach kehren Sie wieder in den BLATT-Modus zurück.

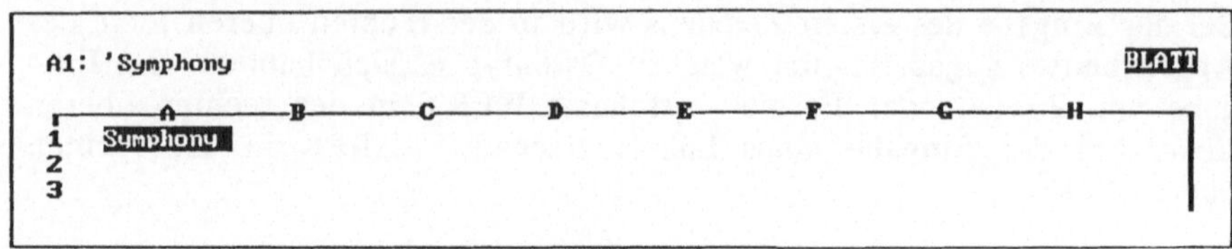

Bild 2-1 Arbeitsblatt nach Texteingabe

2.2.2 Eingabe von Werten

In Zelle C3 soll die Zahl 150 stehen. Bringen Sie Ihren Zellzeiger in die Zelle C3, indem Sie zweimal die <PFEIL UNTEN>-Taste und zweimal die <PFEIL RECHTS>-Taste drücken.

150 Eintippen der Zahl 150.

Symphony wechselt vom BEREIT-Modus in den WERT-Modus.

<RETURN> Abschließen der Eingabe durch Drücken der <RETURN>-Taste.

Die Zahl 150 erscheint in Zelle C3 rechtsbündig. Beachten Sie, daß vor der Zahl 150 kein Apostroph steht. Symphony erkennt die Zahleneingabe als Wert.

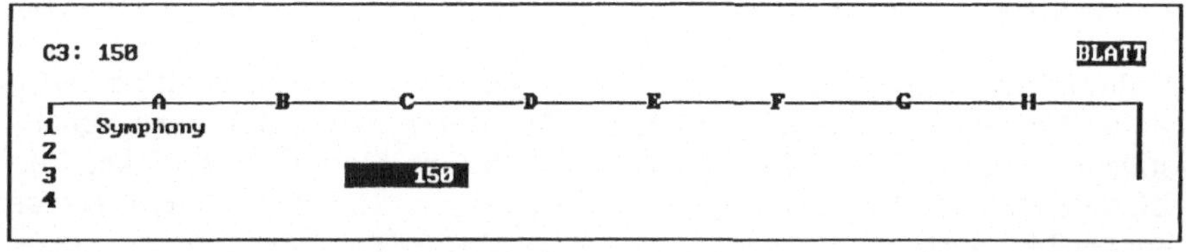

Bild 2-2 Arbeitsblatt nach der Eingabe einer Zahl

Symphony legt nach dem ersten eingegebenen Zeichen fest, ob es sich um Label oder Werte handelt. Alle Eingaben, die mit einem Buchstaben anfangen, werden als Label interpretiert. Beginnt die Eingabe mit den Zeichen 0 bis 9, +, -, $, %, # und @, wird sie als Wert erkannt.

Diese Unterscheidung kann nicht angewendet werden, wenn eine Zeichenkette mit einer Ziffer beginnt, beispielsweise bei einer Adresse, etwa 7000 Stuttgart. Folgendes Beispiel soll dies verdeutlichen:

Bewegen Sie den Zellzeiger nach Zelle D10 und machen folgende Eingabe:

7000 Stuttgart	Eingabe von 7000 Stuttgart in Zelle D10.
<RETURN>	Mit dem Drücken der <RETURN>-Taste ertönt ein Warnton.

Symphony kann bei einer solchen Eingabe nicht unterscheiden, ob es sich um einen WERT oder ein LABEL handelt.

Um diesen Namen in Zelle D10 eingeben zu können, gehen Sie folgendermaßen vor:

<ESC>	Mit der <ESC>-Taste wird die Eingabe in der zweiten Zeile (Eingabezeile) des Arbeitsblattes gelöscht.
'7000 Stuttgart	Eingabe des Textes '7000 Stuttgart.

Achten Sie auf das erste Zeichen. Das Apostroph ist ein Steuerzeichen, durch das Symphony weiß, daß es sich um einen Namen handelt.

Achtung! Das Apostroph erscheint grundsätzlich erst, nachdem das erste Zeichen eingegeben wurde. Sie hören dann einen Pfeifton.

<RETURN>	Die Eingabe wird in Zelle D10 übernommen.

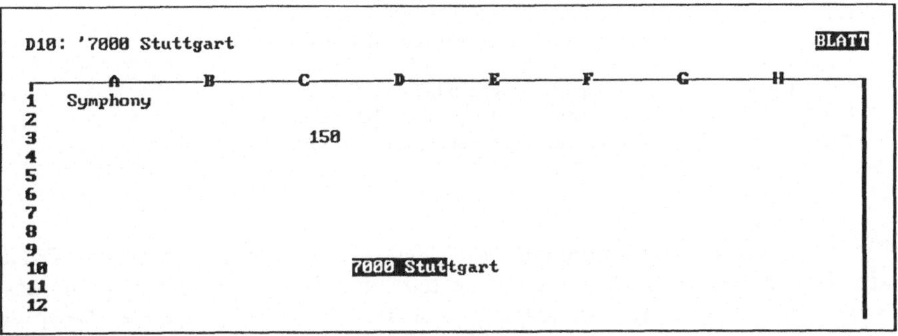

Bild 2-3 Arbeitsblatt nach Eingabe eines Labels

2.3 Korrigieren von Texten im EDIT-Modus

Es kommt oft vor, daß Inhalte von Zellen geändert werden müssen. Eine Möglichkeit besteht darin, die alten Eingaben zu überschreiben. Symphony bietet eine weitere Möglichkeit der Korrektur, ohne daß die gesamte Eingabe neu eingetippt werden muß. Eine Korrektur ist prinzipiell nur im EDIT-Modus möglich. Dazu geht man wie folgt vor:

Als erstes bewegen Sie den Zellzeiger in die zu korrigierende Zelle und drücken die Funktionstaste <F2>. Dadurch wird in den EDIT-Modus umgeschaltet, und der betreffende Zellinhalt erscheint in der Eingabezeile des Kontrollbereiches. Nun können Sie den Zellinhalt korrigieren.

Im EDIT-Modus werden einigen Tasten anderen Funktionen zugeordnet, wie nachfolgende Tabelle 2-1 zeigt.

Tabelle 2-1 Tasten und ihre Funktionen im EDIT-Modus

Taste	Bedeutung im EDIT-Modus
⟨F2⟩	Schaltet zwischen dem EDIT-Modus und dem WERT- oder LABEL-Modus um
⟨RETURN⟩	Die Eingabe wird beendet
⟨RÜCKTASTE⟩	Löscht das Zeichen links vom Cursor
⟨DEL⟩	Löscht das Zeichen über dem Cursor
⟨ESC⟩	Löscht die gesamte zu editierende Zeile und beendet den EDIT-Modus
⟨INS⟩	Entweder Einfügen (bestehender Text wird nach rechts verschoben) oder Überschreiben (bestehender Text wird überschrieben)
⟨HOME⟩	Bewegt den Cursor zum ersten Zeichen der Eingabe
⟨END⟩	Bewegt den Cursor zum letzten Zeichen der Eingabe
⟨PFEIL RECHTS⟩	Bewegt den Cursor um ein Zeichen nach rechts
⟨PFEIL LINKS⟩	Bewegt den Cursor um ein Zeichen nach links
⟨PFEIL OBEN⟩	Beendet die Eingabe, geht eine Zelle nach oben
⟨PFEIL UNTEN⟩	Beendet die Eingabe, geht eine Zelle nach unten
⟨TAB RECHTS⟩	Geht fünf Zeichen nach rechts
⟨TAB LINKS⟩	Geht fünf Zeichen nach links
⟨PGUP⟩	Beendet die Eingabe, geht eine Bildschirmseite nach oben
⟨PGDN⟩	Beendet die Eingabe, geht eine Bildschirmseite nach unten

Ein Beispiel soll verdeutlichen, wie diese Tasten benutzt werden. Dazu nehmen wir an, daß in Zelle A3 anstelle des Wortes "Haushaltsplan" das Wort "Hauhaltsplaane" eingegeben wurde. Um das folgende Beispiel nachvollziehen zu können, gehen Sie wie folgt vor:

Bewegen Sie den Zellzeiger in Zelle A3.

Hauhaltsplaane <RETURN> Eingabe des Textes Hauhaltsplaane.

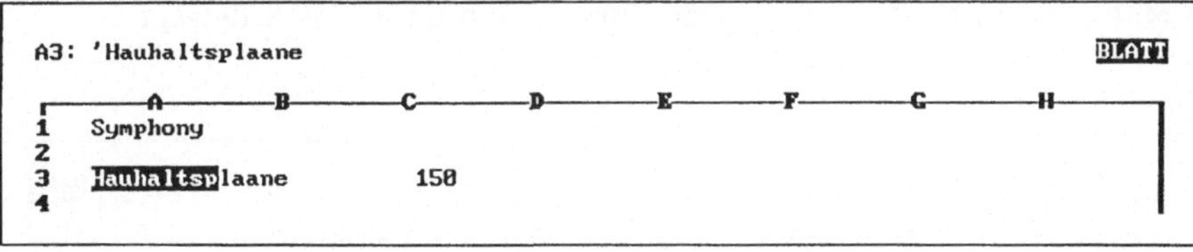

Bild 2-4

<F2> Drücken der EDIT-Taste.

Sofort zeigt Symphony den Zellinhalt in der Eingabezeile im Kontrollbereich an. Symphony schaltet in den EDIT-Modus um. Der Cursor erscheint am Ende der Editierzeile.

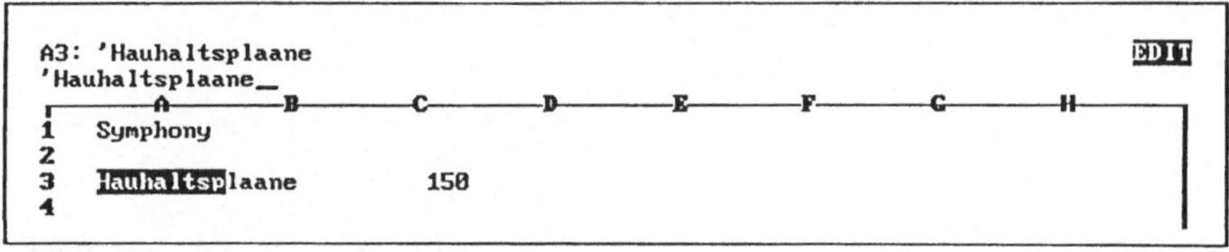

Bild 2-5

<RÜCKTASTE> Drücken der <RÜCKTASTE>. Das e wird gelöscht.

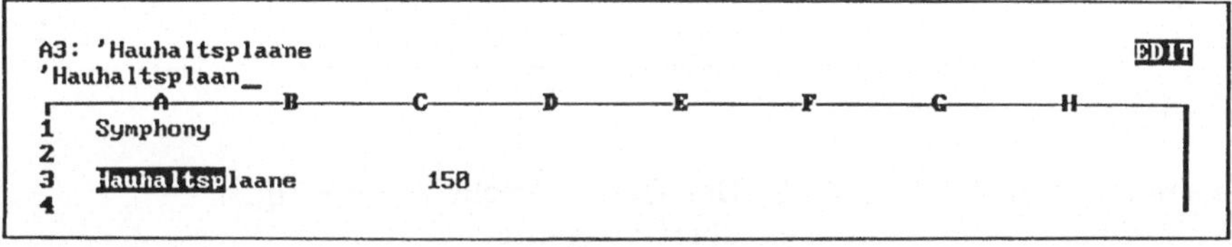

Bild 2-6

<HOME> Der Cursor erscheint unter dem Apostroph.

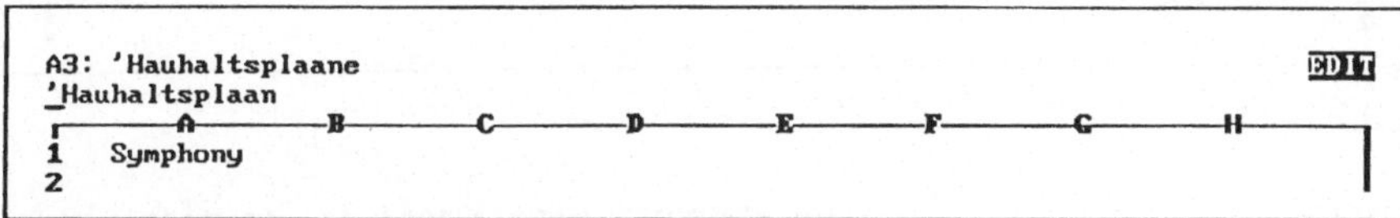

Bild 2-7

4 MAL <PFEIL RECHTS> Der Cursor wird unter das h bewegt.

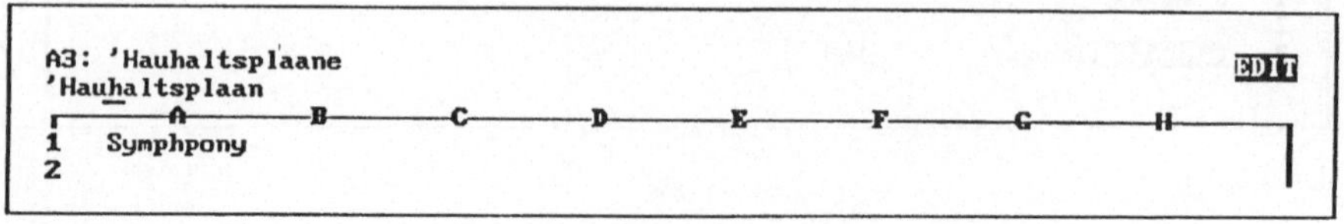

Bild 2-8

s Der Buchstabe s wird eingefügt.

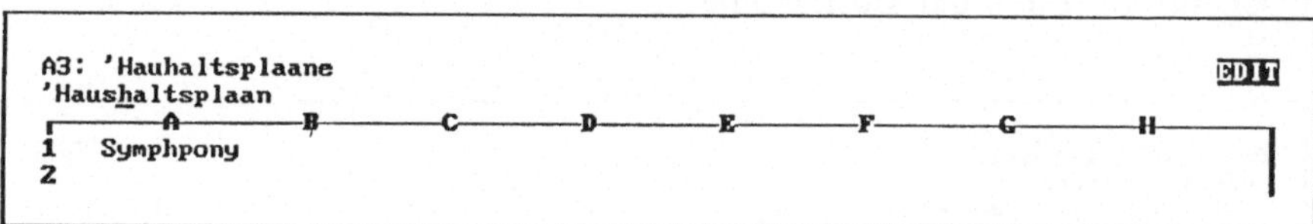

Bild 2-9

<END> Der Cursor erscheint jetzt ein Zeichen nach dem Text.

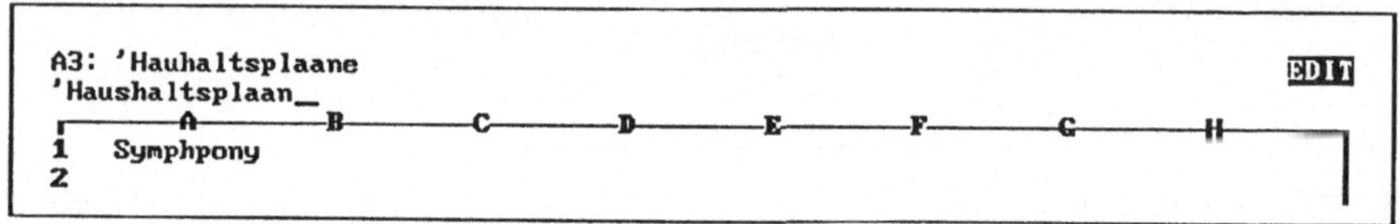

Bild 2-10

2 MAL <PFEIL LINKS> Der Cursor erscheint unter dem überflüssigen a.

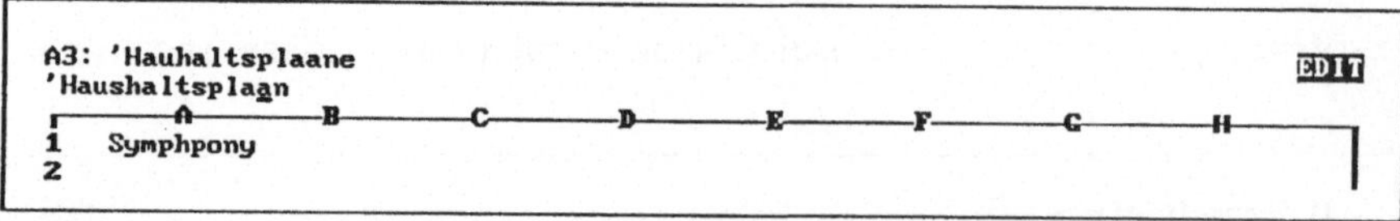

Bild 2-11

<DEL> Die <LÖSCHTASTE> löscht das Zeichen über dem Cursor.

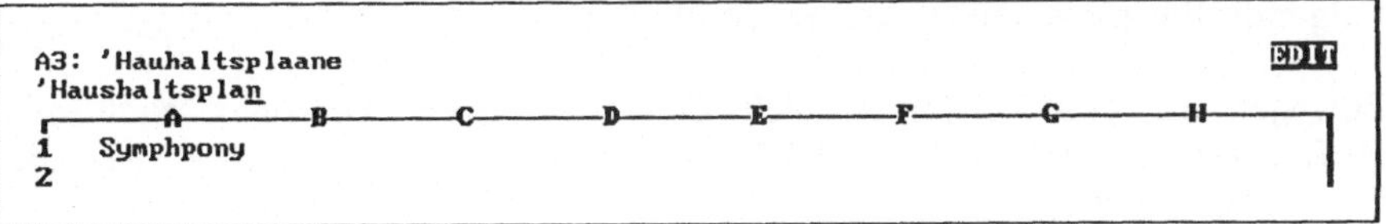

Bild 2-12

<RETURN>.

Mit dem Drücken der <RETURN>-Taste wird der korrigierte Text im Arbeitsblatt abgespeichert und man kehrt in den BLATT-Modus zurück.

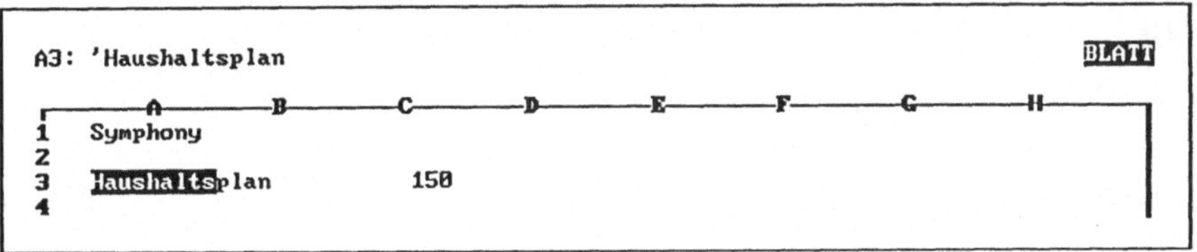

Bild 2-13

2.4 Justieren von Texten

Symphony kennt mehrere Steuerzeichen. Das Steuerzeichen sagt nicht nur aus, daß die Eingabe als Zeichenkette behandelt werden muß, sondern u.a. auch, wie der Inhalt in der Zelle positioniert werden soll. Die Texte können *linksbündig*, *zentriert*, *rechtsbündig* oder *wiederholend* in den Spalten angezeigt werden, indem folgende Zeichen vor der Texteingabe stehen müssen (s. Tabelle 2-2):

Tabelle 2-2 Justierungszeichen und ihre Wirkung

Zeichen		Wirkung	Tastenfolge
'	(Apostroph)	linksbündig	⟨Alt⟩ & / 6
^	(Zirkumflex)	zentriert	
"	(Anführungszeichen)	rechtsbündig	⟨Alt⟩ / / 7
\	(umgekehrter Schrägstrich)	wiederholend	
¦	(senkrechter Strich)	nicht gedruckt	⟨Alt⟩ $ / 4

Das Justierungszeichen wird im Arbeitsblatt selber nicht angezeigt. Es erscheint nur in der ersten Zeile des Bedienfeldes, wenn der Zellzeiger auf der betreffenden Zelle steht.

Folgende Beispiele sollen dies verdeutlichen:

Bewegen Sie den Zellzeiger nach Zelle F10. Das kann man auch mit Hilfe der Funktionstaste <F5> erreichen; die <F5>-Taste ist die GEHEZU-Taste.

<F5> Drücken der <F5>-Taste.

Es wird nach der Adresse gefragt, zu der der Zellzeiger "gehen" soll (Gehe-zu-Adresse). Die aktuelle Position des Zellzeigers (A3) ist angegeben. Die Modus-Anzeige wechselt vom BLATT-Modus in den ZEIGEN-Modus.

f10 Geben Sie die Zielzelle F10 ein.

```
Gehe-zu-Adresse: f10                                              EDIT
```

Bild 2-14

<RETURN> Der Zellzeiger springt zu Zelle F10.

'DM <RETURN> Eingabe von <APOSTROPH> DM in Zelle F10. DM erscheint *linksbündig*.

Achtung! Das Apostroph erscheint grundsätzlich erst, nachdem das erste Zeichen eingegeben wurde. Sie hören dann einen Pfeifton.

Bewegen Sie den Zellzeiger mit der <PFEIL UNTEN>-Taste eine Zeile weiter nach unten, nach F11.

^**DM** <PFEIL UNTEN> Eingabe von <ZIRKUMFLEX> DM.

DM erscheint zentriert in Zelle F11. Der Zellzeiger bewegt sich zu Zelle F12.

Achtung! Der Zirkumflex erscheint grundsätzlich erst, nachdem das erste Zeichen eingegeben wurde. Sie hören dann einen Pfeifton.

Jede Eingabe kann auf verschiedene Arten abgeschlossen werden. Die gebräuchlichste Möglichkeit ist die Eingabe mit der <RETURN>-Taste. Eine weitere und schnellere Möglichkeit ist die Eingabe durch die <PFEIL>-Tasten (<PFEIL OBEN>, <PFEIL UNTEN>, <PFEIL LINKS>, <PFEIL

RECHTS>, einschließlich der <PGUP>- und <PGDN>-Tasten und der <HOME>-Taste). Dadurch wird die Eingabe abgeschlossen und der Zellzeiger entsprechend der Cursor-Taste weitergefahren, so daß man sofort in der gewünschten Zelle die nächste Eingabe vornehmen kann.

"DM <PFEIL UNTEN>	Eingabe von <ANFÜHRUNGSZEICHEN> DM in Zelle F12.

DM erscheint rechtsbündig. Der Zellzeiger wird nach Zelle F13 bewegt.

\DM <RETURN>	Eingabe des rückwärtsgerichteten Schrägstrichs und DM in Zelle F13.

Die Eingabe wird so oft wiederholt, bis die ganze Zelle damit gefüllt ist. Ihr Bildschirm sollte Bild 2-15 entsprechen.

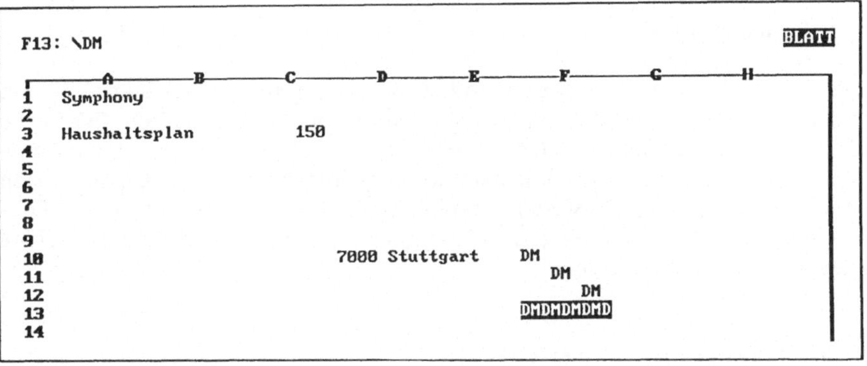

Bild 2-15 Justieren von Texten

2.5 Zellübergreifende Eingaben

Symphony schreibt Zeichenketten, die zu lang für eine Spalte sind, in der nächsten Spalte weiter. Die Voraussetzung dafür ist, daß die betreffende Zelle keinen eigenen Eintrag enthält.

Bewegen Sie den Cursor in Zelle A5. Geben Sie folgenden Text ein:

Kalkulation <PFEIL RECHTS> Texteingabe in Zelle A5.

Textverarbeitung <RETURN> Texteingabe in Zelle B5.

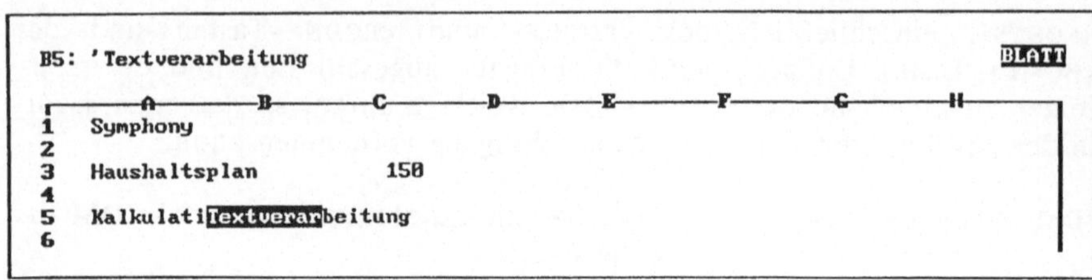

Bild 2-16 Zellübergreifende Eingabe

Wie Sie sehen, sind in Zelle A5 nur die Zeichen sichtbar, die in einer Zelle untergebracht werden können (Kalkulati), da in Zelle B5 auch eine Information steht. Die ganze Zeichenkette (Kalkulation) erscheint zwar nicht auf dem Bildschirm, ist aber trotzdem im Arbeitsblatt vorhanden. In einer Zelle können maximal 240 Zeichen abgelegt werden.

2.6 Formeleingabe

Nach der Eingabe von Texten und Zahlen in unser Arbeitsblatt soll nun auch die Möglichkeit gezeigt werden, mit Formeln zu arbeiten. Durch die Eingabe von Formeln werden Beziehungen zwischen den Daten verschiedener Zellen hergestellt. Formeln können auf zwei verschiedene Arten angegeben werden. Entweder werden die Adressen, aus denen die Formeln bestehen, direkt eingetippt, oder es wird auf die Zellen mit Hilfe der <PFEIL>-Tasten gezeigt.

2.6.1 Eintippen der Zelladressen

Bewegen Sie den Zellzeiger zu Zelle D5 und geben folgendes ein:

+c3 Eingabe der Formel in Zelle D5.

Mit dem Pluszeichen erkennt Symphony, daß eine Formel eingegeben wird und schaltet dabei in den WERT-Modus um.

<RETURN> Der Wert aus Zelle C3 (150) wird in Zelle D5 übernommen. Die Zelle C3 ist mit Zelle D5 verknüpft.

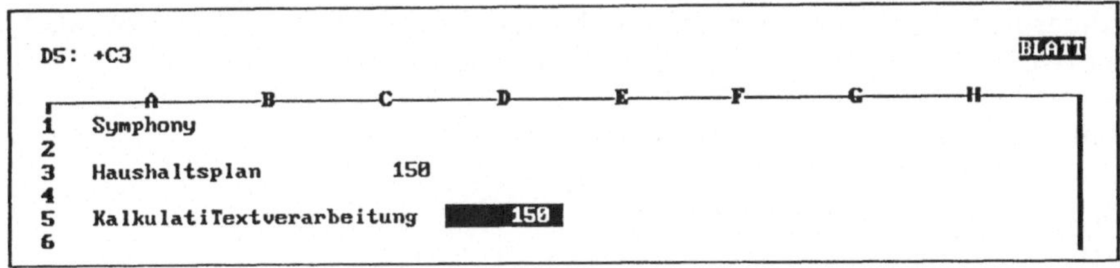

Bild 2-17 Arbeitsblatt nach der Formeleingabe

Bewegen Sie den Zellzeiger zu Zelle C3 und nehmen folgende Eingabe vor:

500 <RETURN> Eingabe von 500 in Zelle C3.

Wie Sie sehen, ändert sich der Wert auch in Zelle D5.

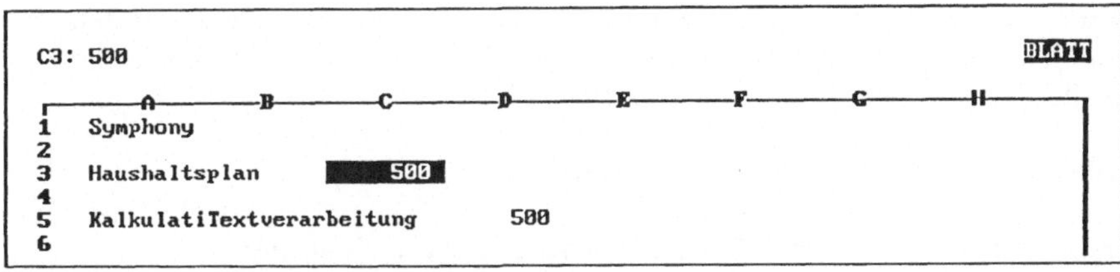

Bild 2-18

Achtung! Es wird grundsätzlich das Ergebnis der Formel im Arbeitsblatt angezeigt, nicht die Formel selbst. Sie ist nur im Kontrollbereich zu sehen.

Bringen Sie den Zellzeiger zu Zelle G3 und geben Sie folgende Formel ein:

+c3+d5 <RETURN> Formeleingabe in Zelle G3.

In Zelle G3 steht der Wert 1000. Dies entspricht der Summe der Zelleninhalte von Zelle C3 (500) und Zelle D5 (500).

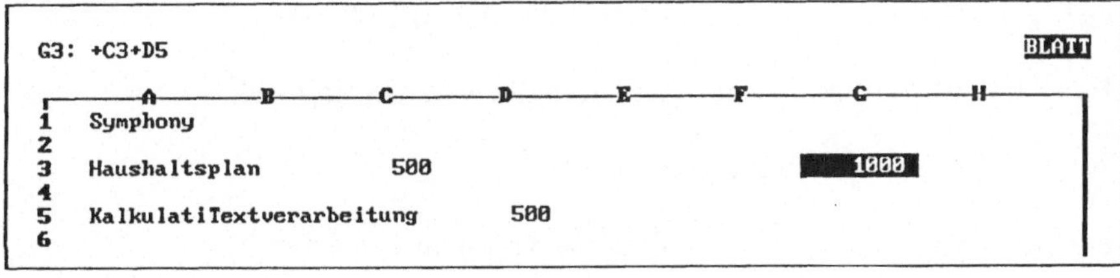

Bild 2-19

Ändern Sie den Wert in einer der beiden Zellen, dann ändert sich auch die Anzeige in Zelle G3. Bewegen Sie den Zellzeiger zu Zelle D5.

100 <RETURN> Eingabe von 100 in Zelle D5.

In Zelle G3 erscheint der Wert 600.

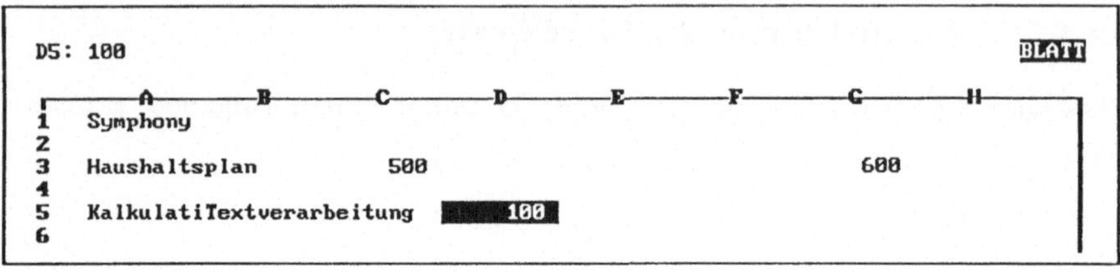

Bild 2-20

Eine weitere Möglichkeit der Formeleingabe bietet Symphony, indem Sie *Zahlen* und *Bezugszellen* kombinieren. Bewegen Sie den Zellzeiger zu Zelle G4 und geben Sie folgende Formel ein:

+d5+50 <RETURN> Formeleingabe in Zelle G4.

Zum aktuellen Wert der Zelle D5 wird der Wert 50 addiert.

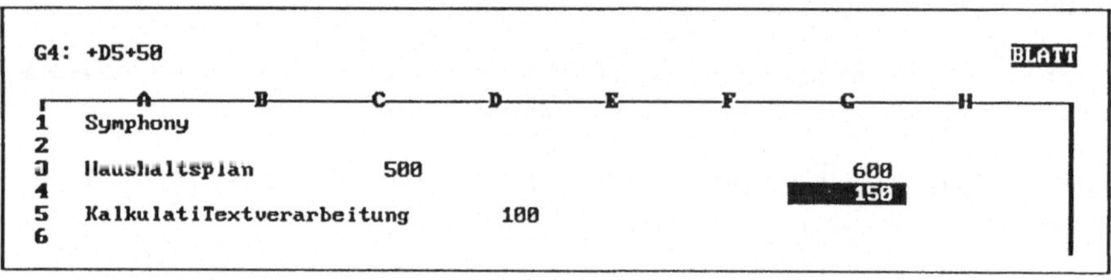

Bild 2-21

Eine Formel kann sich auch auf eine Zelle beziehen, in der auch schon eine Formel steht. Bewegen Sie den Zellzeiger zu Zelle G6.

+g3+g4 <RETURN> Formeleingabe in Zelle G6.

Es erscheint die Summe der Zelleninhalte von G3 und G4.

Ändern Sie nun den Wert in Zelle D5.

8 <RETURN> Eingabe von 8 in Zelle D5.

Die Werte in Zelle G3, G4 und G6 ändern sich. Das Ergebnis zeigt Bild 2-22.

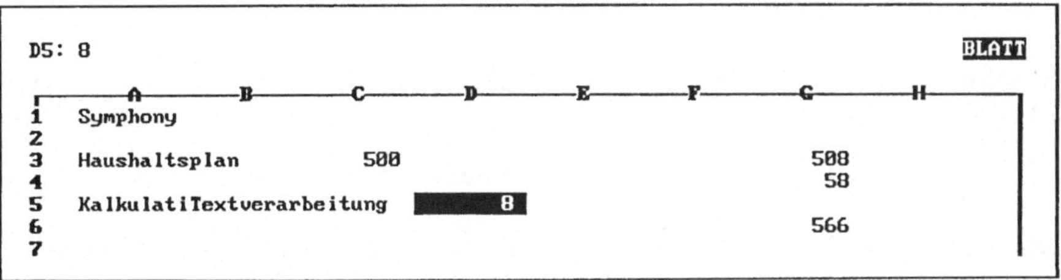

Bild 2-22

Selbstverständlich kann in Symphony nicht nur addiert (+), sondern auch subtrahiert (-), multipliziert (*), dividiert (/) und potenziert (^) werden.

Der Inhalt der Zelle G6 werde durch 100 dividiert. Das Ergebnis soll in Zelle H6 stehen. Bewegen Sie den Zellzeiger in Zelle H6 und geben ein:

+g6/100 <RETURN> Eingabe der Formel in Zelle H6.

Das Ergebnis zeigt Bild 2-23:

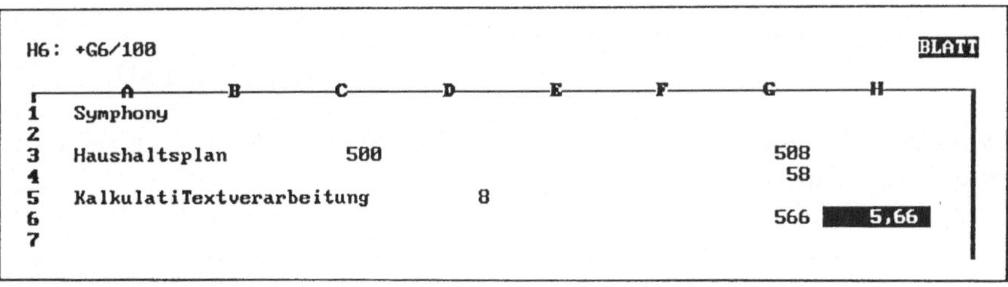

Bild 2-23

2.6.2 Formeleingabe durch Zeigen

Eine weitere Möglichkeit zur Eingabe der Formeln besteht darin, Symphony die Zellen, die an der Formel beteiligt sind, mit den <PFEIL>-Tasten zu zeigen. Sie möchten beispielsweise in Zelle C6 die Formel +c3-g3 eingeben. Dazu gehen Sie folgendermaßen vor:

Bewegen Sie Ihren Zellzeiger in die Zelle C6.

+ Eingabe eines Pluszeichens.

Mit der Eingabe des Pluszeichens wechselt Symphony in den WERT-Modus und erwartet die Eingabe von Zahlen oder Formeln.

3 MAL <PFEIL OBEN > Bewegen des Zellzeigers in die Zelle C3.

Beachten Sie dabei die Modus-Anzeige. Sie befinden sich jetzt im ZEIGEN-Modus.

\- Eingabe eines Minuszeichens.

Nach der Eingabe des Minus-Zeichens springt der Zellzeiger sofort wieder ins Ausgangsfeld C6 zurück. Mit dem Minus-Zeichen teilen wir Symphony mit, daß wir vom Feld C3 etwas subtrahieren wollen.

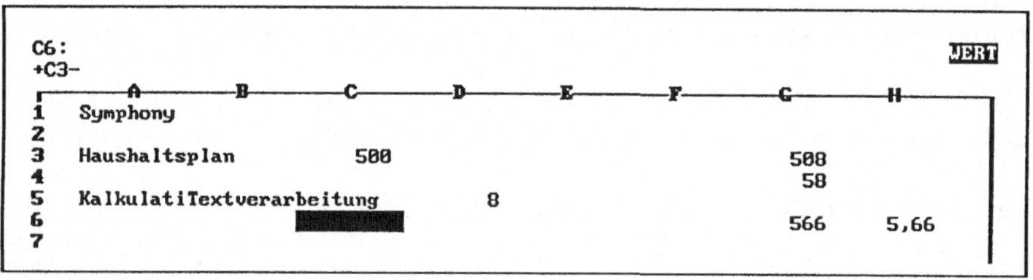

Bild 2-24

3 MAL <PFEIL OBEN> 4 MAL <PFEIL RECHTS>
Bewegen des Zellzeigers in Zelle G3.

Symphony befindet sich wieder im ZEIGEN-Modus. Ihr Bildschirm sollte Bild 2-25 entsprechen:

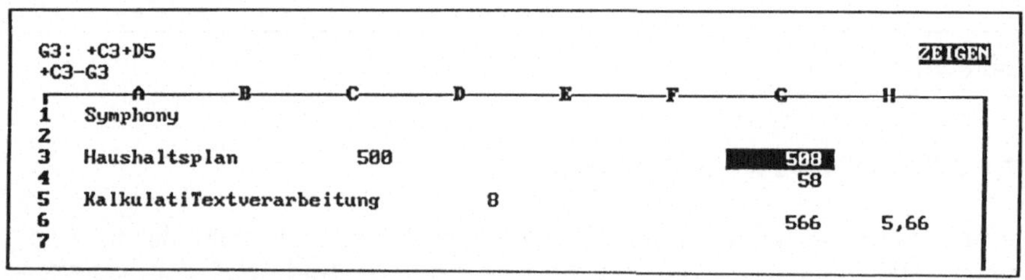

Bild 2-25

<RETURN>.

Der Zellzeiger springt wieder in die Ausgangszelle zurück, die Formel wird berechnet.

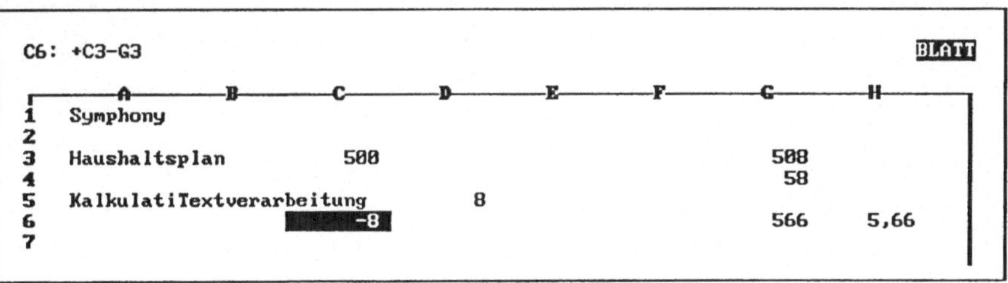

Bild 2-26

Achtung! Wenn Ihnen beim Zeigen auf eine Zelle Fehler unterlaufen, können Sie diese Fehler durch Drücken der <ESC>-Taste oder durch die <RÜCKTASTE> korrigieren. Bei Betätigung der <ESC>-Taste wird Ihre gesamte bisherige Eingabe gelöscht. Die <RÜCKTASTE> drücken Sie solange, bis der Fehler vom Bildschirm verschwindet.

Selbstverständlich können Sie den ZEIGEN-Modus auch für kompliziertere Formeln benutzen.

2.7 Zeichenketten

Formeln können nicht nur zur Berechnung verwendet werden, sondern auch für die Auswertung von Zeichenketten. Eine der wichtigsten Erweiterungen von Symphony gegenüber Lotus 1-2-3 ist die Möglichkeit, im Arbeitsblatt gespeicherte Namen zu bearbeiten. So ist es z.B. möglich, mehrere Zeichenketten zu einer einzigen Zeichenkette zu verknüpfen, z.B. Vorname und Nachname. Im folgenden wird nun gezeigt, wie man Zeichenketten miteinander verknüpfen kann.

Bewegen Sie den Zellzeiger nach Zelle A8.

Peter <PFEIL UNTEN>	Texteingabe in Zelle A8.
Maier 2 MAL <PFEIL UNTEN>	Texteingabe in Zelle A9.

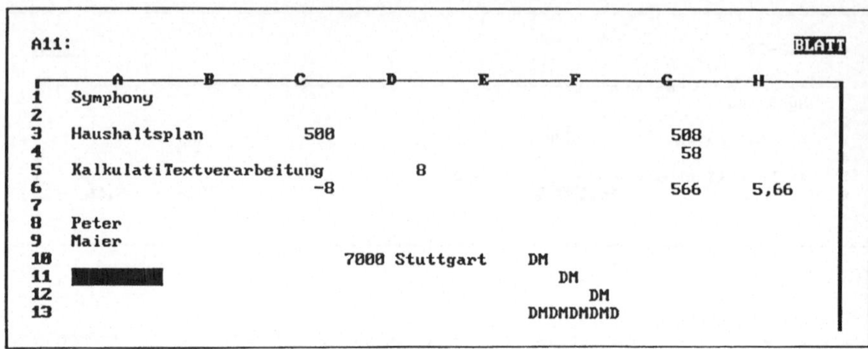

Bild 2-27

Geben Sie nun in Zelle A11 folgenden Formel ein:

+a8 <RETURN> Formeleingabe in Zelle A11.

In Zelle A11 erscheint der Name von Zelle A8. Die Formel hat den Namen als "Wert" interpretiert und in Zelle A11 übernommen.

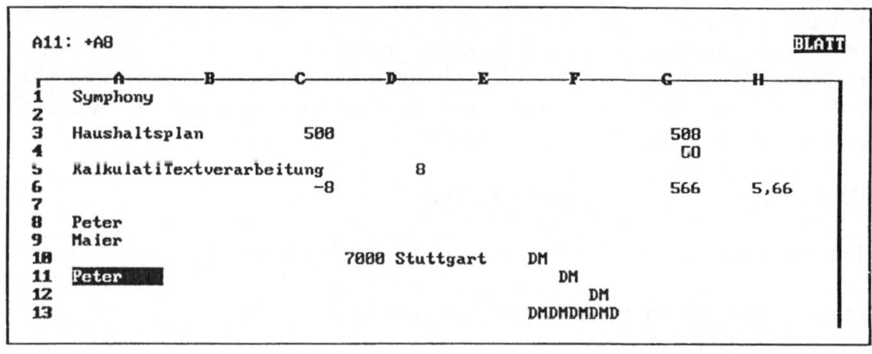

Bild 2-28

Um Ihnen zu zeigen, wie mehrere Zeichenketten zusammengefügt werden können, gehen Sie wie folgt vor:

Bewegen Sie den Zellzeiger nach Zelle A12 und geben folgende Formel ein:

+a8&a9 <PFEIL UNTEN> Formeleingabe in Zelle A12.

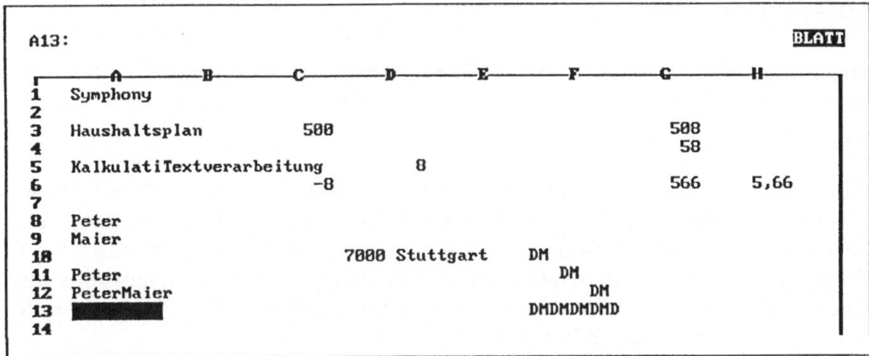

Bild 2-29

Die Formel in Zelle A12 hat die beiden Zeichenkettenwerte aus Zelle A8 und Zelle A9 miteinander verknüpft. Es ist auch möglich, Zeichen direkt in die Formel einzufügen. Die einzige Regel, die man dabei zu beachten hat, ist die, daß diese Zeichen von Anführungzeichen eingeschlossen sein müssen. In unserem Beispiel wollen wir zwischen den beiden Zeichenketten ein Leerzeichen einfügen.

Geben Sie in Zelle A13 folgende Formel ein:

+a8&" "&+a9 <RETURN> Formeleingabe in Zelle A13.

In Zelle A13 erscheint folgende Anzeige:

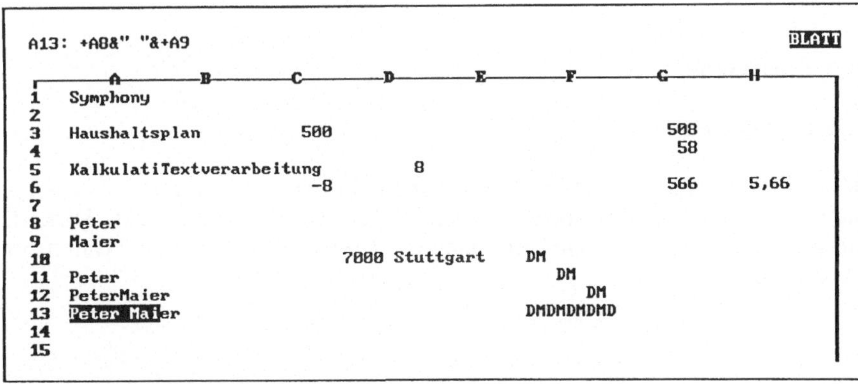

Bild 2-30 Einfügen eines Leerzeichens

2.8 Funktionen

Mit Funktionen können schwierige und umfangreiche Formeln, die man selbst entwickeln müßte, abgekürzt und zum Teil recht einfach dargestellt werden.

Funktionen beginnen immer mit dem Symbol @, an dem Symphony erkennt, daß es sich um eine Funktion handelt. Als nächstes folgt die Beschreibung der Funktion, an der sich eine offene Klammer anschließt. Dann folgen die Funktionsargumente. Das Argument besteht meistens aus einem oder mehreren Werten, Zellen oder Zellbereichen. Danach muß noch eine geschlossene Klammer eingetippt werden.

Symphony unterscheidet folgende Typen von Funktionen:

- Mathematische Funktionen

- Statistische Funktionen

- Finanzfunktionen

- Logische Funktionen

- Sonderfunktionen

- Zeichenfolgefunktionen

- Datum- und Zeitfunktionen.

Einzelne Funktionen werden in den Kapiteln 3 bis 6 genauer besprochen. Außerdem finden Sie im Anhang eine Liste aller Symphony-Funktionen.

2.9 Kommandos

2.9.1 Allgemeines

Kommandos sind Werkzeuge, mit denen Sie Ihr Arbeitsblatt bearbeiten können. Mit den Kommandos können Sie u. a. Dateien auf Diskette abspeichern oder von Diskette laden, Dateien drucken oder Daten im Arbeitsblatt ändern.

Im Programmpaket Symphony arbeiten Sie mit zwei Auswahl-Menüs.

1. Allgemeine Befehle (Service-Befehle)

Das Menü der {Service}-Befehle ist immer gleich, unabhängig von dem Symphony-Baustein, mit dem Sie gerade arbeiten. Um in das {Service}-Menü zu kommen, brauchen Sie lediglich die **<F9>**-Taste zu drücken.

2. Spezielle Befehle (Menü-Befehle)

Diese Befehle sind davon abhängig, in welchem Symphony-Baustein Sie sich befinden, ob im Kalkulationsblatt, Grafikblatt, Datenbankblatt, Textblatt oder Kommunikationsblatt. In diese Menüs gelangen Sie, wenn Sie die **<F10>**-Taste drücken.

Alle Symphony-Befehle befinden sich auf der beiliegenden Klapptafel, die Sie jetzt am besten herausnehmen.

<F9> Aufruf des {Service}-Menüs.

Es erscheint folgendes Menü:

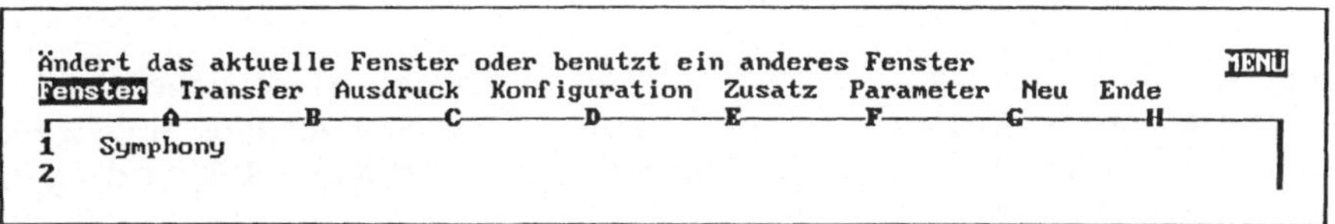

Bild 2-31 Das Symphony {Service}-Menü

Achtung! Soll ein Menü aufgerufen werden, muß sich Symphony im BLATT-Modus befinden. Falls dies nicht der Fall ist, müssen Sie solange die <ESC>-Taste drücken, bis Sie sich im BLATT-Modus befinden.

Die Befehle erscheinen in der zweiten Zeile des Bedienfeldes. Man bezeichnet diese Befehlsliste als Menü, weil man sich aus diesen Befehlen einen bestimmten Befehl aussuchen kann. Die Modus-Anzeige wechselt vom BLATT-Modus in den MENÜ-Modus. Wird ein Befehl ausgewählt, so erscheinen in der ersten Zeile des Bedienfeldes Bemerkungen zu seiner Funktion.

Wie bereits erwähnt, ist das {Service}-Menü jederzeit verfügbar, unabhängig davon, in welchem Fenstertyp man sich gerade befindet. Symphony verfügt über eine Reihe von Befehlen, die für alle Fenstertypen gelten, beispielsweise Drucken oder Organisieren eines Fensters. Tabelle 2-3 faßt diese Service-Befehle zusammen.

Tabelle 2-3 Service-Befehle und ihre Bedeutung

Befehl	Beschreibung
Fenster	Aktuelles Fenster ändern oder ein anderes benutzen
Transfer	Dateien zwischen Arbeitsplatz (Arbeitsspeicher) und dem Plattenspeicher abspeichern oder laden
Ausdruck	Dateien drucken
Konfiguration	Vorgabeparameter und generelle Prozeduren können definiert werden
Zusatz	Zusatzpositionen können definiert werden
Parameter	Verändert oder zeigt die Globalparameter (wie z. B. Blattsicherung)
Neu	Komplette Dateien mit ihren Einstellungen aus dem Kernspeicher löschen
Ende	Beendet die Arbeit mit Symphony

Um einen Befehl auszuwählen, können zwei Vorgehensweisen angewandt werden:

1. Sie bewegen den Cursor (heller Balken) mit der <LEERTASTE> oder den Tasten <PFEIL LINKS> und <PFEIL RECHTS> zu dem gewünschten Kommando; anschließend betätigen Sie die <RETURN>-Taste. Oder aber:

2. Sie geben den ersten Buchstaben des gewünschten Kommandos ein.

Zur Gewöhnung an die Kommandos von Symphony ist es sicher einfacher, den ersten Weg zu beschreiten, also auf die Kommandos zu zeigen. Wir werden diesem Weg daher zunächst folgen. Ab Kapitel 3 wird dann der zweite Weg eingeschlagen. Dabei wird deutlich, daß diese Methode sehr schnell ist. Sie setzt jedoch voraus, daß die Befehlsbezeichnungen von Symphony bekannt sind.

2.9.2 Beenden der Symphony-Sitzung

Als Einstieg in die Service-Befehle von Symphony wird die Bildschirmanzeige gelöscht. Anschließend wird dann die Symphony-Sitzung beendet.

Das Kommando **Neu** löscht den ganzen Inhalt eines Arbeitsblattes, ohne es vorher zu sichern, wenn man mit **Ja** bestätigt. Im Gegensatz zu Neu beendet Symphony mit dem Befehl **Ende** nach der Bestätigung mit **Ja** die Symphony-Sitzung und kehrt in das Access-Menü oder ins Betriebssystem zurück, je nachdem, ob man Symphony über das Access-System oder über das Betriebssystem aufgerufen hat. Zu beachten ist, daß die Arbeit verloren ist, wenn man vorher nicht gespeichert hat, weil Symphony das Arbeitsblatt nicht automatisch sichert. Wir wollen das erstellte Arbeitsblatt löschen, weil es im weiteren Verlauf nicht mehr benötigt wird.

Es wird wie folgt vorgegangen:

<F9>	Betätigen der {Service}-Taste.
6 MAL <PFEIL RECHTS>	Bewegen des Zeigers zum Befehl **Neu.**
<RETURN>	Symphony fragt, ob das Arbeitsblatt gelöscht werden soll.

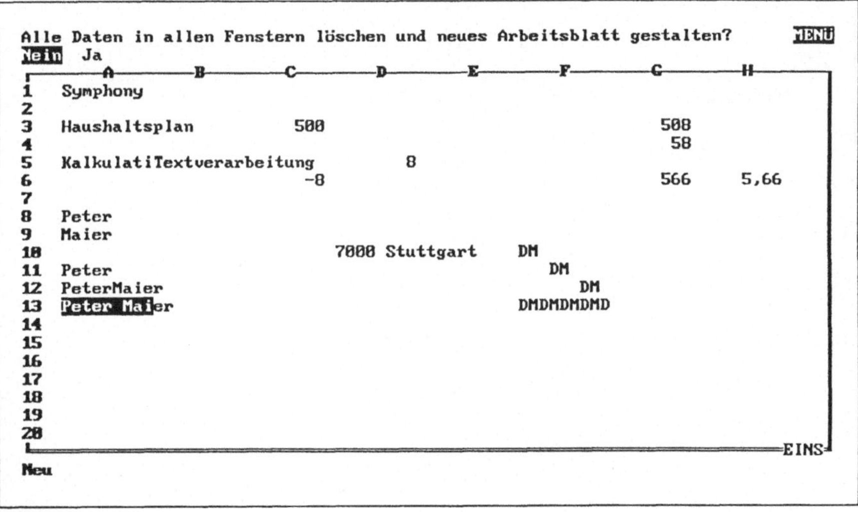

Bild 2-32

Jedesmal wenn Sie ein Kommando eingeben, wird die Datum- und Uhrzeitanzeige in der linken unteren Ecke durch den von Ihnen gewählten Kommandonamen ersetzt (Neu).

Achtung! Ein noch nicht abgeschlossener Befehl kann durch Drücken der <ESC>-Taste rückgängig gemacht werden. Um in einer Befehlsfolge einen Schritt zurückzugehen, wird die <ESC>-Taste betätigt. Es kann dann mit der Befehlseingabe fortgefahren oder noch ein Befehl gelöscht werden.

<PFEIL RECHTS>	Bewegen des Cursor auf **Ja**
<RETURN>	Der Bildschirminhalt wird gelöscht.

Um eine Symphony-Sitzung zu beenden, wird wie folgt vorgegangen:

<F9>	Aufrufen des {Service}-Menüs.
<PFEIL LINKS>	Auswahl des Befehls **Ende**.
<RETURN>	Symphony fragt, ob die Sitzung beendet werden soll.

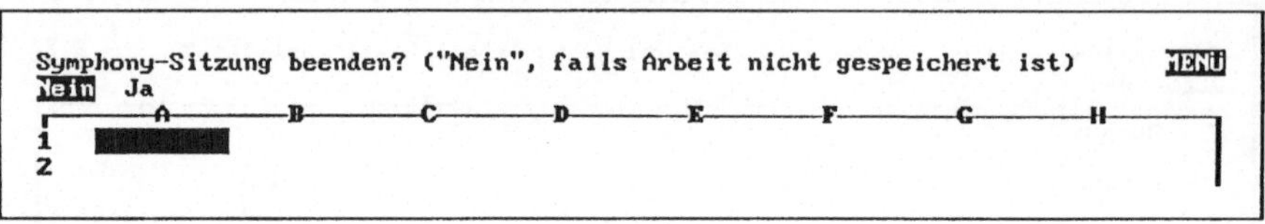

Bild 2-33

<PFEIL RECHTS>	Bewegen des Cursors auf **Ja**.
<RETURN>	Die Sitzung wird beendet.

3 Arbeiten im BLATT-Fenster am Beispiel der Entwicklung eines Auftragbestandes

3.1 Aufbau einer Tabelle

Eine Maschinenfabrik möchte ihren Auftragsbestand für die Produktsparten Drehbänke, Fräsmaschinen, Bohrautomaten und Schleifmaschinen quartalsweise kontrollieren. Zu diesem Zweck wird der Auftragsbestand für die Monate Januar, Februar und März in einem Arbeitsblatt zusammengestellt, ausgewertet und abgespeichert.

A11: BLATT

	A	B	C	D	E
1	Auftragsbestand	Januar-89	Februar-89	März-89	Gesamt
2					
3	Drehbänke	48743,00	143543,00	265987,90	458.274 DM
4	Fräsmaschinen	82654,40	122345,90	150912,07	355.912 DM
5	Bohrautomaten	64343,65	328987,30	234872,30	628.203 DM
6	Hobelmaschinen	35228,50	75840,60	112433,00	223.502 DM
7	Schleifmaschinen	54748,00	100765,54	150908,80	306.422 DM
8	--------------------	----------	----------	----------	----------
9	Gesamt	285717,55	771482,42	915114,07	1.972.314 DM
10	Prozent	14,49%	39,12%	46,40%	100,00%
11					
12					

Bild 3-1 Arbeitsblatt zur Entwicklung des Auftragsbestandes

Die Erstellung des Arbeitsblattes für den Auftragsbestand erfolgt in folgenden Schritten:

1. Eingabe der Zeilen- und Spaltenbezeichnungen (Texteingabe)
2. Spaltenbreite einstellen
    2.1 Bestimmte Spaltenbreite einstellen
    2.2 Standardbreite einstellen
3. Texte formatieren
4. Wiederholende Darstellungsweise
5. Der Kopier-Befehl

6. Eingabe der Zahlenwerte

7. Funktionen eingeben

8. Formeln kopieren

9. Relative, absolute und gemischte Zelladressierung

10. Zahlen formatieren

    10.1 Das Format Fest

    10.2 Das Prozentformat

    10.3 Das Format Währung

    10.4 Das Format Interpunktiert

    10.5 Das Format Allgemein

    10.6 Das Format Datum

    10.7 Das Format Zeit

    10.8 Das Format Exp-Form

    10.9 Der {Menü}-Befehl Format Optionen

    10.10 Das Format Standard

11. Der {Menü}-Befehl Einfügen

12. Der {Menü}-Befehl Löschen

13. Der {Menü}-Befehl Radieren

14. Speichern des Arbeitsblattes

15. Standardeinstellungen im Arbeitsblatt

    15.1 Der Befehl Parameter Läbelpräfix

    15.2 Der Befehl Parameter Kalkulation

    15.3 Der Befehl Parameter Titel

15.4 Der Befehl Parameter Format

15.5 Der Befehl Parameter Breite

15.6 Der Befehl Parameter Null

3.1.1 Eingabe der Zeilen- und Spaltenbezeichnungen (Texteingabe)

Wir gehen davon aus, daß Sie sich in einem leeren Arbeitsblatt befinden. Als erstes werden die verschiedenen Produktsparten eingegeben. Es wird wie folgt vorgegangen:

<HOME> Bewegen des Zellzeigers zur Zelle A1.

Auftragsbestand 2 MAL <PFEIL UNTEN>
Texteingabe in Zelle A1.

Drehbänke <PFEIL UNTEN> Texteingabe in Zelle A3.

Fräsmaschinen <PFEIL UNTEN>
Texteingabe in Zelle A4.

Bohrautomaten <PFEIL UNTEN>
Texteingabe in Zelle A5.

Schleifmaschinen 2 MAL <PFEIL UNTEN>
Texteingabe in Zelle A6.

Gesamt <PFEIL UNTEN> Texteingabe in Zelle A8.

Prozent <RETURN> Texteingabe in Zelle A9.

Damit haben Sie die Zeilenbezeichnungen für das Arbeitsblatt erstellt. Ihr Bildschirm sollte Bild 3-2 entsprechen:

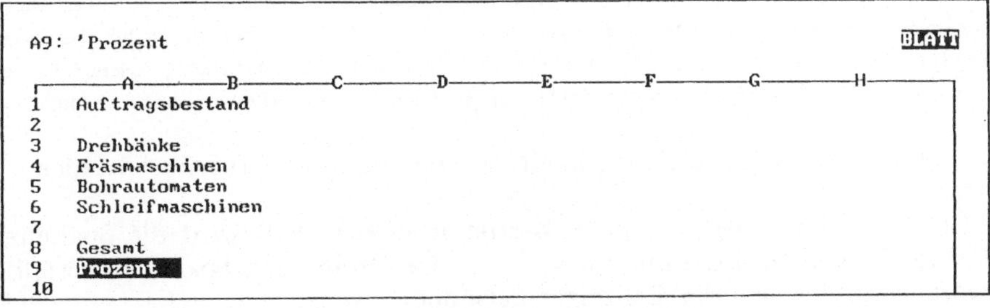

Bild 3-2 Arbeitsblatt nach der Eingabe der Zeilentexte

Nun werden die Monatsnamen für das 1. Quartal 1989 eingegeben. Bewegen Sie dazu den Zellzeiger in die Zelle B1. Geben Sie folgendes ein:

Januar-89 <PFEIL RECHTS> Texteingabe in Zelle B1.

Achtung! Der in Zelle A1 eingegebene Text erscheint jetzt nicht mehr vollständig, da es sich um einen zellüberschreitenden Text handelt. Obwohl jetzt nur noch ein Teil des Textes in Zelle A1 steht, wurde er doch in Zelle A1 vollständig eingegeben und auch vollständig gespeichert.

Februar-89 <PFEIL RECHTS> Texteingabe in Zelle C1.

März-89 <PFEIL RECHTS> Texteingabe in Zelle D1.

Gesamt <RETURN> Texteingabe in Zelle E1.

Ihr Bildschirm sollte nun Bild 3-3 entsprechen.

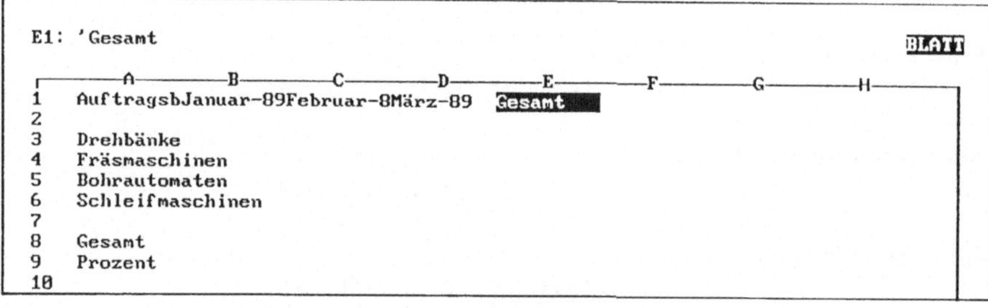

Bild 3-3 Arbeitsblatt nach Eingabe der Spaltenüberschriften

3.1.2 Spaltenbreite einstellen

3.1.2.1 Bestimmte Spaltenbreite einstellen

Achtung! Während wir im letzten Kapitel die Symphony-Befehle mit dem Zellzeiger ausgewählt haben, rufen wir ab diesem Kapitel die Befehlszeichen durch Drücken der entsprechenden Festtasten, {Service}-Taste (<F9> auf der Tastatur), {Menü}-Taste (<F10> auf der Tastatur) und der Folge der entsprechenden Anfangsbuchstaben auf.

Aus Gründen der Übersichtlichkeit soll die Spalte A verbreitert werden.

Mit dem {Menü}-Befehl Spalte **B**estimme (**<F10> SB**) wird die Spaltenbreite festgelegt. Es kann immer nur die Breite der Spalte eingestellt werden, in der sich der Zellzeiger befindet.

Der Zellzeiger wird in die zu ändernde Spalte bewegt. In unserem Falle ist dies die Spalte A, dann wird folgende Befehlsfolge durchgeführt:

<HOME>	Bewegen des Zellzeigers in Zelle A1.
<F10> sb	Auswahl des {Menü}-Befehls Spalte Bestimme.

Es erscheint folgendes Bild:

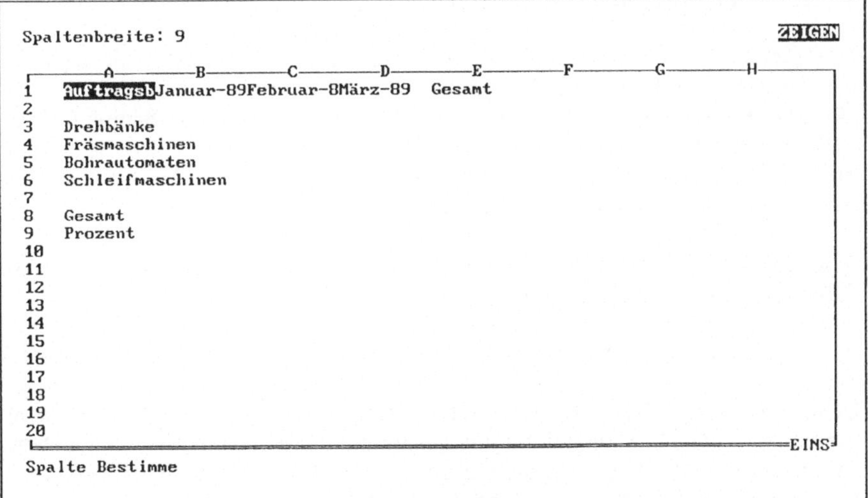

Bild 3-4 Standardeinstellung der Spaltenbreite

Die Voreinstellung der Spaltenbreite beträgt 9. Sie ist zwischen 1 und 240 einstellbar.

Auf zweierlei Arten kann die Spaltenbreite bestimmt werden:

1. Durch Betätigen der <PFEIL LINKS>-Taste (Verkleinern der Spalte) oder durch Betätigen der <PFEIL RECHTS>-Taste (Verbreitern der Spalte). Oder aber:

2. durch Eingabe der gewünschten Zeichenanzahl bei der Aufforderung: **Spaltenbreite: 9**

Die Einstellung mit den <PFEIL>-Tasten hat den Vorteil, daß Sie die Auswirkung der Einstellung auf dem Bildschirm mitverfolgen können.

In unserem Beispiel soll die Spaltenbreite 18 Zeichen sein.

18	Eingabe von 18.
<RETURN>	Die Breite der Spalte A wird auf 18 Zeichen eingestellt.

3.1.2.2 Standardbreite einstellen

Der {Menü}-Befehl **P**arameter (**<F10> P**) beinhaltet Befehle, die sich auf das gesamte Arbeitsblatt beziehen. Die Standardspaltenbreite für das aktuelle Fenster wird mit dem {Menü}-Befehl **P**arameter **B**reite (**<F10> PB**) eingestellt. Damit ändert sich die Breite für alle Spalten, die nicht mit dem {Menü}-Befehl Spalte **B**estimme (**<F10> SB**) auf einen bestimmten Wert verändert wurden.

Alle Spalten außer der Spalte A sollen zwölf Zeichen breit sein. Es wird folgendermaßen vorgegangen:

<F10> pb	Wahl des {Menü}-Befehls **P**arameter **B**reite.

Symphony fragt Sie nun nach der gewünschten Spaltenbreite und zeigt gleichzeitig die Voreinstellung im gesamten Arbeitsblatt an (**vorgegebene Spaltenbreite: 9**). Die Voreinstellung im gesamten Arbeitsblatt beträgt 9. In unserem Beispiel soll für das restliche Arbeitsblatt eine Spaltenbreite von zwölf Zeichen festgelegt werden.

12 <RETURN>	Eintippen der neuen Spaltenbreite.

Ab Spalte B werden die Spalten auf 12 Zeichen verbreitert. Nachdem Sie Stop im Parameter-Menü ausgewählt haben, verschwindet das Menü und Sie befinden sich wieder im Arbeitsblatt.

3.1.3 Texte formatieren

Wenn Sie Texte in Zellen eingeben, werden diese normalerweise linksbündig justiert, es sei denn, es wurde bereits eine Formatierung durchgeführt.

Mit dem {Menü}-Befehl **B**ereich **J**ustierung (**<F10> BJ**) bzw. dem {Menü}-Befehl **P**arameter **L**abelpräfix (**<F10> PL**) können Sie Texte

linksbündig, rechtsbündig oder **zentriert** in einem bestimmten Bereich (Befehlsfolge: <F10> BJ) oder auf dem gesamten Arbeitsblatt (Befehlsfolge: <F10> PL) justieren. In unserem Beispiel soll die Spaltenbreite im Bereich B1..E1 rechtsbündig justiert werden. Es wird wie folgt vorgegangen:

<F10> bjr	Auswahl des (Menü)-Befehls **B**ereich **J**ustierung **R**echtsbündig.

Der Bildschirm sollte Bild 3-5 entsprechen:

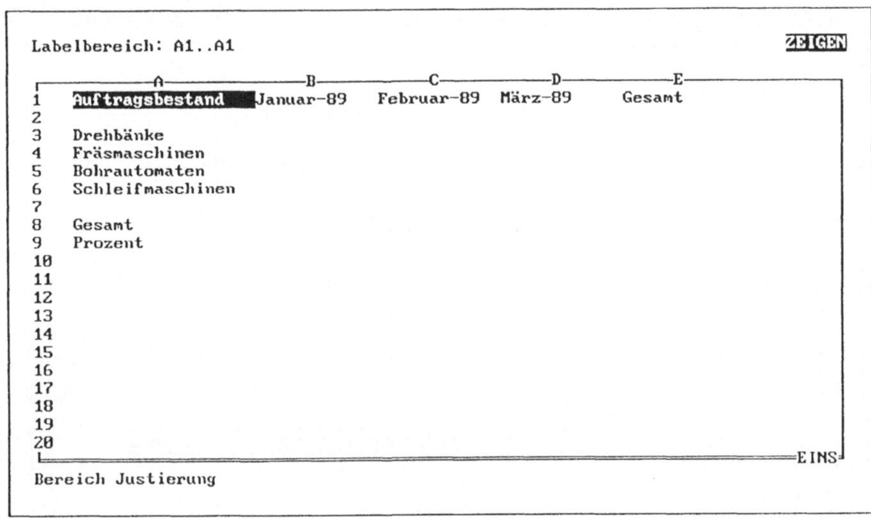

Bild 3-5 Eingabe eines Labelbereichs

Symphony befindet sich jetzt im ZEIGEN-Modus und fragt nach einem Labelbereich. Ein Bereich ist eine Gruppe von Zellen im Arbeitsblatt, die ein Rechteck bilden müssen. Ein Bereich kann eine Zelle sein, ein Teil einer Spalte, ein Teil einer Zeile oder ein Rechteck, das eine Anzahl von Zeilen und Spalten umfaßt. Es gibt drei Möglichkeiten, einen Bereich anzugeben.

1. Einen Bereich mit den Pfeiltasten angeben

Wie Sie sehen, wechselt die Modusanzeige in der rechten oberen Ecke in den ZEIGEN-Modus. Sie können mit den <PFEIL>-Tasten den bestimmten Bereich angeben. Ausgangspunkt für einen Bereich ist immer eine "verankerte Zelle". Verankern kann man eine Zelle mit einem Punkt oder mit der <TAB>-Taste, sofern sie nicht schon verankert ist. In unserem Fall ist die Zelle schon verankert, weil im Kontrollfeld "A1..A1" angezeigt wird. Eine verankerte Zelle besteht nur aus einer Zellenadresse. Lösen kann man eine verankerte Zelle mit der <ESC>-Taste. Im Kontrollfeld erhält man die Anzeige A1, also die zweite identische Zellenadresse fehlt. Mit einem Punkt oder mit der <TAB>-Taste kann man die Zelle wieder verankern. Von der verankerten Zelle aus kann nun der Bereich mit den <PFEIL>-Tasten nach Bedarf vergrößert werden. Der Bereich erscheint auf dem Bildschirm aufgehellt. Es ist zu beachten, daß die verankerte Zelle immer ein Eckpunkt des Bereiches ist, d.h man kann entweder nur nach oben oder nur nach unten, bzw. entweder nur nach links oder nur nach rechts den Bereich vergrößern. In unserem Fall umfaßt der zu formatierende Bereich die Zellen B1 bis E1. Es wird wie folgt vorgegangen:

<ESC>	Lösen der Verankerung.
<PFEIL RECHTS>	Zelle B1 wird neue Eckzelle.
<TAB>-Taste	Zelle B1 wird verankert.
3 MAL <PFEIL RECHTS>	Vergrößern des Bereiches von B1..E1.

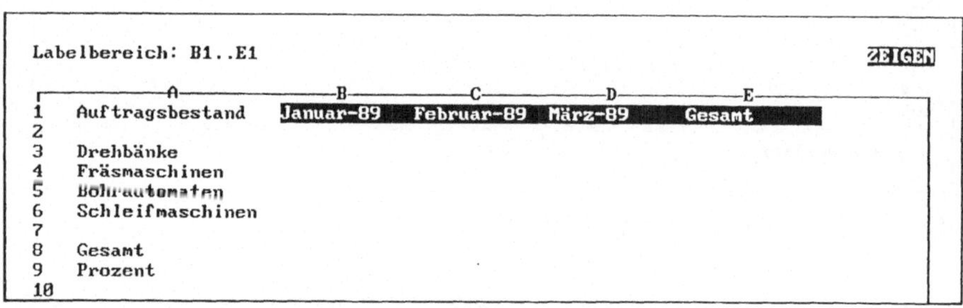

Bild 3-6 Bereichsangabe erscheint aufgehellt

<RETURN>	Abschließen der Bereichsangabe.

Im Bereich B1..E1 werden die Texteingaben rechtsbündig justiert.

2. Eingeben der Eckzellen eines Bereiches

Es werden die Adressen der Eckzellen eingetippt. Bei einem Rechteck beispielsweise, die diagonal gegenüberliegenden Ecken. Die zwei Zelladressen müssen durch mindestens einen Punkt getrennt sein. Symphony zeigt dann immer automatisch zwei Punkte an, um einen Bereich zu bestimmen. In unserem Beispiel wäre folgende Eingabe zu machen: **b1..e1** <RETURN>.

3. Bereichsnamen

Bereiche können auch durch einen Namen angegeben werden. Dazu muß zuerst der Name des Bereiches und die Größe des Bereiches in einem BLATT-Fenster eingegeben werden. Mit dem {Menü}-Befehl **B**ereich **N**ame **E**rstelle (**<F10> BNE**) können Sie den Namen des Bereiches und die Größe des Bereiches angeben.

3.1.4 Wiederholende Darstellungsweise

Eine Trennlinie soll in das Arbeitsblatt eingefügt werden. Statt achtzehnmal das Gleichheitszeichen einzugeben, kann man den **rückwärtsgerichteten Schrägstrich** (\) eintippen. Der nach dem rückwärtsgerichteten Schrägstrich eingegebene Text wiederholt sich bis zum Ende des Eingabefeldes.

Bewegen Sie den Zellzeiger zur Zelle A7 und nehmen folgende Eingabe vor:

\-	Eingabe des rückwärtsgerichteten Schrägstriches und eines Trennstriches.
<RETURN>	Die Zelle A7 wird mit dem Trennstrich ausgefüllt.

3.1.5 Der Kopier-Befehl

Mit dem {Menü}-Befehl **K**opie (**<F10> K**) ist es möglich, Zelleninhalte von einer Zelle im Arbeitsblatt an eine andere Stelle zu kopieren. Der zu kopierende Bereich kann beliebig geformt sein, eine einzige Zelle, eine Spalte, eine Zeile oder eine Anzahl von Spalten und Zeilen umfassen. Der Bereich kann Zahlen, Funktionen, Formeln, Texte oder auch nur leere Zellen enthalten.

Mit einem ähnlichen Befehl, dem {Menü}-Befehl **V**ersetzen (**<F10> V**), können Sie Zellen, Spalten bzw. ganze Zellenbereiche umgruppieren. Dabei wird die Quellzelle bzw. der Quellbereich gelöscht.

In unserem Beispiel soll der Inhalt der Zelle A7 in den Bereich B7 bis E7 kopiert werden. Hierzu ist folgende Befehlsfolge notwendig:

<F10> k Auswahl des {Menü}-Befehls Kopie.

Wenn wir davon ausgehen, daß sich der Zellzeiger in Zelle A7 befindet, wird Symphony folgende Meldung anzeigen:

```
Kopie Quellbereich: A7..A7                                                    ZEIGEN

        A                    B              C                 D                E
1  Auftragsbestand       Januar-89   Februar-89        März-89          Gesamt
2
3  Drehbänke
4  Fräsmaschinen
5  Bohrautomaten
6  Schleifmaschinen
7  ==================
8  Gesamt
9  Prozent
10
```

Bild 3-7 Symphony fragt nach dem Quellbereich

Sie befinden sich im ZEIGEN-Modus, d.h. jetzt können Sie Symphony zeigen, welche Zelle bzw. welcher Bereich kopiert werden soll.

Achtung! Mit der <ESC>-Taste können Sie die Verankerung lösen. Im Kontrollfeld erhält man dann die Anzeige: Kopie Quellbereich: A7. Jetzt könnten Sie in eine beliebige Zelle des Arbeitsblattes springen, ohne daß ein Bereich gekennzeichnet wird. Durch Eingabe des Punktes oder der <TAB>-Taste wird die Verankerung wiederhergestellt.

Symphony fragt nach der Zelle (*Quellzelle*) bzw. dem Bereich (*Quellbereich*), aus dem kopiert werden soll. In unserem Fall ist der Quellbereich eine einzelne Zelle, die Zelle A7. Wir können einfach die <RETURN>-Taste drücken, weil der Zellzeiger sich schon in dieser Zelle befindet. Nun erscheint die Frage nach dem Zielbereich:

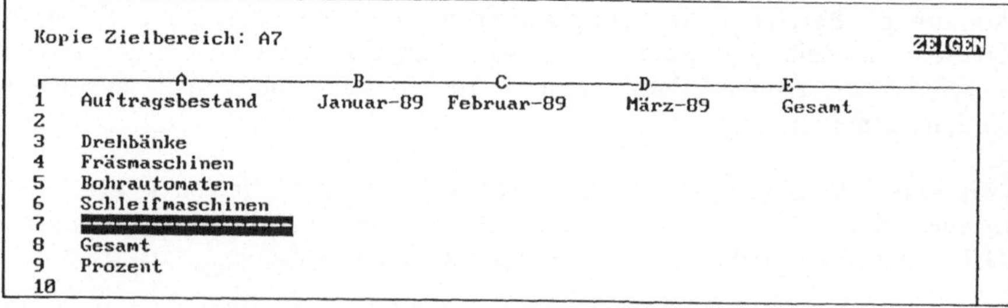

Bild 3-8 Symphony fragt nach dem Zielbereich

Erneut zeigt Symphony uns Zelle A7 als *Zielbereich* an. In unserem Fall ist der richtige Zielbereich der Bereich von B7..E7. Wie bereits erwähnt, kann der richtige Bereich einfach eingetippt werden, oder man zeigt darauf, indem die <PFEIL>-Tasten benutzt werden. Bewegen Sie dazu den Zellzeiger mit der <PFEIL RECHTS>-Taste in die Zelle B7 und tippen dann einen Punkt (oder <TAB>-Taste). Die erste Zelladresse wird verankert, und Symphony erwartet von Ihnen die Eingabe einer zweiten Adresse. Bewegen Sie den Zellzeiger um 3 Spalten nach rechts (3 MAL <PFEIL RECHTS>), bis Sie auf Zelle E7 sind. Ihr Bildschirm sollte nun Bild 3-9 entsprechen.

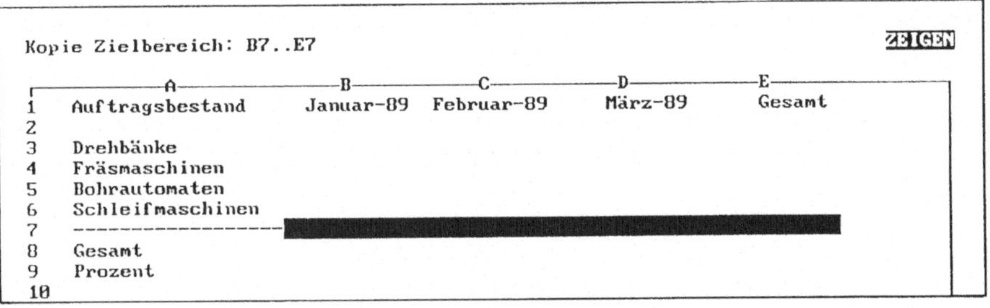

Bild 3-9 Angabe des Zielbereichs

Drücken Sie nun die <RETURN>-Taste. Nun wird der Quellbereich viermal in den Zielbereich kopiert.

Beim Kopier-Befehl muß man folgende Fälle unterscheiden.

1. Der Quellbereich besteht nur aus einer *einzigen Zelle.* Es erscheint im Zielbereich jede Zelle mit dem Inhalt der Ausgangszelle.

2. Der Quellbereich besteht aus einer *Spalte.* Der Zielbereich wird mit dem Inhalt der Spalte gefüllt. Ist der Zielbereich größer als der Quellbereich, werden die freien Zellen (Spalten oder Zeilen) solange mit dem Inhalt des Quellbereiches gefüllt, bis die Grenzen des Zielbereichs erreicht worden sind. Der Quellbereich kann im Zielbereich mehrmals erscheinen.

3. Der Quellbereich besteht aus einer *Zeile.* Der Zielbereich wird mit dem Inhalt der Zeile gefüllt. Ist der Zielbereich größer als der Quellbereich, werden die freien Zellen (Spalten oder Zeilen) solange mit dem Inhalt des Quellbereiches gefüllt, bis die Grenzen des Zielbereichs erreicht worden sind. Der Quellbereich kann im Zielbereich mehrmals erscheinen.

4. Der Quellbereich besteht aus mehreren Spalten oder Zellen. In diesem Fall genügt es, wenn Sie als Zielbereich nur eine Zelle angeben. Beginnend mit der linken oberen Ecke wird der Zielbereich mit dem Inhalt des Quellbereiches gefüllt. Ist der Zielbereich größer als der Quellbereich, bleiben Zellen leer, bzw. der schon vorhandene Inhalt bleibt erhalten. Ist der Zielbereich zu klein, wird der Quellbereich nicht vollständig übertragen.

3.1.6 Eingabe der Zahlenwerte

Mit den bis jetzt durchgeführten Schritten liegt das Arbeitsblatt so vor, daß mit der Eingabe der Zahlenwerte und Formeln begonnen werden kann.

Um die Auftragswerte für Januar einzugeben, bewegen Sie den Zellzeiger in Zelle B3 und nehmen folgende Eingaben vor:

48743 <PFEIL UNTEN> Zahleneingabe in Zelle B3.

82654,40 <PFEIL UNTEN> Zahleneingabe in Zelle B4.

64343,65 <PFEIL UNTEN> Zahleneingabe in Zelle B5.

54748 <RETURN> Zahleneingabe in Zelle B6.

Nun folgen die Auftragswerte für den Februar. Bewegen Sie dazu den Zellzeiger in Zelle C3.

143543 <PFEIL UNTEN> Zahleneingabe in Zelle C3.

122345,98 <PFEIL UNTEN> Zahleneingabe in Zelle C4.

328987,30 <PFEIL UNTEN> Zahleneingabe in Zelle C5.

100765,54 <RETURN> Zahleneingabe in Zelle C6.

Zur Eingabe der Zahlen für März, wird der Zellzeiger in Zelle D3 bewegt.

265987,9 <PFEIL UNTEN> Zahleneingabe in Zelle D3.

150912,07 <PFEIL UNTEN> Zahleneingabe in Zelle D4

234872,3 <PFEIL UNTEN> Zahleneingabe in Zelle D5.

150908,8 <RETURN> Zahleneingabe in Zelle D6.

Ihr Bildschirm sollte nun Bild 3-10 entsprechen.

```
D6: 150908,8                                                              BLATT

   ------------A--------------B-----------C--------------D-------------E----------
1  Auftragsbestand      Januar-89   Februar-89      März-89         Gesamt
2
3  Drehbänke                48743       143543     265987,9
4  Fräsmaschinen          82654,4    122345,98    150912,07
5  Bohrautomaten         64343,65     328987,3     234872,3
6  Schleifmaschinen         54748    100765,54     150908,8
7  -----------------------------------------------------------------------
8  Gesamt
9  Prozent
10
```

Bild 3-10 Tabelle nach der Eingabe der Zahlen

3.1.7 Funktionen eingeben

Alle Funktionen beginnen mit dem @-Zeichen (Klammeraffe), durch den der WERT-Modus aufgerufen wird. Mit der Tastenkombination <ALT> <0> erscheint dieses Zeichen auf dem Bildschirm. Im Anschluß daran folgt die Funktionsbezeichnung bzw. der Funktionsname. Darauf folgen Argumente, die in Klammern stehen. Das Argument einer Funktion kann aus Werten, aus Zellbezügen oder aus beidem bestehen.

Bei der Funktion **@SUMME(B3..B6)** wird ein Zellbezug als Argument verwendet. Bei der Eingabe eines Bereiches wird die Anfangsadresse (B3) von der Endadresse (B6) mit einem oder zwei Punkten getrennt.

Bei der Funktion **@MITTELWERT(4;10;14)** enthält das Argument nur Werte. Es wurden direkt Zahlen eingegeben.

Symphony macht es auch möglich, Bereichsnamen als Argument in einer Funktion zu verwenden. Wird z.B. dem Bereich B3..B6, mit dem {Menü}-Befehl **B**ereich **N**ame **E**rstelle (**<F10> BNE**), der Name JANUAR zugewiesen, dann kann die Funktion auch folgendermaßen aussehen: **@SUMME(JANUAR)**.

Es ist auch möglich, Zellbezüge, Formeln und Bereichsnamen innerhalb einer Funktion zu verwenden. So berechnet beispielsweise die Funktion **@MITTELWERT(3;A6;10)** den Mittelwert der Zahlen 3, 6 und der Zahl, die in Zelle A6 steht.

Im folgenden wird nun die Eingabe einer Funktion beschrieben:

@summe(	Eingabe der Funktion bis zu dem Zeichen (Klammer auf), das vor der Bereichsangabe kommt.

Die Bereichsangabe kann auf drei verschiedene Arten erfolgen:

1. Die Zelladressen werden direkt angewählt, indem die Anfangsadresse eingegeben wird, gefolgt von der Eingabe eines oder zweier Punkte. Nach der Eingabe der Punkte wird die Endadresse eingegeben.
2. Es wird der Bereichsname eingegeben. Dieser muß vorher mit dem {Menü}-Befehl **B**ereich **N**ame **E**rstelle (**<F10> BNE**) definiert worden sein.
3. Zeigen des Bereiches mit dem Zellzeiger. Es wird dabei folgendermaßen vorgegangen:

Der Zellzeiger wird zur Anfangszelle des Bereiches bewegt.

Durch Drücken der <PUNKT>-Taste oder der <TAB>-Taste wird diese Zelle als Eckzelle verankert. Die Zelladresse erscheint in der Eingabezeile.

Nun wird der Cursor zur Endadresse des Bereiches bewegt. Der Bereich von der Anfangsadresse zur Endadresse wird dabei aufgehellt.

Nun wird mit der Eingabe der Funktion fortgefahren.

)	Beenden der Funktion.
<RETURN>	Abschließen der Funktionseingabe.

Die Auftragswerte werden einerseits für jeden Monat (spaltenweise) und andererseits für jede Produktsparte (zeilenweise) aufsummiert sowie der Gesamtauftragswert pro Quartal ermittelt. Eine Möglichkeit, die Auftragswerte für den Monat Januar zu erhalten, ist die Eingabe der Formel **+B3+B4+B5+B6** in Zelle B8. Diese Berechnung kann mit der Funktion @SUMME abgekürzt werden. Es wird nun wie folgt vorgegangen:

Bewegen Sie den Zellzeiger in die Zelle B8 und geben die folgende Funktion ein:

@summe(b3..b6)	Die Zelladressen werden direkt eingegeben.
<RETURN>	Die Funktion wird berechnet.

Ihr Bildschirm sollte nun Bild 3-11 entsprechen.

```
B8: @SUMME(B3..B6)                                                    BLATT

         A                     B             C             D            E
1   Auftragsbestand      Januar-89    Februar-89      März-89       Gesamt
2
3   Drehbänke                48743        143543      265987,9
4   Fräsmaschinen          82654,4     122345,98     150912,07
5   Bohrautomaten         64343,65      320987,3      234872,3
6   Schleifmaschinen         54748     100765,54      150900,8
7   ------------------------------------------------------------------------
8   Gesamt               250489,05
9   Prozent
10
```

Bild 3-11 Arbeitsblatt nach Berechnung der Werte für Januar

Die Zeilensummen müssen ebenfalls ermittelt werden. Bewegen Sie dazu den Zellzeiger in Zelle E3 und machen die folgende Eingabe:

@summe(	Eingabe der Funktion bis zu dem Zeichen "Klammer auf", das vor der Bereichsangabe erscheint.
3 MAL <PFEIL LINKS>	Bewegen des Zellzeigers zu Zelle B3.
.	Verankerung der Zelle B3.
2 MAL <PFEIL RECHTS>	Bewegen Sie den Zellzeiger zu Zelle D3.
)	Die Funktion wird beendet. Der Zellzeiger springt in die Ausgangszelle E3 zurück.
<RETURN>	Ausführen der Summierung in Zelle E3 (458273,9).

3.1.8 Formeln kopieren

Die Summenformel in Zelle B8 soll in die Zellen C8, D8 und E8 kopiert werden. Es wird folgendermaßen vorgegangen:

<F5> b8 <RETURN>	Bewegen des Zellzeigers in Zelle B8.
<F10> k	Auswahl des {Menü}-Befehls Kopie.

Symphony fragt nach dem Quellbereich. In unserem Fall ist dies die Zelle B8. Da sich der Zellzeiger schon in Zelle B8 befindet, bestätigen wir durch Drücken der <RETURN>-Taste den Quellbereich. Nun fragt Symphony nach dem Zielbereich. In unserem Fall ist dies der Bereich C8 bis E8.

<PFEIL RECHTS>	Der Zellzeiger wird nach Zelle C8 bewegt.
<TAB>-Taste	Die Zelle C8 wird als Eckzelle verankert.
2 MAL <PFEIL RECHTS>	Bewegen des Zellzeigers nach Zelle E8.
<RETURN>	Die @SUMME-Funktion wird in die Zellen C8, D8 und E8 kopiert und die Summierung ausgeführt.

Ihr Bildschirm sollte nun Bild 3-12 entsprechen.

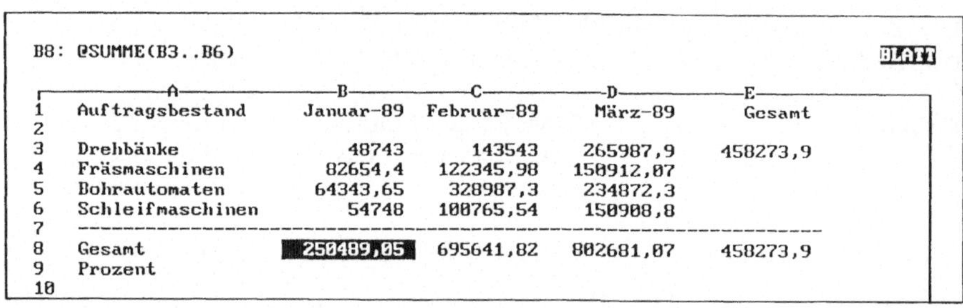

B8: @SUMME(B3..B6) BLATT

	A	B	C	D	E
1	Auftragsbestand	Januar-89	Februar-89	März-89	Gesamt
2					
3	Drehbänke	48743	143543	265987,9	458273,9
4	Fräsmaschinen	82654,4	122345,98	150912,07	
5	Bohrautomaten	64343,65	328987,3	234872,3	
6	Schleifmaschinen	54748	100765,54	150908,8	
7	----------------	----------	----------	----------	----------
8	Gesamt	250489,05	695641,82	802681,07	458273,9
9	Prozent				
10					

Bild 3-12 Arbeitsblatt nach Summieren der Spalten

In den Zeilen 4, 5 und 6, in denen die Auftragswerte für Fräsmaschinen, Bohrautomaten und Schleifmaschinen stehen, müssen die entsprechenden Werte in derselben Weise aufsummiert werden, wie in der Zeile 3. Dies geschieht, wie für die Spalten bereits beschrieben, mit dem {Menü}-Befehl Kopie (**<F10> K**) in folgender Weise:

<F5> e3 <RETURN>	Bewegen des Zellzeigers nach Zelle E3.
<F10> k	Wahl des {Menü}-Befehls **K**opie.
<RETURN>	Die Zelle E3 wird als Quellbereich bestätigt.
e4..e6 <RETURN>	Eingabe des Zielbereiches. Die Summen werden ermittelt.

Hinweis! Natürlich können Sie auch den Zielbereich durch Zeigen mit den <PFEIL>-Tasten definieren.

Ihr Bildschirm sollte nun Bild 3-13 entsprechen.

E3: @SUMME(B3..D3) BLATT

	A	B	C	D	E
1	Auftragsbestand	Januar-89	Februar-89	März-89	Gesamt
2					
3	Drehbänke	48743	143543	265987,9	458273,9
4	Fräsmaschinen	82654,4	122345,98	150912,07	355912,45
5	Bohrautomaten	64343,65	328987,3	234872,3	628203,25
6	Schleifmaschinen	54748	100765,54	150908,8	306422,34
7	--------------------	----------	----------	----------	----------
8	Gesamt	250489,05	695641,82	802681,07	1748811,94
9	Prozent				
10					

Bild 3-13 Tabelle nach Summierung von Zeilen und Spalten

3.1.9 Relative, absolute und gemischte Zelladressierung

1. Relative Adressierung

Beim Kopieren der Formel von Zelle B8 in die Zellen C8, D8 und E8 (bzw. von Zelle E3 in die Zellen E4, E5 und E6) bleiben die Formeln - relativ gesehen - gleich. Bei der Formel @SUMME(B3..B6) sind die Bezüge auf die Zellen B3 und B6 relative Adressen. Relative Adressen werden beim Kopieren so abgeändert, daß der Bezug der Zellen untereinander erhalten bleibt. Die Summenformel in Zelle B8: @SUMME(B3..B6) addiert die vier direkt über der Formel liegenden Zellen. Wenn diese Funktion kopiert wird, wird die daraus resultierende Funktion auch wieder die vier direkt über der Funktion liegenden Zellen addieren. Also ergibt sich folgender Inhalt in den anderen Zellen:

C8: @SUMME(C3..C6)
D8: @SUMME(D3..D6)
E8: @SUMME(E3..E6)

Obwohl alle Formeln unterschiedlich sind, addiert jede Formel immer die vier Zellen über der Zelle, die die Formel enthält. Diese Formeln beziehen sich -relativ gesehen- immer auf die gleichen Zellen.

2. Absolute Adressierung

Absolute Zelladressen werden genauso kopiert, wie sie ursprünglich angelegt worden sind. Absolute Bezüge werden gekennzeichnet durch ein Dollarzeichen ($), das vor die Zeile und vor die Spaltenbezeichnung der Zelladresse gestellt wird. So ist beispielsweise die Funktion **@SUMME($B$3..$B$6)** in Zelle B8 absolut die gleiche Funktion wie die Funktion @SUMME(B3..B6). Würde man diesen absoluten Zellbezug, @SUMME($B$3..$B$6), in die Zellen C8, D8 und E8 kopieren, würde in jeder Zelle das gleiche Ergebnis stehen, obwohl die Summe in jeder Spalte verschieden ist. Dieses Beispiel wird im Bild 3-14 dargestellt.

B8: @SUMME($B$3..$B$6) BLATT

	A	B	C	D	E
1	Auftragsbestand	Januar-89	Februar-89	März-89	Gesamt
2					
3	Drehbänke	48743	143543	265987,9	458273,9
4	Fräsmaschinen	82654,4	122345,98	150912,07	355912,45
5	Bohrautomaten	64343,65	320987,3	234872,3	620203,25
6	Schleifmaschinen	54748	100765,54	150908,8	306422,34
7	----------------	----------	----------	----------	----------
8	Gesamt	250489,05	250489,05	250489,05	250489,05
9	Prozent				
10					

Bild 3-14 Tabelle nach dem Kopieren einer Formel mit absoluten Adressen

3. Gemischte Adressierung

Gemischte Adressierung ist eine Kombination aus relativer und absoluter Adressierung. Da jede Zelladresse eine Zeile und eine Spalte enthält, kann ein Teil absolut (fix) adressiert werden, während der andere Teil relativ adressiert wird.

Es fehlt noch die Berechnung des *prozentualen Anteils* der jeweiligen Monatsumsätze am Quartalsumsatz. Dabei wird so vorgegangen, daß der jeweilige Zellinhalt für die Monatsumsätze (relative Zelle) immer mit *derselben Zelle* E8 (absoluten Zelle) für den Gesamtumsatz dividiert wird. Es wird wie folgt vorgegangen:

Bewegen Sie den Zellzeiger zur Zelle B9.

+ Symphony erwartet die Eingabe einer Formel und befindet sich im WERT-Modus.

<PFEIL OBEN> Bewegen Sie den Zellzeiger zur Zelle B8.

/ Eingabe des <SCHRÄGSTRICHES> (dividiert durch).

Der Zellzeiger springt zurück in die Ausgangszelle B9.

<PFEIL OBEN> 3 MAL <PFEIL RECHTS>
Bewegen des Zellzeigers in Zelle E8.

<RETURN> Der Prozentsatz wird berechnet und erscheint in Zelle B9.

B9: +B8/E8 BLATT

	A	B	C	D	E
1	Auftragsbestand	Januar-89	Februar-89	März-89	Gesamt
2					
3	Drehbänke	48743	143543	265987,9	458273,9
4	Fräsmaschinen	82654,4	122345,98	150912,07	355912,45
5	Bohrautomaten	64343,65	328987,3	234872,3	628203,25
6	Schleifmaschinen	54748	100765,54	150908,8	306422,34
7	-----------------	----------	----------	----------	----------
8	Gesamt	250489,05	695641,82	802681,07	1748811,94
9	Prozent	0,143233840			
10					

Bild 3-15 Berechnung des Prozentsatzes für Januar

Dieselbe Rechnung muß für die Spalten Februar, März und Gesamt durchgeführt werden. Hierbei ist zu beachten, daß die Spalte immer *um eins nach rechts verschoben* wird, aber die Bezugszelle E8 (1748811,94) gleichbleibt. Deshalb ist E8 eine *absolute* Zelladresse. Dies wird durch Voranstellen des $-Zeichens markiert. Die Formel muß folgendermaßen geändert werden.

+B8/$E$8

Im folgenden wird dies ausgeführt:

<F2> Drücken der <F2>-Taste (Editiertaste).

Durch Drücken dieser Taste befinden Sie sich im EDIT-Modus. Es erscheint die Formel: +B8/E8

<F3> Drücken der <F3>-Taste (ABS-Taste).

Mit dieser Taste wird die Zelle E8 absolut adressiert.

<RETURN> Damit wird der Editiervorgang beendet und die geänderte Formel in Zelle B9 abgespeichert.

Ihr Bildschirm sollte nun Bild 3-16 entsprechen.

B9: +B8/$E$8 BLATT

	A	B	C	D	E
1	Auftragsbestand	Januar-89	Februar-89	März-89	Gesamt
2					
3	Drehbänke	48743	143543	265987,9	458273,9
4	Fräsmaschinen	82654,4	122345,98	150912,07	355912,45
5	Bohrautomaten	64343,65	328987,3	234872,3	628203,25
6	Schleifmaschinen	54748	100765,54	150908,8	306422,34
7	-----------------	----------	----------	----------	----------
8	Gesamt	250489,05	695641,82	802681,07	1748811,94
9	Prozent	0,143233840			
10					

Bild 3-16 Gemischte Zelladressierung in Zelle B9

Da dieselbe Berechnung in den Zellen C9, D9 und E9 durchgeführt werden muß, wird die Formel aus Zelle B9 in diese Zellen kopiert. Wir können einfach den {Menü}-Befehl Kopie aufrufen (**<F10> K**). Die Zelle B9 wird als Quell- und die Zellen **C9..E9** als Zielbereich eingegeben. Nachdem die Kopie erstellt wurde, sollte Ihr Arbeitsblatt Bild 3-17 entsprechen.

```
B9: +B8/$E$8                                                              BLATT

   A                       B            C            D            E
1  Auftragsbestand         Januar-89    Februar-89   März-89      Gesamt
2
3  Drehbänke                   48743       143543     265987,9     458273,9
4  Fräsmaschinen             82654,4    122345,98    150912,07    355912,45
5  Bohrautomaten            64343,65     320987,3     234872,3    628203,25
6  Schleifmaschinen            54748    100765,54     150908,8    306422,34
7  ------------------------------------------------------------------------
8  Gesamt                  250489,05    695641,82    802681,07   1740811,94
9  Prozent               0,143233840  0,397779660  0,458986499            1
10
```

Bild 3-17 Arbeitsblatt nach Kopieren der Formel

In Tabelle 3-1 wird der Zusammenhang von relativer, absoluter und gemischter Adressierung dargestellt.

Tabelle 3-1 Gegenüberstellung von relativer, absoluter und gemischter Adressierung

	ZELLADRESSIERUNG		
	relativ	absolut	gemsicht
Ausgangszelle: Formel	B9 : +B8/E8	B9 : +$B$8/$E$8	B9 : +B8/$E$8
Zelle: Reihenvorgang	B9 : +B8/E8 C9 : +C8/F8 D9 : +D8/G8	B9 : +B8/E8 C9 : +B8/E8 D9 : +B8/E8	B9 : +B8/E8 C9 : +C8/E8 D9 : +D8/E8

3.1.10 Zahlen formatieren

Symphony bietet verschiedene Möglichkeiten numerische Werte in einem Bereich des Arbeitsblattes darzustellen. Bei der Standardeinstellung werden die Zahlen so angezeigt wie sie eingegeben wurden. Es gibt zwei Ausnahmen:

1. Nullen hinter dem Dezimalzeichen werden nicht dargestellt.

2. Zahlen die zu lang sind für die angegebene Spaltenbreite werden in exponentieller Darstellung angezeigt.

Mit dem {Menü}-Befehl **Format** (**<F10> F**) läßt sich das Zahlenformat für einen *bestimmten* Bereich festlegen und ändern. Dieser Befehl unterscheidet sich etwas von dem entsprechenden {Menü}-Befehl **Bereich Justiere** (**<F10> BJ**) für Texte. Bei Texten werden nur die Texte formatiert, die schon eingegeben sind. Die in derselben Zelle später eingegebenen Texte erscheinen immer wieder im Standardformat. Bei der Zahlenformatierung wird das Format für einen Bereich festgelegt und gilt auch für danach eingegebene Zahlen.

Das jeweils für die entsprechende Zelle gültige Format wird in der ersten Zelle des Kontrollfeldes als Kürzel im Arbeitsblatt angezeigt. Das Kürzel wird bei uns in der betreffenden Überschrift in Klammern mit angegeben. Im folgenden werden die Formate beschrieben:

3.1.10.1 Das Format Fest (F)

Mit dem {Menü}-Befehl **Format Fest** (**<F10> FF**) kann für einen *bestimmten Bereich* eine feste Anzahl von Dezimalstellen eingestellt werden. Möglich sind Einstellungen zwischen 0 und 15. Hat die Zahl mehr Dezimalstellen als eingestellt worden sind, werden die restlichen Dezimalstellen abgeschnitten und gerundet. Wir wollen alle Zahlen in unserer Tabelle auf zwei Stellen nach dem Komma formatieren. Dazu gehen wir folgendermaßen vor:

<F10> ff	Wahl des {Menü}-Befehls Format Fest.

Symphony fragt nach dem Zahlenformat. Die Standardeinstellung von Symphony beträgt 2 Dezimalstellen. Da wir 2 Stellen nach dem Komma wollen, brauchen wir nur noch mit der <RETURN>-Taste bestätigen. Nun fragt Symphony nach dem zu formatierenden Bereich. Bewegen Sie den Zellzeiger in die Zelle **B3**. Lösen Sie dazu mit der <ESC>-Taste die Verankerung. Verankern Sie die Zelle B3 (Eckzelle) mit der Punkt-Taste und erweitern nun den Bereich bis zur gegenüberliegenden Eckzelle **E10**. Nach Betätigen der <RETURN>-Taste wird der Bereich (B3..E10) formatiert. Ihr Bildschirm sollte nun folgendermaßen aussehen:

```
B9: (F2) +B8/$E$8                                                          BLATT

            A                      B             C              D             E
1  Auftragsbestand          Januar-89   Februar-89       März-89        Gesamt
2
3  Drehbänke                 48743,00    143543,00     265987,90     458273,90
4  Fräsmaschinen             82654,40    122345,98     150912,07     355912,45
5  Bohrautomaten             64343,65    328987,30     234872,30     628203,25
6  Schleifmaschinen          54748,00    100765,54     150908,80     306422,34
7  ---------------------------------------------------------------------------
8  Gesamt                   250489,05    695641,82     802681,07    1748811,94
9  Prozent                       0,14         0,40          0,46          1,00
10
```

Bild 3-18 Arbeitsblatt nach Formatieren auf 2 Dezimalstellen

3.1.10.2 Das Prozentformat (%)

Der {Menü}-Befehl Format % (<F10> F%) kann für die Anzeige von Prozentwerten benützt werden, wobei die Angabe der Dezimalstellen möglich ist. Bei der Berechnung von Prozentwerten ist die Multiplikation mit 100 nicht nötig. Das Multiplizieren der Zahl mit 100 wird automatisch durchgeführt. Es werden folgende Eingaben vorgenommen:

<F10> f%	Auswahl des {Menü}-Befehls Format % (Prozent).

Symphony fragt nach der Anzahl der Dezimalstellen. Als Vorschlag werden 2 Dezimalstellen vorgegeben. Soll dieser Standardwert übernommen werden, wird die <RETURN>-Taste gedrückt. In anderen Fällen wird eine beliebige Zahl zwischen 0 und 15 gewählt.

<RETURN>	Der Standardwert von 2 Dezimalstellen wird übernommen.

Symphony fragt nach dem zu formatierenden Bereich. In unserem Fall ist folgende Eingabe notwendig:

b9..e9 <RETURN>	Der Bereich wird formatiert.

```
B9: (%2) +B8/$E$8                                                          BLATT

            A                      B             C              D             E
1  Auftragsbestand          Januar-89   Februar-89       März-89        Gesamt
2
3  Drehbänke                 48743,00    143543,00     265987,90     458273,90
4  Fräsmaschinen             82654,40    122345,98     150912,07     355912,45
5  Bohrautomaten             64343,65    328987,30     234872,30     628203,25
6  Schleifmaschinen          54748,00    100765,54     150908,80     306422,34
7  ---------------------------------------------------------------------------
8  Gesamt                   250489,05    695641,82     802681,07    1748811,94
9  Prozent                     14,32%       39,78%        45,90%       100,00%
10
```

Bild 3-19 Arbeitsblatt nach Formatieren mit %

3.1.10.3 Das Format Währung (W)

Mit dem {Menü}-Befehl Format Währung (**<F10> FW**) erscheint ein frei wählbares Währungssymbol vor oder hinter der Zahl. In der Standardeinstellung wird hinter die Zahl das Zeichen **DM** gesetzt, das von der Zahl durch ein Leerzeichen getrennt ist. Die Voreinstellung geschieht mit dem {Service}-Befehl **K**onfiguration **O**ptionen **I**nternational (siehe dazu Abschnitt 3.2.3.6).

Auch hier kann die Anzahl der Dezimalstellen gewählt werden. Sie ist hier besonders sinnvoll, weil oft Zahlen dargestellt werden sollen, die keine Pfennigbeträge enthalten. Es werden folgende Eingaben vorgenommen:

<F10> fw Wahl des {Menü}-Befehls **F**ormat **W**ährung.

Symphony fragt nach der Anzahl der Dezimalstellen. In unserem Fall sollen die Zahlen in der Spalte Gesamt ohne Pfennigbeträge dargestellt werden.

0 <RETURN> Übertippen der Standardeinstellung mit 0.

Symphony fragt nach dem Bereich, der formatiert werden soll.

e3..e8 <RETURN> Der angegebene Bereich wird formatiert.

Ihr Bildschirm sollte nun Bild 3-20 entsprechen.

B9: (%2) +B8/$E$8 BLATT

	A	B	C	D	E
1	Auftragsbestand	Januar-89	Februar-89	März-89	Gesamt
2					
3	Drehbänke	48743,00	143543,00	265987,90	458.274 DM
4	Fräsmaschinen	82654,40	122345,98	150912,07	355.912 DM
5	Bohrautomaten	64343,65	328987,30	234872,30	628.203 DM
6	Schleifmaschinen	54748,00	100765,54	150908,80	306.422 DM
7	------------------	------------	------------	------------	------------
8	Gesamt	250489,05	695641,82	802681,07	************
9	Prozent	14,32%	39,78%	45,90%	100,00%
10					

Bild 3-20 Arbeitsblatt nach der Währungs-Formatierung

Achtung! In Zelle E8 sehen Sie lauter Sterne. Das bedeutet, daß für die Darstellung des Zahlenwertes und der Währungsbezeichnung DM die Spalte E zu klein ist. Deshalb muß der Spaltenbereich vergrößert werden.

Mit dem {Menü}-Befehl Spalte **B**estimme (**<F10> SB**) wird die aktuelle Spaltenbreite angezeigt und kann neu bestimmt werden.

Bewegen Sie den Zellzeiger in eine Spalte der Zelle E.

<F10> sb Auswahl des {Menü}-Befehls Spalte **B**estimme.

Die aktuelle Spaltenbreite von 12 Zeichen wird angezeigt. Mit jeder Betätigung der Taste <PFEIL RECHTS> bzw. <PFEIL LINKS> wird jeweils die Spaltenbreite um ein Zeichen erhöht bzw. verringert und gleichzeitig angezeigt.

Bereits bei einer Spaltenbreite von 14 Zeichen erscheint der Betrag mit der Währung. Um die Spalte übersichtlich zu gestalten, wird die Spaltenbreite durch weiteres Betätigen der <PFEIL RECHTS>-Taste auf 16 Zeichen erhöht. Ihr Bildschirm sollte nun folgendermaßen aussehen (s. Bild 3-21):

```
Spaltenbreite: 16                                                      ZEIGEN

   ---------A---------------B------------C------------D--------------E--------
1   Auftragsbestand     Januar-89   Februar-89      März-89          Gesamt
2
3   Drehbänke            48743,00    143543,00    265987,90     458.274 DM
4   Fräsmaschinen        82654,40    122345,98    150912,07     355.912 DM
5   Bohrautomaten        64343,65    328987,30    234872,30     628.203 DM
6   Schleifmaschinen     54748,00    100765,54    150908,00     306.422 DM
7   -------------------------------------------------------------------------
8   Gesamt              250489,05    695641,82    802681,07   1.748.812 DM
9   Prozent                14,32%       39,78%       45,90%        100,00%
10
```

Bild 3-21 Verbreitern der Spalte E

Mit dem Drücken der <RETURN>-Taste übernimmt Symphony die Spaltenbreite von 16.

3.1.10.4 Das Format Interpunktiert (I)

Mit dem {Menü}-Befehl **F**ormat **I**nterpunktiert (**<F10> FI**) erscheint in der Anzeige ein Zeichen, mit dem jeweils drei Ziffern (Tausender) links vom Komma getrennt werden. Das Zeichen, das für die Trennung der Tausender und Dezimalzeichen benutzt wird ist mit dem {Service}-Befehl **K**onfiguration **O**ptionen **I**nternational **N**egativ (**<F9> KOIN**) fest eingestellt.

3.1.10.5. Das Format Allgemein (A)

Durch den {Menü}-Befehl **F**ormat **A**llgemein (**<F10> FA**) wird der Zelleninhalt so angezeigt, wie er eingegeben wird. Wie bereits im Abschnitt

3.1.10 erwähnt gibt es zwei Ausnahmen. Erstens werden Nullen hinter dem Dezimalzeichen nicht angezeigt und zweitens werden Zahlen, die zu lang sind für die eingestellte Spaltenbreite, exponentiell dargestellt.

3.1.10.6 Das Format Datum (D)

Mit dem {Menü}-Befehl Format Datum (**<F10> FD**) kann das Datums-Format eingestellt werden.

Es gibt fünf Formate für das Datum:

1. Tag-Monat-Jahr (TT-MM-JJ), z.B. 22-03-89

2. Tag-Monat (TT-MMM), z.B. 22-Mrz

3. Monat-Jahr (MMM-JJ), z.B. Mrz-22

4. Voll International, gespeichert im Konfiguration Parameterblatt, z.B. 03/22/89, 22/03/89, 22.03.89, 89-03-22.

5. Teilweise International, gespeichert im Konfigurations Parameterblatt, z.B. 03/22, 22/03, 22.03, 03-22.

3.1.10.7 Das Format Zeit (Z)

Mit dem {Menü}-Befehl Format Zeit (**<F10> FZ**) kann das Zeit-Format eingestellt werden.

Es gibt vier Formate für die Zeitangabe:

1. Stunde-Minute-Sekunde (HH:MM:SS)

2. Stunde-Minute (HH:MM)

3. Voll International, gespeichert im Konfigurations Parameterblatt, z.B 20:05:32, 20h05m32s, 20.05.32.

4. Teilweise International, gespeichert im Konfigurations Parameterblatt, z.B. 20:05, 20h05m, 20.05.

3.1.10.8 Das Format Exp-Form (E)

Bei dem {Menü}-Befehl Format Exp-Form (<F10> FE) wird die Zahl exponentiell ausgewiesen. Die Anzahl der Nachkommastellen (0-15) muß angegeben werden.

3.1.10.9 Der {Menü}-Befehl Format Optionen

Mit dem {Menü}-Befehl Format Optionen (<F10> FO) können drei weitere Befehle verwendet werden. Diese Befehle werden erklärt:

Balkendiagramm (B)

Bei dem {Menü}-Befehl Format Optionen Balkendiagramm (<F10> FOB) wird die Darstellung der numerischen Werte durch Pluszeichen (+) bei positiven Zahlen, Minuszeichen (-) bei negativen Zahlen und die Null durch einen Punkt (.) ersetzt. Die Anzahl der Zeichen entspricht der Größe der Zahl, bei 10 werden 10 Pluszeichen dargestellt, bei -100 erscheinen 100 Minuszeichen. Die Spaltenbreite muß entsprechend angepaßt werden. Es wird nur der ganzzahlige Anteil dargestellt.

Text (T)

Mit dem {Menü}-Befehl Format Optionen Text (<F10> FOT) wird in der Zelle der tatsächliche Inhalt, also die Formel angezeigt, und nicht der berechnete Wert.

Verborgen (V)

Mit dem {Menü}-Befehl Format Optionen Verborgen (<F10> FOV) wird der Inhalt einer Zelle oder eines Bereiches nicht angezeigt. Der Zelleninhalt im Kontrollfeld wird nicht angezeigt wenn der {Service}-Befehl Parameter Blattsicherung (<F9> PB) gesetzt ist.

3.1.10.10 Das Format Standard

Mit dem {Menü}-Befehl Format Standard (<F10> FS) wird das initialisierte Format für eine Zelle oder einen Bereich wieder aufgehoben. Das Standardformat ist wieder gültig.

3.1.11 Der {Menü}-Befehl Einfügen

Häufig kann es erforderlich sein, ein Arbeitsblatt mit zusätzlichen Zeilen oder Spalten zu erweitern. Der {Menü}-Befehl Einfügen Global Zeilen (<F10> EGZ) bzw. Spalten (<F10> EGS) bezieht sich auf das gesamte

Arbeitsblatt. Mit dem {Menü}-Befehl Einfügen Zeilen (**<F10> EZ**) bzw. Spalten (**<F10> ES**) werden nur in einem eingeschränkten Fensterbereich Zeilen oder Spalten eingefügt (siehe Abschnitt 3.3.16).

Zeilen werden immer oberhalb der ersten Zeile eingefügt, die im spezifizierten Bereich angegebenen ist. Spalten werden immer links von der im Bereich spezifizierten ersten Spalte hinzugefügt. Eingefügte Zeilen und Spalten erhalten automatisch das Standard-Format. Werden Zeilen oder Spalten in einen Bereich eingefügt, auf den sich eine Formel bezieht, wird der Bereich der Formel entsprechend vergrößert und die Formel mit den neu dazugekommenen Werten berechnet.

In unserem Beispiel sollen in einer weiteren Zeile die monatlichen Aufträge der zusätzlichen Sparte Hobelmaschinen aufgenommen werden. Es wird wie folgt vorgegangen:

<F5> a6 <RETURN> — Bewegen des Zellzeigers zur Zelle A6.

<F10> ez — Auswahl des {Menü}-Befehls Einfügen Zeile.

Symphony verlangt die Eingabe des Bereiches, in den die Zeile(n) eingefügt werden soll(en). Wie bei den anderen Kommandos wird ein möglicher Bereich angezeigt, der sich auf die derzeitige Position des Zellzeigers bezieht. Da sich der Zellzeiger in unserem Beispiel in Position A6 befindet, schlägt Symphony automatisch den Bereich A6..A6 vor. Mit dem Drücken der <RETURN>-Taste wird eine leere Zeile eingefügt. Das Arbeitsblatt entspricht nun Bild 3-22.

A6: BLATT

	A	B	C	D	E
1	Auftragsbestand	Januar-89	Februar-89	März-89	Gesamt
2					
3	Drehbänke	48743,00	143543,00	265987,90	458.274 DM
4	Fräsmaschinen	82654,40	122345,98	150912,07	355.912 DM
5	Bohrautomaten	64343,65	328987,30	234872,30	628.203 DM
6					
7	Schleifmaschinen	54748,00	100765,54	150908,00	306.422 DM
8	-------------------------	------------	------------	------------	----------------
9	Gesamt	250489,05	695641,82	802681,07	1.748.812 DM
10	Prozent	14,32%	39,78%	45,90%	100,00%
11					

Bild 3-22 Tabelle nach Einfügen einer Zeile

Nun werden die Daten in die leere Zeile 6 eingegeben:

Hobelmaschinen <PFEIL RECHTS>
Texteingabe in Zelle A6.

35228,5 <PFEIL RECHTS> Zahleneingabe in Zelle B6.

75840,6 <PFEIL RECHTS> Zahleneingabe in Zelle C6.

112433 <RETURN> Zahleneingabe in Zelle D6.

Die Summierung in den Spalten Januar, Februar und März erfolgt automatisch, da die Werte der neuen Zeile innerhalb des Gültigkeitsbereiches der Funktion @SUMME liegen. Dagegen muß die Summenformel für die neu eingefügte Zeile gesondert eingegeben werden, weil sie sich außerhalb des Gültigkeitsbereiches befindet.

Die Eingabe der Summenformel für die neue Zeile erfolgt durch Kopieren der Summenformel aus einer Zelle der Spalte E:

<F5> e5 <RETURN> Bewegen des Zellzeigers in Zelle E5.

<F10> k <RETURN> Aufruf des {Menü}-Befehls Kopie.

Da sich der Zellzeiger bereits im Quellbereich befindet, kann sofort mit der <RETURN>-Taste bestätigt werden. Symphony fragt nach dem Zielbereich.

<PFEIL UNTEN> <RETURN> Die Summenformel wird in Zelle E6 kopiert.

Formatieren Sie noch mit dem {Menü}-Befehl Format Fest (**<F10> FF**) im Bereich **B6..D6** die Anzahl der Dezimalstellen auf 2.

Im neuen Arbeitsblatt sind alle restlichen Aufsummierungen und Prozentwerte aktualisiert worden. Ihr Bildschirm sollte Bild 3-23 entsprechen.

E5: (W0) @SUMME(B5..D5) BLATT

	A	B	C	D	E
1	Auftragsbestand	Januar-89	Februar-89	März-89	Gesamt
2					
3	Drehbänke	40743,00	143543,00	265987,90	450.274 DM
4	Fräsmaschinen	82654,40	122345,90	150912,07	355.912 DM
5	Bohrautomaten	64343,65	328987,30	234872,30	628.203 DM
6	Hobelmaschinen	35228,50	75840,60	112433,00	223.502 DM
7	Schleifmaschinen	54748,00	100765,54	150908,80	306.422 DM
8	----------------	----------	----------	----------	----------
9	Gesamt	285717,55	771482,42	915114,07	1.972.314 DM
10	Prozent	14,49%	39,12%	46,40%	100,00%
11					

Bild 3-23 Aktualisierte Arbeitsblattvorlage

3.1.12 Der {Menü}-Befehl Löschen

Mit dem {Menü}-Befehl Löschen (**<F10> L**) können Sie Bereiche aus einem BLATT-Fenster löschen. Der Befehl **Löschen** löscht ganze Zeilen oder Spalten. Dabei kann angegeben werden, ob sich das Löschen von Zeilen oder Spalten auf das gesamte Arbeitsblatt (Funktion: **Löschen Global**) oder auf den Begrenzungsbereich des aktuellen Fensters bezieht (Funktion: **Löschen Spalten** oder **Löschen Zeilen**).

3.1.13 Der {Menü}-Befehl Radiere

Der {Menü}-Befehl Radiere (**<F10> R**) radiert den Inhalt einer einzelnen Zelle oder eines Zellbereiches aus dem Arbeitsblatt. Die Zellen des Bereiches werden nicht aus dem Arbeitsblatt entfernt, es verschwindet lediglich der Informationsinhalt. Dieser Befehl ist dann vorteilhaft, wenn Sie in einer Zelle falsche Eingaben gemacht haben.

3.1.14 Speichern des Arbeitsblattes

Symphony hat alle Daten die Sie bis jetzt eingegeben haben, im internen Speicher (Arbeitsspeicher) Ihres Computers abgespeichert. Dieser Speicher ist nur solange aktiv, solange der Computer eingeschaltet ist. Zur Langzeitspeicherung müssen die Daten auf Diskette oder Festplatte abgespeichert werden.

Achtung! Beim Beenden von Symphony werden die Daten nicht automatisch abgespeichert. Die Daten müssen ausdrücklich auf Festplatte oder Diskette gesichert werden, sonst sind sie verloren.

Im folgenden soll das Arbeitsblatt auf Festplatte abgespeichert werden.

Mit dem {Service}-Befehl Transfer Index (**<F9> TI**) läßt sich das aktuelle Laufwerk anzeigen, als auch verändern, und zwar unter Angabe des Laufwerks und des Zugriffpfades. Da wir mit einem Festplattenlaufwerk arbeiten, stimmt die Einstellung. Ansonsten müssen Sie durch Drücken der <ESC>-Taste das aktuelle Laufwerk löschen und Ihr gewünschtes Laufwerk, gefolgt von einem Dopppelpunkt, eingeben (a: oder b:).

Mit dem {Service}-Befehl Transfer Speichere (**<F9> TS**) wird das aktuelle Arbeitsblatt auf Diskette bzw. Festplatte abgespeichert. Zwei Möglichkeiten müssen dabei unterschieden werden, einmal die *Neuanlage* einer Datei und einmal die *Abspeicherung einer schon vorhandenen.* Bei der ersten Möglichkeit erscheinen schon vorhandene Namen und man kann einen neuen hinzufügen. Bei der zweiten Möglichkeit erscheint direkt der aktuelle Dateiname mit anschließender Abfrage, ob man diesen Namen auch wirklich benutzen will. Man wählt Ja oder Nein.

<F9> ts	Auswahl des {Service}-Befehls Transfer Speichere.

Symphony fragt Sie nach dem Dateinamen.

```
Speicherung unter Dateinamen:                                    EDIT
```

Bild 3-24 Frage nach dem Dateinamen

Da Sie das Arbeitsblatt zum ersten Mal speichern, müssen Sie Symphony einen Namen für diese Datei angeben. Die Datei soll unter dem Namen Kapitel3 abgespeichert werden.

kapitel3	Eingabe des Dateinamens.

```
Speicherung unter Dateinamen: KAPITEL3                           EDIT
```

Bild 3-25 Angabe des Dateinamens

<RETURN>	Das Arbeitsblatt wird als Datei unter dem Namen **KAPITEL3.WR1** abgespeichert.

Während die Datei gespeichert wird, befindet sich Symphony im WARTEN-Modus.

3.1.15 Standardeinstellungen des Arbeitsblattes

Mit dem im Bild 3-26 dargestellten Parameter-{Menü} (**<F10> P**) kann man die meisten Standardeinstellungen für ein BLATT-Fenster bestimmen. Die Standardeinstellungen haben Gültigkeit für das gesamte Arbeitsblatt und das aktuelle Fenster.

```
Bestimmt die vorgegebene Labeljustierung (links, rechts, zentriert)      MENÜ
Labelpräfix  Kalkulation  Titel  Format  Breite  Null  Stop

 Schleife              (nein)
 Labelpräfix:          '
                                          Titel
 Kalkulation                                Spalten: 0
   Methode:            Automatisch          Zeilen:  0
   Folge:              Optimal            Format:    (A)
   Iterationen:        1                  Breite:    12
                                          Für Fenster: EINS
 Null-Unterdrückung        Nein
                                                  Arbeitsblattparameter

Param
```

Bild 3-26 Arbeitsblattparameter

3.1.15.1 Der Befehl Parameter Läbelpräfix

Mit dem {Menü}-Befehl Parameter Läbelpräfix (**<F10> PL**) können Sie Texte im Arbeitsblatt ausrichten. Diese Ausrichtung kann man durch drei Optionen bestimmen: Linksbündig (**<F10>PLL**), rechtsbündig (**<F10>PLR**) oder zentriert (**<F10>PLZ**). Die Standardeinstellung ist linksbündig. Ist der Text länger als die Zellenbreite wird der Text immer linksbündig ausgerichtet. Das Ändern der Ausrichtung mit dem {Menü}-Befehl Parameter Läbelpräfix wirkt sich nicht auf bereits im Arbeitsblatt justierte Texte aus. Um bereits justierte Eingaben zu ändern, müssen Sie den {Menü}-Befehl Bereich Justierung (**<F10> BJ**) einsetzen.

3.1.15.2 Der Befehl Parameter Kalkulation

Symphony kennt zwei Methoden der Kalkulation: automatisch und manuell, wobei automatisch die Standardeinstellung ist.

Mit dem {Menü}-Befehl Parameter Kalkulation Methode Automatisch (**<F10> PKMA**) berechnet Symphony alle Formeln im Arbeitsblatt neu, sobald ein neuer Wert eingegeben wird. Die automatische Neuberechnung kann bei der Arbeit mit größeren Arbeitsblättern recht zeitaufwendig werden. Deshalb ist es auch möglich mit dem {Menü}-Befehl Parameter Kalkulation Methode Manuell (**<F10> PKMM**) die automatische Berechnung abzuschalten. Mit der KALK-Taste (<F8>-Taste) wird das Arbeitsblatt dann auf Wunsch neu berechnet. Sobald Sie die Kalkulationsmethode auf manuell gesetzt haben und im Arbeitsblatt ändert sich ein Wert, dann erscheint der Hinweis **Kalk** am unteren Bildschirmrand. Der Hinweis **Kalk** bleibt als Kontrolle solange stehen bis Sie wieder die KALK-Taste (<F8>-Taste) gedrückt haben, um das Arbeitsblatt neu zu berechnen.

Mit den {Menü}-Befehlen Parameter Kalkulation Folge Natürliche-Folge (**<F10> PKFN**), Spalte-für-Spalte (**<F10> PKFS**), Zeile-für-Zeile (**<F10> PKFZ**) und Optimal (**<F10> PKFO**) kann bestimmt werden in welcher Reihenfolge die Formeln berechnet werden sollen.

Die *Grundeinstellung* ist der Befehl Optimal (**<F10> PKFO**). Mit diesem Befehl wird die optimale Neuberechnung für das aktuelle Arbeitsblatt durchgeführt. In natürlicher Folge werden nur die Formeln neu berechnet, die von der Änderung im Kalkulationsblatt betroffen sind.

Bei Natürlicher-Folge (**<F10> PKFN**) berechnet Symphony alle vorhergehenden Formeln, die wiederum Basis für die nachfolgenden Formeln sind.

Bei den Befehlen Spalte-für-Spalte (**<F10> PFKS**) und Zeile-für-Zeile (**<F10> PFKZ**) werden die gegenseitigen Abhängigkeiten der Formeln im Arbeitsblatt nicht aufgelöst. Es wird in der linken oberen Ecke des Arbeitsblattes begonnen zu rechnen und dann Zelle für Zelle spaltenweise oder zeilenweise abgearbeitet. Mit diesen beiden Befehlen ist Vorsicht geboten, weil sie nicht unbedingt zu einem richtigen Ergebnis führen. Dies ist dann der Fall, wenn eine Zelle ihr Ergebnis von einer anderen Zelle bezieht, die unterhalb oder rechts von der ersten Zelle im Arbeitsblatt liegt.

Mit dem {Menü}-Befehl Parameter Kalkulation Iteration (**<F10> PKI**) können rekursive Formeln berechnet werden. Bei einer Rekursivität sind die Formeln in einer Schleife gegenseitig verbunden. Symphony kann solche Schleifen iterativ berechnen. Wie oft eine Schleife iterativ durchgerechnet werden soll kann angegeben werden. Es können bis zu 50 Berechnungen durchgeführt werden. Diese Option ist nur dann wirksam, wenn die Reihenfolge nicht auf Natürliche-Folge eingestellt ist. Am unteren Bildschirmrand erscheint **Schl**. In der Blattparameteranzeige wird angegeben welche Zelle der Schleifenbezug hat.

3.1.15.3 Der Befehl Parameter Titel

Mit dem {Menü}-Befehl **P**arameter **T**itel (**<F10> PT**) können Zeilen und Spalten bestimmt werden, die immer auf dem Bildschirm erscheinen, unabhängig davon wo sich der Zellzeiger im Arbeitsblatt befindet. Der {Menü}-Befehl **P**arameter **T**itel umfaßt vier Optionen: **H**orizontal, **V**ertikal, **B**eide und **A**nnulliere.

Wird der {Menü}-Befehl **P**arameter **T**itel **V**ertikal (**<F10> PTV**) aufgerufen, werden alle Zellen links von der aktuellen Position des Zellzeigers "eingefroren". Diese Zellen verschwinden nicht mehr vom Bildschirm.

Wird der {Menü}-Befehl **P**arameter **T**itel **H**orizontal (**<F10> PTH**) aufgerufen, werden alle Zellen oberhalb der aktuellen Position des Zellzeigers fest fixiert.

Mit dem {Menü}-Befehl **P**arameter **T**itel **B**eide (**<F10> PTB**), werden sowohl die Spalten links als auch die Zeilen oberhalb der momentanen Cursorposition eingefroren. Damit kann um den Bildschirm ein Rahmen gebildet werden der je nach Einstellung Überschriften und Bezeichnungen beinhaltet.

Achtung! Haben Sie Zeilen oder Spalten einmal fest definiert, könnnen Sie den Cursor nicht in diesen Bereich bewegen. Will man doch Änderungen an den "eingefrorenen" Bereichen vornehmen, kann die GEHEZU-Taste (<F5>-Taste benutzt werden oder man muß sich im ZEIGEN Modus befinden.

Durch den {Menü}-Befehl **P**arameter **T**itel **A**nnulliere (**<F10> PTA**) werden die "eingefrorenen" Bereiche annuliert. Ein uneingeschränktes Arbeiten mit dem Zellzeiger ist wieder möglich.

3.1.15.4 Der Befehl Parameter Format

Mit dem {Menü}-Befehl **P**arameter **F**ormat (**<F10> PF**) können Sie Standardformate für das *gesamte* Fenster einstellen. Das mit diesem Befehl eingestellte Format bezieht sich auf alle neu eingegebenen Zahlen. Es ist sinnvoll, diesen Befehl vor Beginn der Erstellung eines Arbeitsblattes zu benutzen. Es werden dann alle Zahlen nach der von Ihnen gewünschten Einstellung dargestellt. Die im {Menü}-Befehl **P**arameter **F**ormat (**<F10> PF**) hinterlegten Optionen entsprechen denen aus Abschnit 3.1.10 und werden deswegen hier nicht mehr behandelt.

3.1.15.5 Der Befehl Parameter Breite

Die Standardeinstellung der Spaltenbreite ist 9. Mit dem {Menü}-Befehl **Parameter Breite** (**<F10> PB**) wird die Spaltenbreite aller Zellen des Arbeitsblattes auf die neu gewählte Breite eingestellt. Bereits individuell angelegte Spaltenbreiten bleiben unberücksichtigt.

3.1.15.6 Der Befehl Parameter Null

Mit dem {Menü}-Befehl **Parameter Null Ja** (**<F10> PNJ**) kann die Anzeige sämtlicher Zellen im Arbeitsblatt mit dem Wert Null unterdrückt werden. Mit dem {Menü}-Befehl **Parameter Null Nein** (**<F10> PNN**) wird die globale Nullunterdrückung wieder aufgehoben.

3.2 Das Arbeiten mit den {Service}-Befehlen

Die {Service}-Befehle werden durch Drücken der <F9>-Taste aufgerufen. Diese Befehle haben die Eigenschaft, daß sie allgemeine Gültigkeit für das gesamte Arbeitsblatt haben. Die {Service}-Befehle werden an folgenden Beispielen behandelt:

1. Drucken einer Tabelle

2. Arbeitsblätter speichern und laden

3. Konfiguration von Symphony

4. Einstellung der Parameter

3.2.1 Drucken einer Tabelle

Die in Kapitel 3.1 erstellte Datenbank soll nun ausgedruckt werden. Es wird in folgenden Arbeitsschritten vorgegangen:

1. Ausdrucken der Tabelle

2. Ziel der Druckausgabe

3. Drucker steuern

4. Formatieren der Druckausgabe

5. Kopf- und Fußzeilen

6. Seitennumerierung

7. Drucksteuerung

8. Formeltexte drucken

3.2.1.1 Ausdrucken der Tabelle

Mit dem {Service}-Befehl **T**ransfer **L**ade (**<F9> TL**) wird die in Abschnitt 3.1 erstellte Tabelle und unter dem Namen KAPITEL3 gespeicherte Datei geladen. Es wird folgendermaßen vorgegangen:

<F9> tl	Wahl des {Service}-Befehls **T**ransfer **L**ade.

Nun fragt Symphony nach dem Dateinamen, der geladen werden soll. In der Auswahlzeile erscheinen alle schon angelegten Arbeitsblätter. Mit der <PFEIL LINKS>- bzw. <PFEIL RECHTS>-Taste oder <LEERTASTE> wird die Datei **KAPITEL3** ausgewählt. Durch Drücken der <RETURN>-Taste wird KAPITEL3 geladen.

Um unsere Tabelle Auftragsbestand zu drucken, wobei wir keine besonderen Formatierungen durchführen wollen, wird wie folgt vorgegangen:

a) Druckbereich angeben

<F9> apqb	Auswahl des {Service}-Befehls **A**usdruck **P**arameter **Q**uelle **B**ereich.

Symphony fragt nun nach dem zu druckenden Bereich. Die Eingabe des Bereiches kann auf die drei bekannten Arten erfolgen:

- Direktes Eintippen der Bereichsadresse

- Mit den Pfeil-Tasten auf den Bereich zeigen

- Eingeben eines Bereichsnamens.

Wir entscheiden uns für die erste Möglichkeit.

a1..e10 <RETURN>	Der definierte Bereich erscheint im Druck-Parameterblatt hinter der Angabe der Quelle.
s	Wahl von Stop.

Sie befinden sich wieder in der obersten Stufe des Druck-Menüs.

b) Ausdruck starten

d Auswahl des Befehls **Drucke.**

Der gewählte Bereich A1..E10 des Arbeitsblattes wird ausgedruckt. Ihr Ausdruck sollte Bild 3-27 entsprechen.

Auftragsbestand	Januar-89	Februar-89	März-89	Gesamt
Drehbänke	48743,00	143543,00	265987,90	458.274 DM
Fräsmaschinen	82654,40	122345,98	150912,07	355.912 DM
Bohrautomaten	64343,65	328987,30	234872,30	628.203 DM
Hobelmaschinen	35228,50	75840,60	112433,00	223.502 DM
Schleifmaschinen	54748,00	100765,54	150908,80	306.422 DM
Gesamt	285717,55	771482,42	915114,07	1.972.314 DM
Prozent	14,49%	39,12%	46,40%	100,00%

Bild 3-27 Ausdruck der Tabelle Auftragsbestand

Achtung! Um den Druckvorgang abzubrechen, kann die <BREAK>-Taste gedrückt werden. Dadurch wird der Druck sofort abgebrochen und Symphony bringt das Druck-Menü auf den Bildschirm.

3.2.1.2 Ziel der Druckausgabe

Wollen oder können Sie die Druckausgabe nicht direkt auf den Drucker bringen, so bietet Ihnen Symphony mit dem {Service}-Befehl Ausdruck Parameter Ziel (**<F9> APZ**) die Möglichkeit, die Druckausgabe in einer Datei, auf Diskette oder Platte zu speichern. Die Zeichen der Druckausgabe entsprechen dann vollständig den Zeichen, die Symphony zum Drucker senden würde. Unabhängig von Symphony können Sie dann die Datei auf einem anderen System ausdrucken lassen.

Eine weitere sehr komfortable Möglichkeit bietet Symphony in der Weise, daß Sie den Ausdruck in einen bestimmten Bereich des Arbeitsblattes ablegen können. Dort können Sie dann den auszudruckenden Bereich noch vor dem Drucken bearbeiten oder Text hinzufügen.

Um ein Druckziel anzugeben, wird wie folgt vorgegangen:

<F9> apz Auswahl des {Service}-Befehls Ausdruck **Parameter Ziel.**

Auf dem Bildschirm erscheint folgendes Menü:

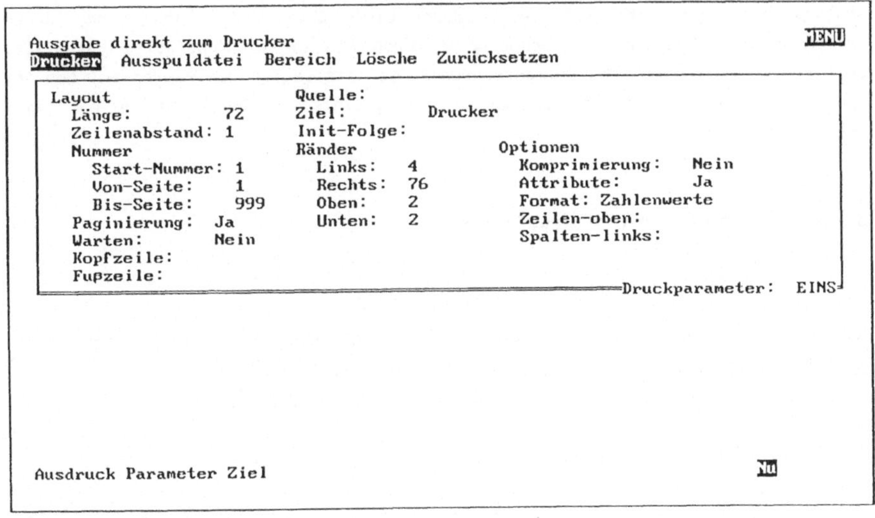

Bild 3-28 Auswahlmenü zur Angabe des Druckziels

Mit dem Befehl **D**rucker erfolgt die Ausgabe auf den Drucker. Wenn Sie den Befehl Ausspuldatei wählen, erfolgt die Ausgabe auf eine Datei, deren Namen angegeben werden muß. Bei dem Befehl **B**ereich erfolgt die Ausgabe in einen von Ihnen zu bestimmenden Bereich des Arbeitsblattes.

Beim Befehl **L**öschen wird der Ausgabebereich im Arbeitsblatt oder in der Ausspuldatei gelöscht. Mit Annulliere können Sie den vorher definierten Ausgabebereich rückgängig machen.

3.2.1.3 Drucker steuern

Um das Papier auf dem Drucker auszurichten, stellt Ihnen Symphony drei Kommandos zur Verfügung.

Mit dem {Service}-Befehl Ausdruck **Z**eilenvorschub (**<F9> AZ**) schiebt der Drucker das Papier eine Zeile weiter.

Der {Service}-Befehl Ausdruck **N**eue-Seite (**<F9> AN**) veranlaßt den Drucker, einen Seitenvorschub zu machen.

Der interne Seitenzähler wird mit dem {Service}-Befehl Ausdruck **J**ustiere (**<F9> AJ**) auf Null gesetzt. Dieser Befehl wird dann angewendet, wenn das Papier am Anfang einer neuen Seite steht.

Achtung! Symphony macht nach dem Ausdruck eines Bereiches keinen automatischen Seitenvorschub. Der Seitenvorschub wird durch den Befehl Neue-Seite veranlaßt. Soll der Drucker durch das Kommando Neue-Seite tatsächlich das Papier auf den Anfang der nächsten Seite setzen, muß die Papierlänge auf den richtigen Wert eingestellt sein.

3.2.1.4 Formatieren der Druckausgabe

a) Seitenlänge

Mit dem {Service}-Befehl Ausdruck Parameter Layout Länge (<F9> **APLL**) kann die Seitenlänge zwischen 20 und 100 Zeilen eingestellt werden. Symphony druckt standardmäßig eine Seite mit 66 Zeilen.

b) Ränder links bzw. rechts

Symphony hat standardmäßig einen linken Rand von 4 Zeichen. Der Druck beginnt in der Spalte 5. Der rechte Rand beginnt in Spalte 76, d.h. es werden 72 Zeichen gedruckt, die Differenz aus linkem und rechtem Rand. Mit dem {Service}-Befehl Ausdruck Parameter Ränder Links bzw. Rechts (<F9> **APRL** bzw. <F9> **APRR**) können Sie die linke und rechte Randeinstellung steuern. Die längste zu druckende Zeile beträgt 240 Zeichen, linker Rand 0, rechter Rand 240.

c) Ränder oben bzw. unten

Mt dem {Service}-Befehl Ausdruck Parameter Ränder Oben bzw. Unten (<F9> **APRO** bzw. <F9> **APRU**) geben Sie die Anzahl der Leerzeilen an, die Symphony vor der Kopfzeile bzw. nach der Fußzeile druckt.

d) Zeilenabstand

Zwischen zwei Zeilen gibt es standardmäßig eine Leerzeile. Mit dem {Service}-Befehl Ausdruck Parameter Layout Zeilenabstand (<F9> **APLZ**) können Sie aber auch zwei- und dreizeilige Zeilenabstände wählen.

e) Endlospapier oder Einzelblätter

Mit dem {Service}-Befehl Ausdruck Parameter Layout Warten Ja bzw. Nein (<F9> **APLWJ** bzw. <F9> **APLWN**) können Sie dem Drucker mitteilen, ob mit Endlospapier oder Einzelblättern gearbeitet wird. **Ja** ist bestimmt für die Verwendung von Einzelblattpapier, d.h. am Ende einer Seite wird gewartet, bis ein neues Blatt eingelegt ist. **Nein** wird benutzt bei Endlospapier.

Achtung! Die oben beschriebenen Änderungen sind allerdings nur für den gerade aktuellen Ausdruck wirksam. Bei erneutem Systemstart von Symphony erhält man wieder die Standardeinstellung.

3.2.1.5 Kopf- und Fußzeilen

Der {Service}-Befehl Ausdruck **P**arameter **L**ayout **K**opfzeile bzw. **F**ußzeile (<**F9**> **APLK** bzw. <**F9**> **APLF**) können Sie einen Text am Anfang bzw. am Ende einer jeden Seite erscheinen lassen.

In einer Kopf- bzw. Fußzeile haben folgende Zeichen besondere Bedeutung:

@	Aktuelles Datum
#	laufende Seitennummer
¦	Kopf- bzw. Fußzeile wird zentriert
¦¦	Kopf- bzw. Fußzeile erscheint rechtsbündig.

3.2.1.6 Seitennumerierung

Falls ein #-Zeichen in der Kopf- oder Fußzeile steht, wird dieses Zeichen bei jeder neuen Seite durch eine Seitenzahl ersetzt. Die Seitennumerierung muß nicht unbedingt mit der ersten Seite beginnen. Im Parametermenü können Sie die erste zu druckende Seitennummer festlegen.

Symphony bietet folgende Möglichkeiten an:

a) Erste Seitennummer einstellen

Mit dem {Service}-Befehl Ausdruck **P**arameter **L**ayout Nummer **S**tartnummer (<**F9**> **APLNS**) kann die erste Seitennummer eingestellt werden. Die Seitennumerierung des Ausdrucks beginnt mit der hier angegebenen Zahl. Möglich sind Zahlen zwischen 1 und 999.

b) Auswahl der zu druckenden Seiten

Mit dem {Service}-Befehl Ausdruck **P**arameter **L**ayout Nummer Von-Seite bzw. **B**is-Seite (<**F9**> **APLNV** bzw. <**F9**> **APLNB**) kann die Anfangsseitennummer bzw. die Endseitennummer eingestellt werden. Mit dieser Angabe wird die Seitennumer angegeben, bei denen der Ausdruck beginnen bzw. enden soll.

3.2.1.7 Druckersteuerung

Der {Service}-Befehl Ausdruck **P**arameter **I**nitialisiere (**<F9> API**) ist für die direkte Druckeransteuerung vorgesehen. Vor dem eigentlichen Druck werden bestimmte Kontrollcodes an den Drucker geschickt, z.B. für komprimierte Schrift oder Fettdruck. Bei Symphony wird die Eingabe mit dem Zeichen \ (rückwärtsgerichteter Schrägstrich) begonnen, dahinter folgt der dreistellige Code. Der Drucker Epson LX 800 benötigt z.B folgende Zeichenfolge, um den Ausdruck in komprimierter Schrift darzustellen: **\015**.

3.2.1.8 Formeltexte drucken

Mit dem {Service}-Befehl Ausdruck **P**arameter **O**ptionen Format Formel (**<F9> APOFF**) werden anstelle des Arbeitsblattes in der Form, wie es auf dem Bildschirm zu sehen ist, nur die Zelleninhalte ausgedruckt. Mit der Wahl von **D**rucke im Ausdruck-Menü erscheint eine Liste im Zellformel-Format (Bild 3-29).

```
A1: 'Auftragsbestand
B1: "Januar-89
C1: "Februar-89
D1: "März-89
E1: "Gesamt
A3: 'Drehbänke
B3: (F2) 48743
C3: (F2) 143543
D3: (F2) 265987,9
E3: (W0) @SUMME(B3..D3)
A4: 'Fräsmaschinen
B4: (F2) 82654,4
C4: (F2) 122345,98
D4: (F2) 150912,07
E4: (W0) @SUMME(B4..D4)
A5: 'Bohrautomaten
B5: (F2) 64343,65
C5: (F2) 328987,3
D5: (F2) 234872,3
E5: (W0) @SUMME(B5..D5)
A6: 'Hobelmaschinen
B6: (F2) 35228,5
C6: (F2) 75840,6
D6: (F2) 112433
E6: (W0) @SUMME(B6..D6)
A7: 'Schleifmaschinen
B7: (F2) 54748
C7: (F2) 100765,54
D7: (F2) 150908,8
E7: (W0) @SUMME(B7..D7)
A8: \-
B8: (F2) \-
C8: (F2) \-
D8: (F2) \-
E8: (W0) \-
A9: 'Gesamt
B9: (F2) @SUMME(B3..B7)
C9: (F2) @SUMME(C3..C7)
D9: (F2) @SUMME(D3..D7)
E9: (W0) @SUMME(E3..E7)
A10: 'Prozent
B10: (%2) +B9/$E$9
C10: (%2) +C9/$E$9
D10: (%2) +D9/$E$9
E10: (%2) +E9/$E$9
```

Bild 3-29 Arbeitsblatt im Zellformel-Format

3.2.2 Arbeitsblätter speichern und laden

Symphony hat alle Daten die Sie bis jetzt eingegeben haben, im internen Speicher (Arbeitsspeicher) Ihres Computers abgespeichert. Dieser Speicher ist nur solange aktiv, solange der Computer eingeschaltet ist. Zur Langzeitspeicherung müssen die Daten auf Diskette oder Festplatte abgespeichert werden.

Achtung! Beim Beenden von Symphony werden die Daten nicht automatisch abgespeichert. Die Daten müssen ausdrücklich auf Festplatte oder Diskette gesichert werden, sonst sind sie verloren.

Im folgenden soll das Arbeitsblatt auf Festplatte abgespeichert werden. Es wird in folgenden Arbeitsschritten vorgegangen:

1. Bestimmen des aktuellen Laufwerks

2. Speichern des Arbeitsblattes

3. Speichern mit Kennwortschutz

4. Laden eines Arbeitsblattes

5. Anzeigen bestehender Dateinamen

6. Auszüge aus Arbeitsblättern speichern

7. Arbeitsblätter kombinieren.

3.2.2.1 Bestimmen des aktuellen Laufwerks

Mit dem {Service}-Befehl Transfer Index (**<F9> TI**) läßt sich das aktuelle Laufwerk anzeigen, als auch verändern, und zwar unter Angabe des Laufwerks und des Zugriffpfades. Da wir mit einem Festplattenlaufwerk arbeiten, stimmt die Einstellung. Ansonsten müssen Sie durch Drücken der <ESC>-Taste das aktuelle Laufwerk löschen und Ihr gewünschtes, gefolgt von einem Dopppelpunkt, eingeben (a: oder b:).

3.2.2.2 Speichern des Arbeitsblattes

Mit dem {Service}-Befehl Transfer Speichere (**<F9> TS**) wird das aktuelle Arbeitsblatt auf Diskette bzw. Festplatte abgespeichert. Zwei Möglichkeiten müssen dabei unterschieden werden, einmal die *Neuanlage* einer Datei und einmal die *Abspeicherung einer schon vorhandenen.* Bei der ersten Möglichkeit erscheinen schon vorhandene Namen und man kann einen neuen hinzufügen. Bei der zweiten Möglichkeit erscheint direkt der aktuelle Dateiname mit anschließender Abfrage, ob man diesen Namen auch wirklich benutzen will. Man wählt **Ja** oder **Nein**.

<F9> ts	Auswahl des {Service}-Befehls Transfer Speichere.

Symphony fragt Sie nach dem Dateinamen. Da die Datei schon einmal abgespeichert wurde, erscheint der aktuelle Dateiname KAPITEL3. Wir wollen die Datei unter dem gleichen Namen abspeichern und Betätigen die <RETURN>-Taste. Es erfolgt die Abfrage ob man diesen Namen auch wirklich benutzen will. Wir wählen **Ja**. Das Arbeitsblatt wird als Datei unter dem Namen **KAPITEL3.WR1** abgespeichert.

Während die Datei gespeichert wird, befindet sich Symphony im WARTEN-Modus.

3.2.2.3 Speichern mit Kennwortschutz

Symphony bietet Ihnen die Möglichkeit beim Speichern eines Arbeitsblattes, die Datei vor unerlaubtem Zugriff mit einem Kennwort zu schützen. Dabei geben Sie bei der Angabe des Dateinamens hinter dem Namen (in unserem Fall Kapitel3) ein Leerzeichen und danach **g** oder **G** ein. Es folgt die Aufforderung **Kennwort eingeben:**. Geben Sie ein Kennwort mit bis zu 15 Zeichen Länge ein. Da die Zeichen nicht am Bildschirm erscheinen, müssen Sie danach noch einmal bei **Verifizieren:** angegeben werden. Betätigen Sie dann die <RETURN>-Taste.

Die Datei wird unter dem Kennwort abgespeichert. Beim Laden der Datei erscheint jedesmal die Aufforderung, das Kennwort anzugeben. Vergessen Sie das Kennwort, kann die Datei nicht mehr geladen werden.

- Neues Kennwort eingeben

Soll das Kennwort geändert werden, löschen Sie beim Eingeben des Dateinamens mit der <ESC>-Taste oder mit der <RÜCKTASTE> die Meldung **Kennwortgeschützt** und geben dann ein neues Kennwort ein.

- Kennwortschutz löschen

Um das Kennwort zu löschen, müssen Sie zunächst die Datei laden. Danach speichern Sie die Datei unter demselben Namen wieder ab. Beim Abspeichern erscheint die Meldung **Kennwortgeschützt.** Diese Meldung muß mit der <ESC>-Taste oder der <RÜCKTASTE> gelöscht werden. Es erscheint der Dateinamen, der durch Drücken der <RETURN>-Taste bestätigt wird.

3.2.2.4 Laden eines Arbeitsblattes

Mit dem {Service}-Befehl Transfer Lade (**<F9> TL**) wird ein Arbeitsblatt von Diskette oder Festplatte in den Arbeitsspeicher geladen. Das geladene

Arbeitsblatt erscheint genauso, wie es abgespeichert wurde. Es wird folgendermaßen vorgegangen:

<F9> tl	Wahl des {Service}-Befehls Transfer Lade.

Nun werden Sie nach dem Dateinamen gefragt, den Sie laden wollen. Mit der <PFEIL LINKS>- bzw. der <PFEIL RECHTS>-Taste oder der <LEERTASTE> kann die Datei ausgewählt werden. Durch Drücken der <RETURN>-Taste wird der aufgehellte Dateinamen geladen.

3.2.2.5 Anzeigen bestehender Dateinamen

Beim Abspeichern bzw. beim Laden eines Arbeitsblattes zeigt Symphony immer die bestehenden Dateinnamen im Bedienfeld an. Sobald damit begonnen wird, einen Dateinamen einzutippen, verschwindet diese Liste vom Bildschirm.

Durch Drücken der {Menü}-Taste (**<F10>**) wird diese Liste auf den gesamten Bildschirm ausgedehnt. Es erscheint eine vierspaltige Liste aller Dateinamen. Mit den <PFEIL>-Tasten können Sie nun jeden Dateinamen auswählen. Für den gerade aufgehellten Dateinamen wird im Bedienfeld die Dateigröße, sowie Datum und Zeit der letzten Speicherung *angezeigt.* Durch Drücken der <RETURN>-Taste wird die Datei mit dem aufgehellten Dateinamen, je nach Befehl, entweder *geladen* oder *gespeichert.*

3.2.2.6 Auszüge aus Arbeitsblättern speichern

Mit dem {Service}-Befehl Transfer Auszug können Sie Teile aus dem aktuellen Arbeitsblatt in eine andere Datei speichern. Der Transfer Auszug-Befehl hat zwei Optionen, Formeln (Befehlsfolge: **<F9>** TAF) und Werte (Befehlsfolge: **<F9>** TAW). Das Kommando **Formeln** speichert den angegebenen Bereich genauso ab, wie er im aktuellen Arbeitsblatt erscheint. Also Zeichenketten als Zeichenketten, Zahlen als Zahlen und Formeln als Formeln. Das Kommando **Werte** überträgt nicht die Formel an sich, sondern nur den errechneten Wert.

Im folgenden soll aus der Tabelle nur der Auftragsbestand des Monats Januar-89 in eine extra Datei abgespeichert werden. Es wird folgendermaßen vorgegangen:

<F9> taf	Wahl des {Service}-Befehls Transfer Auszug Formeln.

Symphony fragt nach dem Dateinamen, unter dem der Bereich abgespeichert werden soll. In unserem Fall soll die neue Datei den Namen **Januar89** erhalten.

Januar89 <RETURN>	Eingabe des Dateinamens.

Symphony fragt nach dem Bereich, der gespeichert werden soll.

a1..b9 <RETURN>	Eingabe des Bereiches. Der Auftragsbestand Januar-89 wird abgespeichert.
<F9> tl	Wahl des {Service}-Befehls Transfer Lade.

Nach dem Drücken der <RETURN>-Taste erscheint die Datei JANUAR89 auf dem Bildschirm (s. Bild 3-30).

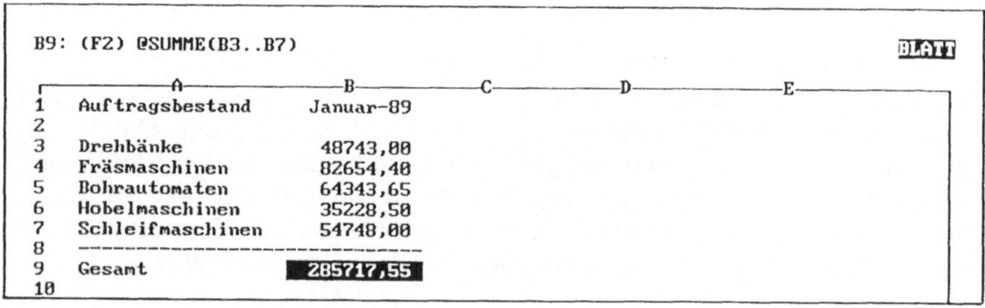
B9: (F2) @SUMME(B3..B7) BLATT

	A	B	C	D	E
1	Auftragsbestand	Januar-89			
2					
3	Drehbänke	48743,00			
4	Fräsmaschinen	82654,40			
5	Bohrautomaten	64343,65			
6	Hobelmaschinen	35228,50			
7	Schleifmaschinen	54748,00			
8	----------------	----------			
9	Gesamt	285717,55			
10					

Bild 3-30 Datei Januar89

In der Zelle B9 steht die Formel @SUMME(B3..B7). Bei der Option **Formel** bleibt diese Formel unverändert, und die Summe in B9 ändert sich, wenn sich irgendein Wert im Bereich B3..B7 ändert. Hätten wir die Option **Werte** gewählt, würde die Formel in Zelle B9 nicht mehr existieren. Man würde dort nur den Wert 285717,55 finden, selbst wenn sich einer der Ausgangswerte im Bereich B3..B7 ändern sollte.

3.2.2.7 Arbeitsblätter kombinieren

Mit dem {Service}-Befehl Transfer Kombiniere (**<F9> TK**) kann man eine komplette Datei (**Komplette-Datei**) oder eine Teildatei (**Benannter-Bereich**) mit dem aktuellen Arbeitsblatt kombinieren. Ausgangspunkt ist immer die aktuelle Cursorposition. Der Zellzeiger muß in die Zelle gesetzt werden, die die linke obere Ecke desjenigen Bereichs bildet, in den ein anderes Arbeitsblatt hineinkopiert werden soll. Drei Optionen sind dafür vorgesehen, mit denen man angeben kann, wie die Daten verarbeitet werden sollen, die im aktuellen Arbeitsblatt stehen.

a) Kopiere

Mit dem {Service}-Befehl Transfer Kombiniere **Kopiere** (**<F9> TKK**) wird das aktuellen Arbeitsblatt durch das angegebene ganz oder teilweise ersetzt. Jeder eingelesene Zellinhalt ersetzt den entsprechenden Zellinhalt im aktuellen Arbeitsblatt.

b) Addiere

Mit dem {Service}-Befehl Transfer Kombiniere Addiere (**<F9> TKA**) werden numerische Daten, Zahlen und Formelwerte in das aktuelle Arbeitsblatt übernommen, jedoch nicht die Formel selbst. Es werden dabei drei Fälle unterschieden:

1. Die aktuelle Zelle und neue Zelle beinhalten beide Zahlen. Es wird die Summe aus beiden gebildet.

2. Die aktuelle Zelle ist leer. Es erscheint dann die neue Zelle.

3. Die aktuellen Zelle ist eine Textzelle oder eine Formelzelle. Der ursprünglich Inhalt wird erhalten, und der Inhalt der neuen Zelle wird nicht weiter beachtet.

c) Subtrahiere

Entspricht **Addiere**, jedoch werden alle Werte subtrahiert.

3.2.3 Konfiguration des Arbeitsblattes

Mit dem {Service}-Befehl Konfiguration (**<F9> K**) erscheint das Konfigurationsmenü mit dem entsprechenden Parameterblatt auf dem Bildschirm (s. Bild 3-31).

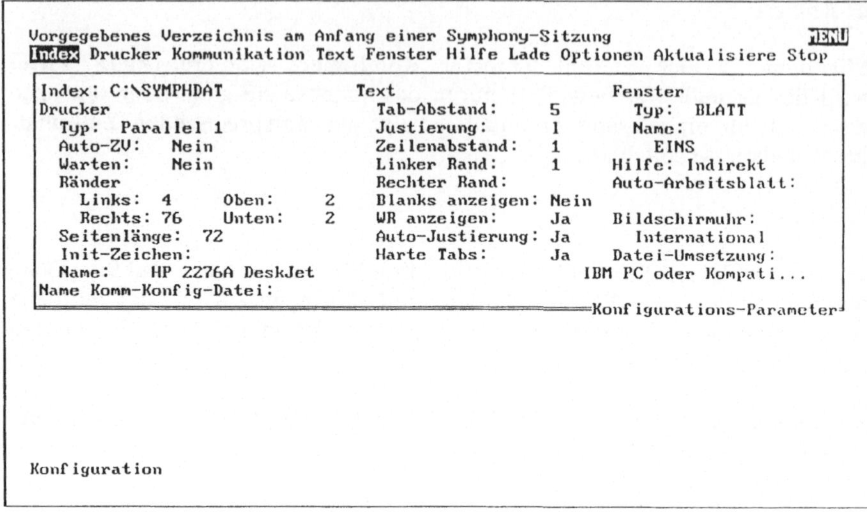

Bild 3-31 Konfigurationsmenü und Parameterblatt

Mit den angebotenen Menü-Befehlen können Voreinstellungen durchgeführt werden, wie z.B. Parameter für die Textverarbeitung, Einstellungen für den Druck, Dateiverwaltung, Datumsanzeige. Damit alle Änderungen Gültigkeit haben muß der {Service}-Befehl **Konfiguration Aktualisieren** (**<F9> KA**) verwendet werden, damit werden die durchgeführten Änderungen in die Datei SYMPHONY.CNF geschrieben bzw. überschrieben.

3.2.3.1 Der Befehl Konfiguration Index

Beim Aufrufen des {Service}-Befehls **Konfiguration Index** (**<F9> KI**) wird das aktuelle Unterverzeichnis mit Laufwerk und Pfadname angezeigt. Alle Dateien werden in diesem Verzeichnis abgelegt oder gesucht. Bei einem PC mit zwei Diskettenlaufwerken kann die Voreinstellung beispielsweis von A:\ in B:\ geändert werden. Damit kann die Systemdiskette im Laufwerk A bleiben die Arbeitsblätter werden im Laufwerk B abgespeichert. Bei einem PC mit Festplatte bietet es sich an ein eigenen Unterverzeichnis für die Arbeitsblätter anzulegen, beispielsweise C:\symph\dateien. Die Arbeitsblätter werden dann gesondert in dieses Verzeichnis abgespeichert. Der geänderte Index wird dann mit dem {Service}-Befehl **Konfiguration Aktualisiere** (**<F9> KA**) permanent in der Datei SYMPHONY.CNF abgespeichert. Beim nächsten Aufruf sucht Symphony in dem konfigurierten Laufwerk und Unterverzeichnis.

3.2.3.2 Der Befehl Konfiguration Drucker

Bei Wahl des {Service}-Befehls **K**onfiguration **D**rucker (**<F9> KD**) erscheinen Befehle die bis auf zwei Ausnahmen dem in Abschnitt 3.2.1 behandelten {Service}-Befehl **A**usdruck (**<F9> A**) entsprechen:

1. Mit dem {Service}-Befehl **K**onfiguration **D**rucker **T**yp (**<F9> KDT**) wird die Schnittstelle gewählt über die der Drucker drucken soll.

2. Der {Service}-Befehl **K**onfiguration **D**rucker **Z**eilenvorschub (**<F9> KDZ**) wird bei Druckern benötigt, die am Ende einer Zeile keinen automatischen Zeilenvorschub machen. Mit diesem Befehl wird verhindert, daß der gesamte Ausdruck in eine Zeile kommt.

3.2.3.3 Der Befehl Konfiguration Kommunikation

Der {Service}-Befehl **K**onfiguration **K**ommunikation **L**ade (**<F9> KKL**) lädt beim starten von Symphony eine Datei in der sämtliche Übertragungsparameter enthalten sind. Standardmäßig wird keine Kommunikation-Konfiguration-Datei (.CCF) geladen. Das Arbeiten mit Kommunikationsparametern wird in Abschnitt 11 erklärt.

3.2.3.4 Der Befehl Konfiguration Text

Mit dem {Service}-Befehl **K**onfiguration **T**ext (**<F9> KT**) werden Standardparameter für die Textverarbeitung eingestellt. Die verschiedenen Kommandos werden im Abschnitt 9 behandelt.

3.2.3.5. Der Befehl Konfiguration Fenster

Der {Service}-Befehl **K**onfiguration **F**enster **T**yp (**<F9> KFT**) bestimmt welcher Fenster-Typ auf dem Bildschirm erscheint (BLATT, TEXT, GRAFIK, MASKE oder KOMM). Der Name des Ausgangsfensters wird gewählt mit dem {Service}-Befehl **K**onfiguration **F**enster **N**ame (**<F9> KFN**). Die Standardeinstellung ist das BLATT-Fenster mit dem Namen EINS.

3.2.3.6 Der Befehl Konfiguration Optionen

Bei der Wahl des {Service}-Befehls **K**onfiguration **O**ption (**<F9> KO**) erscheint ein Menü mit den folgenden Optionen:

Uhr

Mit dem {Service}-Befehl **K**onfiguration **O**ption **U**hr (**<F9> KOU**) wird das Format der Datum- und Zeitanzeige in der linken unteren Ecke das Bildschirms eingestellt. Die Standardeinstellung ist International (27/03/89 11.36).

Datei-Umsetzung

Mit dem {Service}-Befehl **K**onfiguration **O**ptionen **D**atei-Umsetzung (**<F9> KOD**) können Sie sich eine eigene Standard-Übersetzungstabelle einrichten um Text-Dateien zwischen verschieden PC's zu übertragen (siehe Abschnitt 10).

International

Durch Wahl des {Service}-Befehls **K**onfiguration **O**ptionen **I**nternational (**<F9> KOI**) erscheint das Konfiguration Optionen International-Menü mit dem dazugehörenden Parameterblatt (s. Bild 3-32).

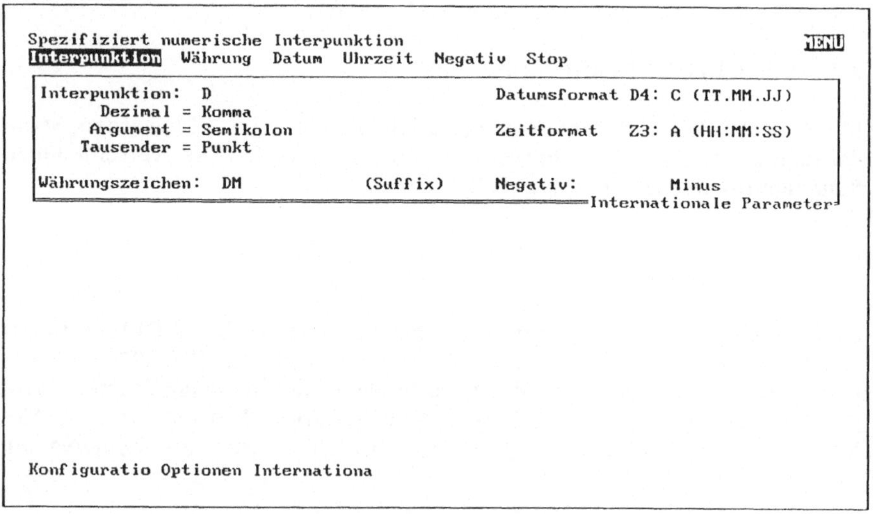

```
Spezifiziert numerische Interpunktion                                        MENU
Interpunktion  Währung  Datum  Uhrzeit  Negativ  Stop

Interpunktion:  D                              Datumsformat D4:  C (TT.MM.JJ)
      Dezimal  = Komma
     Argument  = Semikolon                     Zeitformat   Z3:  A (HH:MM:SS)
    Tausender  = Punkt

Währungszeichen:  DM              (Suffix)     Negativ:          Minus
                                               Internationale Parameter

Konfiguratio Optionen Internationa
```

Bild 3-32 Das Konfiguration Optionen International-Menü

Die Funktionen werden erläutert:

Interpunktion

Mit dem {Service}-Befehls Konfiguration Optionen International Interpunktion (<F9> **KOII**) können Sie verschiedene Zeichen für Vor- und Nachkommastellen und Tausenderstellen einstellen.

Währung

Mit dem {Service}-Befehls Konfiguration Optionen International Währung (<F9> **KOIW**) kann ein anderes Währungszeichen angegeben werden. Die Standardeinstellung ist DM PRÄFIX, DM steht vor der Zahl. Das Währungszeichen kann auch hinter der Zahl stehen (SUFFIX).

Datum

Bei dem {Service}-Befehl Konfiguration Optionen International Datum (<F9> **KOID**) gibt es fünf verschiedene Möglichkeiten der Datumsdarstellung (siehe Abschnitt 3.1.10.5).

Uhrzeit

Der {Service}-Befehl Konfiguration Optionen International Uhrzeit (<F9> **KOIU**) ermöglicht vier verschiedene wählbare Datumseinstellungen (siehe Abschnitt 3.1.10.6).

Negativ

Mit dem {Service}-Befehl Konfiguration Optionen International Negativ (<F9> **KOIN**) kann die Anzeige von einem negativen Währungsbetrag oder Zahlen mit Tausendertrennzeichen bestimmt werden. Es kann eine Klammer oder das Minuszeichen gewählt werden. So wird beispielsweise der negative Wert 100 als (100) angezeigt, wenn Klammern gewählt wird, und als -100 wenn Minus gewählt wird.

3.2.3.7 Der Befehl Konfiguration Aktualisiere

Mit dem {Service}-Befehl Konfiguration Aktualisiere (<F9> **KA**) werden die durchgeführten Änderungen in der Datei SYMPHONY.CNF abgespeichert. Ihre bisherige Parameter-Datei wird dabei gelöscht. Beim Neustart von Symphony werden die neuen Parameter geladen. Wird der {Service}-Befehl Konfiguration Aktualisiere (<F9> **KA**) nicht benutzt, sind die Änderungen nur für die momentane Sitzung gültig.

3.2.4 Einstellung der Parameter

Durch Wahl des {Service}-Befehl **Parameter** (**<F9> P**) erscheint folgendes Menü mit dem dazugehörigen Parameterblatt (Bild 3-33)

```
Spezifiziert Bereich zur Speicherung der Makro-Tastenanschläge            MENU
Makro-Generierung Blattsicherung Globalschutz Auto-Ablauf Kommunikation Stop

  Coprozessor:               (keine)
  Systemspeicher:            232727 der 234288 Bytes (99%)
  Erweiterungsspeicher:      (keine)
  Makro-Generierung:         Nein
    Bereich:
  Blattsicherung:            Entsperrt
  Globalschutz:              Nein
  Auto-Ablauf:
  Kommunikation:
                                                      Globale Parameter

Parameter
```

Bild 3-33 Globale Parameter

Mit diesen Optionen ist es möglich Standardeinstellungen vorzunehmen, die überall in Symphony gültig sind. Die Standardeinstellung ist bei den Optionen Makro-Generierung, Blattsicherunger, Globalschutz auf NEIN bzw. ENTSPERRT eingestellt. Weiterhin wird der freie und tatsächlich verfügbare Arbeitsspeicher angezeigt.

3.2.4.1 Makro-Generierung

Der {Service}-Befehl **P**arameter **M**akro-Generierung (**<F9> PM**) wird in Abschnitt 12.1.6 an einem Beispiel behandelt.

3.2.4.2 Blattsicherung

Mit dem {Service}-Befehl **P**arameter **B**lattsicherung (**<F9> PB**) wird ein Arbeitsblatt mit Hilfe eines Passwortes geschützt.

3.2.4.3 Globalschutz

Durch den {Service}-Befehl **Parameter Globalschutz Ja** (<F9> **PGJ**) wird verhindert, daß der Zelleninhalt verändert werden kann.

3.2.4.4 Auto-Ablauf

Der {Service}-Befehl **Parameter** Auto-Ablauf (<F9> **PA**) wird in Abschnitt 12.2.2 an einem Beispiel behandelt.

3.3 Fenster-Technik

Ein Fenster ist ein Ausschnitt eines Arbeitsblattes. Durch dieses Fenster kann man die Daten auf dem Arbeitsblatt sehen. Es kommt oft vor, daß man nicht alle Daten auf einen Blick übersehen kann, sondern das Fenster bewegen muß. Jedes Fenster kann einen unterschiedlichen Ausschnitt desselben Arbeitsblattes zeigen.

Folgenden Arbeitsschritte sollen den Umgang mit Fenstern verdeutlichen:

1. Erzeugen eines neuen BLATT-Fensters
2. Umschalten zwischen Fenstern
3. Fenstereigenschaften
4. Bewegen eines Fensters
5. Fenstergröße einstellen
6. Die <SCROLL LOCK>-Taste
7. Die ZOOM-Taste
8. Erstellen eines Fensters innerhalb eines Teilfensters
9. Der Befehl Forme
10. Der Befehl Teile
11. Der Befehl Lösche
12. Der Befehl Verberge

13. Der Befehl Zeige

14. Der Befehl Isoliere

15. Die Fenster-Parameter-Befehle

    15.1 Begrenzung

    15.2 Rahmen

    15.3 Auto-Anzeige

16. Einfügen und Löschen von Zeilen und Spalten

17. Erstellen von Nicht-BLATT-Fenstern.

3.3.1 Erzeugen eines neuen BLATT-Fensters

Bisher haben wir nur in einem einzigen BLATT-Fenster mit dem Namen EINS gearbeitet. Im folgenden wollen wir ein BLATT-Fenster mit dem Namen ZWEI anlegen. In dieses Fenster sollen dann anschließend Daten eingetragen werden.

Um ein neues Fenster anzulegen, wird der {Service}-Befehl **Fenster Erstelle** (**<F9> FE**) aufgerufen:

<F9> fe	Aufruf des {Service}-Befehls **Fenster Erstelle.**

Symphony fragt nach einem Namen für das neue Fenster. Gleichzeitig wird auch eine Liste der bereits im Arbeitsblatt vorhandenen Fenster angezeigt. Da dieses Arbeitsblatt neu angelegt wurde, erscheint auch nur der Name EINS in der Liste. Symphony vergibt den Namen EINS für das Fenster im Arbeitsblatt immer automatisch. Sie können den Namen für das neue Fenster nicht der Liste entnehmen. Wenn Sie versuchen, einen Namen zu wählen, der bereits für ein Fenster vergeben wurde, z.B. EINS, dann antwortet Symphony mit der Fehlermeldung **Name existiert schon**. Wie bereits oben erwähnt, soll das BLATT-Fenster den Namen ZWEI erhalten.

zwei <RETURN>	Eingabe des Namens für das neue BLATT-Fenster.

Ein Fenstername kann bis zu 15 Zeichen lang sein. Der Namen kann beliebige Zeichen enthalten, alphanumerische, Leer- oder Sonderzeichen; Groß- und Kleinbuchstaben werden dabei nicht unterschieden.

Nach der Eingabe eines neuen, nicht in der Liste vorhandenen Namens muß man sich für einen Fenstertyp entscheiden. Es wird folgendes Menü angezeigt:

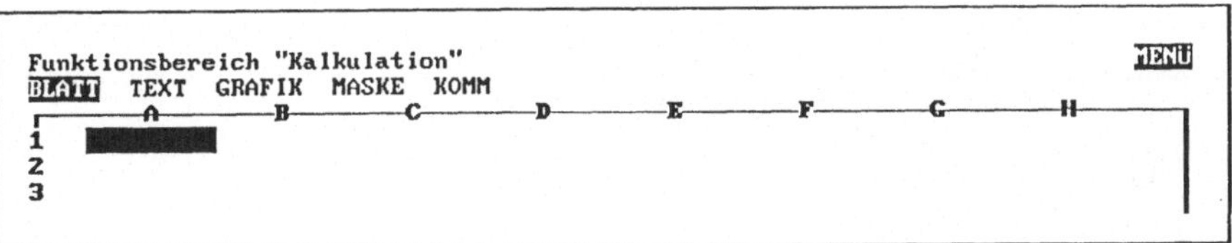

Bild 3-34 Die fünf Wahlmöglichkeiten für den Fenstertyp

Die fünf Wahlmöglichkeiten im Menü entsprechen den fünf Fenstertypen in Symphony. Wir entscheiden uns für den Fenstertyp BLATT. Wie bei allen anderen Symphony-Kommandos kann auch hier gewählt werden, indem das erste Zeichen des Namens **B** eingegeben wird oder indem der Cursor mit den Pfeil-Tasten oder der <LEERTASTE> auf BLATT bewegt wird und die <RETURN>-Taste gedrückt wird.

b Wahl von BLATT-Fenster.

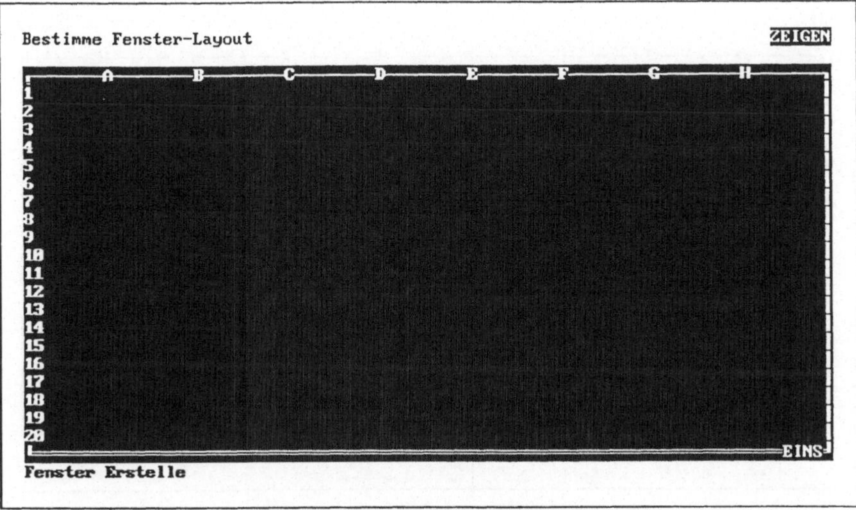

Bild 3-35 Inverse Darstellung des Bildschirms

Nach der Wahl des Fenster-Typs wird das gesamte Fenster invers dargestellt. Symphony wartet darauf, daß Größe und Position des Fensters angegeben wird. Wird die <RETURN>-Taste sofort gedrückt, geht Symphony davon aus, daß das Fenster den ganzen Bildschirm ausfüllt. Das Fenster hat damit gleichzeitig die maximale Größe, die ein Fenster überhaupt erreichen kann. Nach Betätigen der <RETURN>-Taste erscheint das in Bild 3-36 wiedergegebene Menü:

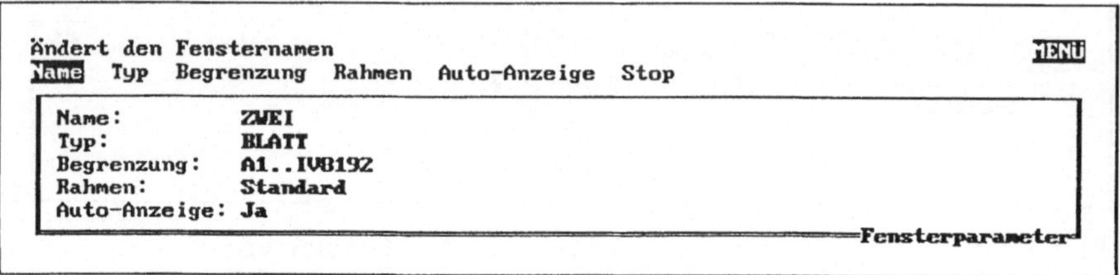

Bild 3-36 Auswahlmenü

Mit diesem Menü können Sie sofort die Standardannahmen abändern. Wir wollen jetzt nichts an den Parametern verändern. Mit dem Befehl Stop oder mit der <ESC>-Taste wird das neue Fenster angelegt. Ihr Bildschirm sollte Bild 3-37 entsprechen.

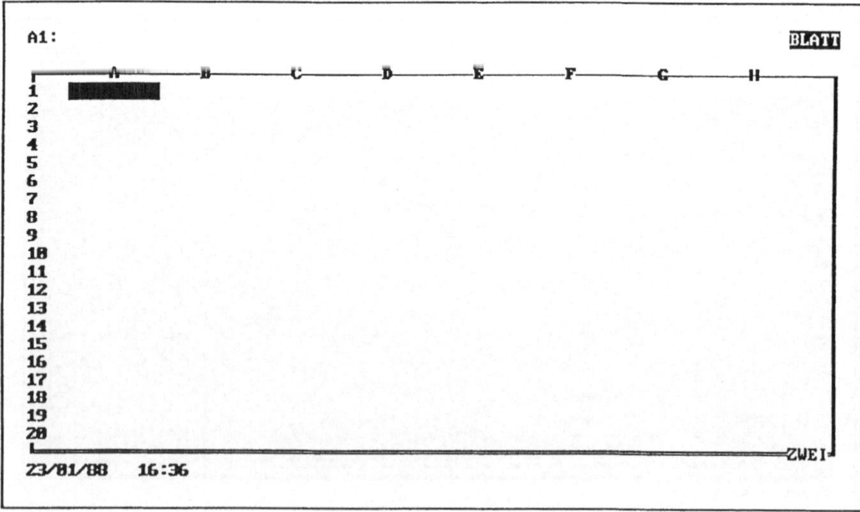

Bild 3-37 Neues Blattfenster mit dem Namen ZWEI

3.3.2 Umschalten zwischen Fenstern

Symphony bietet Ihnen zwei Möglichkeiten, das Fenster auszuwählen, mit dem Sie arbeiten wollen:

1. Mit der FENSTER-Taste (**<F6>**-Taste auf Ihrer Tastatur). Durch Drücken dieser Taste schalten Sie von einem Fenster in das andere Fenster. Das oberste Fenster ist das jeweils aktuelle Fenster.

2. Mit dem {Service}-Befehl **Fenster Wähle** (**<F9> FW**). Aus der Liste der angezeigten Fensternamen kann der gewünschte ausgewählt werden. Das ausgewählte Fenster wird zum aktuellen Fenster, d.h. es erscheint als oberes Fenster.

3.3.3 Fenstereigenschaften

Wir wollen das Fenster EINS als aktuelles Fenster wählen. Rufen Sie den {Service}-Befehl **Fenster Wähle** (**<F9> FW**) auf. Zeigen Sie mit dem Zellzeiger auf den Namen EINS, und drücken Sie die <RETURN>-Taste. Symphony bringt das Fenster EINS auf den Bildschirm.

Bewegen Sie den Zellzeiger in die Zelle A1 und geben die Zahl 50 ein. Schalten Sie mit der FENSTER-Taste (**<F6>**-Taste) in das Fenster ZWEI um. Die Zahl 50 erscheint auch im Fenster ZWEI. Dieses Beispiel soll demonstrieren, daß sich alle Fenster auf das gleiche Arbeitsblatt beziehen.

Wählen Sie nun den {Menü}-Befehl **Parameter Breite** (**<F10> PB**). Ändern Sie die Spaltenbreite im Fenster ZWEI auf **15** Zeichen. Ihr Bildschirm sollte Bild 3-38 entsprechen.

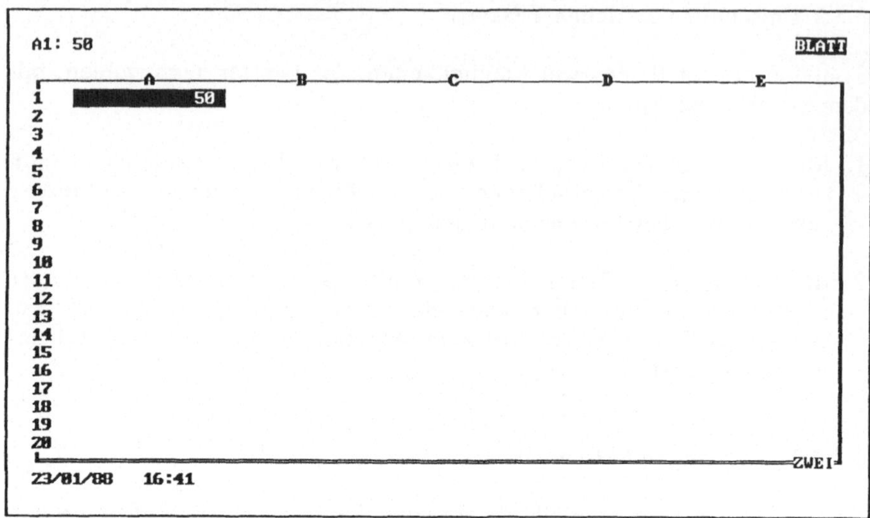

Bild 3-38 Vergrößern der Spaltenbreite

Schalten Sie nun mit der FENSTER-Taste (**<F6>**) in das Fenster EINS um. Die Spaltenbreite im Fenster EINS wurde nicht verändert.

In gleicher Weise verwenden Sie auch den {Menü}-Befehl **P**arameter **F**ormat (**<F10> PF**). Haben Sie verschiedene Fenster, die sich auf denselben Bereich im Arbeitsblatt beziehen, können Sie in jedem Fenster ein anderes Standard-Format verwenden.

Achtung! Es gibt einige Einstellungen in den BLATT-Fenstern, die sich nicht auf den gesamten Arbeitsbereich beziehen, sondern nur auf die spezielle Sicht des Arbeitsblattes durch das aktuelle Fenster.

Stellen Sie nun die Spaltenbreite von Fenster ZWEI mit dem {Menü}-Befehl **P**arameter **B**reite (**<F10> PB**) auf **9** Zeichen zurück.

3.3.4 Bewegen eines Fensters

Der eigentliche Sinn des Fensterkonzepts ist es, daß man auf einen Tastendruck mehrere Teile desselben Arbeitsblatts anschauen kann. Wir wollen das Fenster ZWEI so verschieben, daß es einen anderen Bereich im Arbeitsblatt anzeigt. Es wird wie folgt vorgegangen:

<HOME> Bewegen des Zellzeigers in Zelle A1.

<CTRL> <PFEIL RECHTS> Fenster ZWEI wird eine Bildschirmseite nach rechts geblätter.

100 <RETURN> Zahleneingabe in Zelle I1.

Ihr Bildschirm sollte nun Bild 3-39 entsprechen:

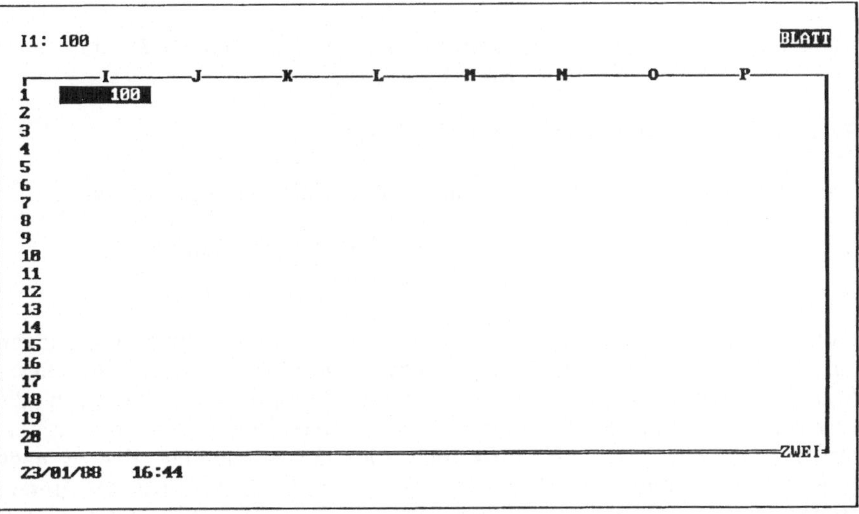

Bild 3-39 Fenster ZWEI nach Zahleneingabe

Drücken Sie nun die FENSTER-Taste (<F6>), um das Fenster EINS auf den Bildschirm zu bringen. Die Eingabe in Zelle I1 im Fenster ZWEI ist nicht mehr sichtbar. Würden Sie die Tasten <CTRL> <PFEIL RECHTS> betätigen, dann würden Sie auch im Fenster EINS den Eintrag in Zelle I1 sehen.

Achtung! Mehrere Fenster bieten Ihnen also gleichzeitig Einblick in verschiedene Teile des Arbeitsblattes.

3.3.5 Fenstergröße einstellen

Ein Symphony-Fenster muß nicht so groß sein wie ein Bildschirm. Symphony erlaubt es Ihnen, ein Fenster von beliebiger Größe, von einer Zelle bis zur Bildschirmgröße, anzulegen. Das Verfahren ist, bis auf den letzten Schritt, identisch mit dem für die Fenster, die den gesamten

Bildschirm ausfüllen. Es ist möglich, ein Fenster *schon mit einer bestimmten Größe zu erstellen* oder *im nachhinein* die Größe zu verändern.

Wir wollen ein neues Fenster mit dem Namen DREI anlegen. Da die Fenster in einer bestimmten Reihenfolge stehen sollen, bewegen Sie sich mit der FENSTER-Taste (<F6>) in das Fenster EINS. Es wird dann wie folgt vorgegangen:

<F9> fe	Auswahl des {Service}-Befehls Fenster Erstelle.

Symphony fragt nach dem Namen des Fensters.

drei <RETURN>	Geben Sie DREI als Fenstername ein.
b	Das Fenster DREI soll ebenfalls ein BLATT-Fenster sein.

Nun erleuchtet Symphony den ganzen Bildschirm hell und geht davon aus, daß erneut ein Fenster den ganzen Bildschirm nutzen soll. Dieses Mal wird nicht mit der <RETURN>-Taste bestätigt. Wir benutzen die Cursor-Tasten, um ein Teilfenster zu erstellen. Wenn man die <PFEIL LINKS>-Taste drückt, sieht man, daß die hell erleuchtete Fläche nach links wandert. Beim Drücken der <PFEIL OBEN>-Taste wird der untere Bildschirmrand dunkel. Ausgangspunkt ist dabei immer der rechte untere Bildschirmrand.

Mit der <PUNKT>-Taste oder der <TAB>-Taste kann die aktuelle Ecke geändert werden. Die Änderung verläuft im Uhrzeigersinn, ausgehend von der rechten unteren Ecke, zur linken unteren Ecke, zur linken oberen, zur rechten oberen, zur rechten unteren. Wenn man das Fenster dann nach seinen Wünschen eingestellt hat, muß man zum Abschluß noch die <RETURN>-Taste drücken.

Ein Fenster kann nicht größer sein als der Bildschirm. Dies ist die einzige Begrenzung der Bildschirmgröße nach oben. Ein Fenster kann bis zur Größe einer Zelle verkleinert werden.

Tabelle 3-2 zeigt die Tasten und ihre Funktion bei der Fensterdefinition.

Tabelle 3-2 Wirkungen der Cursor-Tasten

Taste		Wirkung auf die aktuelle Ecke
⟨PFEIL LINKS⟩		eine Spalte nach links
⟨PFEIL RECHTS⟩		eine Spalte nach rechts
⟨PFEIL OBEN⟩		eine Zeile nach oben
⟨PFEIL UNTEN⟩		eine Zeile nach unten
⟨HOME⟩		obere linke Ecke des Bildschirms
⟨END⟩	⟨PFEIL RECHTS⟩	zum rechten Bildschirmrand
⟨END⟩	⟨PFEIL LINKS⟩	zum linken Bildschirmrand
⟨END⟩	⟨PFEIL OBEN⟩	zum oberen Bildschirmrand
⟨END⟩	⟨PFEIL UNTEN⟩	zum unteren Bildschirmrand
⟨PGUP⟩		vier Zeilen nach oben
⟨PGDN⟩		vier Zeilen nach unten
⟨CTRL⟩	⟨PFEIL RECHTS⟩	acht Spalten nach rechts
⟨CTRL⟩	⟨PFEIL LINKS⟩	acht Spalten nach links
⟨CTRL⟩	⟨HOME⟩	untere linke Ecke

Bestimmen Sie die Größe des neuen Fenster DREI in etwa so, daß Ihr Bildschirm Bild 3-40 entspricht.

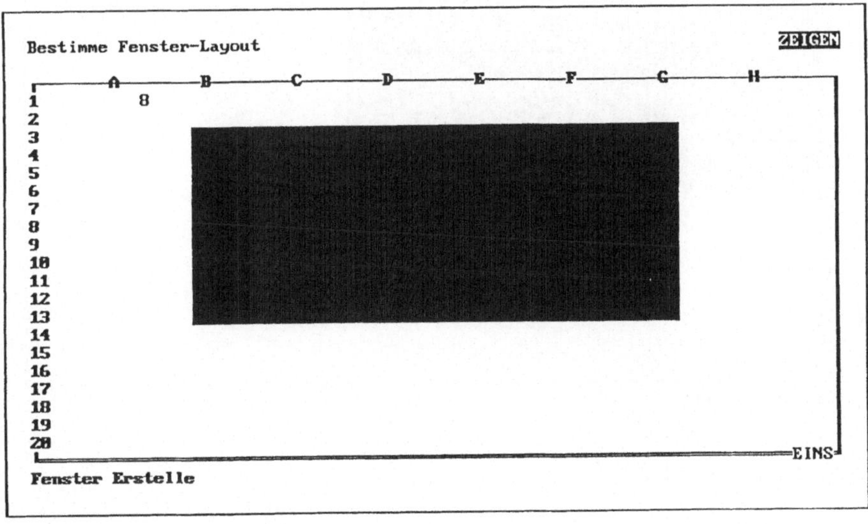

Bild 3-40 Fenster DREI

3.3.6 Die <SCROLL LOCK>-Taste

Das Fenster DREI, dessen Größe wir ja reduziert haben, kann man nun an jeden beliebigen Platz auf dem Bildschirm bringen. Aber nur auf dem Bildschirm, nicht mehr auf dem übrigen Arbeitsblatt.

Um ein Fenster zu bewegen, drücken Sie die <SCROLL LOCK>-Taste. Mit der <SCROLL LOCK>-Taste wird die Wirkung der Tasten umgeschaltet. Wenn Sie die <SCROLL LOCK>-Taste drücken, erscheint unten im Bildschirm die Meldung **Rol**.

Das Fenster DREI soll so verschoben werden, daß es mit dem oberen Rand des Bildschirms übereinstimmt. Drücken Sie die <SCROLL LOCK>-Taste und dann die <PFEIL OBEN>-Taste. Immer, wenn die <PFEIL OBEN>-Taste betätigt wird, bewegt sich das Fenster DREI auf dem Bildschirm um eine Zeile nach oben. Nachem Sie die <PFEIL OBEN>-Taste einigemale gedrückt haben, befindet sich das Fenster am oberen Rand des Bildschirms. Ihr Bildschirm sollte nun Bild 3-41 entsprechen.

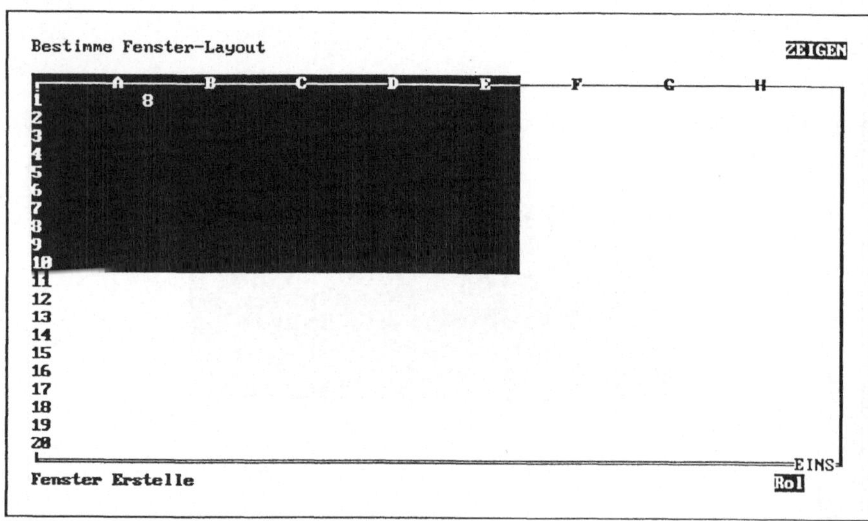

Bild 3-41 Fenster DREI

Achtung! Ein Fenster kann nicht über den Rand des Bildschirms hinausbewegt werden. Symphony meldet sich mit einem Signalton, wenn dies versucht wird.

In Tabelle 3-3 finden Sie die Tasten mit ihrer Wirkung auf das ganze Fenster, wenn die <SCROLL LOCK>-Taste eingeschaltet ist.

Tabelle 3-3 Funktionen der Cursor-Tasten bei aktiver ⟨SCROLL LOCK⟩-Taste

Taste		Wirkung auf das gesamte Fenster
⟨PFEIL LINKS⟩		eine Spalte nach links
⟨PFEIL RECHTS⟩		eine Spalte nach rechts
⟨PFEIL OBEN⟩		eine Zeile nach oben
⟨PFEIL UNTEN⟩		eine Zeile nach unten
⟨HOME⟩		in die obere linke Ecke
⟨END⟩	⟨PFEIL RECHTS⟩	zum rechten Bildschirmrand
⟨END⟩	⟨PFEIL LINKS⟩	zum linken Bildschirmrand
⟨END⟩	⟨PFEIL OBEN⟩	zum oberen Bildschirmrand
⟨END⟩	⟨PFEIL UNTEN⟩	zum unteren Bildschirmrand
⟨PGUP⟩		vier Zeilen nach oben
⟨PGDN⟩		vier Zeilen nach unten
⟨CTRL⟩	⟨PFEIL RECHTS⟩	acht Spalten nach rechts
⟨CTRL⟩	⟨PFEIL LINKS⟩	acht Spalten nach links
⟨CTRL⟩	⟨HOME⟩	zur unteren rechten Ecke

Positionieren Sie das Fenster DREI so, daß es Bild 3-42 entspricht. Mit der <RETURN>-Taste wird bestätigt und es erscheint das Fenster-Parameterblatt. Wählen Sie die Funktion **Stop**. Ihr Bildschirm sollte nun Bild 3-42 entsprechen.

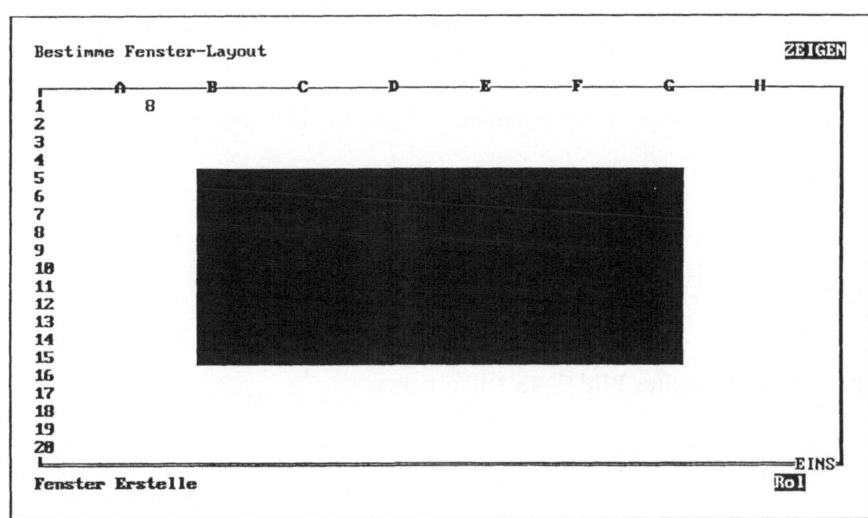

Bild 3-42 Positionierung von Fenster DREI

Das Fenster DREI erscheint innerhalb von Fenster EINS. Das Fenster Drei ist noch das aktive Fenster.

Achtung! Das aktuelle Fenster erkennt man an den beiden parallel verlaufenden Linien am unter Rand des Fensters.

3.3.7 Die ZOOM-Taste

Symphony bietet Ihnen die Möglichkeit, mit der ZOOM-Taste (<ALT> <F6>) das aktuelle Fenster über den ganzen Bildschirm auszubreiten. Wenn also das Fenster DREI das aktuelle Fenster am Bilschirm ist, kann man dieses mit der ZOOM-Taste (<ALT> <F6>) auf den gesamten Bildschirm vergrößern. Das Wort **Zoom** erscheint in der Mitte des unteren Bildschirmrandes. Erneutes Drücken der ZOOM-Taste bringt das Fenster wieder in die Ausgangsgröße zurück.

3.3.8 Erstellen eines Fensters innerhalb eines Teilfensters

Im folgenden wollen wir innerhalb des verkleinerten Fensters (DREI) noch ein Fenster anlegen. Der Cursor muß dabei in Fenster DREI stehen. Es wird wie folgt vorgegangen:

<F9> fe	Auswahl des {Service}-Befehls Fenster Erstelle.

Symphony fragt nach einem Namen für das BLATT-Fenster.

vier <RETURN>	Wir wollen ein neues Fenster mit dem Namen VIER erstellen.

Symphony fragt nach dem Fenstertyp.

b	Der Fenstertyp BLATT wird angegeben.

Ihr Bildschirm sollte Bild 3-43 entsprechen.

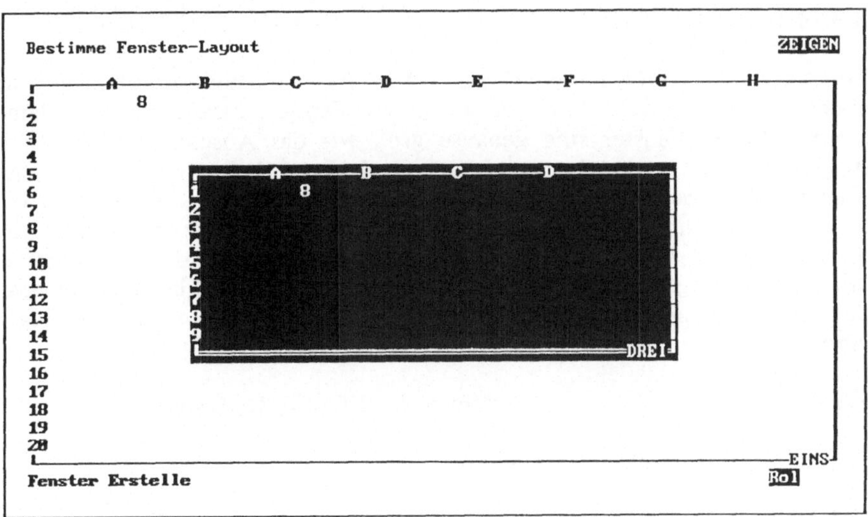

Bild 3-43

Die hellerleuchtete Fläche ist nur so groß, wie das Fenster, in dem man das neue Fenster anlegen will. Symphony geht immer davon aus, daß das neue Fenster die Größe des aktuellen Fensters haben soll. Wie bereits weiter vorne besprochen, könnten Sie nun mit den Cursor-Tasten die Größe des Fensters VIER bestimmen.

Wir wollen das Anlegen von Fenster VIER abbrechen. Drücken Sie dazu viermal die <ESC>-Taste. Beim ersten Drücken der <ESC>-Taste kommt man zurück ins Typ-Menü. Beim zweiten und dritten Drücken werden Sie nach dem Namen gefragt, beim vierten Drücken der <ESC>-Taste befinden Sie sich im Fenster-Menü.

3.3.9 Der Befehl Forme

Mit dem {Service}-Befehl Fenster Forme (**<F10> FF**) kann man nachträglich die Form oder Lage des Fensters im Arbeitsblatt ändern. Nach Auswahl dieses Befehls zeigt Symphony das aktuelle Fenster wieder in inverser Darstellung. Genau wie beim Anlegen eines Fensters, kann mit den Cursor-Tasten Form und Lage des Fensters verändert werden.

3.3.10 Der Befehl Teile

Der {Service}-Befehl Fenster Teile (**<F9> FT**) unterteilt ein Fenster in Hälften oder Viertel. Alle neu erstellten Fenster zusammen mit dem ursprünglichen Fenster sind genauso groß wie das Ausgangsfenster. Das *Ausgangsfenster* ist immer in der linken oberen Ecke zu finden und hat seinen Namen beibehalten. Symphony gibt den neuen Fenstern Namen in Form von fortlaufenden Zahlen. Die neuen Fenster werden von 1 ab durchnumeriert. Man kann das Kommando wieder verwenden, um bereits mit Teile erzeugte Fenster noch weiter zu unterteilen. Wir möchten das Fenster ZWEI in vier gleiche Fenster unterteilen. Dazu wird wie folgt vorgegangen:

<F6>	Betätigen der FENSTER-Taste.

Fenster ZWEI ist nun das aktuelle Fenster.

<F9> ft	Auswahl des {Service}-Befehls Fenster Teile.

Es erscheint das folgende Menü:

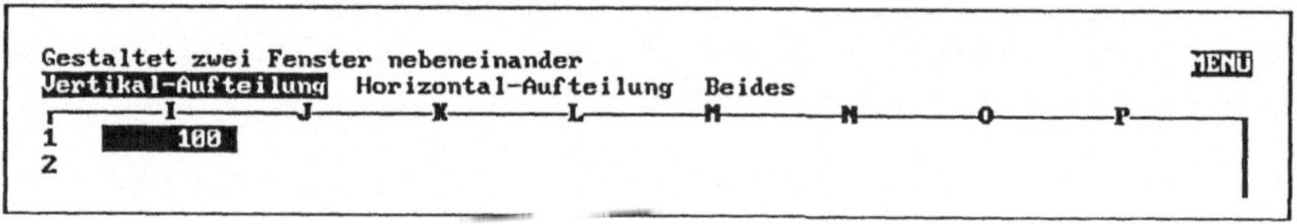

Bild 3-44 Drei Möglichkeiten der Fenstereinteilung

b	Wählen Sie **B**eides.

Das Fenster ZWEI wird von Symphony, wie in Bild 3-45, in vier gleich große Fenster aufgeteilt.

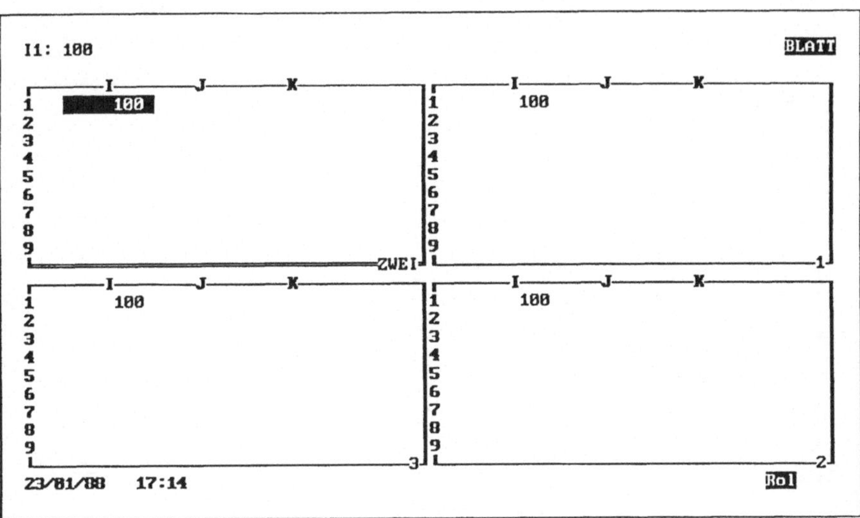

Bild 3-45 Teil von Fenster ZWEI

3.3.11 Der Befehl Lösche

Der {Service}-Befehl Fenster Lösche (**<F9> FL**) löscht ein Fenster aus dem Arbeitsblatt. Es wird nur der Name aus der Liste entfernt, nicht jedoch die Daten, die in dem Fenster standen. Das letzte Fenster im Arbeitsblatt können Sie nicht löschen.

Das in Bild 3-45 dargestellte Arbeitsblatt enthält vier Fenster. Wir wollen Fenster **3** aus dieser Gruppe löschen.

<F9> fl	Auswahl des {Service}-Befehls Fenster Lösche.

Symphony fragt nach dem Namen des zu löschenden Fensters und zeigt gleichzeitig eine Liste aller bisher angelegten Fenster an. Um Fenster 3 zu löschen, zeigen Sie entweder mit dem Zellzeiger auf den Namen und betätigen die <RETURN>-Taste, oder Sie tippen einfach 3 und betätigen die <RETURN>-Taste.

3 <RETURN>	Wahl von Fenster 3.

Ihr Bildschirm sollte nun Bild 3-46 entsprechen.

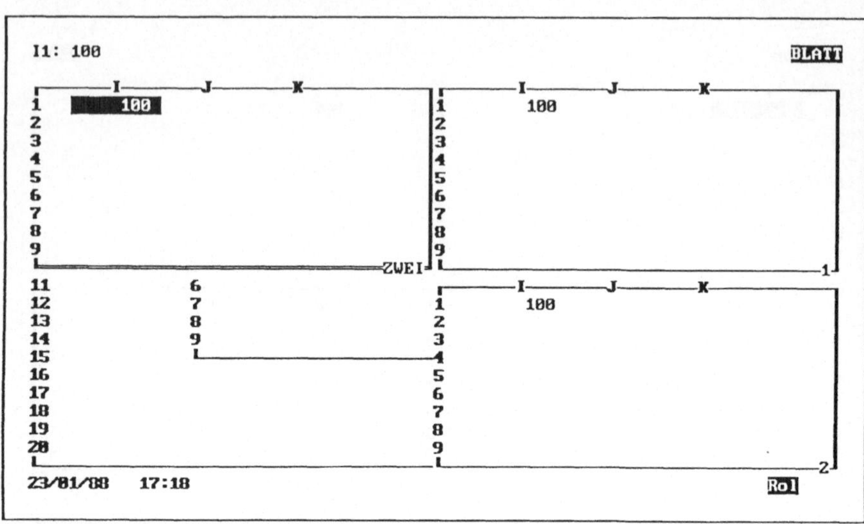

Bild 3-46 Arbeitsblatt nach Löschen von Fenster 3

3.3.12 Der Befehl Verberge

Der {Service}-Befehl Fenster Verberge (**<F9> FV**) unterbindet die Bildschirmanzeige eines Fensters. Der Name des Fensters wird entweder durch Wahl aus dem angezeigten Menü bestimmt oder durch Eingabe des entsprechenden Anfangszeichens. Symphony zeigt das Fenster und die darin enthaltenen Daten nicht mehr am Schirm. Auch mit der FENSTER-Taste (<F6>) kann man nicht mehr auf versteckte Fenster zugreifen. Der Name des Fensters erscheint zwar noch bei allen Kommandos in Zeile 2 des Bedienfeldes. Symphony gestattet jedoch nicht, den Zellzeiger auf das Fenster zu bringen.

Um ein Beispiel des Verberge-Kommandos zu geben, wollen wir das Fenster 2 verbergen. Es wird wie folgt vorgegangen:

<F9> fv	Auswahl des {Service}-Befehls Fenster Verberge.

Wählen Sie das Fenster 2 aus der Liste. Nach der Ausführung des Kommandos verschwindet Fenster 2 auf dem Bildschirm.

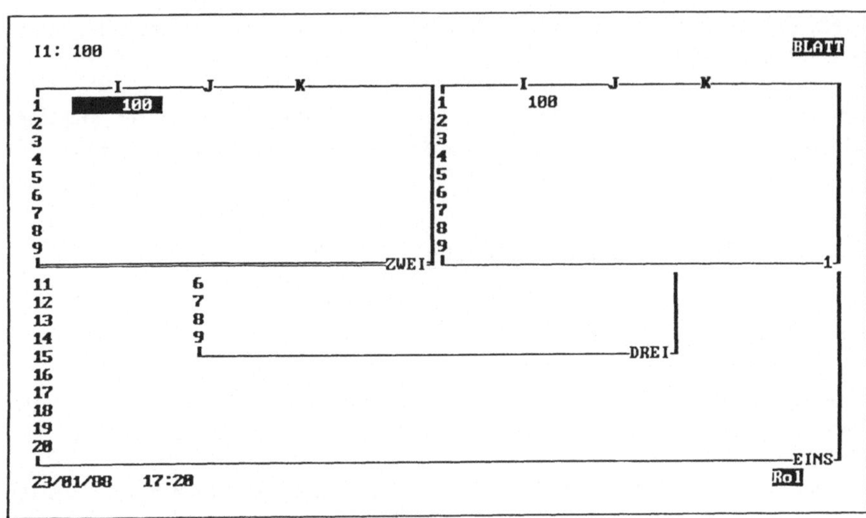

Bild 3-47 Arbeitsblatt nach Verbergen von Fenster 2

3.3.13 Der Befehl Zeige

Mit dem {Service}-Befehl Fenster Zeige (**<F9> FZ**) werden alle versteckten Fenster wieder sichtbar. Die Fenster werden als letzte im Stapel abgelegt. Es soll das Fenster 2 wieder auf dem Bildschirm sichtbar gemacht werden.

<F9> fz	Auswahl des {Service}-Befehls Fenster Zeige.

Eine weitere Möglichkeit, ein verborgenes Fenster wieder sichtbar zu machen, ist die Verwendung des {Service}-Befehls **Fenster Wähle** (**<F9> FW**). Dieser Befehl läßt nur das Fenster wieder erscheinen, das man angegeben hat, alle anderen Fenster bleiben weiter verborgen. Im Gegensatz zum Fenster Zeige-Kommando, daß das Fenster auf die letzte Position der Liste stellt, bringt das Fenster Wähle-Kommando das versteckte Fenster auf die oberste Position und damit zur aktuellen Anzeige.

3.3.14 Der Befehl Isoliere

Mit dem {Service}-Befehl Fenster Isoliere (**<F9> FI**) werden alle Fenster versteckt, bis auf das aktuelle Fenster. Der Befehl **Fenster Isoliere** ist das Gegenteil des Befehls **Fenster Verberge**. Ist zum Beispiel das Fenster

EINS das aktuelle, so verschwinden durch den Befehl Isoliere alle anderen Fenster außer Fenster EINS.

Achtung! Mit dem Befehl Fenster Zeige werden auf einmal alle Fenster sichtbar, während der Befehl Fenster Wähle einzelne Fenster wieder sichtbar machen kann.

3.3.15 Die Befehle Fenster-Parameter

3.3.15.1 Begrenzung

Normalerweise erstreckt sich ein Fenster über das gesamte Arbeitsblatt, also von A1 bis IV8192. In diesem Fall besteht keine Einschränkung.

Gehen wir davon aus, daß Fenster EINS das aktuelle Fenster ist. Fenster EINS umfaßt den Bereich von A1..H20. Fenster EINS soll nun so begrenzt werden, daß es nur den Teil des Arbeitsblattes anzeigen kann, der im Moment gezeigt wird. Es wird dazu wie folgt vorgegangen:

<F9> fpb	Auswahl des {Service}-Befehls Fenster Parameter **B**egrenzung.

Es erscheint folgendes Menü:

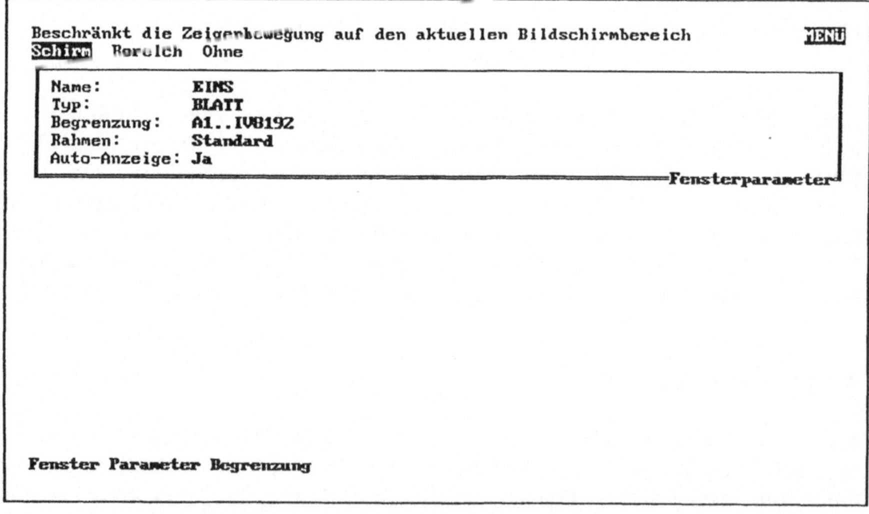

Bild 3-48 Auswahlmenü des Fenster-Parameter-Begrenzungs-Kommando

Mit der Funktion **Schirm** läßt sich die Fenstergröße auf den Bereich begrenzen, den man zur Zeit sehen kann. Da das Fenster EINS momentan auf den Bereich A1..H20 eingestellt ist, wird der Begrenzungsbereich auf A1..H20 fixiert.

s Wahl der Funktion Schirm.

Durch dreimaliges Drücken der <ESC>-Taste befinden Sie sich wieder im aktuellen Arbeitsblatt.

Versuchen Sie nun mit einer <PFEIL>-Taste außerhalb des begrenzten Bereiches zu kommen. Sobald Sie sich mit dem Zellzeiger aus dem eingestellten Bereich bewegen wollen, meldet sich Symphony mit einem Warnton. Der Cursor kann nicht mehr über die Grenzen hinaus bewegt werden.

Mit dem {Service}-Befehl **F**enster **P**arameter **B**egrenzug **O**hne (**<F9> FBPO**) kann die Begrenzung des Fensters wieder aufgehoben werden.

Mit dem {Service}-Befehl **F**enster **P**arameter **B**egrenzung **B**ereich (**<F9> FPBB>**) läßt sich ein Begrenzungsbereich definieren, der größer oder kleiner sein kann als der, durch den man momentan sieht. Zur Angabe des Bereiches können Sie eine der drei Möglichkeiten nutzen:

1. Zeigen mit dem Zellzeiger

2. Direktes Eintippen der Zelladressen

3. Eingeben eines vorher erstellten Bereichsnamens.

3.3.15.2 Rahmen

Bei Aufruf des {Service}-Befehls **F**enster **P**arameter **R**ahmen (**<F9> FPR**) erhalten Sie folgendes Menü:

```
Zeigt Rahmen entsprechend Fenstertyp                                    MENÜ
Standard  Linie  Ohne
 Name:            EINS
 Typ:             BLATT
 Begrenzung:      A1..IV8192
 Rahmen:          Standard
 Auto-Anzeige:    Ja
                                                        Fensterparameter

Fenster Parameter Rahmen
```

Bild 3-49 Das Fenster Parameter-Rahmen Menü

Standard

Bei Auswahl von **Standard** werden die Ränder je nach Fenstertyp in der normalen Darstellung angezeigt.

Linie

Bei Auswahl von **Linie** *wird der Standardrahmen durch einfache Linien ersetzt.* Diese Einstellung ist dann sinnvoll, wenn die Zeilen- und Spaltenangaben nicht wichtig sind, z.B. in einem TEXT-Fenster. In einem BLATT-Fenster ist diese Einstellung nicht ratsam, weil eine Orientierung im Arbeitsblatt nicht mehr gegeben ist.

Ohne

Bei der Auswahl von **Ohne** wird kein Rahmen angezeigt. In diesem Fall entfallen auch die Begrenzungslinien. Nur in Sonderfällen ist dieser Befehl anzuwenden.

3.3.15.3 Auto-Anzeige

Standardmäßig ist der Auto-Anzeige Parameter auf **Ja** eingestellt. D.h., daß jede Änderung im Arbeitsblatt auch sofort am Bildschirm angezeigt wird. Es kann aber auch vorkommen, daß die automatische Anzeige unerwünscht ist. Beispielsweise soll eine Grafik nicht sofort neu gezeichnet werden, weil die Aktualisierung einige Sekunden dauert. Soll ein Grafik-Fenster, bei einer Veränderung im Arbeitsblatt, nicht fortwährend geändert werden, kann man die automatische Aktualisierung eines Fensters abschalten. Der Auto-Anzeige Parameter wird auf **Nein** gestellt (Befehlsfolge: **<F9> FPAN**).

Es gibt zwei Möglichkeiten das Fenster wieder zu aktualisieren:

1. Durch Drücken der ZEICHEN-Taste (<ALT> <F8>).

2. Wenn Sie sich nur ein bestimmtes Fenster zeigen lassen wollen, benutzen Sie den {Service}-Befehl **Fenster Wähle** (**<F9> FW**) und geben den Namen des betreffenden Fensters ein.

Achtung! Symphony zeigt am unteren Bildschirmrand an, daß das entsprechende Fenster nicht auf dem letzten Stand ist.

3.3.16 Einfügen und Löschen von Zeilen und Spalten

Bei Lotus 1-2-3 war das Einfügen von Zeilen und Spalten in einem bestimmten Bereich des Arbeitsblattes nicht möglich. Zeilen und Spalten konnten immer nur im gesamten Arbeitsblatt eingefügt oder gelöscht werden.

Symphony gibt dem Anwender die Möglichkeit, in einem Arbeitsblatt nur in einem bestimmten Bereich Zellen und Spalten einzufügen und zu löschen. Beim Aufruf des {Menü}-Befehls **Einfügen** (**<F10> E**) und des {Menü}-Befehls **Löschen** (**<F10> L**) wird zwischen den Funktionen **Zeilen, Spalten** und **Global** unterschieden. Die Funktionen **Zeilen** und **Spalten** beziehen sich nur auf das aktuelle Fenster, während sich die Funktion **Global** auf das gesamte Arbeitsblatt auswirkt.

Folgendes Beispiel soll den Einsatz dieser Befehle verdeutlichen.

Erstellen Sie zunächst zwei Fenster (TABELLE1, TABELLE2) wie in Bild 3-50. Alle anderen bisher angelegten Fensten sind zu löschen. Beim Anlegen des Fensters TABELLE2 muß darauf geachtet werden, daß das Fenster einen begrenzten Bereich besitzt. Dies geschieht mit dem {Service}-Befehl **Fenster Parameter Begrenzung Bereich** (**<F9> FPBB**).

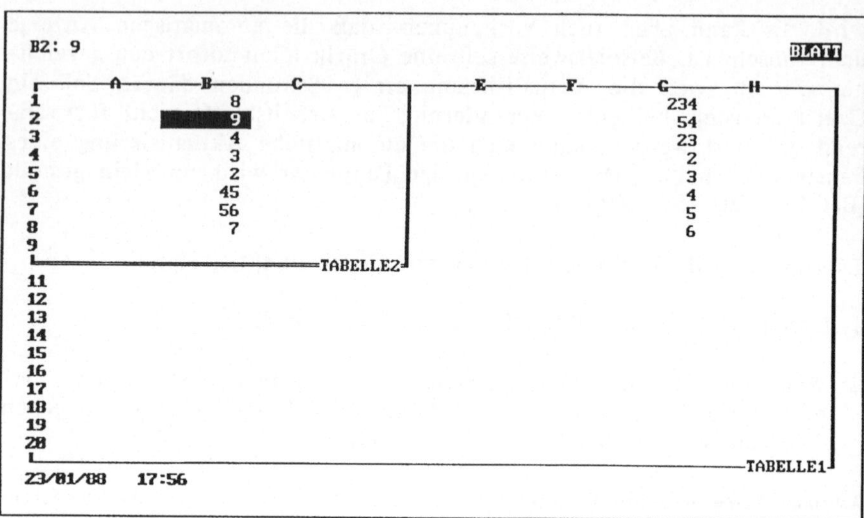

Bild 3-50

Bringen Sie nun den Zellzeiger in Zelle A2 von Tabelle 2, und führen Sie folgendes Kommando aus:

<F10> ez Auswahl des (Menü)-Befehls Einfügen Zeile.

Symphony antwortet mit der Meldung **Einfügungsbereich Zeilen: A2..A2.** Da eine Zeile bei Zeile 2 eingefügt werden soll, wird dieser Vorschlag mit der <RETURN>-Taste bestätigt. Das neue Arbeitsblatt sollte nun Bild 3-51 entsprechen.

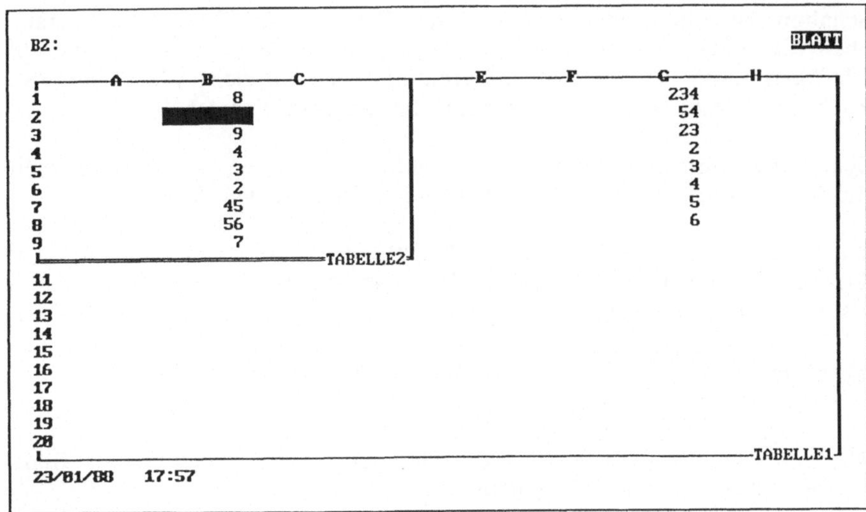

Bild 3-51 Arbeitsblatt nach Einfügen einer Zeile

Wie zu erkennen ist, wurde die neue Zeile nur in TABELLE2 eingefügt. Die Zellen in TABELLE1 wurden davon nicht berührt. Die Zeile wurde nur im Bereich von Spalte A bis C eingefügt.

Schalten Sie mit der FENSTER-Taste (<F6>-Taste) in TABELLE1 um. Die neue Zeile wurde nur im Bereich A1..C6 eingefügt. Bild 3-52 zeigt die TABELLE1.

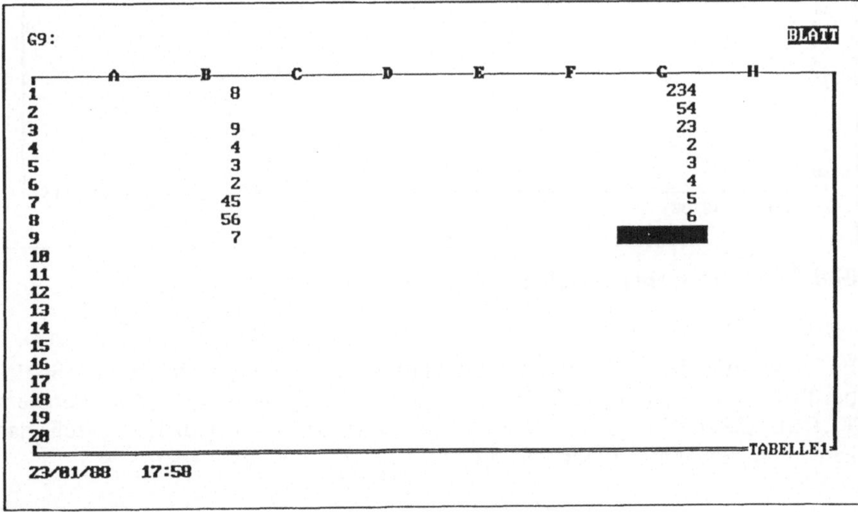

Bild 3-52

Schalten Sie nun wieder zurück in das Fenster TABELLE2, und versuchen Sie, eine weitere Zeile einzufügen. Wenn Sie den {Menü}-Befehl Einfügen Zeile (<F10> **EZ**) aufrufen und den Bereich A2..A2 mit der <RETURN>-Taste bestätigen, erscheint die Meldung **Fenster-Bereich voll.**

Symphony kann den Bereich nicht weiter nach unten verschieben, weil die Begrenzung des Fensters nicht überschritten werden darf.

Wir wollen eine neue Spalte am linken Rand des Arbeitsblattes einfügen. Bringen Sie dazu den Zellzeiger in Zelle A1 in Fenster TABELLE2. Gehen Sie nun wie folgt vor:

<F10> es	Auswahl des {Menü}-Befehls Einfügen Spalte.

Mit der <RETURN>-Taste wird der Bereich A1..A1 bestätigt. Ihr Bildschirm sollte nun Bild 3-53 entsprechen.

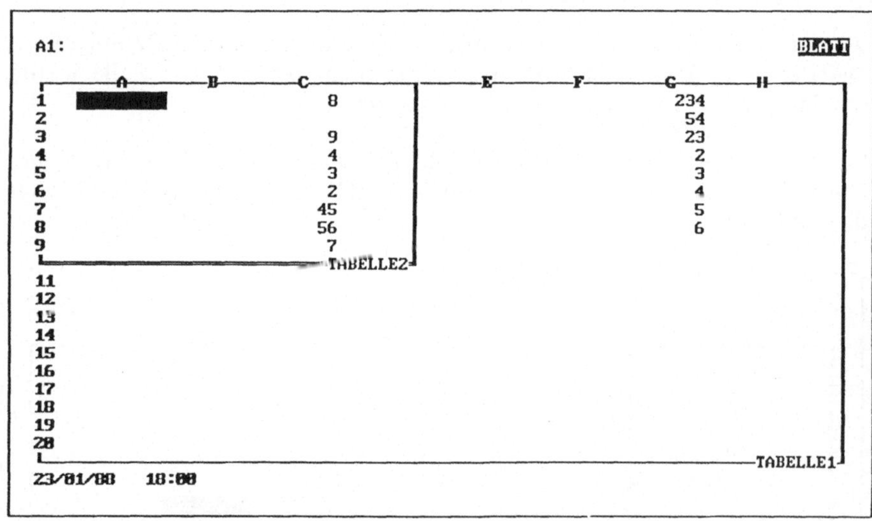

Bild 3-53 Arbeitsblatt nach Einfügen einer Spalte

Es wird nur der Teil des Arbeitsblattes von dem Einfügen der Spalte berührt, der sich innerhalb des begrenzten Bereiches des Fensters TABELLE2 befindet. Die Eintragungen in Zelle G wurden durch das Einfügen der Spalte nicht verändert.

Der {Menü}-Befehl **Lösche** (**<F10> L**) arbeitet nach demselben Prinzip. Es werden nur Teile von Zeilen oder Spalten gelöscht.

Zum Vergleich wollen wir jetzt den {Menü}-Befehl **Einfügen Global Zeilen** verwenden (**<F10> EGZ**). Es wird dazu wie folgt vorgegangen:

Bewegen Sie den Zellzeiger in Zelle A4 von Fenster Tabelle 2. Rufen Sie den {Menü}-Befehl **Einfügen Global Zeilen** (**<F10> EGZ**) auf. Bestätigen Sie den Bereich A4..A4 mit der <RETURN>-Taste. Ihr Bildschirm sollte nun Bild 3-54 entsprechen.

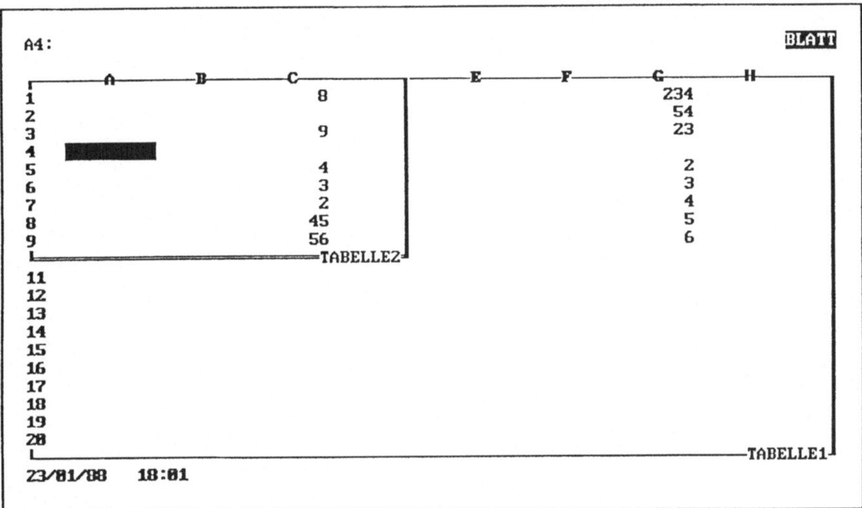

Bild 3-54 Arbeitsblatt nach dem Global-Befehl

Folgendes ist zu bemerken:

1. Die neu eingefügte Zeile geht über das gesamte Arbeitsblatt.

2. Die Inhalte der Zellen G5..G8 wurden um eine Zeile nach unten verschoben.

3. Der begrenzte Bereich des Fensters Tabelle 2 wurde von A1..C9 auf A1..C10 erweitert.

Achtung! Es ist nur dann möglich, Teilzeilen oder Teilspalten einzufügen oder zu löschen, wenn das betreffende Fenster einen begrenzten Bereich besitzt. Ist das Fenster nicht begrenzt, haben diese Funktionen die gleiche Wirkung wie der Global-Befehl.

3.3.17 Erstellen von Nicht-BLATT-Fenstern

Bis jetzt haben wir lediglich mit dem BLATT-Fenster gearbeitet. Im Prinzip ist das Erstellen eines Nicht-BLATT-Fensters, also eines TEXT-, MASKE-, KOMM- oder GRAFIK-Fensters, ähnlich wie die Erstellung eines BLATT-Fensters. Rufen Sie den {Service}-Befehl Fenster Erstelle (**<F9> FE**) auf. Symphony fragt Sie nach dem Typ und der Größe des neuen Fensters. Beim Anlegen eines GRAFIK- und MASKE-Fensters müssen noch einige Zusatzangaben gemacht werden. Das Arbeiten mit MASKE- bzw. GRAFIK-Fenstern wird in den Kapiteln 7 und 8 ausführlich behandelt.

4 Statistische Auswertung von Fertigungsdaten

Zur statistischen Auswertung stehen in Symphony spezielle Funktionen zur Verfügung (s. statistische Funktionen im Anhang). Sie *beginnen*, wie alle Funktionen, mit dem *Zeichen* @, daran anschließend folgt die Funktionsbezeichnung und in Klammern steht der Bereich, auf den sich die Auswertung bezieht. Im einzelnen handelt es sich um folgende statistischen Funktionen:

@ANZAHL()	Gibt die *Anzahl* der Werte an.
@MAX()	Bestimmt den *Maximalwert.*
@MIN	Bestimmt den *Minimalwert.*
@MITTELWERT	Berechnet den *Mittelwert.*
@STDABW()	Berechnet die *Standardabweichung.*
@SUMME()	Berechnet die *Summe.*
@VAR()	Bestimmt die *Varianz.*

In der Fertigungsstelle Dreherei werden vergleichweise hohe Ausschußraten (Ausschuß in Stück) produziert. Nach Vermutungen der Werksleitung könnte ein Zusammenhang zwischen den Maschinentypen oder den Wochentagen bestehen. Aus diesem Grund wurden die durchschnittlichen, wochentagsbezogenen Ausschußraten der 12 Maschinen für das Jahr 1987 zusammengestellt. Bild 4-1 zeigt die erfaßten Daten:

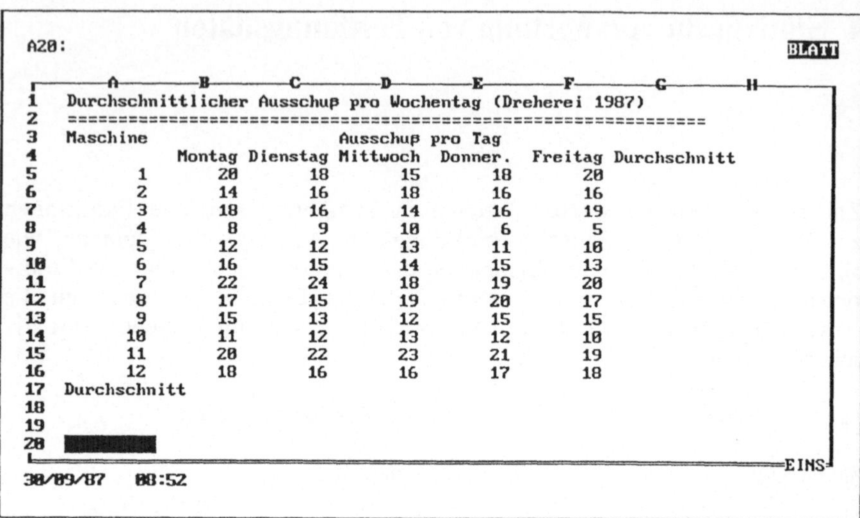

A20: BLATT

	A	B	C	D	E	F	G
1	Durchschnittlicher Ausschuß pro Wochentag (Dreherei 1987)						
2	==						
3	Maschine			Ausschuß pro Tag			
4		Montag	Dienstag	Mittwoch	Donner.	Freitag	Durchschnitt
5	1	20	18	15	18	20	
6	2	14	16	18	16	16	
7	3	18	16	14	16	19	
8	4	8	9	10	6	5	
9	5	12	12	13	11	10	
10	6	16	15	14	15	13	
11	7	22	24	18	19	20	
12	8	17	15	19	20	17	
13	9	15	13	12	15	15	
14	10	11	12	13	12	10	
15	11	20	22	23	21	19	
16	12	18	16	16	17	18	
17	Durchschnitt						
18							
19							
20							

EINS

30/09/87 08:52

Bild 4-1 Durchschnittliche wöchentliche Ausschußraten der Maschinen in der Fertigungsstelle Dreherei

Das geschilderte Beispiel wird folgendermaßen ausgewertet:

1. Bestimmung des durchschnittlichen Ausschusses.

2. Bestimmung des minimalen und maximalen Ausschusses.

3. Berechnung der statistischen Kenngrößen Standardabweichung und Varianz.

4.1 Bestimmung des durchschnittlichen Ausschusses

Der durchschnittliche Ausschuß wird sowohl für die einzelnen Wochentage, als auch für die Maschinentypen berechnet. Dabei ist der durchschnittliche Ausschuß pro Wochentag der Mittelwert der Spalten und der durchschnittliche Ausschuß pro Maschinentyp der Mittelwert der Zeilen im Arbeitsblatt (s. Bild 4-1).

a) Durchschnittlicher Ausschuß pro Wochentag

Um ihn zu ermitteln, muß der Mittelwert der den Tagen zugeordneten Spalten gebildet werden. Dazu wird in die entsprechende Zelle gesprungen, die Funktion @MITTELWERT und in Klammern der Bereich eingegeben.

<F5> b17 <RETURN> Sprung zur Zelle B17.

@MITTELWERT(b5..b16) <RETURN>
Berechnung des Mittelwertes der Ausschußrate für Montag (Zelle B5 bis B16).

Das ergibt für Montag den Mittelwert von 15,91666 Stück Ausschuß.

```
B17: @MITTELWERT(B5..B16)                                              BLATT

    A        B        C        D        E        F        G        H
1  Durchschnittlicher Ausschuß pro Wochentag (Dreherei 1987)
2  ==============================================================
3  Maschine                    Ausschuß pro Tag
4           Montag Dienstag Mittwoch  Donner.  Freitag Durchschnitt
5         1     20       18       15       18       20
6         2     14       16       10       16       16
7         3     18       16       14       16       19
8         4      8        9       10        6        5
9         5     12       12       13       11       10
10        6     16       15       14       15       13
11        7     22       24       18       19       20
12        8     17       15       19       20       17
13        9     15       13       12       15       15
14       10     11       12       13       12       10
15       11     20       22       23       21       19
16       12     18       16       16       17       18
17 Durchschn15,91666
18
19
20
                                                                    EINS
30/09/87    09:10
```

Bild 4-2 Berechneter Mittelwert des Ausschusses für Montag

Da diese Formel für die anderen Wochentage ebenfalls gilt, wird sie in die entsprechenden Zellen kopiert. Dazu dient der {Menü}-Befehl **Kopie** (**<F10> K**).

<F10> k Wahl des Menü-Befehls Kopie.

<RETURN> Als Quellbereich wird der Zellbereich (B17..B17) bestätigt.

c17 <RETURN> Der Zielbereich ist die Zelle C17.

Die neue Formel verwendet beim Kopieren automatisch den entsprechenden Zielbereich (C5..C16). Dies ist der Vorteil der *relativen* Adressierung (zur relativen Adressierung, s. Kapitel 3). In der ersten Bildschirmzeile ist der neue Bereich zu sehen, wenn Sie mit dem Cursor in die Zelle C17 gehen:

```
C17: @MITTELWERT(C5..C16)                                            BLATT

       A        B        C        D        E        F        G        H
1   Durchschnittlicher Ausschuß pro Wochentag (Dreherei 1987)
2   ===============================================================
3   Maschine                     Ausschuß pro Tag
4              Montag Dienstag Mittwoch  Donner.  Freitag Durchschnitt
5           1      20       18       15       18       20
6           2      14       16       18       16       16
7           3      18       16       14       16       19
8           4       8        9       10        6        5
9           5      12       12       13       11       10
10          6      16       15       14       15       13
11          7      22       24       18       19       20
12          8      17       15       19       20       17
13          9      15       13       12       15       15
14         10      11       12       13       12       10
15         11      20       22       23       21       19
16         12      18       16       16       17       18
17  Durchschn15,91666 15,66666
18
19
20
                                                                    EINS
30/09/87   09:20
```

Bild 4-3 Kopie der Funktion MITTELWERT()

Für die restlichen Wochentage wird dieser Kopiervorgang entsprechend wiederholt:

<F10> k <RETURN>	Auswahl der {Menü}-Funktion Kopie und Bestätigen des Quellbereiches C17 durch Drücken der <RETURN>-Taste.
<PFEIL RECHTS> <RETURN>	Auswahl der Zelle D17 als Zielbereich und Ausführen des Kopierbefehls durch Drücken der <RETURN>-Taste.
<F10> k <RETURN>	Auswahl des Kopier-Befehls und Bestätigen der Zelle C17 als Quellbereich.
e17 <RETURN>	Die Funktion wird in Zelle E17 kopiert.
<F10> k <RETURN>	Es wird der Kopier-Befehl ausgesucht und der Quellbereich bestätigt.
f17 <RETURN>	Die Funktion wird in die Zelle F17 kopiert.

```
C17: @MITTELWERT(C5..C16)                                                  BLATT

      A        B        C        D         E         F        G        H
1   Durchschnittlicher Ausschuß pro Wochentag (Dreherei 1987)
2   ==================================================================
3   Maschine                     Ausschuß pro Tag
4            Montag Dienstag Mittwoch  Donner.  Freitag Durchschnitt
5          1     20       18       15       18       20
6          2     14       16       18       16       16
7          3     18       16       14       16       19
8          4      8        9       10        6        5
9          5     12       12       13       11       10
10         6     16       15       14       15       13
11         7     22       24       18       19       20
12         8     17       15       19       20       17
13         9     15       13       12       15       15
14        10     11       12       13       12       10
15        11     20       22       23       21       19
16        12     18       16       16       17       18
17  Durchschn15,91666 15,66666 15,41666     15,5 15,16666
18
19
20
                                                                      EINS
30/09/87   09:31
```

Bild 4-4 Durchschnittlicher Ausschuß der Wochentage

Wie Bild 4-4 zeigt, sind die durchschnittlichen Ausschüsse am Montag am höchsten und am Freitag am niedrigsten. Um einen wirklichen Einfluß der Wochentage auf die Ausschußrate feststellen zu können, müssen aber zusätzliche statistische Kennzahlen herangezogen werden, beispielsweise die *Standardabweichung* (s. Abschn. 4.3).

b) Durchschnittlicher Ausschuß pro Maschine

Um den maschinenbezogenen Mittelwert zu errechnen, werden die Mittelwerte der Zeilen bestimmt.

<F5> g5 <RETURN> — Man geht zur Zelle (GEHEZU-Taste <F5>) G5.

Danach steht der Cursor in der Zelle G5, und es erfolgt die Eingabe der Funktion @MITTELWERT:

@MITTELWERT(b5..f5) <RETURN>
Bilden des Mittelwertes der Zeile 5 (des Bereiches B5 bis F5).

Das Ergebnis zeigt den Mittelwert von 18,2 Stück Ausschuß der Maschine 1.

Für die anderen Maschinen wird diese Formel in die entsprechenden Zellen kopiert:

<F10> k <RETURN> — Es wird kopiert und der Quellbereich (G5) bestätigt.

g6..g16 <RETURN> — Der Zielbereich reicht von Zelle G6 bis G16.

Bild 4-5 zeigt die Mittelwerte für die Wochentage und die Maschinentypen.

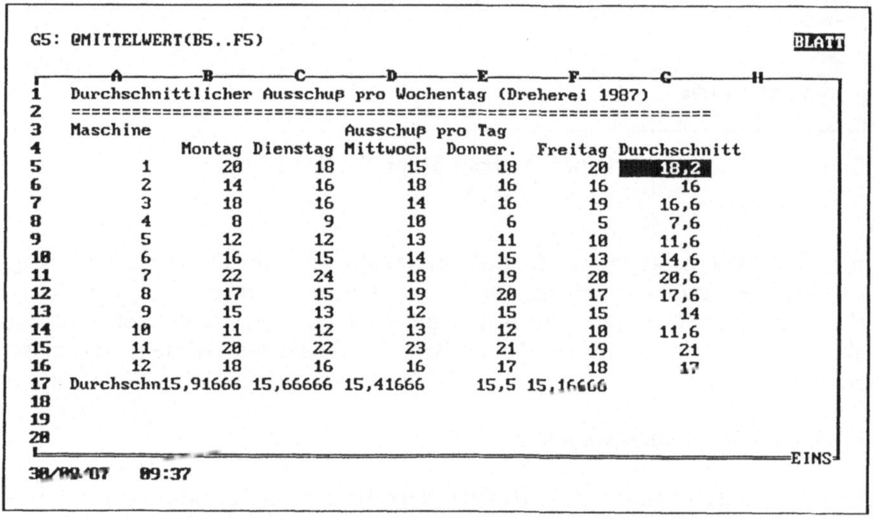

```
G5: @MITTELWERT(B5..F5)                                              BLATT

       A         B         C         D         E         F        G         H
1  Durchschnittlicher Ausschuß pro Wochentag (Dreherei 1987)
2  ================================================================
3  Maschine                     Ausschuß pro Tag
4               Montag Dienstag Mittwoch   Donner.  Freitag Durchschnitt
5          1        20       18       15        18       20      18,2
6          2        14       16       18        16       16        16
7          3        18       16       14        16       19      16,6
8          4         8        9       10         6        5       7,6
9          5        12       12       13        11       10      11,6
10         6        16       15       14        15       13      14,6
11         7        22       24       18        19       20      20,6
12         8        17       15       19        20       17      17,6
13         9        15       13       12        15       15        14
14        10        11       12       13        12       10      11,6
15        11        20       22       23        21       19        21
16        12        18       16       16        17       18        17
17 Durchschn15,91666 15,66666 15,41666      15,5 15,16666
18
19
20
                                                                        EINS
30/[illegible]/87   09:37
```

Bild 4-5 Wochentag- und maschinentypbezogene Mittelwerte

Aus diesem Bild ist zu erkennen, daß die Maschine 4 den geringsten (7,6 Stück) und die Maschine 11 (und annähernd die Maschine 7) den höchsten Ausschuß (21 bzw. 20,6 Stück) produziert.

4.2 Bestimmung des minimalen und maximalen Ausschusses

Oft ist es wichtig zu wissen, welches die niedrigsten und welches die höchsten Werte sind. Um aus einer Zahlengruppe den minimalen Wert herauszufinden, benutzt man die statistische Funktion @MIN(); für den maximalen Wert wird die Funktion @MAX() verwendet. Mit diesen Funktionen wird am vorliegenden Beispiel die minimale und die maximale Ausschußrate ermittelt.

Zunächst wird in die Zellen A19 bzw. A20 die Bezeichnung **Minimum** bzw. **Maximum** geschrieben. Die ermittelten Werte werden in die Zellen B19 bzw. B20 abgelegt:

<F5> a19 <RETURN>	Sprung zur Zelle A19.
Minimum <PFEIL UNTEN>	Eingabe von **Minimum** in Zelle A19 und Sprung in Zelle A20.
Maximum <PFEIL RECHTS> <PFEIL OBEN>	Eingabe von **Maximum** in Zelle A20 und Sprung in Zelle B19.
@MIN(b5..f16)	Bestimmung des Minimums im Bereich von Zelle B5 bis F16.
<RETURN>	Ausführen des Befehls.

```
B19: @MIN(B5..F16)                                                        BLATT

        A        B         C         D         E        F         G         H
1  Durchschnittlicher Ausschuß pro Wochentag (Dreherei 1987)
2  ============================================================
3  Maschine                    Ausschuß pro Tag
4               Montag Dienstag Mittwoch  Donner.  Freitag Durchschnitt
5          1       20       18       15       18       20      18,2
6          2       14       16       18       16       16        16
7          3       18       16       14       16       19      16,6
8          4        8        9       10        6        5       7,6
9          5       12       12       13       11       10      11,6
10         6       16       15       14       15       13      14,6
11         7       22       24       18       19       20      20,6
12         8       17       15       19       20       17      17,6
13         9       15       13       12       15       15        14
14        10       11       12       13       12       10      11,6
15        11       20       22       23       21       19        21
16        12       18       16       16       17       18        17
17 Durchschn15,91666 15,66666 15,41666     15,5 15,16666
18
19 Minimum          5
20 Maximum
                                                                        EINS
30/09/87   09:42
```

Bild 4-6 Minimalwert im angegebenen Bereich

Entsprechend wird der maximale Wert in Zelle B20 geschrieben:

<PFEIL UNTEN>	Sprung zur Zelle B20.
@MAX(b5..f16) <RETURN>	Bestimmung des Maximums im Bereich von B5 bis F16.

```
B20: @MAX(B5..F16)                                                  BLATT

     A         B         C         D         E         F         G         H
1   Durchschnittlicher Ausschuß pro Wochentag (Dreherei 1987)
2   ================================================================
3   Maschine                      Ausschuß pro Tag
4                 Montag Dienstag Mittwoch  Donner.  Freitag Durchschnitt
5            1       20       18       15       18       20      18,2
6            2       14       16       18       16       16        16
7            3       18       16       14       16       19      16,6
8            4        8        9       10        6        5       7,6
9            5       12       12       13       11       10      11,6
10           6       16       15       14       15       13      14,6
11           7       22       24       18       19       20      20,6
12           8       17       15       19       20       17      17,6
13           9       15       13       12       15       15        14
14          10       11       12       13       12       10      11,6
15          11       20       22       23       21       19        21
16          12       18       16       16       17       18        17
17  Durchschn15,91666 15,66666 15,41666     15,5 15,16666
18
19  Minimum            5
20  Maximum           24
                                                                   EINS
30/09/87   09:44
```

Bild 4-7 Maximaler Wert im angegebenen Bereich

Wie Bild 4-7 zeigt, wird als minimaler Ausschuß der Wert 5 und als maximaler Ausschuß der Wert 24 gefunden. Diese großen Schwankungen müssen daraufhin untersucht werden, ob es sich um *Ausreißer* handelt, denen keine statistische Bedeutung zukommt, oder ob die Schwankungen wirklich so stark sind. Dies geschieht im nächsten Abschnitt

4.3 Berechnung der statistischen Kenngrößen Standardabweichung und Varianz

Liegen viele Daten vor, so kann aus ihnen der durchschnittliche Wert mit der Funktion @MITTELWERT() errechnet werden. Er gibt den *wahrscheinlichsten Wert* an, der deshalb auch die größte Häufigkeit H aufweist. Um diesen Wert herum befinden sich alle anderen Werte, deren Häufigkeiten sich wie eine *Glockenkurve* darstellen lassen. Eine solche Häufigkeitsverteilung, wie sie normalerweise zu finden ist, wird auch *Gaußsche Normalverteilung* genannt. Sie ist in Bild 4-8 dargestellt.

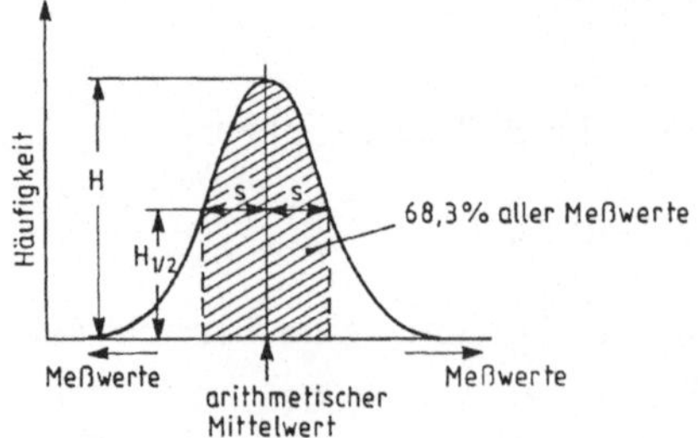

Bild 4-8

Gaußsche Normalverteilung und die statistischen Kenngrößen

Die Breite dieser Glockenkurve ist ein Maß für die Genauigkeit der vorgenommenen Messungen. Üblicherweise wird die sogenannte *Halbwertsbreite* der Kurve bestimmt, das heißt die Breite der Glockenkurve in halber Höhe des wahrscheinlichsten Werts (arithmetischer Mittelwert). Die Halbwertsbreite ist die *Standardabweichung s*, die in Symphony mit der Funktion @STDABW() bestimmt wird. Statistisch gesehen liegen 68,3% aller Werte in einem Bereich, der um die Standardabweichung s vom arithmetischen Mittelwert entfernt ist. Die Zahlenwerte sind umso genauer, je geringer die Halbwertsbreite, d.h. je kleiner die Standardabweichung ist.

Die *Varianz* ist das *Quadrat* der Standardabweichung und wird in Symphony mit der Funktion @VAR() gebildet.

Für unser Zahlenbeispiel werden in Zelle D19 bzw. D20 die Beschriftungen **Standardabw** bzw. **Varianz** vorgenommen und in den Zellen E19 bzw. E20 die entsprechend berechneten Werte eingetragen.

<F5> d19 <RETURN> — Sprung zur Zelle **D19**.

Standabw <PFEIL UNTEN> — Eingabe der Bezeichnung **Standabw** und Sprung in die Zelle D20.

Varianz <PFEIL RECHTS> <PFEIL OBEN>
Eingabe von **Varianz** und Bewegen des Cursors nach Zelle E19.

@STDABW(b5..f16) — Bestimmung der **Standardabweichung** der Zahlen im Bereich **B5** bis **F16**.

<PFEIL UNTEN> — Berechnung der Standardabweichung und Bewegen des Cursors in die Zelle E20.

@VAR(b5..f16) <RETURN> — Berechnung der **Varianz** im Bereich **B5** bis **F16**.

```
E20: @VAR(B5..F16)                                                BLATT

    A          B         C         D         E         F         G         H
1   Durchschnittlicher Ausschuß pro Wochentag (Drehereí 1987)
2   ================================================================
3   Maschine                      Ausschuß pro Tag
4                  Montag Dienstag Mittwoch   Donner.   Freitag Durchschnitt
5            1       20       18       15       18       20      18,2
6            2       14       16       18       16       16        16
7            3       18       16       14       16       19      16,6
8            4        8        9       10        6        5       7,6
9            5       12       12       13       11       10      11,6
10           6       16       15       14       15       13      14,6
11           7       22       24       18       19       20      20,6
12           8       17       15       19       20       17      17,6
13           9       15       13       12       15       15        14
14          10       11       12       13       12       10      11,6
15          11       20       22       23       21       19        21
16          12       18       16       16       17       18        17
17  Durchschn15,91666 15,66666 15,41666      15,5 15,16666
18
19  Minimum           5          Standabw 4,022713
20  Maximum          24          Varianz  16,18222
                                                                         EINS
30/09/87   10:05
```

Bild 4-9 Berechnung von Standardabweichung und Varianz

Um diese Ergebnisse zu interpretieren, muß noch der Mittelwert aller Zahlen gebildet werden. Dazu schreiben wir in Zelle F19 die Bezeichnung **Mittelw** und tragen den Wert für den Bereich B5 bis F16 in Zelle G19 ein.

<F5> f19 <RETURN>	Sprung zur Zelle F19.
Mittelw <PFEIL RECHTS>	Eingabe der Bezeichnung **Mittelw** und Bewegen des Cursors zur Zelle G19.
@MITTELWERT(b5..f16)	Berechnung des Mittelwertes im Bereich B5 bis F16.
<RETURN>	Ausführen der Mittelwertberechnung.

Wie Bild 4-10 zeigt, liegt der wahrscheinlichste Wert, d.h. der Mittelwert der Ausschußrate, gemittelt über alle Wochentage und Maschinen, bei 15,53333 Stück Ausschuß pro Tag. Die Standardabweichung beträgt s = 4. Das bedeutet, daß 68,3% des gesamten Ausschusses bei Ausschußraten zwischen 11,53 (15,53-4) und 19,53 (15,53 + 4) liegen. Der minimale Wert von 5 und der maximale Wert von 24 können als Ausnahmen angesehen werden.

```
G19: @MITTELWERT(B5..F16)                                          BLATT

 ┌──────A──────B──────C──────D──────E──────F──────G──────H──
1   Durchschnittlicher Ausschuß pro Wochentag (Dreherei 1987)
2   =============================================================
3   Maschine                    Ausschuß pro Tag
4              Montag Dienstag Mittwoch  Donner.  Freitag Durchschnitt
5          1       20       18       15       18       20      18,2
6          2       14       16       18       16       16        16
7          3       18       16       14       16       19      16,6
8          4        8        9       10        6        5       7,6
9          5       12       12       13       11       10      11,6
10         6       16       15       14       15       13      14,6
11         7       22       24       18       19       20      20,6
12         8       17       15       19       20       17      17,6
13         9       15       13       12       15       15        14
14        10       11       12       13       12       10      11,6
15        11       20       22       23       21       19        21
16        12       18       16       16       17       18        17
17  Durchschn15,91666 15,66666 15,41666     15,5 15,16666
18
19  Minimum         5          Standabw 4,022713 Mittelw   15,53333
20  Maximum        24          Varianz  16,18222
 └──────────────────────────────────────────────────────────EINS
30/09/87   10:07
```

Bild 4-10 Statistische Auswertung des wochentagsbezogenen Ausschusses

Was die Vermutung angeht, die Ausschußraten seien wochentagsbezogen unterschiedlich, so kann dies statistisch nicht bestätigt werden. Der gesamte Mittelwert beträgt 15,53 und die durchschnittlichen, wochentagsbezogenen Mittelwerte liegen alle um den Wert 15. Aus diesem Grunde ist die Abweichung so minimal, daß kein statistisch sinnvoller Zusammenhang zwischen Ausschußrate und Wochentag hergestellt werden kann.

Anders ist es bei den maschinenbezogenen Ausschußraten. Ihre Mittelwerte schwanken von 7,6 bis 21. Das bedeutet, daß eher der Maschinentyp als der Wochentag für die Schwankungen der Ausschußraten verantwortlich sind. Vor allem die Maschinentypen 7 bzw. 11 mit einem Mittelwert von 19,53 sind in ihrem fertigungstechnischen Ablauf zu untersuchen, da sie außergewöhnlich hohe Ausschußraten verursachen.

Wie in diesem Abschnitt gezeigt werden konnte, können mit diesen wenigen statistischen Funktionen wichtige Aussagen über statistische Zusammenhänge von Zahlenwerten (z.B. Messung der Ausschußraten) gewonnen werden. Die Leser, die sich ausführlich mit statistischen Auswertungen beschäftigen wollen, müssen auf die einschlägige Fachliteratur verwiesen werden (1).

5 Zins-, Tilgungs- und Rentenrechnung mit Finanzfunktionen

Mit Finanzfunktionen (s. Anhang) können Aufgaben aus den Gebieten der Zins-, Tilgungs- und Rentenrechnung gelöst werden.

5.1 Zinsrechnung

In der Zinsrechnung werden u.a. periodisch erfolgende *Einzahlungen* (*Raten*) für eine bestimmte *Laufzeit* mit einem *Zinsfuß* verzinst, und es ergibt sich am Ende der Laufzeit der *Zukunftswert* des Kapitals, der sich aus den Einzahlungen und den angefallenen Zinsen zusammensetzt. Je nach Fragestellung können in Symphony folgende Größen berechnet werden:

a) Aktueller Wert einer Ratenzahlung.

Nehmen wir an, wir würden 7 Jahre lang am Ende eines Jahres 2300 DM einzahlen, der jährliche Zinssatz sei konstant und betrage 7,5%. Berechnet werden soll der aktuelle Wert dieser Ratenzahlung.

Dazu stellt Symphony folgende Funktion zur Verfügung:

@AKTWERT(Rate;Zinssatz;Perioden).

Im vorliegenden Fall beträgt die Rate 2300, der Zinssatz 7,5% und es sind 7 Perioden. Deshalb schreiben wir (z.B. in Zelle A1):

@AKTWERT(2300;7,5%;7) <RETURN>.

Als Ergebnis erscheint in Zelle A1 der Wert 12182,18 DM.

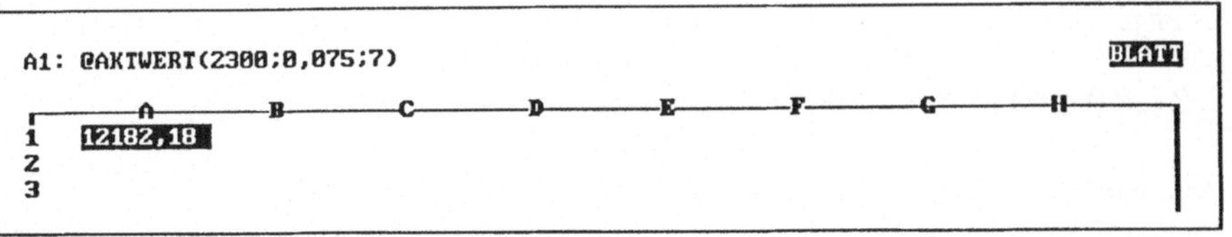

Bild 5-1 Aktueller Wert einer Ratenzahlung

Hinweis! Der Zinssatz wird entweder als Dezimalzahl (z.B. 0,075) oder als Prozentzahl (z.B. 7,5%) eingegeben. In der Anzeige erscheint immer die dezimale Schreibweise.

Wird das vorliegende Beispiel dahingehend verändert, daß monatlich 230 DM eingezahlt werden und die Zinsverrechnung ebenfalls monatlich erfolgt, dann lautet die zugehörige Funktion, die in Zelle A2 eingegeben werden soll:

<PFEIL UNTEN> Sprung zur Zelle A2.

@AKTWERT(230;7,5%/12;7*12) <RETURN>.

Wie Bild 5-2 zeigt, beträgt der aktuelle Wert des Kapitals bei monatlicher Einzahlung und Zinsverrechnung 14995,16 DM.

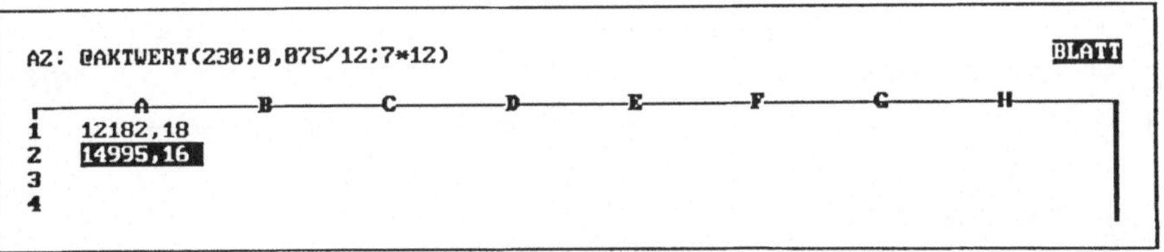

Bild 5-2 Aktueller Wert einer monatlichen Ratenzahlung

b) Zukünftiger Wert einer Ratenzahlung

Mit der Funktion *@ZUKWERT(Rate;Zinssatz;Perioden)* wird der zukünftige Wert einer Ratenzahlung ermittelt.

Wir verwenden wieder unser obiges Beispiel: Jährlich wird ein Geldbetrag von 2300 DM zum Jahresende einbezahlt und zu einem Zinssatz von 7,5% verzinst. Wie groß ist das Kapital nach 7 Jahren?

<PFEIL UNTEN> Gehe zu Zelle A3.

@ZUKWERT(2300;7,5%;7) <RETURN>.

Wie Bild 5-3 zeigt, beträgt der Zukunftswert 20210,84 DM.

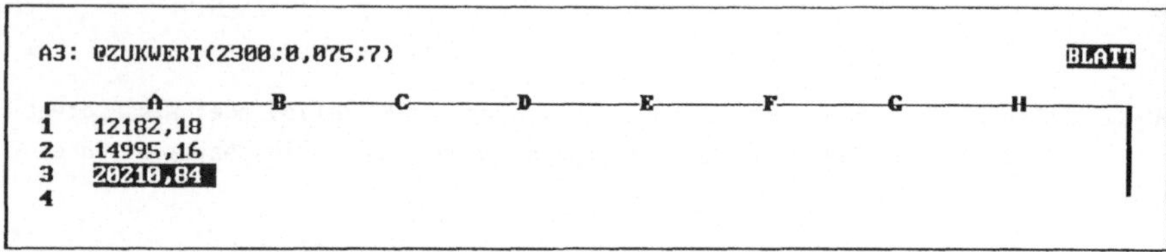

Bild 5-3 Zukunftswert bei jährlichen Ratenzahlungen

Wird monatlich ein Betrag von 230 DM einbezahlt und erfolgt die Verrechnung der Zinsen ebenfalls monatlich, dann lautet die Funktion:

<PFEIL UNTEN> Der Cursor wird zur Zelle A4 bewegt.

@ZUKWERT(230;7,5%/12;7*12) <RETURN>.

Bild 5-4 zeigt in Zelle A4 den Zukunftsbetrag von 25307,33 DM.

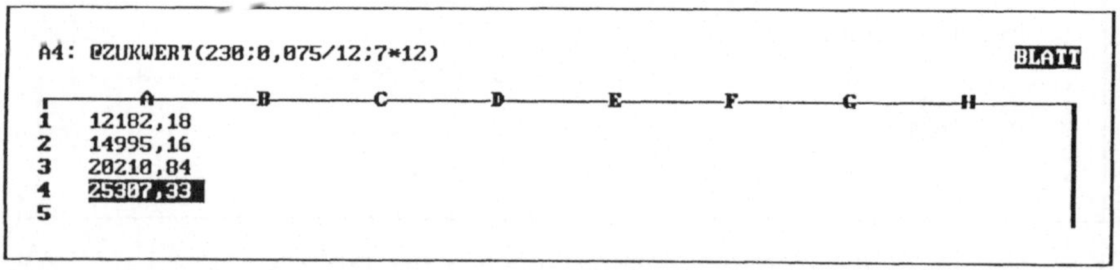

Bild 5-4 Zukunftswert bei monatlichen Einzahlungen

c) Laufzeit einer Zahlung

Sind der Zinssatz, der aktuelle Wert und der Zukunftswert einer Zahlung bekannt, dann läßt sich daraus die Laufzeit errechnen. Dazu dient folgende Funktion:

@LAUF(Zinssatz;Zukwert;Aktwert).

Wir überprüfen die Gültigkeit der oberen Berechnungen, indem wir aus dem jährlichen Zinssatz von 7,5%, dem Zukunftswert von 20210,84 DM (Zelle A3) und dem aktuellen Wert von 12182,18 DM (Zelle A1) die Anzahl der Jahre ermitteln:

<PFEIL UNTEN> Der Cursor wird in die Zelle A5 bewegt.

@LAUF(7,5%;20210,84;12182,18) <RETURN>.

Wie Bild 5-5 zeigt, wird eine Laufzeit von 7 Jahren errechnet.

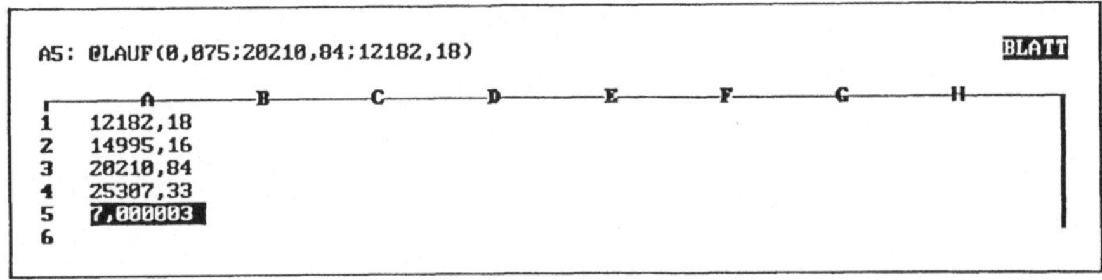

Bild 5-5 Errechnung der Laufzeit

Wird die Laufzeit in Monaten gesucht, dann muß der jährliche Zinssatz durch 12 dividiert werden. Mit den Angaben für den Zukunftswert in Höhe von 25307,33 (Zelle A4) und den aktuellen Wert von 14995,16 DM (Zelle A2) errechnet sich die monatliche Laufzeit wie folgt:

<PFEIL UNTEN> Der Cursor steht in Zelle A6.

@LAUF(7,5%/12;25307,33;14995,16) <RETURN>.

Bild 5-6 zeigt die Laufzeit von 84 Monaten, das sind 7 Jahre.

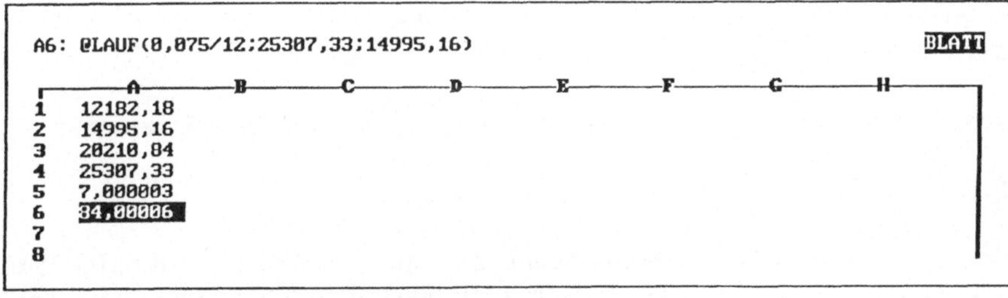

Bild 5-6 Errechnung der Laufzeit in Monaten

d) Zinssatz

Aus der Angabe des Zukunftswertes, des aktuellen Wertes und der Anzahl der Perioden kann der periodenbezogene Zinssatz berechnet werden. Dazu dient die Funktion:

@ZINS(Zukwert;Aktwert;Periode).

Anhand der bekannten Zahlenwerte von 20210,84 DM für den Zukunftswert, 12182,18 DM für den Anfangswert und einer Periode von 7 Jahren lautet die Funktion:

<PFEIL UNTEN> Bewegen des Cursors nach Zelle A7.

@ZINS(20210,84;12182,18;7) <RETURN>.

Das Ergebnis liefert wie erwartet einen Zinssatz von 0,075, d.h. 7,5%.

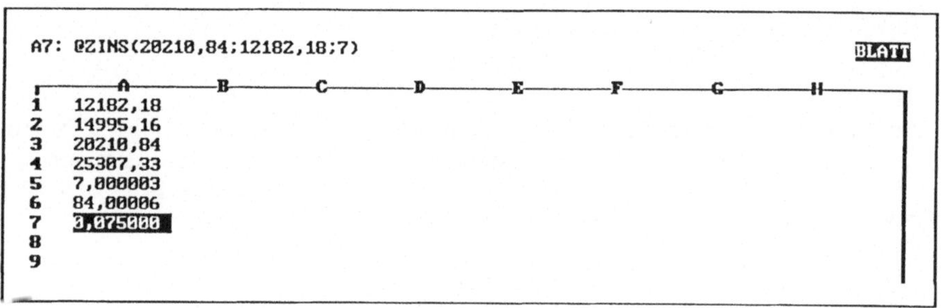

Bild 5-7 Errechnung eines jährlichen Zinssatzes

Wird mit den Zahlen für den Zukunftswert aus Zelle A4 (25307,33) und dem aktuellen Wert aus Zelle A2 (14995,16) und den monatlichen Perioden von 7*12 = 84 Monaten der monatliche Zinssatz errechnet, so lautet die Funktion:

<PFEIL UNTEN> Der Cursor wird nach Zelle A8 gebracht.

@ZINS(25307,33;14995,16;7*12) <RETURN>.

Das Ergebnis zeigt einen monatlichen Zinssatz von 0,006250, d.h. 0,625%, was einem jährlichen Zinssatz von 12*0,006250 = 0,075 oder 7,5% entspricht.

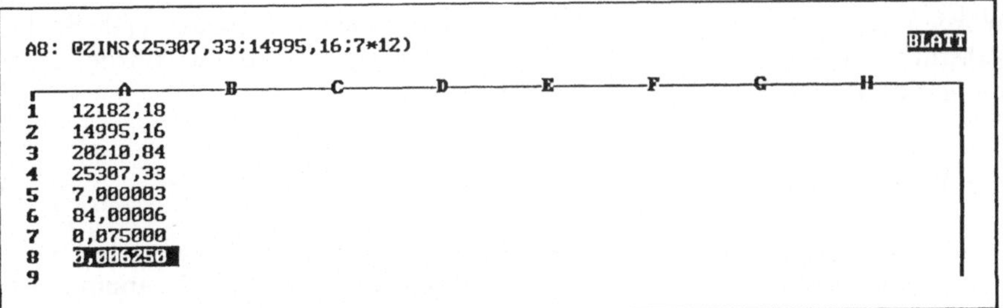

Bild 5-8 Berechnung eines monatlichen Zinssatzes

5.2 Tilgungsrechnung

In der Tilgungsrechnung werden in Symphony die *Tilgungsraten* für ein bestimmtes Darlehen errechnet.

Die Höhe der Tilgungsrate, die aus dem zu tilgenden Geldbetrag und den Zinsen besteht, wird mit folgender Funktion ermittelt:

@RATE(Kapital;Zinssatz;Perioden).

Als Beispiel wird angenommen, ein Kredit in Höhe von 80 000 DM solle in 10 Jahren zurückbezahlt werden, wobei ein Zinssatz von 6,5% zugrundegelegt wurde.

<PFEIL UNTEN> Der Cursor wird in die Zelle A9 bewegt.

@RATE(80000;6,5%;10) <RETURN>.

Dies entspricht einer jährlichen Rate von 11 128,37 DM.

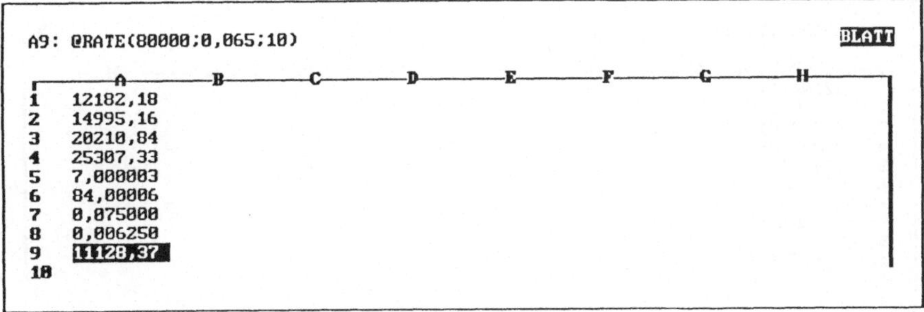

Bild 5-9 Berechnung der jährlichen Tilgungsrate

Würden in entsprechender Weise ein monatlicher Zinssatz (jährlicher Zinssatz/12) und als Perioden Monate eingegeben, dann würde eine monatlich fällige Tilgungsrate berechnet.

5.3 Rentenrechnung

Von einer Rente wird dann gesprochen, wenn Zahlungen in vorbestimmter Höhe regelmäßig wiederkehrend anfallen. Mit Symphony ist die Anzahl der Zahlungsperioden ermittelbar, und zwar aus dem regelmäßigen Zahlungsbetrag, aus dem Zinssatz und dem Zukunftswert des Kapitals. Dabei kann der Fall der *nachschüssigen* und der *vorschüssigen Rente* berücksichtigt werden.

a) Anzahl der Zahlungsperioden für eine nachschüssige Rente

Von einer *nachschüssigen* Rente wird gesprochen, wenn die Rentenzahlungen am Ende einer Periode erfolgen. Die Funktion zur Ermittlung der Zahlungsperioden lautet:

@ANN(Zahlung;Zinssatz;Zukwert).

Nehmen wir an, wir würden jährlich 14 000 DM zu einem Zinssatz von 7,5% einbezahlen, um ein Vermögen von 250 000 DM zu ersparen. Nach wieviel Jahren dies erreicht sein wird, errechnet sich mit folgender Funktionseingabe:

<PFEIL UNTEN> Der Cursor wird in Zelle A10 bewegt.

@ANN(14000;7,5%;250000) <RETURN>.

Wie aus Bild 5-10 zu sehen ist, ist dies nach beinahe 12 Jahren der Fall.

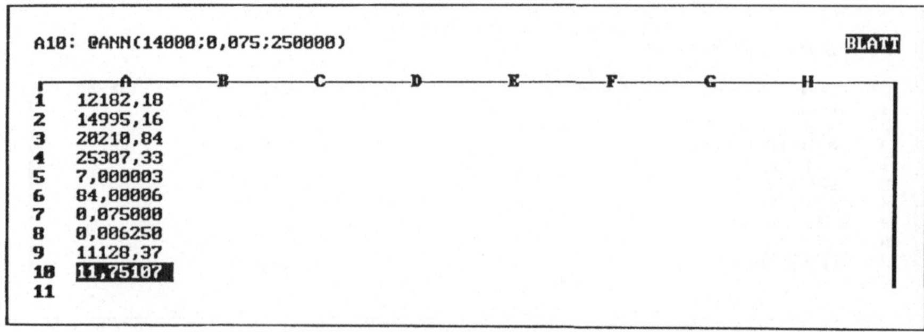

Bild 5-10 Anzahl der Rentenperioden bei einer nachschüssigen Rente

b) Anzahl der Zahlungsperioden für eine vorschüssige Rente

Finden die regelmäßigen Zahlungen zu Beginn einer Periode statt, dann wird von *vorschüssigen* Renten gesprochen.

Dazu dient die Funktion:

@ANN(Zahlung;Zinssatz;Zukwert/(1+Zinssatz)).

Wird das obige Beispiel verwendet, so ergibt sich:

<PFEIL UNTEN> Bewegen des Cursors in die Zelle A11.

@ANN(14000;7,5%;250000/(1+7,5%)) <RETURN>.

Nach Bild 5-11 ist der Zukunftswert von 250 000 DM bereits nach etwas über 11 Jahren erreicht.

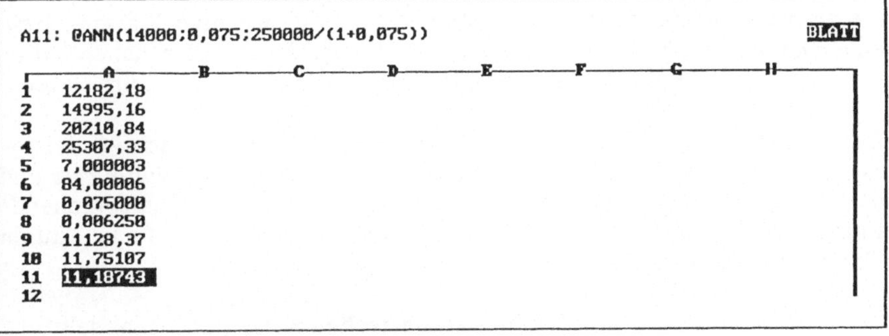

Bild 5-11 Anzahl der Rentenperioden bei einer vorschüssigen Rente

6 Investitionsrechnung mit Finanzfunktionen

Die Investitionsrechnung bietet die Möglichkeit, aus verschiedenen Investitionsalternativen die vorteilhafteste auszuwählen. Dazu bietet Symphony spezielle Finanzfunktionen an (s. Anhang).

Üblicherweise wird zwischen *statischer* und *dynamischer* Investitionsrechnung unterschieden. Während bei der *statischen* Investitionsrechnung der zeitliche Verlauf von Einnahmen und Ausgaben keine Rolle spielt, wird er bei der *dynamischen* Investitionsrechnung berücksichtigt. Die Kapitalströme werden entsprechend ihres zeitlichen Anfalls verzinst. Mit den dynamischen Verfahren können Investitionsvorhaben wesentlich besser beurteilt werden; der Rechenaufwand ist allerdings entsprechend höher.

In Symphony ist es möglich, bei den *statischen* Investitionsrechnungen unterschiedliche *Abschreibungsarten* zu berücksichtigen, die bei der Wahl des Investitionsobjektes eine Rolle spielen. Die restlichen Kennzahlen wie die statische Amortisationsdauer oder Verfahren wie eine Kosten- bzw. eine Gewinnvergleichsrechnung können durch einfache Rechenoperationen in einem Symphony-Arbeitsblatt ermittelt bzw. durchgeführt werden.

Für die dynamische Investitionsrechnung erfordern zwei wichtige Kennzahlen einen erheblichen Rechenaufwand. Es ist dies der *Kapitalwert* und der *interne Zinsfuß*. Für beide existieren in Symphony entsprechende Finanzfunktionen. Die *dynamische Amortisationsdauer* kann durch Tabellenverweisfunktionen ermittelt werden.

Folgende Kennzahlen aus der Investitionsrechnung werden behandelt:

1. Abschreibungsarten

2. Kapitalwert, interner Zinsfuß und Amortisationsdauer als Kennzahlen der dynamischen Investitionsrechnung.

6.1 Abschreibungsarten

Unter *Abschreibung* versteht man die in Geld ausgedrückte *Wertminderung* von Produktionsmitteln durch technischen Verschleiß oder Überalterung in technischer oder auch in wirtschaftlicher Hinsicht. Nach den gesetzlichen Vorschriften und nach dem angenommenen Verlauf der Wertminderung sind folgende drei Abschreibungsarten gebräuchlich:

a) Lineare Abschreibung

Bei der linearen Abschreibung wird davon ausgegangen, daß der Wert des Wirtschaftsgutes jährlich um einen *gleichbleibenden* Abschreibungsbetrag abnimmt. Die Berechnung ist sehr einfach. Es wird der Abschreibungsbetrag ermittelt, der sich aus der Differenz zwischen Anschaffungskosten und Restwert ergibt. Dieser wird durch die Anzahl der Betriebsjahre dividiert. Das Ergebnis ist der jährlich gleichbleibende Abschreibungsbetrag. In Symphony lautet die zugehörige Finanzfunktion:

@AFALIN(Kosten;Restwert;Lebensdauer).

b) Degressive Abschreibung

Bei der degressiven Abschreibung wird angenommen, daß die Wertminderung nicht in konstanten Beträgen abnimmt, sondern in jährlich fallenden Beiträgen. Die Wertminderung heißt in diesem Fall *degressiv*, weil der Abschreibungsbetrag zunächst groß ist und mit zunehmender Nutzungsdauer des Betriebsmittels abnimmt. Um den Abschreibungsbetrag für die jeweilige Periode zu ermitteln, bietet Symphony die entsprechende Finanz-Funktion:

@AFADEG(Kosten;Restwert;Lebensdauer;Periode).

c) Digitale Abschreibung

Die digitale Abschreibung ist eine Variante der degressiven Abschreibung. Dabei ändern sich die Abschreibungen jährlich um einen konstanten Prozentsatz, der sich aus dem Kehrwert der Nutzungsjahre errechnet. In Symphony lautet die zugehörige Finanzfunktion:

@AFADIG(Kosten;Restwert;Lebensdauer;Periode).

Im folgenden Beispiel wurde eine Maschine für 250 000 DM gekauft. Sie soll 5 Jahre lang im Betrieb eingesetzt und anschließend für 25 000 DM wieder verkauft werden. Es sollen die linearen, ferner die degressiven und die digitalen Abschreibungsbeträge für die 5 Perioden ermittelt werden.

Dazu wird zunächst ein leeres Arbeitsblatt erstellt, wie es Bild 6-1 zeigt:

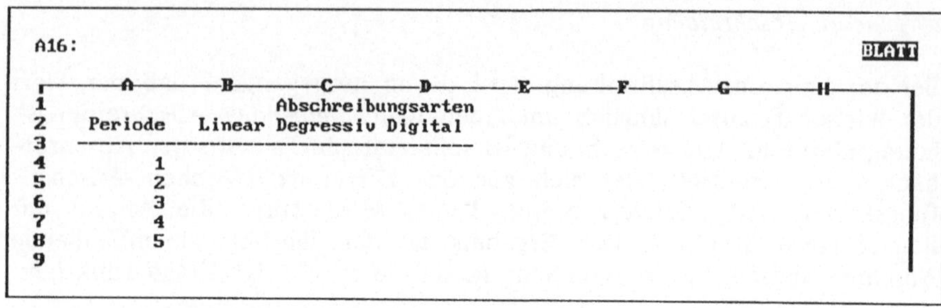

Bild 6-1 Gerüst des Arbeitsblattes zum Vergleich der Abschreibungsformen

Zunächst wird zur Zelle B4 gesprungen und die Funktion für die lineare Abschreibung eingegeben:

<F5> b4 <RETURN> Sprung zur Zelle B4.

@AFALIN(250000;25000;5) <RETURN>
Errechnen des linearen Abschreibungsbetrages.

Da diese Abschreibungsbeträge für alle folgenden Perioden gleich groß sind, kann die Formel in die Zellen B5 bis B8 kopiert werden. Dazu dient die {Menü}-Funktion **Kopie** (**<F10> K**).

<F10> k <RETURN> Auswahl aus dem Menü die Funktion Kopie und Bestätigen des Quellbereiches B4..B4.

b5..b8 <RETURN> Die Formel aus Zelle B4 wird in den Zielbereich B5 bis B8 kopiert und ausgeführt.

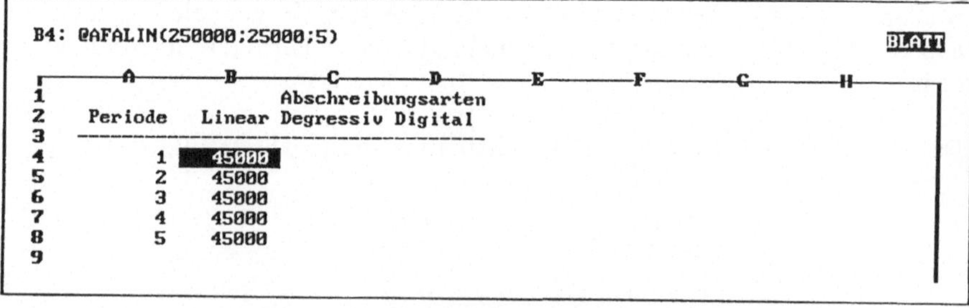

Bild 6-2 Berechnung der linearen Abschreibungsbeträge

In die Zelle C4 wird die Formel für die degressive Abschreibung eingegeben:

<PFEIL RECHTS> Sprung zur Zelle C4.

@AFADEG(250000;25000;5;1) <RETURN>
Berechnung des degressiven Abschreibungsbetrages für das erste Jahr.

Der errechnete degressive Abschreibungsbetrag liegt bei 100 000 DM für das erste Jahr und ist damit mehr als doppelt so hoch wie der entsprechende lineare Abschreibungsbetrag.

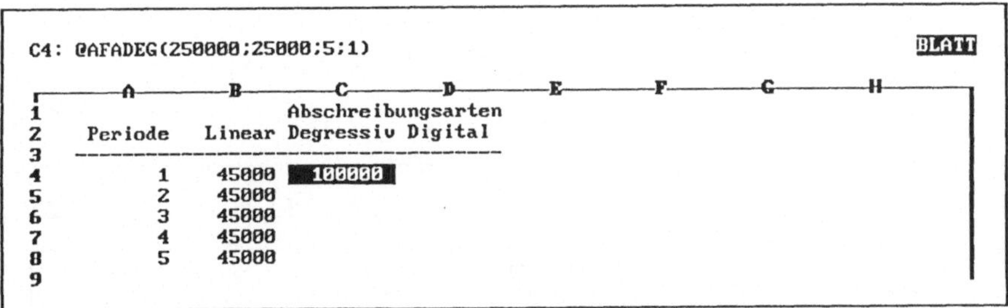
C4: @AFADEG(250000;25000;5;1) BLATT

	A	B	C	D	E	F	G	H
1			Abschreibungsarten					
2	Periode	Linear	Degressiv	Digital				
3	----------	----------	----------	----------				
4	1	45000	100000					
5	2	45000						
6	3	45000						
7	4	45000						
8	5	45000						
9								

Bild 6-3 Degressiver Abschreibungsbetrag für die erste Periode

Im Bereich C5 bis C8 kann die Funktion für die degressive Abschreibung nicht einfach kopiert werden, da sich jedesmal die Periode ändert. Um sich das wiederholte Eintippen zu sparen, wird die Formel aus Zelle C4 in den Bereich C5 bis C8 kopiert und für jede Zelle nur die entsprechende Periode korrigiert.

<F10> k <RETURN> Auswahl des {Menü}-Befehls Kopie und Bestätigung des Quellbereichs.

c5..c8 <RETURN> Angabe des Zielbereichs C5 bis C8.

Zur Korrektur der jeweiligen Periode in der Formel wird die Formel, die in die einzelnen Zellen kopiert wurde, mit der Funktionstaste <F2> in die Arbeitszeile gebracht und dort korrigiert.

<PFEIL UNTEN> **<F2>** Sprung zur Zelle C5 und Schreiben der Formel in die Arbeitszeile.

2 MAL <PFEIL LINKS> Bewegen des Cursors unter die Periode.

<DEL> **2** <PFEIL UNTEN> Löschen der alten Periode und Eingabe der neuen Periode (**2**) und Vorrücken zur nächsten Zelle (C6).

<F2> 2 MAL <PFEIL LINKS> Schreiben der Formel in die Arbeitszelle und Setzen des Cursors unter die Periode.

<DEL> **3** <PFEIL UNTEN> Löschen der alten Periode und Eingabe der neuen (**3**) sowie Vorrücken zur nächsten Zelle.

Entsprechend wird mit den beiden letzten Zellen (C7 und C8) verfahren.

<F2> 2 MAL <PFEIL LINKS> <DEL> **4** <PFEIL UNTEN>.

<F2> 2 MAL <PFEIL LINKS> <DEL> **5** <PFEIL UNTEN>.

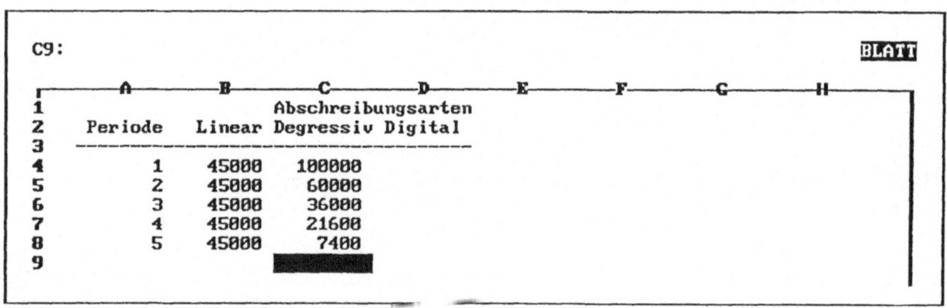

C9: BLATT

	A	B	C	D
1			Abschreibungsarten	
2	Periode	Linear	Degressiv	Digital
3				
4	1	45000	100000	
5	2	45000	60000	
6	3	45000	36000	
7	4	45000	21600	
8	5	45000	7400	
9				

Bild 6-4 Degressive Abschreibungsbeträge

Die periodenspezifischen Beträge bei der digitalen Abschreibung werden analog zur degressiven Abschreibung ermittelt. Zunächst wird in die Zelle D4 gesprungen (unter Benutzung der GEHEZU-Taste <F5>) und die Funktion für die digitale Abschreibung eingegeben:

<F5> d4 <RETURN> Sprung zur Zelle D4.

@AFADIG(250000;25000;5;1) <RETURN>
Berechnen des digitalen Abschreibungsbetrages für die erste Periode.

Bild 6-5 zeigt den digitalen Abschreibungsbetrag der ersten Periode in Höhe von 75 000 DM.

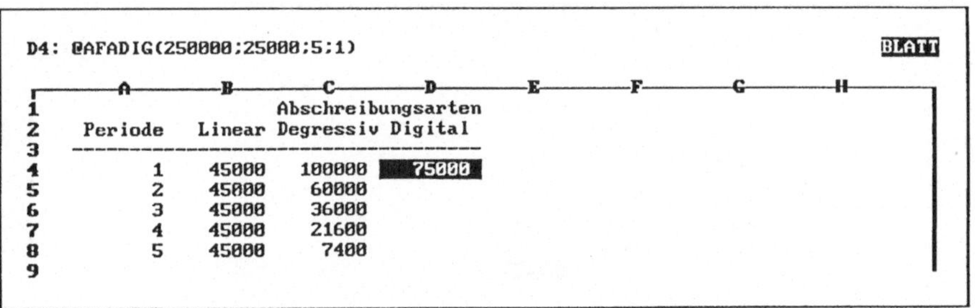

D4: @AFADIG(250000;25000;5;1) BLATT

	A	B	C	D
1			Abschreibungsarten	
2	Periode	Linear	Degressiv	Digital
3				
4	1	45000	100000	75000
5	2	45000	60000	
6	3	45000	36000	
7	4	45000	21600	
8	5	45000	7400	
9				

Bild 6-5 Digitale Abschreibung der ersten Periode

Im Anschluß daran wird die Funktion für die anderen Perioden in den Bereich D5 bis D8 kopiert und die Perioden entsprechend korrigiert.

<F10> k <RETURN> — Auswahl der {Menü}-Funktion **K**opie und Bestätigen des Quellbereichs.

d5..d8 <RETURN> — Kopie der Funktion in die Zellen D5 bis D8.

<PFEIL UNTEN> — Vorrücken bis zur Zelle D5.

Für die 2. bis 5. Periode wird die kopierte Funktion folgendermaßen verbessert:

<F2> 2 MAL <PFEIL LINKS> <DEL> **2** <PFEIL UNTEN>
Funktion für die 2. Periode.

<F2> 2 MAL <PFEIL LINKS> <DEL> **3** <PFEIL UNTEN>
Funktion für die 3. Periode.

<F2> 2 MAL <PFEIL LINKS> <DEL> **4** <PFEIL UNTEN>
Funktion für die 4. Periode.

<F2> 2 MAL <PFEIL LINKS> <DEL> **5** <PFEIL UNTEN>
Funktion für die 5. Periode.

Bild 6-6 zeigt das Ergebnis.

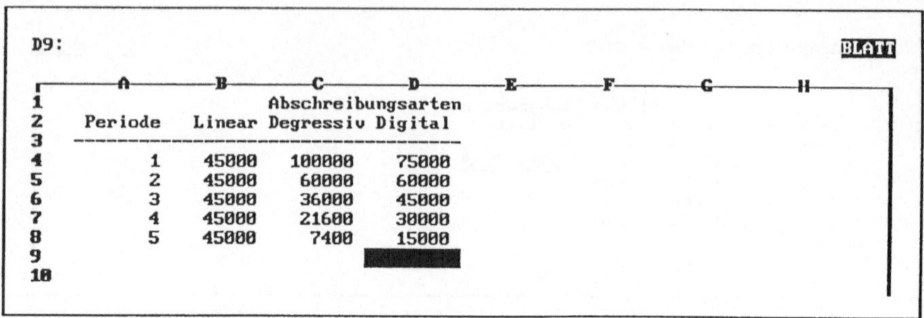

D9: BLATT

	A	B	C	D	E	F	G	H
1			Abschreibungsarten					
2	Periode	Linear	Degressiv	Digital				
3	---	---	---	---				
4	1	45000	100000	75000				
5	2	45000	60000	60000				
6	3	45000	36000	45000				
7	4	45000	21600	30000				
8	5	45000	7400	15000				
9								
10								

Bild 6-6 Abschreibungsbeträge für die unterschiedlichen Abschreibungsarten

6.2 Kapitalwert, interner Zinsfuß und Amortisationsdauer als Kennzahlen der dynamischen Investitionsrechnung

Für eine Investitionsentscheidung sind in der dynamischen Investitionsrechnung besonders die Kennzahlen *Kapitalwert, interner Zinsfuß* und *Amortisationsdauer* von Bedeutung.

Der *Kapitalwert* wird folgendermaßen ermittelt: Die periodenbezogenen Differenzen von Einnahmen und Ausgaben (*Rückfluß*) werden je nach zeitlichem Anfall verzinst und der jeweilige *Barwert* errechnet. Die Summe aller Barwerte ist der Kapitalwert einer Investition. Bei einem *positiven* Kapitalwert werden nicht nur die Kosten der Investition samt Verzinsung erwirtschaftet, sondern auch noch ein Gewinn. Eine solche Investition ist *vorteilhaft.* Bei einem *negativen* Kapitalwert entsteht ein Verlust durch diese Investition; eine solche Investition ist *nicht vorteilhaft.*

Die zugehörige Finanzfunktion lautet in Symphony:

@NETAKTWERT(Zinssatz;Rückflußbereich).

Der *interne Zinsfuß* gibt die Verzinsung der Kapitalströme des Investitionsobjektes an. Eine Investition ist dann vorteilhaft, wenn der *interne Zinsfuß* der Investition *größer* ist als ein vergleichbarer *Kalkulationszinsfuß* für eine alternative Geldanlage. In Symphony wird der interne Zinsfuß durch folgende Finanzfunktion ermittelt:

@INTZINS(Startzinsfuß;Rückflußbereich).

Die *Amortisationsdauer* gibt an, innerhalb welcher Zeit das investierte Kapital wieder zurückgeflossen ist. Je geringer die Amortisationsdauer, desto schneller ist das Kapital wieder zurückgeflossen, d.h. umso risikoloser ist die Investition. Deshalb wird man die Investition mit der kürzesten Amortisationsdauer bevorzugen. Bei der *dynamischen* Investitionsrechnung wird die Amortisationszeit ermittelt, nach der das Investitionskapital einschließlich Verzinsung zurückgeflossen ist. Dies ist dann der Fall, wenn die kumulierten Nettorückflüsse die Anschaffungskosten der Investition übersteigen. Um dies in Symphony berechnen zu können, muß das investierte Kapital mit den kumulierten Rückflüssen verglichen werden. Die Zeitspanne, die vergangen ist, bis die kumulierten Rückflüsse erstmals größer als die Anschaffungskosten sind, ist die Amortisationsdauer. Dazu wird eine spezielle Funktion verwendet, die horizontale Tabellenwerte durchsucht und vergleicht:

@HVERWEIS(Argument;Bereich;Versatz).

Diese Funktion sucht in der obersten Zeile des *Bereiches* (z.B. kumulierter Nettorückfluß) nach einem numerischen Wert, der größer als das *Argument* ist (z.B. Anschaffungskosten).

Als Beispiel soll untersucht werden, ob eine im Jahre 1988 zu tätigende Investition vorteilhaft ist. Bekannt sind die Anschaffungskosten. Die jährlichen Einnahmen E und Ausgaben A werden auf Grund der zu erwartenden Auftragslage geschätzt. Nach sechs Jahren soll die Anlage wieder verkauft werden, wobei ein Verkaufserlös von 10% der Anschaffungskosten erzielt werden kann.

Dazu wird ein neues Arbeitsblatt erstellt und in folgenden Schritten vorgegangen:

- Eingabe des Tabellengerüstes

- Bestimmung des Rückflusses

- Bestimmung des kumulierten Nettorückflusses

- Berechnung des Kapitalwertes

- Berechnung des internen Zinsfußes

- Berechnung der Amortisationsdauer.

a) Eingabe des Tabellengerüstes

Vor den eigentlichen Berechnungen wird das Tabellengerüst erstellt, d.h. die Überschriften und die Bezeichnungen der Zeilen und Spalten eingetragen sowie die Werte für die Einnahmen und Ausgaben in das Arbeitsblatt eingetragen.

Zunächst werden mit dem {Menü}-Befehl **P**arameter (**<F10> P**) die eingestellten Arbeitsblattparameter sichtbar.

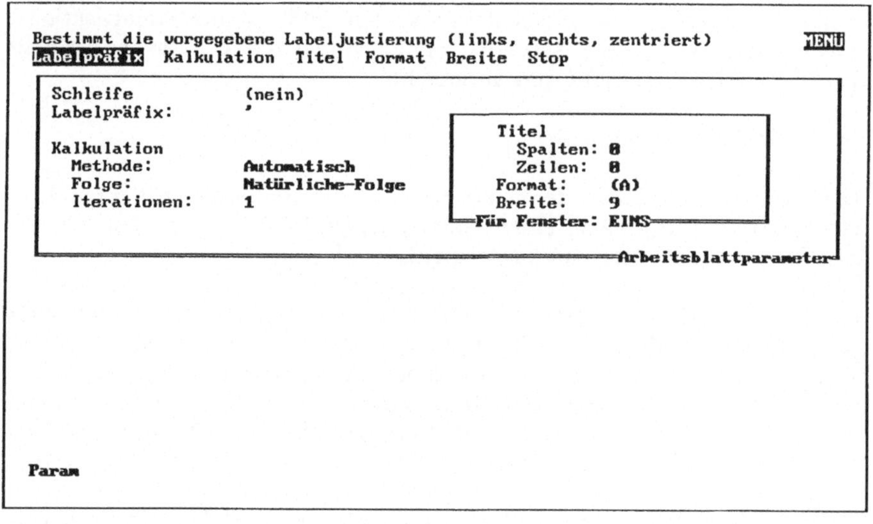

Bild 6-7 Eingestellte Arbeitsblattparameter

Es wird der Befehl **B**reite ausgewählt und die Spaltenbreite für das ganze Arbeitsblatt auf **7** Zeichen eingestellt.

b7 <RETURN> Einstellen der Spaltenbreite auf 7 Zeichen.

s Mit der Funktion Stop gelangen wir wieder ins Arbeitsblatt zurück.

Da in der Spalte C nur ein Zeichen vorkommt, wird die Spaltenbreite an dieser Stelle auf 1 gesetzt. Dazu dient der {Menü}-Befehl Spalte **B**estimme (**<F10> SB**). Der Cursor wird in die Spalte C gefahren und folgendes eingegeben:

<F10> sb1 <RETURN> Einstellen der Spaltenbreite auf **1** Zeichen.

Im Anschluß daran werden die Tabellenbeschriftungen und die Zahlenwerte eingegeben, wie dies Bild 6-8 zeigt.

```
J9: 35                                                                  BLATT

     A           B    C   D       E        F        G        H       I       J       K
1  INVESTITIONSRECHNUNG        Kalkulations-Zinssatz:                        0,12
2
3  Zahlungsströme     I               Nutzungsdauer (Jahre)
4  in tausend DM      I  1988    1989    1990    1991    1992    1993    1994
5  ------------------------------------------------------------------------------
6  Anschaffung        I  350
7  Einnahmen E        I          155     300     300     200     140      90
8  Ausgaben A         I  106      76      90     110      80      40      60
9  Verkaufserlös      I                                                   35
10 ------------------------------------------------------------------------------
11 Rückfluß (E-A)     I
12 ------------------------------------------------------------------------------
13 Nettorückfluß      I
14 (kumuliert)        I
15 ------------------------------------------------------------------------------
16 Jahre              I    0       1       2       3       4       5       6
17
18 KENNZAHLEN:            Kapitalwert:
19                        Interner Zinsfuß:
20                        Amortisationsdauer:
                                                                          EINS
24/01/88   11:55
```

Bild 6-8 Tabellengerüst

b) Bestimmung des Rückflusses

Für das Anschaffungsjahr 1988 wird der Rückfluß ermittelt (Zeile 11 des Arbeitsblattes), indem vom negativen Wert der Zelle D6 (Anschaffung) der Wert der Zelle D8 (Ausgaben A) abgezogen wird. Zuvor wird der Cursor zur Zelle D11 gebracht und folgendes eingetippt:

-d6-d8 <RETURN>	Berechnung des Rückflusses für 1988.
<PFEIL RECHTS>	Bewegen des Zellzeigers zur Zelle E11.
+e7-e8 <RETURN>	Berechnung des Rückflusses für 1989.

Da die Berechnungen der Rückflüsse für die Jahre 1990 bis 1994 in gleicher Weise erfolgen, wird diese Formel in den Bereich der Zellen von F11 bis I11 kopiert. Dies geschieht mit dem {Menü}-Befehl Kopie (**<F10> K**).

<F10> k <RETURN>	Auswahl des Kopie-Befehls und Bestätigen des Quellbereichs.

f11..i11 <RETURN> Kopie der Formel in den Zielbereich F11 bis I11.

Der Rückfluß für das Jahr 1994 wird folgendermaßen errechnet:

Von den Einnahmen E in Zelle J7 werden die Ausgaben A in Zelle J8 abgezogen und der Verkaufserlös in Zelle J9 addiert. Zunächst wird der Cursor in die Zelle J11 gebracht und dann eingegeben:

+j7-j8+j9 <RETURN> Berechnung des Rückflusses für 1994.

```
J11: +J7-J8+J9                                                       BLATT

    A          B     C    D      E      F      G      H      I      J      K
1  INVESTITIONSRECHNUNG       Kalkulations-Zinssatz:                0,12
2
3  Zahlungsströme    I              Nutzungsdauer (Jahre)
4  in tausend DM     I  1988   1989   1990   1991   1992   1993   1994
5  ----------------------------------------------------------------------
6  Anschaffung       I   350
7  Einnahmen E       I          155    300    300    200    140     90
8  Ausgaben A        I   106     76     90    110     80     40     60
9  Verkaufserlös     I                                              35
10 ----------------------------------------------------------------------
11 Rückfluß (E-A)    I  -456     79    210    190    120    100     65
12 ----------------------------------------------------------------------
13 Nettorückfluß     I
14 (kumuliert)       I
15 ----------------------------------------------------------------------
16 Jahre             I     0      1      2      3      4      5      6
17
18 KENNZAHLEN:          Kapitalwert:
19                      Interner Zinsfuß:
20                      Amortisationsdauer:
                                                                      EINS
24/01/88   12:09
```

Bild 6-9 Arbeitsblatt mit den errechneten Rückflüssen

c) Bestimmung des kumulierten Nettorückflusses

Der Nettorückfluß wird zunächst für das erste Jahr (1889) nach der Investition ermittelt. Dazu wird der Cursor in die Zelle E13 bewegt. Danach wird die Funktion für die Berechnung des Nettorückflusses eingegeben:

@NETAKTWERT($J$1;$E$11..E11) <RETURN>.

Der Kalkulationszinssatz befindet sich in der Zelle J1, deren Position absolut gleich bleibt (daher auch die Markierung mit dem $-Zeichen). Der Bereich für den ersten Nettorückfluß ist die Zelle E11 oder der

Bereich $E$11 bis E11. Die erste Zellangabe ist immer der Beginn des Bereiches und muß deshalb als absolute Zelle definiert werden, während mit zunehmenden Jahren die Endzelle relativ zum Beginn wandert.

Dieselbe Berechnungsformel gilt für die Zellen F13 bis J13. Deshalb wird die Formel der Zelle E13 in diesen Bereich kopiert.

<F10> k <RETURN>	Auswahl des {Menü}-Befehls Kopie und Bestätigen des Quellbereichs.
f13..j13 <RETURN>	Berechnung des Nettorückflusses für die restlichen Jahre.

```
E13: @NETAKTWERT($J$1;$E$11..E11)                                        BLATT

      A              B      C  D         E        F        G        H        I        J        K
1   INVESTITIONSRECHNUNG        Kalkulations-Zinssatz:                                  0,12
2
3   Zahlungsströme       I                  Nutzungsdauer (Jahre)
4   in tausend DM        I   1988     1989     1990     1991     1992     1993     1994
5   ------------------------------------------------------------------------------------
6   Anschaffung          I   350
7   Einnahmen E          I             155      300      300      200      140       90
8   Ausgaben A           I   106        76       90      110       80       40       60
9   Verkaufserlös        I                                                           35
10  ------------------------------------------------------------------------------------
11  Rückfluß (E-A)       I  -456        79      210      190      120      100       65
12  ------------------------------------------------------------------------------------
13  Nettorückfluß        I          70,535   237,94   373,18   449,44   506,18   539,12
14  (kumuliert)          I
15  ------------------------------------------------------------------------------------
16  Jahre                I     0         1        2        3        4        5        6
17
18  KENNZAHLEN:          Kapitalwert:
19                       Interner Zinsfuß:
20                       Amortisationsdauer:
                                                                                    EINS
24/01/88     12:16
```

Bild 6-10 Arbeitsblatt nach Berechnung des kumulierten Nettorückflusses

d) Berechnung des Kapitalwertes

Der Kapitalwert wird errechnet, indem zum negativen Rückfluß des Anschaffungsjahres 1988 der kumulierte Nettorückfluß des letzten Jahres (1994) addiert wird. Der Wert wird in Zelle G18 abgelegt. Deshalb wird der Cursor in die Zelle G18 gefahren und folgende Formel eingegeben:

+d11+j13 <RETURN>	Berechnung des Kapitalwertes.
<PFEIL RECHTS> **TDM** <RETURN>	Eingabe von **TDM** in Zelle H18.

e) Berechnung des internen Zinsfußes

In der Zelle G19 wird der interne Zinsfuß berechnet. Deshalb wird der Cursor dorthin bewegt und folgendes eingegeben:

@INTZINS(J1;D11..J11)*100 <PFEIL RECHTS> % <RETURN>.

In der Zelle J1 befindet sich der Startwert für den Zinssatz (Kalkulationszinssatz von 12%). Der interne Zinssatz bezieht sich auf die gesamten Rückflüsse im Bereich der Zellen D11 bis J11. Um die Angabe in Prozent zu erhalten, muß das Ergebnis noch mit 100 multipliziert werden. Daran anschließend wird in die nächste Zelle (Zelle H19) die Angabe % geschrieben.

f) Berechnung der Amortisationsdauer

Dazu geben wir in der Zelle G20 folgende Funktion ein:

@HVERWEIS(@ABS(D11);E13..J13;3)+1 <RETURN>.

Der **Absolutwert** in der Zelle **D11** (Rückfluß des Jahres 1988) wird mit den Werten der Nettorückflüsse (Bereich E13 bis J13) verglichen. Wird hier ein Wert gefunden, der größer als der Absolutwert in der Zelle D11 ist, dann geht der Cursor um **3** Zeilen nach unten. Dies ist die Zeile 16, in der die Anzahl der Jahre steht, die dann ausgegeben wird. Da der Kapitalwert aber meist nie genau einem Wert des kumulierten Nettorückflusses entspricht, geht die Funktion @HVERWEIS() zur nächst niedrigen Jahreszahl (im vorliegenden Fall zum Jahr 4). Die Amortisationsdauer muß deshalb noch um **1** erhöht werden.

Zum Schluß wird noch in die Zelle H20 die Bezeichnung **Jahre** abgespeichert.

<PFEIL RECHTS> **Jahre** <RETURN>.

```
H20: 'Jahre                                                          BLATT

   ────A──────B────C──D──────E──────F──────G─────H──────I──────J──────K──
1  INVESTITIONSRECHNUNG       Kalkulations-Zinssatz:                 0,12
2
3  Zahlungsströme       I               Nutzungsdauer (Jahre)
4  in tausend DM        I  1988   1989   1990   1991   1992   1993   1994
5  ──────────────────────────────────────────────────────────────────────
6  Anschaffung          I   350
7  Einnahmen E          I          155    300    300    200    140     90
8  Ausgaben A           I   106     76     90    110     80     40     60
9  Verkaufserlös        I                                             35
10 ──────────────────────────────────────────────────────────────────────
11 Rückfluß (E-A)       I  -456     79    210    190    120    100     65
12 ──────────────────────────────────────────────────────────────────────
13 Nettorückfluß        I       70,535 237,94 373,18 449,44 506,18 539,12
14 (kumuliert)          I
15 ──────────────────────────────────────────────────────────────────────
16 Jahre                I     0      1      2      3      4      5      6
17
18 KENNZAHLEN:          Kapitalwert:             83,120 TDM
19                      Interner Zinsfuß:        18,638 %
20                      Amortisationsdauer:           5 Jahre
                                                                     EINS
24/01/88     12:26
```

Bild 6-11 Berechnetes Arbeitsblatt zur Investitionsrechnung

Wie Bild 6-11 zeigt, ist der Kapitalwert positiv, der interne Zinsfuß liegt über dem Kalkulationszinssatz und die Amortisationsdauer ist kürzer als die Einsatzdauer des Investitionsobjektes. Deshalb handelt es sich in diesem Fall um eine vorteilhafte Investition.

7 Datenbank

Eine Datenbank ist eine strukturierte Ansammlung von Informationen. Beispiele sind ein einfaches Telefonbuch oder Datenbanken für Lager- oder Adreßverwaltung.

In einer Lagerkartei z.B. sind alle Artikel nach Artikelnummer, Bezeichnung, Einkaufspreis, Stück, Bestand und Lagerort aufgeführt. Diese Lagerkartei kann man als *Datenbank* bezeichnen. Die Lagerkartei besteht aus einzelnen Karteikarten. Jede Karteikarte beinhaltet Informationen (Artikelnummer, Bezeichnung, Einkaufspreis, usw.) über den Lagerartikel. Eine einzelne Karteikarte nennt man *Datensatz*. Alle diese Karteikarten (*Datensätze*) sind gleich strukturiert, nämlich nach Artikelnummer, Bezeichnung, usw. Symphony speichert jeden Datensatz in einer *Zeile*, die einzelnen Felder des Datensatzes jeweils in einer *Zelle*. In jeder Spalte befinden sich die gleichartigen Informationen. Man nennt die Spalten *Datenfelder*. In Symphony ist also eine Datenbank eine Datensammlung in Form einer Tabelle, bei der die Zeilen die *Datensätze* sind und die Spalten die entsprechenden *Datenfelder* darstellen.

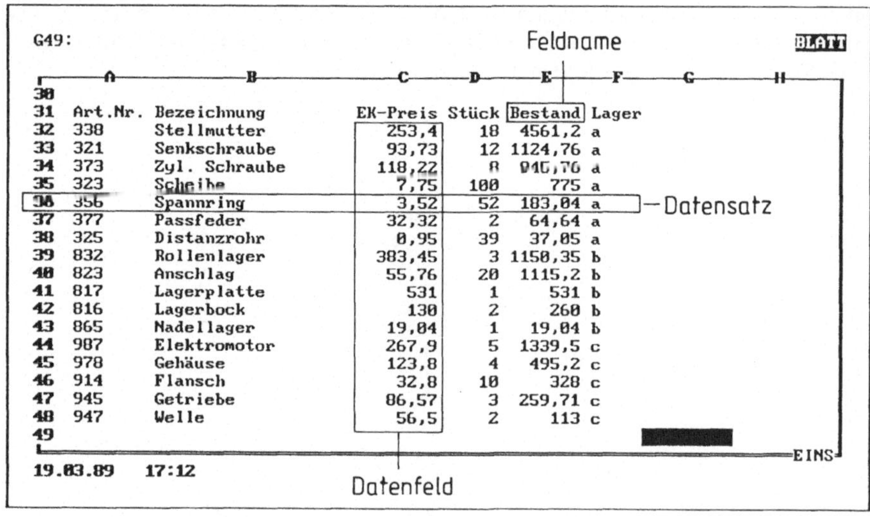

	A	B	C	D	E	F
30						
31	Art.Nr.	Bezeichnung	EK-Preis	Stück	Bestand	Lager
32	338	Stellmutter	253,4	18	4561,2	a
33	321	Senkschraube	93,73	12	1124,76	a
34	373	Zyl. Schraube	118,22	8	945,76	a
35	323	Scheibe	7,75	100	775	a
36	356	Spannring	3,52	52	183,04	a
37	377	Passfeder	32,32	2	64,64	a
38	325	Distanzrohr	0,95	39	37,05	a
39	832	Rollenlager	383,45	3	1150,35	b
40	823	Anschlag	55,76	20	1115,2	b
41	817	Lagerplatte	531	1	531	b
42	816	Lagerbock	130	2	260	b
43	865	Nadellager	19,04	1	19,04	b
44	987	Elektromotor	267,9	5	1339,5	c
45	978	Gehäuse	123,8	4	495,2	c
46	914	Flansch	32,8	10	328	c
47	945	Getriebe	86,57	3	259,71	c
48	947	Welle	56,5	2	113	c
49						

Bild 7-1 Lagerdatenbank

Um mit einer Datenbank sinnvoll umzugehen, erfordert Symphony das Arbeiten in zwei verschiedenen Fenstertypen, dem aus der Tabellenkalkulation bekannten BLATT-Fenster und dem neuen MASKE-Fenster.

Bei einem MASKE-Fenster arbeitet man zur gleichen Zeit nur mit *einem Datensatz*, wobei man eine *Eingabemaske* benutzt, um die Datensätze in die Datenbank einzugeben. Daher stammt auch der Name MASKE-Fenster, abgeleitet von Eingabemaske. Weiterhin kann man das MASKE-Fenster verwenden, um einen Datensatz aus der Datenbank zu bearbeiten, d.h. einzelne Informationen hinzuzufügen oder zu verändern. Sie haben auch die Möglichkeit, Datensätze aus der Datenbank zu löschen.

In einem BLATT-Fenster ist es möglich, mehrere Datensätze auf einen Blick zu sehen, nicht wie im MASKE-Fenster nur einen einzigen Datensatz. Deshalb ist es vorteilhaft, bei umfangreicheren Datenbankbearbeitungen im BLATT-Fenster zu arbeiten. BLATT-Fenster werden verwendet, um z.B. mit den Daten innerhalb einer Datenbank zu arbeiten, nachdem die Datenbank definiert und mit Datensätzen über das MASKE-Fenster gefüllt wurde.

Im folgenden soll nun eine Datenbank aufgebaut werden, die eine bereits bestehende, manuell geführte Lagerkartei ersetzen soll. Bei uns soll die Lagerdatenbank folgende Informationen enthalten: Artikel-nummer, Bezeichnung, Einkaufspreis, Stück, Bestand und Lager.

7.1 Arbeiten in einem MASKE-Fenster

Das Arbeiten im MASKE-Fenster wird anhand folgender Arbeitsschritte erklärt:

1. Erstellen einer Datenbank

2. Formeleingabe im BLATT-Fenster

3. Eingabe von Datensätzen

4. Anschauen, Ändern, Hinzufügen und Löschen von Datensätzen

5. Datensätze sortieren

6. Abfrage nach einfachem Kriterium

7. Formeln als Kriterium

8. Verknüpfen von Kriterien

    8.1 UND-Kriterium

    8.2 ODER-Kriterium

9. Verwendung von Funktionen als Kriterium

10. Kriterienvergleich mit Sonderzeichen

11. Der Befehl Kriterien Ignoriere

12. Speichern der Lagerdatenbank.

13. Arbeiten mit mehreren Parameterblättern

7.1.1 Erstellen einer Datenbank

Um eine Datenbank zu erstellen, müssen zuerst die Bezeichnungen für die einzelnen Datenfelder in einem BLATT-Fenster eingegeben werden. Es können bis zu 256 Datenfelder in einer Datenbank aufgebaut werden. Danach wechselt man in ein MASKE-Fenster und benutzt dann den {Service}-Befehl **Generiere**, um eine Datenbank mit der dazugehörigen Eingabemaske zu erzeugen.

Hinweis! Die Feldnamen können auch über ein TEXT-Fenster eingegeben werden. Der einfachere Weg ist jedoch die Eingabe über ein BLATT-Fenster.

a) Datenfelder eingeben

Es wird davon ausgegangen, daß Ihr Zellzeiger in einem leeren BLATT-Fenster steht. Bewegen Sie den Zellzeiger in Zelle A1. In Zelle A1 wird nun die erste Feldangabe für die Lagerdatenbank eingegeben:

Art.Nr.:L:8 <PFEIL UNTEN> Eingabe der ersten Feldbezeichnung für die Lagerdatenbank.

In der Zelle A1 sind drei verschiedene Informationen enthalten:

Feldname

Mit dem Feldnamen werden die Felder in der Datenbank definiert. In unserem Beispiel ist der erste Feldname in der Datenbank die Art.Nr. (Artikelnummer).

Feldtyp

Der Feldtyp wird durch einen Buchstaben gekennzeichnet. In unserem Beispiel kennzeichnet der Buchstabe L das Feld Art.Nr. als ein Labelfeld. In Tabelle 7-1 sind die fünf verschiendenen Feldtypen aufgeführt, die Symphony anbietet.

Tabelle 7-1 Definieren von Feldtypen

Buchstaben	Bedeutung
Label	Zeichenkette, die Ziffern oder Buchstaben enthalten kann.
Nummer	Zahlenfeld, Eingaben werden als Zahlen gespeichert
Datum	Datumsfeld, das Datum wird als fortlaufende Zahl interpretiert. Eingabeformat: TT/MM/JJ
Zeit	Zeitfeld, die Zeitangabe wird als fortlaufende Zahl interpretiert. Eingabeformat: HH : MM : SS
Berechnet	Gerechnetes Feld, der Inhalt wird aus anderen Feldern berechnet, deshalb kein Eingabefeld.

Feldlänge

Die Zahl 8 in der Eintragung in unserem Beispiel spezifiziert die Länge des Datenfeldes. Es kann eine maximale Feldlänge von 240 Zeichen angegeben werden.

Achtung! Die einzelnen Feldangaben werden durch einen Doppelpunkt getrennt. Symphony benötigt nur die Angaben des Feldnamens. Wenn Sie den Feldtyp und die Feldlänge noch nicht definiert haben wollen, können Sie diese Angaben erst bei der Generierung der Datenbank angeben.

Geben Sie nun die restlichen Feldbezeichnungen für die Lagerdaten wie folgt ein:

Bezeichnung:L:20 <PFEIL UNTEN> Eingabe der zweiten Feldbezeichnung in Zelle A2.

EK-Preis:N:9 <PFEIL UNTEN> Eingabe der dritten Feldbezeichnung in Zelle A3.

Stück:N:6 <PFEIL UNTEN> Eingabe der vierten Feldbezeichnung in Zelle A4.

Bestand:B:8 <PFEIL UNTEN> Eingabe der fünften Feldbezeichnung in Zelle A5.

Lager:L:5 <RETURN> Eingabe der sechsten Feldbezeichnung in Zelle A6.

Ihr Bildschirm sollte nun Bild 7-2 entsprechen.

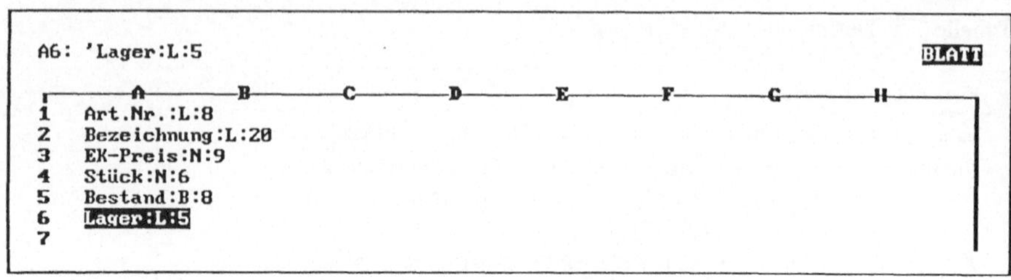

Bild 7-2 Feldbezeichnungen für die Lagerdatenbank

b) Wechseln in ein MASKE-Fenster

Wir haben nun in einem BLATT-Fenster eine Liste mit den Feldnamen angelegt und diese Feldnamen mit der Angabe von Feldtyp und Feldlänge spezifiziert. Um nun diese Liste in eine Datenbank umzuwandeln, müssen wir in das MASKE-Fenster gehen. Dies geschieht mit folgender Tastenkombination:

<ALT><F10> m	Betätigen der {Typ}-Taste und Wahl des Funktionsbereiches MASKE.

Es erscheint folgendes Bild:

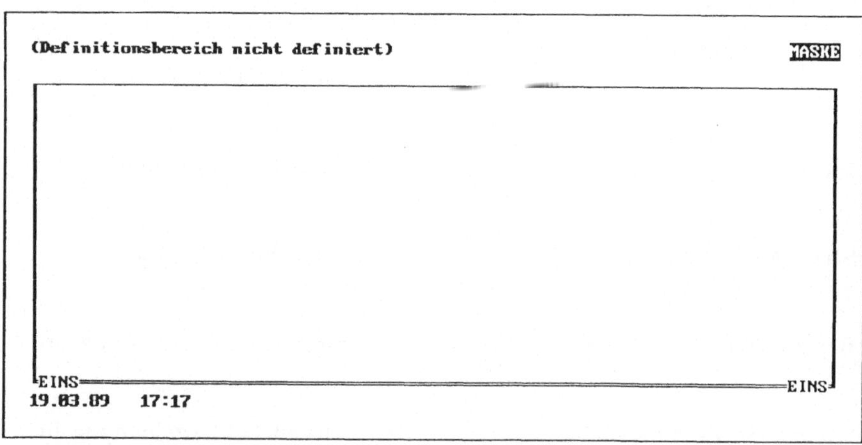

Bild 7-3 Bildschirm nach Umwandlung in ein MASKE-Fenster

Sie können mit diesem Fenster noch nicht arbeiten, weil dafür bisher keine Datenbank zur Verfügung steht.

c) Wahl des Befehls Generiere

Mit dem Befehl **Generiere** wird eine Datenbank und eine Eingabemaske erstellt unter Verwendung der vorher angelegten Liste im BLATT-Fenster. Bevor man den Befehl Generiere wählen kann, ist es nötig, das Befehlsmenü des MASKE-Fensters aufzurufen.

<F10> Auswahl des Befehlsmenüs im MASKE-Fensters.

Bild 7-4 zeigt das Befehlsmenü eines MASKE-Fensters.

```
Benutzt eine Datenbank mit zugeordneter Eingabemaske                    MENÜ
Verknüpfe  Kriterien  Initialisiere  Sortiere  Generiere  Parameter
```

Bild 7-4 Befehlsmenü im MASKE-Fenster

g Auswahl des Befehls **G**eneriere.

Es erscheint das Untermenü:

```
Wählen Sie den vorgegebenen Feldtyp                                     MENÜ
Label  Numerisch  Datum  Zeit  Berechnet
```

Bild 7-5 Untermenü des Befehls Generiere

Die hier getroffene Auswahl gibt an, welchen Feldtyp die Felder bekommen. In unserem Fall haben wir schon für jedes Feld einen Feldtyp angegeben (L, N, B), somit ist hier eine Auswahl nicht erforderlich. Trotzdem verlangt das System eine Eingabe. Drücken Sie einfach die <RETURN>-Taste. Es erscheint folgendes Bild:

```
Vorgegebene Feldlänge: 9                                                EDIT
```

Bild 7-6 Anzeige der Standard-Spaltenbreite

Die hier von Symphony angezeigte Zahl ist die Standard-Spaltenbreite. Die Zahl, die hier eingegeben wird, wird als Feldlänge für alle Felder verwendet. Obwohl wir in unserem Beispiel schon jedem Feldtyp eine Feldlänge zugeordnet haben, ist auch diese Eingabe obligatorisch. Drükken Sie einfach die <RETURN>-Taste.

d) Benennung des Datenbank-Parameterblattes

Symphony fordert Sie daraufhin auf, die neue Datenbank zu benennen.

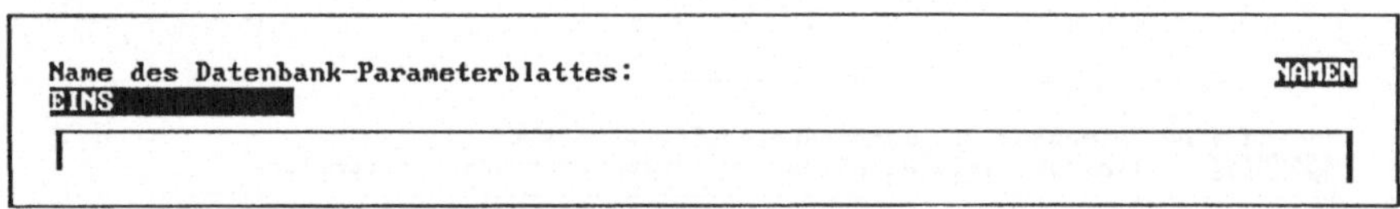

Bild 7-7 Angabe des Datenbank-Parameterblattes

Jedes MASKE-Fenster hat ein Datenbank-Parameterblatt. Wir wählen den Namen **Lager** für das Datenbank-Parameterblatt. Es ist sinnvoll, einen sprechenden Namen zu wählen. Sie können dann zwischen BLATT-Fenster und MASKE-Fenster unterscheiden. Symphony erstellt im BLATT-Fenster eine Anzahl von Bereichen, die im MASKE-Fenster nicht sichtbar, aber für die Verwaltung der Datenbank wichtig sind. Geben Sie nun folgendes ein:

lager <RETURN> Dem Datenbank-Paramterblatt wird der Name Lager gegeben.

e) Angabe des Bereiches der Feldnamen

Symphony schaltet aus dem MASKE-Fenster in das Arbeitsblatt (BLATT-Fenster) um und fragt nach dem Bereich mit den Feldnamen.

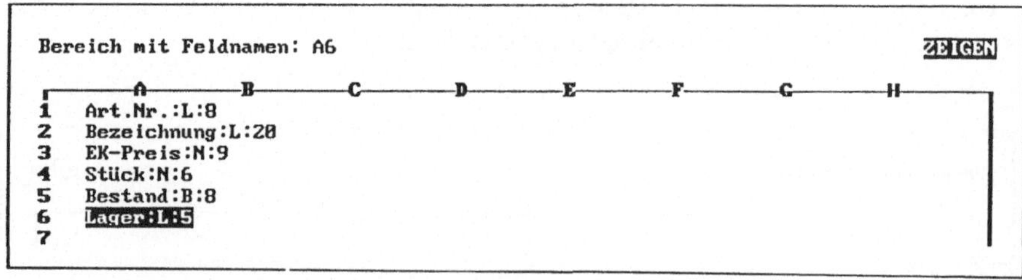

Bild 7-8 Bereichsangabe wird verlangt

Sie können nun die <PFEIL>-Tasten verwenden, um den hellen Balken auf die Zellen auszudehnen, die die Feldnamen enthalten - in unserem Falle die Zellen A1..A6. Beginnen Sie entweder mit der Zelle A1 oder A6, verankern Sie den Zellzeiger mit der <PUNKT>- oder <TAB>-Taste und markieren Sie den Block. Ihr Arbeitsblatt sollte nun folgendermaßen aussehen:

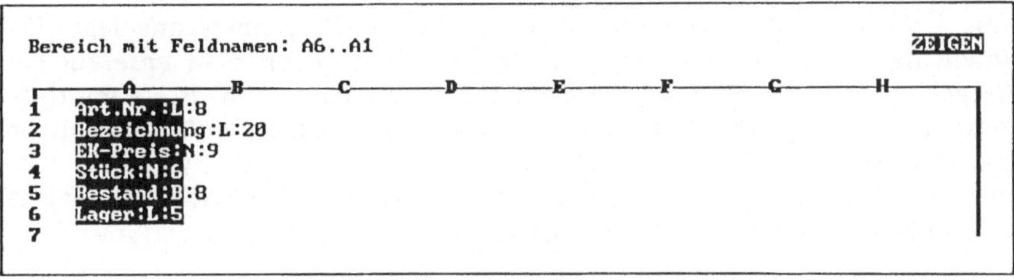

Bild 7-9 Arbeitsblatt nach dem Markieren des Feldbereiches

<RETURN>

Symphony hat nun automatisch in das MASKE-Fenster umgeschaltet und eine Eingabemaske (Bild 7-10) generiert.

```
Einfügen Satz 1                 Neuer Satz                         MASKE
Geben Sie ein Art.Nr.

 Art.Nr. ________
 Bezeichnung ____________________
 EK-Preis _________
 Stück ______
 Bestand ________
 Lager _____

LAGER================================================================EINS
19.03.89    17:21                                            Kalk
```

Bild 7-10 Eingabemaske der Lagerdatenbank

Erkennen Sie die Feldnamen wieder, die Sie in den Zellen A1..A6 im Arbeitsblatt angelegt haben? Symphony hat die von Ihnen angegebenen Feldlängen entsprechend in Striche verwandelt. Der Name Lager in der linken unteren Ecke gibt an, daß dieses MASKE-Fenster mit dem Datenbank-Parameterblatt EINS (rechte untere Ecke) zusammenarbeitet.

7.1.2 Formeleingabe im BLATT-Fenster

Das Feld Bestand wurde mit dem Feldtyp B (Berechnet) angelegt. Der Inhalt dieses Feldes wird aus anderen Feldern berechnet. In unserem Fall berechnet sich der *Bestand* aus dem Inhalt des Feldes *EK-Preis* multipliziert mit dem Inhalt des Feldes *Stück*. Die Formel muß manuell im BLATT-Fenster in eine bestimmte Zelle eingegeben werden. Eine genauere Erklärung zur Formeleingabe finden Sie im nächsten Kapitel 7.2. Folgende Schritte sind nun notwendig:

<ALT><F9> Umschalten in das BLATT-Fenster.

Bewegen Sie den Zellzeiger in Zelle E20 und geben Sie folgende Formel ein.

+b18*b19 <RETURN> Formeleingabe in Zelle E20.

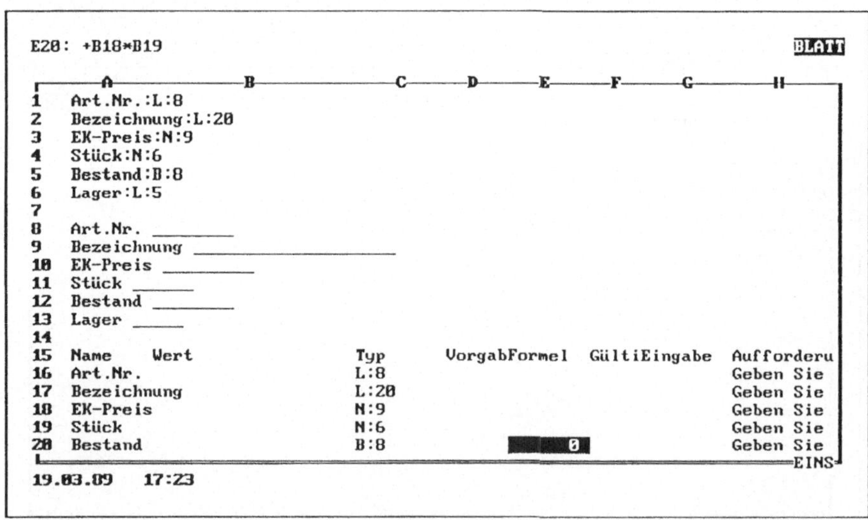

Bild 7-11 BLATT-Fenster nach Formeleingabe

<ALT><F9> Umschalten in das MASKE-Fenster.

Wie Sie sehen, steht im Feld Bestand der Wert 0. Symphony rechnet mit der im BLATT-Fenster angelegten Formel. Da weder im Feld *Stück* noch im Feld *EK-Preis* Daten stehen, wird der Wert 0 im Feld Bestand ausgewiesen.

Achtung! Wenn Sie ein Berechnetes-Feld definieren, aber keine Formel für dieses Feld eingeben, erscheint zwar das Berechnete-Feld in der Eingabemaske, es werden aber keinerlei Daten in diesem Feld angezeigt und Sie können auch keine Daten in dieses Feld eingeben.

7.1.3 Eingabe von Datensätzen

Im Kontrollbereich des Bildschirms oberhalb der Maske finden Sie den Hinweis **Einfügen Satz 1** und **neuer Satz**. Dies bedeutet, daß Sie sich im Einfügen-Modus befinden. Weiterhin erscheint die Meldung **Geben Sie ein Art.Nr.**.

Sie können in der erstellten Eingabemaske sofort Daten eingeben. Jede Feldeingabe wird mit der <RETURN>-Taste abgeschlossen. Der Cursor springt danach in das nächste Datenfeld. Sobald Sie im untersten Feld <RETURN> gedrückt haben, springt der Cursor wieder in das erste Feld nach oben. Durch Drücken der <INS>-Taste speichern Sie den gesamten Datensatz. Darauf löscht Symphony die Eingabemaske, und Sie können den nächsten Datensatz eingeben. Auf diese Weise werden die einzelnen Datensätze nacheinander eingegeben und gespeichert.

Exemplarisch wollen wir den ersten Datensatz der Lagerdatenbank gemeinsam eingeben. Die Anweisung fragt uns nach der Artikelnummer. Geben Sie die Artikelnummer **373** ein und drücken Sie die <RETURN>-Taste. Der Cursor springt in das nächste Feld, dort fordert uns Symphony auf, die dazugehörige Bezeichnung einzugeben. Geben Sie als Bezeichnung **Zyl. Schraube** ein. Die Eingabemaske entspricht nun Bild 7-12.

```
Einfügen Satz 1                     Neuer Satz                     EDIT
Geben Sie ein Bezeichnung

Art.Nr. 373____
Bezeichnung Zyl. Schraube_______
EK-Preis ________
Stück ______
Bestand 0_______
Lager _____
```

Bild 7-12 Eingabemaske nach Eingabe von Art.Nr. und Bezeichnug

Durch Betätigen der <RETURN>-Taste springt der Cursor in das nächste Feld direkt hinter den Feldnamen EK-Preis. Geben Sie den EK-Preis von **118,22** ein und drücken Sie die <RETURN>-Taste. Auf diese Weise wird auch die Stückzahl von **8** eingegeben. Nach dem Betätigen der <RETURN>-Taste wird sofort der Bestand von 945,76 berechnet. Der Cursor springt in das Feld Lager. Geben Sie dort das Lager **a** ein und drücken die <RETURN>-Taste. Der Cursor springt nun wieder hoch in das erste Feld (Art.Nr.). Nun müssen Sie Symphony mitteilen, diesen Datensatz in die Datenbank zu übernehmen. Dies geschieht durch Drücken der **<INS>-Taste**. Symphony übernimmt nun den Datensatz in die Datenbank im Arbeitblatt. Es erscheint die leere Eingabemaske auf dem Bildschirm. Sie werden aufgefordert, Datensatz 2 einzugeben.

Hinweis! Tippfehler können mit der <RÜCKTASTE> gelöscht werden. Danach können Sie eine neue Eingabe vornehmen.

Geben Sie nun die folgenden Datensätze ein:

947 Welle 56,50 2 c	323 Scheibe 7,75 100 a	816 Lagerbock 130 2 b	914 Flansch 32,8 10 c
338 Stellmutter 253,40 18 a	832 Rollenlager 383,45 3 b	817 Lagerplatte 531 1 b	987 Elektromotor 267,90 5 c
945 Getriebe 86,57 3 c	377 Passfeder 32,32 2 a	356 Spannring 3,52 52 a	325 Distanzrohr 0,95 39 a
321 Senkschraube 93,73 12 a	865 Nadellager 19,04 1 b	978 Gehäuse 123,8 4 c	823 Anschlag 55,76 20 b

7.1.4 Anschauen, Ändern, Hinzufügen und Löschen von Datensätzen

a) Anschauen

Nachdem Sie die oben angegebenen Datensätze in die Lagerdatenbank eingegeben haben, können Sie mit den Tasten <PGUP> und <PGDN> Ihre Datei Satz für Satz ansehen. Mit der <PGUP>-Taste wird der *vorhergehende* Datensatz angezeigt. Mit der <PGDN>-Taste wird der *nachfolgende* Datensatz angezeigt. Geht man von Datensatz zu Datensatz, zeigt Symphony immer im Bedienfeld am oberen Bildschirmrand die jeweilige Position des Datensatzes innerhalb der Datenbank an, beispielsweise **Editieren Satz 16 von 17**.

Mit der <F5>-Taste (GEHEZU-Taste) kann man direkt zu einem *bestimmten* Datensatz gelangen, wenn man die Nummer des Datensatzes kennt.

Mit Hilfe der Tasten <HOME> bzw. <END> kann man sich *zum Anfang* bzw. *zum Ende* der Datei bewegen.

Hinweis! Diese Tasten haben nur dann die oben beschriebene Wirkung, wenn man nicht gerade einen einzelnen Satz im EDIT-Modus bearbeitet.

b) Ändern

Durch Drücken der <F2>-Taste schaltet man in den EDIT-Modus um. Der betreffende Datensatz kann nun in gleicher Weise geändert werden wie im BLATT-Fenster. Mit den Cursor-Tasten kann man sich nun innerhalb der Felder eines Satzes bewegen, mit der <RÜCKTASTE> kann man einzelne Zeichen löschen. Einmaliges Drücken der <ESC>-Taste löscht das Feld, in dem man sich gerade befindet. Beim zweiten <ESC> erscheint der alte Eintrag. Durch das dritte <ESC> wird in allen Feldern wieder der Inhalt aus der Datenbank gezeigt.

c) Hinzufügen

Wollen Sie einen Datensatz neu hinzufügen, gehen Sie mit der <END>-Taste ans Ende der Datenbank und drücken dann die <PGDN>-Taste. Es erscheint die leere Eingabemaske.

d) Löschen

Mit der <DEL>-Taste können Sie einen einzelnen Datensatz löschen, allerdings dürfen Sie sich nicht im EDIT-Modus befinden. Sie werden vor dem Löschen nochmals aufgefordert, dies durch die Angabe von **Ja** zu bestätigen. Der Satz wird gelöscht und die Anzahl der Datensätze entsprechend geändert.

7.1.5 Datensätze sortieren

Die Datensätze stehen nun in der Reihenfolge, wie Sie sie eingegeben haben. Diese Reihenfolge ist für uns nicht ideal. Zunächst soll alphabetisch nach der Bezeichnung sortiert werden. Damit kann festgestellt werden, welche Artikel auf Lager sind.

Mit dem Befehl **Sortiere** sortiert Symphony die Sätze einer Datenbank und verwendet die vorher bestimmten Sortierschlüssel. Die Sortierschlüssel sind im Datenbank-Parameterblatt zu spezifizieren. Es wird in folgenden Schritten vorgegangen:

a) Sortierschlüssel angeben

<F10> p	Abrufen des Datenbank-Parameterblattes durch den {Menü}-Befehl **P**arameter.

```
Datenbank-, Kriterien- und Ausgabebereiche                                  MENÜ
Basis Maske Führungslinie Datensortierung Report Einzelsatz Name Annulliere Stop

Basisbereiche                                 Reportbereiche
  Datenbank:          LAGER_DB                  Hauptteil:        LAGER_HP
  Kriterien:          LAGER_KR                  Oben:             LAGER_OB
  Ausgabe:                                      Unten:
Maskenbereiche                                  Typ               Einmalig
  Eingabe:            LAGER_EM                    Eingabeliste:
  Definition:         LAGER_DF                    Eingabezelle:
Führungslinie:        Ja                      Einzelsatz:         Nein
Sortierschlüssel
    1.:                        2.:                        3.:
  Folge:                     Folge:                     Folge:
                                                        Datenbank-Parameter: LAGER

Parameter                                                        Kalk
```

Bild 7-13 Das Datenbank-Parameterblatt

Symphony kann bis zu drei Felder gleichzeitig sortieren. Die drei Schlüssel werden hierarchisch abgearbeitet. Das bedeutet, es wird zuerst nach dem ersten Schlüssel sortiert. Kommen Sätze vor, in denen der erste Schlüssel gleich ist, werden diese Sätze nach dem zweiten Schlüssel sortiert. Kommen nun noch Sätze vor, in denen erster und zweiter Schlüssel gleich sind, wird nach dem dritten Schlüssel sortiert. Nehmen Sie folgende Eingabe vor:

d1	Auswahl des Befehls **D**atensortierung 1. Schlüssel.

```
Spalte 1. Schlüssel: A31                                                ZEIGEN

   A          B                   C      D      E     F      G         H
31 Art.Nr.    Bezeichnung         EK-Preis Stück Bestand Lager
32 373        Zyl. Schraube       118,22    8   945,76 a
33 947        Welle                56,5     2      113 c
34 338        Stellmutter         253,4    18   4561,2 a
35 945        Getriebe             86,57    3   259,71 c
36 321        Senkschraube         93,73   12  1124,76 a
37 323        Scheibe               7,75  100      775 a
38 832        Rollenlager         383,45    3  1150,35 b
39 377        Passfeder            32,32    2    64,64 a
40 865        Nadellager           19,04    1    19,04 b
41 816        Lagerbock              130    2      260 b
42 817        Lagerplatte            531    1      531 b
43 356        Spannring             3,52   52   183,04 a
44 978        Gehäuse              123,8    4    495,2 c
45 914        Flansch               32,8   10      328 c
46 987        Elektromotor         267,9    5   1339,5 c
47 325        Distanzrohr           0,95   39    37,05 a
48 823        Anschlag             55,76   20   1115,2 b
49
50
                                                                          EINS
Parameter Datensortier 1.Schlüssel                               Kalk
```

Bild 7-14 Datenbankbereich im BLATT-Fenster

Symphony bringt nun das Arbeitsblatt auf den Bildschirm und zeigt die Datenbankliste. In diesem Beispiel wollen wir die Datenbank nach der Bezeichnung sortieren. Deshalb müssen Sie den Zellzeiger in eine beliebige Zelle der Spalte bringen, die Symphony ordnen soll.

<PFEIL RECHTS> <RETURN> Der Zellzeiger wird in Spalte B (Bezeichnung) gebracht.

b) Sortierreihenfolge angeben

Symphony springt zurück ins Datenbank-Parameterblatt und fragt nun nach der Sortierreihenfolge.

In unserem Beispiel wollen wir die Bezeichnung alphabetisch steigend sortieren. Da die Standardeinstellung steigend (S) ist, brauchen Sie nur die <RETURN>-Taste zu drücken.

Sortierschlüssel und Sortierfolge wurde in das Datenbank-Parameterblatt übernommen, das nun Bild 7-15 entspricht.

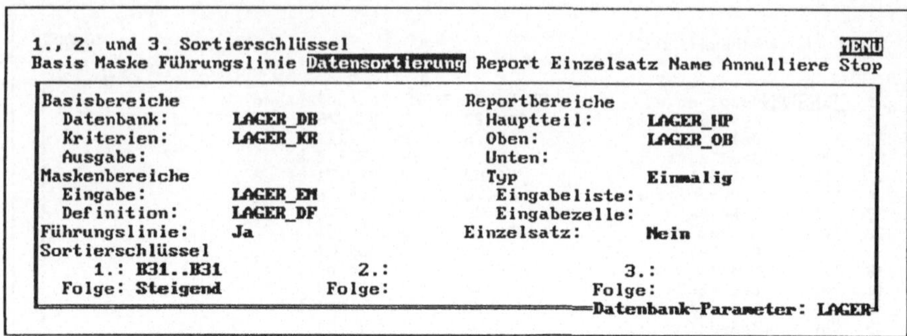

```
1., 2. und 3. Sortierschlüssel                                                    MENÜ
Basis Maske Führungslinie Datensortierung Report Einzelsatz Name Annulliere Stop

Basisbereiche                                  Reportbereiche
  Datenbank:          LAGER_DB                   Hauptteil:          LAGER_HP
  Kriterien:          LAGER_KR                   Oben:               LAGER_OB
  Ausgabe:                                       Unten:
Maskenbereiche                                   Typ                 Einmalig
  Eingabe:            LAGER_EM                     Eingabeliste:
  Definition:         LAGER_DF                     Eingabezelle:
Führungslinie:        Ja                         Einzelsatz:         Nein
Sortierschlüssel
    1.: B31..B31              2.:                         3.:
  Folge: Steigend           Folge:                      Folge:
                                                 Datenbank-Parameter: LAGER
```

Bild 7-15 Parameterblatt nach Eingabe von Sortierschlüssel und Folge

c) Sortieren der Datenbank

Nachdem Sie nun Sortierschlüssel und Sortierfolge angegeben haben, können Sie die Sortierung durchführen. Folgende Eingaben sind notwendig:

s <F10> s	Verlassen des Parameter-Menüs mit Stop und Auswahl des (Menü)-Befehls Sortiere.

Bild 7-16 zeigt die zwei verschiedenen Möglichkeiten an, eine Datenbank zu sortieren.

```
Sortiert Datensätze und eliminiert Duplikate                                      MENÜ
Eindeutig  Alle
```

Bild 7-16 Möglichkeiten der Sortierung

Bei der Auswahl von *Eindeutig* entfernt Symphony beim Sortieren doppelt vorkommende Datensätze. Wenn Sie *Alle* auswählen, löscht Symphony keine doppelten Datensätze, sondern sortiert sie lediglich.

e	Auswahl von Eindeutig.

Nach der Sortierung stehen die Datensätze in der gewünschten Reihenfolge, also nach der Bezeichnung alphabetisch sortiert, in der Datenbank.

Hinweis! Sie können nun die Datenbank durchblättern, wenn die Tasten <PGUP>, <PGDN>, <HOME>, <END> gedrückt werden oder wenn die <F5>-Taste (GEHEZU-Taste) benutzt wird. In der Eingabemaske erscheinen die Datensätze nach der Bezeichnung alphabetisch sortiert.

Wenn Sie die Datensätze in dieser Datenbank nach anderen Kriterien sortieren oder mehrere Sortierschlüssel verwenden wollen, müssen Sie die neuen Kriterien oder die zusätzlichen Sortierschlüssel eingeben. Die Vorgehensweise ist dieselbe wie oben beschrieben.

Im folgenden wollen wir die Lagerartikel nach dem Lagerort und innerhalb des Lagerortes nach dem Bestand sortieren:

Wählen Sie den {Menü}-Befehl **P**arameter **D**atensortierung **1**. Schlüssel (**<F10> PD1**). Symphony wechselt nun vom MASKE-Fenster in das BLATT-Fenster. Übrigens, jetzt können Sie deutlich erkennen, daß die Artikel aufsteigend alphabetisch sortiert wurden. Bringen Sie den Zellzeiger in die Spalte, die das Feld Lager enthält, also in Spalte F. Nach dem Betätigen der <RETURN>-Taste wird Ihre Auswahl gespeichert und Symphony fragt nach der Sortierfolge. Nach der Eingabe einer steigenden Sortierfolge (s) befinden Sie sich wieder im Parametermenü.

Wählen Sie nun **D**atensortierung **2**. Schlüssel (**D2**). Bringen Sie den Zellzeiger im BLATT-Fenster in das Feld Bestand (Spalte E). Nach dem Betätigen der <RETURN>-Taste fragt Symphony nach der Sortierfolge. Das Feld Bestand soll **a**bsteigend sortiert werden. Übertippen Sie das S mit einem **A** und drücken dann die <RETURN>-Taste. Sie befinden sich wieder im Datenbank-Parameterblatt, das Bild 7-17 entsprechen sollte:

```
1., 2. und 3. Sortierschlüssel                                           MENÜ
Basis Maske Führungslinie Datensortierung Report Einzelsatz Name Annulliere Stop

Basisbereiche                                Reportbereiche
   Datenbank:       LAGER_DB                    Hauptteil:      LAGER_HP
   Kriterien:       LAGER_KR                    Oben:           LAGER_OB
   Ausgabe:                                     Unten:
Maskenbereiche                                  Typ             Einmalig
   Eingabe:         LAGER_EM                     Eingabeliste:
   Definition:      LAGER_DF                     Eingabezelle:
Führungslinie:      Ja                        Einzelsatz:       Nein
Sortierschlüssel
      1.: F31..F31               2.: E31..E31               3.:
   Folge: Steigend            Folge: Absteigend          Folge:
                                            Datenbank-Parameter: LAGER
```

Bild 7-17 Datenbank-Parameterblatt bei 2 Sortierschlüsseln

Durch Drücken der <ESC>-Taste kommen Sie ins MASKE-Kommandomenü zurück. Dort wählen Sie das Sortiere Alle-Kommando (Tastenfolge: **sa**). Symphony sortiert nur die Lagerdatenbank nach dem Lagerort und innerhalb des Lagerortes nach dem Bestand.

Sie können nun die Datenbank durchblättern. In der Eingabemaske erscheinen die Datensätze nach Lager und innerhalb des Lagers nach dem Bestand sortiert.

Wollen Sie alle Datensätze auf einen Blick sehen, schalten Sie mit <ALT><F9> ins BLATT-Fenster um. Die sortierten Datensätze finden Sie im Bereich von E31..F48.

7.1.6 Abfrage nach einfachem Kriterium

Meistens will man sich nur einen bestimmten Teil aus der gesamten Datenbank anschauen, beispielsweise alle Materialien, die im Lager a liegen, oder alle Bestände über 50 Stück. Um eine solche Auswahl zu treffen, müssen Sie Symphony Auswahlkriterien mitteilen. Die Kriterien werden in einem bestimmten Bereich der Datenbank abgelegt. Es wird in folgenden Schritten vorgegangen:

a) Auswahlkriterium bestimmen

Wir wollen alle Artikel anschauen, die im Lager a liegen.

b) Editieren des Kriteriums

Wir gehen davon aus, daß Sie sich im MASKE-Fenster befinden. Nehmen Sie nun folgende Tasteneingaben vor:

<F10> ke	Auswahl des {Menü}-Befehls Kriterien Editiere.

```
Editieren Kriterium  Satz 1 von 1                                    KRIT
Geben Sie ein Art.Nr.
 Art.Nr. ________
 Bezeichnung __________________
 EK-Preis _________
 Stück ______
 Bestand ________
 Lager _____

 LAGER=====================================================================EINS
Kriterien Editiere                                          Kalk
```

Bild 7-18 Symphony im Kriterien-Modus

Symphony löscht die Eingabemaske und ändert die Anzeige im Bedienfeld. Die Meldung in der oberen rechten Ecke des Bildschirms **KRIT** bestätigt, daß die Informationen in den Kriterienbereich und nicht in die Datenbank selbst eingegeben werden.

Wir wollen alle Datensätze in der Datenbank sehen, die im Lager a abgelegt wurden. Bewegen Sie nun den Cursor mit der <PFEIL UNTEN>-Taste (oder <TAB>-Taste bzw. <RETURN>-Taste) in das entsprechende Feld Lager und geben Sie das Kriterium ein.

a <RETURN>	Eingabe des Kriteriums im Feld Lager.

c) Beenden des Editierens

Durch Drücken der <INS>-Taste wird der Kriteriendatensatz im Kriterienbereich gespeichert.

<INS>	Abspeichern des Kriteriumdatensatzes.

Ihr Bildschirm entspricht nun Bild 7-19.

```
Editieren Kriterium  Satz 1 von 1                                KRIT
Geben Sie ein Art.Nr.

Art.Nr. ________
Bezeichnung ____________________
EK-Preis _________
Stück ______
Bestand ________
Lager a____
```

Bild 7-19 MASKE-Fenster nach Eingabe eines Kriteriumdatensatzes

Auch nach dem Betätigen der <INS>-Taste wartet Symphony auf eine weitere Kriteriumseingabe. Wenn Sie die Definition der Kriterien beenden wollen, drücken Sie die <PGUP>-Taste. Das Drücken der <PGUP>-Taste bringt Sie in den normalen MASKE-Einfüge-Modus.

<PGUP>	Sie kehren in den MASKE-Einfüge-Modus zurück.

d) Auswahlkriterien aktivieren

Wie Sie sicherlich bemerkt haben, bewirkt die Eingabe eines Datensatzes mit einem Auswahlkriterium noch nicht, daß Symphony nach den zugehörigen Datensätzen sucht. Mit dem {Menü}-Befehl Kriterien Nutze wird jeder Datensatz mit dem Kriterium verglichen.

<F10> kn	Drücken der {Menü}-Taste und Auswahl von Kriterien Nutze.

Es erscheint folgendes Bild:

```
Editieren Satz 1 von 17 (Übereinstimmung 1 von 7)                    MASKE
Geben Sie ein Art.Nr.

Art.Nr. 338____
Bezeichnung Stellmutter________
EK-Preis 253,4____
Stück 18____
Bestand 4561,2__
Lager a____
```

Bild 7-20 MASKE-Fenster nach dem {Menü}-Befehl Kriterien Nutze

Die oberste Zeile im Kontrollbereich sagt aus, daß die Datensätze der Datenbank mit dem Auswahlkriterium verglichen werden.

Die Meldung **(Übereinstimmung 1 von 7)** sagt aus, daß es sieben Datensätze gibt, die mit dem Kriterium übereinstimmen.

Hinweis! Sie können nun die Datenbank durchblättern, wenn die Tasten <PGUP>, <PGDN>, <HOME>, <END> gedrückt werden oder wenn die <F5>-Taste (GEHEZU-Taste) benutzt wird. Es werden nur die Datensätze mit dem Lager a in der Eingabemaske erscheinen.

7.1.7 Formeln als Kriterium

Wenn Sie alle Lagerartikel suchen wollen, deren Bestand mehr als 1000,- DM beträgt, müssen Sie die Überprüfung mit einer Formel vornehmen. Symphony betrachtet die Formel als eine WAHR/FALSCH-Frage. Die Formel wird mit jedem Datensatz in der Datenbank verglichen. Falls der Formelwert *Wahr* ist, wird der Datensatz ausgewählt. Ist der Formelwert *Falsch*, wird der Datensatz nicht ausgewählt.

Wir wollen alle Datensätze in der Datenbank sehen, die mit einem Bestand von mehr als DM 1000,- auf Lager liegen.

Die Eingabe im Feld Bestand **+?>1000** bedeutet, daß Symphony alle Datensätze auswählt, deren Bestand größer als DM 1000,- ist. Um einen neuen Kriteriensatz einzugeben, müssen Sie den alten Kriteriensatz löschen. Es wird wie folgt vorgegangen:

<F10> ke Auswahl des {Menü}-Befehls Kriterien Editiere.

<DEL> **J** Betätigen der Lösch-Taste und Bestätigen, daß der Kriteriumsatz gelöscht werden soll.

Der alte Kriteriensatz wurde gelöscht. Symphony fragt nun nach einem neuen Kriteriensatz. Bewegen Sie den Cursor mit der <PFEIL UNTEN>-Taste in das Feld Bestand. Nehmen Sie folgende Eingaben vor:

+?>1000 <RETURN> <INS> <PGUP>
Eingabe der Formel in das Feld Bestand, Abspeichern des Kriteriumsdatensatzes und Rückkehr in den MASKE-Einfüge-Modus.

Mit dem {Menü}-Befehl Kriterien Nutze (**<F10> KN**) wird die Datenbank mit dem Kriterium verglichen. Beim Durchblättern der Eingabemaske erscheinen alle Datensätze mit einem Lagerbestand von mehr als 1000,- DM.

7.1.8 Verknüpfen von Kriterien

Sie können mehrere Kriterien auch gleichzeitig eingeben.

7.1.8.1 UND-Kriterium

Wenn Sie beispielsweise alle Lagerartikel wissen wollen, deren Bestand größer als 500,- DM ist **und** auf Lager b liegen, gehen Sie wie folgt vor:

<F10> ke Auswahl des {Menü}-Befehls Kriterien Editiere.

<DEL> **J** Betätigen der Lösch-Taste und Bestätigen, daß der alte Kriteriensatz gelöscht werden soll.

Bewegen Sie nun den Cursor in das Feld Bestand und geben das erste Kriterium ein.

+?>500 <RETURN> Eingabe des ersten Kriteriums.

Bewegen Sie nun den Cursor in das Feld Lager und geben das zweite Kriterium ein.

b <RETURN> Eingabe des zweiten Kriteriums.

Ihr Bildschirm sollte nun Bild 7-21 entsprechen.

```
Editieren Kriterium  Satz 1 von 1                                KRIT
Geben Sie ein Art.Nr.

Art.Nr. _______
Bezeichnung _______________
EK-Preis ________
Stück _____
Bestand +BESTAND
Lager b____
```

Bild 7-21 Zwei Kriterien in einem Datensatz

<INS> <PGUP> Abspeichern des Kriteriensatzes und Rückkehr in den MASKE-Einfüge-Modus.

<F10> kn Wahl des {Menü}-Befehls **K**riterien **N**utze.

In diesem Fall werden mehrere Kriterien in einem einzelnen Satz (*Kriteriendatensatz*) eingegeben. Symphony verbindet alle Kriterien in einem Datensatz mit einem **UND**. Es werden alle Artikel herausgesucht, deren Bestand größer als 500,- DM ist **und** auf Lager b liegen. In unserem Fall sind es 3 Artikel.

Hinweis! In diesem Beispiel haben wir nur zwei Kriterien eingegeben. Es ist auch möglich, die Datenbank nach mehr als zwei Kriterien auszuwerten. Wir hätten auch in die Felder Bezeichnung, EK-Preis oder Stückzahl entsprechende Eintragungen vornehmen können.

7.1.8.2 ODER-Kriterium

Es sollen alle Artikel festgestellt werden, die im Lager a **oder** im Lager c liegen. Dazu wird als erstes der vorher angelegte Kriteriendatensatz gelöscht:

<F10> ke Auswahl des {Menü}-Befehls **K**riterien **E**ditiere.

<DEL> **J** Betätigen der Lösch-Taste und Bestätigen, daß der alte Kriteriensatz gelöscht werden soll.

Bewegen Sie den Cursor in das Feld Lager und geben das erste Kriterium ein:

a <RETURN>	Eingabe des 1. Kriteriums in den Kriteriensatz 1.
<PGDN>	Es wird der Kriteriensatz 1 abgespeichert. Der Kriteriensatz 2 erscheint auf dem Bildschirm.

Bewegen Sie den Cursor wieder auf das Feld *Lager* und geben das zweite Kriterium ein:

c <RETURN>	Eingabe des 2. Kriteriums in den Kriteriensatz 2.
<INS>	Die neuen Kriteriendatensätze werden abgespeichert.

Durch zweimaliges Drücken der <PGUP>-Taste beenden Sie die Definition der Kriterien. Mit dem {Menü}-Befehl Kriterien Nutze (**<F10> KN**) wird der Vergleich gestartet.

Sie können nun die Datenbank durchblättern, wenn die Tasten <PGUP>, <PGDN>, <HOME>, <END> gedrückt werden oder wenn die <F5>-Taste (GEHEZU-Taste) benutzt wird. Es werden nur die Datensätze in der Eingabemaske erscheinen, die auf Lager a oder auf Lager c liegen. In unserem Fall sind es 12 Artikel.

Hinweis! Wird der Kriterienbereich so erweitert, daß er in mehreren Kriteriensätzen hintereinander steht, dann verbindet Symphony die Kriterien mit einem ODER. Im obigen Beispiel wählt Symphony also alle Sätze in der Datenbank aus, die entweder im Lager a oder im Lager c lagern.

7.1.9 Verwendung von Funktionen als Kriterien

Symphony bietet auch die Möglichkeit, Funktionen als Kriterien zu benutzen. Wird die Funktion **@LÄNGE(?)>10** beispielsweise in das Feld Bezeichnung eingegeben, selektiert Symphony nur solche Datensätze, die mehr als 10 Zeichen haben. Wenn die Funktion **@FINDEN("schraube";?;1)** ebenfalls im Feld Bezeichnung eingegeben wird, werden alle Datensätze ausgewählt, die irgendwo in dem Feldeintrag des entsprechenden Feldes den Inhalt **schraube** haben.

7.1.10 Kriterienvergleich mit Sonderzeichen

Symphony kennt drei Spezialzeichen, die bei der Auswertung einer Datenbank neben den bereits besprochenen Auswahlkriterien eingesetzt werden können. Diese Zeichen sind das Fragezeichen (?), der Stern (*) und die Tilde (~).

Fragezeichen

Das Fragezeichen dient als Platzhalter für *ein* beliebiges Zeichen. Das Kriterium **9??** im Feld Art.Nr. wählt alle Datensätze aus, bei denen 9 als erste Ziffer in der Artikelnummer vorkommt.

Stern

Der Stern dient als Platzhalter für einen *beliebig langen Text*. Das Kriterium **Lager*** wählt alle Datensätze aus, die im Feldeintrag des entsprechendes Feldes (Bezeichnung) den Inhalt **Lager** haben (Lagerplatte, Lagerbock).

Tilde

Das Ergebnis des Kriteriums wird negiert. Steht dieses Zeichen vor der Kriterieneingabe, wird alles ausgewählt, was dem Kriterium *nicht entspricht*. Das Kriterium **~a** wählt alle Datensätze aus, die *nicht* auf Lager a liegen.

7.1.11 Der Befehl Kriterien Ignoriere

Ist die Arbeit mit dem Kriterien Nutze-Kommando beendet, müssen Sie den {Menü}-Befehl **Kriterien Ignoriere** (**<F10> KI**) aufrufen, um in den normalen MASKE-Einfügen-Modus zurückzukehren. Mit dem Ignoriere-Kommando wird die Funktion des Nutze-Kommandos gelöscht. Symphony wählt nicht mehr Datensätze mit Hilfe des Kriterienbereiches. Alle Sätze der Datenbank erscheinen in der Eingabemaske. Nun können Sie auch wieder neue Datensätze hinzufügen. Ignoriere ist die Standardeinstellung.

7.1.12 Speichern der Lagerdatenbank

Löschen Sie, bevor die Datenbank abgespeichert wird, alle Kriteriendatensätze aus der Datenbank. Dabei wird wie folgt vorgegangen:

<F10> ke	Auswahl des {Menü}-Befehls Kriterien Editiere.

<DEL> j Betätigen der Lösch-Taste und Bestätigen, daß der Kriteriensatz gelöscht werden soll.

2 mal <ESC> Zurück ins Hauptmenü

Mit dem {Service}-Befehl Transfer Speichere (**<F9> TS**) wird die Lagerdatenbank abgespeichert, um für weitere Anwendungen in den nächsten Kapiteln verfügbar zu sein.

<F9> TS Auswahl des {Service}-Befehls Transfer Speichere.

Symphony fragt nach einem Namen für die Datei.

lager <RETURN> Die Lagerdatenbank wird unter dem Namen Lager als Datei abgespeichert.

7.1.13 Arbeiten mit mehreren Parameterblättern

Um nicht jedesmal die Einstellung in einem Datenbank-Parameterblatt ändern zu müssen, bietet Symhpony die Möglichkeit mehrere Parameterblätter anzulegen, die jeweils die verschiedenen Einstellungen enthalten. Mit dieser Möglichkeit können Sie z.B. pro Parameterblatt unsere Lagerdatenbank nach den verschiedenen Feldern sortieren. Auf diese Art brauchen Sie nicht jedesmal das Lager-Parameterblatt zu modifizieren. Es reicht dann, wenn Sie in das einmal dafür angelegte Parameterblatt springen und sich die Daten anzeigen lassen. Im folgenden wollen wir ein zusätzliches Parameterblatt anlegen, daß die Lagerdatenbank nach der Artikelbezeichnung sortiert.

a) Neues Parameterblatt erstellen

<F10> pne Wahl des {Menü}-Befehls Parameter Name Erstelle.

Symphony fragt nach dem Namen für das neue Datenbank-Parameterblatt. Das Parameterblatt soll den Namen SORTBEZ (Sortieren nach Bezeichnung) bekommen.

sortbez <RETURN> Das Paramterblatt wird unter dem Namen SORTBEZ erstellt.

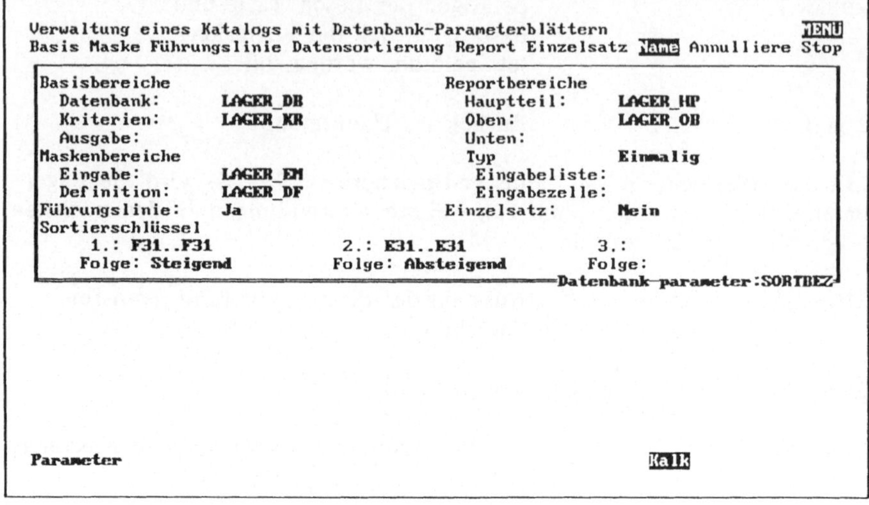

Bild 7-22 Neues Datenbank-Parameterblatt

b) Neues Parameterblatt ändern

In dem neu eingerichteten Parameterblatt wollen wir die Artikel nach ihren Bezeichnungen aufsteigend alphabetisch sortieren. Zuerst müssen wir die im Parameterblatt SORTBEZ definierten Sortierschschlüssel löschen. Dies geschieht mit dem Befehl **Annulliere**. Es erscheinen die folgenden Auswahlmöglichkeiten.

```
Annulliert die Datenbank- Kriterien- und Ausgabe-Bereiche          MENU
Basis  Masken  Sortierschlüssel  Report  Alle
```

Bild 7-23 Auswahlmöglichkeiten

Hier werden die Hauptgruppen der Bereiche im MASKE-Parameterblatt vorgeschlagen. Die aus dem alten Parameterblatt Lager initialisierten Sortierschlüssel-Parameter werden gelöscht.

s Wahl von Sortierschlüssel.

Symphony hat die Sortierschlüssel-Paramter gelöscht.

c) Neues Parameterblatt definieren

Es können die neuen Sortierschlüssel eingegeben werden.

d1	Wahl von **D**atensortierung **1**. Schlüssel.
<PFEIL RECHTS><RETURN>	Bringen Sie den Zellzeiger zur Zelle B31 oder irgendeine andere Zelle in Spalte B und Betätigen die <RETURN>-Taste.
s <RETURN>	Wahl der steigenden Sortierreihenfolge.
s	Mit Stop gelangen Sie in das MASKE-Fenster zurück.
<F10> sa	Auswahl des {Menü}-Befehls Sortiere Alle.

Symphony befindet sich noch im Parameterblatt LAGER. Um das SORTBEZ Parameterblatt zu aktivieren, müssen wir das Verknüpfe-Kommando im MASKE-Fenster einsetzen.

<F10> v	Wahl des {Menü}-Befehls Verknüpfen.

Es erscheint die Liste der Parameterblätter:

```
Name der zu verknüpfenden Datenbank/Eingabemaske:                    NAMEN
EINS                LAGER              SORTBEZ
```

Bild 7-24 Liste der Parameterblätter

Bringen Sie den Cursor auf SORTBEZ und drücken Sie <RETURN>. Um den im Parameterblatt SORTBEZ enthaltenen Sortierschlüssel zu aktivieren. Wie Sie sehen steht nun der Name SORTBEZ in der linken unteren Ecke des Fensters. Mit dem {Menü}-Befehl Sortiere Alle (**<F10>** SA) werden die Bezeichnungen im Parameterblat SORTBEZ in aufsteigender Reihenfolge sortiert.

Beim Abspeichern der Datenbank werden nicht zwei unterschiedliche Dateien auf Diskette oder Festplatte abgespeichert. Die zwei Parameterblätter bleiben Teil des Arbeitsblattes und werden mit diesem gespeichert, wenn Sie den {Service}-Befehl Transfer Speichere (**<F9> TS**) ausführen.

7.2 Die Bereiche im BLATT-Fenster

Bis jetzt haben wir uns fast ausschließlich im MASKE-Fenster bewegt. Nur bei der Formeleingabe und beim Sortieren wurde bereits schon kurz in das BLATT-Fenster umgeschaltet und im Datenbankbereich gearbeitet.

Die eigentliche Datenbank befindet sich nicht im MASKE-Fenster, sondern im BLATT-Fenster. Automatisch werden während des Befehls Generiere die folgenden Bereiche im BLATT-Fenster angelegt.

a) Datenbankbereich

b) Definitionsbereich

c) Kriterienbereich

d) Eingabebereich

e) Reportbereich

Um eine Datenbank im BLATT-Fenster überhaupt anschauen zu können, müssen Sie ein BLATT-Fenster als aktuelles Fenster wählen. Verwenden Sie dazu die UMSCHALT-Taste mit der Wahl **BLATT** (**<ALT><F10> B**) oder die TYP-Taste (**<ALT><F9>**). Folgendes Bild zeigt die einzelnen Bereiche der Datenbank im BLATT-Fenster.

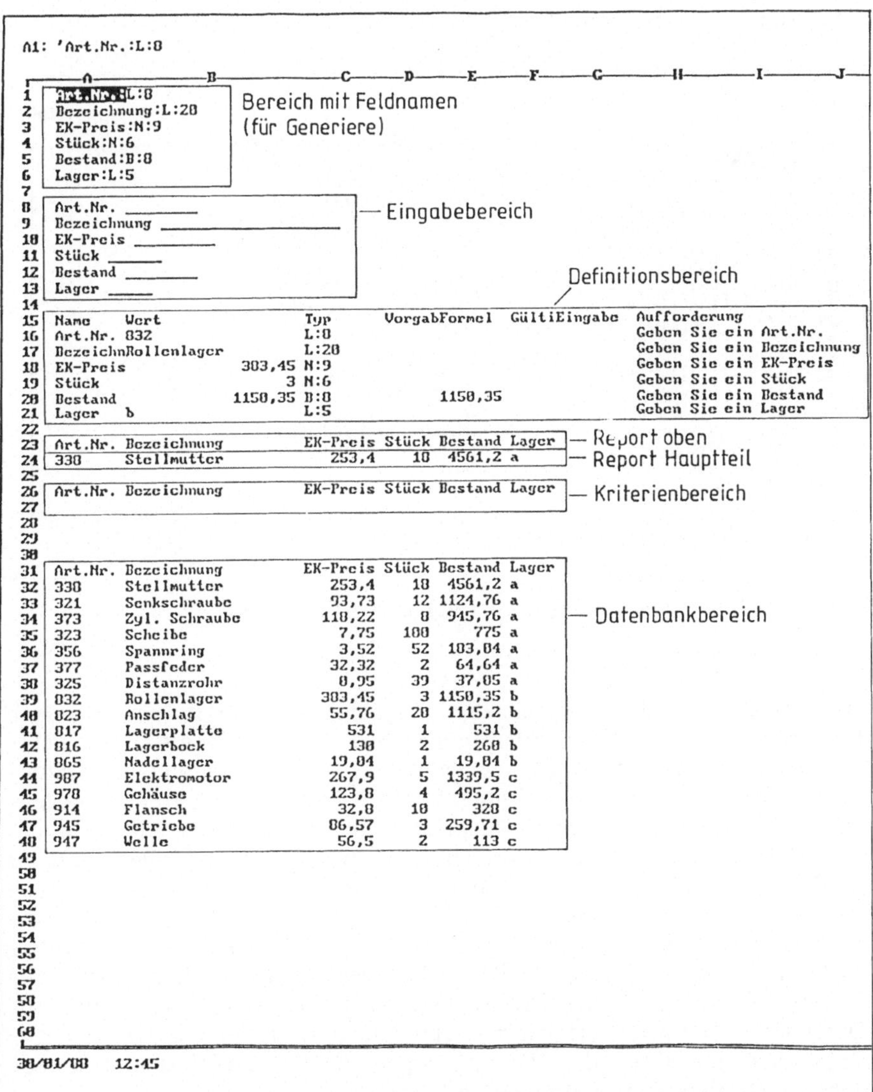

Bild 7-25 Bereiche im BLATT-Fenster

Diese Abbildung soll Ihnen einen Eindruck vermitteln, wie ein gesamtes BLATT-Fenster nach der Generierung einer Datenbank aussieht.

Hinweis! Sie müssen mit dem Cursor das Arbeitsblatt durchlaufen, um alle Bereiche sehen zu können.

7.2.1 Der Datenbankbereich

```
A30:                                                              BLATT

   A          B                 C       D      E      F      G      H
30
31 Art.Nr. Bezeichnung       EK-Preis Stück Bestand Lager
32 823     Anschlag             55,76    20  1115,2 b
33 325     Distanzrohr           0,95    39   37,05 a
34 987     Elektromotor         267,9     5  1339,5 c
35 914     Flansch               32,8    10     328 c
36 978     Gehäuse              123,8     4   495,2 c
37 945     Getriebe             86,57     3  259,71 c
38 816     Lagerbock              130     2     260 b
39 817     Lagerplatte            531     1     531 b
40 865     Nadellager           19,04     1   19,04 b
41 377     Passfeder            32,32     2   64,64 a
42 832     Rollenlager         383,45     3 1150,35 b
43 323     Scheibe               7,75   100     775 a
44 321     Senkschraube         93,73    12 1124,76 a
45 356     Spannring             3,52    52  183,04 a
46 338     Stellmutter          253,4    18  4561,2 a
47 947     Welle                 56,5     2     113 c
48 373     Zyl. Schraube       118,22     8  945,76 a
49
                                                                  EINS
19.03.89   10:10
```

Bild 7-26 Inhalt des Datenbankbereiches (LAGER_DB)

Der Datenbankbereich enthält die Eingaben, die Sie in die einzelnen Datensätze im MASKE-Fenster eingegeben haben. Die einzelnen Feldnamen stehen in den Zellen nebeneinander und am Anfang der Datenbank. Unmittelbar darunter (ohne Leerzeile) sind die einzelnen Datensätze angeordnet. Die Länge entspricht der Angabe beim Eingeben der Datenfelder. Der Datenbankbereich wird automatisch erweitert, d.h. er wird immer tiefer, je mehr Datensätze eingegeben werden. Symphony erkennt nur solche Datensätze an, die Sie über ein MASKE-Fenster eingegeben haben. Bei direkter Eingabe der Datensätze ins BLATT-Fenster muß man den Datenbankbereich selber vergrößern, andernfalls ist die Datenbank größer als der Datenbankbereich. Für Symphony besteht die Datenbank aber nach wie vor nur aus dem definierten Bereich, d.h. alle Datensätze, die hinter dem Bereich liegen, werden ignoriert und können daher auch nicht bearbeitet werden.

7.2.2 Der Definitionsbereich

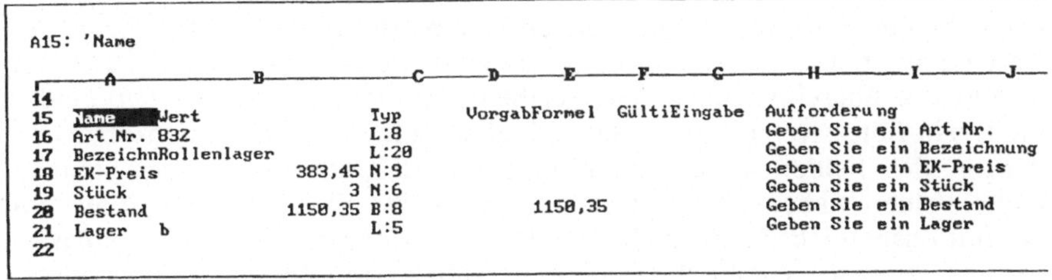

```
A15: 'Name

   A              B                C      D     E      F       G      H           I          J
14
15 Name    Wert                    Typ    VorgabFormel  GültiEingabe  Aufforderung
16 Art.Nr. 832                     L:8                                Geben Sie ein Art.Nr.
17 BezeichnRollenlager             L:20                               Geben Sie ein Bezeichnung
18 EK-Preis               383,45   N:9                                Geben Sie ein EK-Preis
19 Stück                       3   N:6                                Geben Sie ein Stück
20 Bestand               1150,35   B:8         1150,35                Geben Sie ein Bestand
21 Lager   b                       L:5                                Geben Sie ein Lager
22
```

Bild 7-27 Inhalt des Definitionsbereiches (LAGER_DF)

Der Definitionsbereich stellt die Verbindung zwischen dem MASKE-Fenster und der aktuellen Datenbank her. Er kontrolliert die Übertragung zwischen der Eingabemaske im MASKE-Fenster und den Datenbanksätzen, die im Datenbankbereich des Arbeitsblattes gespeichert sind.

Der Definitionsbereich sorgt unter anderem dafür, daß die Eingabe korrekt war, also keine Buchstaben in einem Feld stehen, in dem Ziffern erlaubt sind. Er ist auch dafür verantwortlich, daß die Daten aus der Eingabemaske an die richtige Stelle im BLATT-Fenster abgespeichert werden.

Jede Eingabe, die Sie in einem Feld im MASKE-Fenster vornehmen, wird durch Drücken der <RETURN>-Taste zuerst in den Definitionsbereich übernommen, bis die <INS>-Taste betätigt wird. Erst dann wird der Datensatz in die eigentliche Datenbank übernommen.

Der Definitionsbereich muß acht Spalten haben. Er wird bei dem Befehl Generiere in dieser Breite, mit den Überschriften **Name**, **Wert**, **Typ**, **Vorgabe**, **Formel**, **Gültigkeit**, **Eingabe** und **Aufforderung** angelegt. Tabelle 7-2 zeigt diese Einteilung.

Tabelle 7-2 Bedeutung der Spalten im Definitionsbereich

Nummer	Bezeichnung	Beschreibung	Eintrag
1	Name	Feldname	Ja
2	Wert	Feldinhalt	Nein
3	Typ	Feldtyp	Ja
4	Vorgabe	Wert wird automatisch in ein Feld eingesetzt	Wahlweise
5	Formel	Anleitung zur Berechnung des Feldwertes	Wahlweise
6	Gültigkeit	Test für Feldeingabe	Wahlweise
7	Eingabe	Feldeingabe vor Kalkulation	Nein
8	Aufforderung	Aufforderung zur Eingabe	Wahlweise

a) Name (Spalte 1)

Diese Spalte muß alle Feldnamen enthalten, die in der ersten Zeile der Datenbank stehen. Die Anordnung muß mit der aus der ersten Zeile der Datenbank übereinstimmen. Die Reihenfolge und die Anzahl der Felder im Definitionsbereich darf unterschiedlich sein wie die Reihenfolge und Anzahl der Felder im Datenbankbereich. Im Datenbankbereich können mehr Felder stehen als im Definitionsbereich. Es dürfen allerdings im Definitionsbereich nicht mehr Felder vorkommen, als im Datenbankbereich stehen. Die Fehlermeldung würde in diesem Falle lauten: **Datenbank/Definitionsbereich nicht übereinstimmend.**

b) Wert (Spalte 2)

Die Spalte Wert ist die unmittelbare Verbindung zwischen der Datenbank und der Eingabemaske. Alles, was in dieser Spalte erscheint, ist genauso in der Eingabemaske angegeben worden. Beim Drücken der <INS>-Taste, um den Datensatz in die Datenbank abzuspeichern, kopiert Symphony den Inhalt der Spalte **Wert** in eine Zeile des Datenbankbereiches.

c) Typ (Spalte 3)

Wie bereits schon oben erwähnt, prüft Symphony den Typ der Eingabe. Jede Zelle dieser Spalte enthält einen Buchstaben und eine Zahl durch einen Doppelpunkt getrennt.

Der *Buchstabe* gibt an, um was für einen Typ es sich bei der Eingabe handelt. Symphony kennt fünf verschiedene Typen: **Label**, **Nummer**, **Datum**, **Zeit** und **Berechnet**. Bei dem Typ **Label** wird die Eingabe in einen Label (Zeichenkette) umgewandelt, auch wenn es sich bei der Eingabe um eine reine Zahleneingabe wie z.B. 68,23 handelt. Symphony speichert diese Eingabe als Text ab. Geben Sie aber in ein Feld mit dem Typ **Nummer** ein Wort ein, so erscheint die Fehlermeldung **Ungültige Eingabe**; die Eingabe wird nicht zugelassen. Mit der <ESC>-Taste können Sie die fehlerhafte Eingabe rückgängig machen.

Die *Zahl* in der Spalte Typ gibt die Feldlänge an. In unserem Beispiel sind im Feld Bezeichnung maximal 20 Zeichen als Eingabe erlaubt. Wollen Sie mehr als 20 Zeichen in das Feld eingeben, meldet sich Symphony mit einem Warnton.

d) Vorgabe (Spalte 4)

Die Eingabe in dieser Spalte wird automatisch in jedes leere Eingabefeld kopiert und bleibt dort so lange stehen bis es geändert oder überschrieben wird. Die Vorgabe ist dann nützlich, wenn Sie sich Eintipparbeit in der Eingabemaske ersparen wollen. Wenn Sie zum Beispiel mehrere Artikel anlegen wollen, von denen die meisten am selben Lagerort liegen, können Sie das Lager als Vorgabe erfassen.

e) Formel (Spalte 5)

Die Formeln in dieser Spalte werden dazu benutzt, aus dem Inhalt der Spalte EINGABE die Werte für die WERT Spalte zu errechnen. Die Formeln müssen manuell im Arbeitsblatt eingegeben werden. Im vorigen Abschnitt 7.1.2 wurde eine Formel in ein BLATT-Fenster eingegeben.

Die Berechnung wird jedesmal wiederholt, wenn sich der Inhalt in der Eingabeform ändert. Das gesamte Arbeitsblatt wird allerdings nicht neu ausgewertet. Die Spalte Formel hat zwei Aufgaben: Zum einen wird das Ergebnis ermittelt, das in den berechneten Feldern erscheinen soll. Zum anderen wird, die Eingabe im MASKE-Fenster so umgewandelt, daß Schreibarbeit gespart werden kann.

f) Gültigkeit (Spalte 6)

Die Spalte Güligkeit kann Formeln enthalten, die zur Überprüfung der Werte in der Spalte WERT angelegt wurden. Sie müssen manuell im BLATT-Fenster eingegeben werden. Diese Formeln werden nach jeder Eingabe berechnet und ergeben einen Wert für Wahr oder Falsch. Ist der Wert Wahr, so wird die Eingabe akzeptiert, ist er falsch, ertönt ein Warnton. Mit der <ESC>-Taste kommen Sie aus dem Fehler Modus. Beispiele für Gültigkeitsprüfungen werden im letzten Abschnitt behandelt.

g) Eingabe (Spalte 7)

Diese Spalte hat die Aufgabe, die einzelnen Felder eines Datensatzes zwischenzuspeichern. Sind alle Felder des Datensatzes bestimmt, dann wird durch Drücken der <ESC>-Taste der komplette Datensatz in den Datenbankbereich übernommen.

h) Aufforderung (Spalte 8)

Der Inhalt der Spalte Aufforderung wird, bei der Eingabe im MASKE-Fenster, im Kontrollfeld angezeigt. Symphony zeigt hier den Standardtext **Geben Sie ein**, gefolgt von dem Feldnamen an. Diese Meldung können Sie im BLATT-Fenster beliebig ändern. Zum Beispiel könnten Sie den Text **Bitte geben Sie die Artikelnummer ein** eingeben.

Weiterverarbeiten von Feldeingaben

Symphony benützt die Spalten EINGABE, FORMEL, WERT und GÜLTIGKEIT, um die Feldeingaben zu verarbeiten und endgültig zu speichern. Symphony geht dabei folgendermaßen vor:

1. Der Inhalt des Eingabefeldes wird in der Spalte EINGABE *gespeichert.*

2. Der Inhalt der Spalte Eingabe wird mit der Formel in der Spalte FORMEL *verarbeitet.*

3. Das Ergebnis der Verarbeitung wird in der Spalte WERT *gespeichert.*

4. Die Formel in der Spalte GÜLTIGKEIT *prüft*, ob die Eingabe gültig ist.

5. Bei der Eingabe des Datensatzes werden alle Inhalte der Spalte WERT in den Datenbankbereich gespeichert.

7.2.3 Der Kriterienbereich

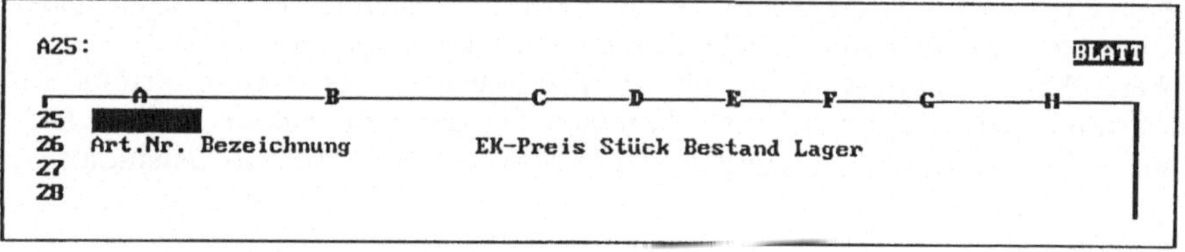

Bild 7-28 Inhalt des Kriterienbereiches (LAGER_KR)

Der Kriterienbereich ist gleich aufgebaut wie der Datenbankbereich. Die einzelnen Felder sind nebeneinander angeordnet. In der Zeile darunter steht der über den MASKE-Befehl **Kriterien Editiere** eingegebener Kriteriensatz. Es ist auch ohne weiteres möglich, über ein BLATT-Fenster Kriterien einzutragen.

Im Kriterienbereich sind alle Auswahlkriterien abgelegt, um bestimmte Satzgruppen oder einzelne Sätze aus der Datenbank zu verarbeiten. Beim MASKE-Befehl Kriterien Nutze und bei erweiterten Kriteriumseingaben im BLATT-Fenster werden die Inhalte dieses Bereichs als Auswahlkriterien genommen.

7.2.4 Der Eingabebereich

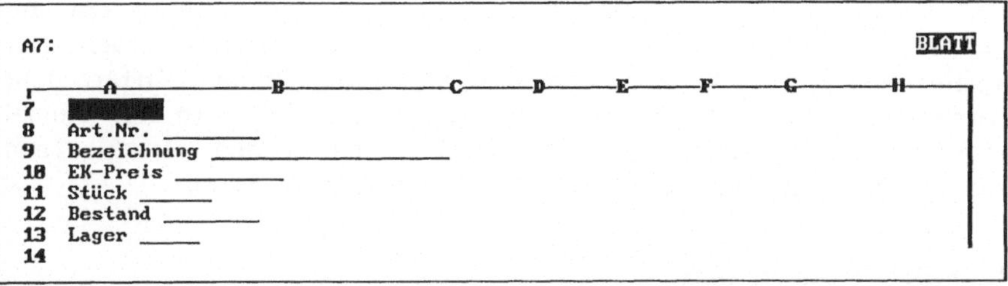

Bild 7-29 Inhalt des Eingabebereiches (LAGER_EM)

Der Eingabebereich enthält die Form der Eingabemaske im MASKE-Fenster. Im Eingabebereich werden keinerlei Daten gespeichert. In Abschnitt 7.4 wird noch erklärt, wie der Eingabebereich manuell geändert werden kann. Dadurch ändert sich auch gleichzeitig die Darstellung der Eingabemaske.

7.2.5 Der Reportbereich

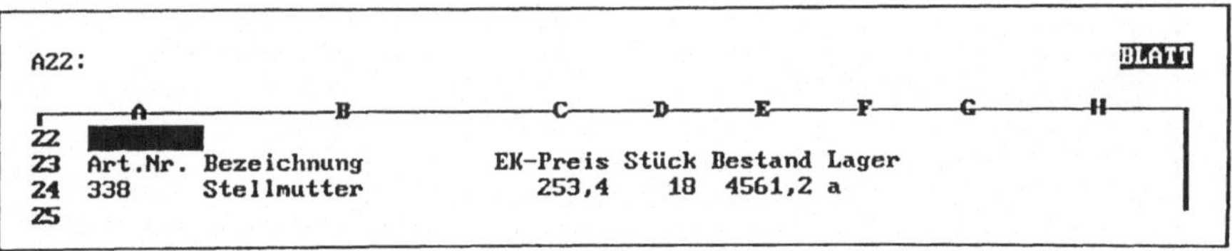

Bild 7-30 Inhalt des Reportbereichs (LAGER_HP, LAGER_OB)

Der Reportbereich ist wichtig für den Ausdruck einer Datenbank oder Teilen davon. Der Reportbereich ist in drei weitere Bereiche untergliedert, dem OBEREN BEREICH, dem HAUPTBEREICH und dem UNTEREN BEREICH. Symphony legt den oberen Bereich und den Hauptbereich automatisch an, den unteren Bereich muß man selbst definieren. Die Arbeit mit dem Reportbereich wird in Abschnitt 7.5 behandelt.

a) Oberer Bereich

Hier können Sie eine beliebige Information eingeben, die nicht unbedingt einen Bezug zur Datenbank haben muß. Symphony druckt diese Angabe einmal zu Beginn eines Ausdrucks. Der obere Bereich ist vorteilhaft für die Eingabe einer allgemeinen Überschrift.

b) Hauptbereich

Der eigentliche Datenbankauszug ist in diesem Bereich enthalten. Im Hauptbereich können eine oder mehrere Spalten definiert werden. Der Inhalt dieser Spalten kann beliebig sein, also Zeichenketten, Ziffern oder Formeln beinhalten. Jeder Datensatz im Hauptbereich wird nur einmal gedruckt. Durch Eingabe von Auswahlkriterien in den verschiedenen Spalten kann man nur spezielle Datensätze ausdrucken lassen.

7.2.6 Das Parameterblatt

Bis jetzt haben wir alle Bereiche angeschaut, die durch das Generiere-Kommando von Symphony angelegt wurden. Das Parameterblatt faßt alle diese Bereiche in komprimierter Form zusammen. Das Parameterblatt wird mit dem {Menü}-Befehl **D**aten **P**arameter (**<F10> DP**) aufgerufen. Es erscheint folgendes Bild:

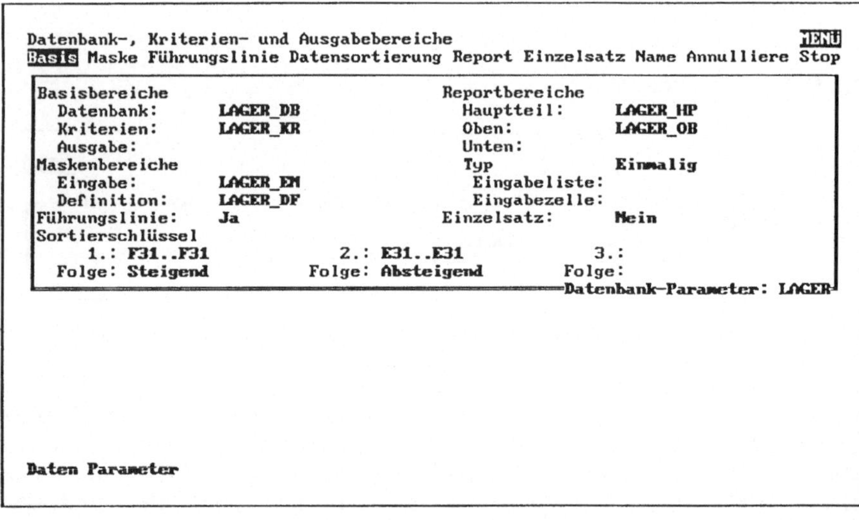

Bild 7-31 Das Datenbank-Parameterblatt

Symphony benutzt Bereichsnamen und keine Zellangaben um die einzelnen Bereiche zu spezifizieren. Im Datenbank-Parameterblatt sind alle Bereiche nach ihrer Funktion aufgeführt. Die Bereiche Datenbank, Kriterien und Ausgabe sind zu dem übergeordneten *Basisbereich* zusammengefaßt (Der Ausgabebereich wird wichtig für die Datenbank-BLATT-Befehle). Die Bereiche Eingabe und Definition erscheinen zusammen im *Maskenbereich.* Zu den *Reportbereichen* gehört der Hauptteil, sowie der obere und untere Bereich.

Im MASKE-Fenster werden alle Bereich automatisch auf dem aktuellen Stand gehalten. Mit dem {Menü}-Befehl **Parameter Annulliere** (**<F10> PA**) können Sie einen bestimmten Bereich oder alle Bereiche gleichzeitig löschen.

7.3 Die Datenbank im BLATT-Fenster

Das MASKE-Fenster hat den Vorteil, daß die einzelnen Datensätze bequem in eine Datenbank eingegeben werden können und man sich einzelne Sätze anschauen kann. Es ist auch möglich, eine Datenbank im BLATT-Fenster zu erstellen. Im Gegensatz zum MASKE-Fenster, in dem alle Abläufe während des Generiere-Kommandos automatisch erfolgen, muß man im BLATT-Fenster diese automatischen Abläufe manuell nachvollziehen.

Ist eine Datenbank erst einmal erstellt worden, bieten die Funktionen im BLATT-Fenster weitere zusätzliche Möglichkeiten, mit der Datenbank zu arbeiten und sie auszuwerten. Mit dem {Menü}-Befehl **Daten** (**<F10> D**) können Sie diese zusätzliche Funktionen aufrufen. Im BLATT-Fenster sind auch die Anwendungen statistischer Funktionen möglich.

Das Arbeiten im BLATT-Fenster wird anhand folgender Arbeitsschritte erklärt:

1. Die Daten-Befehle im BLATT-Fenster

2. Erstellen einer Datenbank im BLATT-Fenster

3. Finden von Datensätzen

4. Erstellen eines Datenauszugs aus der Datenbank

5. Löschen von Datensätzen

6. Datensortierung

7. Das Daten-Textanalyse-Kommando

8. Datenbank-Statistikfunktionen

9. Gültigkeitsprüfung

7.3.1 Die Daten-Befehle im BLATT-Fenster

Um das Daten-Menü anzuzeigen, wählen Sie den {Menü}-Befehl **D**aten (**<F10> D**) in einem BLATT-Fenster.

<F10> d Aufruf des {Menü}-Befehls **D**aten.

Folgendes Menü erscheint auf dem Bildschirm:

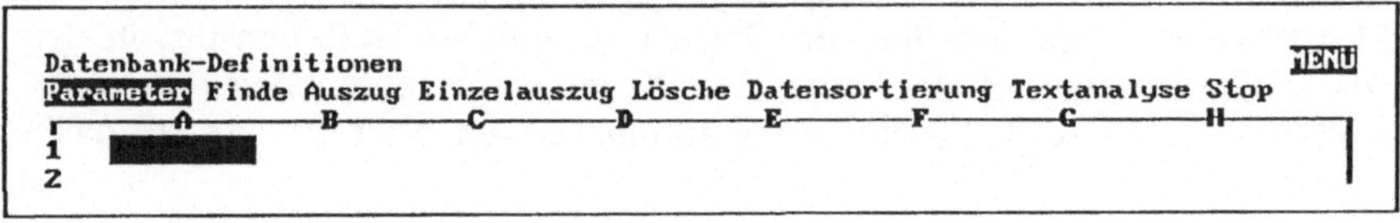

Bild 7-32 Das Daten-Menü

Diese Funktionen werden erläutert:

Parameter

Wählen Sie den Befehl **Parameter**, dann erscheint ein Datenbank-Parameterblatt auf dem Bildschirm. Dies ist das gleiche Datenbank-Parameterblatt, welches Sie auch von dem MASKE-Fenster her kennen. Durch diese Funktion soll vermieden werden, daß immer zwischen BLATT- und MASKE-Fenster hin- und hergeschaltet werden muß.

Finde

Das **Finde** Kommando im BLATT-Fenster entspricht ungefähr dem Kriterien Nutze-Kommando im MASKE-Fenster. Nachdem man im Kriterienbereich der Datenbank Auswahlkriterien eingegeben hat, wird die Datenbank beim Aufruf des Finde Kommandos nach diesen Kriterien durchsucht und die betreffenden Datensätze hell markiert.

Hinweis! Da wir uns in einem BLATT-Fenster befinden, kann man auch die Datensätze sehen, die vor und hinter dem gefundenen Datensatz stehen. Im Gegensatz zum MASKE-Fenster, in dem man nur den gefundenen Datensatz sieht. Den gefundenen Datensatz im BLATT-Fenster kann man sich nur ansehen, aber nicht, wie im MASKE-Fenster, editieren und löschen.

Auszug

Für den Befehl **Auszug** gibt es keinen vergleichbaren Befehl im MASKE-Fenster. Dies ist eine der komfortabelsten Funktionen zur Datenbankauswertung. Bei diesem Befehl kopiert Symphony alle Datensätze (auch mehrmals vorkommende), die den Kriterien im Kriterienbereich entsprechen, in einen *Ausgabebereich*. Es ist bei der Definition des Ausgabebereiches darauf zu achten, daß der Bereich genügend groß ist.

Einzelauszug

Das Kommando **Einzelauszug** entspricht weitgehend dem Kommando Auszug; es kopiert identische Datensätze nur *einmal* in den Ausgabebereich.

Lösche

Auch das Kommando **Lösche** gibt es im MASKE-Fenster nicht. Bei dem Kommando Lösche werden alle Datensätze, die mit dem Kriterienbereich übereinstimmen, aus der Datenbank gelöscht. Symphony füllt die durch den Lösche Befehl entstandenen Lücken automatisch wieder auf. Die Daten in der Datenbank werden wieder zusammengerückt.

Datensortierung

Das Kommando **Datensortierung** im BLATT-Fenster entspricht dem gleichen Kommando im MASKE-Fenster.

Textanalyse

Mit dem Kommando **Textanalyse** werden ganze Bereiche aus einem Arbeitsblatt in eine Datenbank übertragen. Gleichzeitig werden Zeichenketten so geteilt, daß diese dann in die entsprechenden Datenbankfelder passen.

Stop

Mit dem Befehl **Stop** gelangen Sie zurück in das Arbeitsblatt.

7.3.2 Erstellen einer Datenbank im BLATT-Fenster

Im folgenden Beispiel wollen wir eine einfache Lieferantendatenbank erstellen. Da wir diese Datenbank in einem BLATT-Fenster aufbauen wollen, ist es auch nicht nötig, mit dem MASKE-Befehl Generiere zu arbeiten.

Bevor Sie beginnen, die Datenbank aufzubauen, sollten Sie mit dem {Menü}-Befehl Spalte **B**estimme (**<F10> SB**) die Spaltenbreiten der Spalten A bis D ihres Arbeitsblattes verändern. Die Spalte A sollte eine Breite von 7 Zeichen haben, Spalte B 13 Zeichen, Spalte C 9 Zeichen und Spalte D 7 Zeichen.

Nun kann damit begonnen werden, die *Feldnamen* für die Lieferantendatenbank in die Zellen A6..D6 einzugeben. Gleich danach, im Bereich A7..D16, folgen die *Datensätze*. Ihr Arbeitsblatt sollte Bild 7-33 entsprechen.

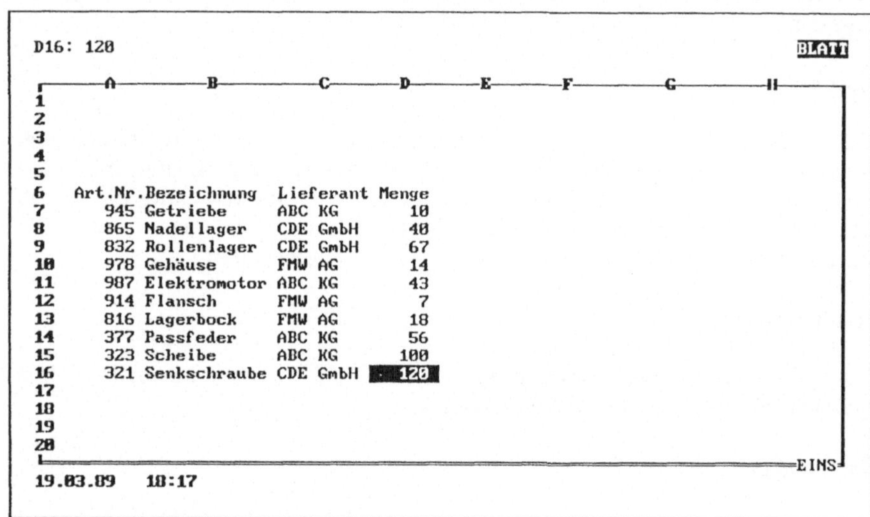

D16: 120 BLATT

	A	B	C	D
1				
2				
3				
4				
5				
6	Art.Nr.	Bezeichnung	Lieferant	Menge
7	945	Getriebe	ABC KG	10
8	865	Nadellager	CDE GmbH	40
9	832	Rollenlager	CDE GmbH	67
10	978	Gehäuse	FMW AG	14
11	987	Elektromotor	ABC KG	43
12	914	Flansch	FMW AG	7
13	816	Lagerbock	FMW AG	18
14	377	Passfeder	ABC KG	56
15	323	Scheibe	ABC KG	100
16	321	Senkschraube	CDE GmbH	120
17				
18				
19				
20				

19.03.89 10:17 EINS

Bild 7-33 Lieferantendatenbank

Wie Sie sehen, sind dabei folgende Regeln zu beachten:

1. Die *erste Zeile* der Datenbank (A6..D6) besteht aus einem Satz von Feldnamen. Es darf kein Feldname doppelt vorkommen. Nach den Feldnamen müssen sich sofort die einzelnen Datensätze anschließen.

2. Symphony geht grundsätzlich davon aus, daß die erste Zeile der Datenbank aus Feldnamen besteht. Beim Sortieren von Datensätzen läßt Symphony die erste Zeile der Datenbank an der Stelle, wo sie sich befindet. Es ist darauf zu achten, daß es *keinen Leerraum* zwischen den Feldnamen und dem ersten Datensatz gibt.

3. Abhängig vom ersten Zeichen im Feld, entscheidet Symphony, ob der Feldinhalt als numerische Eingabe oder als Labeleingabe interpretiert werden soll. Im Gegensatz zum MASKE-Fenster. Dort überprüft Symphony bei Eingaben von Datensätzen über die Eingabemaske jede Eingabe.

Die Datenbank soll ausgewertet werden. Dazu sind die folgenden Schritte notwendig:

a) Kriterienbereich einrichten

Zur Auswertung der Datenbank ist die Erstellung eines Kriterienbereiches notwendig. Um diesen Bereich anzulegen, kopieren Sie den Bereich mit den Feldnamen von A6..D6 nach A1..D1. Benutzen Sie dazu den {Menü}-Befehl **K**opie (**<F10> K**). Als nächstes geben wir in die Zelle C2 die **CDE GmbH** als Kriterium ein. Es sollen alle Datensätze gesucht werden, die im Feld Lieferanten die CDE GmbH enthalten. Ihr Arbeitsblatt sollte Bild 7-34 entsprechen.

```
C2: 'CDE GmbH                                                    BLATT

   A         B           C         D        E        F        G        H
1  Art.Nr.Bezeichnung    Lieferant Menge
2                        CDE GmbH
3
4
5
6  Art.Nr.Bezeichnung    Lieferant Menge
7      945 Getriebe      ABC KG       10
8      865 Nadellager    CDE GmbH     40
9      832 Rollenlager   CDE GmbH     67
10     978 Gehäuse       FMW AG       14
11     987 Elektromotor  ABC KG       43
12     914 Flansch       FMW AG        7
13     816 Lagerbock     FMW AG       10
14     377 Passfeder     ABC KG       56
15     323 Scheibe       ABC KG      100
16     321 Senkschraube  CDE GmbH    120
17
18
19
20
                                                                  EINS
19.03.89    18:20
```

Bild 7-34 Arbeitsblatt mit Datenbank und Kriterienbereich

b) Das Datenparameter-Kommando

Bevor mit den Datenbank-Befehlen im BLATT-Fenster gearbeitet werden kann, verlangt Symphony die Positionsangabe von Datenbankbereich und Kriterienbereich. Im Gegensatz zum Generiere-Kommando im MASKE-Fenster, bei dem das Anlegen dieser Bereiche automatisch erfolgt, müssen beide Bereiche im MASKE-Fenster manuell eingegeben werden. Dies geschieht über das **D**aten **P**arameter-Menü (**<F10> DP**). Das Parameter-Menü ist bis auf den Befehl **P**arameter **N**ame **W**ähle identisch mit dem Parameter-Menü im MASKE-Fenster. Um einen Datenbankbereich zu definieren, muß im Parameter-Menü der Befehl **B**asis **D**atenbank ausgewählt werden.

Wir nehmen folgende Eingaben vor:

<F10> dpbd	Auswahl des (Menü)-Befehls **D**aten **P**arameter **B**asis **D**atenbank.

Symphony fragt nun nach dem Datenbankbereich. Geben Sie mit der Punkt-Taste und den Cursor-Tasten den Bereich mit den Datensätzen und den darüberliegenden Feldnamen an (**A6..D16**). Drücken Sie die <RETURN>-Taste, um die Angabe des Datenbankbereiches abzuspeichern. Es erscheint das Datenbank-Parameterblatt.

Mit der Funktion **K**riterien im Basis Parameter-Menü können Sie den Kriterienbereich definieren.

k	Wahl der Funktion **K**riterien im Basis Parameter-Menü.

Markieren Sie nun die Zellen des Kriterienbereiches. Dies sind die Zellen **A1..D2**. Bestätigen Sie wieder mit der <RETURN>-Taste. Damit hat Symphony auch den Kriterienbereich in das Datenbank-Parameterblatt übertragen. Ihr Parameter-Menü sollte nun Bild 7-35 entsprechen.

```
Datenbank-, Kriterien- und Ausgabebereiche                                    MENÜ
Basis Maske Führungslinie Datensortierung Report Einzelsatz Name Annulliere Stop
Basisbereiche                              Reportbereiche
  Datenbank:        A6..D16                  Hauptteil:
  Kriterien:        A1..D2                   Oben:
  Ausgabe:                                   Unten:
Maskenbereiche                               Typ             Einmalig
  Eingabe:                                    Eingabeliste:
  Definition:                                 Eingabezelle:
Führungslinie:      Ja                     Einzelsatz:       Nein
Sortierschlüssel
     1.:                       2.:                      3.:
  Folge:                    Folge:                   Folge:
                                         Datenbank-Parameter: EINS

Daten Parameter
```

Bild 7-35 Parameter-Menü

c) Änderung des Datenbankbereiches

Im MASKE-Fenster werden alle Bereiche (Datenbankbereich, Kriterienbereich) immer auf dem aktuellen Stand gehalten. D.h., wenn Datensätze hinzugefügt werden, wird der Datenbankbereich automatisch vergrößert. Wenn Datensätze aus der Datenbank gelöscht werden, wird der Datenbankbereich automatisch verkleinert. Im BLATT-Fenster wird dies nicht automatisch durchgeführt. Wenn Sie Datensätze anfügen, müssen Sie den Datenbankbereich im Parameterblatt anpassen. Dies geschieht wieder mit dem {Menü}-Befehl **D**aten **P**arameter **B**asis **D**atenbank (**<F10> DPBD**). Symphony zeigt den bereits definierten Bereich hell an. Mit den Cursor-Tasten können Sie den markierten Bereich nach unten vergrößern, bis wieder alle Datensätze eingeschlossen sind. Mit dem Drücken der <RETURN>-Taste übergeben Sie den neuen Bereich in das Parameterblatt.

Achtung! Vergessen Sie die Anpassung des Datenbankbereiches, können falsche Ergebnisse erscheinen, weil Symphony nicht alle vorhandenen Datensätze berücksichtigt.

d) Änderung des Kriterienbereiches

Mit dem {Menü}-Befehl **D**aten **P**arameter **B**asis **K**riterien (**<F10> DPBK**) können Sie ihren Kriterienbereich entsprechend erweitern, wenn Sie zusätzliche Eingaben in die Zellen des Kriterienbereiches vornehmen wollen.

Achtung! In der ersten Zeile des Kriteriumsbereiches kann ein einziger, einige oder alle Feldnamen des Datenbankbereiches stehen. Die Feldnamen müssen, wenn der Kriterienbereich mehr als nur einen Feldnamen enthält, nicht in derselben Reihenfolge stehen wie im Datenbankbereich.

e) Das Name Wähle-Kommando

Wie bereits schon erwähnt, unterscheidet sich dieser Befehl in seiner Funktion vom MASKE-Fenster. Im BLATT-Fenster wird durch dieses Kommando das aufgerufene Parameterblatt zum aktuellen Parameterblatt bestimmt. Die Daten-Befehle beziehen sich auf die neuen Bereiche.

7.3.3 Finden von Datensätzen

Nachdem wir nun einen Datenbankbereich und einen Kriterienbereich definiert haben, können wir mit dem {Menü}-Befehl **D**aten **F**inde (**<F10> DF**) arbeiten. Mit diesem Befehl wird nach den Datensätzen im Datenbankbereich gesucht, die den Kriterien im Kriterienbereich entsprechen. Zutreffende Datensätze werden durch einen hellen Balken markiert.

Hinweis! Im BLATT-Fenster sehen Sie auch die Datensätze die vor und hinter dem gefundenen stehen, man befindet sich ja in der Datenbank selbst. Im MASKE-Fenster dagegen würde man nur den betreffenden Datensatz sehen und sonst keinen. Den im BLATT-Fenster gefundenen Datensatz kann man sich nur zeigen lassen, nicht wie im MASKE-Fenster, auch editieren und löschen.

Nehmen Sie nun folgende Eingaben vor:

<F10> df Auswahl des (Menü)-Befehls **D**aten **F**inde.

Nach der Auswahl des Befehls setzt Symphony den Zellzeiger auf den ersten Datensatz im Datenbankbereich, der den Kriterien (CDE GmbH) im Kriterienbereich entspricht.

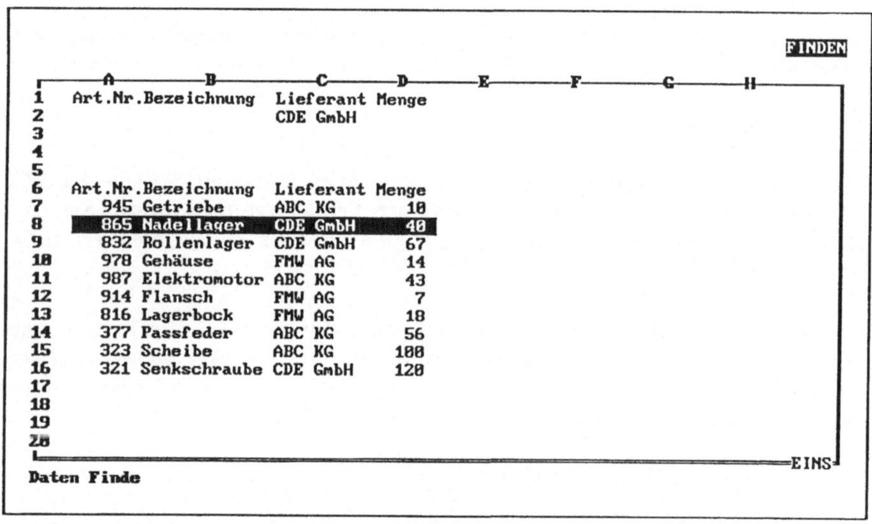

Bild 7-36 Kennzeichnung des ersten Datensatzes

Sie können nun die Datenbank durchgehen, wenn die <PFEIL UNTEN>-Taste bzw. <PFEIL OBEN>-Taste gedrückt werden. Der helle Balken springt nur auf die Datensätze, die den Kriterien entsprechen. Mit der <ESC>-Taste wird der FINDEN-Modus verlassen.

Tabelle 7-3 zeigt, mit welchen Tasten Sie sich in der Datenbank bewegen können.

Tabelle 7-3 Bedeutung der Cursor-Tasten im FINDE-Modus

Tasten	Bedeutung
⟨PFEIL UNTEN⟩	Sprung zum nächsten Datensatz nach unten
⟨PFEIL OBEN⟩	Sprung zum nächsten Datensatz nach oben
⟨HOME⟩	Sprung zum ersten Datensatz
⟨END⟩	Sprung zum letzten Datensatz
⟨RETURN⟩ oder ⟨ESC⟩	Beenden des FINDE-Modus und Rückkehr ins Befehls-Menü

7.3.4 Erstellen eines Datenauszugs aus der Datenbank

Der {Menü}-Befehl **D**aten **A**uszug (**<F10> DA**) gleicht dem Befehl Finde. Es wird auch nach Datensätzen in der Datenbank gesucht, die mit den Kriterien im Kriterienbereich übereinstimmen. Symphony kopiert aber diese Datensätze in einen vorher bestimmten Bereich des Arbeitsblattes. Diese Datensätze können wieder zu einer eigenen Datenbank zusammenfaßt werden.

a) Ausgabebereich definieren

Bevor der Befehl Daten Auszug angewendet werden kann, muß der Ausgabebereich mit dem {Menü}-Befehl **D**aten **P**arameter **B**asis **A**usgabe (**<F10> DPBA**) definiert werden. Wie beim Kriteriumsbereich, muß auch beim Ausgabebereich in der ersten Zeile der Feldname stehen. Mindestens ein Feldname aus dem Datenbankbereich muß in der ersten Zeile des Ausgabebereiches erscheinen. Die Reihenfolge der Feldnamen im Ausgabebereich braucht nicht identisch zu sein mit der Reihenfolge der Feldnamen im Datenbankbereich. Im folgenden soll die Art.Nr., Bezeichnung und Mengen aller bei der CDE GmbH bezogenen Teile in einen von uns bestimmten Bereich des Arbeitsblattes geschrieben (kopiert) werden. Es wird wie folgt vorgegangen:

Bewegen Sie den Zellzeiger in Zelle F6.

Art.Nr. <PFEIL RECHTS> — Eingabe des Feldnamens Art.Nr. in Zelle F6.

Bezeichnung <PFEIL RECHTS> — Eingabe des Feldnamens Bezeichnung in Zelle G6.

Menge <RETURN> — Eingabe des Feldnamens Menge in Zelle H6.

Verändern Sie mit dem {Menü}-Befehl Spalte **B**estimme (**<F10> SB**) die Breite folgender Spalten: Verkleinern Sie die Spalte F auf 7 Zeichen, Spalte G wird auf 13 Zeichen vergrößert und Spalte H auf 7 Zeichen verkleinert. Ihr Arbeitsblatt sollte nun Bild 7-37 entsprechen.

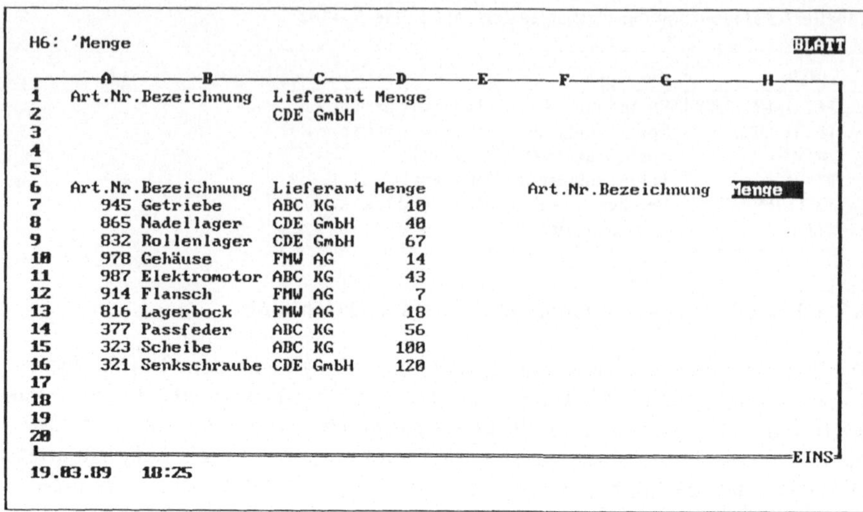

H6: 'Menge BLATT

	A	B	C	D	E	F	G	H
1	Art.Nr.	Bezeichnung	Lieferant	Menge				
2			CDE GmbH					
3								
4								
5								
6	Art.Nr.	Bezeichnung	Lieferant	Menge		Art.Nr.	Bezeichnung	Menge
7	945	Getriebe	ABC KG	10				
8	865	Nadellager	CDE GmbH	40				
9	832	Rollenlager	CDE GmbH	67				
10	978	Gehäuse	FMW AG	14				
11	987	Elektromotor	ABC KG	43				
12	914	Flansch	FMW AG	7				
13	816	Lagerbock	FMW AG	18				
14	377	Passfeder	ABC KG	56				
15	323	Scheibe	ABC KG	100				
16	321	Senkschraube	CDE GmbH	120				
17								
18								
19								
20								

EINS

19.03.89 10:25

Bild 7-37 Arbeitsblatt mit Ausgabebereich

<F10> dpba Auswahl des {Menü}-Befehls **D**aten **P**arameter **B**asis **A**uszug.

Symphony fragt nach dem Ausgabebereich.

Bei der Definition des Ausgabebereichs müssen nur die Zellen angegeben werden, die die Feldnamen enthalten. Es ist auch möglich, einen Bereich aus mehreren Zeilen anzugeben. In diesem Fall müssen Sie sich sicher sein, daß alle zutreffenden Datensätze auch in diesen Bereich passen. Ist Ihre Angabe des Ausgabebereiches zu klein, meldet sich Symphony mit **Ausgabebereich voll**. Geben Sie als Ausgabebereich nur die Zeile an, in der die Feldnamen stehen, heißt das für Symphony, daß der Bereich von dieser Zelle bis zum Ende des Arbeitsblattes reicht.

In unserem Fall geben wir folgenden Ausgabebereich an:

f6..h6 <RETURN> Angabe des Ausgabebereiches.

Symphony hat nun auch den Ausgabebereich in das Datenbank-Parameterblatt übernommen.

```
Bestimmung für (Teil-)Kopien von Datensätzen                              MENÜ
Datenbank  Kriterien  Ausgabe  Stop

Basisbereiche                               Reportbereiche
  Datenbank:      A6..D16                     Hauptteil:
  Kriterien:      A1..D2                      Oben:
  Ausgabe:        F6..H6                      Unten:
Maskenbereiche                                Typ              Einmalig
  Eingabe:                                     Eingabeliste:
  Definition:                                  Eingabezelle:
Führungslinie:    Ja                         Einzelsatz:       Nein
Sortierschlüssel
     1.:                     2.:                    3.:
  Folge:                  Folge:                 Folge:
                                         Datenbank-Parameter: EINS
```

Bild 7-38 Datenbank-Parameterblatt

b) Kopieren der Datensätze

Nun können wir den {Menü}-Befehl **D**aten Auszug (**<F10> DA**) aufrufen. Durch diesen Befehl sucht Symphony die Datensätze in der Datenbank, die den Kriterien im Kriterienbereich entsprechen und kopiert sie in den Ausgabebereich.

<F10> da Auswahl des {Menü}-Befehls **D**aten Auszug.

Ihr Bildschirm sollte nun Bild 7-36 entsprechen:

```
Kopiert alle den Kriterien entsprechenden Datensätze in Ausgabebereich    MENÜ
Parameter Finde Auszug Einzelauszug Lösche Datensortierung Textanalyse Stop
        A        B        C        D        E        F        G        H
1   Art.Nr.Bezeichnung  Lieferant Menge
2                       CDE GmbH
3
4
5
6   Art.Nr.Bezeichnung  Lieferant Menge            Art.Nr.Bezeichnung  Menge
7       945 Getriebe    ABC KG       10               865 Nadellager      40
8       865 Nadellager  CDE GmbH     40               832 Rollenlager     67
9       832 Rollenlager CDE GmbH     67               321 Senkschraube   120
10      978 Gehäuse     FMW AG       14
11      987 Elektromotor ABC KG      43
12      914 Flansch     FMW AG        7
13      816 Lagerbock   FMW AG       18
14      377 Passfeder   ABC KG       56
15      323 Scheibe     ABC KG      100
16      321 Senkschraube CDE GmbH   120
17
18
19
20
                                                                      EINS
Daten                                              Kalk
```

Bild 7-39 Auszug der Datensätze in den Ausgabebereich

c) Einzelauszug

Der {Menü}-Befehl Daten Auszug ist mit dem {Menü}-Befehl **D**aten **E**inzelauszug (<F10> **DE**) zu vergleichen. Nur werden bei dem Befehl Einzelauszug, im Gegensatz zum Befehl Auszug, identische Datensätze *nur einmal* in den Ausgabebereich kopiert.

7.3.5 Löschen von Datensätzen

Mit dem {Menü}-Befehl **D**aten **L**ösche (<F10> **DL**) werden alle Datensätze, die mit dem Kriterienbereich übereinstimmen, aus der Datenbank gelöscht. Diesen Befehl gibt es nur im BLATT-Fenster. Nach dem Löschen der Datensätze aus der Datenbank. Werden die verbleibenden Datensätze nach oben zusammengeschoben. Der Datenbankbereich enthält keine leere Zeilen.

Es ist nicht möglich, die gelöschten Datensätze wieder zurückzuholen. Deswegen ist es ratsam, vor dem Befehl Daten Lösche das Arbeitsblatt mit dem {Service}-Befehl **T**ransfer **S**peichern (<F9> **TS**) abzuspeichern.

Achtung! Rufen Sie nicht den Befehl Daten Lösche auf, wenn der Kriterienbereich leer ist. Symphony löscht dabei alle Datensätze, die Datenbank wird vollständig leer.

Im folgenden wollen wir alle Datensätze löschen, die die CDE GmbH enthalten. Es wird folgendermaßen vorgegangen:

<F9> ts	Wahl des {Service}-Befehls **T**ransfer **S**peichere.

Vor dem Löschen von Datensätzen wird die gesamte Lieferantendatenbank abgespeichert. Symphony fragt nach einem Namen für die Datenbank.

liefer <RETURN>	Die Datenbank wird abgespeichert.
<F10> dlj	Wahl des {Menü}-Befehls **D**aten **L**ösche **J**a.

Alle Datensätze, die dem Kriterium entsprechen, werden aus der Datenbank gelöscht. Ihr Arbeitsblatt sollte Bild 7-40 entsprechen.

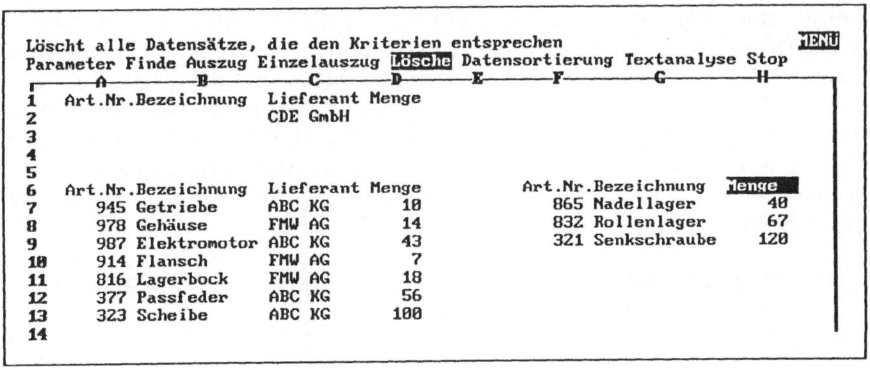

```
Löscht alle Datensätze, die den Kriterien entsprechen                       MENÜ
Parameter Finde Auszug Einzelauszug Lösche Datensortierung Textanalyse Stop
    A        B          C         D        E         F          G          H
1   Art.Nr.Bezeichnung  Lieferant Menge
2                       CDE GmbH
3
4
5
6   Art.Nr.Bezeichnung  Lieferant Menge              Art.Nr.Bezeichnung  Menge
7       945 Getriebe    ABC KG       10                 865 Nadellager      40
8       978 Gehäuse     FMW AG       14                 832 Rollenlager     67
9       987 Elektromotor ABC KG      43                 321 Senkschraube   120
10      914 Flansch     FMW AG        7
11      816 Lagerbock   FMW AG       18
12      377 Passfeder   ABC KG       56
13      323 Scheibe     ABC KG      100
14
```

Bild 7-40 Arbeitsblatt nach dem Befehl Daten Lösche Ja

7.3.6 Datensortierung

Der {Menü}-Befehl **D**aten **S**ortieren (<F10> DS) ist mit dem Sortierbefehl im MASKE-Fenster (Abschnitt 7.1.5) identisch. Deshalb wird dieser Befehl nicht weiter behandelt.

7.3.7 Das Daten Textanalyse-Kommando

Mit dem {Menü}-Befehl **D**aten **T**extanalyse (<F10> DT) ist es möglich, Arbeitsblattbereiche in eine Datenbank zu übertragen. Dabei werden die Zeichenketten so aufgeteilt, daß diese dann in die vorher definierten Felder der Datenbank passen. Es ist dabei gleichgültig, ob der Arbeitsblattbereich nur aus einer Spalte mit einer langen Zeichenkette, oder ob der Bereich aus mehreren Spalten mit kürzeren Zeichenketten besteht.

Vor dem Aufruf des {Menü}-Befehls Daten Textananlyse muß eine Datenbank mit Datenbank- und Definitionsbereich angelegt worden sein. Die Funktion Textanalyse richtet sich nach der Feldlänge im Definitionsbereich. Weiterhin müssen Sie sich im BLATT-Fenster befinden, und das Parameterblatt der Datenbank muß aufgerufen sein. Die Textzeilen müssen in einem Bereich des Arbeitsblattes stehen. Zusätzlich zum Datenbank- und Definitionsbereich muß noch der *Revisionsbereich* eingerichtet werden. In diesen Bereich werden nicht benötigte Informationen abgelegt.

7.3.8 Datenbank-Statistikfunktionen

Die Datenbank-Statistikfunktionen haben entsprechende äquivalente Funktionen in der normalen Tabellenkalkulation. So entspricht beispielsweise die Datenbank-Statistikfunktion @DSUMME der Funktion @SUMME. Die Datenbank-Statistikfunktionen arbeiten nur mit den Datensätzen aus dem Kriterienbereich und nicht mit der ganzen Datenbank. Alle statistischen Datenbankfunktionen beginnen mit **@D**. Dabei steht das Zeichen @ für *Funktion* und D für *Datenbank*. Danach stehen die Auswertungsarten. Insgesamt gibt es sieben Auswertungsarten. In den nachfolgenden Klammern müssen immer drei Argumente stehen, wie unser Beispiel zeigt:

@DMITTELWERT(Datenbankbereich,Spaltennummer,Kriterienbereich)

- *Datenbankbereich*

Er zeigt an, aus welchem Bereich die Daten ausgewählt werden. Wie der Bereich angegeben wird, durch einen Bereichsnamen oder durch eine Bereichsadresse, ist egal.

- *Spaltennummer*

Nummer des Feldes, auf das sich die Auswahl bezieht. Es ist dabei zu beachten, daß die Zählung der Spalten bei Null beginnt.

- *Kriterienbereich*

Hier wird der Bereich bestimmt, nach denen die Spalten des Datenbankbereichs ausgewertet werden. Die Angabe erfolgt entweder mit Bereichsname oder Bereichsadresse.

Symphony bietet sieben verschiedene Datenbank-Statistikfunktionen:

1. @DMITTELWERT

2. @DANZAHL

3. @DSUMME

4. @DMAX

5. @DMIN

6. @DVAR

7. @DSTDABW

@DMITTELWERT berechnet den Mittelwert der ausgewählten Datensätze. @DANZAHL ermittelt die Anzahl der Datensätze mit dem bestimmten Kriterium. Die @DMAX- bzw. @DMIN-Funktionen liefern den größten bzw. kleinsten Wert der ausgewählten Datensätze. Die @VAR- und @MITTELWERT-Funktionen berechnen die Varianz und @STDABW die Standardabweichung für die spezifizierten Felder der ausgewählten Datensätze.

Im folgenden Beispiel wollen wir unsere in Abschnitt 7.1 erstellte Lagerdatenbank auswerten. Die Lieferantendatenbank wurde bereits mit dem {Service}-Befehl Transfer Speichern (**<F9> TS**) unter dem Namen **Liefer** abgespeichert. Mit dem {Service}-Befehl Transfer Laden (**<F9> TL**) und der Angabe des Dateinamens **Lager** holen wir die Lagerdatenbank auf den Bildschirm.

Wir wollen den Lagerbestand aller Artikel wissen, die auf Lager a liegen.

Sie befinden sich im BLATT-Fenster der Lagerdatenbank. Nehmen Sie folgende Eingabe vor:

<F10> dpbk	Auswahl des {Menü}-Befehls **D**aten **P**arameter **B**asis **K**riterien.

Symphony verlangt die Angabe des Kriterienbereichs:

a26..f27 <RETURN>	Der neue Kriterienbereich soll die Zellen A26..F27 umfassen.

```
Kriterienbereich: A26..F27                                              ZEIGEN

     A         B                 C         D         E    F      G       H
15 Name      Wert              Typ       VorgabFormel  GültiEingabe  Aufforderu
16 Art.Nr.   832               L:8                                 Geben Sie
17 BezeichnRollenlager         L:20                                Geben Sie
18 EK-Preis            383,45  N:9                                 Geben Sie
19 Stück                    3  N:6                                 Geben Sie
20 Bestand            1150,35  B:8              1150,35            Geben Sie
21 Lager     b                 L:5                                 Geben Sie
22
23 Art.Nr.   Bezeichnung       EK-Preis  Stück  Bestand  Lager
24 338       Stellmutter          253,4     18   4561,2  a
25
26 Art.Nr.   Bezeichnung       EK-Preis  Stück  Bestand  Lager
27
28
29
30
31 Art.Nr.   Bezeichnung       EK-Preis  Stück  Bestand  Lager
32 338       Stellmutter          253,4     18   4561,2  a
33 321       Senkschraube         93,73     12  1124,76  a
34 373       Zyl. Schraube       118,22      8   945,76  a
                                                                        EINS
Daten Parameter Basis Kriterien
```

Bild 7-41 Kriterienbereich der Lagerdatenbank

Da wir den Bestand aller Artikel wissen wollen, die auf Lager a liegen, nehmen wir die @DSUMME-Funktion, um die Werte aus dem Kriterienbereich zu addieren. Es wird folgendermaßen vorgegangen:

sss Wählen Sie dreimal den Befehl Stop, um wieder ins Arbeitsblatt zurückzukommen.

Bewegen Sie den Zellzeiger in Zelle F27.

a <PFEIL RECHTS> Kriterieneingabe in Zelle F27. Bewegen des Zellzeigers nach Zelle G27.

Geben Sie die folgende Datenbank-Statistikfunktion ein:

@DSUMME(LAGER_DB;4;LAGER_KR) <RETURN>
Formeleingabe in Zelle G27.

Nach dem Betätigen der <RETURN>-Taste errechnet Symphony den Wert der Funktion und zeigt das Ergebnis in Zelle G27. Ihr Bildschirm sollte Bild 7-42 entsprechen:

```
G27: @DSUMME(LAGER_DB;4;LAGER_KR)                                    BLATT

    A        B                     C        D      E         F        G        H
25
26  Art.Nr.  Bezeichnung           EK-Preis Stück  Bestand   Lager
27                                                           a        7691,45
28
29
30
31  Art.Nr.  Bezeichnung           EK-Preis Stück  Bestand   Lager
32  330      Stellmutter              253,4    18   4561,2   a
33  321      Senkschraube             93,73    12  1124,76   a
34  373      Zyl. Schraube           118,22     8   945,76   a
35  323      Scheibe                   7,75   100      775   a
36  356      Spannring                 3,52    52   183,04   a
37  377      Passfeder                32,32     2    64,64   a
38  325      Distanzrohr               0,95    39    37,05   a
39  832      Rollenlager             383,45     3  1150,35   b
40  823      Anschlag                 55,76    20   1115,2   b
41  817      Lagerplatte                531     1      531   b
42  816      Lagerbock                  130     2      260   b
43  865      Nadellager               19,04     1    19,04   b
44  987      Elektromotor             267,9     5   1339,5   c
                                                                          EINS
19.03.89   10:33
```

Bild 7-42 Bestand aller Artikel in Lager a

Bei dieser Formel addiert Symphony (**@DSUMME**) alle Werte auf, die in der Spalte Bestand (4) der Lagerdatenbank (**LAGER_DB**) stehen und dem Kriterium im Kriteriumsbereich (**LAGER_KR**) entsprechen.

Nun soll der Lagerbestand aller Artikel ermittelt werden, die in Lager b liegen. Bewegen Sie dazu den Zellzeiger in Zelle F27 und überschreiben den Buchstaben a durch **b**. Die Formel in Zelle G27 bleibt unverändert. Es ändert sich nur das Kriterium im Kriteriumsbereich (Zelle F27).

Nach dem Drücken der <RETURN>-Taste errechnet Symphony den Wert der Funktion mit dem neuen Kriterium. Das Ergebnis der Berechnung zeigt Bild 7-43:

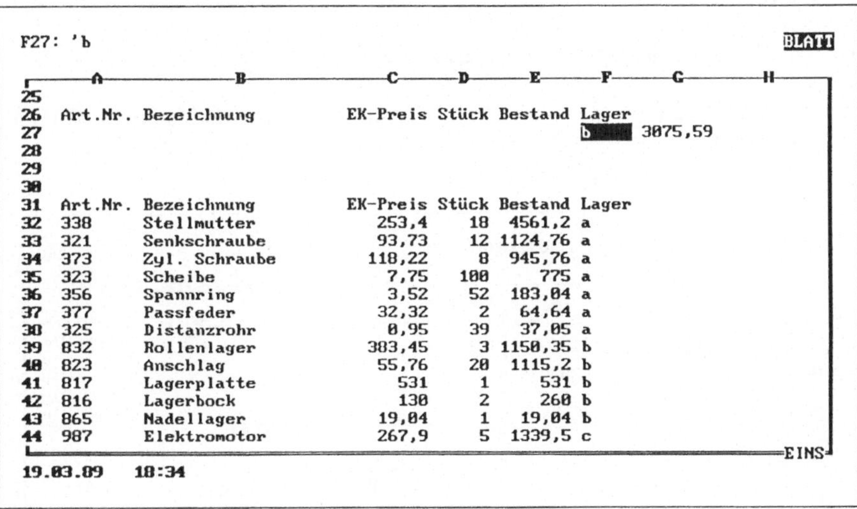

F27: 'b BLATT

	A	B	C	D	E	F	G
25							
26	Art.Nr.	Bezeichnung	EK-Preis	Stück	Bestand	Lager	
27						b	3075,59
28							
29							
30							
31	Art.Nr.	Bezeichnung	EK-Preis	Stück	Bestand	Lager	
32	330	Stellmutter	253,4	18	4561,2	a	
33	321	Senkschraube	93,73	12	1124,76	a	
34	373	Zyl. Schraube	118,22	8	945,76	a	
35	323	Scheibe	7,75	100	775	a	
36	356	Spannring	3,52	52	183,04	a	
37	377	Passfeder	32,32	2	64,64	a	
38	325	Distanzrohr	0,95	39	37,05	a	
39	832	Rollenlager	383,45	3	1150,35	b	
40	823	Anschlag	55,76	20	1115,2	b	
41	817	Lagerplatte	531	1	531	b	
42	816	Lagerbock	130	2	260	b	
43	865	Nadellager	19,04	1	19,04	b	
44	987	Elektromotor	267,9	5	1339,5	c	

EINS

19.03.89 10:34

Bild 7-43 Bestand aller Artikel in Lager b

Wollen Sie den gesamten Lagerbestand wissen, löschen Sie mit dem {Menü}-Befehl **Radiere** (<**F10**> **R**) die Eintragungen in Zelle F27. Die Zelle F27 bleibt leer. Durch Drücken der <RETURN>-Taste wird der Gesamtbestand berechnet.

7.3.9 Gültigkeitsprüfung

Symphony bietet die Möglichkeit von Gültigkeitsprüfungen mit der Spalte Gültigkeit. Die Spalte Gültigkeit im BLATT-Fenster kann jede beliebige Formel enthalten, die die Eingabe in der Spalte Wert nachprüft. Wie in der Formel-Spalte müssen Sie die Eingabe in der Spalte Gültigkeit manuell über ein BLATT-Fenster vornehmen.

Diese Formeln werden nach jeder Eingabe berechnet und ergeben einen Wert für WAHR oder FALSCH. Ist der Wert WAHR, so wird die Eingabe angenommen, ist der Wert FALSCH, ertönt nach der Eingabe ein Warnsignial und der Cursor bleibt an dieser Stelle der Eingabemaske stehen. In diesem Fall wird die <ESC>-Taste gedrückt und die Eingabe wiederholt.

In unserem Beispiel soll eine Gültigkeitsprüfung vorgenommen werden, die nur die Eingabe von drei möglichen Lagerorten a, b oder c erlaubt. Die Eingabe eines anderen Lagerortes soll zurückgewiesen werden. Bewegen Sie dazu den Zellzeiger in Zelle F21 und nehmen die folgende Eingabe vor:

+b21="a"#oder#+b21="b"#oder#+b21="c"

Nach dem Betätigen der <RETURN>-Taste sollte Ihr Bildschirm folgendermaßen aussehen:

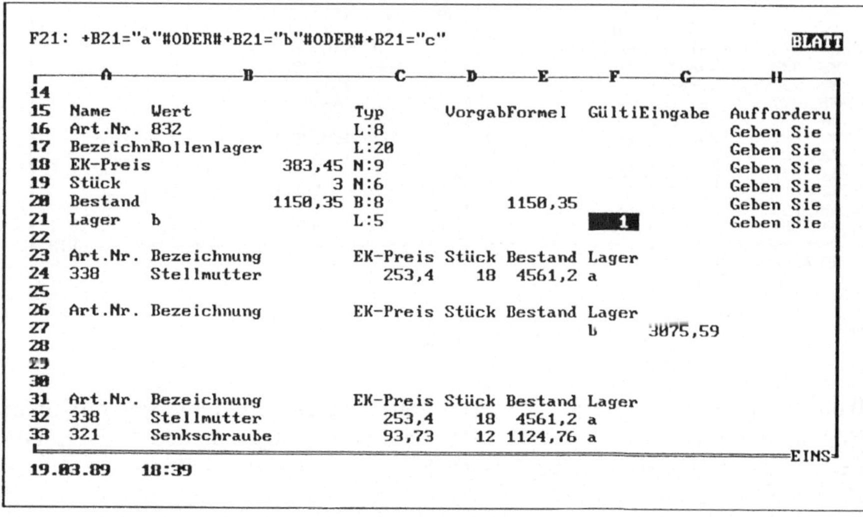

Bild 7-44 Eingabe der logischen Formel in die Spalte Gülitigkeit

<ALT> F9 Umschalten in das MASKE-Fenster.

Versuchen Sie einen neuen Datensatz (Datensatz 18) anzulegen. Geben Sie im Feld Lager **d** als Lagerort an. Die Eingabe wird nicht angenommen, es ertönt ein Warnton und der Cursor bleibt an dieser Stelle der Eingabemaske stehen.

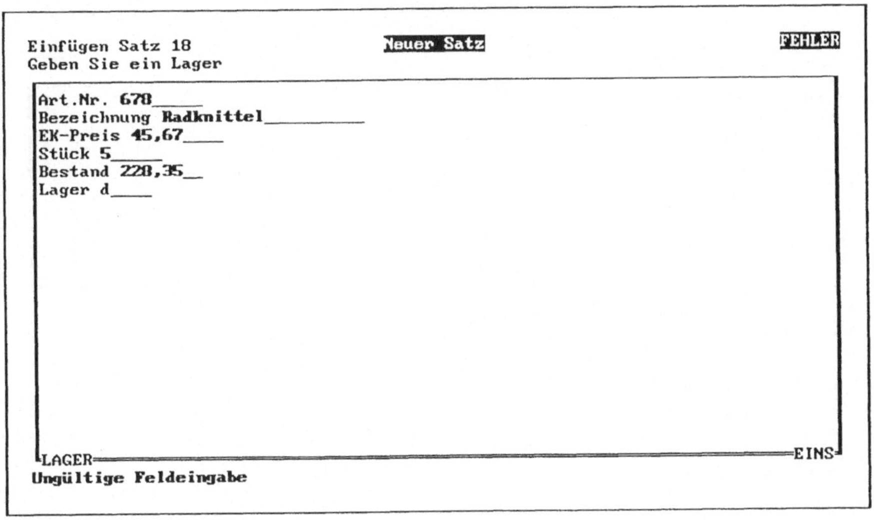

```
Einfügen Satz 18                    Neuer Satz                    FEHLER
Geben Sie ein Lager

Art.Nr. 678____
Bezeichnung Radknittel_________
EK-Preis 45,67____
Stück 5_____
Bestand 228,35__
Lager d____

LAGER=========================================================EINS
Ungültige Feldeingabe
```

Bild 7-45 Ungültige Eingabe im Feld Lager

7.4 Verändern der Eingabemaske

Mit dem MASKE-Befehl Generiere wird die Eingabemaske automatisch angelegt. Wie bereits aus den letzten Kapiteln zu erkennen war, ist eine Datenbank nicht statisch, sie ist auch Veränderungen unterworfen. So ist es möglich, die Eingabemaske nach speziellen Anforderungen zu verändern. Beispielsweise die Anordnung der Eingabefelder, die Anzahl der Zeichen in einem bestimmten Datenfeld; oder man kann auch neue Eingabefelder zusätzlich aufnehmen und auch Eingabefelder löschen.

Anhand unserer in Kapitel 7.1 erstellten Lagerdatenbank wollen wir die Standard-Eingabemaske verändern. Mit den Feld-Befehlen können Felder in einer Eingabemaske und den zugehörigen Datenbankbereichen geändert werden.

7.4.1 Bewegen eines Feldes

Wir befinden uns im MASKE-Fenster der Lagerdatenbank.

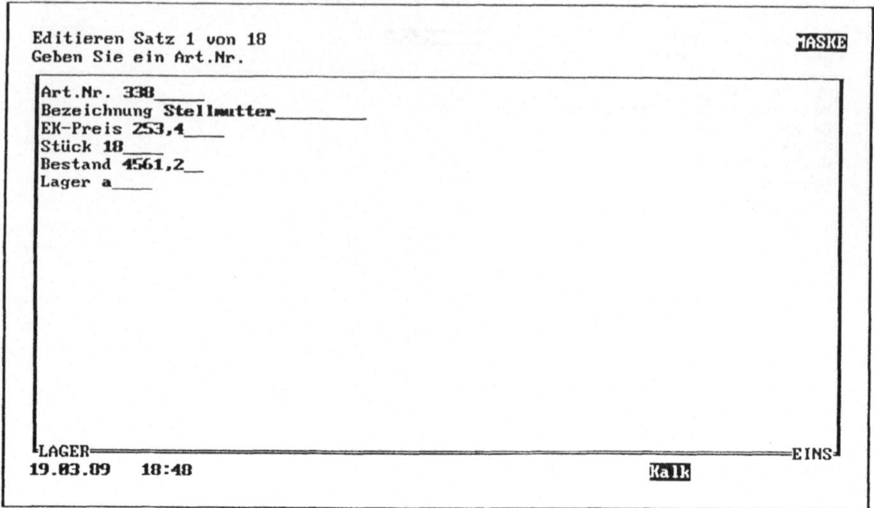

Bild 7-46 MASKE-Fenster der Lagerdatenbank

Der {Menü}-Befehl **Feld Bewegen** (**<F10> FB**) bewegt ein Feld in einer Maske an eine neue Stelle in der Maske.

In unsere Eingabmaske soll das Feld Bezeichnung eine Zeile weiter nach oben gesetzt werden. Es wird dabei wie folgt vorgegangen:

<F10> fb Auswahl des {Menü}-Befehl Feld Bewegen.

Es erscheint folgendes Bild:

```
Welches Feld bewegen: ART.NR.                                ZEIGEN
```

Bild 7-47 Auswahl des Feldes Bewegen

Das zu bewegende Feld kann nun ausgwählt werden. Mit der <PFEIL UNTEN>-Taste wird der Cursor in das Feld Bezeichnung bewegt. Es kann auch der Feldname eingegeben werden.

Ihr Bildschirm sollte nun Bild 7-48 entsprechen.

```
Welches Feld bewegen:  BEZEICHNUNG                                ZEIGEN

Art.Nr. ________
Bezeichnung
EK-Preis _________
Stück ______
Bestand ________
Lager _____

LAGER=====================================================EINS
Feld  Bewegen                                          Kalk
```

Bild 7-48 Auswahl des Feldes Bezeichnung

Nach dem Drücken der <RETURN>-Taste wird der Cursor durch 20 maliges Betätigen der <PFEIL RECHTS>-Taste zu der neuen Stelle gesetzt. Bild 7-49 zeigt die Position des Cursors.

```
Position für das Feld wählen                                      ZEIGEN

Art.Nr. ________    █
Bezeichnung ____________________
EK-Preis _________
Stück ______
Bestand ________
Lager _____
```

Bild 7-49 Neue Position für das Feld Bezeichnung

Achtung! Wählen Sie keine Position, welche die Unterstreichungszeichen eines anderen Datenfeldes betreffen.

Betätigen Sie nun die <RETURN>-Taste. Es erscheint die Meldung **Versetzt möglicherw. Daten links/unterh. der Datenbankbereiche. Weiter ?** Da in unserem Fall die Position des Feldes im Datenbank-, Kriterien- und Reportbereich durch das Versetzen nicht betroffen ist, können wir mit **Ja** bestätigen. Ihr Bildschirm sollte nun der folgenden Abbildung entsprechen.

```
Bewegt ein Feld zu einer neuen Position in der Maske                MENÜ
Einfügen  Löschen  Bewegen  Stop

Art.Nr. _______      Bezeichnung __________________

EK-Preis ________
Stück _____
Bestand _______
Lager ____
```

Bild 7-50 Veränderte Eingabemaske

Achtung! Symphony hat das Feld in der Eingabemaske bewegt. Die Position des Feldes wurde im BLATT-Fenster im Kriterien-, Report- und Definitionsbereich nicht geändert.

Auf dieselbe Weise soll das Feld Stück in die Zeile des Feldes EK-Preis bewegt werden.

<F10> fb Auswahl des {Menü}-Befehls **F**eld **B**ewegen.

Wählen Sie das Feld Stück, indem Sie den Zellzeiger auf dieses Feld setzen und die <RETURN>-Taste betätigen. Positionieren Sie den Cursor auf dieselbe Stelle wie in Bild 7-51 unter das Wort Bezeichnung. Betätigen Sie die <RETURN>-Taste und bestätigen Sie die darauf folgende Abfrage mit **Ja**. Ihr Bildschirm sollte nun Bild 7-52 entsprechen.

```
Bewegt ein Feld zu einer neuen Position in der Maske                MENÜ
Einfügen  Löschen  Bewegen  Stop

Art.Nr. _______      Bezeichnung __________________

EK-Preis ________    Stück _____

Bestand _______
Lager ____
```

Bild 7-51 Neue Eingabemaske

Bringen Sie auf die gleiche Weise das Feld Bestand in die Zeile von EK-Preis. Ihr Bildschirm sollte nun Bild 7-52 entsprechen.

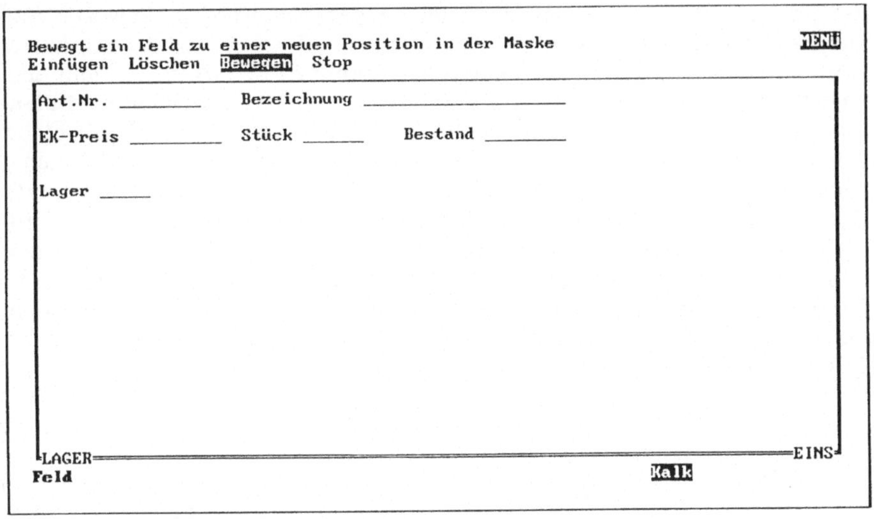

```
Bewegt ein Feld zu einer neuen Position in der Maske                    MENÜ
Einfügen  Löschen  Bewegen  Stop

Art.Nr. ________     Bezeichnung ____________________

EK-Preis _________   Stück ______    Bestand ________


Lager _____


LAGER                                                                   EINS
Feld                                                        Kalk
```

Bild 7-52 Geänderte Eingabemaske

Mit Stop (S) verschwindet das Menü auf dem Bildschirm.

7.4.2 Einfügen eines Feldes

Um ein neues Feld in die bestehende Eingabemaske einzufügen, wird wie folgt vorgegangen:

<F10> fe Auswahl des (Menü)-Befehls **Feld Einfügen.**

Symphony fragt nach dem neuen Feldnamen. Wir wollen nach dem Feld Bezeichnung das neue Feld **Warengruppe** eingeben.

Warengruppe <RETURN> Angabe des Feldnamens.

Nach dem Betätigen der <RETURN>-Taste fragt Symphony nach dem Feldtyp. Als mögliche Feldtypen sind Label, Numerisch, Datum, Zeit und Berechnet möglich. Das Feld Warengruppe soll ein Labelfeld sein. Da sich der Zellzeiger schon auf Label befindet kann sofort die <RETURN>-Taste betätigt werden. Symphony fragt nun nach der Feldlänge. Das neue Feld soll zwei Stellen lang sein. Übertippen Sie deshalb den vorgeschlagenen Wert von 9 mit 2.

2 <RETURN> Angabe der Feldlänge.

Es kann die Position des neuen Feldes angegeben werden. Bewegen Sie mit der <PFEIL RECHTS>-Taste den Cursor 3 Zeichen hinter das letzte Unterstreichungszeichen des Feldes Bezeichnung. Betätigen Sie nun die <RETURN>-Taste. Es erscheint die Meldung: **Versetzt möglicherw. Daten links/unterh. der Datenbankbereiche. Weiter?** Durch das Einfügen eines neuen Feldes in die Datenbank wird der Kriterien-, Report- und Datenbankbereich im BLATT-Fenster um eine Spalte nach rechts erweitert. Daten rechts dieser Bereiche werden versetzt. Nach unten erweitert wird der Definitionsbereich und möglicherweise der Eingabebereich. Daten unter diesen Bereichen werden versetzt. Da in unserem Fall rechts dieser Bereiche und unterhalb dieser Bereiche im BLATT-Fenster keine Daten mehr stehen, können wir mit **Ja** bestätigen. Ihr Bildschirm sollte Bild 7-53 entsprechen.

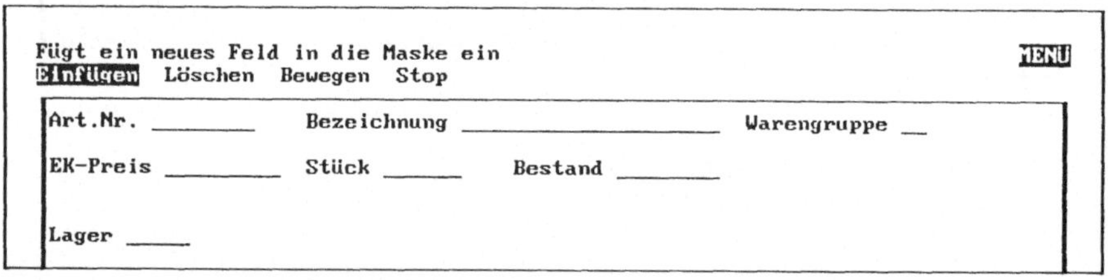

```
Fügt ein neues Feld in die Maske ein                                        MENU
Einfügen  Löschen  Bewegen  Stop

Art.Nr. _______    Bezeichnung __________________    Warengruppe __

EK-Preis ________  Stück _____    Bestand _______

Lager _____
```

Bild 7-53 Veränderte Eingabemaske

Achtung! Das neue Feld wurde im BLATT-Fenster an der richtigen Stelle im Kriterien-, Report- und Definitionsbereich eingefügt.

7.4.3 Löschen eines Feldes

Gelegentlich müssen nicht mehr benötigte Felder aus der Eingabemaske gelöscht werden. Dies ist mit dem {Menü}-Befehl **Feld Löschen** (**<F10> FL**) möglich. Nach Auswahl des Befehls Feld Lösche wird das zu löschende Feld in der Maske mit dem Cursor angefahren oder der Feldname wird eingegeben. Nach dem Betätigen der <RETURN>-Taste wird nochmals abgefragt ob das ausgewählte Feld auch tatsächlich gelöscht werden soll. Bei der Wahl von **Ja** wird das hervorgehobene Feld gelöscht. Bei der Wahl von **Nein** wird der Löschvorgang rückgängig gemacht.

Achtung! Der hervorgehobene Bereich kann so erweitert werden, daß zusätzliche Kommentare rechts und links neben dem zu löschenden Feld mit aufgenommen werden. Mit der <EDIT>-Taste (<F2>-Taste) und der <PFEIL RECHTS>- bzw. <PFEIL LINKS>-Taste wird der ganze zu löschende Text hervorgehoben. Mit der <TAB>-Taste oder <PUNKT>-Taste wird die Position des Cursors innerhalb des hervorgehobenen Bereichs geändert. Die Hervorhebung kann nicht bis zu den Unterstreichungszeichen eines anderen Feldes erweitert werden.

Die entsprechenden Daten in den Datenbank-, Kriterien- und Reportbereichen werden nicht gelöscht. Sollen die Daten auch aus diesen Bereichen gelöscht werden, so müssen sie mit dem Löschen-Befehl im BLATT-Fenster gelöscht werden.

7.4.4 Änderungen der Eingabemaske im BLATT-Fenster

Folgende Möglichkeiten bietet Symphony im BLATT-Fenster Änderungen vorzunehmen:

7.4.4.1 Änderungen des Feldnamens

Änderungen des Feldnamens bzw. des Textes vor den Unterstreichungszeichen. Im BLATT-Fenster wird der Zellzeiger in die entsprechende Zeile des Eingabebereiches gebracht und die EDIT-Taste wird gedrückt. Danach kann der Feldname wie jeder andere Zelleintrag in dem Arbeitsblatt geändert werden.

Der Feldname Stück soll in Menge umgeändert werden. Schalten Sie mit der {Umschalt}-Taste (<ALT> F9) vom MASKE-Fenster ins BLATT-Fenster der Lagerdatenbank um. Ihr Bildschirm sollte Bild 7-54 entsprechen.

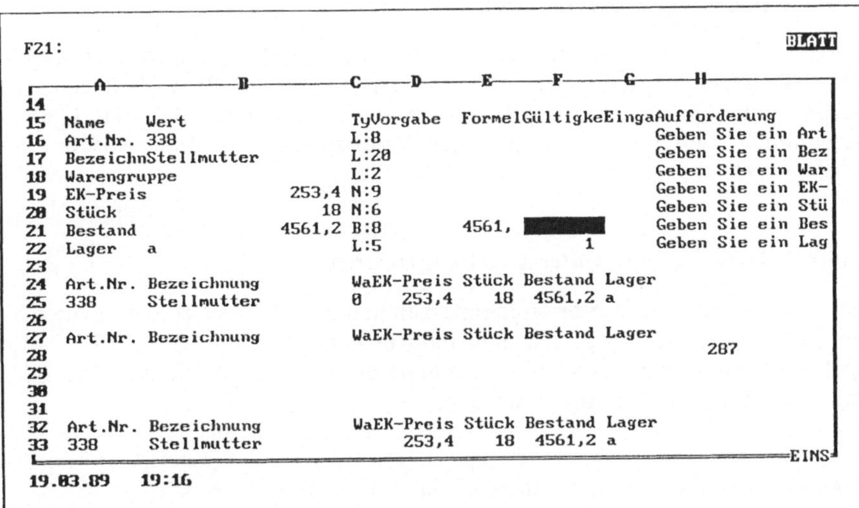

Bild 7-54 Lagerdatenbank im BLATT-Fenster

Bewegen Sie den Zellzeiger in Zelle A10 und Betätigen die {Edit}-Taste (<F2>-Taste). Im Eingabefeld erscheint die gesamte Zelle A10. Bringen Sie den Cursor mit der <PFEIL LINKS>-Taste zu dem Blank vor Stück. Mit der <RÜCKTASTE> löschen Sie Stück und fügen dafür Menge ein. Der Bildschirm sollte Bild 7-55 entsprechen.

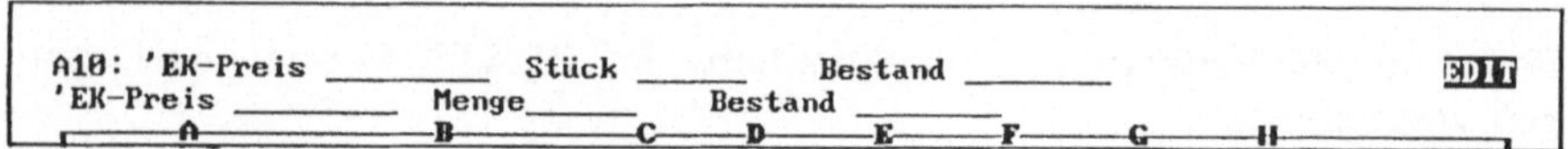

Bild 7-55 Editieren von Zelle A10

Durch Betätigen der <RETURN>-Taste wird das Editieren abgeschlossen. Schalten Sie wieder mit der {Umschalt}-Taste (<ALT><F9>) in das MASKE-Fenster der Lagerdatenbank um. Wie Sie sehen, wurde der Feldname Stück im BLATT-Fenster durch den Feldnamen Menge ersetzt.

Achtung! Die Feldnamen in dem Eingabebereich werden angezeigt, um die Eingabe der Datensätze in die Eingabemaske zu vereinfachen. Der Text dieser Feldnamen kann jederzeit geändert werden, ohne daß sich dies auf die Feldnamen in anderen Datenbankbereichen auswirkt. Das einzige signifikante Zeichen im Eingabebereich sind die Unterstreichungszeichen.

7.4.4.2 Hinzufügen von Leerstellen

Genauso ist es möglich Leerstellen zwischen Feldname und Unterstreichungszeichen hinzuzufügen. Der Zellzeiger wird im BLATT-Fenster zu einem Feld bewegt und die EDIT Taste wird gedrückt. Danach können Leerstellen zwischen dem Ende des Feldnamens und dem Anfang der Unterstreichungszeichen hinzugefügt werden.

7.4.4.3 Änderung der Unterstreichungszeichen

Es ist auch möglich Unterstreichungszeichen zu Löschen oder Hinzuzufügen, indem der Zellzeiger zu dem Feld bewegt wird und die {Edit}-Taste gedrückt wird. Danach können Untersteichungszeichen hinzugefügt oder mit der {Rücktaste} gelöscht werden.

7.4.4.4 Hinzufügen von Erläuterungen

Hinzufügen von Erläuterungen in der Eingabemaske, indem mit dem Befehl Einfügen Zeilen Leerzeilen am Anfang oder Ende der Eingabemaske eingefügt werden. Danach können die gewünschten Erläuterungen in die leeren Zellen eingegeben werden.

7.5 Datenbank-Reporte drucken

Ein weiteres wichtiges und leistungsfähiges Modul, das Symphony innerhalb seiner Datenbank anbietet, sind die Druckmöglichkeiten. Im Gegensatz zu Lotus 1-2-3 sind die Druckmöglichkeiten der Symphony-Datenbank weitaus komfortabler. In diesem Kapitel erläutern wir drei Beispiele von Symphonys Datenbank-Druckmöglichkeiten: Drucken einer Datenbank, Drucken von Adreßetiketten und Drucken von Serienbriefen. Im einzelnen wird wie folgt vorgegangen:

1. Drucken einer Datenbank
2. Bestimmte Datensätze ausdrucken
3. Ausdrucken einer Kopfzeile
4. Ausdrucken einer Fußzeile
5. Datenbank nach Gruppen drucken
6. Drucken von Adreßetiketten
7. Drucken eines Serienbriefes.

7.5.1 Drucken einer Datenbank

Wir wollen die bereits bekannte Lagerdatenbank ausdrucken, die wir in Abschnitt 7.1 angelegt haben. Nachdem Sie die Lagerdatenbank mit dem {Service}-Befehl Transfer Laden (**<F9> TL**) und der Angabe des Dateinamnes **LAGER** auf den Bildschirm gebracht haben, sollten Sie sich im MASKE-Fenster befinden.

Bevor mit den eigentlichen Befehlen zum Ausdrucken einer Datenbank gearbeitet wird, löschen Sie die in Kapitel 7.1 angelegten Kriteriensätze. Es wird wie folgt vorgegangen:

<F10> ke — Wahl des {Menü}-Befehls **K**riterien **E**ditiere.

<DEL> — Betätigen der Lösch-Taste.

Symphony fragt nun, ob der Kriteriensatz gelöscht werden soll.

j — Auswahl von **J**a. Der Kriteriensatz wird gelöscht.

3 mal <ESC> — Verlassen des Editier-Modus.

Sind noch weitere Kriteriensätze vorhanden, werden diese auf die gleiche Weise gelöscht. Haben Sie alle Kriteriensätze gelöscht, schalten Sie mit der UMSCHALT-Taste (<ALT> <F9>) in ein BLATT-Fenster um.

a) Quellbereich definieren

Um den Quellbereich für den Ausdruck zu definieren, wird wie folgt vorgegangen:

<F9> apq	Wahl des {Service}-Befehls Ausdruck Parameter Quelle.

Es erscheint folgendes Bild:

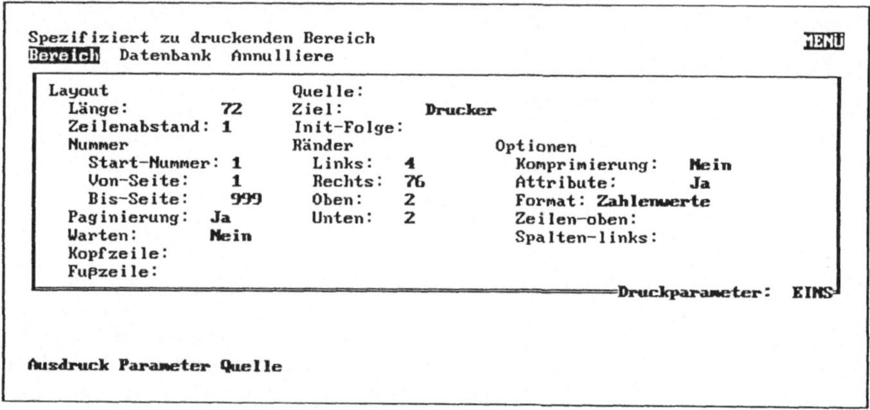

Bild 7-56 Ausdruck Parameter Quelle-Menü

Da wir eine Datenbankliste ausdrucken wollen, wählen wir die Funktion **Datenbank (d)**. Wählen Sie in der gezeigten Liste das Parameterblatt **LAGER** aus. Bewegen Sie dazu den hellen Balken über das Wort Lager und Betätigen die <RETURN>-Taste. Symphony zeigt nun die Auswahl im aktuellen Druck-Parameterblatt an und geht zum Parameter-Menü zurück.

b) Randeinstellung

Hier sollte sichergestellt werden, daß der linke und rechte Rand groß genug ist, um unsere Lagerdatenbank sinnvoll ausdrucken zu können. Sind die Ausdruckzeilen der Lagerdatenbank größer, als die Randeinstellungen zulassen, entstehen völlig unbrauchbare Listen. Die einzelnen Zeilen werden auseinandergerissen und auf dem nächsten Blatt gedruckt. Beim Anlegen der Datenbank mit dem Kommando Generiere hat Symphony automatisch die Breite der Spalten zusätzlich um ein Zeichen verbreitert. Das Feld Art.Nr. wurde z.B. auf eine Spaltenbreite von 9 Zeichen gesetzt. Wir sollten nun feststellen, wieviel Zeichen pro Zeile die Lagerdatenbank zum Ausdruck benötigt:

Art.Nr.	8 + 1 = 9
Bezeichnung	20 + 1 = 21
EK-Preis	9 + 1 = 10
Stück	6 + 1 = 7
Bestand	8 + 1 = 9
Lager	5 + 1 = 6
Gesamt	62

In unserem Beispiel benötigen wir 62 Zeichen pro Zeile. Bei der Standardeinstellung von 4 Zeichen für den linken Rand müßte der rechte Rand mindestens auf 66 Zeichen eingestellt sein, um einen brauchbaren Ausdruck zu erhalten. Die Standardeinstellung des rechten Randes von 76 Zeichen reicht also aus.

Mit dem {Service}-Befehlen Ausdruck **P**arameter **R**änder (**<F9> APR**) **L**inks bzw. **R**echts können Sie die entsprechenden Randeinstellungen, wenn nötig, ändern.

c) Drucken der Liste

Befinden Sie sich noch im Parameterblatt, gehen Sie mit der <ESC>-Taste zurück in das Ausdruck-Menü. Überprüfen Sie, ob Ihr Papier im Drukker richtig eingestellt ist. Wählen Sie die Funktion **J**ustiere (**J**) und danach die Funktion **D**rucke (**D**). Symphony druckt nun eine Liste, die in Bild 7-57 dargestellt ist.

Art.Nr.	Bezeichnung	EK-Preis	Stück	Bestand	Lager
338	Stellmutter	253,4	18	4561,2	a
321	Senkschraube	93,73	12	1124,76	a
373	Zyl. Schraube	118,22	8	945,76	a
323	Scheibe	7,75	100	775	a
356	Spannring	3,52	52	183,04	a
377	Passfeder	32,32	2	64,64	a
325	Distanzrohr	0,95	39	37,05	a
832	Rollenlager	383,45	3	1150,35	b
823	Anschlag	55,76	20	1115,2	b
817	Lagerplatte	531	1	531	b
816	Lagerbock	130	2	260	b
865	Nadellager	19,04	1	19,04	b
987	Elektromotor	267,9	5	1339,5	c
978	Gehäuse	123,8	4	495,2	c
914	Flansch	32,8	10	328	c
945	Getriebe	86,57	3	259,71	c
947	Welle	56,5	2	113	c

Bild 7-57 Listenausdruck der Lagerdatenbank

Mit dem Befehl Neue-Seite (N) wird ein Seiten-Vorschub ausgelöst.

7.5.2 Bestimmte Datensätze ausdrucken

Wir wollen alle Datensätze ausdrucken, die in Lager a liegen. Geben Sie dazu in den Kriterienbereich im Kriterienfeld (Zelle F27) **a** ein. Ihr Bildschirm sollte der folgenden Abbildung entsprechen:

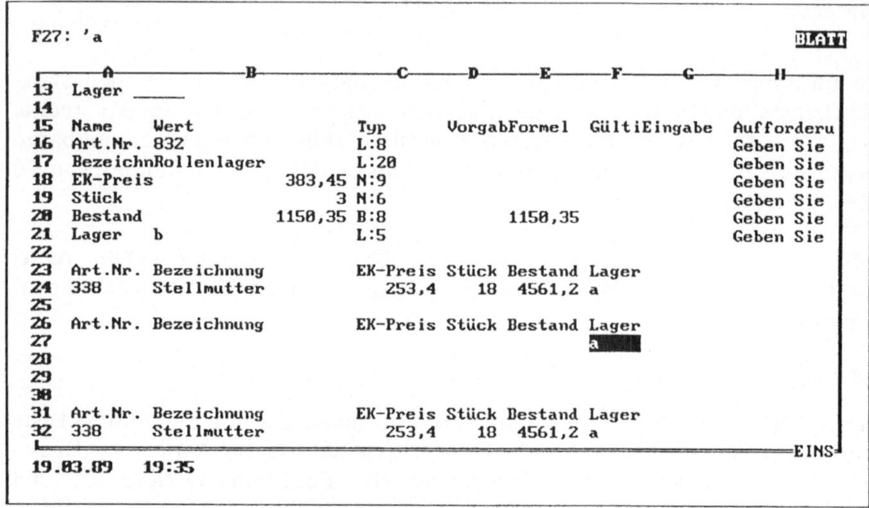

Bild 7-58 Eingabe eines Kriteriums

Mit dem {Service}-Befehl Ausdruck **D**rucke (**<F9> AD**) druckt Symphony nur die Datensätze aus, die diesem Auswahlkriterium entsprechen. Wie Bild 7-59 zeigt, werden alle Artikel ausgedruckt, die in Lager a liegen.

Art.Nr.	Bezeichnung	EK-Preis	Stück	Bestand	Lager
338	Stellmutter	253,4	18	4561,2	a
321	Senkschraube	93,73	12	1124,76	a
373	Zyl. Schraube	118,22	8	945,76	a
323	Scheibe	7,75	100	775	a
356	Spannring	3,52	52	183,04	a
377	Passfeder	32,32	2	64,64	a
325	Distanzrohr	0,95	39	37,05	a

Bild 7-59 Ausdruck aller Lagerartikel im Lager a

Achtung! Das Kriterium kann auch im MASKE-Fenster in dem bestimmten Feld mit dem {Menü}-Befehl Kriterien Editiere (<F10> KE) eingegeben werden.

7.5.3 Ausdrucken einer Kopfzeile

Symphony legt beim Generieren einer Datenbank die Reportbereiche *Hauptteil* und *Oben* automatisch an. Beim Ausdruck von einem Report, wird er Hauptteil einmal für alle Datensätze in der Datenbank gedruckt. Zum Hauptteil ist der Reportbereich oben definiert (Zeile 23). Er enthält grundsätzlich die Feldnamen der Datenbank und wird einmal zu Beginn einer jeden neuen Seite gedruckt. Wir wollen den oberen Reportbereich um eine Zeile ergänzen. Aus Gründen der Übersichtlichkeit soll beim Ausdruck noch eine Trennlinie zwischen den Feldnamen der Datenbank und den Datensätzen eingefügt werden.

Als erstes muß eine leere Zeile in den Reportbereich oben eingefügt werden. Bewegen Sie dazu den Zellzeiger in die Zelle A24. Rufen Sie den {Menü}-Befehl Einfügen Zeile (**<F10> EZ**) auf und drücken anschließend die <RETURN>-Taste. Füllen Sie nun die Zeile 24 im Bereich von A24 bis F24 mit Trennungslinien auf, so wie in Bild 7-60 dargestellt.

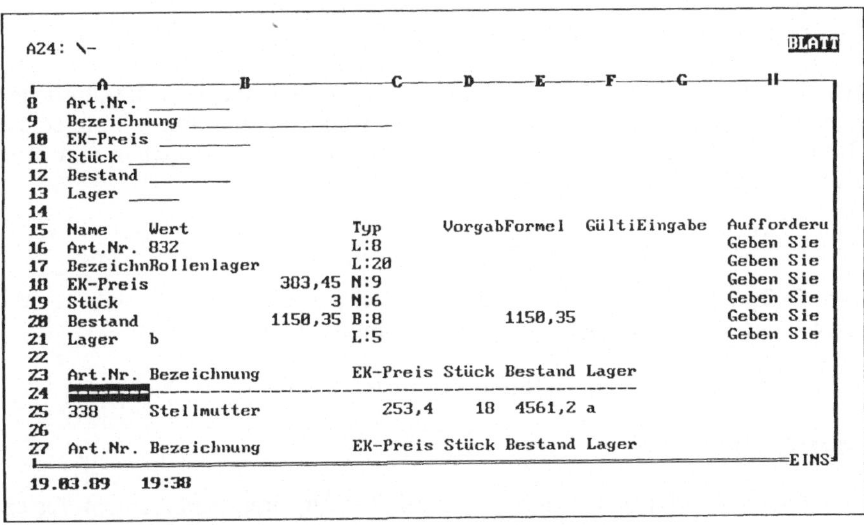

Bild 7-60 Reportbereich oben

Der obere Bereich muß entsprechend erweitert werden.

<F10> dpro	Auswahl des {Menü}-Befehls **D**aten **P**arameter **R**eport **O**ben.
<PFEIL UNTEN>	Erweitern Sie den Bereich um eine Zeile nach unten. Der Reportbereich oben sollte nun die Zellen **A23..F24** umfassen.

<RETURN> Abspeichern des oberen Reportbereichs.

Mit dem {Service}-Befehl Ausdruck **D**rucke (<F9> AD) werden die Lagerartikel mit der neuen Kopfzeile ausgedruckt.

Art.Nr.	Bezeichnung	EK-Preis	Stück	Bestand	Lager
338	Stellmutter	253,4	18	4561,2	a
321	Senkschraube	93,73	12	1124,76	a
373	Zyl. Schraube	118,22	8	945,76	a
323	Scheibe	7,75	100	775	a
356	Spannring	3,52	52	183,04	a
377	Passfeder	32,32	2	64,64	a
325	Distanzrohr	0,95	39	37,05	a

Bild 7-61 Neue Kopfzeile

7.5.4 Ausdrucken einer Fußzeile

Wie bereits erwähnt wird der Reportbereich oben und der Hauptteil des Reportbereichs automatisch angelegt. Der Reportbereich unten muß selbst definiert werden. In unserem Beispiel soll der Reportbereich unten eine Fußzeile sein.

a) Eingabe der Datenbankfunktion

Die Fußzeile soll die Anzahl der gedruckten Datensätze angeben. Wir verwenden dazu die Datenbankfunktion @DANZAHL.

In unserem Beispiel soll am Ende der Liste folgender Text stehen:

Anzahl Artikel: xxx

Die Fußzeile setzt sich somit aus zwei Texten zusammen, einem festen Text **Anzahl Artikel:** und einem variablen Text, der die Anzahl der Lagerartikel enthält. Bewegen Sie den Zellzeiger in Zelle A26. Tragen Sie folgende Formel in diese Zelle ein:

+"Anzahl Artikel:"&@FOLGE(@DANZAHL (LAGER_DB;0;LAGER_KR);0)

Nach dem Betätigen der <RETURN>-Taste sollte Ihr Bildschirm folgendermaßen aussehen:

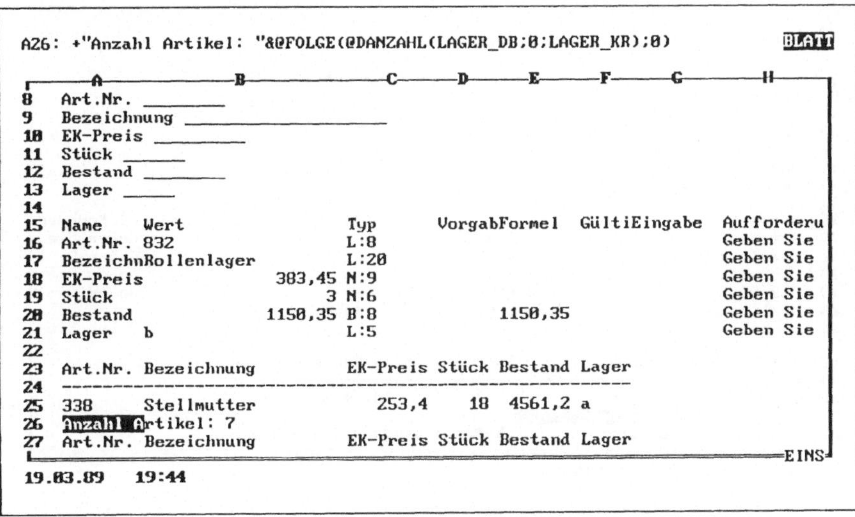

Bild 7-62 Eingabe der Datenbankfunktion

Die Funktion @FOLGE wandelt die Zahl mit der Anzahl der Lagerartikel in eine Zeichenfolge um. Diese Zeichenfolge wird dem festen Text angefügt. In unserem Fall sind es 7 Artikel, die auf Lager A liegen.

b) Angabe des unteren Report-Bereiches

Nun müssen Sie den Bereich angeben, der den Text für die Fußzeile enthält. Folgende Befehlsfolge wird dazu benötigt:

<F10> dpru	Auswahl des {Menü}-Befehls **D**aten **P**arameter **R**eport **U**nten.

Der Bereich für die Fußzeile ist in den Zellen A26..B26 enthalten. Bewegen Sie den Zellzeiger in die Zelle A26. Verankern Sie mit der <PUNKT>-Taste die Zelle A26. Erweitern Sie den Bereich mit der <PFEIL RECHTS>-Taste um eine Zelle. Ihr Bildschirm sollte nun Bild 7-63 entsprechen.

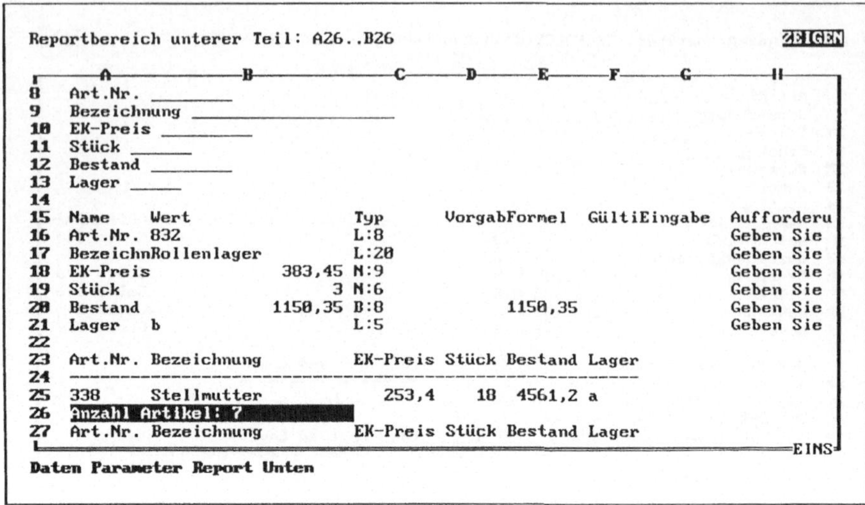

Bild 7-63 Angabe des unteren Report-Bereiches

Mit der <RETURN>-Taste wird der untere Bereich abgespeichert. Durch dreimalige Wahl des Befehls Stop (S) gelangen Sie ins Arbeitsblatt zurück.

c) Löschen des Kriterienbereiches

Vor dem Ausdruck muß noch der Kriterienbereich gelöscht werden. Bewegen Sie den Zellzeiger in Zelle F28. Wählen Sie den {Menü}-Befehl **R**adiere (<F10> **R**). Durch anschließendes Drücken der <RETURN>-Taste wird der Inhalt in Zelle F28 gelöscht.

d) Starten des Druckvorgangs

Mit dem {Service}-Befehl **A**usdruck **D**rucke (<F9> **AD**) werden alle Lagerartikel ausgedruckt. Ihr Ausdruck sollte Bild 7-64 entsprechen:

Art.Nr.	Bezeichnung	EK-Preis	Stück	Bestand	Lager
338	Stellmutter	253,4	18	4561,2	a
321	Senkschraube	93,73	12	1124,76	a
373	Zyl. Schraube	118,22	8	945,76	a
323	Scheibe	7,75	100	775	a
356	Spannring	3,52	52	183,04	a
377	Passfeder	32,32	2	64,64	a
325	Distanzrohr	0,95	39	37,05	a
832	Rollenlager	383,45	3	1150,35	b
823	Anschlag	55,76	20	1115,2	b
817	Lagerplatte	531	1	531	b
816	Lagerbock	130	2	260	b
865	Nadellager	19,04	1	19,04	b
987	Elektromotor	267,9	5	1339,5	c
978	Gehäuse	123,8	4	495,2	c
914	Flansch	32,8	10	328	c
945	Getriebe	86,57	3	259,71	c
947	Welle	56,5	2	113	c
Anzahl Artikel: 17					

Bild 7-64 Liste mit Fußzeile

7.5.5 Datenbank nach Gruppen drucken

Die Lagerliste soll nun so ausgedruckt werden, daß die Lagerartikel für jedes Lager zu Gruppen zusammengefaßt werden. Jede Liste (Lager a, Lager b, Lager c) soll als Fußzeile die Anzahl der Lagerartikel je Lager enthalten. Die nächste Liste soll wieder auf der nächsten Seite beginnen. Es wird folgendermaßen vorgegangen:

a) Erstellen einer Kriterienliste

Man erstellt in einem Bereich des Arbeitsblattes eine vollständige Liste der Lagerorte. In der Lagerdatenbank gibt es drei verschiedenen Lagerorte: a, b, c. Diese drei Buchstaben werden in einen leeren Bereich eingegeben. Bewegen Sie den Zellzeiger in Zelle H23 und machen folgende Eingabe:

a <PFEIL UNTEN>	Eingabe des ersten Auswahlkriteriums in Zelle H23.
b <PFEIL UNTEN>	Eingabe des zweiten Auswahlkriteriums in Zelle H24.
c <RETURN>	Eingabe des dritten Auswahlkriteriums in Zelle H25.

Ihr Bildschirm sollte Bild 7-65 entsprechen.

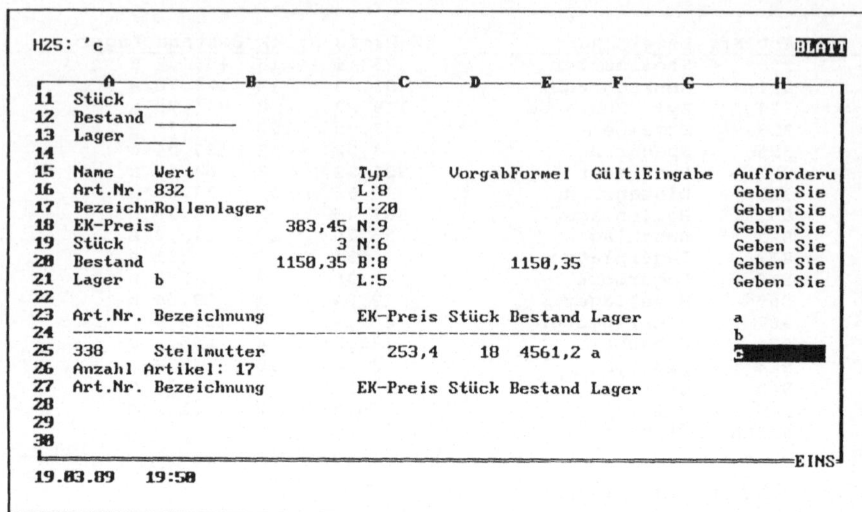

Bild 7-65 Eingabe der Kriterienliste

b) Spezifizieren des Bereiches

Mit dem {Menü}-Befehl **Daten Parameter Report Typ Mehrmalig** (**<F10> DPRTM**) wird man dazu aufgefordert, eine Eingabeliste anzugeben. Man wählt den Bereich, in dem die Lagerorte stehen.

<F10> dprtm	Wählen Sie den {Menü}-Befehl Daten Parameter Report Typ Mehrmalig.

Symphony fragt nach der Eingabeliste.

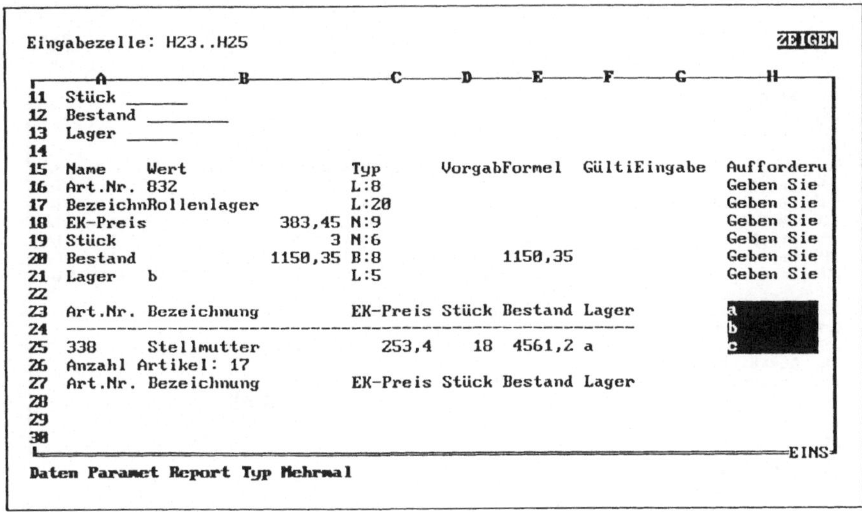

Bild 7-66 Angabe des Kriterienbereiches

h23..h25 <RETURN> Angabe des Kriterienbereiches.

Achtung! Der Bereich darf keine Leerzeilen enthalten, denn für jede leere Zelle wird ein vollständiger Datenbankausdruck erstellt.

Symphony fordert dazu auf, eine Eingabezelle zu spezifizieren. Man gibt die Zelle im Kriterienbereich an, in der die einzelnen Kriterien (a, b, c) normalerweise stehen müßten. In unserem Fall ist dies die Zelle **F28**. Bewegen Sie den Zellzeiger in die Zelle **F28**. Der Bildschirminhalt sollte Bild 7-67 entsprechen:

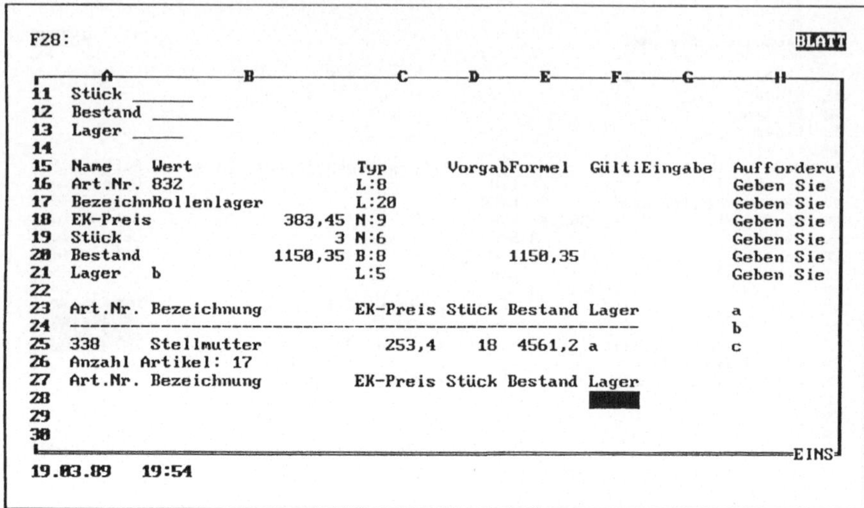

Bild 7-67 Angabe der Zelle im Kriterienbereich

Nach dem Drücken der <RETURN>-Taste erscheint das Datenbank-Parameterblatt (s. Bild 7-68):

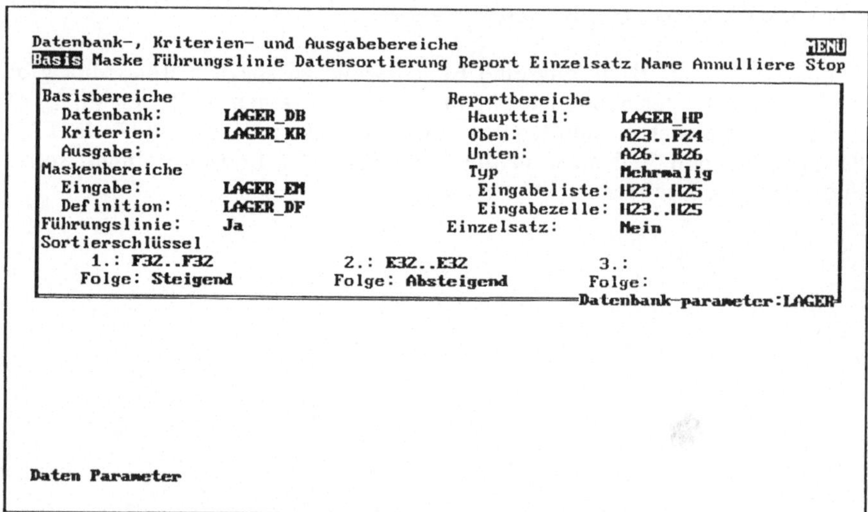

Bild 7-68 Datenbank-Parameterblatt

Durch dreimaliges Aufrufen des Stop-Befehls gelangen Sie in das Arbeitsblatt zurück.

c) Eingabe eines Seitenvorschubzeichens

Um Symphony zu veranlassen, am Ende einer jeden Liste einen Seitenvorschub zu machen, müssen Sie in den unteren Reportbereich einen Seitenvorschub eintragen.

Als erstes muß eine leere Zeile in den unteren Reportbereich eingefügt werden. Dort wird dann das Seitenvorschubzeichen eingegeben. Bewegen Sie den Zellzeiger in Zelle A27. Rufen Sie den {Menü}-Befehl **E**infügen **Z**eile (**<F10> EZ**) auf und drücken anschließend die <RETURN>-Taste. Machen Sie in die Zelle A27 folgende Eintragung:

|:: <RETURN> — Eingabe der Markierung für Neue-Seite (<ALT>69 + zweimal Doppelpunkt) in Zelle A26.

Ihr Bildschirm sollte nun Bild 7-69 entsprechen.

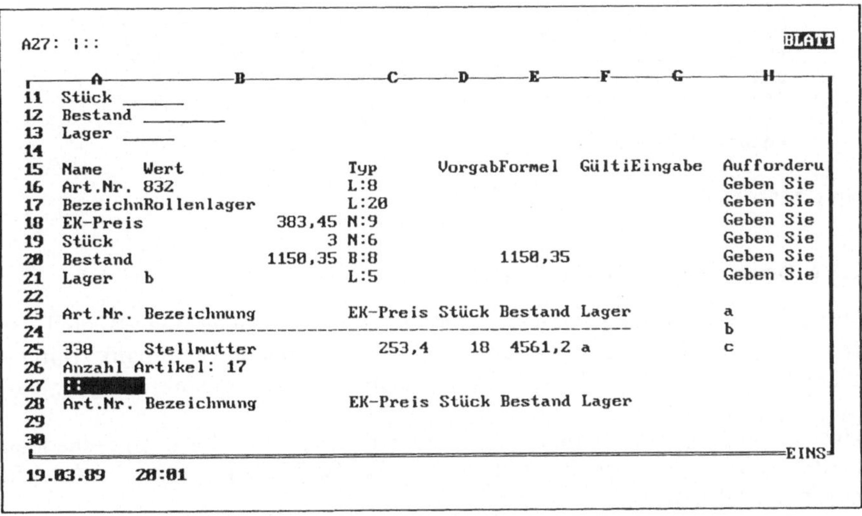
```
A27: |::                                                         BLATT
 ---A-----------B--------------C------D------E------F------G------H---
11 Stück _____
12 Bestand _______
13 Lager ____
14
15 Name     Wert                 Typ     VorgabFormel  GültiEingabe  Aufforderu
16 Art.Nr.  832                  L:8                                 Geben Sie
17 BezeichnRollenlager           L:20                                Geben Sie
18 EK-Preis           383,45     N:9                                 Geben Sie
19 Stück                   3     N:6                                 Geben Sie
20 Bestand           1150,35     B:8         1150,35                 Geben Sie
21 Lager    b                    L:5                                 Geben Sie
22
23 Art.Nr. Bezeichnung           EK-Preis Stück Bestand Lager        a
24 ---------------------------------------------------------         b
25 338     Stellmutter             253,4    18  4561,2 a             c
26 Anzahl Artikel: 17
27 ::
28 Art.Nr. Bezeichnung           EK-Preis Stück Bestand Lager
29
30
                                                                 EINS
19.03.89   20:01
```

Bild 7-69 Eingabe des Seitenvorschubzeichens

Achtung! Auf dem Bildschirm sind nur die zwei Doppelpunkte sichtbar. Diese Steuerzeile entspricht auch der Funktion Neue-Seite im Text-Menü.

Es muß noch der untere Bereich entsprechend erweitert werden. Rufen Sie den {Menü}-Befehl **D**aten **P**arameter **R**eport **U**nten (**<F10> DPRU**) auf. Erweitern Sie den Bereich mit der <PFEIL UNTEN>-Taste um eine Zeile. Der Reportbereich unten sollte den Bereich A26..B27 umfassen.

d) Ausdruck der Listen

Mit dem {Service}-Befehl Ausdruck Drucke (<F9> AD) druckt nun Symphony 3 Teillisten.

Art.Nr.	Bezeichnung	EK-Preis	Stück	Bestand	Lager
338	Stellmutter	253,4	18	4561,2	a
321	Senkschraube	93,73	12	1124,76	a
373	Zyl. Schraube	118,22	8	945,76	a
323	Scheibe	7,75	100	775	a
356	Spannring	3,52	52	183,04	a
377	Passfeder	32,32	2	64,64	a
325	Distanzrohr	0,95	39	37,05	a
Anzahl Artikel: 7					

Art.Nr.	Bezeichnung	EK-Preis	Stück	Bestand	Lager
832	Rollenlager	383,45	3	1150,35	b
823	Anschlag	55,76	20	1115,2	b
817	Lagerplatte	531	1	531	b
816	Lagerbock	130	2	260	b
865	Nadellager	19,04	1	19,04	b
Anzahl Artikel: 5					

Art.Nr.	Bezeichnung	EK-Preis	Stück	Bestand	Lager
987	Elektromotor	267,9	5	1339,5	c
978	Gehäuse	123,8	4	495,2	c
914	Flansch	32,8	10	328	c
945	Getriebe	86,57	3	259,71	c
947	Welle	56,5	2	113	c
Anzahl Artikel: 5					

Bild 7-70 Lagerlisten

7.5.6 Drucken von Adreßetiketten

Damit wir das Drucken von Adreßetiketten und im nächsten Beispiel das Drucken von Serienbriefen an einer gemeinsamen Datenbank durcharbeiten können, sollten wir eine einfache Adreßdatenbank anlegen.

Um die benötigte Datenbank zu erstellen, geben Sie die entsprechenden Felddefinitionen - wie in Bild 7-71 - in die Zellen A1 bis A5 in ein neues Arbeitsblatt ein.

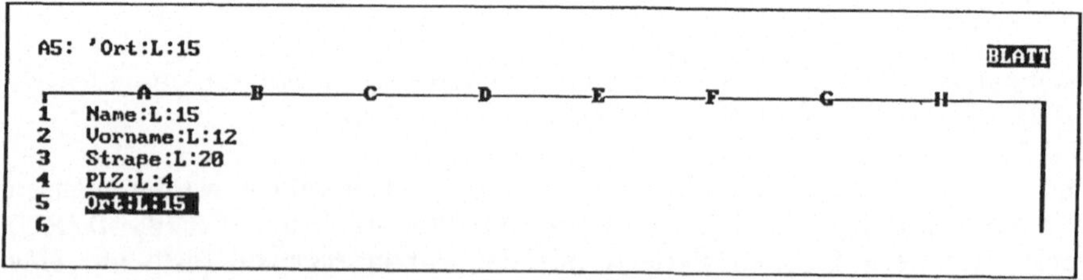

Bild 7-71 Felddefinitionen einer Adreßdatenbank

Verwenden Sie das MASKE Generiere-Kommando, um die Datenbank komplett mit Definitionsbereich und den anderen erforderlichen Bereichen anzulegen. Benennen Sie das Datenbank-Parameterblatt mit dem Namen **Adressen**. Ihre Eingabemaske sollte Bild 7-72 entsprechen.

```
Einfügen Satz 1                    Neuer Satz                    MASKE
Geben Sie ein Name

 Name ______________
 Vorname ___________
 Straße ____________________
 PLZ ___
 Ort _______________

ADRESSEN=========================================================EINS
19.03.89    20:06                                      Kalk
```

Bild 7-72 Adress-Eingabemaske

Geben Sie dann folgende Adressen über die Eingabemaske ein:

Thierer
Georg
Bergstr. 17
7000
Stuttgart

Steiner
Bernd
Alter Thurm 1
7900
Ulm

Busse
Gerd
Franzosengasse 12
6600
Saarbrücken

Kummer
Bernd
Bahnhofstr. 32
7080
Aalen

Schalten Sie nach der Eingabe der Datensätze in ein BLATT-Fenster um (<ALT><F9>).

a) Erstellen eines neuen Hauptteils

Das Erstellen von Etiketten erfordert einen völlig neuen Druckbereich. Das Format der Adresse einer Etikette ist nicht mit dem Format eines normalen Datenbankausdrucks, beispielsweise unserer Lagerdatenbank vergleichbar. Das Format der einzelnen Adressen auf der Etikette sollte wie im folgenden Beispiel ausgedruckt werden:

Georg Thierer
Bergstr. 17

7000 Stuttgart

Es wird wie folgt vorgegangen:

Man geht in einen leeren Bereich des Arbeitsblattes und gibt den Text des Adreßetiketts ein. Sie müssen darauf achten, das jede *Zeile* des Etiketts in eine eigene *Zelle* eingegeben wird. Jeder Feldname muß zwischen einem & Zeichen stehen. Sollen Zwischenräume auf der Adressetikette erscheinen, müssen bei der Eingabe Leerzeichen eingegeben werden. Bewegen Sie den Zellzeiger in Zelle F20. Machen Sie nun folgende Eintragung:

+VORNAME&" "&NAME <PFEIL UNTEN>
Erste Adreßzeile in Zelle F20.

+STRAßE 2 MAL <PFEIL UNTEN>
Zweite Adreßzeile in Zelle F21.

+PLZ&" "&ORT <RETURN> Eingabe der dritten Adreßzeile in Zelle F23.

Ihr Arbeitsblatt sollte nun Bild 7-73 entsprechen.

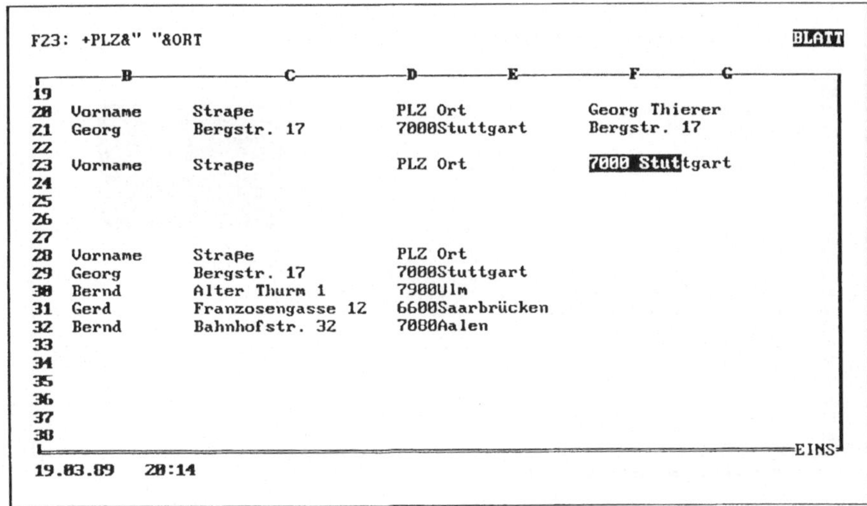

Bild 7-73 Arbeitsblatt nach Eingabe der Adreßzeilen

b) Bestimmen eines neuen Hauptteils

Der Bereich der Adreßetiketten wird als Hauptteil bestimmt. Es wird ein neues Parameterblatt erstellt, in dem die Parameter für den Druck der Etiketten abgelegt sind. Es wird wie folgt vorgegangen:

<F10> dpne	Wahl des {Menü}-Befehls **D**aten **P**arameter **N**ame **E**rstelle.

Symphony fragt nach dem Namen des neuen Parameterblattes. Geben Sie folgenden Namen ein:

ETIKETT <RETURN>	Eingabe des Namens für das neue Parameterblatt.
ar	Wahl des Befehls **A**nnulliere **R**eport.

Sie befinden sich wieder im Daten-Parameter-Menü. Der neue Reportbereich Hauptteil muß nun definiert werden. Nehmen Sie folgende Eingaben vor:

rh	Wahl des Befehls **R**eport **H**auptteil.

Symphony fragt nach dem Bereich, der die Adreßetiketten enthält.

f20..g26 <RETURN>	In unserem Beispiel muß für sechszeilige Etiketten der Bereich F20..G26 angegeben werden.

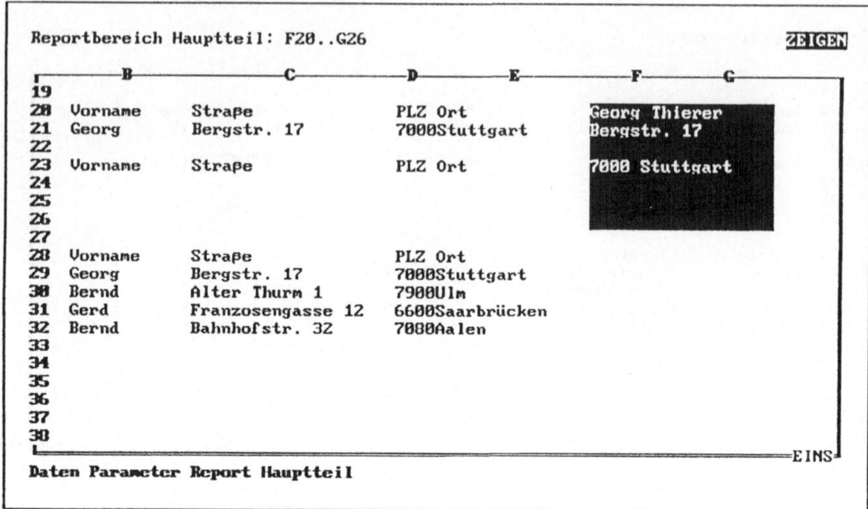

Bild 7-74 Angabe des Reportbereichs

c) Druck-Parameter einstellen

Nun können die Druck-Parameter eingegeben werden. Wir wollen dazu ein zusätzliches Druck-Parameterblatt anlegen. Als Quelle wird das neue Datenbank-Parameterblatt ETIKETT angegeben. Nehmen Sie folgende Eingaben vor:

<F9> apne	Wahl des {Service}-Befehls Ausdruck Parameter Name Erstelle.

Symphony fragt nach dem Namen eine neuen Druck-Parameterblattes.

ETIKETT <RETURN>	Eingabe des neuen Druck-Parameterblattes.
na	Wahl des Befehls Name Ausgangsparameter.
qd	Wahl von **Q**uelle **D**atenbank.

Wählen Sie aus der gezeigten Liste das Parameterblatt **ETIKETT** aus. Bewegen Sie den hellen Balken mit der <PFEIL RECHTS>-Taste auf das Feld ETIKETTEN und drücken die <RETURN>-Taste.

zd	Wahl von **Z**iel **D**rucker.
lpn	Wahl von **L**ayout **P**aginierung **N**ein.

Mit diesem Befehl wird die Seiteneinteilung unterdrückt. Die Etiketten sollen ununterbrochen hintereinander gedruckt werden.

d) Etiketten drucken

Über Stop kehrt man zum Druck-Menü zurück. Wählen Sie nun den Befehl **J**ustieren und anschließend den Befehl **D**rucke. Es werden nun alle Adressen ausgedruckt (s. Bild 7-75).

```
Georg Thierer
Bergstr. 17

7000 Stuttgart

Bernd Steiner
Alter Thurm 1

7900 Ulm

Gerd Busse
Franzosengasse 12

6600 Saarbrücken

Bernd Kummer
Bahnhofstr. 32

7080 Aalen
```

Bild 7-75 Ausdruck der Etiketten

s	Durch Auswahl des Befehls Stop gelangen Sie zurück ins BLATT-Fenster.

Achtung! Mit einem Eintrag in den Kriterienbereich können Sie nur bestimmte Adressen ausdrucken lassen, z.B. alle Adressen mit der Postleitzahl 7000.

Die Etiketten-Datenbank wird mit dem {Service}-Befehl **T**ransfer **S**peichere (<F9> TS) unter dem Namen **ETIKETT** abgespeichert.

7.5.7 Drucken eines Serienbriefs

a) Erstellen eines Fensters für den Formbrief

Um einen Brief zu erstellen, müssen wir das TEXT-Fenster verwenden. Bevor wir in ein TEXT-Fenster umschalten, bewegen Sie den Zellzeiger in die Zelle A80 des BLATT-Fensters. Nun gehen Sie wie folgt vor:

<F9> fe	Wahl des {Service}-Befehls **F**enster **E**rstelle.

Symphony fragt nach dem Namen des neuen Fensters.

RUNDBRIEF <RETURN> t — Geben Sie dem neuen Fenster den Namen Rundbrief. Wählen Sie TEXT als Fenster-Typ.

Der Bildschirm wird invers dargestellt.

<RETURN> s — Betätigen der <RETURN>-Taste und Wahl des Befehls Stop.

Sie befinden sich im TEXT-Fenster.

b) Schreiben des Formbriefs

Nun geben Sie den in Bild 7-76 gezeigten Brief ein. Bei den in Kleinbuchstaben geschriebenen Wörter im Adreßfeld handelt es sich um Verweise auf bestimmte Felder der Datenbank, die später noch bearbeitet werden müssen.

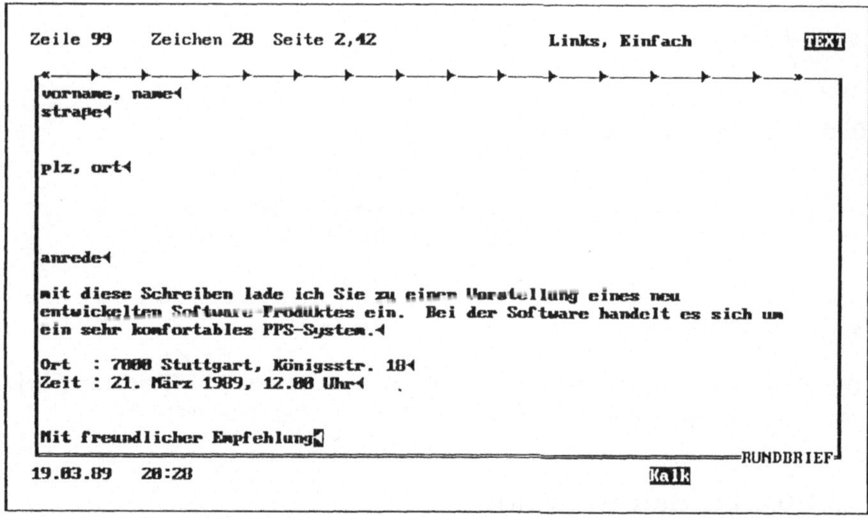

Bild 7-76 Der Brieftext in einem TEXT-Fenster

Nachdem Sie den Brieftext erfaßt haben, schalten Sie in ein BLATT-Fenster um.

<ALT><F10> b — Drücken der (Typ)-Taste und Wahl von BLATT.

Es erscheint folgendes Bild auf dem Bildschirm:

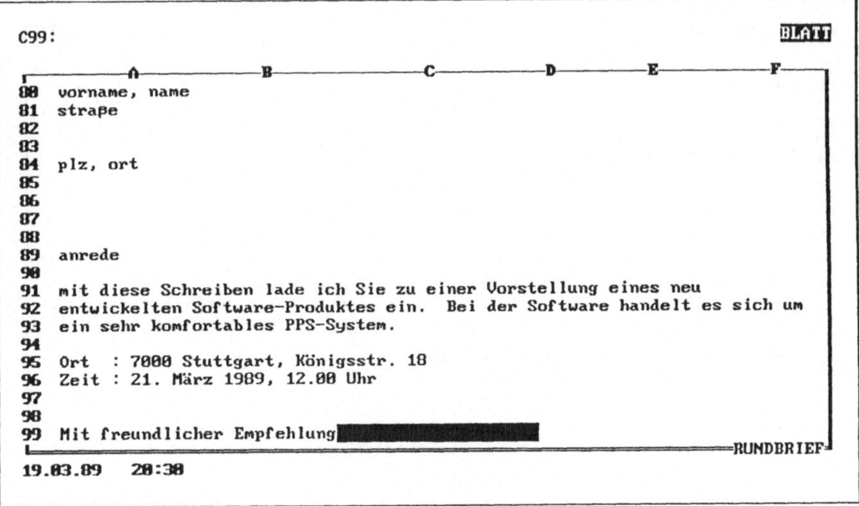

Bild 7-77 Der Brieftext im BLATT-Fenster

Jede Textzeile des Briefes erscheint als langer Label in der Spalte A. Es müssen die ersten Textzeilen verändert werden. Bewegen Sie dazu den Zellzeiger zuerst in Zelle A80. Tragen Sie folgendes ein:

+VORNAME&" "&NAME <PFEIL UNTEN>
Adreßzeile in Zelle A80.

+STRAßE 3 MAL <PFEIL UNTEN>
Adreßzeile in Zelle A81.

+PLZ&" "&ORT <RETURN> Eingabe der dritten Adreßzeile in Zelle A83.

Ihr Bildschirm sollte nun Bild 7-78 entsprechen:

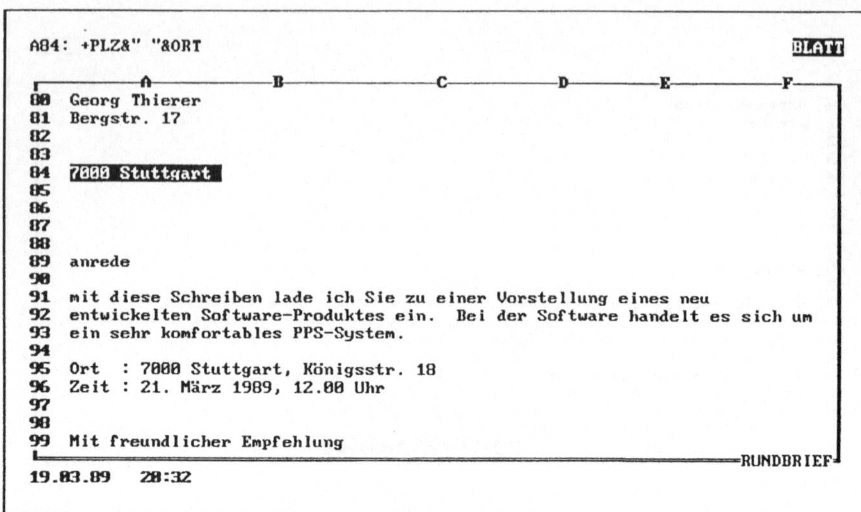

Bild 7-78 Arbeitsblatt nach Eingabe der Adreßzeilen

Wie beim Ausdruck von Adreßetiketten sind diese Verweise verantwortlich für das Drucken der Adressen im Adreßfeld.

Es wird noch das Datum eingegeben. Bewegen Sie dazu den Zellzeiger in Zelle E86. Tragen Sie folgendes ein.

@JETZT <RETURN> Eingabe der Datumsfunktion in Zelle E86.

Mit dem (Menü)-Befehl **F**ormat **D**atum **4** (**<F10> FD4**) und dem Betätigen der <RETURN>-Taste wird das Datumsformat der Zelle E86 so eingestellt, daß das aktuelle Datum gedruckt wird.

Die Anrede in Zelle A89 muß noch eingegeben werden:

+"Sehr geehrter Herr "&NAME&", " <RETURN>
Eingabe der Anrede in Zelle A89.

c) Einstellung der richtigen Parameter

Es ist ratsam ein zusätzliches Datenbank-Parameterblatt anzulegen, in dem die Bereiche des Briefes definiert sind. Bevor Sie drucken können, müssen Sie den Bereich der Zellen angeben, die den Brief enthalten. Gehen Sie folgendermaßen vor:

<F10> dpnw Wahl des (Menü)-Befehls **D**aten **P**arameter **N**ame **W**ähle.

Symphony zeigt die Liste der Parameterblätter. Wählen Sie aus der Liste das Parameterblatt ETIKETT aus.

Nun wird ein neues Parameterblatt erstellt.

ne Aufruf der Funktion Name Erstelle.

Symphony fragt nach einem Namen für das Parameterblatt.

SER_BRIEF <RETURN> Eingabe eines Namens für das Parameterblatt.

Nun muß der bestehende Reportbereich gelöscht, und der neue Reportbereich eingegeben werden.

ar Aufruf der Funktion Annulliere Report.

rh Wahl der Funktion Report-Hauptteil.

Verwenden Sie die <PUNKT>-Taste und dann die <PFEIL TASTEN> um die Zellen A80..F99 als Reportbereich-Hauptteil zu definieren.

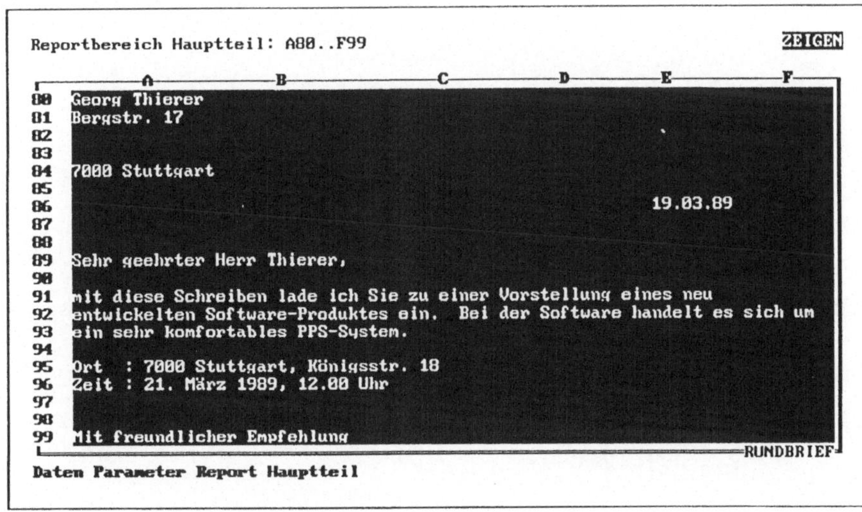

Bild 7-79 Eingabe des Reportbereiches

Mit dem Betätigen der <RETURN>-Taste übernimmt Symphony den Reportbereich. Sie befinden sich im Datenbank-Parameterblatt.

d) Ausdruck des Serienbriefes

<F9> apqd	Auswahl des {Service}-Kommandos **A**usdruck **P**arameter **Q**uelle **D**atenbank.

Symphony fragt nach dem Namen der Datenbank und zeigt eine Liste aller bisher angelegten Parameterblätter. Wählen Sie aus dieser Liste das Parameterblatt SER_BRIEF.

<F9> ajd	Wahl des {Service}-Befehls **A**usdruck **J**ustiere **D**rucke.

Der Ausdruck der Serienbriefe wird gestartet.

8 Erstellen von Grafiken für eine Artikel-Umsatz-Statistik

Grafische Darstellungen von umfangreichem Zahlenmaterial sind äußerst hilfreich, um anschaulich auf einen Blick Zusammensetzungen, Verhältnisse und Trends von Datenbeständen beurteilen zu können. Während in vielen integrierten Softwarepaketen, mit Ausnahme von Multiplan, Lotus 1-2-3 und Javelin, die grafische Auswertung getrennt mit großem Programmieraufwand erstellt werden muß, bietet Symphony die Möglichkeit, grafische Auswertungen der erfaßten Datenbestände direkt vorzunehmen. Dabei ist von großem Vorteil, daß Veränderungen dieser Daten sofort sichtbar werden.

Neben verschiedenen Grafik-Typen bietet Symphony mit der Fenstertechnik auch die Möglichkeit, verschiedene Grafiken auf einem Bildschirm darzustellen und Grafik und Text zu mischen. Für die Anwender von Lotus 1-2-3 sind viele der Grafiktypen bekannt. Neu hinzugekommen ist die Möglichkeit, in Kreisdiagrammen einzelne Segmente hervorzuheben und auch der Grafiktyp Aktienverlauf.

8.1 Grafische Datenauswertung

Symphony bietet folgende grafische Darstellungsformen an:

a) Liniendiagramm

Damit können zeitliche Entwicklungen einzelner Daten besonders gut dargestellt werden. Insgesamt sind 6 Datenbereiche (A bis F) darstellbar, und es können drei unterschiedliche Formatierungen gewählt werden (Linie, Symbole, sowohl Linie als auch Symbole).

b) Balkendiagramm

Ein oder mehrere Datenbereiche können als Balken nebeneinander dargestellt werden. Damit sind, ähnlich wie in Liniendiagrammen, zeitliche Entwicklungen gut darstellbar. Die unterschiedlichen Bereiche sind durch verschiedene Schraffur oder Farben voneinander unterscheidbar.

c) Stapelbalken

Diese grafische Auswertung ist ebenfalls ein Balkendiagramm; jedoch werden die verschiedenen Datenbereiche nicht nebeneinander dargestellt, sondern übereinander gestapelt. Sie sind ebenfalls durch Schraffur oder Farbe unterscheidbar.

d) XY-Diagramm

Funktionale Zusammenhänge zwischen einer Größe X und einer Größe Y können grafisch veranschaulicht werden. Der Y-Bereich kann aus sechs Datenbereichen ausgewählt werden.

e) Kreisdiagramm

Die unterschiedlichen Anteile von Bereichen an einer Gesamtheit können in einem Kreisdiagramm gezeigt werden. Dabei wird nur der Datenbereich A dargestellt und die Prozentangaben der Teile ausgegeben. Einzelne Stücke können herausgehoben und zur besseren Unterscheidung verschieden schraffiert werden.

f) Aktienverlauf

Diese grafische Darstellungsmöglichkeit zeigt in Form von vertikalen Linien und Markierungen den Höchst-, Tiefst-, Schluß- und Eröffnungskurs von Aktien.

Alle genannten Grafiktypen werden noch in folgenden Punkten aufbereitet:

- *Überschrift mit Titel und Untertitel,*

- *Beschriftung der Achsen,*

- *Legende* für die unterschiedlichen Datenbereiche,

- Einzeichnen von *Gittern* in die Grafik,

- *Verändern* von Maßstäben,

- Unterschiedliche *Linientypen* und *Symbolmarkierungen.*

8.2 Hardware-Voraussetzungen

Zur Anzeige der Grafiken auf dem Bildschirm ist natürlich ein grafikfähiger Bildschirm erforderlich und zum Ausdrucken ein grafikfähiger Drucker.

Bei der Installation von Symphony (s. Kapitel 1) müssen Sie bereits entscheiden, wie Sie die Grafiken ausgeben wollen:

a) Grafiken mit Text und Zahlen gemischt. Dies ist der *gemischte Modus.*

b) Text und Grafik getrennt darstellen.

Sie können auch auf dem Bildschirm entweder nur Text oder nur Grafik darstellen. Bei einem Bildschirm müssen Sie zwischen Text- und Grafik-Modus umschalten. Bei zwei Bildschirmen können Sie den einen zur Text- und den anderen zur Grafikausgabe verwenden. In den folgenden Abschnitten gehen wir davon aus, daß wir nur einen Bildschirm benützen und zwischen Text und Grafik umschalten können. Im Abschnitt 8.4 wird die Grafik im gemischten Modus vorgestellt.

8.3 Erstellen von Grafiken

Um die verschiedenen Möglichkeiten grafischer Auswertung zu zeigen, werten wir die in Bild 8-1 dargestellte Artikel-Umsatz-Entwicklung für den Verkauf von Videogeräten und CD-Spielern aus. Der Leser möge das dort abgebildete Arbeitsblatt zur Übung selbst erstellen.

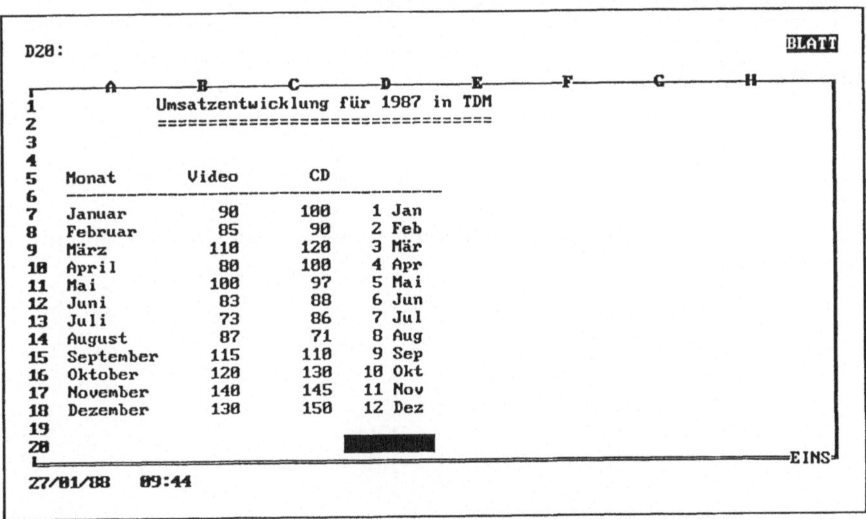

```
D20:                                                          BLATT

    A          B          C          D          E       F       G       H
1             Umsatzentwicklung für 1987 in TDM
2             =================================
3
4
5   Monat       Video        CD
6   ------------------------------------------------
7   Januar         90        100     1 Jan
8   Februar        85         90     2 Feb
9   März          110        120     3 Mär
10  April          80        100     4 Apr
11  Mai           100         97     5 Mai
12  Juni           83         88     6 Jun
13  Juli           73         86     7 Jul
14  August         87         71     8 Aug
15  September     115        110     9 Sep
16  Oktober       120        130    10 Okt
17  November      140        145    11 Nov
18  Dezember      130        150    12 Dez
19
20                                                              EINS
27/01/88   09:44
```

Bild 8-1 Artikel-Umsatz-Entwicklung für Videogeräte und CD-Spieler

In der letzten Spalte von Bild 8-1 sind die Abkürzungen der Monate zu sehen, die zur Beschriftung der Grafik verwendet werden können.

Im folgenden werden die in Symphony möglichen grafischen Auswertungen vorgestellt. Um sie zu erstellen, werden immer folgende zwei Angaben benötigt:

1. Angabe des *Grafiktyps*

Dies geschieht mit dem {Menü}-Befehl **G**rafik (**<F10> G**).

2. Angabe des darzustellenden *Datenbereichs*.

8.3.1 Liniendiagramm

<F10> g	Auswahl der Grafik durch den {Menü}-Befehl **G**rafik.

Das Auswahlmenü (s. Bild 8-2) wird sichtbar:

```
Zeigt Grafik (kann einem GRAFIK-Fenster zugewiesen werden)                    MENÜ
Vorschau  1.-Parameterblatt  2.-Parameterblatt  Bildspeicherung  Stop
┌──────A──────B──────C──────D──────E──────F──────G──────H──────┐
```

Bild 8-2 Auswahlmenü nach Auswahl der Funktion *Grafik*

1	Auswahl der Funktion **1**. Parameterblatt.

Folgende weitere Auswahlmöglichkeiten - wie in Bild 8-3 dargestellt - werden angeboten.

```
Zum 2. Parameterblatt                                                        MENÜ
2.-Blatt Typ Bereich Colorierung Format Datenlabel Legende Annulliere Name Stop

      Typ:        Linien

  Bereich               Color. Format  Datenlabel           Legende

  X                        1
  A                        2   Beide
  B                        3   Beide
  C                        4   Beide
  D                        5   Beide
  E                        6   Beide
  F                        7   Beide
                                          Grafik 1.-Parameterblatt: EINS

Grafik 1. Parameterblatt
```

Bild 8-3 Auswahlmenü nach Auswahl der Funktion *1. Parameterblatt*

t — Auswahl des Grafiktyps durch die Funktion Typ.

Bild 8-4 zeigt die möglichen grafischen Auswertungen in Symphony.

```
Verbindet Datenpunkte mit Linien                                             MENÜ
Linie  Balken  Stapelbalken  XY  Kreis  Aktienverlauf

      Typ:        Linien

  Bereich               Color. Format  Datenlabel           Legende

  X                        1
  A                        2   Beide
  B                        3   Beide
  C                        4   Beide
  D                        5   Beide
  E                        6   Beide
  F                        7   Beide
                                          Grafik 1.-Parameterblatt: EINS

Grafik 1. Parameter Typ
```

Bild 8-4 Grafiktypen in Symphony

l — Auswahl des Grafiktyps Linie.

Daraufhin sehen Sie die in Bild 8-5 dargestellte Bildschirmabbildung:

```
Sechs mögliche Grafiktypen                                                    MENU
2.-Blatt Typ Bereich Colorierung Format Datenlabel Legende Annulliere Name Stop

   Typ:        Linien

 Bereich              Color. Format  Datenlabel             Legende

 X                      1
 A                      2    Beide
 B                      3    Beide
 C                      4    Beide
 D                      5    Beide
 E                      6    Beide
 F                      7    Beide
                                          Grafik 1.-Parameterblatt: EINS

Grafik 1. Parameterblatt
```

Bild 8-5 Auswahl der Datenbereiche und der Darstellungsart

b Auswahl der Datenbereiche durch die Funktion **B**ereich.

Im vorliegenden Fall soll die Umsatzentwicklung der Video-Geräte im Liniendiagramm dargestellt werden. Da nur *ein einziger* Datenbereich dargestellt werden soll, wählen wir den Bereich A.

a Auswahl des Bereiches A

Daran anschließend muß der darzustellende Bereich angegeben werden. Dazu haben Sie zwei Möglichkeiten:

a) Direkte Eingabe der Zellen von..bis

Im vorliegenden Fall ist das der Bereich B7..B18.

b) Markieren des Bereiches mit dem Cursor

Der Cursor wird in die Zelle B7 gebracht. Dies ist der Umsatz für Video-Geräte im Januar 1987 und damit die erste Zelle des darzustellenden Bereiches.

Eingabe des **Punktes** zur Verankerung des Bereiches.

11 MAL <PFEIL UNTEN> Markieren des Bereiches bis zur Zelle B18.

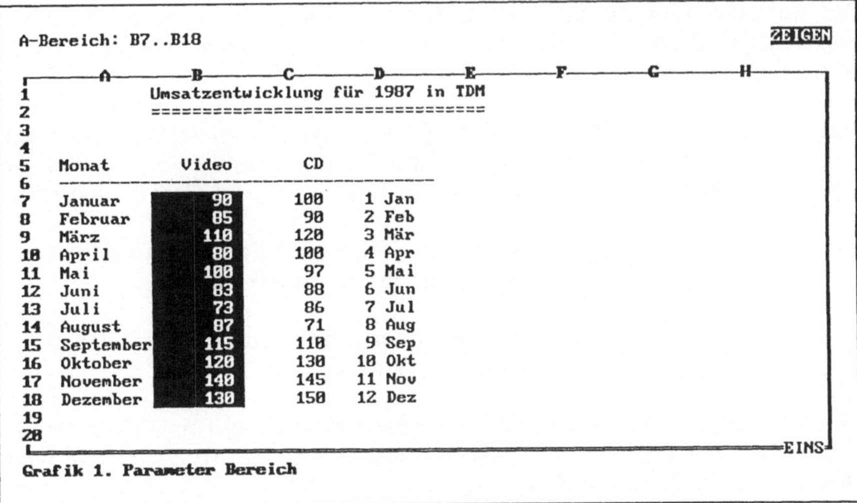

A-Bereich: B7..B18 ZEIGEN

	A	B	C	D
1		Umsatzentwicklung für 1987 in TDM		
2		================================		
3				
4				
5	Monat	Video	CD	
6				
7	Januar	90	100	1 Jan
8	Februar	85	90	2 Feb
9	März	110	120	3 Mär
10	April	80	100	4 Apr
11	Mai	100	97	5 Mai
12	Juni	83	88	6 Jun
13	Juli	73	86	7 Jul
14	August	87	71	8 Aug
15	September	115	110	9 Sep
16	Oktober	120	130	10 Okt
17	November	140	145	11 Nov
18	Dezember	130	150	12 Dez
19				
20				

EINS

Grafik 1. Parameter Bereich

Bild 8-6 Markierung des grafisch auszuwertenden Bereiches

<RETURN> Rückkehr ins 1. Parameterblatt der Grafik.

In Bild 8-7 ist der ausgewählte Bereich in das 1. Parameterblatt für die Grafik übernommen worden.

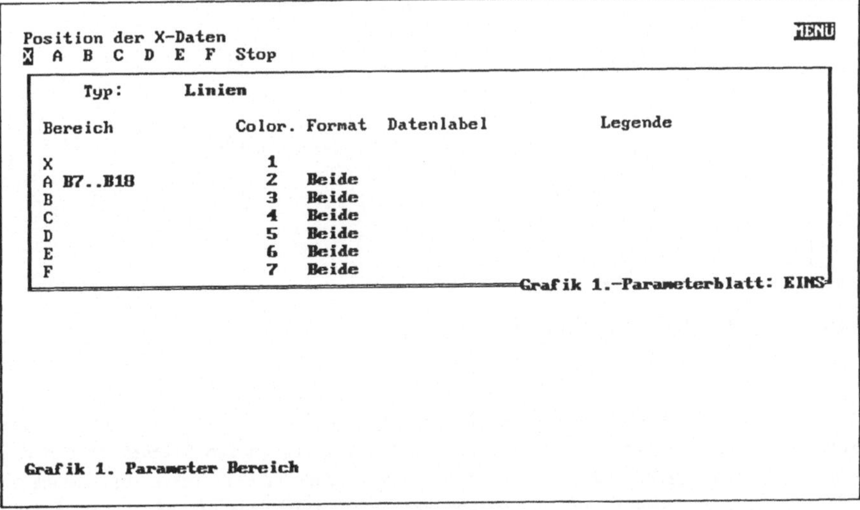

Position der X-Daten MENÜ

X A B C D E F Stop

Typ: Linien

Bereich	Color.	Format	Datenlabel	Legende
X	1			
A B7..B18	2	Beide		
B	3	Beide		
C	4	Beide		
D	5	Beide		
E	6	Beide		
F	7	Beide		

Grafik 1.-Parameterblatt: EINS

Grafik 1. Parameter Bereich

Bild 8-7 1. Parameterblatt der Liniengrafik

Die weiteren Einstellungen im 1. Parameterblatt sollen zunächst unberücksichtigt bleiben, so daß wir sofort zur *grafischen Ausgabe* gehen können.

Dazu verlassen wir mit dem Befehl Stop (S) die Parameterfestlegung der Grafik und kehren mit der <ESC>-Taste in das *Grafik-Menü* zurück (s. Bild 8-2). Mit dem Befehl Vorschau wird die definierte Grafik angezeigt.

s <ESC>	Verlassen der Bereichsfestlegung und Rückkehr in das Grafik-Menü.
v	Anzeigen der Grafik durch Auswahl der Funktion Vorschau.

Bild 8-8 zeigt die Liniengrafik der Umsatzentwicklung für Video-Geräte. Dabei wird der Maßstab so festgelegt, daß der *größte vorkommende Wert* gerade noch in der Abbildung erscheint.

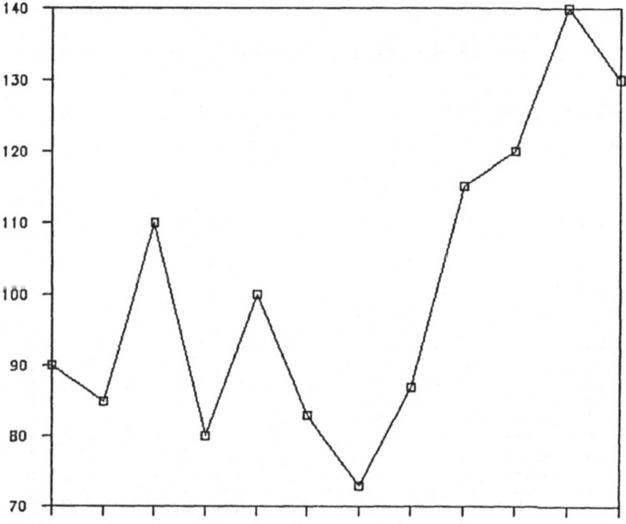

Bild 8-8 Umsatzentwicklung für Videogeräte

Hinweis! Mit dem Befehl Vorschau wird in ein Grafik-Fenster umgeschaltet. Bei einem ganzseitigen Fenster erscheint die Grafik auf dem ganzen Bildschirm und die anderen Fenster (z.B. BLATT, TEXT, MASKE oder KOMM) verschwinden. Bei mehreren Fenstern wird die Grafik in das gerade aktuelle Fenster gezeichnet. Dazu müssen Sie mit Ihrem System im gemischten Modus arbeiten.

Werden die Zahlen im Datenbereich verändert, wird diese Änderung sofort auch grafisch angezeigt. Dies soll im folgenden gezeigt werden.

Zunächst gelangen wir durch Drücken einer beliebigen Taste in den Textbildschirm zurück und sehen die Ausgangstabelle (s. Bild 8-1).

Der Umsatz im *Juni 1987* für Videogeräte soll statt bei 83 TDM bei *283 TDM* liegen.

s	Auswahl des Befehls Stop. Damit kann der Cursor im Arbeitsblatt verschoben werden.

Wir bewegen uns mit dem Cursor in die Zelle B12 und geben den Wert **283** ein:

283 <RETURN>	Eingabe des Umsatzwertes in Zelle B12.
<F10> gv	Auswahl des {Menü}-Befehls Grafik Vorschau.

In Bild 8-9 wird die Umsatzspitze mitten im Jahr sichtbar.

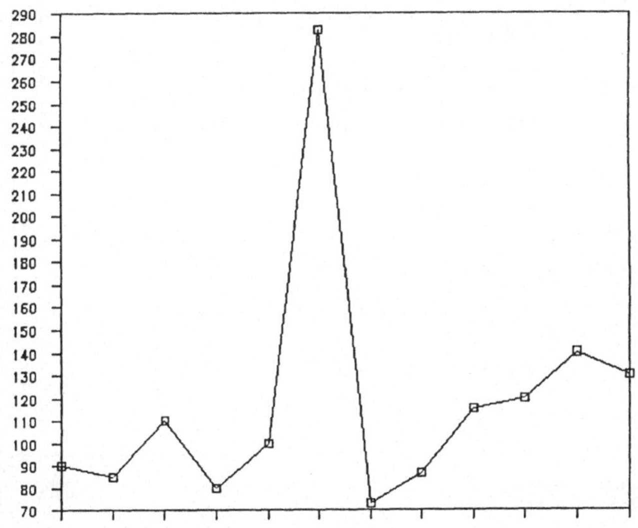

Bild 8-9 Veränderte Liniengrafik

In der Liniengrafik sind keine Überschriften (Titel), Beschriftungen der waagrechten Achse oder sonstige Erläuterungen zu erkennen. Die entsprechenden Angaben werden im *2. Parameterblatt* abgelegt.

a) Titel und Untertitel

Zur Bezeichnung der Grafik können zwei Zeilen eingegeben werden, die über der Grafik zu sehen sind.

Zunächst drücken Sie eine beliebige Taste, um in das Grafik-Menü zurückzugelangen. Anschließend wählen Sie das **2**. Parameterblatt aus.

<RETURN> **2**	Rückkehr in das Grafik-Menü und Auswahl des 2. Parameterblattes.

Bild 8-10 zeigt, welche Angaben Sie in Ihrer Grafik vornehmen können.

```
Zum 1. Parameterblatt                                                    MENÜ
1.-Blatt  Titel  Y-Skala  X-Skala  Optionen  Name  Stop

 Titel                                            Typ:  Linien
   Erster:                              X-Achse:
   Zweiter:                             Y-Achse:
 Y-Skala                          X-Skala                 Optionen
   Typ          Automatisch         Typ          Automatisch   Gitter:    Ohne
     Niedrigst:                       Niedrigst:               Isoliert:  Nein
     Höchst:                          Höchst:                  Farbe:     Nein
   Format:      A                   Format:      A             Sprung:    1
   Exponent:    Automatisch         Exponent:    Automatisch   Ursprung:  0
   Breite:      9                                              Aspekt:    1
                                          Grafik 2.-Parameterblatt. EINS

Grafik 2. Parameterblatt
```

Bild 8-10 2. Parameterblatt für die Angaben in der Grafik

t	Auswahl der Funktion Titel.

```
Wird überhalb der Graphik gezeigt                                        MENÜ
Erster  Zweiter  X-Achse  Y-Achse  Stop
```

Bild 8-11 Menü nach Auswahl der Funktion *Titel.*

e	Auswahl des ersten Grafiktitels.

Nun können Sie den Namen des ersten Grafiktitels eingeben:

Umsatzentwicklung für Video-Geräte <RETURN>.

Sie sehen die Eingabe des ersten Titels im 2. Parameterblatt:

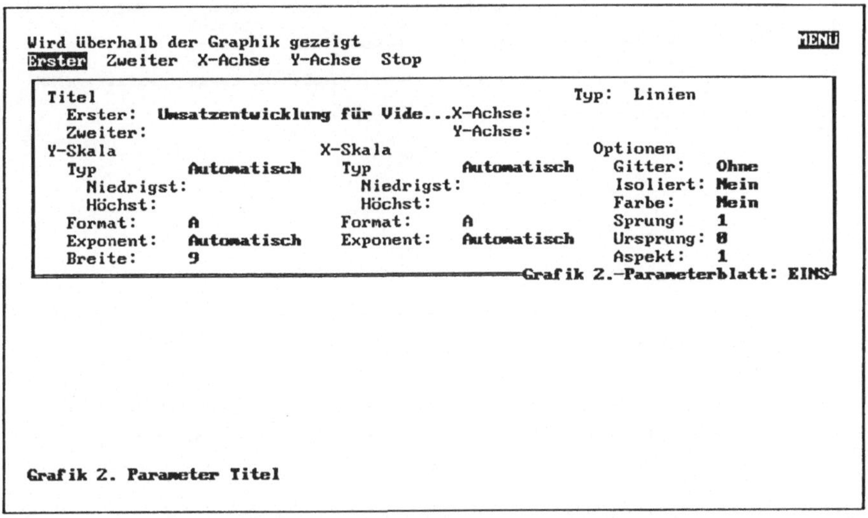

```
Wird überhalb der Graphik gezeigt                                          MENÜ
Erster  Zweiter  X-Achse  Y-Achse  Stop

 Titel                                                   Typ:  Linien
   Erster:  Umsatzentwicklung für Vide...X-Achse:
   Zweiter:                              Y-Achse:
 Y-Skala                   X-Skala                        Optionen
   Typ         Automatisch   Typ         Automatisch        Gitter:   Ohne
     Niedrigst:                Niedrigst:                   Isoliert: Nein
     Höchst:                   Höchst:                      Farbe:    Nein
   Format:     A             Format:     A                  Sprung:   1
   Exponent:   Automatisch   Exponent:   Automatisch        Ursprung: 0
   Breite:     9                                            Aspekt:   1
                                        Grafik 2.-Parameterblatt: EINS

Grafik 2. Parameter Titel
```

Bild 8-12 Bezeichnung des ersten Titels im Parameterblatt

z	Wahl eines zweiten Grafiktitels.

Sie geben ein:

1987 <RETURN>	Eingabe des zweiten Grafiktitels.

b) Beschriften der x-Achse

x	Auswahl des Titels für die X-Achse.
Monate <RETURN>	Beschriftung der x-Achse.

c) Beschriftung der y-Achse

y	Auswahl des Titels für die Y-Achse.
Umsatz in TDM <RETURN>	Beschriftung der y-Achse.

Bild 8-13 zeigt die eingestellten Grafik-Parameter.

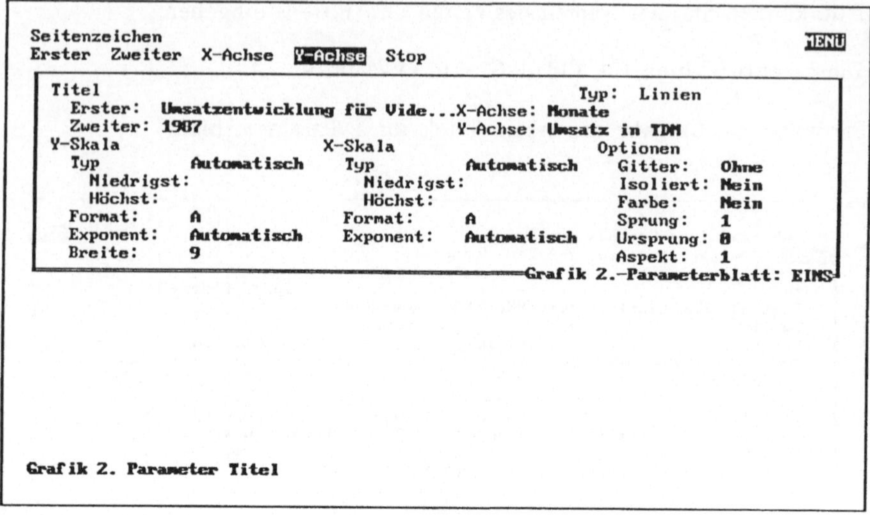

Bild 8-13 Im 2. Parameterblatt eingestellte Parameter

Hinweis! Die Titel dürfen maximal 39 alphanumerische Zeichen umfassen. Statt sie einzugeben, können Sie auch Zellinhalte verwenden. Dazu müssen Sie vor die verwendete Adresse den Rückwärts-Schrägstrich "\" (ASCII-Zeichen Nr. 92) setzen.

Mit der Funktion Stop oder durch Drücken der <ESC>-Taste gelangen Sie in das jeweils vorhergegangene Menü und mit dem Befehl Vorschau sehen Sie die beschriftete Liniengrafik.

ss	Rückkehr in das Grafik-Menü.
v	Anzeigen der Grafik durch den Befehl Vorschau.

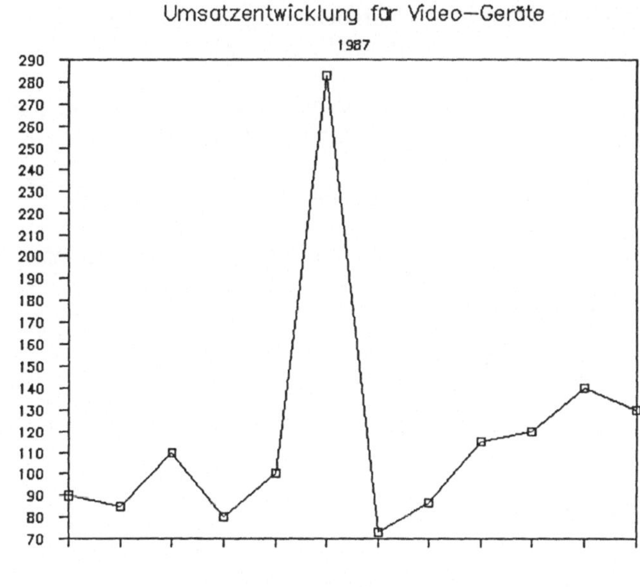

Bild 8-14 Beschriftete Liniengrafik

Wie aus Bild 8-14 zu erkennen ist, fehlt noch die Skalierungsbeschriftung der x-Achse.

d) Beschriftung der Skalierung der x-Achse

Im 1. Parameterblatt ist ein *X-Bereich* vorgesehen, in dem Sie die Bezeichnungen entlang der x-Achse eingeben können. Drücken Sie zunächst eine beliebige Taste, um die Grafik-Anzeige zu verlassen.

<RETURN> **1**	Rückkehr in den Menü-Modus und Wahl des **1**. Parameterblattes.
b <RETURN>	Auswahl der Funktion **B**ereich und des **X**-Bereiches.

Entlang der x-Achse sind die Monate aufgetragen. Deshalb wird der Bereich in der Spalte D ausgewählt. Deshalb fahren Sie mit dem Cursor auf den Anfang des Bereiches, im vorliegenden Falle zu Zelle D7 in der letzten Spalte, verankern ihn mit dem Punkt, fahren bis zum Ende des Bereiches (Zelle D18) und bestätigen dies alles mit der <RETURN>-Taste.

Verankern der Zelle D7.

11 MAL <PFEIL UNTEN>	Vorrücken bis zur letzten Zelle des Bereiches (D 18).
<RETURN>	Die Angaben werden bestätigt und in das 1. Parameterblatt übertragen.
2 MAL s	Rückkehr zum Grafik-Menü.
v	Auswahl der Grafik-Anzeige Vorschau.

Bild 8-15 zeigt das Ergebnis.

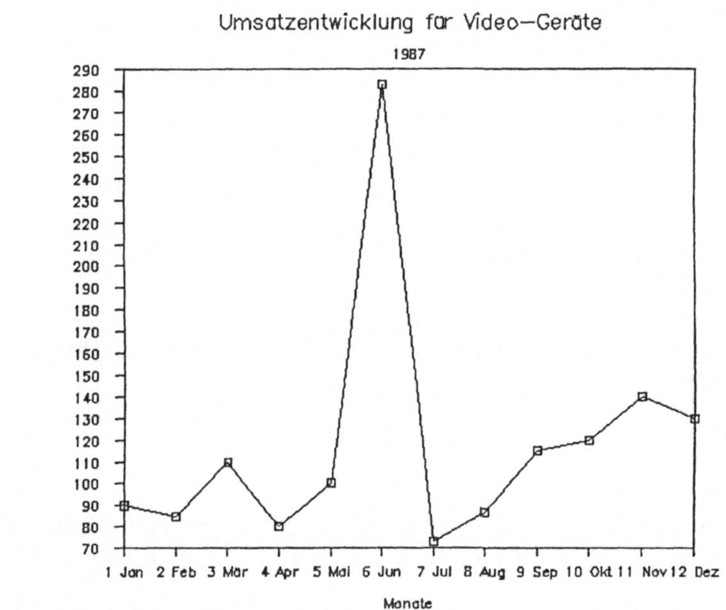

Bild 8-15 Liniendiagramm mit Beschriftung der x-Achse

Hinweis! Die x-Achse können Sie auch nur teilweise beschriften. Dazu wählen Sie im 2. Parameterblatt den Befehl Optionen Sprung (<F10> G2OS) und geben den Sprungfaktor ein. Damit können Sie festlegen, welche Teile Ihres Bereiches ausgewählt werden.

Zunächst drücken Sie eine beliebige Taste, um die Grafik zu verlassen und in den Menü-Modus zurückzukehren.

<RETURN> <F10> g2os	Auswahl der Grafik-Funktion Optionen Sprung.

2 <RETURN> Eingabe des Sprungfaktors 2.

sv Rücksprung ins Grafik-Menü mit dem Befehl Stop und Auswahl der Grafik-Ausgabe mit der Funktion Vorschau.

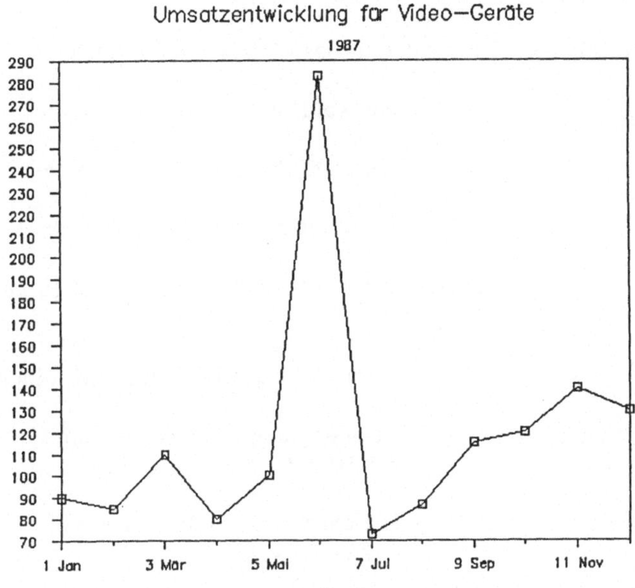

Bild 8-16 Beschriftung der x-Achse alle zwei Markierungen

e) Einzeichnen eines zweiten Bereiches

In die Liniengrafik soll die Umsatzentwicklung für die CD-Spieler mit eingezeichnet werden. Dazu sind folgende Eingaben erforderlich (nachdem durch Drücken einer beliebigen Taste ins Menü gesprungen wurde):

- Ändern der Überschrift

2 Auswahl des 2. Parameterblattes.

t Ausfrufen der Funktion Titel.

e Auswahl der Funktion erster Titel.

Die Überschrift wird so geändert, daß zu lesen ist:

Umsatzentwicklung für Video und CD

<RETURN>	Eingabe des neuen Titels für die Grafik.

- Eingabe des zweiten Datenbereiches (B-Bereich)

Mit <ESC> gelangen Sie wieder in das Grafik-Menü zurück.

1	Auswahl des 1. Parameterblattes.
b	Auswahl der Funktion Bereich.
b	Wahl des zweiten Bereiches als B-Bereich.

Fahren Sie mit dem Cursor zur ersten Zelle des Bereiches für die CD-Spieler (C7).

.	Verankern des Bereiches mit einem Punkt.
11 MAL <PFEIL UNTEN>	Bewegen des Cursors bis zum letzten Feld des Bereiches (Zelle C 18).
<RETURN>	Speichern des B-Bereiches im 1. Parameterblatt.

- Ausgabe der Grafik

Aus dem Grafik-Menü wird wieder die Anzeigefunktion Vorschau (V) ausgewählt.

ss	Rückkehr in das Grafik-Menü.
v	Anzeige der Grafik durch den Befehl Vorschau.

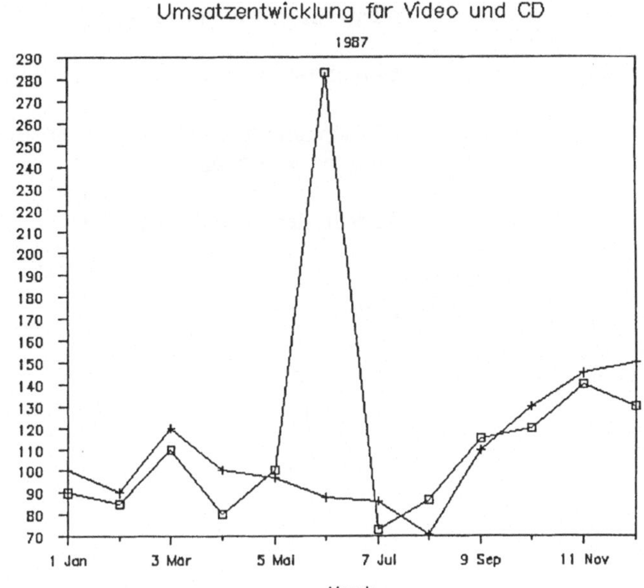

Bild 8-17 Liniendiagramm für zwei Datenbereiche

Zwar werden, wie in Bild 8-17 gezeigt, die Werte der verschiedenen Datenbereiche mit unterschiedlichen Symbolen versehen, doch wäre eine Legende zu diesen Symbolen sehr hilfreich.

- Eingabe der Legende

Durch Betätigen irgendeiner Taste gelangt man wieder in den Text-Modus zurück. Im 1. Parameterblatt wird die Funktion Legende ausgewählt.

1l	Auswahl des 1. Parameterblatts und die Funktion Legende.
<RETURN>	Auswahl des Textes für den A-Bereich.
Video <RETURN>	Eingabe der Legende für den A-Bereich.

Hinweis! Der Text für die entsprechenden Legenden kann direkt eingegeben werden oder als Zellenangabe erfolgen. Erfolgt die Angabe einer Zelle, so muß vor der Zellbezeichnung der Rückwärtsschrägstrich "\" (ASCII-Zeichen Nr. 92) gesetzt werden.

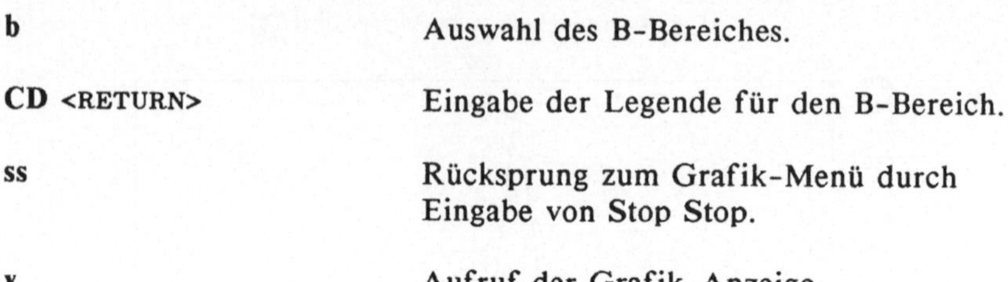

b Auswahl des B-Bereiches.

CD <RETURN> Eingabe der Legende für den B-Bereich.

ss Rücksprung zum Grafik-Menü durch Eingabe von Stop Stop.

v Aufruf der Grafik-Anzeige.

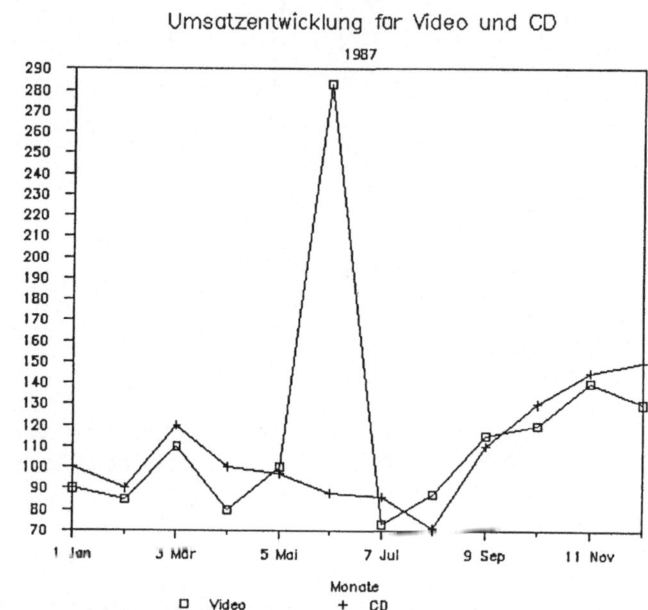

Bild 8-18 Liniendiagramm mit Legende

f) Gitternetze einzeichnen

Dazu dient im **2**. Parameterblatt die Funktion **O**ptionen, aus der Sie den Befehl **G**itter auswählen (durch Drücken einer beliebigen Taste verlassen Sie den Grafik-Modus).

<F10> g2og Auswahl des {Menü}-Befehls **G**rafik **2**. Parameterblatt **O**ptionen **G**itter (s. Bild 8-19).

```
Gitterlinien von links nach rechts                                  MENÜ
Horizontal  Vertikal  Gekreuzt  Ohne
```

Bild 8-19 Möglichkeiten der Auswahl von Gittern

Wir wählen gekreuzte Gitter:

g Wahl gekreuzter Gitter.

sv Auswahl des Befehls Stop und Grafikausgabe mit Vorschau.

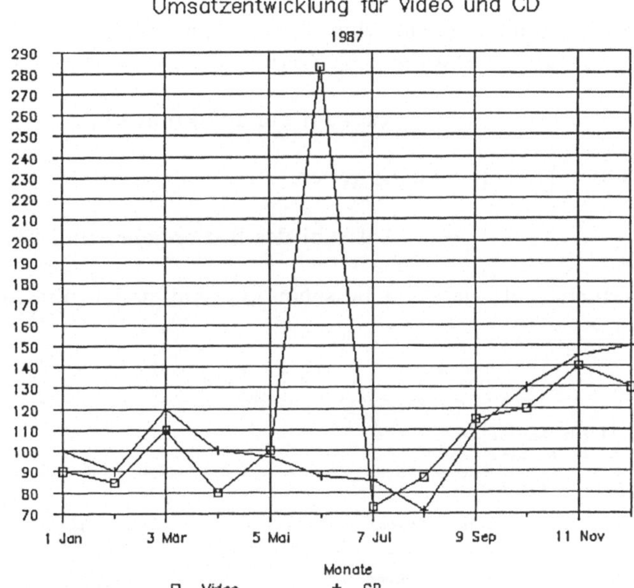

Bild 8-20 Liniengrafik mit gekreuzten Gittern

g) Änderung der Formatierung

Durch Drücken einer beliebigen Taste verläßt man wieder das Grafik-Menü. Im 1. Parameterblatt kann durch die Funktion Format die Darstellung im Liniendiagramm verändert werden. Sie betrifft die Linienverbindung und die Darstellung der Symbole.

1f Auswahl im 1. Parameterblatt die Funktion Format.

Als Bereich wird der A-Bereich ausgewählt.

a Auswahl des A-Bereiches zum Formatieren.

Zum Formatieren stehen folgende Möglichkeiten zur Verfügung:

```
Zeichnet Linien zwischen Datenpunkte                                    MENÜ
Linien  Symbole  Beide  Ohne
```

Bild 8-21 Möglichkeiten zum Formatieren bei Liniendiagrammen

Wir wählen zunächst die Funktion Linie. Nun werden die Datenpunkte mit Linien verbunden und die Bezeichnung der Symbole entfällt.

l Auswahl der Funktion Linie.

Für den B-Bereich soll dasselbe gelten:

bl Auswahl des **B**-Bereiches und Format Linie.

Im 1. Parameterblatt der Grafik sehen Sie die neuen Eintragungen (s. Bild 8-22).

```
Zeichenstil für Bereich A                                              MENÜ
A  B  C  D  E  F  Stop

     Typ:        Linien

  Bereich             Color. Format  Datenlabel          Legende

  X D7..D18             1
  A B7..B18             2    Linien                      Video
  B C7..C18             3    Linien                      CD
  C                     4    Beide
  D                     5    Beide
  E                     6    Beide
  F                     7    Beide
                                      Grafik 1.-Parameterblatt: EINS

Grafik 1. Parameter Format
```

Bild 8-22 Parameterblatt für das Liniendiagramm

<F10> gv Anzeigen der Grafik durch den {Menü}-Befehl **Grafik Vorschau**.

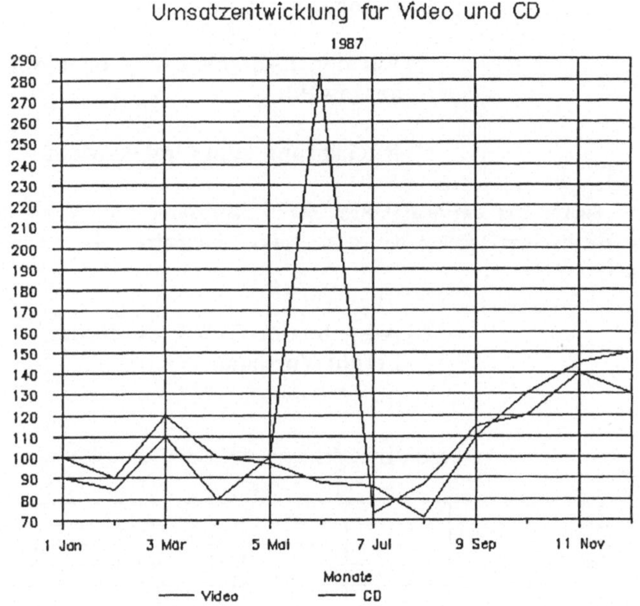

Bild 8-23 Liniendiagramm ohne Symbole

Als nächstes sollen *nur Symbole* ohne Linienverbindung gezeichnet werden. Dazu benützen wir die **Format-Auswahl Symbole** sowohl für den A- als auch für den B-Bereich. Den Bereichen A bis F ist ein eigenes Symbol zugeordnet (s. Tabelle 8-1).

Tabelle 8-1 Bereiche und ihre Symbole

Bereich	Symbol
A	□
B	+
C	◇
D	△
E	X
F	

Durch Drücken einer beliebigen Taste verlassen Sie den Grafik-Modus.

1fas Auswahl des 1. Parameterblattes Format für den A-Bereich und Eingabe des Befehls Symbole.

bs Für den B-Bereich wird ebenfalls Symbole ausgewählt.

ss Rücksprung zum Grafik-Menü.

Hinweis! Der Rücksprung zum Grafik-Menü durch zweimalige Eingabe des Befehls Stop (oder durch zweimaliges Drücken der <ESC>-Taste) entspricht dem Aufruf des {Menü}-Befehls Grafik (<F10> G).

v Ausgabe der Grafik durch den Befehl Vorschau.

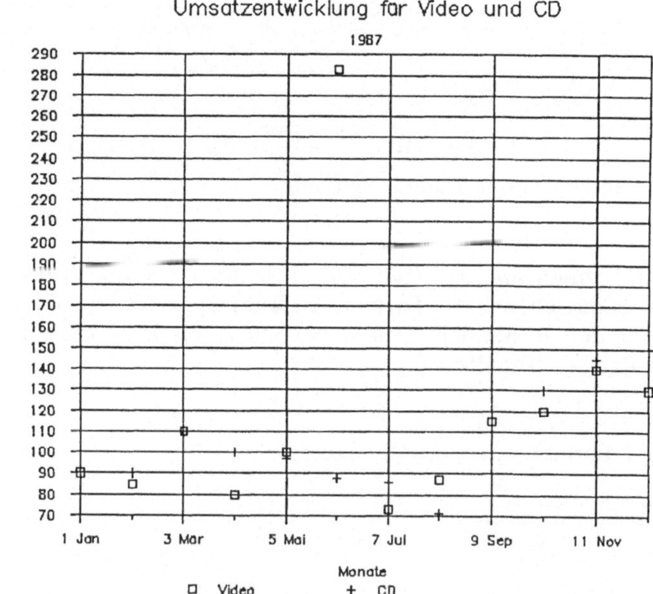

Bild 8-24 Liniendiagramm durch Darstellung der Symbole

Da die eingezeichneten Gitter das Bild unübersichtlich gestalten, werden sie wieder entfernt.

Durch Betätigen einer beliebigen Taste verlassen Sie wieder das Grafik-Menü, wählen im **2.** Parameterblatt die Funktion **O**ptionen und **G**itter und suchen die Anweisung **O**hne aus:

2ogo	Auswahl im **2**. Parameterblatt: **O**ptionen **G**itter **O**hne.
sv	Rückkehr in das Grafik-Menü durch Stop und Ausgabe der Grafik durch den Befehl Vorschau.

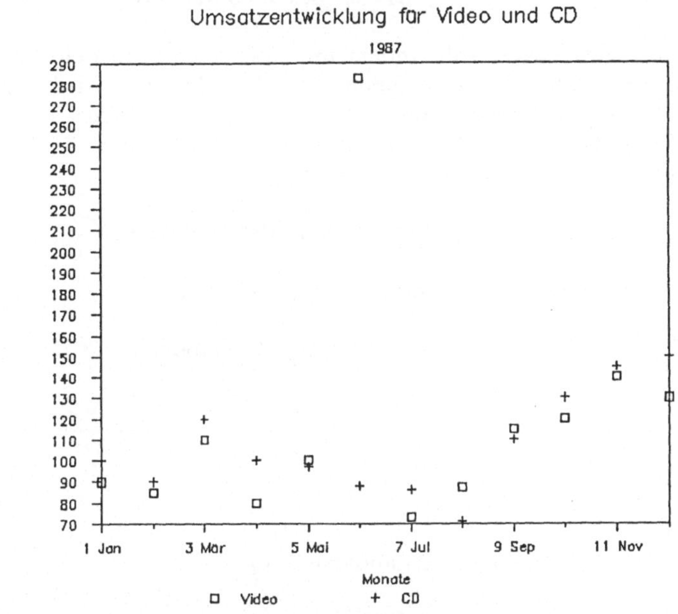

Bild 8-25 Liniendiagramm mit den Symbolen ohne Gitter

Wird beim Format-Befehl **B**eide gewählt, werden sowohl Symbole als auch Linienverbindungen gezeichnet. Dies ist die Standardeinstellung bei der Liniengrafik (s. Bild 8-17).

Wird die Formatierung **O**hne gewählt, so sieht man zunächst keine Darstellung der Werte. Dies ist dann sinnvoll, wenn statt der Symbole oder Linien einfach die *Zahlenwerte* in die Grafik übernommen werden sollen.

h) Beschriften mit Datenwerten

Die tatsächlichen Werte der Daten können in die Zeichnung übernommen werden. Dazu dient im **1**. Parameterblatt der Befehl **D**atenlabel.

1d	Aufruf im **1**. Parameterblatt die Funktion **D**atenlabel.

Nun können Sie die Bereiche wählen, für die Sie die Zahlenwerte angeben wollen. Dies soll für den A- und den B-Bereich der Fall sein.

a	Auswahl des A-Bereiches.

Ein Bereich wird ausgewählt, indem mit dem Cursor an den Anfang des Bereiches gefahren wird (zur Zelle B7). Der Bereich wird mit einem *Punkt* verankert und man fährt zum Ende des Bereiches (Zelle B18). Nach Betätigen der <RETURN>-Taste sehen Sie eine Bild 8-26 entsprechende Möglichkeiten zur Datendarstellung.

.	Verankerung des Bereiches.
11 MAL <PFEIL UNTEN>	Markieren des Bereiches.
<RETURN>	Speichern der Eingaben.

```
Justiert Labelmitte mit Datenpunkten                                MENÜ
Zentriert  Links  Oben  Rechts  Unten
```

Bild 8-26 Möglichkeiten zur Datendarstellung

Im vorliegenden Fall wird **Z**entriert ausgewählt:

z	Auswahl der zentrierten Datendarstellung.

Auch für die CD-Spieler sollen nur die Zahlenwerte ausgegeben werden. Deshalb wird der **B**-Bereich ausgewählt, mit dem Cursor zur Anfangszelle (C7) gefahren, der Bereich mit dem Punkt (.) verankert, zur letzten Zelle (C18) des Bereiches gefahren

b	Auswahl des B-Bereiches.

Bewegen Sie den Cursor zur Zelle C7.

.	Verankern des Bereiches.
11 MAL <PFEIL UNTEN>	Markieren des Bereiches bis zur Zelle C18.
<RETURN>	Speichern der Einstellungen.
z	Auswahl der zentrierten Datendarstellung.

Die Einstellungen sind im 1. Parameterblatt für die Grafik zu sehen (s. Bild 8-27):

```
Anzuzeigende Eingaben Nähe A-Werte                                        MENÜ
A B C D E F Stop

     Typ:       Linien

  Bereich            Color. Format  Datenlabel          Legende

  X D7..D18            1
  A B7..B18            2   Symbole Z B7..B18            Video
  B C7..C18            3   Symbole Z C7..C18            CD
  C                    4   Beide
  D                    5   Beide
  E                    6   Beide
  F                    7   Beide
                                           Grafik 1.-Parameterblatt: EINS

Grafik 1. Parameter Datenlabel
```

Bild 8-27 Parameter-Einstellungen zur Liniengrafik

SSV	Rücksprung in das Grafik-Menü durch zweimalige Eingabe von Stop und dann Anzeigen der Grafik durch den Befehl Vorschau (s. Bild 8-28).

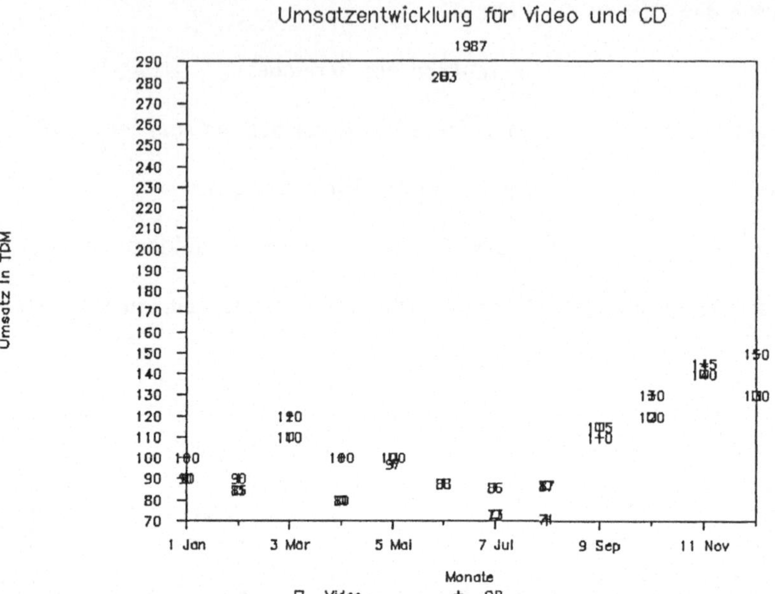

Bild 8-28 Liniendiagramm mit der Ausgabe von Datenwerten

Da die einzelnen Werte sehr eng beieinanderliegen, werden die Zahlen übereinandergedruckt und sind kaum zu lesen. Dieses Beispiel soll zeigen, daß der Befehl **D**atenlabel recht sparsam verwendet werden sollte.

Hinweis! Sie können die Ausgabe der Datenwerte in allen grafischen Darstellungen vornehmen, ausgenommen bei Kreisdiagrammen. Die Justierung der Daten erfolgt bei Balken- und Stapelbalkendiagrammen immer zentriert, gleichgültig welche Einstellung Sie vorgenommen haben.

l) Entfernen der Dateneinträge

Um eine übersichtliche Darstellung zu erhalten, kehren Sie wieder zur Liniendarstellung zurück und entfernen die Datenlabels. Dazu dient im 1. Parameterblatt die Funktion **A**nnulliere **D**atenlabel.

1ad	Im 1. Parameterblatt erfolgt die Annullierung der **D**atenlabels.

Es besteht die Möglichkeit, einzelne Bereiche (X, A bis F) oder mit der Funktion **G**rafik *alle Dateieinträge* zu löschen.

g	Annullieren aller Dateieinträge in der Grafik.

Dabei verschwinden die Angaben bei Datenlabel im 1. Parameterblatt.

ssv	Rücksprung ins Grafik-Menü und Anzeige der Grafik durch den Befehl Vorschau.

Es wird wieder die Bildschirmdarstellung wie in Bild 8-25 sichtbar. Wird die Verbindung der einzelnen Werte mit Linien gewünscht, dann geben Sie bitte ein (zuerst Drücken Sie eine beliebige Taste, um in den Text-Modus zu gelangen):

1fab	Im 1. Parameterblatt wird im Befehl Format für den A-Bereich beides (d.h. die Symbole werden mit Linien untereinander verbunden) gewählt.
bb	Für den B-Bereich wird ebenfalls beides gewählt.
ssv	Rückkehr ins Grafik-Menü (zweimal Stop) und Ausdruck der Grafik mit dem Befehl Vorschau. Sie sehen die Darstellung wie in Bild 8-17.

i) Formatänderungen der y-Achse

Im 2. Parameterblatt gibt es die Möglichkeit, mit den Funktionen *Y-Skala und X-Skala* die Darstellung der Daten zu ändern (z.B. das Zahlenformat oder den Maßstab).

2y	Auswahl aus dem 2. Parameterblattes den Befehl Y-Achse.

Die folgenden in Bild 8-29 dargestellten Möglichkeiten sind zu benutzen:

```
Automatisch bzw. Manuell, Linear bzw. Logarithmisch                    MENÜ
Typ  Format  Exponent  Breite  Stop
```

Bild 8-29 Möglichkeiten zur Änderung der Zahlendarstellungen in der y-Achse

t	Auswahl des Befehls Typ.

Nach der Auswahl von *Typ* können Sie unter drei Maßstäben auswählen (s. Bild 8-30):

```
Sie bestimmen untere und obere Grenzen                                    MENÜ
Manuell-linear  Automatisch-linear  Logarithmisch
```

Bild 8-30 Auswahl des Maßstab-Typs

- *Manuell-linear*

Der niedrigste und der höchste y-Wert wird manuell eingegeben, der Maßstab ist linear. Für die Bereichsgrenzen sind auch negative Werte zulässig.

- *Automatisch-linear*

Dies ist die *Standardeinstellung.* Symphony wählt den Maßstab so, daß alle Daten im Schaubild Platz haben. Die Unterteilung ist dabei linear.

- *Logarithmisch*

Symphony setzt die Anfangs- und Endwerte automatisch. Der Maßstab ist logarithmisch. Diese Darstellung ist zu wählen, wenn sich Daten um viele Zehnerpotenzen ändern oder wenn es sich um logarithmische Zusammenhänge handelt.

Als Beispiel wählen wir die Funktion Manuell-Linear.

m	Auswahl der Funktion Manuell-linear.
50 <RETURN>	Eingabe von **50** als untere Grenze.
300 <RETURN>	Eingabe von **300** als oberer Grenze.
ssv	Rücksprung ins Grafik-Menü (zweimal Stop) und Ausgabe durch Vorschau (s. Bild 8-31).

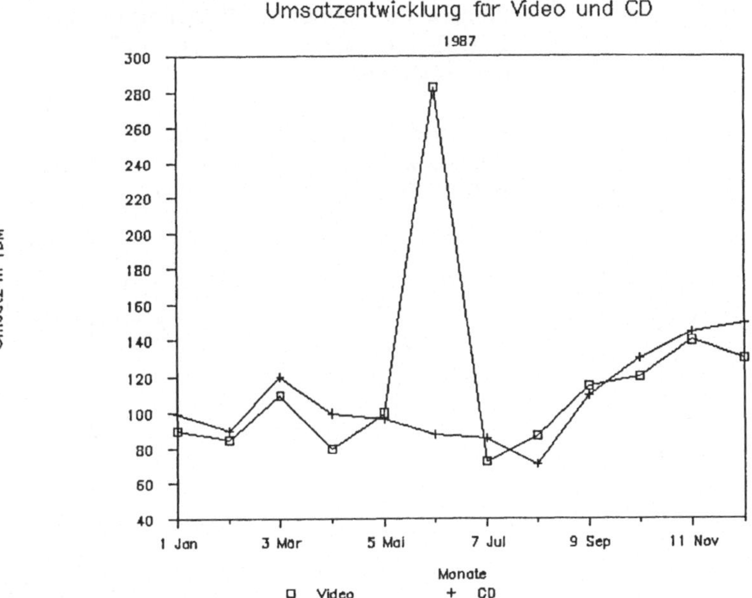

Bild 8-31 Liniendiagramm mit manueller Skalierung der y-Achse

Achtung! Durch die Änderung des Maßstabes kann unter Umständen ein völlig anderer Eindruck des Datenverlaufs enstehen, so daß Vorsicht geboten ist.

Eine Formatierung der Zahlenwerte kann hier ebenfalls vorgenommen werden.

2yf	Aus dem **2.** Parameterblatt wird für die y-Achse der Befehl **F**ormat ausgewählt.

```
Auf dem Konfigurationsblatt spezifiziertes Währungszeichen                MENÜ
Währung  Interpunktiert  Fest  %  Allgemein  Datum  Zeit  Exp-Form  Optionen
```

Bild 8-32 Formatierung von Zahlenangaben

Bild 8-32 zeigt eine große Auswahl an Formatierungsmöglichkeiten. Sie wurden im wesentlichen bei der Erstellung von Arbeitsblättern im BLATT-Modus schon behandelt (s. Abschnitt 3.1.10). Deshalb behandeln wir hier nur die Formatierung der Zahlenangaben als Währung (in DM).

w0 <RETURN> Angabe der Zahlen im Währungsformat, Eingabe von **0** Dezimalstellen und Speichern der Angaben.

ssv Rücksprung ins Grafik-Menü (zweimal Stop) und Anzeige der Grafik durch den Befehl Vorschau (s. Bild 8-33).

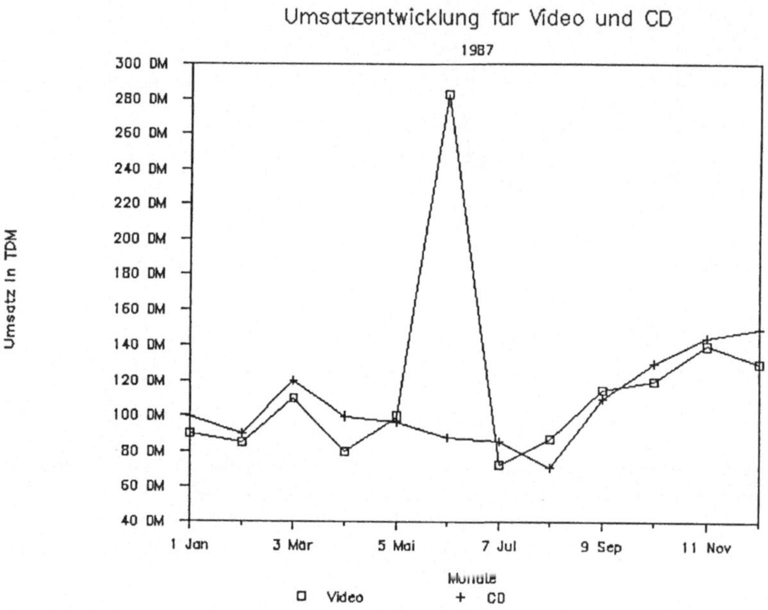

Bild 8-33 Liniendiagramm mit Währungsformat

Es ist zu bemerken, daß die DM-Beträge in Wirklichkeit Angaben in tausend DM (TDM) sind, wie es die Beschriftung der y-Achse zeigt.

Durch Drücken einer beliebigen Taste gelangen Sie wieder in den TEXT-Modus zurück.

Als nächstes kann der Exponent der Zahlendarstellung verändert werden.

2ye Wahl aus dem 2. Parameterblatt für die y-Achse die Funktion Exponent.

Sie sehen, daß Symphony den Skalierungsfaktor (z.B. Zahlenangabe als Tausender) **automatisch** vergibt, oder daß Sie ihn manuell einstellen können. Je nach Wahl der Parameter für **Format** und **Exponent** können entsprechende Anzeigeformate für Zahlen eingestellt werden. Beispiele hierzu sind in Tabelle 8-2 zusammengestellt.

Tabelle 8-2 Zahlenformatierung durch Wahl von Format und Exponent

Wert	Format	Exponent	Anzeige
1988	**A**llgemein	−1 (Zehntel)	19880
1988	**I**nterpunktiert	0 (Einer)	1.988,00
1988	**F**est/1	1 (Zehner)	198,8
1988	**W**ährung/2	2 (Hunderter)	19,88 DM
1988	**A**llgemein	3 (Tausender)	1,988
1988	**F**est/2	4 (10 hoch 4)	0,19

In aller Regel ist die automatische Einstellung sehr gut, so daß nur in Sonderfällen eine manuelle Änderung vorgenommen werden muß. Deshalb kehren wir in das übergeordnete Menü zurück, indem die <ESC>-Taste betätigt wird.

Abschließend kann noch die **B**reite der y-Skala verändert werden, d.h. der Abstand zwischen Beschriftung und Koordinatensystem.

b Auswahl des Befehls **B**reite.

Wie Sie sehen, ist der Standardwert **9**, d.h. Sie haben normalerweise Platz für 9 Zeichen zwischen linkem Rand und y-Achse. Wie in Klammern angegeben wird, kann eine Breite zwischen 1 und 40 Zeichen gewählt werden. Falls Sie die Breite ändern möchten, wird eine Breite von 16 Spalten vorgeschlagen. Damit sind 7-stellige Zahlenangaben mit Dezimalpunkten und Währungsangaben darstellbar.

16 <RETURN> Eingabe einer Breite von **16** Zeichen für die y-Achse.

ssv Rücksprung zum Grafikmenü durch zweimalige Eingabe des Befehles Stop und Anzeigen der Grafik durch den Befehl Vorgabe.

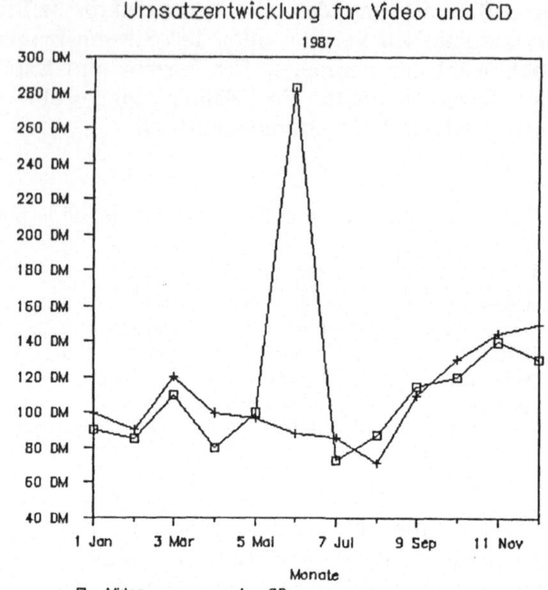

Bild 8-34 Liniengrafik nach Verbreitern der Spalte.

Hinweis! Für die x-Achse ist eine Formatierung in derselben Weise möglich.

8.3.2 Balkendiagramm

Die Umsatzdaten in Bild 8-1 werden in einer Balkengrafik veranschaulicht. Das geschieht mit dem {Menü}-Befehl **Grafik 1. Parameterblatt** (**<F10> G1**). Dann wird wieder folgendes Parameterblatt sichtbar:

```
Zum 2. Parameterblatt                                                    MENÜ
2.-Blatt Typ Bereich Colorierung Format Datenlabel Legende Annulliere Name Stop

     Typ:        Linien

  Bereich              Color. Format  Datenlabel            Legende

  X                      1
  A                      2    Beide
  B                      3    Beide
  C                      4    Beide
  D                      5    Beide
  E                      6    Beide
  F                      7    Beide
                                            Grafik 1.-Parameterblatt: EINS

Grafik 1. Parameterblatt
```

Bild 8-35 Grafik 1. Parameterblatt

Achtung! Wenn Sie diesen Befehl aufrufen, erscheint immer das 1. Parameterblatt mit dem Namen EINS. Wollen Sie eine neue Grafik mit anderen Parametern erstellen und die vorhergehenden Grafik-Parameter beibehalten, dann müssen Sie einen neuen Namen für dieses Grafik-Blatt vergeben.

Mit dem Befehl Name Erstelle kann ein neuer Name vergeben werden.

ne Wahl des Befehls Name Erstellen.

Wie Bild 8-36 zeigt, werden Sie zur Eingabe eines neuen Namens aufgefordert, wobei Ihnen die Liste der bereits vergebenen Namen angezeigt wird. Dies schützt Sie vor einer doppelten Vergabe des gleichen Namens, wodurch wertvolle Infomationen gelöscht werden könnten. Der Name kann bis zu 15 Zeichen lang sein.

Bild 8-36 Eingabe eines neuen Namens

Wir geben ein:

Grafik Balken <RETURN> Eingabe des neuen Namens.

```
Verwaltung eines Katalogs mit Grafik-Parameterblättern                    MENU
2.-Blatt Typ Bereich Colorierung Format Datenlabel Legende Annulliere Name Stop

   Typ:        Linien

 Bereich              Color. Format  Datenlabel            Legende

 X                       1
 A                       2   Beide
 B                       3   Beide
 C                       4   Beide
 D                       5   Beide
 E                       6   Beide
 F                       7   Beide
                                   Grafik 1.-Parameterblatt: GRAFIK BALKEN


Grafik 1. Parameterblatt
```

Bild 8-37 1. Parameterblatt mit neuem Namen

Hinweis! Mit der Vergabe des neuen Namens wird das vorher aktuelle Arbeitsblatt (in unserem Fall EINS) in das erstellte Arbeitsblatt mit dem neuen Namen (im vorliegenden Fall Grafik Balken) kopiert. In diesem Parameterblatt können nun die entsprechenden Änderungen vorgenommen werden.

tb	Auswahl des Grafik-Typs **B**alken.
ba	Auswahl des **B**ereiches **A**.

Mit dem Cursor fahren Sie zum ersten Feld des Produktes Video (Zelle B7).

.	Verankern des Bereichs durch einen Punkt.
11 MAL <PFEIL UNTEN>	Markieren des Bereiches bis zum letzten Feld (B18).
<RETURN>	Speichern des A-Bereiches im 1. Parameterblatt.
b	Auswahl des Bereiches **B**.

Die Angabe des B-Feldes geht wieder in folgenden Schritten vor sich:

- Fahren des Cursors zum *Anfang* des B-Bereiches (Zelle C7).

- Verankern des Bereiches mit einem *Punkt* (.).

- Bewegen des Cursors mit der <PFEIL UNTEN>-Taste bis zum Ende des Bereichs (Zelle C18).

- Bestätigen der Eingaben mit <RETURN> und Speichern der Angaben im 1. Parameterblatt.

Wie im vorigen Beispiel der Liniengrafik, wird die Grafik mit *Titeln* versehen, die *x- und y-Achse beschriftet*, die *x-Skala bezeichnet und* eine *Legende* erstellt.

a) Titel der Balkengrafik

Sie werden im 2. Parameterblatt gespeichert. Deshalb wird dieses aufgerufen und die Eintragungen vorgenommen.

s2 Rückkehr ins Grafikmenü und Auswahl des 2. Parameterblattes.

te Aufruf des Befehls Titel und Eingabe von Erster.

Umsatzentwicklung von Video und CD <RETURN>
Eingabe des ersten Titels.

z Ausfruf des zweiten Grafiktitels.

Balkendiagramm 1987 <RETURN>
Eingabe des zweiten Titels.

b) Beschriften der x- und y-Achse

x Auswahl der Beschriftung der x-Achse.

Monate <RETURN> Eingabe des Titels der x-Achse.

y Auswahl der Beschriftung der y-Achse.

Umsatz in TDM <RETURN> Eingabe des Titels für die y-Achse.

ssv Rücksprung zum Grafik-Menü (zweimal der Befehl Stop) und Ausgabe der Grafik durch die Funktion Vorschau.

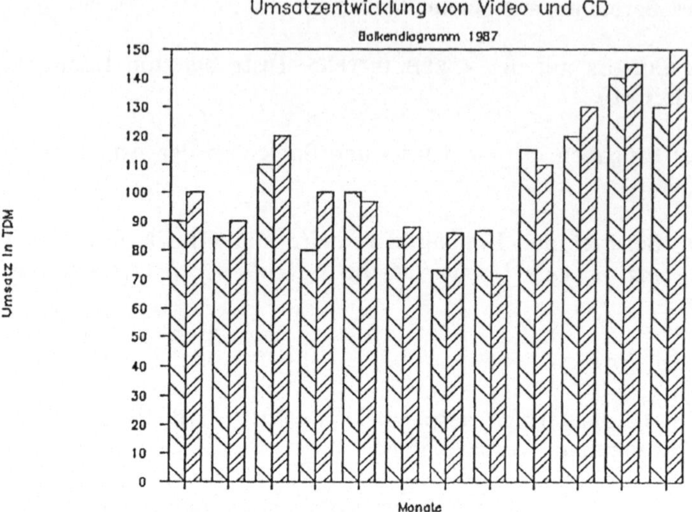

Bild 8-38 Balkendiagramm der Umsatzentwicklung

Wie dieses Bild zeigt, werden die zwei unterschiedlichen Produkte durch zwei verschiedene Schraffuren gekennzeichnet.

c) Beschriften der x-Skala

Durch Betätigen einer beliebigen Taste gelangt man wieder in das Grafik-Hauptmenü zurück.

Dazu dient im **1**. Parameterblatt der **B**ereich **X**.

1bx	Auswahl im **1**. Parameterblatt den **B**ereich **X**.

Die von Zelle D7 bis zur Zelle D18 angegebenen Bezeichnungen sollen in der x-Skala zur Beschriftung herangezogen werden.

Dazu wird mit dem Cursor in das erste Feld des Bereiches gefahren (Zelle D7).

. 11 MAL <PFEIL UNTEN>	Markieren des Bereiches mit einem Punkt und Fahren des Cursors bis zum letzten Feld des Bereiches (Zelle D18).
<RETURN>	Speichern der Informationen im 1. Parameterblatt.

d) Eingeben einer Legende

s	Rücksprung zum vorhergehenden Menü.
l	Auswahl des Befehls **Legende**.
a	Auswahl des Bereiches **A**.
Video <RETURN>	Eingabe der Bezeichnung **Video** für den A-Bereich.
b	Auswahl des Bereiches **B**.
CD <RETURN>	Eingabe der Bezeichnung **CD** für den B-Bereich und Speichern der Angaben im 1. Parameterblatt.
ssv	Rücksprung ins Grafik-Hauptmenü (zweimal **S**top) und Ausgabe der Grafik mit dem Befehl **V**orgabe.

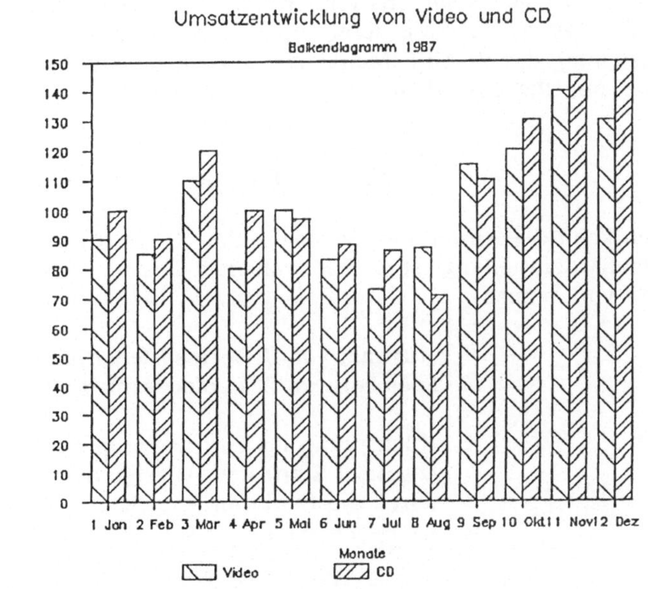

Bild 8-39 Umsatzentwicklung als Balkengrafik

Wie bereits im vorigen Abschnitt (s. Abschn. 8.3) erläutert, können folgende zusätzliche Änderungen für die y-Achse (und für die x-Achse) vorgenommen werden. Sie werden im 2. Parameterblatt gespeichert. Durch Drücken einer beliebigen Taste gelangen Sie in das Text-Menü und geben dann ein:

2y	Auswahl des 2. Parameterblattes und die y-Achse.

Bild 8-40 zeigt die Möglichkeiten der Einstellungen für die y-Achse.

```
Automatisch bzw. Manuell, Linear bzw. Logarithmisch                MENU
Typ  Format  Exponent  Breite  Stop
```

Bild 8-40 Einstellungsmöglichkeiten für die y-Achse

e) Format der Zahlendarstellungen in der y-Achse

Mit dem Befehl Format steht uns eine Reihe von Darstellungsmöglichkeiten zur Verfügung. Da diese bereits in Kapitel 3 (s. Abschn. 3.1.10) bei der Vorstellung des BLATT-Menüs ausführlich erörtert wurden, zeigen wir hier nur die zusätzliche Funktion Format in Exponentialform (Exp-Form).

fe	Auswahl der Funktion Format Exp-Form.

Im folgenden kann die Anzahl der Dezimalstellen (0 bis 15) gewählt werden. Die Standardeinstellung ist 2. Wir wählen 0 Dezimalstellen, da nur ganze Zahlen vorkommen:

0 <RETURN>	Auswahl von 0 Dezimalstellen und Speichern im 2. Parameterblatt.
ssv	Rücksprung ins Grafik-Hauptmenü (zweimal Stop) und Anzeige der Grafik durch die Funktion Vorschau.

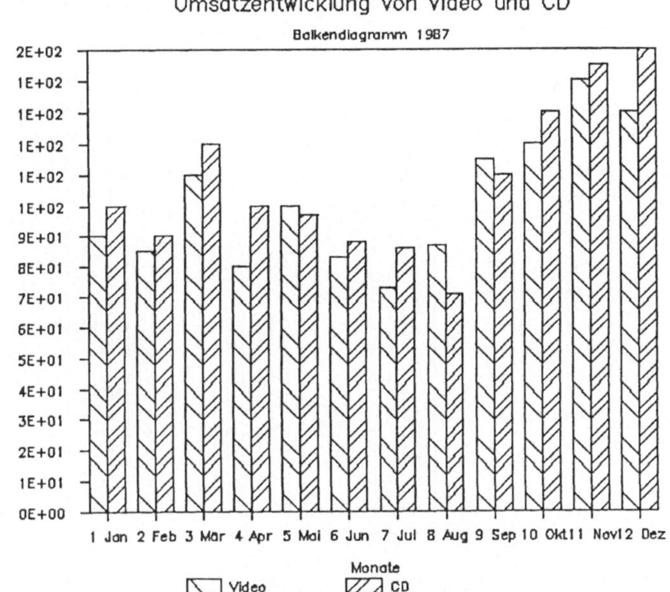

Bild 8-41 Balkendiagramm mit exponentieller Darstellung

Hinweis! Sind die Angaben an der y-Achse größer als die Spaltenbreite bis zur y-Achse, dann erscheinen keine Zahlenangaben, sondern soviel Sterne (*), wie Zeichen möglich sind.

f) Breite bis zum Beginn der y-Achse

Wie bereits in Abschnitt 8.3.1 erwähnt, kann die Zeichenbreite des Abstandes für die Beschriftung der y-Achse im **2**. Parameterblatt mit der Funktion **B**reite eingestellt werden.

2yb	Im **2**. Parameterblatt wird für die **y**-Achse die **B**reite eingestellt.

Standardmäßig ist die Breite mit 9 Zeichen vorgegeben. Wir wählen **12** Zeichen.

12 <RETURN>	Wahl der Spaltenbreite von **12** Zeichen und Speichern der Angabe im 2. Parameterblatt.
ssv	Rücksprung in das Grafik-Hauptmenü (2 mal Stop) und Anzeige der Grafik durch den Befehl Vorgabe.

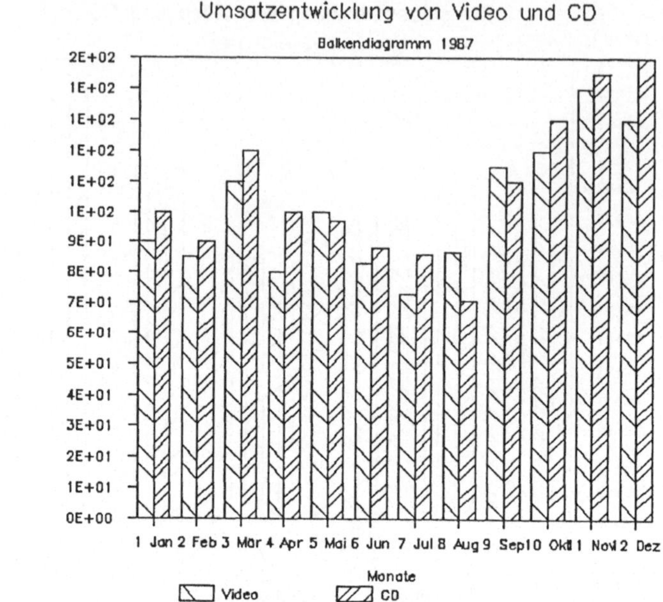

Bild 8-42 Balkengrafik nach Änderung der Spaltenbreite für die y-Achse

g) Wahl des Ursprungs der Balken

Eine wichtige Möglichkeit für die Darstellung von Balkengrafiken ist die Möglichkeit, den *Ursprung*, d.h. die Nullinie der Balken zu verändern. Dadurch werden alle Werte, die größer als der Ursprung sind, als Balken nach oben, und alle Werte, die kleiner als der Ursprung sind, als Balken nach unten gezeichnet. Damit ist eine optische Unterscheidung verschiedener Bereiche möglich.

In unserem Fall soll die Grenze, der Ursprung, bei einem Sollumsatz von 100 000 DM liegen. Das bedeutet, daß alle Umsätze, die unter 100 000 DM liegen, als Balken nach unten und alle Umsätze über 100 000 DM als Balken nach oben gezeichnet werden.

Durch Drücken einer beliebigen Taste verlassen wir die Grafik.

2o Auswahl im 2. Parameterblatt die Funktion **Optionen**.

Als Optionen kommen in Frage:

```
Horizontal, Vertikal, Gekreuzt, Ohne                                  MENÜ
Gitter  Isoliere  Farbe  Sprung  Ursprung  Aspekt
```

Bild 8-43 Auswahlmenü der Funktion *Optionen*

Im vorliegenden Fall wird die Option Ursprung gewählt.

u	Auswahl der Option Ursprung.

Standardmäßig ist als Ursprung **0** vorgegeben. Wir geben ein:

100 <RETURN>	Eingabe des Ursprungs von **100** und Speichern im 2. Parameterblatt.
sv	Rücksprung ins Grafik-Hauptmenü durch den Befehl Stop und Ausgeben der Grafik durch die Funktion Vorgabe.

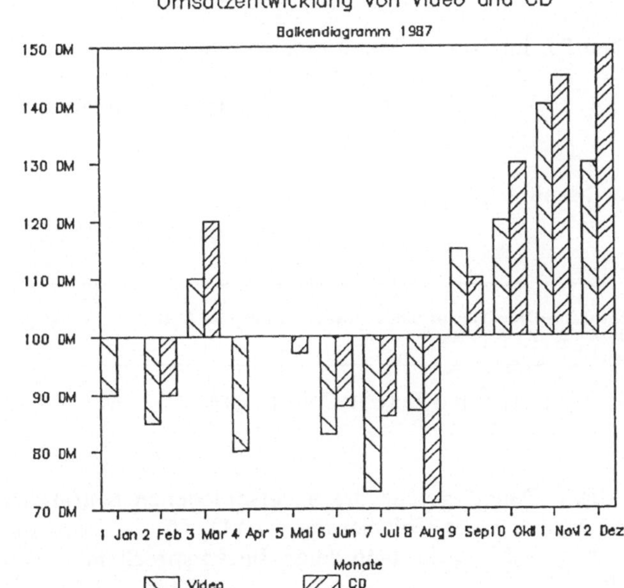

Bild 8-44 Balkengrafik bei einer Ursprungsverschiebung

Aus diesem Bild ist deutlich abzulesen, in welchen Monaten die vorgegebenen Sollumsätze in den einzelnen Produktgruppen über- und wann sie unterschritten wurden.

h) Schraffuren bzw. Farben wählen

Wenn Sie einen Farbbildschirm besitzen, dann können Sie wählen, ob Sie die Datenbereiche in Farbe oder als Schraffuren darstellen wollen. Diese Auswahl ermöglicht im 2. Parameterblatt der Befehl **O**ptionen **F**arbe. Wählen Sie **J**a aus, dann werden die Farben entsprechend den Colorierungszahlen ausgesucht. Da es keine hardwareunabhängige Zuordnung gibt, sollten Sie diese Möglichkeiten entsprechend der folgenden Anleitung selbst austesten. Da wir keine Farben darstellen wollen, wählen wir **N**ein, so daß Schraffuren ausgewählt werden.

2ofn Auswahl im 2. Parameterblatt die Befehle **O**ptionen **F**arbe **N**ein.

Hinweis! Wenn Sie einen Monochrom-Bildschirm besitzen und die Farbe Ja wählen, werden alle Datenbereiche als weiße Balken dargestellt.

Für die sechs Datenbereiche (A bis F) und den X-Bereich können unterschiedliche Farben oder Schraffuren gewählt werden. Dazu dient im 1. Parameterblatt die Funktion **C**olorierung.

Dazu geben Sie im Grafik-Menü ein:

1c Auswahl im 1. Arbeitsblatt die Funktion **C**olorierung.

Folgendes Menü erscheint:

```
Farb/Schraffur-Code für Gitterlinien, Achsen und Titel                MENÜ
X  A  B  C  D  E  F  Stop
```

Bild 8-45 Menü für den Befehl *Colorierung*

Um für die 6 Datenbereiche die 6 verschiedenen Schraffuren zu zeigen, wurde für Spalte A die Colorierung 1 (A1), für Spalte B die Colorierung 2 (B2) usw. gewählt. Bild 4-46 zeigt die entsprechenden Zahlenwerte im Arbeitsblatt:

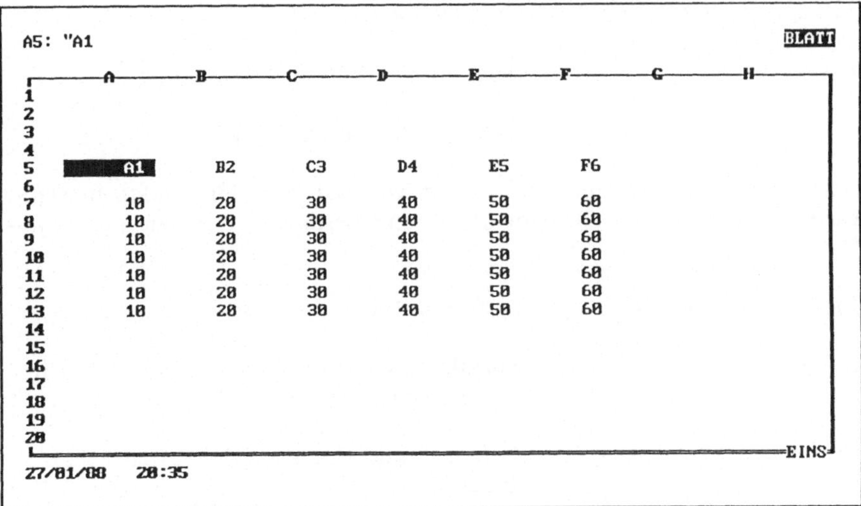

A5: "A1 BLATT

	A	B	C	D	E	F	G	H
1								
2								
3								
4								
5	A1	B2	C3	D4	E5	F6		
6								
7	10	20	30	40	50	60		
8	10	20	30	40	50	60		
9	10	20	30	40	50	60		
10	10	20	30	40	50	60		
11	10	20	30	40	50	60		
12	10	20	30	40	50	60		
13	10	20	30	40	50	60		
14								
15								
16								
17								
18								
19								
20								

EINS

27/01/88 20:35

Bild 8-46 Bereiche für die verschiedenen Schraffuren

Im folgenden werden die Bereiche den entsprechenden Colornummern zugeordnet:

a1	Auswahl des **A**-Bereiches mit Colornummer **1**.
b2	Der **B**-Bereich wird mit Colornummer **2** schraffiert.
c3	Der **C**-Bereich mit Colornummer **3**.
d4	Schraffur des **D**-Bereiches mit Colornummer **4**.
e5	Bereich **E** wird mit Colornummer **5** schraffiert.
f6	Schraffur des **F**-Bereiches mit Colornummer **6**.
s	Mit dem Befehl Stop gelangen wir ins übergeordnete Menü zurück.

Im nächsten Schritt wird der Bereich angegeben.

b	Auswahl der Funktion **B**ereich.
a	Auswahl des Bereiches **A**.

Um den Bereich festzulegen, fahren wir nur mit der <PFEIL UNTEN>-Taste bis zum letzten Element (A13) und bestätigen mit der <RETURN>-Taste.

6 MAL <PFEIL UNTEN>	Festlegen des A-Bereichs.
<RETURN>	Eingabe des A-Bereiches und Speichern im 1. Parameterblatt.
b 6 MAL <PFEIL UNTEN>	Aufrufen und Festlegen des **B**-Bereiches (bis Zelle C13).
<RETURN>	Speichern der Angaben im 1. Parameterblatt.

Die anderen Festlegungen werden entsprechend getroffen. Um das ursprüngliche Parameterblatt nicht zu zerstören, geben wir dem neu erstellten den Namen **Schraffur**. Zur Namensvergabe für die 1. Parameterblätter dient die Funktion Name (die Namen für die 2. Parameterblätter werden gleich benannt wie die entsprechenden 1. Parameterblätter).

s	Rücksprung zum vorhergehenden Menü.
n	Auswahl der Funktion Namen
e	Die Funktion **E**rstelle wird ausgesucht.
Schraffur <RETURN>	Eingabe des Namens **Schraffur** für das neu erstellte 1. Parameterblatt.

Zum Schluß wird noch die Legende für die Schraffur eingegeben:

l	Auswahl der Funktion **L**egende.
a	Auswahl des **A**-Bereichs.
1 <RETURN>	Eingabe der Bezeichnung 1.
b2 <RETURN>	Eingabe für den **B**-Bereich die Bezeichnung **2** und Speicherung im 1. Parameterblatt.

Dem **C**-, **D**, **E**- und **F**-Bereich werden die entsprechenden Zahlen zugeordnet:

c3 <RETURN>	Zuordnung für den **C**-Bereich.
d4 <RETURN>	Zuornung für den **D**-Bereich.
e5 <RETURN>	Der **E**-Bereich wird zugeordnet.
f6 <RETURN>	Die Legende für den **F**-Bereich wird festgelegt.

Diese Festlegungen sind im Parameterblatt Schraffur zu sehen:

```
Text für den Bereich A                                              MENÜ
A  B  C  D  E  F  Stop

     Typ:          Balken

  Bereich               Color. Format  Datenlabel             Legende

  X                        1
  A A7..A13                1                                  1
  B B7..B13                2                                  2
  C C7..C13                3                                  3
  D D7..D13                4                                  4
  E E7..E13                5                                  5
  F F7..F13                6                                  6
                                   Grafik 1.-Parameterblatt: SCHRAFFUR

Grafik 1. Parameter Legende
```

Bild 8-47 1. Parameterblatt Schraffur

Mit folgender Befehlsfolge wird die Grafik sichtbar gemacht:

ssv	Rückkehr zum Grafik-Hauptmenü durch Stop und Anzeige der Grafik mit dem Befehl Vorgabe.

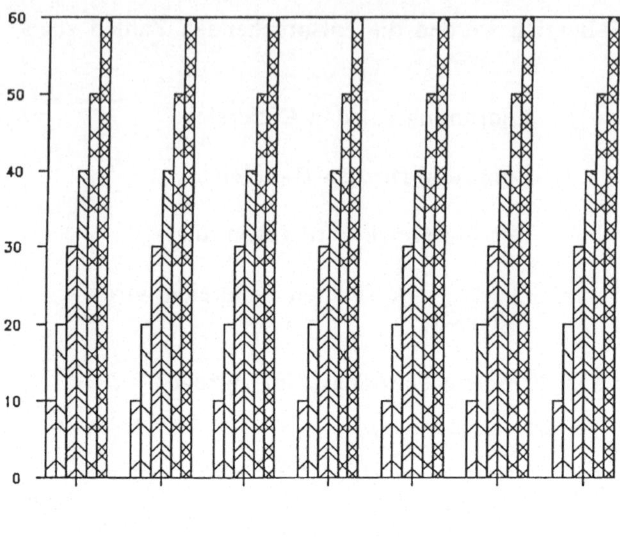

Bild 8-48 Schraffuren und zugeordnete Colorierungs-Nummern

Durch Drücken einer beliebigen Taste kehren wir wieder ins Grafik-Menü zurück und ändern den Grafiktyp in ein **Linien**diagramm um.

1tl	Auswahl des 1. Parameterblatts, den Typ Linie.
sv	Rücksprung ins Grafik-Menü mit Stop und Ausgabe der Grafik mit dem Befehl Vorschau.

Wie Bild 8-49 zeigt, werden den Colorierungsnummern in Liniendiagrammen entsprechende Symbole zugeordnet, wie sie in der Legende aufgeführt sind.

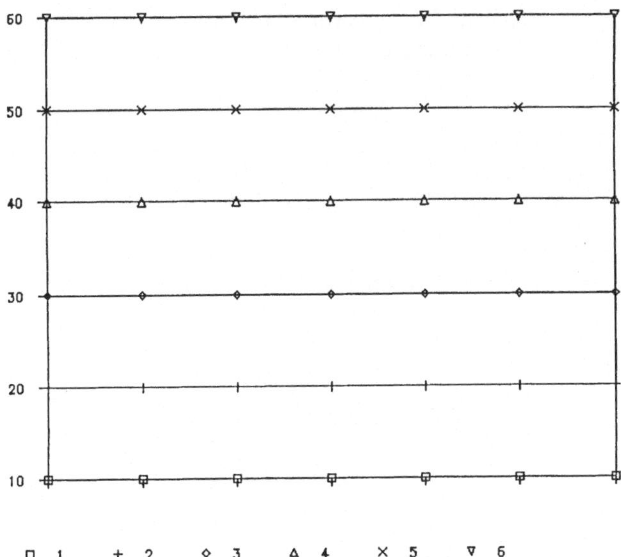

Bild 8-49 Symbole und zugeordnete Colorierungsnummern

Hinweis! Die Colorierungsnummer, die Sie dem X-Bereich zuordnen, wird für alle grafischen Darstellungen, mit Ausnahme der Datenbereiche (A bis F) verwendet, beispielsweise für die Umrahmung, die Gitterlinien, Zahlen und Bezeichnungen an der x- bzw. y-Achse und Titel.

Wenn Sie die Option Farbe Ja gewählt haben, dann erscheint alles, außer den Datenbereichen A bis F, in dieser Farbe.

i) Einstellung von Rändern

In Bild 8-48 ist dieselbe Grafik sieben mal zu erkennen. Um die Schraffuren deutlicher zu sehen, wären weniger dieser Grafiken sinnvoll. Dazu kann man die Bereichsgrenzen für die Felder A bis F im 1. Parameterblatt mit dem Befehl **B**ereich ändern. Im vorliegenden Fall werden nur zwei Felder zu einem Bereich zusammengefaßt. Das neue A-Feld (von A7 bis A8) stellt man folgendermaßen ein:

Mit dem Drücken einer beliebigen Taste gelangt man wieder ins Grafik-Hauptmenü zurück. Mit dem Befehl **T**yp **B**alken im **1**. Parameterblatt wird wieder ein Balkendiagramm dargestellt.

1tb	Im **1**. Parameterblatt wird der Grafiktyp **B**alken eingestellt.

1b Aufruf im 1. Parameterblatt den Befehl **B**ereich.

a Aufruf des A-Bereiches.

5 MAL <PFEIL OBEN> <RETURN>
Verkürzen des A-Bereiches auf die Felder A7 und A8.

Mit den restlichen Feldern verfährt man ebenso.

Zum Schluß ruft man die Grafik auf:

ssv Rücksprung ins Grafik-Hauptmenü durch zweimaliges Aufrufen des Befehls **S**top und Anzeige der Grafik durch die Funktion **V**orgabe.

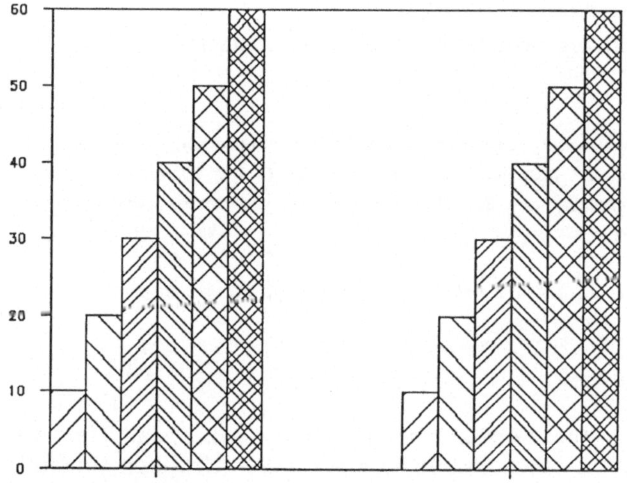

Bild 8-50 Grafik für die Bereiche mit 2 Feldern

Hinweis! Um eine Balkengrafik auszudrucken, brauchen Sie einen Bereich, d.h. mindestens zwei Felder. Sonst erscheint die Fehlermeldung: "Nicht genügend Daten vorhanden".

Falls die Balken zu dicht an den Rändern sein sollten, können Sie durch Vergrößerung der Bereiche für eine gefälligere Plazierung sorgen.

8.3.3 Stapelbalken

Bei diesem Grafik-Typ werden die Datenbereiche in Form von Balken nicht nebeneinander dargestellt, sondern *übereinander geschichtet*, so daß die Höhe des Balkens die Summe aller Werte darstellt.

Um unseren Artikel-Umsatz-Verlauf in dieser Grafikform darzustellen, benützen wir wieder diesen Datenbereich und das entsprechende Parameterblatt (s. Bild 8-22). Wenn Sie das Parameterblatt nicht mehr verfügbar haben, nehmen Sie die Einstellungen für Bereich und Legende nach Bild 8-22 vor.

Wir kehren ins Grafik-Hauptmenü zurück (z.B. mit dem {Menü}-Befehl Grafik (**<F10> G**), wählen im **1.** Parameterblatt den Befehl Typ aus und daraus die Funktion Stapelbalken.

<F10> g	Aufruf des {Menü}-Befehls Grafik.
1ts	Aufruf im **1.** Parameterblatt den Typ Stapelbalken.
sv	Rücksprung ins Grafik-Hauptmenü und Auswahl der Grafik-Ausgabe durch die Funktion Vorschau.

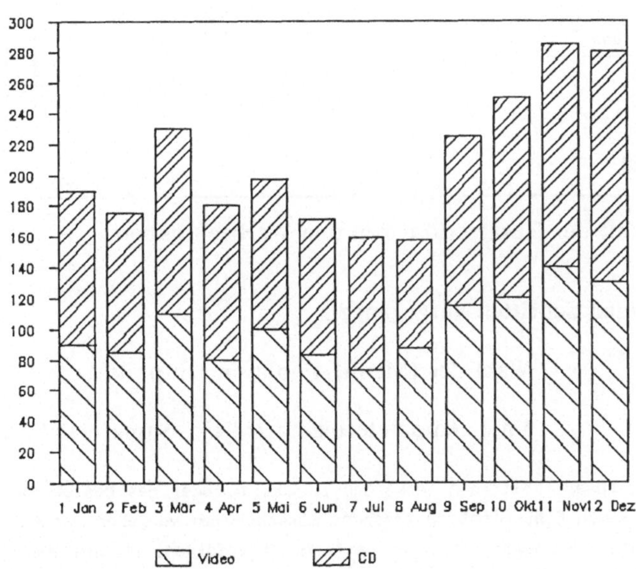

Bild 8-51 Artikel-Umsatz-Statistik als Stapelbalken-Grafik

8.3.4 XY-Diagramm

In XY-Diagrammen werden die Abhängigkeiten zwischen zwei Größen dargestellt, z.B. die Abhängigkeit der Konsumausgaben vom Einkommen oder der Ausgaben für Werbung und die möglichen Zusatzerlöse. In der Technik dienen die XY-Diagramme dazu, aufgrund von mathematischen Funktionen für bestimmte x-Werte die aus der Funktionsgleichung ermittelten y-Werte zu bestimmen und grafisch aufzuzeichnen. Bei den XY-Diagrammen ist deshalb die x-Achse immer auch eine *Zahlenachse* und dient nicht nur zur Erläuterung. Aus diesem Grunde müssen für diesen Grafiktyp sowohl ein X- als auch ein A-Bereich (entspricht dem Y-Bereich) angegeben werden.

Hinweis! Falls keine Abhängigkeiten zwischen zwei Datensätzen bestehen, ist die XY-Grafik keine geeignete grafische Darstellungsmöglichkeit.

Die XY-Grafiken sind im übrigen wie *Liniendiagramme* zu behandeln.

In unserem Beispiel soll die Abhängigkeit der Zusatzerlöse von den Werbeausgaben gezeigt werden. Bild 8-52 zeigt die ermittelten Zahlen. In der Spalte A sind die Werbeausgaben und in der Spalte B die erwarteten Zusatzerlöse zu sehen.

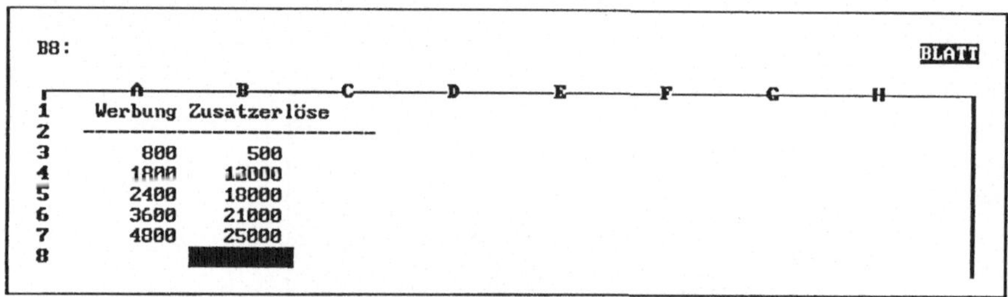

B8: BLATT

	A	B
1	Werbung	Zusatzerlöse
2	------------	------------
3	800	500
4	1000	13000
5	2400	18000
6	3600	21000
7	4800	25000
8		

Bild 8-52 Abhängigkeit der Zusatzerlöse von den Werbeausgaben

Dabei wird in folgenden Schritten vorgegangen:

<F10> g Wahl der {Menü}-Funktion Graphik.

1ne Im 1. Parameterblatt wird ein Name erstellt.

Hinweis! Um das Parameterblatt weiterhin verwenden zu können, oder das bestehende Parameterblatt mit dem Namen EINS nicht zu löschen, müssen Namen vergeben werden. Diese Vergabe muß vor den Einträgen ins 1. Parameterblatt erfolgen, um ein Überschreiben des bestehenden zu verhindern.

Werbung <RETURN>
Eingabe des Namens für das 1. Parameterblatt.

tx
Auswahl des Typs der Grafik als XY-Diagramm.

bx
Auswahl des Bereiches für die x-Achse.

Der X-Bereich sind die Werbungsausgaben. Deshalb wird mit dem Cursor in die Zelle A3 gefahren.

.
Verankerung der Anfangszelle des Bereichs mit einem Punkt.

4 MAL <PFEIL UNTEN>
Bestimmen des Bereichs.

<RETURN>
Speichern des X-Bereiches im 1. Parameterblatt.

a
Auswahl des A-Bereiches.

Der A-Bereich sind die Zusatzerlöse. Deshalb wird der Cursor in die Zelle B3 gebracht.

.
Verankerung der ersten Zelle des A-Bereichs.

4 MAL <PFEIL UNTEN>
Bestimmung des A-Bereiches.

<RETURN>
Speichern des A-Bereiches im 1. Parameterblatt.

s
Rücksprung ins übergeordnete Menü.

Als nächstes geben wir im **2.** Parameterblatt den Titel und die Beschriftung der x- und y-Achse ein.

2te
Im **2.** Parameterblatt wird der Befehl Titel Erster aufgerufen.

Zusatzerlöse und Werbeausgaben
Überschrift der Grafik.

<RETURN>
Speichern des Grafiktitels.

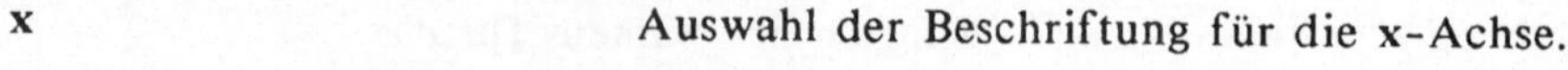

x	Auswahl der Beschriftung für die x-Achse.
Werbeausgaben <RETURN>	Beschriftung der x-Achse.
y	Auswahl der Beschriftung für die y-Achse.
Zusatzerlöse <RETURN>	Beschriftung der y-Achse.
ssv	Rücksprung ins Grafik-Hauptmenü (zweimal Stop) und Auswahl des Befehls für die Grafikausgabe Vorschau.

Bild 8-53 zeigt die zugehörige XY-Grafik.

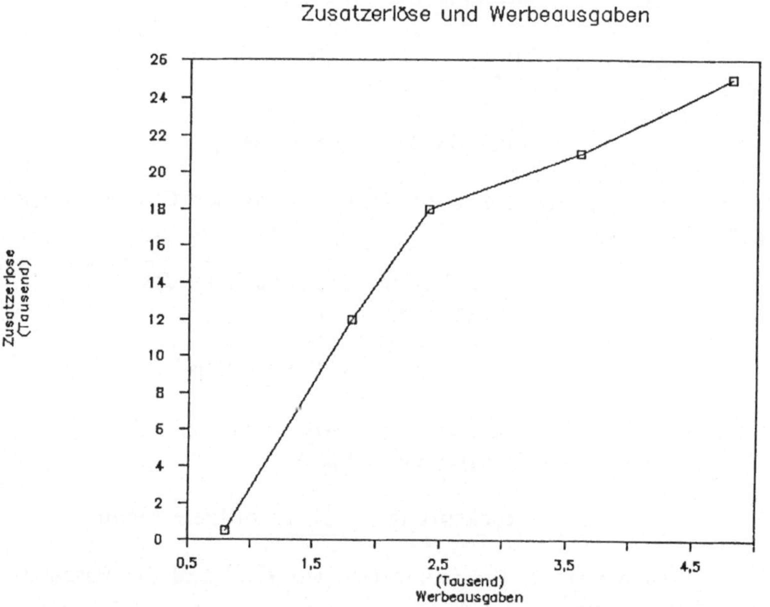

Bild 8-53 XY-Grafik für Zusatzerlöse und Werbeausgaben

Hinweis! Falls die x-Werte nicht steigend oder fallend sortiert sind, entstehen gekreuzte Linienzüge, die ein verwirrendes Bild erzeugen.

Manchmal ist kein durchgängiger Linienzug erwünscht, sondern es sollen nur Symbole eingezeichnet werden. Dann wählen Sie im 1. Parameterblatt die Funktion Format, wählen den Bereich aus und benutzen den Befehl Symbole.

Falls Sie sich noch in der Grafik-Anzeige befinden, drücken Sie eine beliebige Taste und gelangen ins Grafik-Hauptmenü.

1f	Auswahl im 1. Parameterblatt den Befehl Format.
as	Bestimmen des A-Bereiches und Auswahl der Funktion Symbole.
ssv	Rücksprung zum Grafik-Hauptmenü (zweimal den Befehl Stop geben) und Ausgabe der Grafik durch die Funktion Vorgabe.

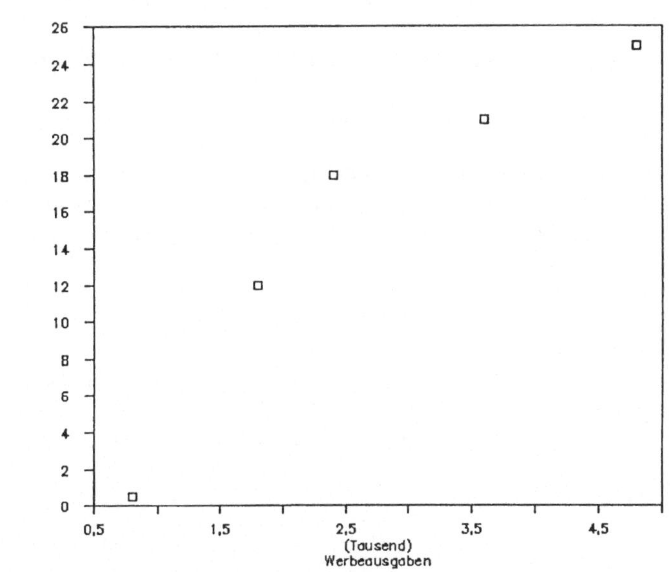

Bild 8-54 XY-Grafik mit Darstellung der Symbole

8.3.5 Kreisdiagramm

In einem Kreisdiagramm können die einzelnen Anteile an einem Ganzen veranschaulicht werden. Dies ist auch in Stapelbalken-Darstellungen möglich, jedoch mit dem Unterschied, daß hier mehrere Datensätze darstellbar sind, während Kreisdiagramme nur einen Datensatz abbilden können.

Als Beispiel wählen wir die Umsatzentwicklung für Video-Geräte, wie sie in Bild 8-1 gezeigt wurde.

Zunächst schalten wir, falls notwendig, mit **<F10>** g in das Grafik-Hauptmenü um und erstellen ein **1.** Parameterblatt mit dem Namen **Video.**

1ne	Im 1. Parameterblatt wird der Befehl Name Erstelle ausgewählt.
Video <RETURN>	Eingabe des Namens **Video** für das 1. Parameterblatt.

Anschließend wird als Typ der Grafik **Kreis** ausgewählt.

tk	Auswahl des Grafik-Typs **Kreis.**

Der A-Bereich wird ausgewählt (Umsatzentwicklung für Videogeräte):

ba	Auswahl des **Bereiches A.**

Sie fahren mit dem Cursor zur Zelle B7, in der der A-Bereich beginnt, verankern den Bereich mit einem Punkt, fahren zum Ende des Bereiches und speichern diesen durch Drücken der <RETURN>-Taste.

. 11 MAL <PFEIL UNTEN> <RETURN>

Eingabe des Bereiches.

ssv	Rücksprung ins Grafik-Hauptmenü (zweimal Stop) und Wahl der Grafikausgabe durch den Befehl Vorschau.

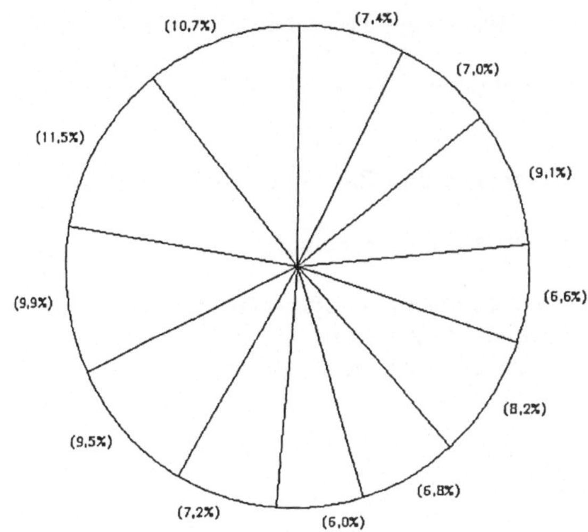

Bild 8-55 Kreisdarstellung der Umsatzentwicklung für Video-Geräte

Wie aus diesem Bild zu ersehen ist, wird für jede Zahl im Datenbereich A ein Kreissegment gezeichnet und der Prozentanteil am Ganzen am Rand in Klammern vermerkt.

Als nächstes wird im 2. Parameterblatt die Kreisgrafik mit einem Titel und einem Untertitel versehen (Falls Sie noch im Grafik-Modus sind, verlassen Sie diesen durch Drücken einer beliebigen Taste).

2te Auswahl im 2. Parameterblatt den Befehl Titel Erster.

Monatlicher Anteil Video-Umsätze <RETURN>
Überschrift der Kreisgrafik.

z Auswahl des zweiten Titels.

1987 <RETURN> Eingabe des zweiten Titels.

Die Beschriftung der einzelnen Daten erfolgt im 1. Parameterblatt für den X-Bereich.

ss Rücksprung ins Grafik-Hauptmenü (zweimal Stop).

1bx Auswahl im 1. Parameterblatt den Bereich X.

Als nächstes wird der X-Bereich festgelegt. Dazu bewegen Sie den Cursor zur ersten Zelle des Bereiches (Zelle A7), verankern diese mit einem Punkt, fahren zum Ende des Bereiches (Zelle A18) und drücken die <RETURN>-Taste.

. 11 MAL <PFEIL UNTEN>	Verankern und Bestimmen des Bereiches.
<RETURN>	Eingabe des X-Bereiches.
SSV	Rücksprung ins Grafik-Hauptmenü (zweimal Stop) und Wahl der Grafik-Ausgabe durch die Funktion Vorgabe.

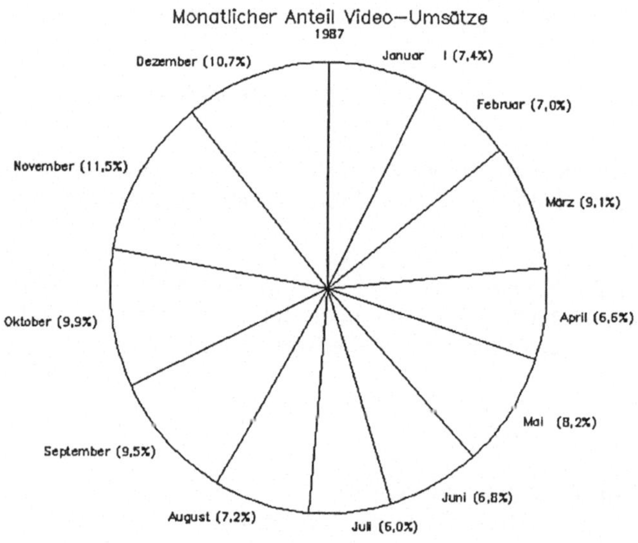

Bild 8-56 Kreisgrafik nach der Beschriftung

Hinweis! In Kreisgrafiken sind folgende Grafik-Optionen ausgeschaltet:

- Beschriften der x- und y-Achse,
- Legende,
- Datenlabel,
- Gitter.

Im folgenden wird gezeigt, wie der **B**-Bereich im **1**. Parameterblatt dazu verwendet werden kann, Kreissegmente zu schraffieren oder herauszuheben. Den Grafik-Modus verlassen Sie durch Drücken einer beliebigen Taste.

1bb	Wahl im **1**. Parameterblatt den **B**ereich **B**.

Sie sehen die Zellangabe, in der der Cursor steht. Im vorliegenden Beispiel soll der Bereich für die ersten sechs Monate (Zelle B7 bis B12) schraffiert werden. Deshalb wird der Cursor in die Zelle B7 gebracht und eingegeben:

. 5 MAL <PFEIL UNTEN>	Festlegen des B-Bereiches.
<RETURN>	Speichern der Angaben im 1. Parameterblatt.
ssv	Rücksprung ins Grafik-Hauptmenü (zweimal Stop) und Ausgabe der Grafik durch den Befehl Vorschau.

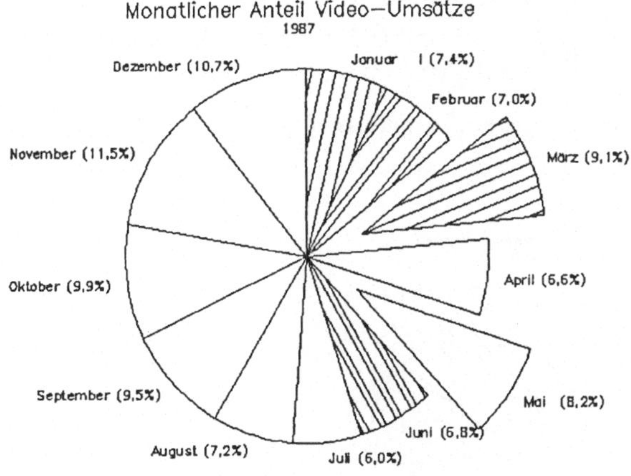

Bild 8-57 Kreisgrafik mit Schraffur und Heraushebung

Wie aus Bild 8-57 noch zu erkennen ist, sind die Kreissegmente für die Monate März und Mai herausgehoben. Dies ist deshalb der Fall, weil in diesen Monaten die Werte 100 und darüber sind. Die letzte Ziffer der Zahlen zwischen 100 und 199 geben die Schraffurtypen an, wobei die *Endziffer 0*, wie zu sehen ist, *keine Schraffur* bedeutet.

Um dies zu zeigen, legen wir ein neues Feld in Spalte E an und tragen in E7 den Wert 100, in E8 den Wert 101 usw. bis in Zelle E18 den Wert 111. (um diese Eintragungen vorzunehmen, müssen Sie solange die <ECS>-Taste drücken, bis Sie im Arbeitsblatt Zahlen eingeben können).

Um diese Grafik auszudrucken, müssen Sie den {Menü}-Befehl **G**rafik (**<F10> G**) benutzen, im **1**. Parameterblatt den Bereich **B** auswählen und den Bereich von E7 bis E18 eingeben.

<F10> g	Auswahl des {Menü}-Befehls **G**rafik.
1bb	Auswahl im **1**. Parameterblatt den **B**ereich **B**.

Sie bewegen den Cursor zur Zelle E7 (Falls eine Verankerung eingeschaltet ist, lösen Sie diese durch Drücken der <ESC>-Taste).

. 11 MAL <PFEIL UNTEN>	Markieren des B-Bereiches.
<RETURN>	Speichern des B-Bereiches im 1. Parameterblatt.
ssv	Rücksprung ins Grafik-Hauptmenü und Aufruf der Grafik durch den Befehl **V**orschau.

Bild 8-58 zeigt alle Kreissegmente herausgehoben und die der Endziffer entsprechende Schraffurart.

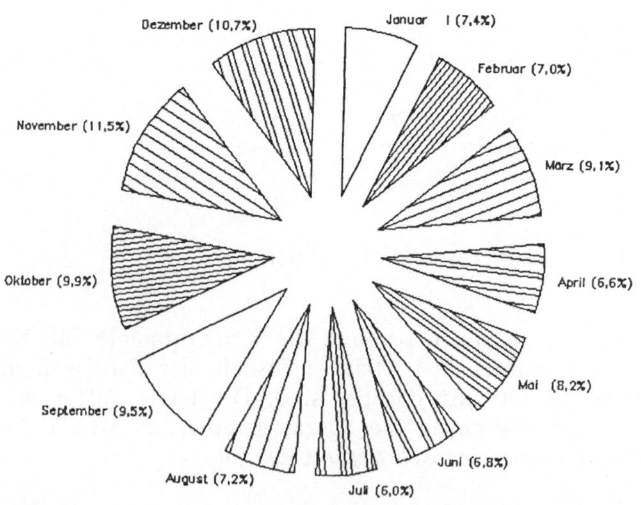

Bild 8-58 Die dem Schraffurcode zugeordnete Schraffurart

Eine weitere Möglichkeit, die Kreisgrafik zu verändern, haben wir mit der Funktion **O**ptionen Aspekt. Dadurch kann der Kreis zu einer *Ellipse* umgewandelt werden. Das Verhältnis der beiden Halbachsen einer Ellipse (Höhe zu Breite) ergibt eine Zahl, die bei der Eingabe in der Funktion *Aspekt* den Kreis dehnt (Wert kleiner als 1), bzw. streckt (Wert größer als 1).

Hinweis! Bei Zahlenwerten für den Aspekt, die kleiner als 0,25 und größer als 3 sind, wird die Grafik schwer lesbar.

Um dies zu zeigen, verwenden wir im **2**. Parameterblatt den Befehl **O**ptionen und die Funktion Aspekt und geben einen Zahlenwert ein (Umschalten vom Grafik-Modus in den Eingabe-Modus durch Drücken einer beliebigen Taste):

2oa	Auswahl im **2**. Parameterblatt den Befehl **O**ptionen Aspekt.

Bild 8-59 zeigt die Aufforderung zur Eingabe des Aspektwertes.

```
Aspektverhältnis -- von ,1 (breit) bis zu 10 (schmal): 1                EDIT
```

Bild 8-59 Aufforderung zur Eingabe des Aspektverhältnisses

0,6 <RETURN>	Eingabe des Aspektverhältnisses von **0,6** und Speicherung im 2. Parameterblatt.
sv	Rücksprung ins Grafik-Hauptmenü (Stop) und Anzeige der Grafik mit dem Befehl Vorschau.

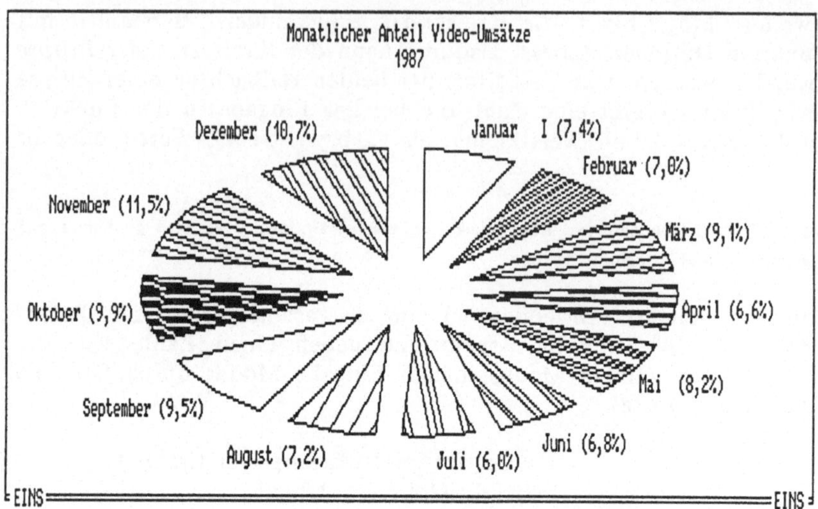

Bild 8-60 Kreisgrafik mit dem Aspektverhältnis von 0,6

Danach geben wir noch das Aspektverhältnis von 2 ein. Um den Grafik-Modus zu verlassen, drücken wir eine beliebige Taste.

2oa	Wahl im **2**. Parameterblatt den Befehl **O**ptionen **A**spekt.
2 <RETURN>	Eingabe des Aspektwertes von **2** und Speichern des Wertes im 2. Parameterblatt.
sv	Rücksprung ins Grafik-Hauptmenü (Stop) und Ausgabe der Grafik mit der Funktion Vorgabe.

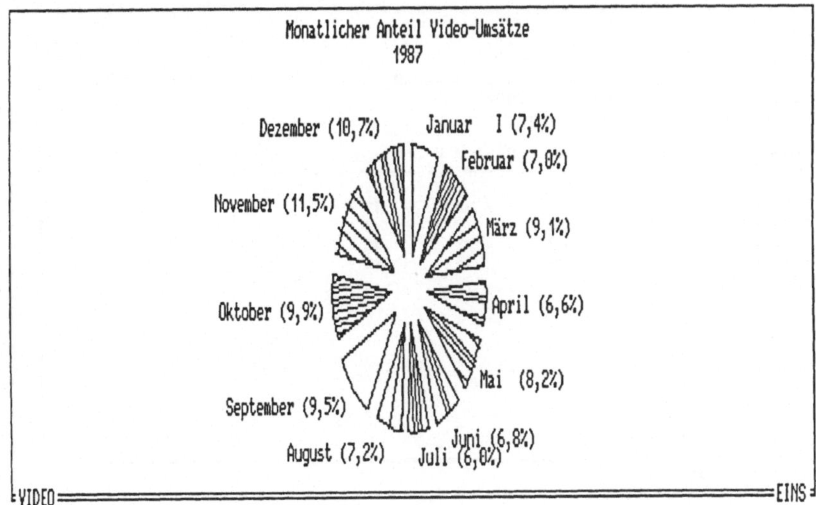

Bild 8-61 Kreisgrafik mit dem Aspektverhältnis von 2

8.3.6 Aktienverlauf

Mit dieser, in Lotus 1-2-3 unbekannten, zusätzlichen Grafikdarstellung wird es möglich, *Schwankungen* von Werten sichtbar zu machen. Wie der Name schon sagt, können damit Kursverläufe von Aktien angezeigt werden. Es sind aber beispielsweise auch Preisschwankungen von Waren darstellbar.

Folgende vier Bereiche sind in der Aktienverlaufs-Grafik darstellbar:

- Höchstwert,

- Tiefstwert,

- Schlußnotierung,

- Eröffnungsnotierung.

In Bild 8-62 ist die Preisentwicklung von Heizöl in den ersten vier Quartalen 1987 zusammengestellt.

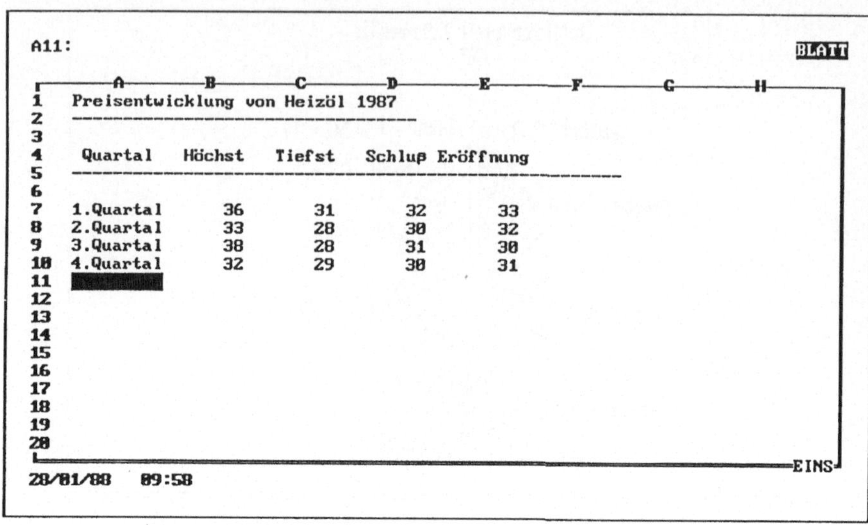
A11: BLATT

Preisentwicklung von Heizöl 1987

Quartal	Höchst	Tiefst	Schluß	Eröffnung
1.Quartal	36	31	32	33
2.Quartal	33	28	30	32
3.Quartal	38	28	31	30
4.Quartal	32	29	30	31

20/01/88 09:50 EINS

Bild 8-62 Preisentwicklung für Heizöl in den Quartalen 1987

Um daraus eine *Aktienverlaufsgrafik* zu erhalten, gehen wir in folgenden Schritten vor:

- Aufrufen des Grafik-Hauptmenüs,

- im 1. Parameterblatt wird der Typ Aktienverlauf bestimmt,

- Festlegen der Bereiche für Höchst (**A**-Bereich), Tiefst (**B**-Bereich), Schlußnotierungen (**C**-Bereich) und Eröffnungspreise (**D**-Bereich),

- Ausgabe der Grafik.

<F10> g	Auswahl des Hauptmenüs Grafik.
1ta	Auswahl im **1**. Parameterblatt von **T**yp **A**ktienverlauf.
b	Auswahl des **B**ereiches.
a	Festlegung des **A**-Bereiches.

Der A-Bereich umfaßt die Höchstwerte der Heizölpreise. Diese stehen in den Zellen B7 bis B10. Deshalb wird der Cursor zur Zelle B7 bewegt und folgendes eingegeben:

. 3 MAL <PFEIL UNTEN>	Festlegen des A-Bereiches.
<RETURN>	Speichern des A-Bereiches.
b	Aufrufen des **B**-Bereiches.

Sie fahren mit dem Cursor zur ersten Zelle des **B**-Bereiches (Zelle C7).

. 3 MAL <PFEIL UNTEN>	Festlegen des **B**-Bereiches.
<RETURN>	Speichern des **B**-Bereiches.
c	Aufrufen des **C**-Bereiches.

Der Cursor wird anschließend zur ersten Zelle des C-Bereiches bewegt (Zelle D7).

. 3 MAL <PFEIL UNTEN>	Festlegen des C-Bereiches.
<RETURN>	Speichern des C-Bereiches.
d	Aufrufen des **D**-Bereiches.

Mit dem Cursor wird in die Zelle E7 (erste Zelle des D-Bereiches) gefahren.

. 3 MAL <PFEIL UNTEN>	Festlegen des D-Bereiches.
<RETURN>	Speichern des D-Bereiches.
ssv	Aufrufen des Grafik-Hauptmenüs (2 mal Stop) und Ausgabe der Grafik durch die Funktion Vorschau.

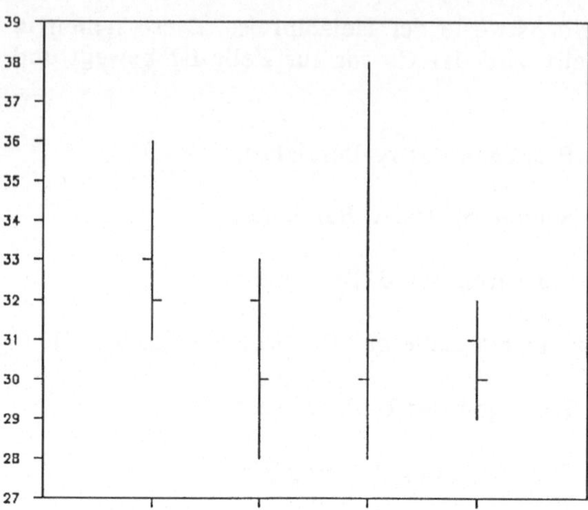

Bild 8-63 Preisentwicklung für Heizöl

Die Grafik wird im 2. Parameterblatt mit einem Titel versehen und die x- und y-Achse beschriftet.

Durch Betätigung einer beliebigen Taste kehren wir wieder ins Grafik-Menü zurück.

2te — Auswahl im 2. Parameterblatt die Funktion Titel Erster.

Preisentwicklung für Heizöl 1987 <RETURN>
Eingabe des ersten Titels.

x — Auswahl zur Beschriftung der x-Achse.

Quartale 1987 <RETURN> — Beschriftung der x-Achse.

y — Beschriftung der y-Achse.

Heizölpreise (4000l) <RETURN>
Beschriftung der y-Achse.

Zum Schluß wird noch die Skalierung der x-Achse beschriftet. Dazu schalten wir mit dem Befehl Stop ins 1. Parameterblatt um und wählen als Bereich den X-Bereich aus.

s1 — Umschalten mit Stop und Anwählen des 1. Parameterblattes.

bx Festlegen des Bereiches X.

Mit dem Cursor wird zur ersten Zelle des X-Bereiches gefahren (Zelle A7).

. 3 MAL <PFEIL UNTEN> <RETURN>
Festlegen des X-Bereiches.

ssv Rücksprung ins Grafik-Hauptmenü (zweimal Stop) und Anzeige der Grafik durch die Funktion Vorschau.

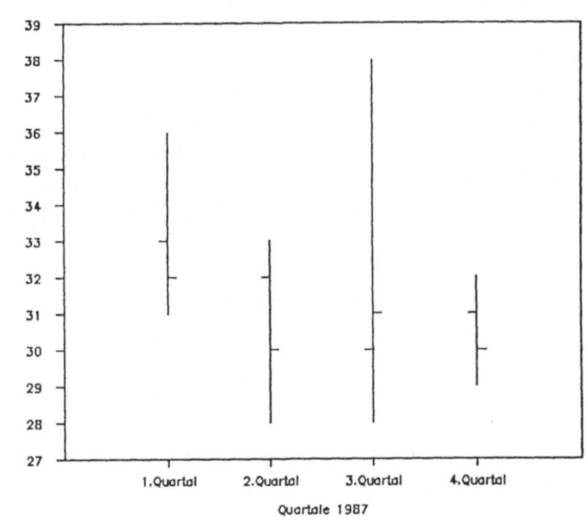

Bild 8-64 Preisverlauf für Heizöl nach erfolgter Beschriftung

Hinweis! Sie können auch Aktienverlaufs-Grafiken erstellen, die nur Höchst- oder Tiefstwerte oder andere Kombinationen anzeigen.

Bild 8-64 kann folgendermaßen gedeutet werden:

Für jedes Quartal zeigt der durchgezogene Strich die Spanne zwischen Höchst- und Tiefstpreis. Das bedeutet: Ist der Strich klein, so sind die Preisschwankungen gering. Bei langen Strichen ist die Preisschwankung hoch. Im vorliegenden Fall sind große Preisschwankungen im 3. Quartal zu erkennen und geringe im 4. Quartal.

Der *Schlußpreis* (die Schlußnotierung) wird durch einen kleinen Strich *nach rechts*, der *Eröffnungspreis* (die Eröffnungsnotierung) durch einen kleinen Strich *nach links* markiert. So wird aus Bild 8-64 ersichtlich, daß die Eröffnungspreise (Strich nach links) im 1., 2. und 4. Quartal über den Schlußpreisen (Strich nach rechts) lagen. Lediglich im 3. Quartal waren die Eröffnungspreise niedriger als die Schlußpreise.

8.4 Grafiken verwalten

8.4.1 Parameterblätter verwalten

Wie Sie bereits früher gesehen haben, dienen Parameterblätter zur Einstellung Ihrer speziellen Grafiken. Im Regelfall wird Ihnen dazu im ersten und im zweiten Parameterblatt der Name EINS vorgegeben. Sobald Sie etwas daran ändern, gehen die früheren Einstellungen verloren. Damit Sie beispielsweise verschiedene Grafiken derselben Daten ausgeben können, muß die Möglichkeit gegeben sein, die Grafikblätter den Grafiken zuzuordnen. Dies geschieht in Symphony durch *Zuweisung eines Namens*. Dazu dient die Funktion **Name**. Er kann im 1. und im 2. Parameterblatt vergeben werden.

Zunächst wird im 1. Parameterblatt die Funktion Name aufgerufen:

1n	Aufruf im 1. Parameterblatt die Funktion Name.

Sie sehen folgendes Bild (dasselbe erscheint beim Aufruf der Funktion Name im 2. Parameterblatt):

```
Auswahl eines Parameterblattes                                              MENU
Wähle Erstelle Lösche Vorhergehendes Folgendes Ausgangsparam Zurücksetzen Stop
```

Bild 8-65 Wahlmöglichkeiten bei der Funktion Name

Diese Funktionen haben folgende Bedeutung:

Wähle	Wahl eines Parameterblattes
Erstelle	Erstellen eines neuen Parameterblattes
Lösche	Löschen eines Parameterblattes

Vorhergehendes Aufruf des vorhergehenden Parameterblattes

Folgendes Aufruf des folgenden Parameterblattes

Ausgangsparam Rücksetzen des Parameter auf die Standardeinstellung

Zurücksetzen Löschen aller Parameterblätter

Der aktuelle Name des Parameterblattes wird immer im rechten unteren Fensterrand angezeigt.

Hinweis! Bei den Funktionen Vorhergehendes und Folgendes wird zu dem in alphabetischer Reihenfolge vorhergehenden oder folgenden Parameterblatt gegangen.

Mit der Funktion *Ausgangsparam* werden die Standardwerte wieder eingesetzt. Wenn Sie jedoch nur einen Teil verändern wollen, dann können Sie auch mit dem Befehl im 1. Parameterblatt Annulliere arbeiten. Um ins 1. Parameterblatt zurückzukommen, wählen Sie zweimal den Befehl Stop.

ss Rücksprung zum Grafik-Hauptmenü durch zweimaligen Aufruf des Befehls Stop.

1a Aufruf des Befehls im 1. Parameterblatt Annulliere.

Sie sehen folgende Möglichkeiten:

```
Annulliert ganze Parameterzeile                                          MENÜ
Ganze-Zeile  Bereich  Format  Datenlabel  Legende  Colorierung
```

Bild 8-66 Auswahlmöglichkeiten der Funktion Annulliere

Die Optionen haben dabei folgende Bedeutung:

Ganze-Zeile Löschen einer Parameterzeile für die Datenbereiche.

Wenn Sie diesen Befehl aufrufen (z.B. durch Drücken der <RETURN>-Taste), erscheint folgendes Bild:

```
Für alle Bereiche                                              MENÜ
Grafik  X  A  B  C  D  E  F  Stop
```

Bild 8-67 Löschen der Parameter für Datenbereiche

Wenn alle Bereiche gelöscht werden sollen, wählen sie die Funktion *Grafik.*

Bereich	Löschen der Parameter für alle Bereiche
Format	Löschen des Formats
Datenlabel	Löschen der Datenwerte in der Grafik
Legende	Löschen der Legende
Colorierung	Löschen der Colorierung.

Achtung! Das aktuelle Arbeitsblatt können Sie nicht löschen!

8.4.2 Speichern der Grafiken

Wie bereits im Abschnitt 1.1 erläutert wurde, gibt es ein spezielles Programm, das **PrintGraph**-Programm, mit dem der *Ausdruck* der Grafiken erfolgen kann. Da Sie dazu Symphony verlassen müssen, um das **PrintGraph**-Programm aus dem Access-Menü heraus aufzurufen, müssen die auszudruckenden Grafiken vorher als *Dateien* gespeichert worden sein.

Das Speichern der Grafiken in eine Datei erfolgt durch den Befehl Bildspeicherung, der aus dem Grafik-Hauptmenü aufgerufen wird:

<F10> g	Ausfruf des {Menü}-Befehls Graphik.
b	Auswahl der Funktion Bildspeicherung.

Darauf erscheint in der zweiten Bildschirmzeile ein Verzeichnis sämtlicher bisher angelegter Grafikdateien. Sie enthalten alle den Zusatz *.PIC.* Durch Drücken der Leertaste können Sie die entsprechenden Dateien anfahren.

Sie geben den entsprechenden Namen ein und drücken die <RETURN>-Taste. Die Grafik wird unter diesem Namen abgespeichert.

8.5 Arbeiten mit Grafikfenstern

Bereits in Kapitel 3 wurde gezeigt, wie der Bildschirm in verschiedene Fenster aufgeteilt werden kann. Mit dieser in Symphony neu geschaffenen Möglichkeit der *Fenstertechnik* wird es möglich, die Informationen eines Arbeitsblatts unter *verschiedenen Blickwinkeln* auf einem Bildschirm zu betrachten. So können beispielsweise die Daten der Tabellenkalkulation im BLATT-Fenster, die Bemerkungen im TEXT-Fenster und die den Daten entsprechenden Grafiken im GRAFIK-Fenster dargestellt werden. Vor allem die Zusammenschau von Daten und ihre grafischen Auswertungen auf einem Bildschirm ist eine überaus nützliche Möglichkeit.

Hinweis! Nur wenn Sie bei der Installation (s. Abschn. 1.3.1) Text und Grafik zusammen anzeigen gewählt haben (gemischter Modus), können Sie Grafik und Text auf demselben Bildschirm darstellen.

Haben Sie den Alternativ-Modus (Text und Grafik getrennt) gewählt, dann können Sie entweder Grafik (und dazu verschiedene Fenster) oder Text auf dem Bildschirm darstellen.

Betreiben Sie zwei Bildschirme und benutzen den einen zur Text- und den anderen zur Grafik-Ausgabe (Dual-Modus), dann sehen Sie die Grafiken nur auf dem Grafik-Bildschirm und die Texte nur auf dem Text-Bildschirm.

8.5.1 Erstellen von Grafiken

Die Funktion GRAFIK-Fenster soll am Beispiel der Umsätze der Filialen im Jahre 1987 gezeigt werden.

Falls noch ein Arbeitsblatt auf dem Bildschirm zu sehen ist, können Sie mit der {Service}-Funktion Neu Ja (<F9> NJ) den Bildschirm löschen und folgende Daten in das neu erstellte Arbeitsblatt eingeben:

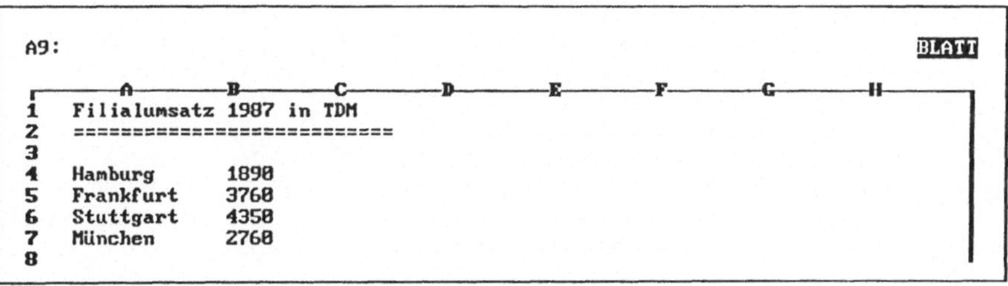

Bild 8-68 Umsätze der Filialen im Jahre 1987

Diese Daten werden in drei Grafiken ausgewertet, als Balken-, als Linien- und als Kreisdiagramm.

Zunächst wird das Balkendiagramm gezeichnet. Dazu wird die {Menü}-Funktion **G**rafik (**<F10> G**) ausgewählt und im **1**. Parameterblatt als **T**yp **B**alken ausgewählt. Anschließend wird der **B**ereich **A** mit den Spalten **B4..B7** definiert. Nach Rückkehr ins Grafikmenü wird durch die Funktion **V**orgabe die Balkengrafik ausgedruckt.

<F10> g1tb	Auswahl der {Menü}-Funktion **G**rafik. Festlegen im **1**. Parameterblatt den **T**yp **B**alken.
ba	Festlegen des **B**ereiches **A**.

Mit dem Cursor wird in die erste Zelle des Bereiches (B4) gefahren.

. 3 MAL <PFEIL UNTEN>	Verankerung der ersten Zelle und Festlegen des Bereiches von Zelle B4 bis B7.
<RETURN>	Bestätigung der Bereichsdefinition.
ssv	Rücksprung ins Grafik-Hauptmenü (zweimal **S**top) und Ausgabe der Grafik mit dem Befehl **V**orschau.

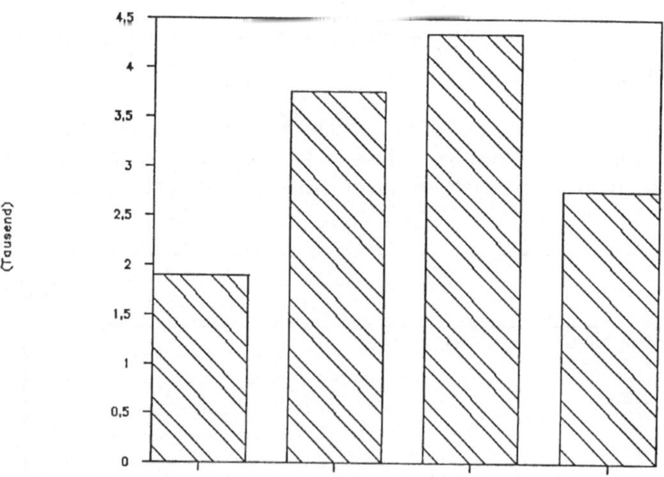

Bild 8-69 Balkendiagramm des Filialumsatzes 1987

Für das Liniendiagramm als zweiten Grafiktyp wird im 1. Parameterblatt der Name ZWEI vergeben.

<ESC>	Verlassen der Grafik und Rücksprung ins Grafik-Hauptmenü.
1ne	Im 1. Parameterblatt wird der Name erstellt.
zwei <RETURN>	Das neue Parameterblatt heißt **ZWEI**.
tl	Festlegen des Typs der Grafik als Liniendiagramm.
sv	Rücksprung in Grafik-Hauptmenü und Anzeige der Grafik mit der Funktion Vorschau.

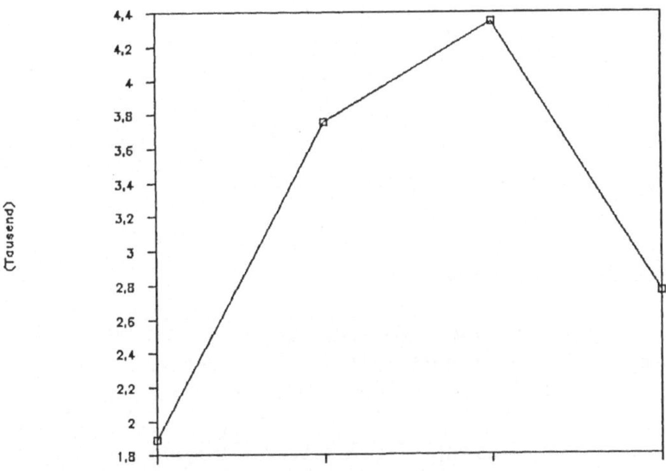

Bild 8-70 Liniendiagramm des Filialumsatzes

Für das Kreisdiagramm wird ein zusätzliches 1. Parameterblatt angelegt mit dem Namen DREI.

Durch Drücken einer beliebigen Taste verlassen Sie den Grafik-Modus und können eingeben:

1ne	Im 1. Parameterblatt wird der Name erstellt.
drei <RETURN>	Das neuerstellte Parameterblatt heißt **DREI**.

tk Auswahl des Grafik-Typs Kreis.

sv Rücksprung ins Grafik-Hauptmenü und Ausgabe der Grafik mit der Funktion Vorschau.

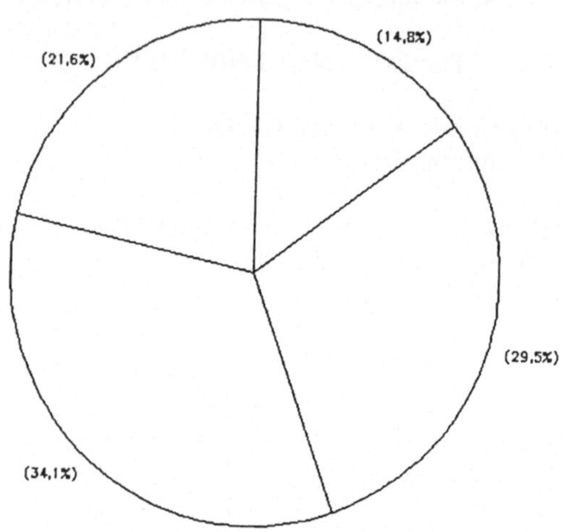

Bild 8-71 Kreisdiagramm des Filialumsatzes

8.5.2 Erstellen eines GRAFIK-Fensters

Das Grafik-Fenster wird mit der {Service}-Funktion Fenster Erstelle (**<F9> FE**) definiert. Als Name wird **GRAFIK1** eingegeben. Zunächst verlassen Sie den Grafik-Modus, indem Sie irgendeine Taste drücken.

<F9> fe Auswahl der {Service}-Funktion Fenster Erstelle.

Grafik1 <RETURN> Das Fenster heißt **Grafik1**.

g Auswahl des Fenstertyps GRAFIK.

Daraufhin sehen wir den ganzen Bildschirm hell unterlegt.

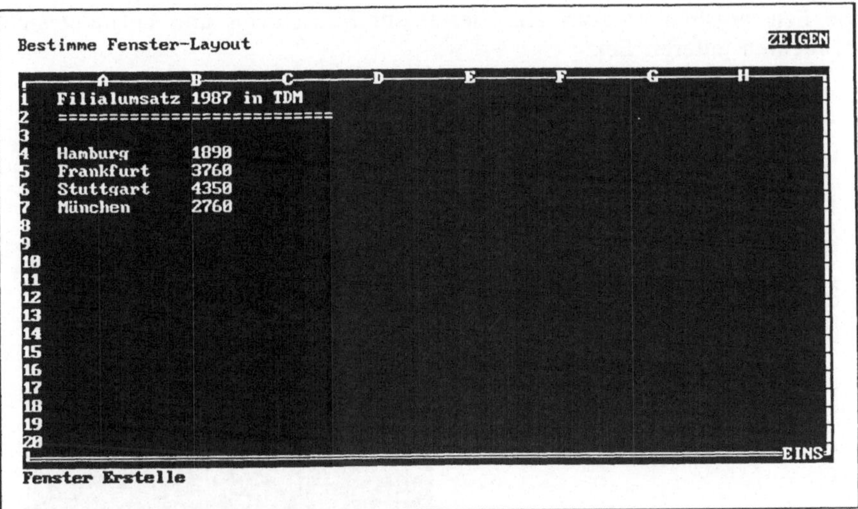

Bild 8-72 Wahl der Fenstergröße

Der Cursor ist als Markierungsstrich in der rechten unteren Ecke zu erkennen. Er wird mit der <TAB>-Taste oder mit dem Punkt (.) im Uhrzeigersinn bewegt. Zur Einstellung der Fenstergröße können die Cursor-Tasten verwendet werden. Ihre Wirkung zeigen die Tabellen 3-2 und 3-3 in Kapitel 3.

Hinweis! Durch Drücken der <Scroll Lock>-Taste wird statt des Cursors das eingestellte Fenster auf dem Bildschirm verschoben.

Im vorliegenden Fall wird die rechte untere Bildschirmecke als Grafikfenster definiert. Um dieses Fenster einzustellen, gehen wir folgendermaßen vor:

<TAB> — Bewegen des Cursors zur linken unteren Bildschirmecke.

40 MAL <PFEIL RECHTS> — Die rechte Bildschirmhälfte ist als Fenster definiert.

<TAB> — Bewegen des Cursors in die linke obere Fensterecke.

2 MAL <PGDN> — Verkleinern des Fensters um 8 Zeichen nach unten.

3 MAL <PFEIL UNTEN> — Verkleinern des Fensters um weitere drei Zeilen.

Die Fenstergröße ist etwa ein Viertel des Bildschirms und befindet sich im rechten unteren Eck.

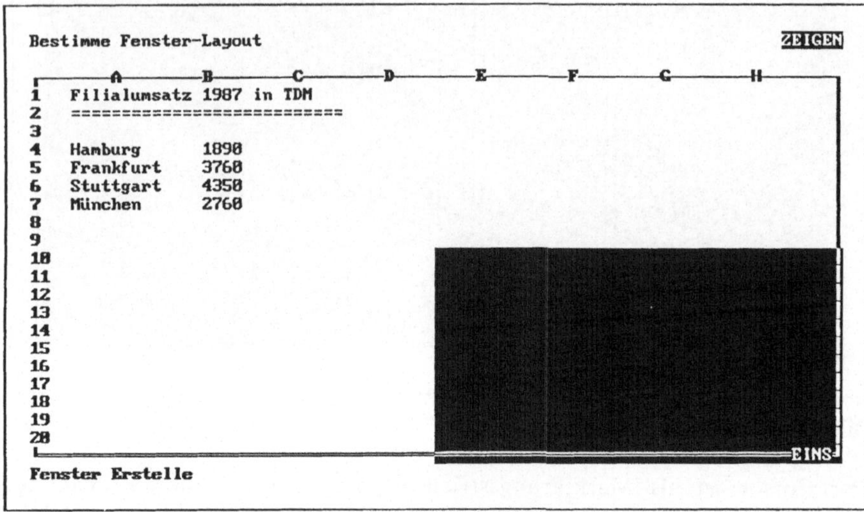

Bild 8-73 Festlegen der Größe des ersten Fensters

<RETURN> Die Festlegung der Fenstergröße ist abgeschlossen.

Folgendes Bild wird sichtbar:

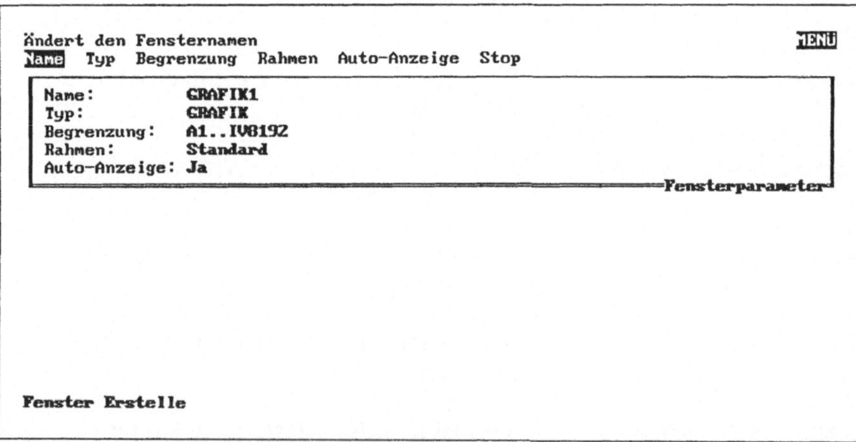

Bild 8-74 Eingestellte Fensterparameter

8.5.3 Parameterblatt einem GRAFIK-Fenster zuordnen

Damit die Grafiken in den Fenstern dargestellt werden können, müssen jedem GRAFIK-Fenster ein Parameterblatt zugeordnet werden. Das bedeutet, daß in diesem festgelegten Fenster immer diese zugewiesene Grafik angezeigt wird. Standardmäßig wird in Symphony einem neuen GRAFIK-Fenster das Parameterblatt EINS zugeordnet.

Hinweis! Sie können zwar einem Parameterblatt mehrere Fenster zuweisen, aber einem Fenster nur ein Parameterblatt.

s	Mit dem Befehl Stop erscheint die Kreisgrafik im Fenster.

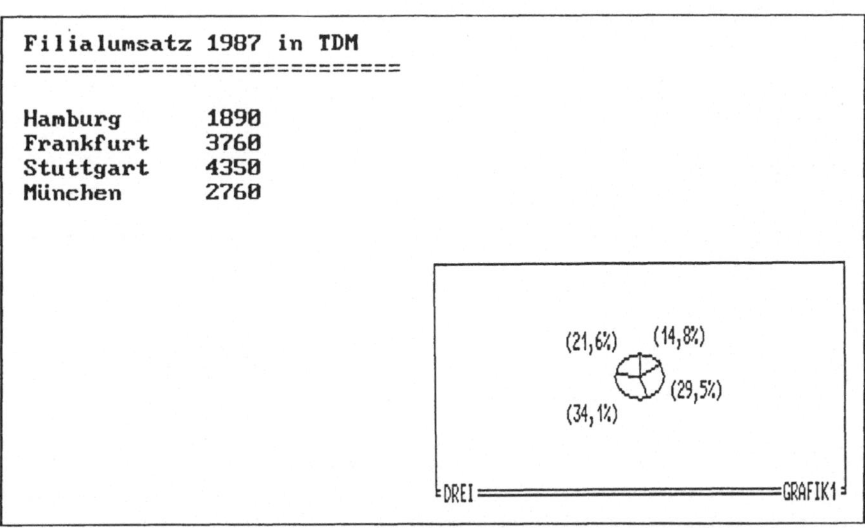

Bild 8-75 GRAFIK-Fenster im unteren rechten Viertel des Bildschirms

Wie aus diesem Bild zu erkennen ist, wurde der zuletzt eingestellte Grafiktyp (in unserem Fall die Kreisgrafik) dem GRAFIK-Fenster mit dem Namen GRAFIK1 zugeordnet. Sie sehen im Grafik-Fenster, daß das Parameterblatt DREI dem Grafik-Fenster GRAFIK1 zugeordnet ist.

Soll eine andere Grafik in diesem Fenster dargestellt werden, dann wird der {Menü}-Befehl **Zuweisen** (**<F10> Z**) verwendet. Damit können Sie dem Grafik-Fenster andere Parameterblätter zuweisen. Im vorliegenden Beispiel geschieht dies mit dem Balken- und Liniendiagramm.

<F10> z	Auswahl des {Menü}-Befehls Zuweisen.

Daraufhin wird eine Liste der bestehenden Parameterblätter angezeigt:

```
Dem Fenster zuzuweisende Grafik:                                NAMEN
DREI              EINS              ZWEI
```

Bild 8-76 Liste der Namen der Parameterblätter

<PFEIL LINKS> <RETURN> Auswahl des Parameterblatts mit Namen EINS.

Dies ist die Balken-Grafik und es erscheint folgendes Bild:

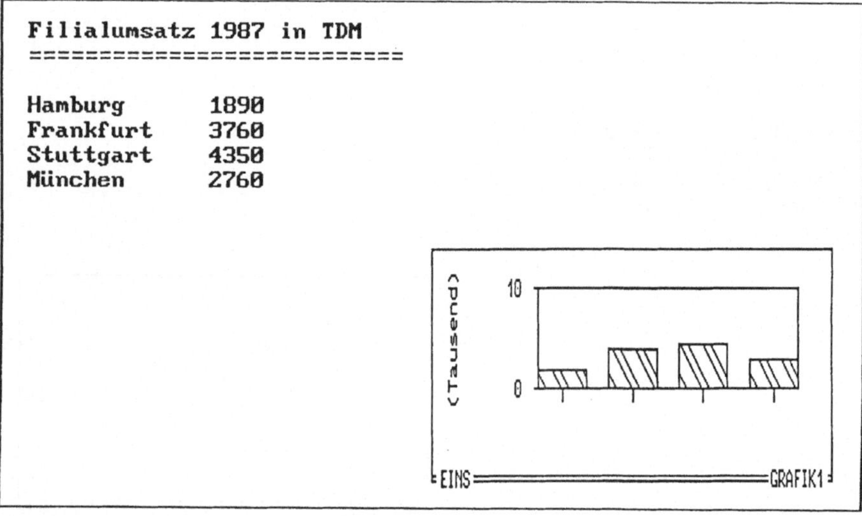

Bild 8-77 Balkengrafik im Grafik-Fenster

Durch Wiederholung der Befehle wird die Liniengrafik in das Fenster geholt:

<F10> z Auswahl des {Menü}-Befehls Zuweisen.

2 MAL <PFEIL RECHTS> <RETURN>
Auswahl des Parameterblatts mit Namen ZWEI.

Wie Bild 8-78 zeigt, ist das Liniendiagramm im unteren Grafik-Fenster zu sehen.

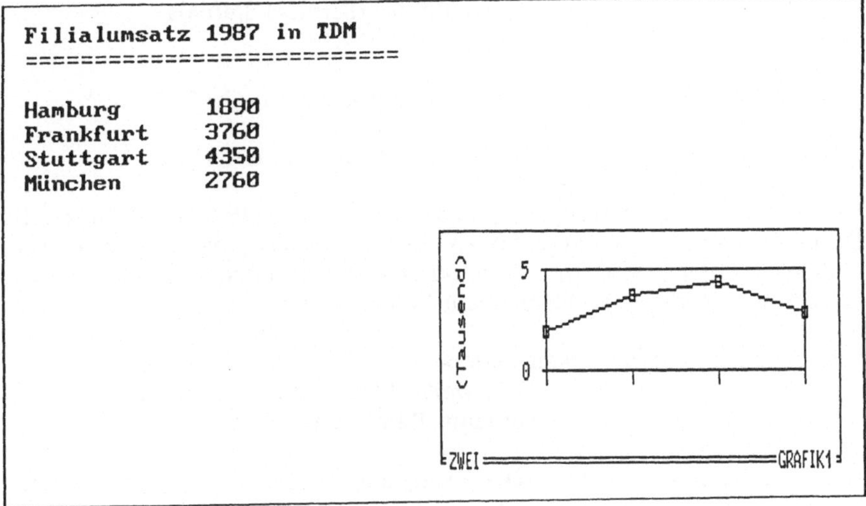

Bild 8-78 Liniengrafik im Grafik-Fenster

Hinweis! Wenn Sie einem Grafik-Fenster ein nicht existierendes Parameterblatt zuweisen, ist das Grafik-Fenster leer. In diesem Fall müssen Sie zuerst dieses Parameterblatt erstellen.

Versuchen Sie, ein unzulänglich ausgefülltes Parameterblatt dem Grafik-Fenster zuzuweisen, dann hören Sie einen Warnton.

8.5.4 Mehrere Grafikfenster erstellen

Wir wollen alle drei Grafiken auf gleichzeitig auf dem Bildschirm darstellen.

Dabei gehen wir folgendermaßen vor:

- Vergabe eines neuen Namens für das Fenster mit dem {Service}-Befehl Fenster Erstelle (**<F9> FE**).

- Bestimmen des Fenster-Layouts durch Wahl des Fensters Grafik.

- Zuweisen des entsprechenden Parameterblattes.

- Ausgabe der Grafik.

<F9> fe	Auswahl des {Service}-Befehls **Fenster Erstelle.**
Grafik2 <RETURN>	Das neue Fenster heißt **Grafik2.**
g	Auswahl des Fensters GRAFIK.

Sie sehen jetzt das bereits bestehende Fenster als helle Fläche dargestellt. Durch Drücken der <SCROLL LOCK>-Taste kann das gesamte Fenster verschoben werden. Wird die Taste <END> <PFEIL LINKS> gedrückt, dann verschiebt sich die helle Fläche zum linken unteren Rand.

<SCROLL LOCK> <END> <PFEIL LINKS>

Die weiße Fläche wird zum linken unteren Rand verschoben.

<RETURN> <SCROLL LOCK>	Die Festlegung der Fläche ist abgeschlossen.
<F10> z	Der {Menü}-Befehl Zuweisen weist dem Fenster das entsprechende Parameterblatt zu.

Aus der Liste wird das Parameterblatt EINS ausgesucht.

<PFEIL LINKS> <RETURN>	Zuweisen des Parameterblatt EINS dem Grafik-Fenster ZWEI.

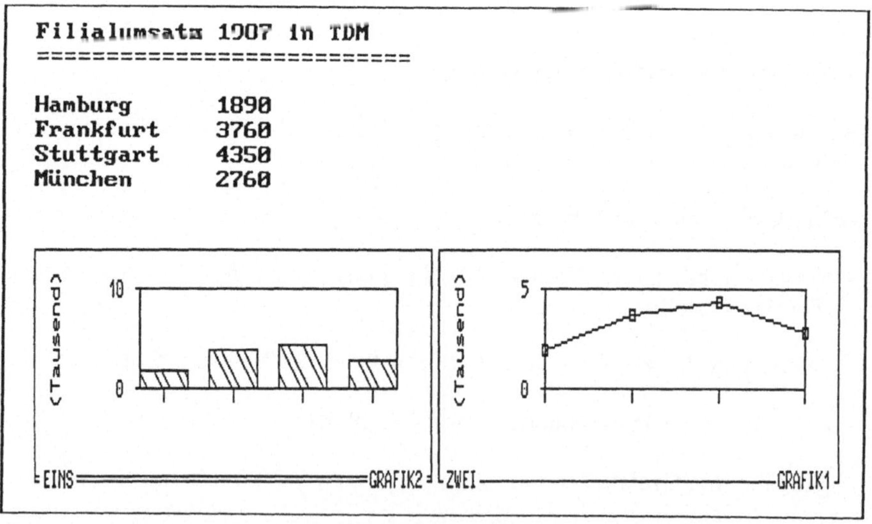

Bild 8-79 Darstellung von zwei Grafiken auf einem Bildschirm

Das dritte Bild wird in die rechte obere Ecke gebracht:

<F9> fe	Erstellen eines neuen Grafik-Fensters.
Grafik3 <RETURN>	Name des neuen Grafik-Fensters.
g	Bestimmung des Fensters als Grafik-Fenster.
<SCROLL LOCK>	Bewegen des ganzen Fensters.
<END> <PFEIL OBEN>	Die Fläche ist in der linken oberen Ecke.
<END> <PFEIL RECHTS>	Die Fläche befindet sich in der rechten oberen Ecke.
<RETURN> <SCROLL LOCK>	Speichern des Fenster-Layouts.
<F10> z	Zuweisen des Parameterblatts zum Grafik-Fenster.
<RETURN>	Bestätigen des Parameterblatts DREI.

Bild 8-80 zeigt alle drei grafischen Darstellungen auf einem Bildschirm.

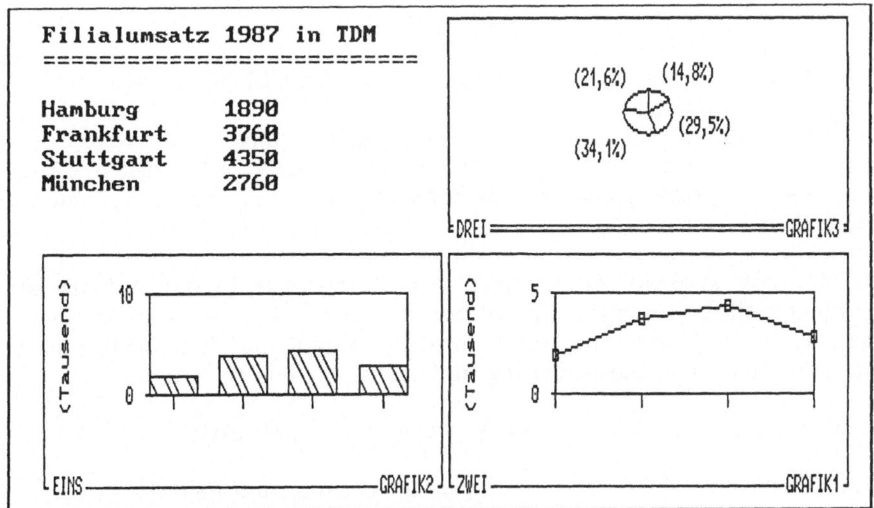

Bild 8-80 Drei Grafiken auf einem Bildschirm

8.5.5 Änderung der Grafik bei Änderung der Werte

Hinweis! Dieser Abschnitt behandelt die Darstellung von BLATT- und GRAFIK-Fenstern gleichzeitig auf einem Bildschirm. Diese Darstellungsform ist nur im gemischten Modus möglich. Haben Sie anders installiert, dann sind die hier ausgeführten Möglichkeiten nicht realisierbar.

Ein großer Vorteil von Symphony ist es, zahlenmäßige Veränderungen von Tabellenwerten in der Grafik sofort sichtbar zu machen. Bisher beanspruchte das BLATT-Fenster den ganze Bildschirm und die drei GRAFIK-Fenster wurden dort eingeblendet. Wenn jetzt mit der FENSTER-Taste <F6> zum BLATT-Fenster übergewechselt wird, dann erscheint die Tabelle auf dem ganzen Bildschirm und die GRAFIK-Fenster verschwinden.

Damit auf einem Bildschirm die Tabelle im BLATT-Modus und die drei Grafiken im GRAFIK-Modus dargestellt werden können, müssen wir ein eigenes BLATT-Fenster definieren, das in die linke obere Ecke paßt. Dies geschieht mit dem {Service}-Befehl Fenster Forme (**<F9> FF**) und anschließendem Verrücken des Fensters zur gewünschten Stelle.

<F9> ff	Der rechte obere Bildschirmteil ist aufgehellt.

<SCROLL LOCK> <END> <PFEIL LINKS> <SCROLL LOCK>
Das rechte Fenster wurde nach links verschoben.

<RETURN>	Abspeichern des BLATT-Fensters.

Sie sehen vier Fenster auf dem Bildschirm. Das linke obere Fenster ist ein BLATT-Fenster und die drei anderen sind GRAFIK-Fenster, denen bestimmte Parameterblätter zugeordnet sind, die in den unteren Bildecken zu sehen sind.

Wird durch zweimaliges Betätigen der <ESC>-Taste in das Arbeitsblatt zurückgekehrt, so können die Zahlenwerte in der Tabelle verändert werden. Wird der Umsatz der Filiale in München auf den Wert 8000 erhöht, so sieht man sofort die Änderung in der entsprechenden Grafik.

2 MAL <ESC>	Rücksprung zum Arbeitsblatt.
<PFEIL RECHTS>	Bewegen des Cursors zum Feld B7 (Umsatz für die Filiale München).
8000 <RETURN>	Ändern des Münchener Filialumsatzes.

Bild 8-81 zeigt die entsprechenden grafischen Darstellungen.

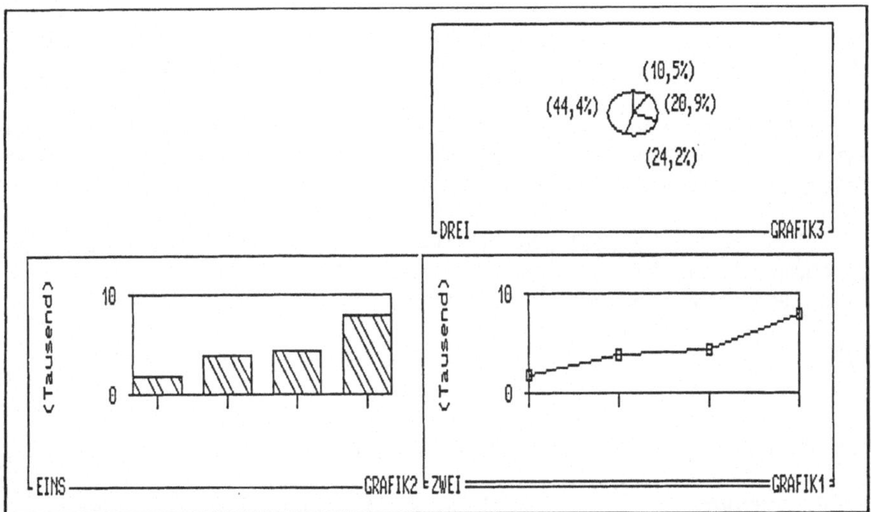

Bild 8-81 Änderung von Werten und Anzeige der entsprechenden Grafik

8.5.6 Ausschalten der automatischen Anzeige

Im vorigen Abschnitt wurde gezeigt, daß Symphony nach Ändern der Werte im Arbeitsblatt die Grafiken sofort neu zeichnet. Bei umfangreichen Zahlenwerken und unterschiedlichen Grafik-Typen kann dies einige Zeit in Anspruch nehmen. Um solche Wartezeiten zu vermeiden, wird der {Service}-Befehl Fenster Parameter Auto-Anzeige Nein gewählt.

Hinweis! Wenn Sie die Neuberechnung eines Arbeitsblattes unterdrücken möchten, existiert dazu der analoge {Menü}-Befehl Parameter Kalkulation Methode Manuell.

Dazu schalten Sie mit der FENSTER-Taste <F6> in das Fenster um, das nicht neu gezeichnet werden soll. Wenn Sie von einem GRAFIK-Fenster zum nächsten springen, dann blinkt das aktuelle Grafik-Fenster auf. Ein aktuelles TEXT-Fenster erkennen Sie am hellen Balken, der den Stand des Cursors zeigt. In unserem Beispiel soll das Kreisdiagramm (rechte obere Bildschirmecke) nicht jedesmal neu gezeichnet werden. Zunächst befinden wir uns im oberen linken Fenster.

3 MAL <F6>	Das rechte obere Fenster ist das aktuelle Fenster.

<F9> fpan Ausschalten der Neuzeichnung des aktuellen Fensters mit dem {Service}-Befehl Fenster Parameter Auto-Anzeige Nein.

ss Rückkehr zum Ausgangsbildschirm durch zweimaliges Drücken des Befehls Stop.

Hinweis! Sie müssen für jedes einzelne Fenster die Neuzeichnung unterdrücken. Dazu wählen Sie das entsprechende Fenster (<F6>-Taste) und geben den {Service}-Befehl Fenster Parameter Auto-Anzeige Nein ein.

Im folgenden wird geprüft, ob bei einer Änderung der Tabellenwerte das Zeichnen des Kreisdiagramms unterbleibt. Dazu wird der Umsatz der Münchener Filiale auf den Wert 1000 zurückgesetzt.

<F6> Wechsel zum BLATT-Fenster mit den Zahlenwerten.

Gehen Sie zur Zelle B7 (Filialumsatz München).

1000 <RETURN> Ändern des Münchener Filial-Umsatzes auf 1000.

Wie Sie sehen, ändert sich die Grafik rechts oben nicht. Am rechten unteren Rand des Bildschirms ist die Meldung **Zeichn** zu erkennen, die darauf hinweist, daß eine Neuzeichnung nach einer Datenänderung unterblieben ist.

Soll die Neuzeichnung vorgenommen werden, so ist lediglich die ZEICHNEN-Taste <ALT> <F8> zu drücken.

Hinweis! Durch Drücken der ZEICHNEN-Taste <ALT> <F8> werden alle Grafiken neu gezeichnet.

Möchten Sie nur einzelne Grafiken neu zeichnen lassen, dann müssen Sie für die entsprechenden GRAFIK-Fenster die Auto-Anzeige wieder einschalten. Dazu verwenden Sie den {Service}-Befehl Fenster Parameter Auto-Anzeige Ja.

8.6 Ausdrucken von Grafiken

Die auf dem Bildschirm erzeugten Grafiken können nur über das Spezialprogramm **PrintGraph** auf grafikfähigen Ausgabegeräten ausgedruckt werden. Bei der Installation von Symphony haben Sie bereits Ihre speziellen Ausgabegeräte angegeben. Mit diesen Angaben wurde ein spezieller Treibersatz ausgewählt, der die Grafik-Ausgabe besorgt. Alle Grafik-Dateien müssen zuvor über die {Menü}-Funktion **B**ildspeicherung (**<F10> B**) gespeichert worden sein. Die Grafikdateien tragen den Zusatz **.PIC**.

8.6.1 PrintGraph aufrufen und einstellen

Wie bereits in Abschnitt 1.1 und 1.3 besprochen, ist auf der PrintGraph-Diskette das Programm zum Ausdrucken der Grafik-Dateien untergebracht. Je nachdem, ob ein Diskettensystem oder ein Festplattenrechner zur Verfügung steht, wird PrintGraph unterschiedlich aufgerufen. Es bestehen prinzipiell folgende Möglichkeiten:

a) Direktaufruf von DOS

Dazu wird die PrintGraph-Diskette in das Laufwerk A gelegt, **Pgraph** eingegeben und mit der <RETURN>-Taste bestätigt.

b) Auswahl aus dem Access-Menü bei einem Diskettensystem

Die Programm-Diskette wird ins Laufwerk A gelegt, **Access** eingegeben und mit der <RETURN>-Taste bestätigt.

c) Aufruf von Symphony

Mit dem {Service}-Befehl **E**nde **J**a (**<F9> EJ**) wird die Arbeit in Symphony beendet. Wurde Symphony direkt gestartet, dann kehrt man mit diesem Befehl wieder in das Betriebssystem zurück; wurde es aus dem Access-Menü heraus aufgerufen, dann wird zum Access-Menü zurückgekehrt.

Ist Symphony auf der Festplatte installiert, dann sollten Sie sich zunächst vergewissern, ob sich die Grafik-Dateien mit Zusatz .PIC auch im aktuellen Pfad befinden. Anderenfalls müssen Sie mit **cd** und Eingabe des Pfadnamens in das entsprechende Unterverzeichnis wechseln.

Wir rufen PrintGraph von der Festplatte aus auf:

<F9> ej	Beendigung der Symphony-Sitzung mit dem {Service}-Befehl **E**nde **J**a.
pgraph <RETURN>	Auswahl des PrintGraph-Programms.

Danach wird das Menü des PrintGraph-Programms sichtbar.

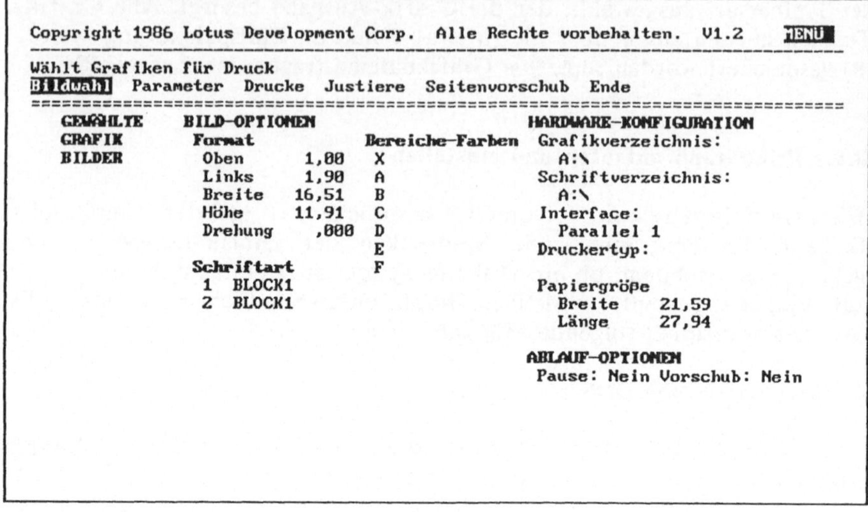

```
Copyright 1986 Lotus Development Corp.  Alle Rechte vorbehalten.  V1.2    MENÜ
--------------------------------------------------------------------------------
Wählt Grafiken für Druck
Bildwahl  Parameter  Drucke  Justiere  Seitenvorschub  Ende
================================================================================
   GEWÄHLTE    BILD-OPTIONEN                    HARDWARE-KONFIGURATION
   GRAFIK        Format            Bereiche-Farben  Grafikverzeichnis:
   BILDER          Oben      1,00      X              A:\
                   Links     1,90      A            Schriftverzeichnis:
                   Breite   16,51      B              A:\
                   Höhe     11,91      C            Interface:
                   Drehung   ,000      D              Parallel 1
                                       E            Druckertyp:
                 Schriftart            F
                   1  BLOCK1                        Papiergröße
                   2  BLOCK1                          Breite     21,59
                                                      Länge      27,94

                                                   ABLAUF-OPTIONEN
                                                    Pause: Nein Vorschub: Nein
```

Bild 8-82 Menü nach Aufruf des PrintGraph-Programms

Über die Funktion **Parameter** werden die Parameter festgelegt, die bekannt sein müssen, bevor die Grafik-Dateien ausgedruckt werden können. Hierzu zählen die Angabe der Laufwerke, in denen sich die Grafik-Dateien und Textdateien befinden, welche Grafiktreiber verwendet werden und welche Schnittstellen zur Ausgabe angeschlossen sind. Beim ersten Ausdruck müssen Sie diese Einstellungen vornehmen:

p Auswahl der Funktion **Parameter**.

```
Copyright 1986 Lotus Development Corp.  Alle Rechte vorbehalten.  V1.2    MENÜ
--------------------------------------------------------------------------------
Spezifiziert Farben Schriftart und Größe
Bild  Hardware  Ablauf  Einspeichern  Zurücksetzen  Stop
================================================================================
```

Bild 8-83 Möglichkeit der Parameter-Einstellung

Es empfiehlt sich, die Funktionen in folgender Reihenfolge festzulegen:

a) Hardware

Hier werden das Grafik- und Schriftverzeichnis, das Interface, der Drucker und die Papiergröße festgelegt.

h Auswahl der Funktion Hardware.

```
Copyright 1986 Lotus Development Corp.  Alle Rechte vorbehalten.  V1.2     MENÜ
--------------------------------------------------------------------------------
Bestimmt das Verzeichnis der Grafiken
Grafikverzeichnis  Schriftverzeichnis  Interface  Drucker  Papiergröße  Zurück
================================================================================
```

Bild 8-84 Festlegen der Parameter für die Hardware

g — Auswahl der Funktion **G**rafikverzeichnis.

Hier müssen Sie angeben, auf welchem Laufwerk und auf welchem Verzeichnis sich die Bild-Dateien befinden.

c:\sym <RETURN> — Die Grafikdateien befinden sich auf der Festplatte im Unterverzeichnis **sym**.

Wie Sie sehen können, wird diese Angabe sofort in das Parameterblatt eingetragen.

s — Auswahl der Funktion **S**chriftverzeichnis.

c:\sym <RETURN> — Die Schriftdateien befinden sich ebenfalls auf der Festplatte im Unterverzeichnis **sym**.

i <RETURN> — Aufrufen der Funktion **I**nterface und Bestätigen des angeschlossenen Grafik-Druckers am Parallel-Ausgang 1.

d — Auswahl des **D**ruckers: HP 2686 JaserJet Plus niedr. Dichte.

```
Copyright 1986 Lotus Development Corp.  Alle Rechte vorbehalten.  V1.2     ZEIGE
--------------------------------------------------------------------------------
Wählen Sie ein Grafik-Ausgabegerät

================================================================================
        Typ des Grafik-Ausgabegerätes
------------------------------------------------ [Leertaste] bewegt #
   Epson-Serie FX und RX-niedr. Dichte            [Return] wählt Gerät mit #
   Epson-Serie FX und RX-hohe Dichte              [Esc] beendet und ignoriert Änderung
   HP-2686 LaserJet Plus-niedr. Dichte            [Home] zum Anfang der Liste
   HP-2686 LaserJet Plus-hohe Dichte              [End] zum Ende der Liste
                                                  [Oben] und [Unten] bewegen Zeiger
                                                      Liste rollt, wenn Zeiger an
                                                      unteren/oberen Rand stößt
```

Bild 8-85 Auswahl des Grafik-Ausgabegeräts

<RETURN> Bestätigen der Auswahl.

Es werden nur diejenigen Grafik-Ausgabegeräte angezeigt, die Sie bei der Installation angegeben haben (s. Abschn. 1.3).

pl <RETURN> Eingabe der Papiergröße, speziell der Länge und Bestätigen des DIN A4-Formates (27,94 cm).

sz Mit den Befehlen Stop und Zurück gelangt man zurück zum Parameter-Menü.

b) Ablauf

Hier wird festgelegt, ob beim Ausdruck mehrerer Grafiken nach jeder Grafik eine *Pause* eingelegt oder ein *Vorschub* gemacht werden soll.

a Aufruf der Funktion Ablauf.

vj Nach jeder Grafik wird ein Seitenvorschub ausgeführt und keine Pause gemacht.

s Mit dem Befehl Stop wird ins Parameter-Menü zurückgesprungen.

c) Einspeichern

Da sich die Parameter für die Hardware und den Ablauf nicht oft ändern werden, werden die Einstellungen mit der Funktion **Einspeichern** abgespeichert, damit sie nicht von Ausdruck zu Ausdruck neu eingegeben werden müssen.

e Die Parameter werden in der Datei *P-Graph.CNF* gespeichert.

Diese Konfigurations-Datei (.CNF) wird in dem Unterverzeichnis gespeichert, von dem aus PrintGraph gestartet wurde.

Nach der Abspeicherung erfolgt automatisch ein Rücksprung ins PrintGraph-Hauptmenü.

d) Zurücksetzen

Wenn Sie einige Parameter verändert haben, dann können Sie mit dem Befehl Zurücksetzen wieder auf die *Standardwerte* zurückgreifen, die in der P-Graph.CNF-Datei abgelegt worden sind.

8.6.2 Auswahl der Bilder

Mit der Funktion **B**ildwahl werden die Grafiken zum Ausdruck ausgewählt.

b	Auswahl der Grafik-Dateien mit dem Befehl **B**ildwahl.

Bild 8-86 zeigt die Liste der Grafik-Dateien.

```
Copyright 1986 Lotus Development Corp.  Alle Rechte vorbehalten.  V1.2      ZEIGE
---------------------------------------------------------------------------------
Wählen Sie die zu druckende Grafik

=================================================================================
   BILD        DATUM     ZEIT      BYTES
   --------------------------------------      [Leertaste] setzt/entfernt #
   GRA23      09-05-87  15:04       1538       [Return] wählt Bilder mit #
   GRA24      09-05-87  15:24       1723       [Esc] beendet und ignoriert Änderung
   GRA30      09-05-87  17:41       1700       [Home] zum Anfang der Liste
   GRA32      09-05-87  18:04       1700       [End] zum Ende der Liste
   GRA39      09-07-87  10:25       5888       [Oben] und [Unten] bewegen Zeiger
   GRA40      09-07-87  10:44       6004           Liste rollt, wenn Zeiger an
   GRA43      01-27-88  19:44       6004           oberen/unteren Rand stößt
   GRA46      01-27-88  20:16       2982       [Zeichnen] zeigt aufgehelltes Bild
   GRA50      01-27-88  20:44      11883
   GRA51      09-09-87  14:17       2046
   GRA52      09-10-87   8:39       4143
   GRA53      01-28-88   9:11       4122
   GRA55      09-10-87  14:48        925
   GRA56      09-10-87  15:04        885
   GRA57      09-10-87  16:09       1520
   GRA58      09-10-87  16:20       1644
   GRA59      01-28-88   9:41       1998
   GRA60      09-11-87  15:48       2758
```

Bild 8-86 Liste der Grafik-Dateien (erste Bildschirmseite)

Mit den <PFEIL UNTEN>- bzw. <PFEIL OBEN>-Tasten können die entsprechenden Dateien angefahren werden. Durch Drücken der <LEERTASTE> wird die Datei zum Druck ausgewählt, was an der Markierung # zu erkennen ist.

Falls Sie die Auswahl ändern möchten, können Sie bereits markierte Dateien aus der Druckliste entfernen. Dazu fahren Sie mit dem Cursor zu dieser Datei und drücken nochmals die <LEERTASTE>. Dann verschwindet die Markierung.

Ist die Auswahl getroffen worden, dann wird die <RETURN>-Taste betätigt. Es wird zum PrintGraph-Hauptmenü zurückgekehrt und Sie sehen in der ersten Spalte die Liste der ausgewählten Bilder:

```
Copyright 1986 Lotus Development Corp.  Alle Rechte vorbehalten.  V1.2     ZEIGE
---------------------------------------------------------------------------------
Wählen Sie die zu druckende Grafik

=================================================================================
   BILD        DATUM     ZEIT     BYTES
  -------------------------------------------
 # GRA23     09-05-87   15:04     1538      [Leertaste] setzt/entfernt #
   GRA24     09-05-87   15:24     1723      [Return] wählt Bilder mit #
 # GRA30     09-05-87   17:41     1700      [Esc] beendet und ignoriert Änderung
 # GRA32     09-05-87   18:04     1700      [Home] zum Anfang der Liste
 # GRA39     09-07-87   10:25     5888      [End] zum Ende der Liste
   GRA40     09-07-87   10:44     6004      [Oben] und [Unten] bewegen Zeiger
   GRA43     01-27-88   19:44     6004         Liste rollt, wenn Zeiger an
 # GRA46     01-27-88   20:16     2982         oberen/unteren Rand stößt
   GRA50     01-27-88   20:44    11883      [Zeichnen] zeigt aufgehelltes Bild
   GRA51     09-09-87   14:17     2046
 # GRA52     09-10-87    8:39     4143
 # GRA53     01-28-88    9:11     4122
 # GRA55     09-10-87   14:48      925
 # GRA56     09-10-87   15:04      885
   GRA57     09-10-87   16:09     1520
   GRA58     09-10-87   16:20     1644
 # GRA59     01-28-88    9:41     1998
   GRA60     09-11-87   15:48     2758
```

Bild 8-87 Festgelegte Parameter zum Druck der Grafiken

8.6.3 Festlegen des Aussehens des Bildes

Mit der Funktion Parameter Bild (PB) können das Format, die Schriftart und die Farben eingestellt werden.

pb Auswahl der Funktionen Parameter Bild.

```
Copyright 1986 Lotus Development Corp.  Alle Rechte vorbehalten.  V1.2     MENÜ
---------------------------------------------------------------------------------
Bestimmt Format/Drehung der Grafik
Format  Schriftart  Bereiche-Farben  Zurück
=================================================================================
  GEWÄHLTE   BILD-OPTIONEN                        HARDWARE-KONFIGURATION
  GRAFIK       Format             Bereiche-Farben Grafikverzeichnis:
  BILDER        Oben       1,00    X Schwarz        C:\SYM
    GRA23       Links      1,90    A Schwarz      Schriftverzeichnis:
    GRA30       Breite    16,51    B Schwarz        C:\SYM
    GRA32       Höhe      11,91    C Schwarz      Interface:
    GRA39       Drehung    ,000    D Schwarz        Parallel 1
    GRA46                          E Schwarz      Druckertyp:
    GRA52      Schriftart          F Schwarz        HP Laser Plus/n
    GRA53       1  BLOCK1                         Papiergröße
    GRA55       2  BLOCK1                           Breite     21,59
    GRA56                                           Länge      27,94
    GRA59
                                                 ABLAUF-OPTIONEN
                                                  Pause: Nein Vorschub: Ja
```

Bild 8-88 Einstellung der Bild-Parameter

Folgende Auswahlmöglichkeiten werden vorgeschlagen:

a) Format

Damit können die Größe und die Richtung der auszudruckenden Grafik festgelegt werden.

Mit der Funktion **Ganz** wird eine DIN A4-Seite möglichst optimal ausgefüllt. Zusätzlich findet eine Drehung der Grafik um 90^0 statt, so daß die x-Achse als senkrechte Achse dargestellt wird. Die Funktion **Halb** nutzt die Hälfte einer DIN A4-Seite aus (DIN A 5) und dreht die Grafik nicht, d.h. die x-Achse wird als waagrechte Linie ausgegeben.

Soll die Größe der ausgedruckten Grafik individuell angepaßt werden, dann dient dazu die Funktion **Manuell**. Wird sie ausgewählt, dann erscheint folgendes Bild:

fm Auswahl von **F**ormat **M**anuell.

```
Copyright 1986 Lotus Development Corp.  Alle Rechte vorbehalten.  V1.2   MENÜ
------------------------------------------------------------------------------
Spezifiziert oberen Rand
Oben  Links  Breite  Höhe  Drehung  Stop
==============================================================================
```

Bild 8-89 Parameter zur manuellen Einstellung des Grafikausdrucks

Mit den hier aufgeführten Möglichkeiten, können Sie den *Rand* **o**ben, den **l**inken Rand, die **B**reite, die **H**öhe und die **D**rehung der Grafik festlegen. Die Standardeinstellung für den oberen Rand ist 0,63 cm und für den linken Rand 1,27 cm. Die Breite beträgt 17,40 cm und die Höhe 23,99 cm. Die Drehung erfolgt um 90 Grad. Das entspricht einem Verhältnis Breite zu Höhe (wobei die Drehung berücksichtigt werden muß) von 23,99 : 17,40 = 1,385.

Hinweis! Standardmäßig ist das Verhältnis Breite zu Höhe gleich 1,385 vorgegeben. Falls Sie dieses verwenden möchten, können Sie sich die entsprechenden Breiten- oder Höhenwerte selbst ausrechnen.

Beispiel zur Berechnung der Breite:

Die Höhe sei 5 cm. Dann errechnet sich die Breite zu 1,385*Höhe = 1,385*5 = 6,925 cm.

Beispiel zur Berechnung der Höhe:

Bei einer Breite von 3,5 cm errechnet sich die Höhe zu Breite/1,385 = 3,5/1,385 = 2,527 cm.

Bei der Drehung um 0, 90, 180 und 270 Grad bleiben die rechten Winkel erhalten. Wählen Sie jedoch andere Drehgrade, dann können sich die rechten Winkel ändern und aus Rechtecken Rhomboeder und aus Kreisen Ellipsen werden. Wollen Sie die Proportionen bei der Drehung um einen beliebigen Winkel beibehalten, dann laden Sie die Arbeitsblatt-Datei ROTATE.WRK, die sich auf der PrintGraph-Diskette befindet, in die Arbeitssitzung ein.

Die Einstellung der Grafik-Umrandungen geschieht in cm.

Durch zweimaliges Eingeben der Funktion Stop gelangen wir wieder zurück ins Parameter-Menü.

ss Rückkehr ins Hauptmenü.

b) Schriftart

Mit dieser Funktion werden die Schriftarten bestimmt. Dabei ist es möglich, in einer Grafik zwei verschiedene Schriftarten auszuwählen. Sie werden in Symphony *Schriftart 1* und *2* genannt. Bei der Schriftart 1 wird nur die Schriftart für die Titelzeile festgelegt, während der restliche Text in Schriftart 2 ausgedruckt wird.

Wird Schriftart 1 ausgewählt, so sehen Sie, daß standardmäßig die Schriftart *BLOCK1* eingestellt ist.

s1 Wahl der Schriftart 1.

```
Copyright 1986 Lotus Development Corp.  Alle Rechte vorbehalten.  V1.2    ZEIGE
Wählen Sie Schriftart 1

===============================================================================
              SCHRIFTART     BYTES
              ---------------------             [Leertaste] bewegt #
            # BLOCK1          5732              [Return] wählt Schrift mit #
              BLOCK2          9273              [Esc] beendet und ignoriert Änderung
              BOLD            8624              [Home] zum Anfang der Liste
              FORUM           9727              [End] zum Ende der Liste
              ITALIC1         8949              [Oben] und [Unten] bewegen Zeiger
              ITALIC2        11857                 Liste rollt, wenn Zeiger an
              LOTUS           8679                 oberen/unteren Rand stößt
              ROMAN1          6855
              ROMAN2         11598
              SCRIPT1         8132
              SCRIPT2        10367
```

Bild 8-90 Schriftarten

Die einzelnen Schriftarten sind im Symphony Referenzhandbuch abgebildet. Sie können mit den Cursortasten die gewünschte Schriftart anfahren und mit der Leertaste markieren, wodurch das Zeichen # vor die Schriftart gesetzt wird. Diese Auswahl wird durch Drücken der <RETURN>-Taste bestätigt und man kehrt in das Parameter-Menü zurück.

Für die Schriftart 2 stehen dieselben Schrifttypen bereit, nur müssen Sie hier selbst auswählen. Standardmäßig ist hier nichts besonderes vereinbart, so daß die Schriftart *BLOCK1* auch für die übrigen Textteile gilt.

c) Bereiche-Farben

Hier ist es möglich, für die einzelnen Grafikbereiche Farben auszuwählen. Es ist natürlich klar, daß dazu ein Farbdrucker bzw. Farbplotter notwendig ist. Ist kein Farbausgabegerät vorhanden, dann wird der Standardwert Schwarz angezeigt und beibehalten.

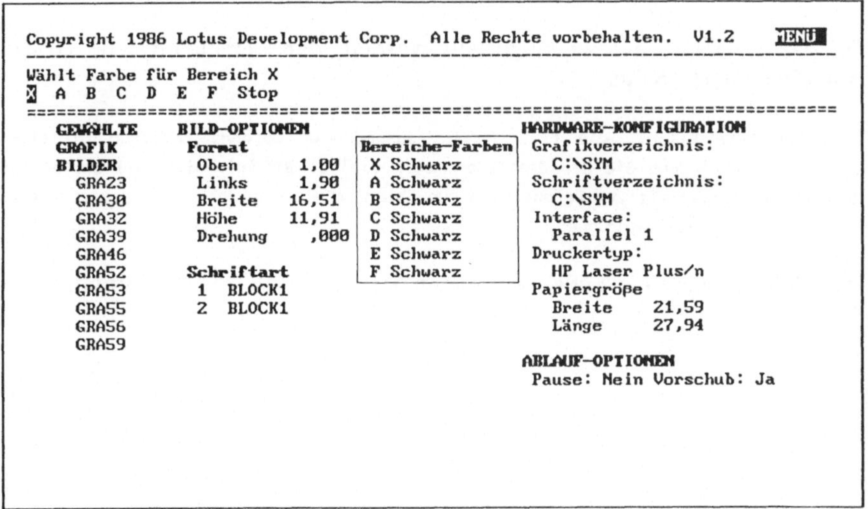

Bild 8-91 Auswahl der Farben

Hinweis! Auch mit dem Befehl Grafik 1. Parameterblatt Farbe können Sie bestimmten Bereichen Farben zuordnen.

szs Rücksprung ins PrintGraph-Hauptmenü mit der Befehlsfolge Stop Zurück Stop.

8.6.4 Ausdrucken der Grafiken

Nachdem alle Parameter eingestellt sind, kann die Ausgabe der Grafiken auf einem Drucker oder Plotter erfolgen. Es ist klar, daß das Ausgabegerät mit dem Rechner verbunden sein muß und daß die Informationen über die Hardware-Konfiguration stimmen.

Vor dem Ausdruck sollte noch das Papier richtig eingelegt und justiert werden. Dazu dienen die bereits besprochenen Funktionen Justiere und Seitenvorschub im PrintGraph-Hauptmenü.

Danach wählen Sie im PrintGraph-Hauptmenü die Funktion **D**rucke (**D**) aus:

d Auswahl der Funktion **D**rucke.

Zunächst lädt PrintGraph die Schriftarten. Anschließend werden die ausgewählten Grafiken geladen.

Ist der Vorschub auf Ja eingestellt worden, dann erscheint jede Grafik auf einer neuen Seite.

Hinweis! Alle Bilder, die nacheinander ausgedruckt werden, besitzen dieselben Druckparameter. Wenn Sie die Grafikparameter einiger Bilder ändern wollen, müssen Sie deshalb diese mit dem Befehl Bild auswählen, die entsprechenden Parameter setzen, justieren und ausdrucken.

Mit der Befehlsfolge Ende Ja beenden Sie das PrintGraph-Programm.

9 Textverarbeitung am Beispiel eines Berichtes zur Auftragsentwicklung

Für das Beispiel der Entwicklung des Auftragsbestandes in Kapitel 3 wird ein Bericht an die Geschäftsleitung erstellt. Dazu wird der Baustein *Textverarbeitung* in Symphony eingesetzt, der im TEXT-Fenster zur Verfügung steht. Alle Möglichkeiten eines guten Textsystems sind hier realisiert. Für einzelne Zeichen, Worte oder Textblöcke stehen beispielsweise folgende Funktionen zur Verfügung, die nachfolgend besprochen werden:

1. Aufrufen eines TEXT-Fensters
2. Erfassen eines Textes
3. Speichern eines Textes
4. Laden eines Textes
5. Cursor-Bewegung im TEXT-Arbeitsblatt
6. Löschen von Zeichen
7. Einfügen von Texten
8. Justieren von Texten
9. Bearbeiten von Textblöcken
10. Formatieren von Texten insgesamt
11. Spezielle Zeichendarstellungen
12. Formatieren von Textteilen
13. Vorrücken von Zeichen und Einrücken von Textteilen
14. Suchen und Ersetzen
15. Übernahme von Texten in andere Symphony-Bausteine
16. Drucken eines Textes.

9.1 Aufrufen eines TEXT-Fensters

Um in einem TEXT-Fenster zu arbeiten, müssen Sie als erstes Ihrem Fenster einen Namen geben. Dazu dient die {Service}-Funktion Fenster Erstelle (**<F9> FE**). Anschließend wird der Namen eingegeben (**Bericht**) und dieses Fenster als Textfenster definiert.

<F9> fe Aufrufen des {Service}-Befehls Fenster Erstelle.

Wie Bild 9-1 zeigt, werden Sie aufgefordert, einen Namen für das neue Fenster einzugeben:

```
Name für das neue Fenster:                                   NAMEN
EINS
```

Bild 9-1 Name des Fensters

Bericht <RETURN> Benennung des TEXT-Fensters.

Es erscheint das Bild mit den auszuwählenden Funktionsbereichen.

Wie Bild 9-2 zeigt, können in Symphony fünf Fenster-Funktionen gewählt werden:

```
Funktionsbereich "Kalkulation"                               MENÜ
BLATT  TEXT  GRAFIK  MASKE  KOMM
```

Bild 9-2 Menü zur Auswahl der Funktionsbereiche

a) BLATT

Auswahl des Kalkulations-Arbeitsblattes.

b) TEXT

Auswahl der Textverarbeitung.

c) GRAFIK

Auswahl des Grafik-Bausteins.

d) MASKE

Auswahl des Datenbank-Managements.

e) KOMM

Auswahl der Funktion Datenübertragung.

Mit Auswahl der Funktion TEXT wird das aktuelle Fenster zu einem TEXT-Fenster.

t Auswahl des Textfensters.

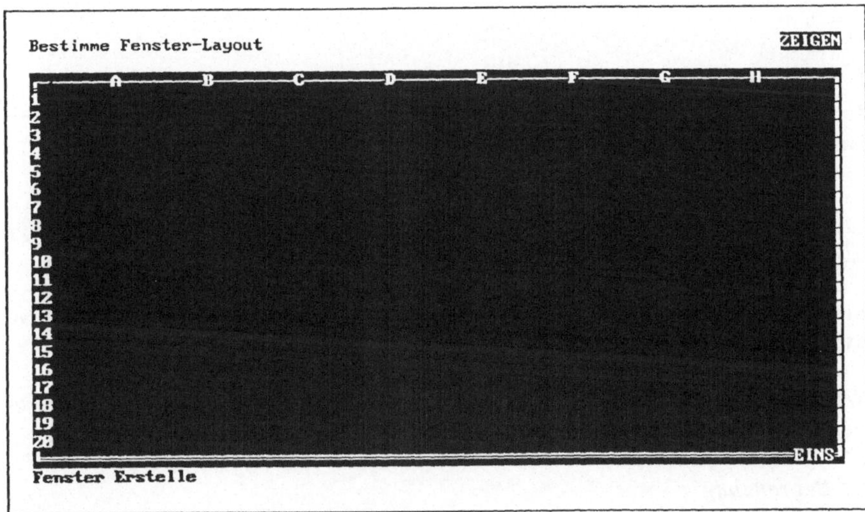

Bild 9-3 Bestimmen des Fenster-Layouts

Wie man sieht, wird der Bildschirm invers dargestellt und Sie können die Fenstergröße und die Fensterposition bestimmen (s. Kapitel 3). Im vorliegenden Fall wird der gesamte Bildschirm als ein Fenster verwendet. Deshalb drücken wir die <RETURN>-Taste.

<RETURN> Ganzer Bildschirm wird als Fenster festgelegt.

Bild 9-4 zeigt die eingestellten Fensterparameter.

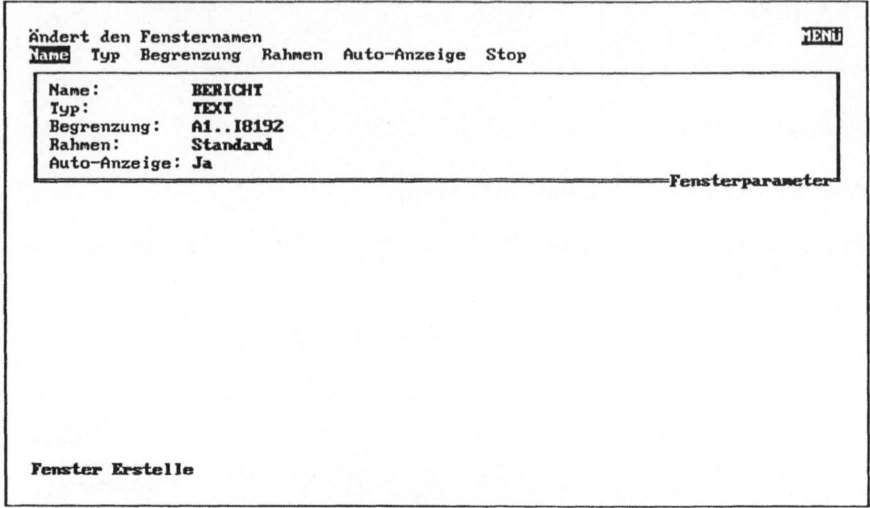

Bild 9-4 Fensterparameter

Die eingestellten *Name*, *Typ*, *Begrenzung*, *Rahmen* und *Auto-Anzeige* können in dieser Maske verändert werden.

Hinweis! Die Änderung des Fenster-Typs kann auch durch den (Service)-Befehl Fenster Parameter (<F9> FP) erfolgen.

Während die Änderung des Namens und des Fenstertyps ohne weiteres verständlich ist, sind folgende Änderungen besonders zu erwähnen:

a) Begrenzung

Hierbei kann die Cursorbewegung in folgender Weise begrenzt werden:

b Auswahl des Befehls Begrenzung.

```
Beschränkt die Zeigerbewegung auf den aktuellen Bildschirmbereich    MENÜ
Schirm  Bereich  Ohne
```

Bild 9-5 Möglichkeiten der Beschränkung der Cursorbewegung

Wie Bild 9-5 zeigt, kann die Bewegung des Cursors im *aktuellen Bildschirm (Schirm)* auf einen festzulegenden *Bereich (Bereich)* beschränkt werden. Durch Auswahl der Funktion *Ohne* kann die Beschränkung wieder *aufgehoben* werden.

s Begrenzung der Cursorsteuerung auf den Bildschirm.

```
Beschränkt die Zeigerbewegung                                          MENÜ
Name  Typ  Begrenzung  Rahmen  Auto-Anzeige  Stop

 Name:          BERICHT
 Typ:           TEXT
 Begrenzung:    A1..H20
 Rahmen:        Standard
 Auto-Anzeige:  Ja
                                                        Fensterparameter

Fenster Erstelle
```

Bild 9-6 Fenster-Parameter nach Beschränkung der Cursor-Bewegung auf eine Bildschirmseite

Es ist zu sehen, daß die Cursor-Bewegung auf die Felder von *A1* bis *H20* beschränkt worden ist.

Nach der Auswahl ist wieder das Menü für die Fensterparameter zu sehen.

Anschließend wird der *Rahmen* des Fensters verändert.

r Auswahl des Befehls Rahmen.

Je nach Fenstertyp haben wir unterschiedliche Möglichkeiten. Sie sind für ein TEXT-Fenster in Bild 9-7 dargestellt.

```
Zeigt Rahmen entsprechend Fenstertyp                                   MENÜ
Standard  Linie  Ohne
```

Bild 9-7 Änderung des Rahmens für den Fenstertyp TEXT

Mit der <RETURN>-Taste bestätigen wir die *Standard-Einstellung* und mit dem Befehl Stop wird das TEXT-Arbeitsblatt sichtbar.

<RETURN> s	Einstellung der Standardeinstellung und Aufruf des TEXT-Fensters.

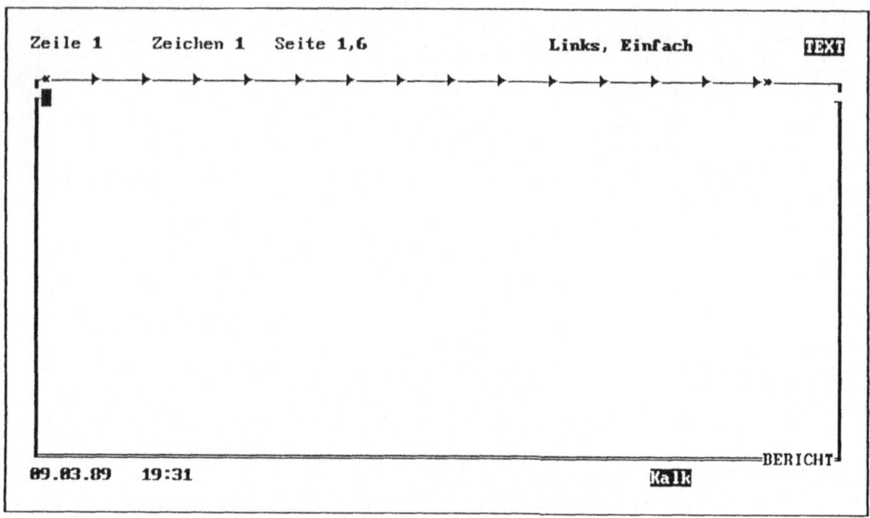

Bild 9-8 Standard-Einstellung des TEXT-Arbeitsblatts Bericht

Die obere Begrenzungslinie des Bildschirms (Rahmen) zeigt eine Linealzeile. Der *linke Rand* wird durch das Zeichen "<<" und der *rechte Rand* durch das Zeichen ">>" markiert. Die *Dreiecke* zeigen die *Tabulatorpositionen.*

Als nächstes soll der *Rand* des Fensters in eine *Linie* geändert werden, so daß die erwähnten Markierungen verschwinden. Dazu wird mit dem {Service}-Befehl Fenster Parameter wieder die Maske der *Fenster-Parameter* angezeigt (<F9> FP). Anschließend wird die Funktion Rahmen und dann Linie ausgewählt. Durch Drücken der <ESC>-Taste und Wahl des Befehls Stop wird das TEXT-Fenster aufgerufen.

<F9> fp	Auswahl der Fenster-Parameter.
rl	Auswahl des Fenster-Parameters Rahmen Linie.
<ESC> s	Anzeige des Fensters.

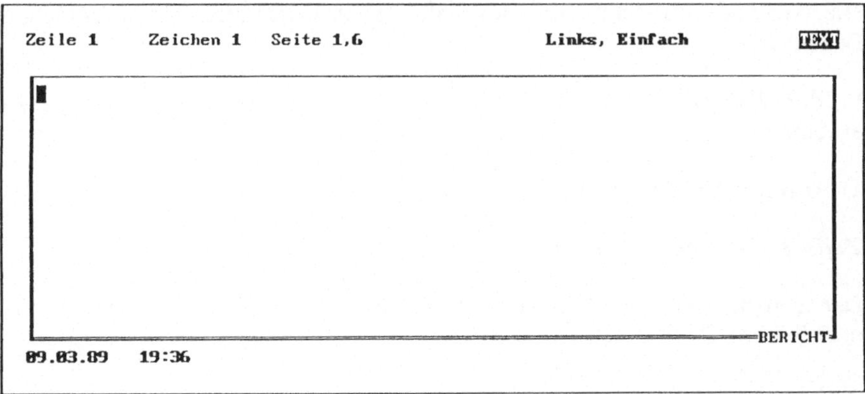

Bild 9-9 TEXT-Arbeitsblatt Bericht mit einer Linie als Rahmen

Mit den folgenden FENSTER-Befehlen (<F9> F) werden die Änderungen im Arbeitsblatt wieder rückgängig gemacht:

pbo — Aufheben der Beschränkung der Cursor-Bewegung durch den Befehl **P**arameter **B**egrenzung **O**hne.

rs — Standard-Einstellung des Rahmens mit dem Befehl **R**ahmen **S**tandard.

3 MAL <ESC> — Das leere TEXT-Arbeitsblatt Bericht erscheint auf dem Bildschirm:

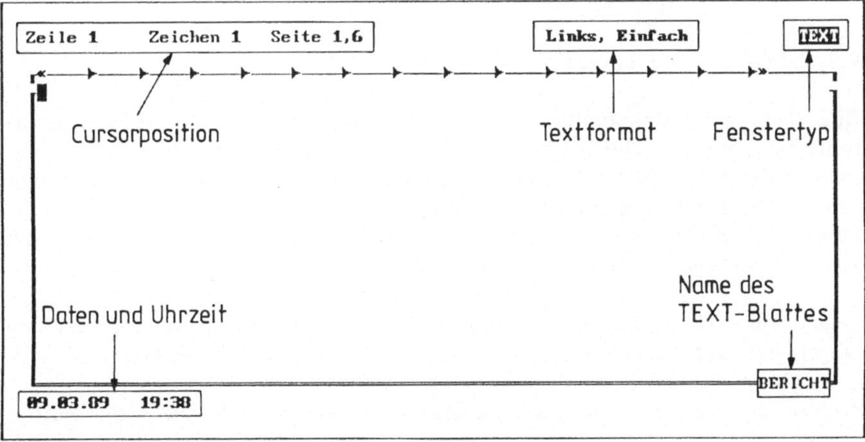

Bild 9-10 Leeres TEXT-Arbeitsblatt Bericht

Die Anzeigen oberhalb und unterhalb des Arbeitsblattes haben folgende Bedeutung:

In der *Kontrollzeile* (erste Bildschirmzeile) sind drei Eintragungen zu erkennen:

a) Anzeige der Cursorposition

Zeile 1 Zeichen 1 Seite 1,6

Der Cursor steht in *Zeile 1*, auf *Zeichen 1* und in der Arbeitsblattposition auf *Seite 1* in *Zeile 6*.

b) Anzeige des Text-Formats

Links, Einfach

Der Text wird *linksbündig* und im Abstand von *einer Zeile* geschrieben und gedruckt.

c) Anzeige des Fenster-Typs

TEXT

Es handelt sich um ein *TEXT*-Fenster.

Im *unteren rechten Bildschirmrand* erscheint der *Name* des Arbeitsblattes (BERICHT). Im *unteren linken Rand* ist das *Datum* und die *Uhrzeit* angezeigt.

9.2 Erfassen eines Textes

Bild 9-11 zeigt den erstellten Text. Wir empfehlen Ihnen, diesen abzuschreiben, um ein Gefühl für die Texterfassung in Symphony zu bekommen. Mit der <PFEIL UNTEN>-Taste gelangen Sie eine Zeile tiefer. Die <RETURN>-Taste entspricht der *Wagenrücklauftaste* auf der Schreibmaschine und markiert einen Absatz. Durch *zweimaliges* Drücken der <RETURN>-Taste ensteht eine *Leerzeile.*

Hinweis! Drücken Sie nur am Ende eines Absatzes die <RETURN>-Taste. Den Text können Sie fortlaufend erfassen, da ein automatischer Zeilenumbruch erfolgt.

Kleinere Schreibfehler verbessern Sie wie gewohnt mit den entsprechenden Tastaturtasten.

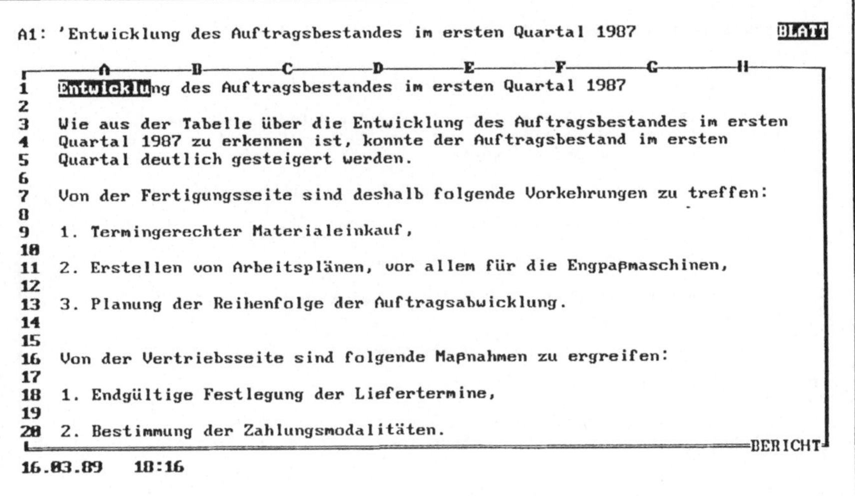

Bild 9-11 Erfaßter Text

Während der Erfassung des Textes können Sie in der Kontrollzeile beobachten, wie Ihnen die *Zeilen (Zeile)- und die Spaltennummer (Zeichen)* angezeigt wird, ferner die *Nummer der Zelle.*

9.3 Speichern eines Textes

Um den erfaßten Text zu speichern, sind folgende zwei Schritte erforderlich:

a) Umwandeln des TEXT-Fensters in ein BLATT-Fenster

Dies geschieht durch Drücken der UMSCHALT-Taste (Tastenkombination <ALT> <F9>).

<ALT> <F9> Umschalten in ein BLATT-Fenster.

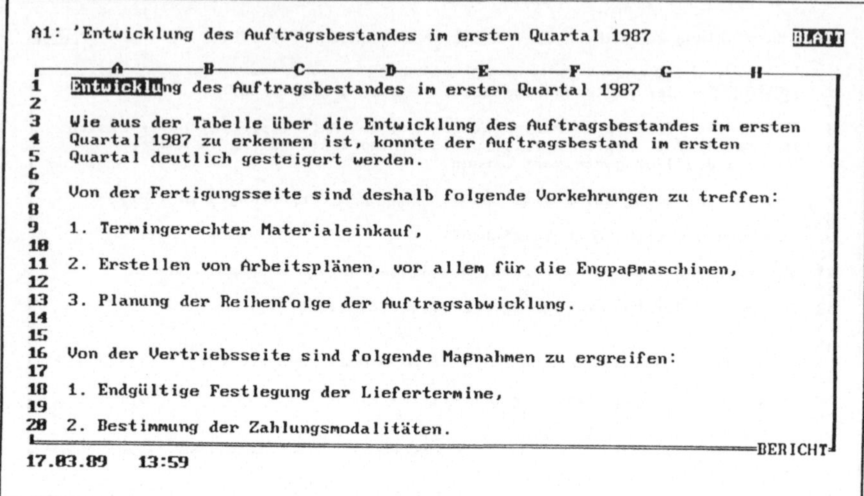
A1: 'Entwicklung des Auftragsbestandes im ersten Quartal 1987 BLATT

A B C D E F G H

1 Entwicklung des Auftragsbestandes im ersten Quartal 1987
2
3 Wie aus der Tabelle über die Entwicklung des Auftragsbestandes im ersten
4 Quartal 1987 zu erkennen ist, konnte der Auftragsbestand im ersten
5 Quartal deutlich gesteigert werden.
6
7 Von der Fertigungsseite sind deshalb folgende Vorkehrungen zu treffen:
8
9 1. Termingerechter Materialeinkauf,
10
11 2. Erstellen von Arbeitsplänen, vor allem für die Engpaßmaschinen,
12
13 3. Planung der Reihenfolge der Auftragsabwicklung.
14
15
16 Von der Vertriebsseite sind folgende Maßnahmen zu ergreifen:
17
18 1. Endgültige Festlegung der Liefertermine,
19
20 2. Bestimmung der Zahlungsmodalitäten.

BERICHT

17.03.89 13:59

Bild 9-12 Arbeitsblatt nach Umwandlung in ein BLATT-Fenster

Wie Sie beispielsweise in der Kontrollzeile für die Zelle A1 sehen können, werden *alle Zeilen* in der *Spalte A* gespeichert. Wird der Cursor in der Zelle A durch Betätigen der <PFEIL UNTEN>-Tasten nach unten bewegt, so sind in den entsprechenden Zellen die Einträge der ganzen Zeilen zu sehen. In anderen Zellen befinden sich *keine Einträge.*

Bei der Mischung von Text und Zahlen ist es wichtig zu wissen, daß der Text *immer* in der Spalte *ganz links* (meist die Spalte A) gespeichert wird.

b) Speichern des Textes

Mit dem {Service}-Befehl Transfer Speichern (<F9> TS) wird die Text-Datei abgespeichert.

<F9> ts Aufrufen des Befehls Transfer Speichern.

Daraufhin werden Sie aufgefordert, einen Dateinamen zu vergeben:

```
Speicherung unter Dateinamen: C:\SYM\                                  EDIT
```

Bild 9-13 Eingabe des Dateinamens

Die Datei wird unter dem Namen *Bericht1* abgespeichert:

Bericht1 <RETURN> Speichern der Textdatei unter dem Namen **Bericht1**.

Die gespeicherte Datei erhält als Arbeitsblatt-Datei den Zusatz *.WR1* (zu Dateibezeichnungen s. Abschn. 1.5).

Hinweis! Der Text wird im Arbeitsspeicher des Rechners (RAM) verwaltet. Das bedeutet, daß bei einer Stromunterbrechung der Inhalt des Textes verlorengeht. Deshalb sollten Sie möglichst oft durch Speichern Ihren Text sichern.

Die Größe des erfaßten Textes ist abhängig von der Größe des internen Speichers. Normalerweise können Sie etwa 25 bis 30 Schreibmaschinenseiten speichern.

Falls ein Arbeitsblatt mehr als nur Text enthält (z. B. zusätzliche Tabellen) und Sie *nur den Text* des Arbeitsblattes speichern möchten, verwenden Sie den Befehl Transfer Auszug (**<F9> TA**) und vergeben einen Dateinamen. Hierbei muß berücksichtigt werden, daß sich der Auszugsbereich über *alle Zellen* erstreckt, in denen sich *Text befindet.*

9.4 Laden eines Textes

Dies geschieht mit dem {Service}-Befehl **Transfer Laden** (**<F9> TL**).

<F9> tl Laden einer Datei mit dem {Service}-Befehl Transfer Lade.

Wie Bild 9-14 zeigt, erscheint die Aufforderung, den Namen der zu ladenden Datei einzugeben.

```
Name der zu ladenden Datei: C:\SYMPH\*.wr?                                DATEI
BERICHT1.WR1     BERICHT2.WR1     BERICHT3.WR1     BERICHT4.WR1     ROTATE.WRK
```

Bild 9-14 Laden von Dateien

In der zweiten Bildschirmzeile wird ein Teil der vorhandenen Dateien angezeigt. Will man sich einen Überblick über alle Dateien verschaffen, wird die Taste **<F10>** gedrückt.

Bei der Auswahl der Datei hat man zwei Möglichkeiten:

1. Eingabe des Dateinamens <RETURN> oder

2. Bewegen des Cursors auf den Dateinamen <RETURN>.

Wir bewegen den Cursor auf die Datei *Bericht1.WR1* und betätigen die <RETURN>-Taste.

Achtung! Durch das Laden der Arbeitsblatt-Datei mit dem Befehl Transfer Laden wird das aktuelle Arbeitsblatt gelöscht. Soll der Inhalt des aktuellen Arbeitsblattes erhalten werden, muß der (Service)-Befehl Transfer Kombiniere (<F9> TK) gewählt werden.

9.5 Cursor-Bewegung im TEXT-Arbeitsblatt

Zur Bearbeitung des Textes schalten wir, falls erforderlich, in ein *TEXT-Fenster* um. Dies geschieht durch Drücken der Tastenfolge <ALT> <F9>.

Um Texte bearbeiten zu können, muß der Cursor an die gewünschten Textstellen bewegt werden. Tabelle 9-1 zeigt die Cursor-Steuerung im TEXT-Arbeitsblatt.

Tabelle 9-1 Cursor-Steuerung bei ausgeschalteter ⟨SCROLL LOCK⟩-Taste

Tasten	Bewegung
Zeichenweise Bewegung	
⟨Pfeil links⟩ ⟨Pfeil rechts⟩ ⟨Pfeil unten⟩ ⟨Pfeil oben⟩	Zeichen links Zeichen rechts Zeichen unten Zeichen oben
Wortweise Bewegung	
⟨Ctrl⟩ ⟨Pfeil links⟩ ⟨Ctrl⟩ ⟨Pfeil rechts⟩	Wort links Wort rechts
Zeilenanfang bzw. -ende	
⟨End⟩ ⟨Pfeil links⟩ ⟨End⟩ ⟨Pfeil links⟩	Zeilenanfang Zeilenende
Seitenweise Bewegung	
⟨PgUp⟩ ⟨PgDn⟩	Seite zurück Seite vorwärts
Absatzweise Bewegung	
⟨End⟩ ⟨Pfeil oben⟩ ⟨End⟩ ⟨Pfeil unten⟩	voriger Absatz folgender Absatz
Fensteranfang bzw. -ende	
⟨Home⟩ ⟨End⟩ ⟨Home⟩	Anfang des TEXT-Fenster Ende des TEXT-Fensters
Bestimmtes Zeichen	
⟨End⟩ ⟨Zeichen⟩	Nächstes Zeichen

Um an bestimmte Textstellen zu springen, gibt es folgende zwei Möglichkeiten:

a) Verschieben des Textes mit der <Scroll Lock>-Taste

Wird die Umschalttaste <SCROLL LOCK> gedrückt, dann wird nicht der Cursor durch den Text bewegt, sondern der *Text selbst.* Mit dieser Funktion können Textstellen, die nicht mehr im Bildschirm zu sehen sind, in den Bildschirm *gerollt* werden.

Tabelle 9-2 zeigt, wie beim Einschalten der <SCROLL LOCK>-Taste (erkennbar an der rechten unteren Anzeige **Rol** im Bildschirm) der Text im Bildschirm verschoben wird.

Tabelle 9-2 Cursor – Taste – Steuerung bei eingeschalteter ⟨SCROLL LOCK⟩

Taste	Bewegung
⟨Pfeil links⟩	1/4 Fenster nach links
⟨Pfeil rechts⟩	1/4 Fenster nach rechts
⟨Pfeil unten⟩	neue Zeile am Ende des Bildschirms
⟨Pfeil oben⟩	neue Zeile am Anfang des Bildschirms

b) Direkter Sprung mit der <Gehezu>-Taste <F5>

Beim Drücken der <GEHEZU>-Taste <F5> erscheint in der zweiten Bildschirmzeile die Meldung:

Wohin gehen?

Folgende Sprünge sind möglich:

- *GEHEZU einer Zeile*

Die Zeilennummer wird eingegeben und mit <RETURN> bestätigt. Symphony springt dann auf das *erste Zeichen* dieser Zeile.

4 <RETURN> Sprung auf das erste Zeichen der 4. Zeile.

- *GEHEZU einer Seite, Zeile*

Zunächst wird die GEHEZU-Taste <F5> gedrückt. Bei der Meldung: *Wohin gehen?* wird zuerst die Druckseite und dann, durch Kommata getrennt, die Zeilennummer eingegeben.

3,18 <RETURN> Sprung zur Druckseite **3** und Zeile **18**.

- *GEHEZU einer Zeilenmarkierung*

Nach Eingabe einer Zeilenmarkierung springt Symphony auf das erste Zeichen der markierten Zeile. Voraussetzung ist allerdings, daß eine *Zeilenmarkierung* vorgenommen wurde. (Die Zeilenmarkierung erfolgt mit dem {Menü}-Befehl **Markiere Zuordnen** (**<F10> MZ**)). Ist Ihnen die Markierungsbezeichnung nicht mehr geläufig, dann können Sie nach der Frage *Wohin gehen?* die {Menü}-Taste <F10> betätigen, die entsprechende Markierung wählen und mit <RETURN> bestätigen.

- *GEHEZU einem Bereich*

Um zu einem *Bereich* zu springen, müssen Sie mit <ALT> <F9> in das *BLATT*-Fenster umschalten und einen Bereich kennzeichnen und benennen (s. Abschnitt 3.1.5). Wird dieser Name eingegeben, dann springt der Cursor auf das erste Zeichen dieses Bereiches. Besonders häufig wird diese Möglichkeit verwendet, um zu Tabellen innerhalb eines Textes springen zu können.

Tabelle 9-3 zeigt, wie Sie mit Hilfe der GEHEZU-Taste (<F5>) zu Textstellen springen können.

Tabelle 9-3 Wirkung der GEHEZU-Taste (⟨F5⟩) und der ⟨TAB⟩-Taste

Taste	Angabe	Wirkung
⟨F5⟩	Zeilennummer	Bewegen des Cursors zur Zeilennummer
⟨F5⟩	Seitennummer, Zeilennummer	Bewegen des Cursors zur Seitennummer und dort zur angegebenen Zeilennummer
⟨F5⟩	Zeilenmarkierung	Bewegung des Cursors zur Zeilenmarkierung
⟨F5⟩	Formatzeile	Bewegung des Cursors zur Formatzeile
⟨F5⟩	Bereichsname	Bewegen des Cursors zum Bereichsnamen
⟨TAB⟩		Bewegt den Cursor (im Überschreibmodus) zum nächsten Tabulatorstop

9.6 Löschen von Zeichen

Das Löschen von Zeichen und Worten geschieht mit den beiden Tasten <RÜCKTASTE> und <DEL>. Da ihre Wirkungsweise vom Umgang mit Eingaben zum Betriebssystem bekannt sein dürften, werden wir uns auf kurze Bemerkungen beschränken.

Die <RÜCKTASTE> löscht das *vor* dem Cursor *links* stehende Zeichen und die <DEL>-Taste löscht das Zeichen *über* der *momentanen* Cursorposition.

9.7 Einfügen von Texten

Hierfür gibt es zwei Möglichkeiten:

a) Das Einfügen

Der *Einfüge-Modus* ist standardmäßig eingestellt. In ihm wird der neue Text so eingefügt, daß der vorhandene Text ab der Einfügestelle einfach nach hinten verschoben wird.

Als Beispiel möchten wir die 4. und 5. Zeile folgendermaßen verändern (eingefügte Worte sind fett gedruckt):

"Quartal 1987 **sofort** zu erkennen ist, konnte der Auftragsbestand **für diese Maschinentypen** im ersten Quartal deutlich gesteigert werden."

Bewegen Sie dazu den Cursor in der 4. Zeile auf den Buchstaben *z*, ab dem eingefügt werden soll (Zeile 4, Zeichen 14), und schreiben:

sofort <LEERTASTE>.

Die zusätzlichen Worte "**für diese Maschinentypen**" werden ebenfalls eingefügt. Dazu fahren Sie mit dem Cursor an die einzufügende Stelle (auf den Buchstaben *i* von im) und geben den Text ein. Bild 9-15 zeigt, daß Symphony bei jeder Eingabe den Absatz neu formatiert (die Funktion Format Parameter Autojustierung (**FPA**) ist standardmäßig auf **Ja** gestellt; mit der Tastenkombination <CTRL> **J** kann die Einstellung der *Autojustierung* verändert werden).

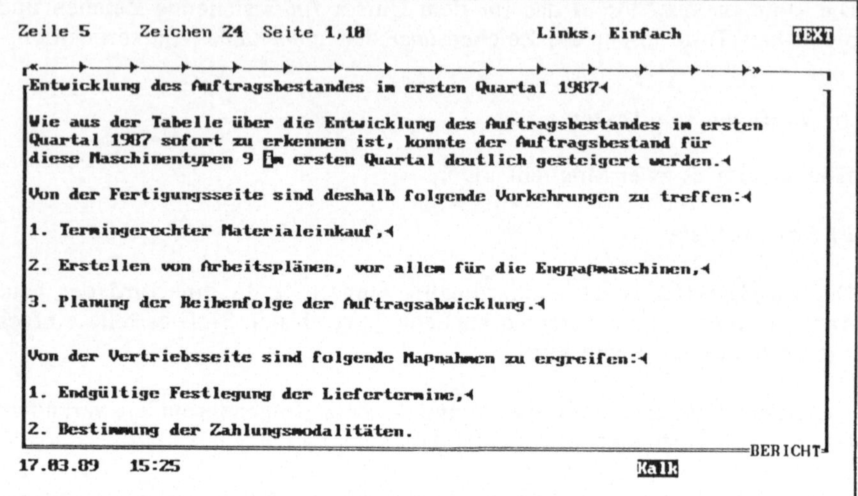
Zeile 5 Zeichen 24 Seite 1,10 Links, Einfach TEXT

Entwicklung des Auftragsbestandes im ersten Quartal 1987

Wie aus der Tabelle über die Entwicklung des Auftragsbestandes im ersten
Quartal 1987 sofort zu erkennen ist, konnte der Auftragsbestand für
diese Maschinentypen 9 im ersten Quartal deutlich gesteigert werden.

Von der Fertigungsseite sind deshalb folgende Vorkehrungen zu treffen:

1. Termingerechter Materialeinkauf,

2. Erstellen von Arbeitsplänen, vor allem für die Engpaßmaschinen,

3. Planung der Reihenfolge der Auftragsabwicklung.

Von der Vertriebsseite sind folgende Maßnahmen zu ergreifen:

1. Endgültige Festlegung der Liefertermine,

2. Bestimmung der Zahlungsmodalitäten.

BERICHT

17.03.89 15:25 Kalk

Bild 9-15 TEXT-Arbeitsblatt nach erfolgter Einfügung

Um *Leerzeilen* einzufügen, wird der Cursor an den Beginn der Zeile gebracht (mit <END> <HOME>) und die <RETURN>-Taste so oft gedrückt, wie Leerzeilen gewünscht werden.

b) Das Überschreiben

Der Überschreibe-Modus wird durch Drücken der <INS>-Taste eingeschaltet. Am unteren rechten Bildschirmrand steht die Meldung **übr**. Statt des Wortes *deutlich* soll das Wort **wesentlich** geschrieben werden. Dazu wird der Cursor auf den Buchstaben *d* (von deutlich; Zeile 5, Zeichen 42) bewegt und im *Überschreibe-Modus* eingeben:

<INS> Einschalten des Überschreibe-Modus.

wesentlich Überschreiben mit dem Wort **wesentlich**.

Wie Sie sehen, ist das Wort "wesentlich" größer als das Wort "deutlich", so daß Sie auch noch Buchstaben des nachfolgenden Wortes überschreiben:

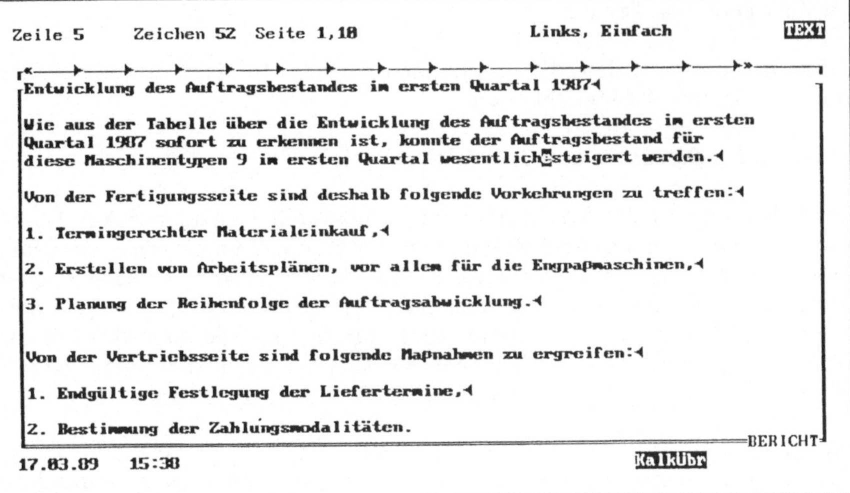

Bild 9-16 Einfügen eines Wortes im *Überschreibe-Modus*

In diesem Fall müssen mit dem *Einfüge-Modus* die überschriebenen Zeichen ergänzt werden. Dazu wird mit der <INS>-Taste in den *Einfüge-Modus* umgeschaltet und eingegeben:

<LEERTASTE> g.

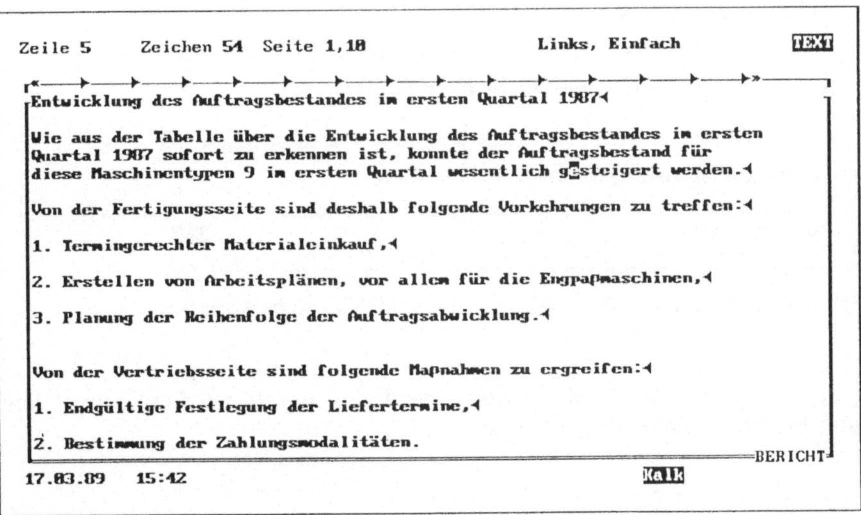

Bild 9-17 TEXT-Arbeitsblatt nach erfolgter Verbesserung

9.8 Justieren von Texten

Beim *Justieren* werden die Texte *ausgerichtet*. In Symphony bestehen hierfür folgende 4 Möglichkeiten:

Ohne, Links, Blocksatz und *zentriert*.

Standardmäßig ist der Text *linksbündig* eingestellt (scharfer linker Rand) und hat rechts einen unregelmäßigen Abschluß (*Flatterrand*). Im Normalfall wird bei der Bearbeitung des Textes durch Einfügen oder Löschen von Textteilen sofort justiert. Wurde die *Autojustierung ausgeschaltet*, so wird der veränderte Text durch Drücken der JUST-Taste <F2> neu justiert. Die Stellung des Cursors im zu justierenden Absatz spielt dabei keine Rolle. Es ist daraufhin Bild 9-17 zu sehen.

Die Justierung des Textes kann auch über das *TEXT-Menü* erfolgen. Dazu wird die {Menü}-Taste <F10> gedrückt und folgendes Bild sichtbar:

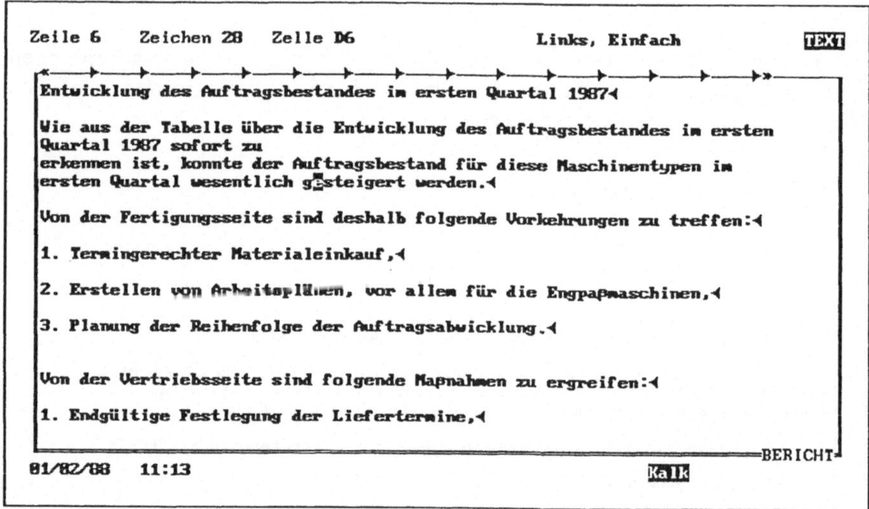

Bild 9-18 Menü zur Bearbeitung eines TEXT-Arbeitsblattes

Durch Eingabe des Buchstabens J wird der Befehl Justiere ausgewählt und Sie sehen zwei Möglichkeiten:

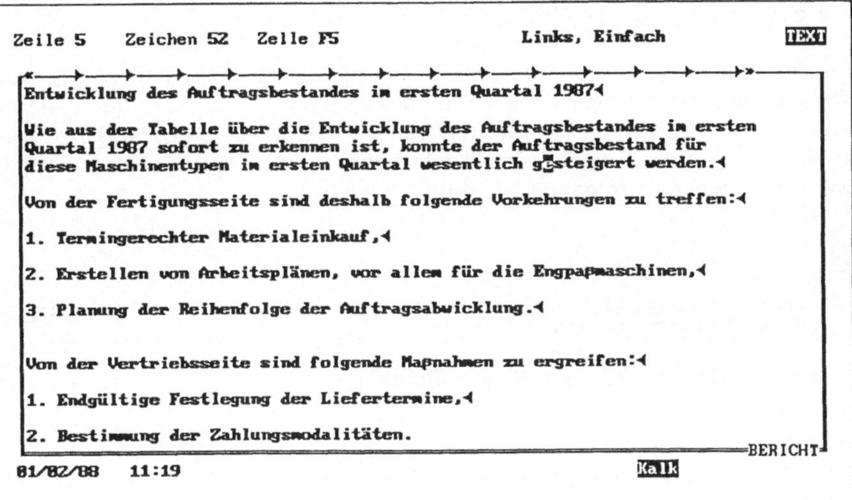

Bild 9-19 Auswahl der Justiermöglichkeiten

Das bedeutet, Sie können *nur* den entsprechenden Absatz (in dem der Cursor steht), oder aber die *gesamte Textfolge ab dem Absatz*, in dem der Cursor steht, justieren. Aus diesem Grunde entspricht die JUST-Taste <F2> dem {Menü}-Befehl **Justiere Absatz** (**<F10> JA**).

Die im TEXT-Fenster gültigen Funktionen der Festtasten sind auf der Tastaturschablone rot eingezeichnet. Sie sind in Tabelle 9-4 zusammengestellt.

Tabelle 9-4 TEXT-Funktionstasten und ihre Wirkung

Taste	Bezeichnung	Wirkung
〈F2〉	JUST	Justiert aktuellen Absatz
〈F3〉	EINR	Einrücken des Textes beim aktuellen Absatz
〈F4〉	LÖSCHEN	Löschen eines Textblocks
〈ALT〉〈F2〉	WO	Zeigt die Seiten- und Spaltenzahl der aktuellen Zeile zum Druck
〈ALT〉〈F3〉	ABSATZ	Text nach dem Cursor wird eine Zeile tiefer gesetzt
〈ALT〉〈F4〉	ZENTR	Zentrieren der aktuellen Zeile
〈TAB〉		Einfügemodus: Leerzeichen bis zum nächsten Tabulatorstop; Überschreibmodus: Bewegen des Cursors bis zum nächsten Tabulatorstop

9.9 Bearbeiten von Textblöcken

Für ein leistungsfähiges Textsystem unerläßlich ist die Barbeitung von *definierbaren Wortfolgen*, sogenannten *Textblöcken*, sei es zum *Löschen, Verschieben* oder *Kopieren*. Wird aus dem TEXT-{Menü} (<F10>) beispielsweise durch Eingabe des Buchstabens **K** der Befehl Kopie ausgewählt, so erscheint folgende Meldung:

```
Zeile 5      Zeichen 54  Seite 1,18                Links, Einfach          ZEIGEN
Kopie Quellblock? 5,54..5,54
```

Bild 9-20 Meldung für den Kopie-Befehl

Die Zahlenangaben geben den aktuellen Cursorstand an, im vorliegenden Falle:

Zeile 5 und Zeichen 54.

a) Markieren von Textblöcken

Für die Textverarbeitung mit Textblöcken ist natürlich wichtig, die zu verarbeitenden Blöcke *markieren* zu können. Hierzu bestehen folgende Möglichkeiten:

- *Markieren durch Bewegen des Cursors*

Wird der Cursor beispielsweise nach links bewegt, so kann der entsprechende Textblock (hell markierter Bereich) vergrößert werden, wie folgendes Bild zeigt:

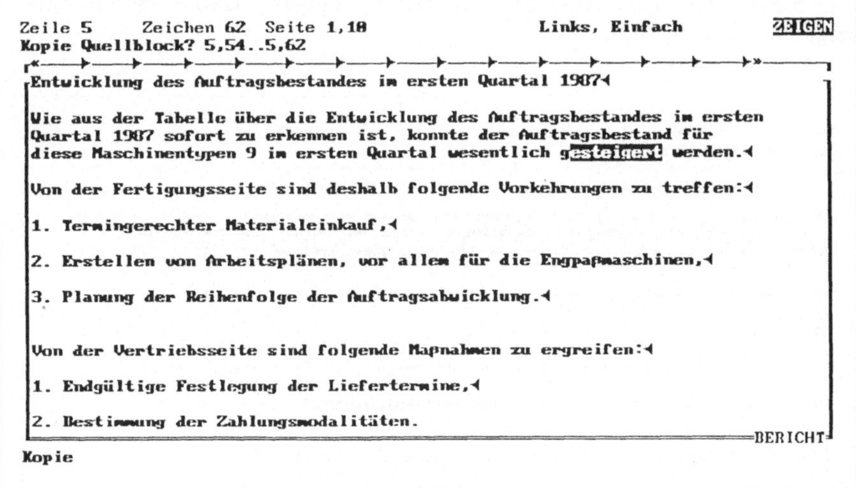

Bild 9-21 Markieren eines Textblockes

Alle Cursor-Bewegungen, wie sie in Tabelle 9-1 und in Tabelle 9-2 zusammengestellt sind, können dabei verwendet werden, beispielsweise das Markieren einer Zeile bis zum Anfang der Zeile durch Drücken der Tastenfolge <END> <PFEIL LINKS>.

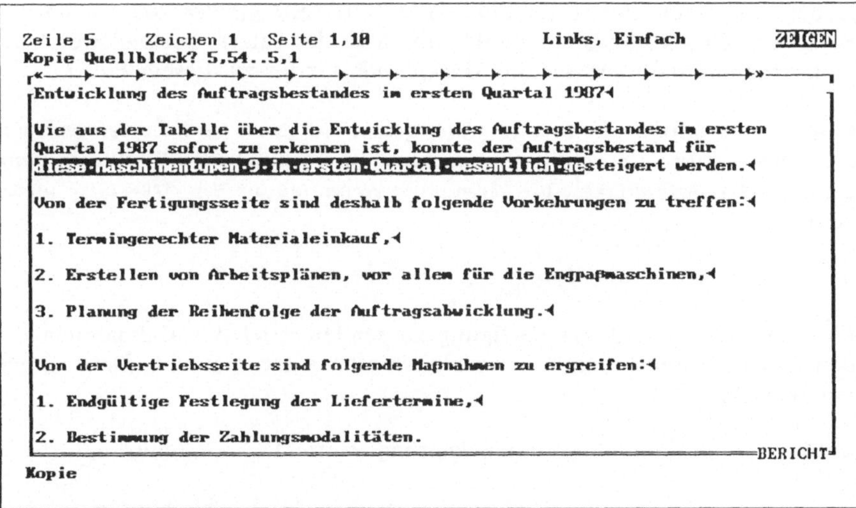

Bild 9-22 Markieren einer Zeile

Das Markieren eines Absatzes mit der Tastenfolge <END> <PFEIL OBEN> zeigt das nächste Bild:

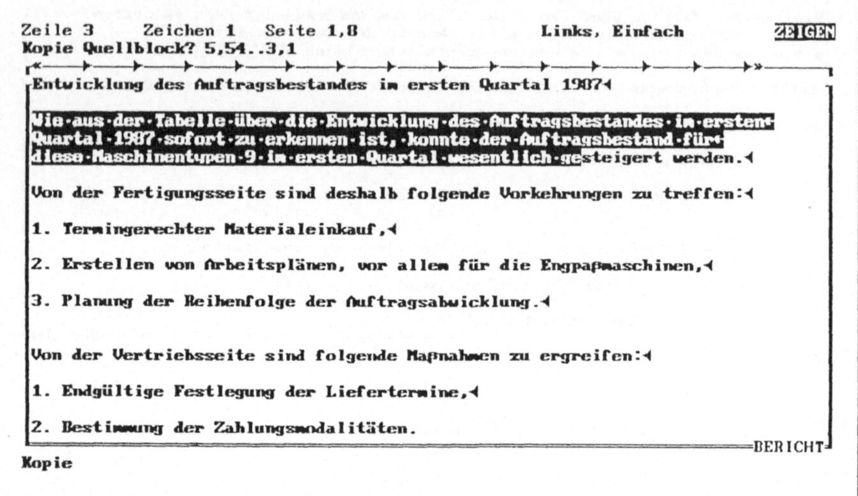

Zeile 3 Zeichen 1 Seite 1,8 Links, Einfach ZEIGEN
Kopie Quellblock? 5,54..3,1

Entwicklung des Auftragsbestandes im ersten Quartal 1987

Wie aus der Tabelle über die Entwicklung des Auftragsbestandes im ersten Quartal 1987 sofort zu erkennen ist, konnte der Auftragsbestand für diese Maschinentypen 9 im ersten Quartal wesentlich gesteigert werden.

Von der Fertigungsseite sind deshalb folgende Vorkehrungen zu treffen:

1. Termingerechter Materialeinkauf,

2. Erstellen von Arbeitsplänen, vor allem für die Engpaßmaschinen,

3. Planung der Reihenfolge der Auftragsabwicklung.

Von der Vertriebsseite sind folgende Maßnahmen zu ergreifen:

1. Endgültige Festlegung der Liefertermine,

2. Bestimmung der Zahlungsmodalitäten.

BERICHT
Kopie

Bild 9-23 Markieren eines Absatzes

- *Satzmarkierung mit einem Punkt.*

Geben Sie einen Punkt (.) ein, dann wird ein *ganzer Satz* markiert. Befindet sich allerdings ein Punkt innerhalb des Satzes, beispielsweise bei Abkürzungen, dann erfolgt die *Markierung* nur bis zu diesem *Punkt.*

Hinweis! Beim Aufrufen der Befehle Kopie, Bewege und Lösche wird der Bereich durch die aktuelle Cursorstellung verankert. Diese Verankerung können Sie lösen, wenn Sie die <ESC>-Taste drücken. Die Verankerung können Sie mit der <TAB>-Taste wieder einschalten.

b) Löschen von Textblöcken

Um einen Bericht an die Fertigung zu senden, sind die Maßnahmen für den Vertrieb uninteressant. Deshalb werden diese gelöscht. Dazu gehen wir wie folgt vor:

<ESC>	Rücksprung in das TEXT-Menü.
l	Eingabe des {Menü}-Befehls Lösche.
<ESC>	Aufheben der Verankerung des Bereiches.

Bewegen des Cursors zur Zeile 16, Zeichen 1.

<TAB> Einschalten der Verankerung.

5 MAL <PFEIL UNTEN> Markieren des zu löschen Bereiches.

```
Zeile 21    Zeichen 1   Seite 1,26                    Links, Einfach          ZEIGEN
Welchen Block löschen? 16,1..21,1

Wie aus der Tabelle über die Entwicklung des Auftragsbestandes im ersten
Quartal 1987 sofort zu erkennen ist, konnte der Auftragsbestand für
diese Maschinentypen 9 im ersten Quartal wesentlich gesteigert werden.

Von der Fertigungsseite sind deshalb folgende Vorkehrungen zu treffen:

1. Termingerechter Materialeinkauf,

2. Erstellen von Arbeitsplänen, vor allem für die Engpaßmaschinen,

3. Planung der Reihenfolge der Auftragsabwicklung.

Von·der·Vertriebsseite·sind·folgende·Maßnahmen·zu·ergreifen:

1.·Endgültige·Festlegung·der·Liefertermine,

2.·Bestimmung·der·Zahlungsmodalitäten.
                                                                       BERICHT
```

Bild 9-24 Markieren des zu löschenden Bereiches

<RETURN> Der markierte Bereich wird gelöscht.

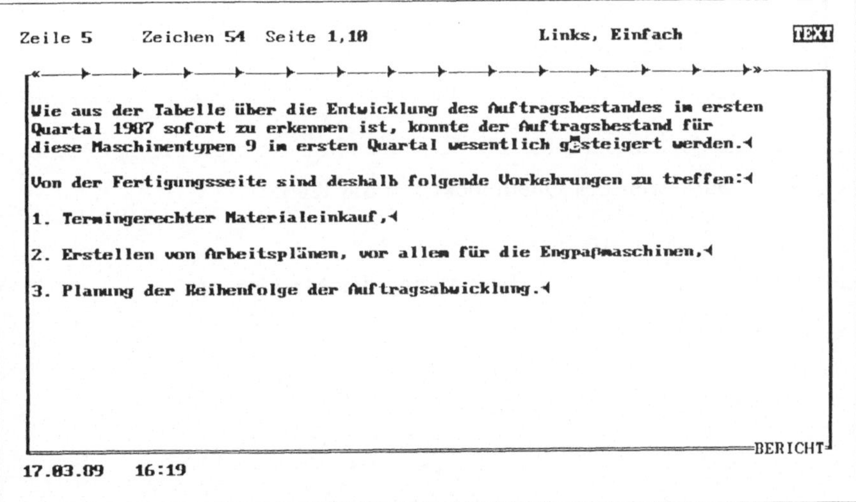

```
Zeile 5     Zeichen 54  Seite 1,10                    Links, Einfach          TEXT

Wie aus der Tabelle über die Entwicklung des Auftragsbestandes im ersten
Quartal 1987 sofort zu erkennen ist, konnte der Auftragsbestand für
diese Maschinentypen 9 im ersten Quartal wesentlich gesteigert werden.

Von der Fertigungsseite sind deshalb folgende Vorkehrungen zu treffen:

1. Termingerechter Materialeinkauf,

2. Erstellen von Arbeitsplänen, vor allem für die Engpaßmaschinen,

3. Planung der Reihenfolge der Auftragsabwicklung.
                                                                       BERICHT
17.03.89   16:19
```

Bild 9-25 Löschen des markierten Textblockes

Hinweis! Im TEXT-Arbeitsblatt kann zum Löschen statt des {Menü}-Befehls Löschen (<F10> L) auch die LÖSCH-Taste <F4> verwendet werden.

c) Textblöcke kopieren

Im vorliegenden Beispiel soll die Reihenfolge der Vorkehrungen so verändert werden, daß die dritte Maßnahme zuerst genannt wird. Dazu wird der *Kopie*-Befehl verwendet:

Bewegen des Cursors zum Anfang der Zeile 13.

<F10> k Auswahl des {Menü}-Befehls Kopie.

<END> <PFEIL LINKS> Markieren der Zeile als Quellblock.

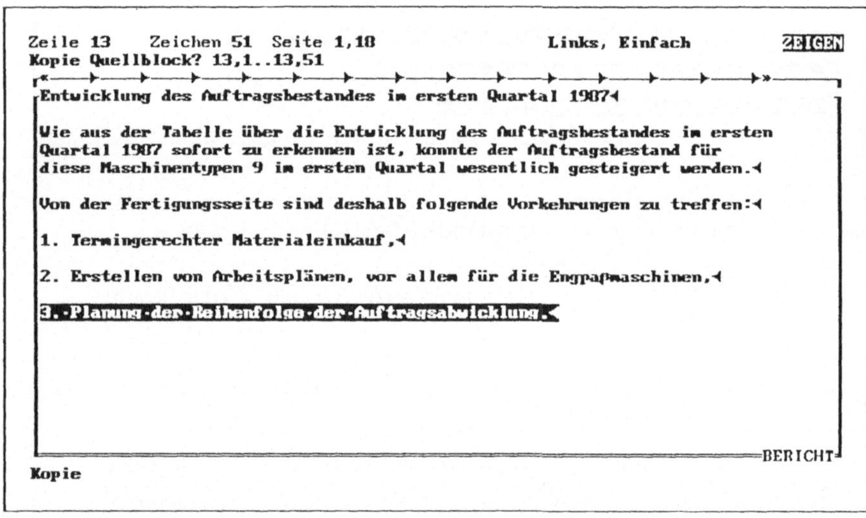

Bild 9-26 Markieren des Quellblocks für die Kopie

<RETURN> Beendigung der Markierung.

```
Zeile 13    Zeichen 1    Seite 1,18                 Links, Einfach          ZEIGEN
Kopie Quellblock? ok                        Wohin kopieren? 13,1
```

Bild 9-27 Bildschirmanzeige nach beendeter Markierung

Am Bildschirm sehen Sie die Aufforderung:

Wohin kopieren?

Bewegen Sie den Cursor in die Zeile 8 (Leerzeile *vor* der 1. Vorkehrung).

<RETURN> Der Kopiervorgang wird ausgeführt.

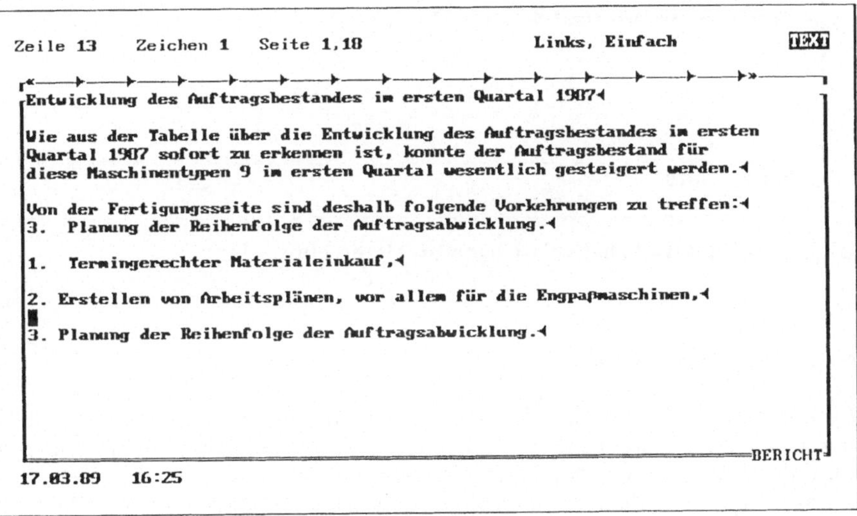

Bild 9-28 TEXT-Arbeitsblatt nach erfolgtem Kopieren

Wie Sie sehen, steht der Cursor nach Beendigung des Kopiervorgangs wieder an der Ausgangsposition (Zeile 13).

Hinweis! Es besteht ein wesentlicher Unterschied zwischen dem Kopie-Befehl im BLATT-Fenster und im TEXT-Fenster. Während im BLATT-Arbeitsblatt beim Kopieren die Zellinhalte überschrieben werden, werden sie im TEXT-Arbeitsblatt eingefügt.

Wie Bild 9-28 zeigt, erscheint die 3. Vorkehrung nach dem Kopiervorgang zweimal. Deshalb muß die vorige Reihenfolge so geändert werden, daß die Zeile 14 gelöscht wird, eine Umnumerierung erfolgt und zur besseren Übersicht vor Beginn der Vorkehrungen eine Leerzeile eingefügt wird. Dem Leser wird empfohlen, dies als Übung selbst auszuführen, bis folgendes TEXT-Arbeitsblatt erscheint:

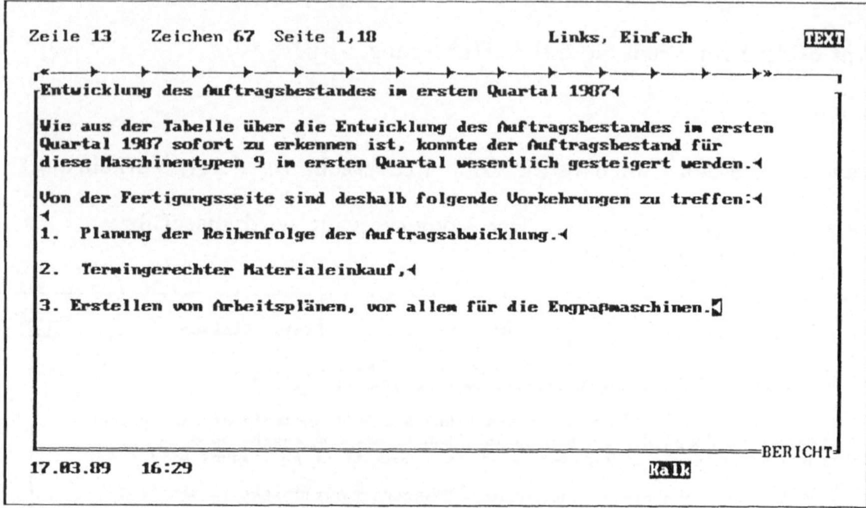

Bild 9-29 TEXT-Arbeitsblatt nach erfolgter Umstellung

d) Textblöcke verschieben

In unserem Falle hätten wir uns das nachträgliche Löschen des Quellbereiches (3. Vorkehrung in Zeile 13) ersparen können, wenn wir den Befehl *Bewege* verwendet hätten. Dieser Befehl entspricht dem Kopier-Befehl, nur mit dem Unterschied, daß anschließend der Quellbereich gelöscht wird.

Die 2. Vorkehrung wird an die letzte Stelle gesetzt. Dazu wird zuerst der Cursor auf den Anfang der zu verschiebenden Zeile bewegt (Zeile 11).

<F10> b Auswahl des {Menü}-Befehls Bewege.

```
Zeile 11    Zeichen 1   Seite 1,16                    Links, Einfach          ZEIGEN
Bewegen Quellblock? 11,1..11,1
```

Bild 9-30 Bildschirmaufforderung zur Angabe des Quellblocks

<END> <PFEIL RECHTS> <RETURN>

Markieren des Quellblocks.

4 MAL <PFEIL UNTEN> <RETURN>

Bewegen des Cursors zur Zeile 15 und Verschieben des Textblockes.

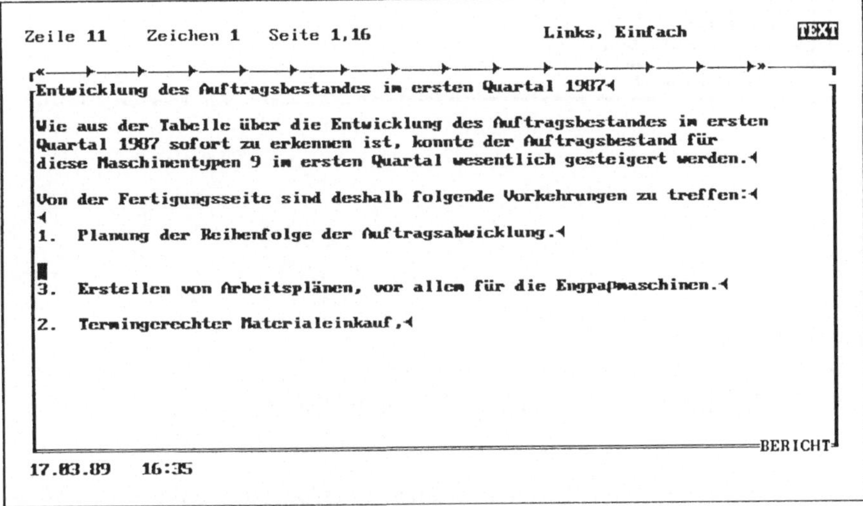

Bild 9-31 TEXT-Arbeitsblatt nach erfolgter Verschiebung

Die entsprechende Umnumerierung und das Löschen einer Leerzeile kann der Leser übungsweise selbst vornehmen.

Hinweis! Auch hier besteht ein wesentlicher Unterschied zwischen dem Bewege-Befehl im BLATT- bzw. im TEXT-Fenster. Im BLATT-Modus wird der Quellbereich leer und der Inhalt in den Zielbereich geschrieben, wobei bereits dort befindliche Inhalte überschrieben werden. Im TEXT-Modus hingegen werden die zu bewegenden Texte eingefügt, d.h. die im Zielbereich befindlichen Inhalte werden entsprechend verschoben.

9.10 Formatieren von Texten insgesamt

Für die erstellten Texte gelten Format-*Parameter*, die im gesamten Text die Tabulatorstellung, die Justierung, den Zeilenabstand, den linken und rechten Seitenrand und weitere Angaben betreffen. Durch Aufrufen des {Menü}-Befehls Format Parameter (**<F10> FP**) können Sie die eingestellten Parameter sehen:

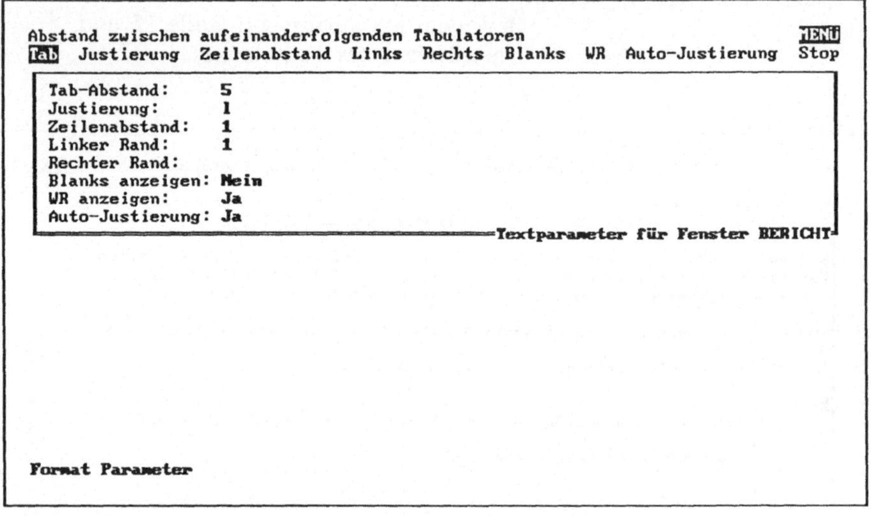

Bild 9-32 Text-Parameter für das Fenster BERICHT

Mit den in der zweiten Bildschirmzeile aufgeführten Funktionen können die eingestellten Format-Parameter geändert werden.

a) Linker Rand

Standardmäßig beginnt der Text an der ersten Stelle der linken Zeile. Mit dem {Menü}-Befehl Format Parameter Links (**<F10> FPL**) kann der linke Rand zwischen 1 und 240 eingestellt werden. Es ist selbstverständlich, daß der linke Rand kleiner als der rechte Rand sein muß. Im vorliegenden Beispiel wird er auf die 5. Stelle eingestellt:

<F10> fpl	Befehl zur Einstellung des linken Randes.
5	Linker Rand beginnt **5** Zeichen weiter innen.

```
Vorgegebener linker Rand: 5                                          EDIT
```

Bild 9-33 Einstellung des linken Randes

<RETURN>.

```
Linker Textrand                                                              MENÜ
Tab  Justierung  Zeilenabstand  Links  Rechts  Blanks  WR  Auto-Justierung  Stop

  Tab-Abstand:       5
  Justierung:        1
  Zeilenabstand:     1
  Linker Rand:       5
  Rechter Rand:
  Blanks anzeigen:  Nein
  WR anzeigen:       Ja
  Auto-Justierung:   Ja
  ==========================Textparameter für Fenster BERICHT=

Format Parameter
```

Bild 9-34 Format-Parameter mit geändertem linken Rand

b) Rechter Rand

Mit dem {Menü}-Befehl **F**ormat **P**arameter **R**echts wird der rechte Rand eines TEXT-Arbeitsblattes eingestellt.

<F10> fpr Wahl des rechten Randes.

```
Eingabe eines spezifischen Wertes für den rechten Rand              MENÜ
Setzen  Zurücksetzen
```

Bild 9-35 Möglichkeiten zum Setzen des rechten Randes

Wie Bild 9-35 zeigt, bestehen zwei Möglichkeiten, den rechten Rand festzulegen: *Setzen* und *Zurücksetzen*.

Bei *Setzen* können Sie den rechten Rand zwischen 1 und 240 eingeben und bei *Zurücksetzen* wird die Standardeinstellung für den rechten Rand gesetzt. Dieser ist abhängig von der aktuellen Fenstergröße.

Hinweis! Durch den linken und den rechten Rand begrenzen Sie die Anzahl Zeichen, die in einer Bildschirmzeile dargestellt werden, nach folgender Formel:

Anzahl rechter Rand - Anzahl linker Rand + 1

(z.B. linker Rand 5 und rechter Rand 58 ergibt 58 - 5 + 1 = 54 Zeichen).

Wenn der rechte Rand bei 58 Zeichen liegen soll, geben wir ein:

<F10> fprs Setzen des rechten Seitenrandes.

Im vorliegenden Fall ist der Seitenrand auf 72 Zeichen eingestellt.

```
Vorgegebener rechter Rand: 72                                    EDIT
```

Bild 9-36 Parameter-Festlegung des rechten Seitenrandes

58 <RETURN> Eingabe des rechten Seitenrandes.

```
Rechter Textrand                                                          MENU
Tab  Justierung  Zeilenabstand  Links  Rechts  Blanks  WR  Auto-Justierung  Stop
  Tab-Abstand:       5
  Justierung:        1
  Zeilenabstand:     1
  Linker Rand:       5
  Rechter Rand:      58
  Blanks anzeigen:   Nein
  WR anzeigen:       Ja
  Auto-Justierung:   Ja
                                        Textparameter für Fenster:  BERICHT

Format Parameter
```

Bild 9-37 Parameter für den linken und rechten Rand

Hinweis! Der linke und rechte Rand im TEXT-Arbeitsblatt legen nicht fest, wie der Text ausgedruckt wird (s. Abschn. 9.16).

c) Abstand der Tabulatorstops

Mit dem {Menü}-Befehl **F**ormat **P**arameter **T**ab (**<F10> FPT**) kann der Abstand zwischen den einzelnen Tabulator-Stops (zwischen 0 und 240) festgelegt werden. Standardmäßig ist ein Abstand von 5 Zeichen eingestellt. Wir stellen den Abstand der Tab-Stops auf 7 Zeichen. Das bedeutet, daß beim Drücken der <TAB>-Taste der Cursor jedesmal 7 Zeichen weiterspringt (also auf Zeichen 1, 8, 15 usw.).

Hinweis! Die Tabulatoren können Sie löschen, wenn Sie einen Tabulator-Abstand eingeben, der größer als der rechte Rand ist.

<F10> fpt7 <RETURN>	Eingabe eines Tab-Stops von 7 Zeichen.

d) Justierungs-Parameter

Die Justierungs-Parameter geben an, wie der Text innerhalb des linken und rechten Randes justiert werden soll. Der Aufruf erfolgt mit dem {Menü}-Befehl **F**ormat **P**arameter **J**ustieren (**<F10> FPJ**). Ist eine Auswahl getroffen worden, dann wird der Text justiert, sobald durch die Wahl von Stop (S) in die Textverarbeitung zurückgekehrt wird.

Dabei haben Sie, wie bereits erwähnt, vier Möglichkeiten:

Ohne, Links, Blocksatz und *Zentriert.*

- *Links* (Anzeige mit **l**)

Dies ist die Standardeinstellung. Sie erzeugt einen scharfen linken Rand und am *rechten Rand* einen *Flattersatz.*

- *Blocksatz* (Anzeige mit **b**)

Durch Eingabe von **b** wie **B**locksatz wird der Text *links- und rechtsbündig* formatiert. Dies wird erreicht, indem zwischen den einzelnen Worten zusätzliche Leerzeichen eingesetzt werden. Bei sehr langen Wörtern können deshalb große Wortlücken entstehen, sofern keine Trennung stattfindet.

<F10> fpjb	Eingabe des {Menü}-Befehls **F**ormat **P**arameter **J**ustierung **B**lock.

Bild 9-38 zeigt die bisher eingestellten Format-Parameter und Bild 9-39 den entsprechend diesen Vorgaben formatierten Text, wie er erscheint, wenn die <ESC>-Taste gedrückt wird.

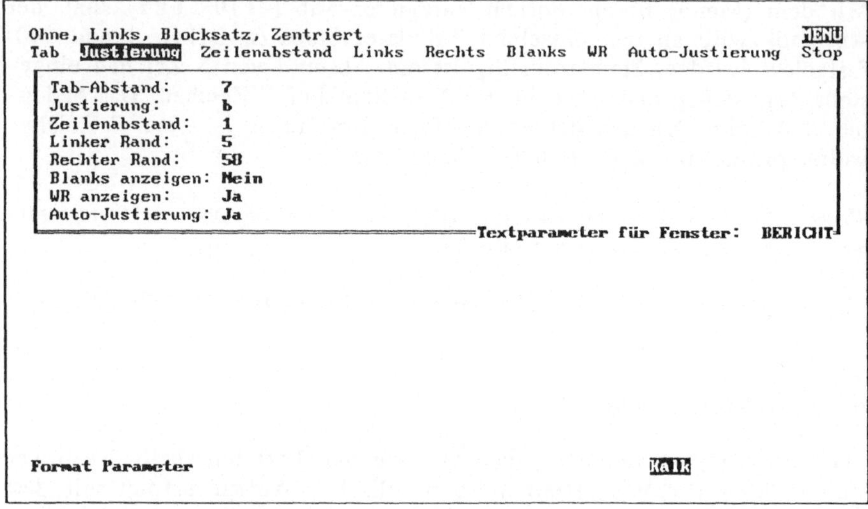

Bild 9-38 Eingestellte Text-Parameter im Arbeitsblatt BERICHT

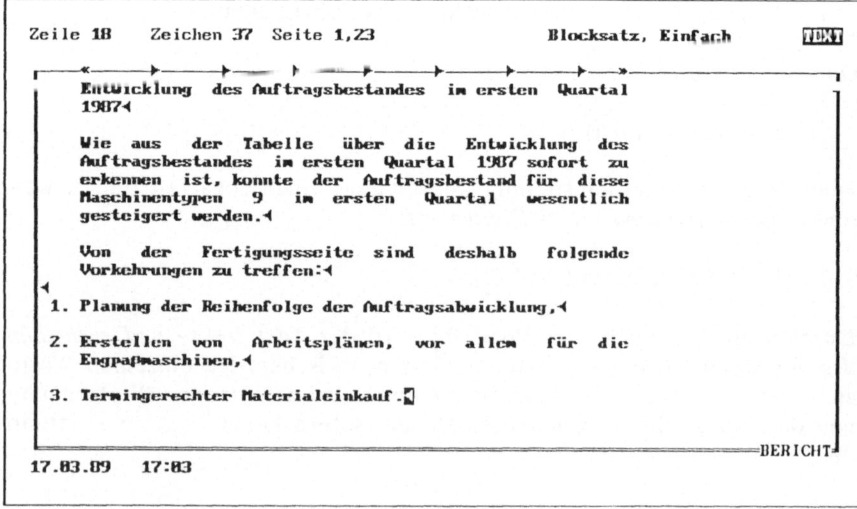

Bild 9-39 Angezeigter Text nach vorgegebener Formatierung

Hinweis! Bei der Justierung links und Blocksatz setzt Symphony nach jedem Punkt zwei Leerzeichen. Das bedeutet, daß nach einem durch einen Punkt markierten Satzende oder nach einem Abkürzungspunkt immer zwei Leerzeichen stehen. Dagegen werden nach anderen Interpunktionszeichen (z. B. Doppelpunkt, Frage- oder Ausrufezeichen) nur ein Leerzeichen gesetzt.

- *Zentriert* (Anzeige mit z)

Mit dieser Wahl wird jede Zeile genau in die Mitte zwischen linkem und rechtem Rand gesetzt, wie Bild 9-42 zeigt.

<F10> fpjz <ESC> Mit dem {Menü}-Befehl Format Parameter Justierung Zentriert wird der Text zentriert.

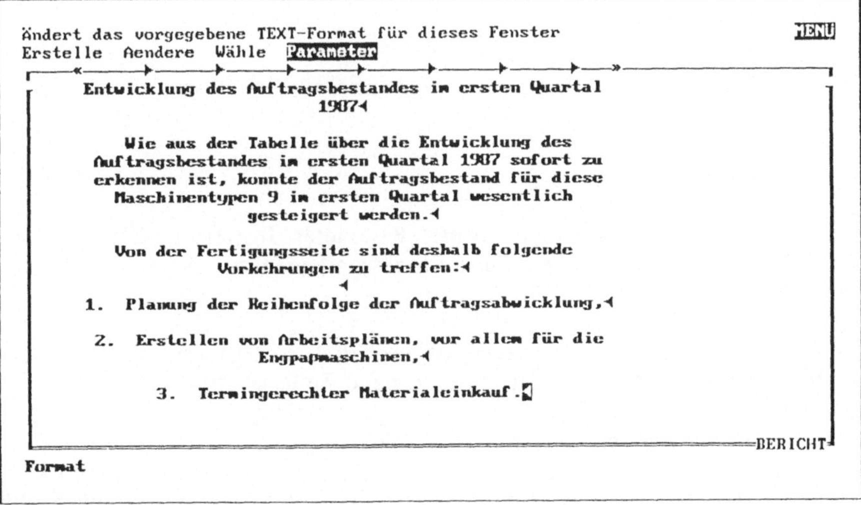

Bild 9-40 Text nach Zentrierung

Hinweis! Wählen Sie nach der Zentrierung des Textes wieder eine Justierung im Blocksatz, dann wird die erste Zeile des Absatzes nicht mitjustiert, da die beiden Leerzeichen nach dem Punkt noch vorhanden sind (s. Bild 9-41). Sie müssen entfernt werden.

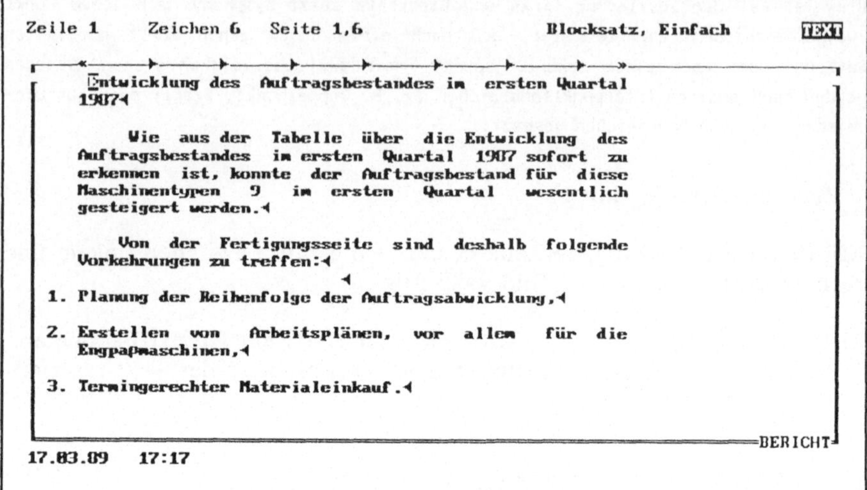

Bild 9-41 Text nach nachträglicher Formatierung im Blocksatz

- *Ohne* (Anzeige mit **o**)

Mit der {Menü}-Befehlsfolge **F**ormat **P**arameter **J**ustierung **O**hne (<F10> **FPJO**) wird der Text *ohne Formatierung* so erfaßt, wie er eingegeben wird. So ist

- der *automatische Wortumbruch ausgeschaltet*, so daß Sie nur durch Betätigen der <RETURN>-Taste in eine neue Zeile gelangen können;
- *keine Einfügung von Leerzeichen* erfolgt;
- *keine Randbegrenzung* eingeschaltet. Dadurch kann ein Text erfaßt werden, der über die formatierte Randbegrenzung herausragt. Dieser Vorzug wird vor allem beim Erstellen von Tabellen ausgenützt;
- die *JUST-Taste außer Kraft* gesetzt;
- die *Auto-Justierung ausgeschaltet.*

e) Automatische Justierung

Der {Menü}-Befehl **F**ormat **P**arameter **A**uto-Justierung (<F10> **FPA**) gibt an, ob der Text neu justiert werden soll (Ja) oder nicht (Nein). Dieselbe Wirkung hat die Tastenkombination <CTRL> <J>.

```
Auto-Justierung nach jedem Tastenanschlag?                                    MENÜ
Ja  Nein
```

Bild 9-42 Einstellen des {Menü}-Befehls Auto-Justierung

Hinweis! Die automatische Justierung wird in folgenden Fällen ausgeschaltet:

- beim {Menü}-Befehl Format Parameter Justierung Ohne (<F10> FPJO),

- Drücken der Tastenkombination <CTRL> <J> und Auswahl von Nein.

f) Anzeigen von Leerzeichen (Blanks)

Mit dem {Menü}-Befehl Format Parameter **B**lanks **J**a (**<F10> FPBJ**) werden die Leerzeichen durch Punkte dargestellt. Wie Bild 9-43 zeigt, sind die durch die Formatierung als Blocksatz oder Zentriert enstandenen Leerzeichen zu erkennen.

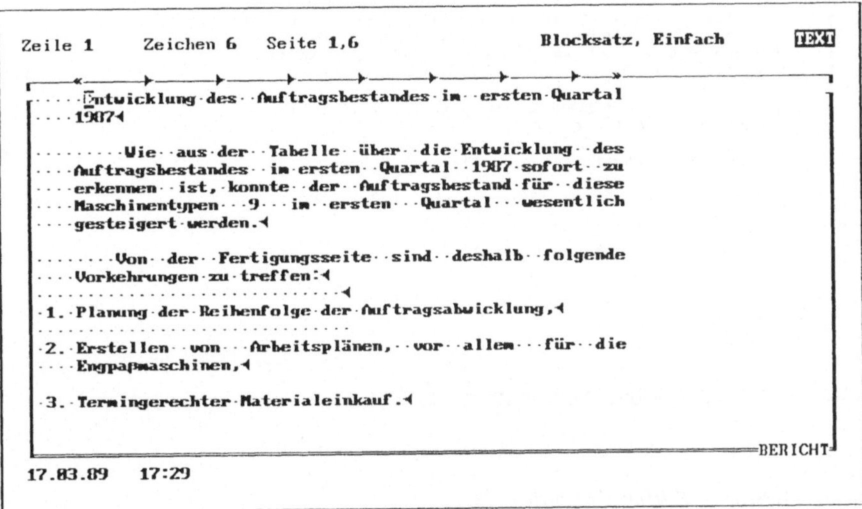

```
Zeile 1     Zeichen 6    Seite 1,6                    Blocksatz, Einfach        TEXT

....Entwicklung·des··Auftragsbestandes·im··ersten·Quartal
....1987

.........Wie··aus·der··Tabelle··über··die·Entwicklung··des
....Auftragsbestandes··im·ersten··Quartal··1987·sofort··zu
....erkennen··ist,·konnte··der··Auftragsbestand·für··diese
....Maschinentypen···9···im··ersten···Quartal···wesentlich
....gesteigert·werden.

........Von··der··Fertigungsseite··sind··deshalb··folgende
....Vorkehrungen·zu·treffen:
.............................
·1.·Planung·der·Reihenfolge·der·Auftragsabwicklung,
.............................
·2.·Erstellen··von···Arbeitsplänen,··vor··allem···für··die
....Engpaßmaschinen,

·3.·Termingerechter·Materialeinkauf.

                                                                         BERICHT
17.03.89    17:29
```

Bild 9-43 Darstellung von Leerzeichen im Text

Mit diesem Befehl können die Abstände der einzelnen Wörter zueinander sichtbar gemacht werden. Er ist beispielsweise bei der Bearbeitung von Tabellen recht hilfreich, aber auch bei Textblöcken von Vorteil, wenn die Anzahl der Leerstellen geändert werden muß.

g) Anzeige des Wagenrücklaufs (WR)

Das Drücken der Wagenrücklauf-Taste <RETURN> kann als schwarzes Dreieck angezeigt werden. Dazu dient der {Menü}-Befehl **Format Parameter WR** (<F10> **FPW**). Mit **Ja** wird das Zeichen sichtbar und mit **Nein** unsichtbar.

Da wir das Zeichen für Wagenrücklauf entfernen möchten, geben wir ein:

<F10> fpwn — Mit dem {Menü}-Befehl **Format Parameter Wagenrücklauf Nein** wird das Zeichen für den Wagenrücklauf ausgeschaltet.

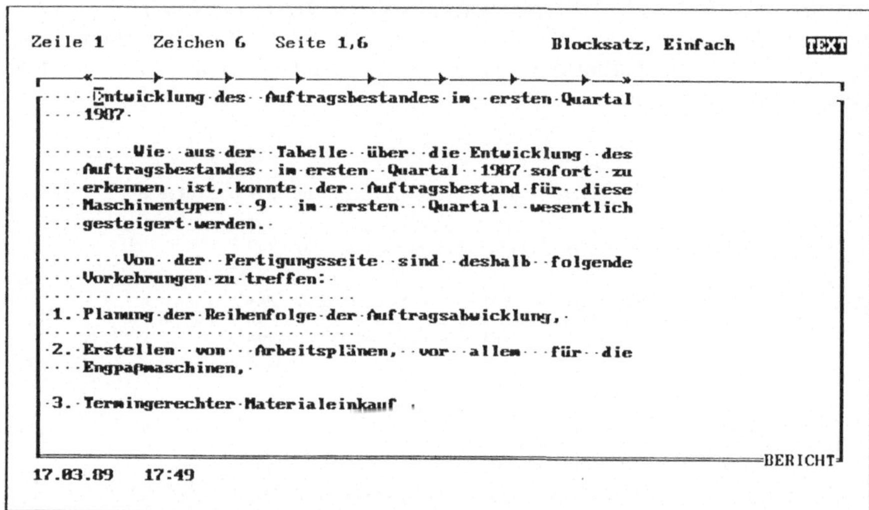

Bild 9-44 Anzeige bei Ausschalten des Zeichens für Wagenrücklauf

h) Wählen des Zeilenabstandes

Der {Menü}-Befehl **Format Parameter Zeilenabstand** (<F10> **FPZ**) legt fest, ob der Zeilenabstand **1**, **2** oder **3** Zeilen betragen soll.

```
Einfacher Zeilenabstand                                              MENÜ
1 2 3

Tab-Abstand:       7
Justierung:        b
Zeilenabstand:     1
Linker Rand:       5
Rechter Rand:      58
Blanks anzeigen:   Ja
WR anzeigen:       Nein
Auto-Justierung:   Ja
                              Textparameter für Fenster:  BERICHT

Format Parameter Zeilenabstan
```

Bild 9-45 Festlegen des Zeilenabstandes

Symphony geht dabei so vor, daß bei der Wahl des Zeilenabstandes von **1**, **2** oder **3** *nach* jeder Zeile *0, 1* oder *2 Leerzeilen* eingefügt werden. Beim Zeilenabstand *2* wird nach jeder Zeile (auch einer Leerzeile) *eine Leerzeile* eingefügt, entsprechend beim Zeilenabstand von **3** eben *2 Leerzeilen*. Das hat zur Folge, daß bei der Wahl des Zeilenabstandes von *2* und *einer Leerzeile* im Text *drei Leerzeilen gedruckt* werden. Die erste Leerzeile entsteht nach dem Text, die zweite ist die von Ihnen angegebene Leerzeile und die dritte ist eine Leerzeile danach. Entsprechend entstehen beim Zeilenabstand von **3** bei *einer Leerzeile* fünf Leerzeilen beim Ausdruck des Textes.

Die Einstellung des Zeilenabstandes können Sie auf dem *Bildschirm nicht sehen*, sondern erst beim Ausdruck.

Hinweis! Für den Ausdruck des Textes ist dieser Befehl gültig. Er wird nicht durch die Druck-Parameter eingestellt!

i) Ändern der Standard-Parameter

Die meisten Standardeinstellungen in Symphony sind in der Datei SYMPHONY.CNF abgelegt, so auch die Text-Parameter. Mit dem {Service}-Befehl **Konfiguration** (**<F9> K**) können diese verändert werden. Zunächst sehen Sie die Konfigurations-Parameter zusammengestellt:

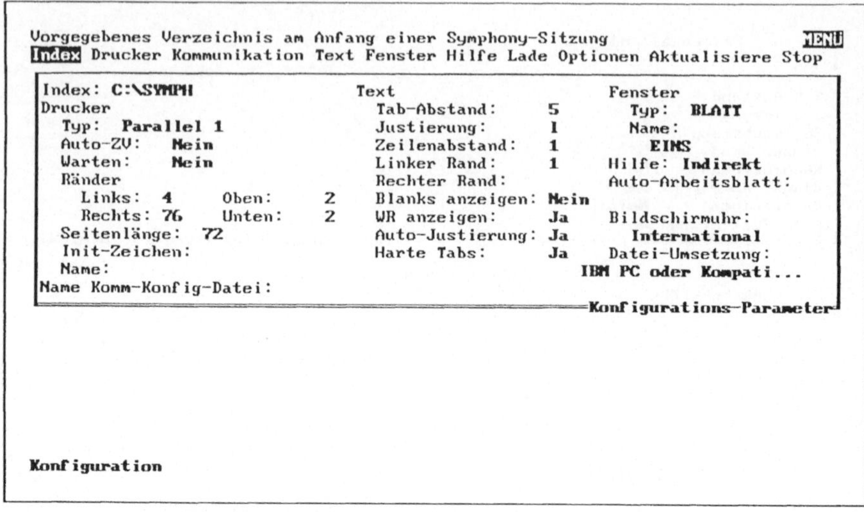

Bild 9-46 Konfiguration in Symphony

Wird aus dem Menü durch Eingabe von **T** aus dem Menü Text gewählt, dann sehen Sie ein Auswahlmenü, das genau gleich ist wie beim {Menü}-Befehl **F**ormat **P**arameter (**<F10> FP**):

Abstand zwischen aufeinanderfolgenden Tabulatoren MENÜ
Tab Justierung Zeilenabstand Links Rechts Blanks WR Auto-Justierung Stop

Bild 9-47 Auswahl der Text-Format-Parameter

Sie wählen die zu ändernden Parameter aus, ändern die Angaben und bestätigen mit der <RETURN>-Taste. Anschließend geben Sie S für den Befehl Stop ein, um ins Ausgangsmenü zurückzukehren.

Sind die eingestellten Konfigurations-Parameter für die weiteren Arbeiten mit Symphony wichtig, dann müssen Sie diese Daten durch den {Service}-Befehl Konfiguration Aktualisiere (**<F9> KA**) in die Datei SYMPHONY.CNF zurückschreiben. Sie wird, wie bereits erwähnt, bei jedem Start von Symphony eingelesen.

9.11 Spezielle Zeichendarstellungen

Tabelle 9-5 zeigt die Format-Steuerzeichen, die für bestimmte *Druckattribute* wie Schriftarten und Textformatierungen gewählt werden können.

Tabelle 9-5 Spezielle Format-Zeichen

Zeichen	Wirkung
B	fett
I	kursiv
U	unterstrichen
X	durchgestrichen
+	hochgestellt
–	tiefgestellt
0	fett und kursiv
1	fett und unterstrichen
2	fett und kursiv und unterstrichen
3	kursiv und unterstrichen
4	fett und hochgestellt
5	kursiv und hochgestellt
6	fett und tiefgestellt
7	kursiv und tiefgestellt
8	fett und kursiv und tiefgestellt
9	fett und kursiv und hochgestellt
S	Auch bei Leerzeichen
Q	Nicht bei Leerzeichen

Die entsprechenden Format-Steuerzeichen für die Druckattribute werden zwischen die beiden folgenden Markierungen eingefügt:

- <CTRL> <B> (wie **B**eginn).

Darauf werden die Möglichkeiten nach Tabelle 9-5 im Menüfeld angezeigt (s. Bild 9-48) und entsprechend ausgewählt.

```
Fett                                                    MENÜ
B I U + - X 0 1 2 3 4 5 6 7 8 9 S Q
```

Bild 9-48 Auswahl der Druckattribute

- <CTRL> <E> (wie **E**nde).

Es zeigt das Ende der Gültigkeit des gewählten Druckattributes an.

Im folgenden Beispiel wird gezeigt, wie die Formatierung erfolgt und der Listenausdruck aussieht, wenn in unserem Textbeispiel

- die *Überschrift* **fett**,

- die Worte folgende Vorkehrungen unterstrichen und

- bei den Vorkehrungen die Worte *Reihenfolge, Engpaßmaschinen* und *Termingerechter kursiv* geschrieben werden.

Ausgegangen wird von der Darstellung im Blocksatz (s. Bild 9-44).

Als Beispiel zeigen wir die Vorgehensweise, wenn die Überschrift fett dargestellt werden soll:

- Fahren Sie den Cursor an den Beginn des Fettdrucks (auf den Buchstaben E des Wortes "Entwicklung").

- Drücken Sie die Tasten <CTRL> **B**. Sie sehen das Auswahlmenü wie Bild 9-48.

- Geben Sie den Buchstaben **B** für Fettdruck (**B**old) ein oder drücken die <RETURN>-Taste.

- Fahren Sie an den Schluß der Überschrift (<END> <PFEIL RECHTS>), d. h. auf das erste Leerzeichen nach dem entsprechenden Text (ein Zeichen nach 1987) und drücken <CTRL> **E**. Der markierte, fett zu druckende Text weist eine andere Helligkeit bzw. Farbe auf als der nicht markierte Text.

Das ausgewählte Druckattribut wird für jedes Zeichen (Stand des Cursors) angezeigt. Im vorliegenden Falle ist das Druckattribut **B** für alle Zeichen der Überschrift (von **E** bis 7) eingestellt (s. Bild 9-49).

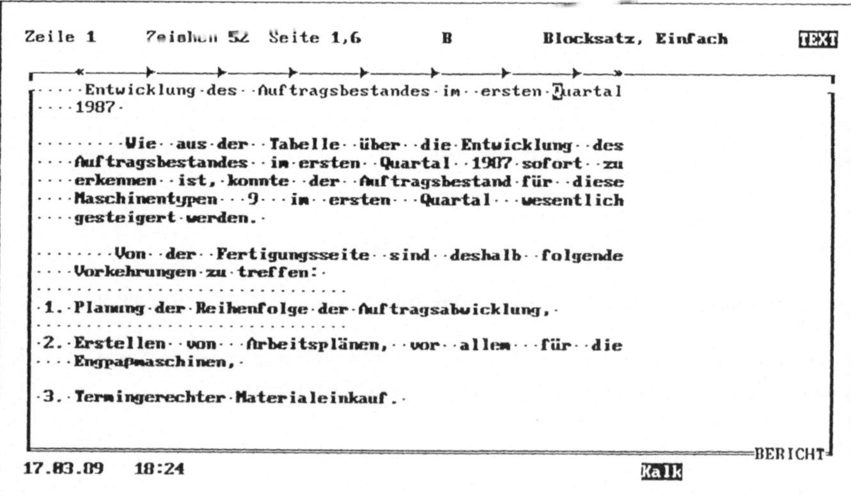

Bild 9-49 Text mit Druckattribut fett (**B**old)

In entsprechender Weise werden die anderen Markierungen vorgenommen.

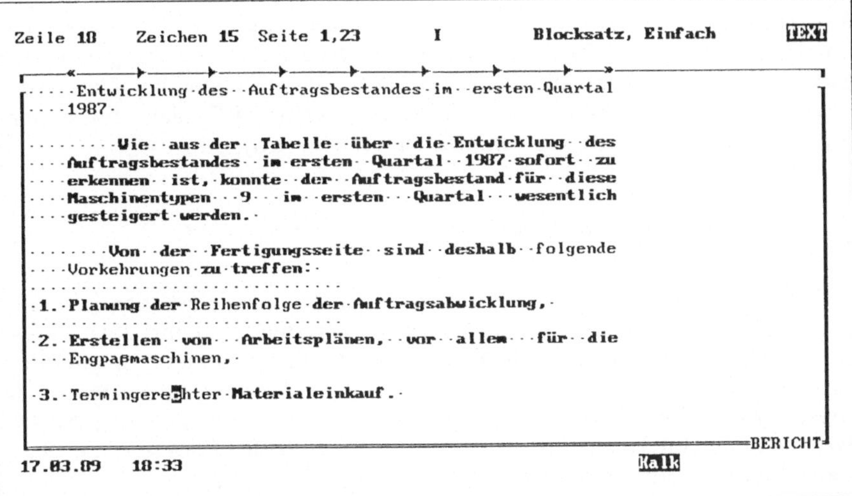
Zeile 10 Zeichen 15 Seite 1,23 I Blocksatz, Einfach TEXT

····Entwicklung·des··Auftragsbestandes·im··ersten·Quartal
····1987·

········Wie··aus·der··Tabelle··über··die·Entwicklung··des
····Auftragsbestandes··im·ersten··Quartal··1987·sofort··zu
····erkennen··ist,·konnte··der··Auftragsbestand·für··diese
····Maschinentypen···9···im··ersten···Quartal···wesentlich
····gesteigert·werden.·

········Von··der··Fertigungsseite··sind··deshalb··folgende
····Vorkehrungen·zu·treffen:·

·1.·Planung·der·Reihenfolge·der·Auftragsabwicklung,·

·2.·Erstellen··von···Arbeitsplänen,··vor··allem···für··die
····Engpaßmaschinen,·

·3.·Termingerechter·Materialeinkauf.·

BERICHT
17.03.89 10:33 Kalk

Bild 9-50 Text mit Druckattributen

Entwicklung des Auftragsbestandes im ersten Quartal 1987

Wie aus der Tabelle über die Entwicklung des Auftragsbestandes im ersten Quartal 1987 sofort zu erkennen ist, konnte der Auftragsbestand im ersten Quartal für diese Maschinentypen wesentlich gesteigert werden.

Von der Fertigungsseite sind deshalb <u>folgende</u> <u>Vorkehrungen</u> zu treffen:

1. Planung der *Reihenfolge* der Auftragsabwicklung.

3. Erstellen von Arbeitsplänen, vor allem für die *Engpaßmaschinen*,

2. *Termingerechter* Materialeinkauf,

Bild 9-51 Ausdruck des aufbereiteten Textes

Hinweis! Statt <CTRL> B kann auch <ALT> <F1> BA und statt <CTRL> E kann auch <ALT> <F1> BE gedrückt werden, um den Anfang bzw. das Ende der Steuerzeichen anzugeben. Allerdings ist die hier vorgestellte Möglichkeit einfacher.

Wie Tabelle 9-5 zeigt, werden die definierten Formate auf *Leerzeichen* angewandt, wenn der Zusatz *S* dabeisteht. Durch den Zusatz *Q* wird die Anwendung auf Leerzeichen beendet. Dies ist vor allem bei *Unterstreichungen* wichtig. (Beispielsweise bedeutet <CTRL> **US**, daß die Unterstreichung auch bei Leerzeichen vorgenommen wird).

9.12 Formatieren von Textteilen

Bisher haben sich die Formatierungsvorschriften immer auf den gesamten Text, zumindest aber auf einen Abschnitt bezogen. Es kann aber durchaus wünschenswert sein, Teile innerhalb des Textes anders zu gestalten, beispielsweise Wechsel von ein-, zwei- und dreizeiligen Zeilenabständen. Diese Möglichkeit bietet Symphony durch die Festlegung sogenannter *Formatzeilen*. Im folgenden wird gezeigt, wie solche Formatzeilen angelegt, eingestellt und geändert werden.

Ausgangspunkt ist wieder der im Blocksatz erfaßte Text in Bild 9-39. Die erste und zweite Vorkehrung soll um zehn Zeichen *eingerückt* und der Zeilenabstand *verdoppelt* werden. In folgenden Schritten wird dies realisiert werden:

a) Anlegen von Formatzeilen

Zuerst sollten Sie den Cursor in die Zeile bewegen, *vor* der die Formatzeile eingefügt werden soll, im vorliegenden Beispiel in die Zeile 8 bei der 1. Vorkehrung. Daran anschließend wählen Sie den {Menü}-Befehl Format Erstelle (**<F10> FE**). Dieselbe Wirkung zeigt die Tastenkombination <CTRL> <F>. In der zweiten Bildschirmzeile erscheint die Frage, wo die Formatzeilen eingefügt werden sollen:

```
Zeile 8     Zeichen 1    Seite 1,13                    Blocksatz, Einfach      ZEIGEN
Wo soll(en) Formatzeile(n) eingefügt werden? 8
```

Bild 9-52 Aufforderung zum Einfügen von Formatzeilen

Da im vorliegenden Falle bereits die Zeile 8 angefahren wurde, erscheint die Zahl 8, die mit <RETURN> bestätigt wird. Danach wird folgendes Bild sichtbar:

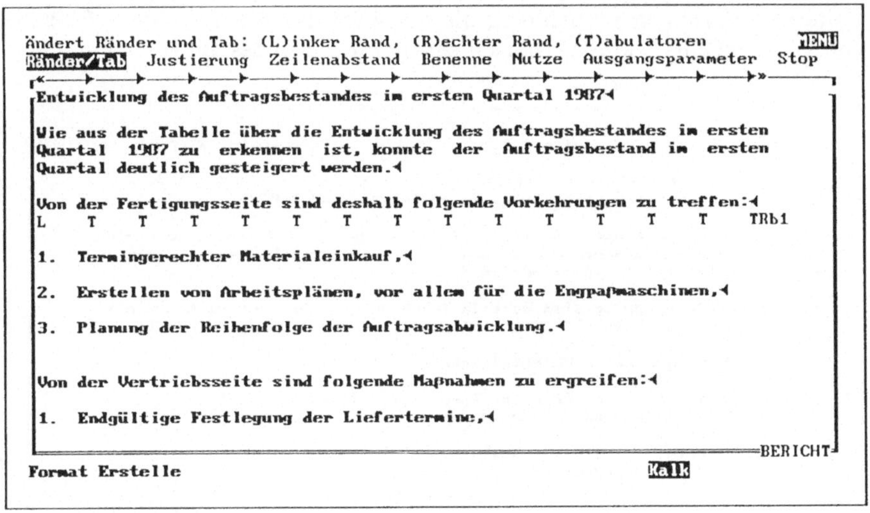

```
Ändert Ränder und Tab: (L)inker Rand, (R)echter Rand, (T)abulatoren        MENÜ
Ränder/Tab  Justierung  Zeilenabstand  Benenne  Nutze  Ausgangsparameter  Stop

Entwicklung des Auftragsbestandes im ersten Quartal 1987

Wie aus der Tabelle über die Entwicklung des Auftragsbestandes im ersten
Quartal  1987 zu  erkennen  ist, konnte  der  Auftragsbestand im  ersten
Quartal deutlich gesteigert werden.

Von der Fertigungsseite sind deshalb folgende Vorkehrungen zu treffen:
L    T    T    T    T    T    T    T    T    T    T    T    T    T    TRb1

1.   Termingerechter Materialeinkauf.

2.   Erstellen von Arbeitsplänen, vor allem für die Engpaßmaschinen.

3.   Planung der Reihenfolge der Auftragsabwicklung.


Von der Vertriebsseite sind folgende Maßnahmen zu ergreifen:

1.   Endgültige Festlegung der Liefertermine.
                                                                    BERICHT
Format Erstelle                                          Kalk
```

Bild 9-53 Einfügen einer Formatzeile

Die eingefügte Formatzeile zeigt den linken Rand (L) und den rechten Rand (R). Die genaue Bezeichnung **TRb1** am rechten Rand besagt, daß zunächst ein Tabulator folgt und der **R**echte Rand im **B**locksatz und mit **ein**zeiligem Zeilenabstand formatiert ist.

b) Ändern einer Formatzeile

Aus dem Menü ist zu erkennen, welche Änderungen vorgenommen werden können. Da die Ränder geändert werden sollen, bestätigen wir die angezeigte Funktion *Ränder/Tab* durch Drücken der <RETURN>-Taste.

Die Änderung der Ränder wird folgendermaßen vorgenommen:

- die nicht mehr gültigen Angaben für L und R werden mit der <DEL>-Taste oder der <RÜCKTASTE> gelöscht.

- mit den <PFEIL LINKS> bzw. <PFEIL RECHTS>-Tasten wird der Cursor zum Zeichen 10 gebracht und **l** für **l**inken Rand eingegeben, in Spalte 50 gefahren und **r** für **r**echten Rand eingegeben.

In gleicher Weise können auch die Tabulatormarkierungen verändert werden.

Die Änderungen werden durch Betätigen der <RETURN>-Taste abgeschlossen und Sie kehren in das Ausgangsmenü zurück. Hier können Sie weitere Änderungen vornehmen, die bei Wahl des Befehles Stop (Eingabe von s) ausgeführt werden. Danach sehen wir folgendes Bild:

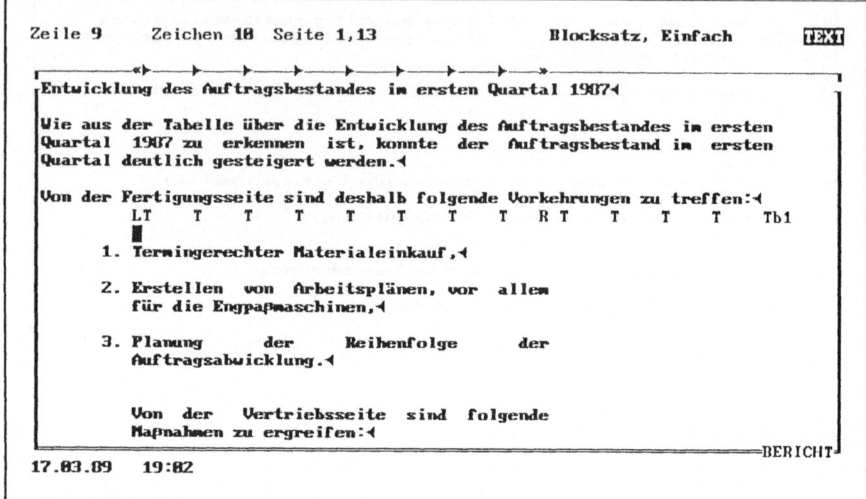

Bild 9-54 Text nach Einführen einer Formatzeile

Da noch der Zeilenabstand zwei Zeilen betragen soll, muß die Formatzeile geändert werden Dies geschieht mit dem {Menü}-Befehl Format Aendere Aktuelle (<F10> FAA) und wird durch Drücken der <RETURN>-Taste bestätigt. Daraufhin erscheint wieder das bekannte Menü, das die Änderung der Formatzeilen erlaubt.

Um den Zeilenabstand auf zweizeilig zu verändern, wird der Befehl Zeilenabstand (Z) ausgewählt und 2 eingegeben. Mit dem Befehl Stop (S) wird die Änderung durchgeführt und in der linken oberen Ecke angezeigt: *Blocksatz, Doppelt.* Am Bildschirm ist die Änderung des Zeilenabstandes nicht zu erkennen.

c) Einfügen einer zweiten Formatzeile

Nur die ersten beiden Vorkehrungen im Text sollen eingerückt werden. Die dritte Maßnahme soll wieder wie gewohnt formatiert sein. Deshalb fügen wir über der dritten Maßnahme (Zeile 14) eine zweite Formatzeile ein.

Dazu fahren wir den Cursor in die Zeile 14 und geben wieder den {Menü}-Befehl Format Erstelle (<F10> FE) ein (oder drücken die Tastenkombiantion <CTRL> <F>). Bei der Frage, an welche Stelle die Formatzeile eingefügt werden soll, steht bereits die Zeile 14, so daß wir mit der <RETURN>-Taste bestätigen.

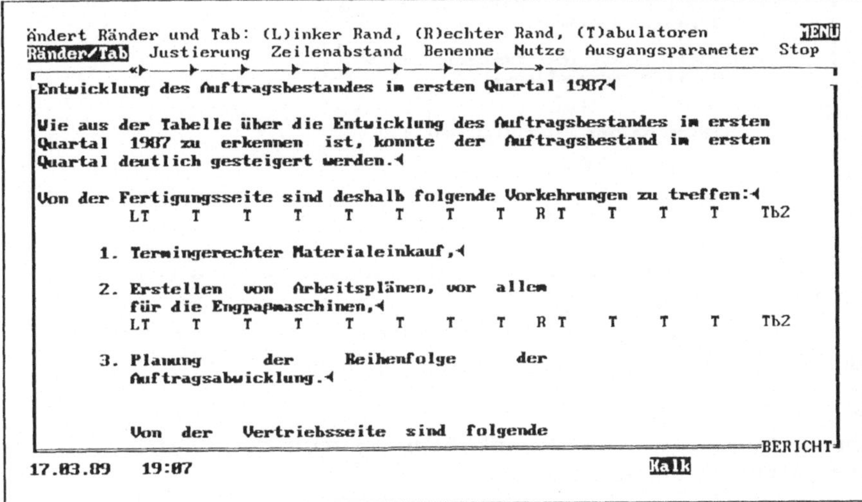

Bild 9-55 Einfügen einer zweiten Formatzeile

Bild 9-55 zeigt, daß die neue Formatzeile genau der vorigen entspricht.

Da die zuerst festgelegten Format-Parameter im Format-Arbeitsblatt gespeichert sind, können Sie mit der Funktion *Ausgangsparameter* diese wieder aufrufen. Im vorliegenden Fall soll dies geschehen. Deshalb rufen wir durch Eingabe von A die Funktion *Ausgangsparameter* auf.

Wie Bild 9-56 zeigt, wird das Ausgangsformat eingestellt.

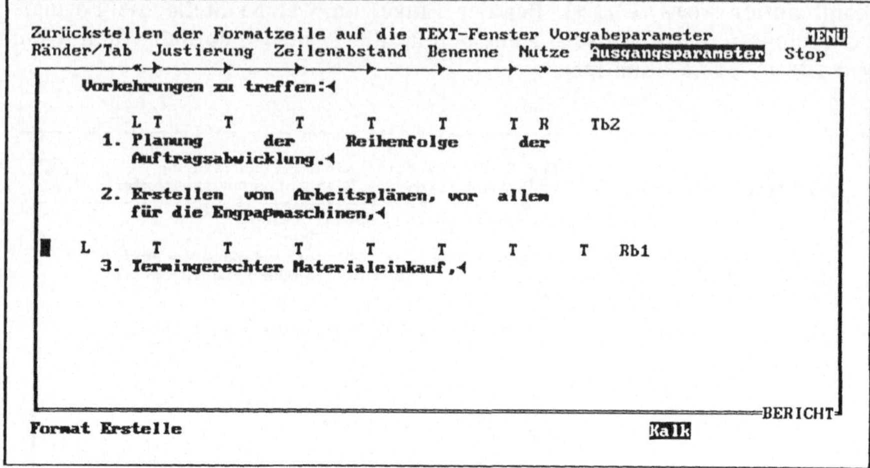

Bild 9-56 Wahl der Funktion Ausgangsparameter

Durch Eingabe von des Befehls Stop (S) wird der folgende Text im ursprünglichen Format angezeigt.

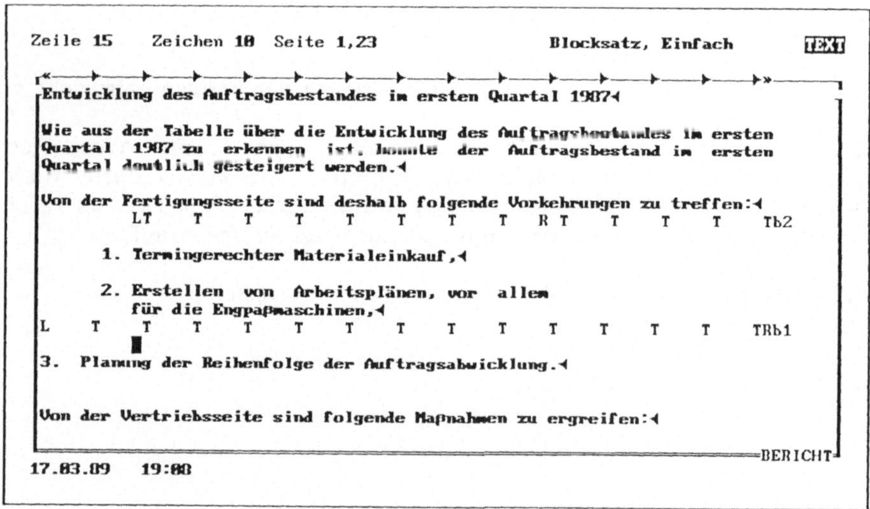

Bild 9-57 Text nach Einführen einer zweiten Formatzeile

d) Gleichzeitig zwei Formatzeilen erstellen

Im vorigen Beispiel wurden zwei Formatzeilen hintereinander eingefügt. In Symphony gibt es eine Möglichkeit, zwischen einen *markierten Text* zwei Formatzeilen auf einmal einzufügen.

Im vorliegenden Beispiel soll der erste Absatz des Textes in Bild 9-57 eingerückt werden. Um die Formatzeilen vor und hinter der Einrückungen auf einmal zu plazieren, gehen Sie folgendermaßen vor:

<F10> fe Wahl des {Menü}-Befehls Format Erstelle.

Fahren Sie mit dem Cursor an den Anfang des zu formatierenden Bereiches (Zeile 3, Zeichen 1).

<TAB> Der zu formatierende Bereich wird verankert.

Mit der Taste <PFEIL UNTEN> fahren Sie solange, bis Sie den ganzen Absatz markiert haben.

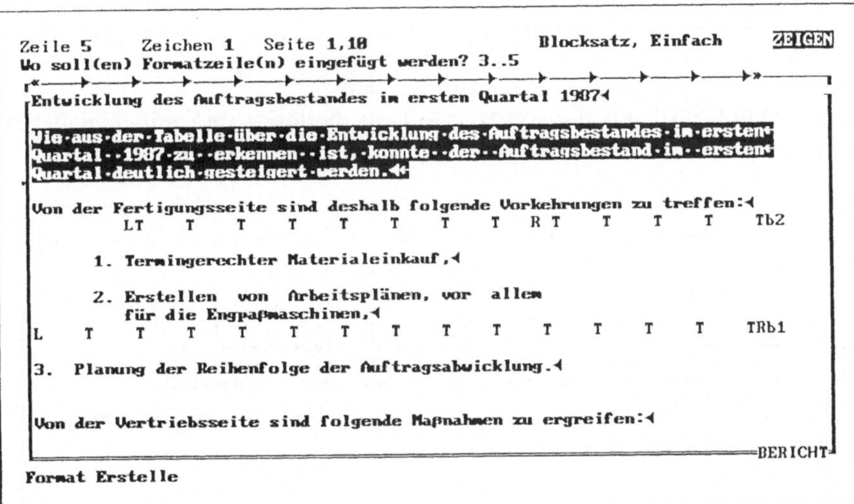
Zeile 5 Zeichen 1 Seite 1,18 Blocksatz, Einfach ZEIGEN
Wo soll(en) Formatzeile(n) eingefügt werden? 3..5
Entwicklung des Auftragsbestandes im ersten Quartal 1987
Wie aus der Tabelle über die Entwicklung des Auftragsbestandes im ersten
Quartal 1987 zu erkennen ist, konnte der Auftragsbestand im ersten
Quartal deutlich gesteigert werden.
Von der Fertigungsseite sind deshalb folgende Vorkehrungen zu treffen:
LT T T T T T T T R T T T T Tb2
1. Termingerechter Materialeinkauf,
2. Erstellen von Arbeitsplänen, vor allem
für die Engpaßmaschinen,
L T T T T T T T T T T T T T TRb1
3. Planung der Reihenfolge der Auftragsabwicklung.
Von der Vertriebsseite sind folgende Maßnahmen zu ergreifen:
BERICHT
Format Erstelle

Bild 9-58 Markierter Bereich für die Formatierung

<RETURN> Vor und hinter dem Bereich werden die Formatparameter eingefügt.

```
Ändert Ränder und Tab: (L)inker Rand, (R)echter Rand, (T)abulatoren          MENÜ
Ränder/Tab  Justierung  Zeilenabstand  Benenne  Nutze  Ausgangsparameter  Stop

Entwicklung des Auftragsbestandes im ersten Quartal 1987

L   T   T   T   T   T   T   T   T   T   T   T   T   T    TRb1
Wie aus der Tabelle über die Entwicklung des Auftragsbestandes im ersten
Quartal 1987 zu erkennen ist, konnte der Auftragsbestand im ersten
Quartal deutlich gesteigert werden.
L   T   T   T   T   T   T   T   T   T   T   T   T   T    TRb1

Von der Fertigungsseite sind deshalb folgende Vorkehrungen zu treffen:
        LT   T   T   T   T   T   T   T  R T   T   T   T    Tb2

      1. Termingerechter Materialeinkauf,

      2. Erstellen von Arbeitsplänen, vor allem
         für die Engpaßmaschinen,
L   T   T   T   T   T   T   T   T   T   T   T   T   T    TRb1

3. Planung der Reihenfolge der Auftragsabwicklung.

                                                              BERICHT
Format Erstelle                                    Kalk
```

Bild 9-59 Einfügen der Formatzeilen

Wie oben beschrieben, können mit der {Menü}-Funktion Format Aendere Aktuelle **R**änder/Tab (<F10> **FAAR**) und durch Setzen neuer Ränder und Tabulatoren an den Formatzeilen die gewünschten Änderungen vorgenommen werden.

Zum Schluß wird mit der <RETURN>-Taste bestätigt und mit dem Befehl Stop (S) die Formatierung durchgeführt.

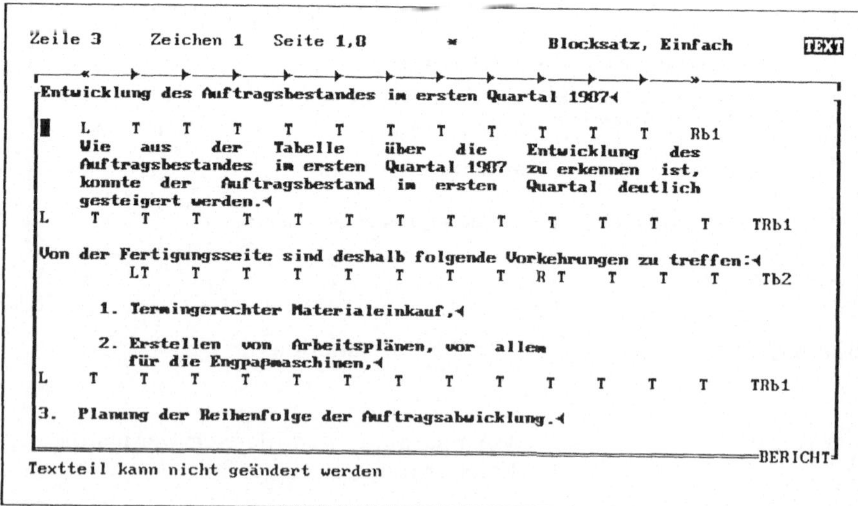

Bild 9-60 Text nach erfolgter Formatierung

Hinweis! Wollen Sie Formatzeilen ändern, die Sie benannt haben, so geht dies mit dem {Menü}-Befehl Format Aendere Benannte (<F10> FAB). Aus den aufgelisteten Namen können Sie den entsprechenden auswählen.

e) Benennen und Löschen von Formatzeilennamen

Wenn eine Formatzeile benannt werden soll, dann führen sie folgendes aus:

<F10> mz	Eingabe des {Menü}-Befehls Markiere Zuordnen.

Anschließend geben Sie den Zeilenmarkierungs-Namen ein.

Hinweis! Wenn Sie den {Menü}-Befehl Markiere (<F10> M) aufrufen, erhalten Sie eine Liste aller bezeichneten Zeilen (nicht nur der Formatzeilen). Dadurch kann die doppelte Vergabe des gleichen Zeilennamens vermieden werden.

Die Benennung einer Zeile kann auch über folgenden Befehl erfolgen:

<F10> faabz	{Menü}-Befehl Format Aendere Aktuelle Benenne Zuordnen.

Der Unterschied besteht darin, daß keine Liste der vergebenen Namen erscheint.

Wenn Sie Formatzeilen löschen möchten, dann gehen Sie folgendermaßen vor:

<F10> ma	{Menü}-Befehl Markiere Annulliere.

Anschließend wählen Sie den zu löschenden Namen.

Um Formatzeilen zu löschen, können Sie auch folgende Vorgehensweise wählen:

Der Cursor wird in die Zeile gebracht, deren Namen gelöscht werden soll.

<F10> faaba	{Menü}-Befehl Format Aendere Aktuelle Benenne Annullieren.

Anschließend wählen Sie den zu löschenden Namen.

f) Formatzeilen löschen, kopieren und bewegen

Formatzeilen können wie gewöhnliche Zeilen gelöscht, kopiert und bewegt werden. Dazu gehen Sie wie im vorigen Abschnitt beschrieben vor.

g) Formatzeilen verbinden

In Symphony ist es möglich, bestehende Formatierungen für andere Textstellen zu verwenden. Dies geschieht durch *Verbinden* von Formatzeilen, die *benannt* sein müssen. Vorteilhaft ist diese Verbindung auch bei Änderungen in der Formatzeile, weil diese dann automatisch in allen verbundenen Textstellen mit geändert werden.

Im vorliegenden Beispiel wird der Ausgangstext von Bild 9-15 verwendet. Die Maßnahmen für die Fertigung und den Vertrieb sollen nach einer einheitlichen Vorschrift eingerückt werden. Dazu wird folgendermaßen vorgegangen:

Bewegen des Cursors zur Zeile, ab der formatiert werden soll. Dies ist im vorliegenden Fall die Zeile 9. Fügen Sie jetzt eine Formatzeile ein:

<F10> fe <RETURN> {Menü}-Befehl Format Erstelle für Zeile 9.

3 MAL <ESC> Rückkehr in das TEXT-Blatt.

<PFEIL OBEN> Sprung zum Anfang der Formatzeile.

Diese Formatzeile wird benannt:

<F10> mz {Menü}-Befehl Markiere Zuordnen.

(Achtung! Der Cursor muß am Anfang der Formatzeile sein!)

Anschließend geben Sie den Zeilenmarkierungs-Namen ein:

Fertigung <RETURN> Eingabe des Zeilennamens.

Anschließend bewegt man den Cursor an die Stelle des Textes, an der die gleiche Formatierung verwendet werden soll. Dies ist im vorliegenden Fall die Zeile 19.

<F10> fe <RETURN> Ausruf des {Menü}-Befehls Format Erstelle und Bestätigung der Zeilennummer.

Mit der Funktion Nutze (N) werden Sie aufgefordert, die zu benutzende Formatzeile einzugeben, um die Verbindung herzustellen. Gleichzeitig sehen Sie die Liste aller benannten Zeilen, aus denen Sie auswählen. Dazu bewegen Sie den Zellzeiger auf den gewünschten Namen und bestätigen mit der <RETURN>-Taste.

n	Aufrufen der Funktion Nutze.

Bild 9-61 zeigt, daß in der Namensliste nur ein Eintrag vorliegt, nämlich **FERTIGUNG**.

```
Zu benutzende Formatzeile:                                    NAMEN
FERTIGUNG
```

Bild 9-61 Eingabe der zu benutzenden Formatzeile

<RETURN>	Auswahl der Formatzeile mit dem Namen FERTIGUNG.

Die auf diese Weise erzeugte Formatzeile sieht völlig anders aus als bisher.

```
Benutzt für diese Formatzeile eine benannte Formatzeile                    MENÜ
Ränder/Tab  Justierung  Zeilenabstand  Benenne  Nutze  Ausgangsparameter  Stop
Entwicklung des Auftragsbestandes im ersten Quartal 1987

Wie aus der Tabelle über die Entwicklung des Auftragsbestandes im ersten
Quartal 1987 zu erkennen ist, konnte der Auftragsbestand im ersten
Quartal deutlich gesteigert werden.

Von der Fertigungsseite sind deshalb folgende Vorkehrungen zu treffen:

L   T   T   T   T   T   T   T   T   T   T   T   T   T   TR11
1. Termingerechter Materialeinkauf,

2. Erstellen von Arbeitsplänen, vor allem für die Engpaßmaschinen,

3. Planung der Reihenfolge der Auftragsabwicklung.


Von der Vertriebsseite sind folgende Maßnahmen zu ergreifen:

FERTIGUNG
1. Endgültige Festlegung der Liefertermine,
                                                                BERICHT
Format Erstelle                                           Kalk
```

Bild 9-62 Markieren einer verbundenen Formatzeile

Statt des üblichen Zeilenlineals erscheint die Kennzeichnung @ und der Name der benannten Formatzeile. Im vorliegenden Fall sehen Sie in Bild 9-62 die Bezeichnung der verbundenen Formatzeile @FERTIGUNG.

s Aufruf der Funktion Stop, d.h.
Rückkehr in den Text.

Um die Wirkung von verbundenen Formatzeilen zu sehen, wird die Formatzeile 9 verändert. Dazu dient der {Menü}-Befehl Format Aendere Aktuelle (<F10> FAA). Aus dem angezeigten Menü bestätigen Sie mit <RETURN> die Auswahl Ränder/Tab. Jetzt können Sie die Ränder und die Tabulatoren ändern. Im vorliegenden Beispiel wird der linke Rand (L) in die Spalte 14 und der rechte Rand (R) in die Spalte 58 gesetzt. Die Tabulatormarkierungen bleiben unverändert.

Um den linken Rand zu setzen, drücken Sie die <INS>-Taste. Damit gelangen Sie in den Überschreib-Modus. Drücken Sie solange die <LEERTASTE>, bis Sie in Spalte 14 sind und geben Sie dann **L** (**L**inker Rand) ein.

Anschließend fahren Sie mit der <LEERTASTE> zur Spalte 58 und geben **R** (**R**echter Rand) ein.

Sind die Änderungen abgeschlossen, dann werden sie mit <RETURN> bestätigt.

Durch Auswahl der Funktion Stop (S) wird die Formatierung durchgeführt, wie Bild 9-63 zeigt:

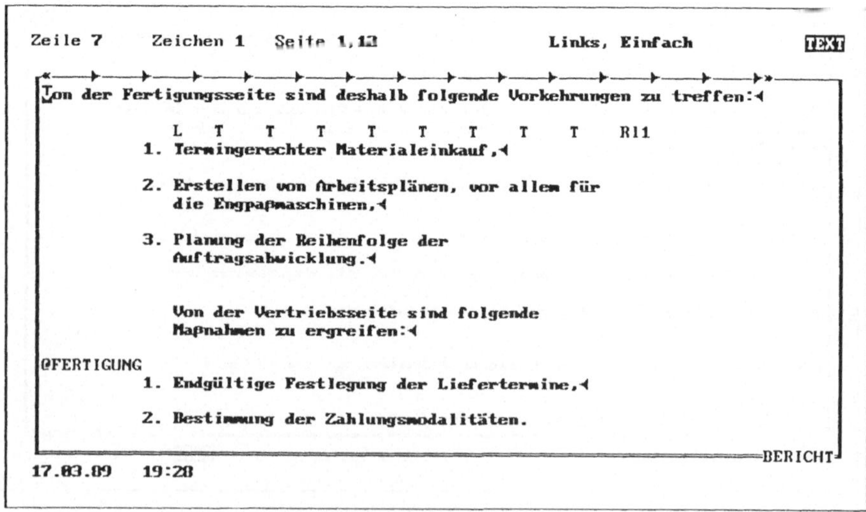

Bild 9-63 Text nach erfolgter Formatierung

Wie zu erkennen ist, wurde der Zwischentext vor den Vertriebsmaßnahmen auch nach dieser Vorschrift formatiert. Um diesen Text in der ursprünglichen Formatierung zu erhalten, werden die *Ausgangsparameter* wieder eingestellt. Dazu bewegen wir den Cursor in die entsprechende Zeile (19) und geben ein:

<F10> fe <RETURN>	Auswahl des {Menü}-Befehls Format Erstellen und Bestätigen der Zeilennummer 19.
a	Wahl der Funktion Ausgangsparameter.
s	Mit der Funktion Stop wird die Formatierung durchgeführt.

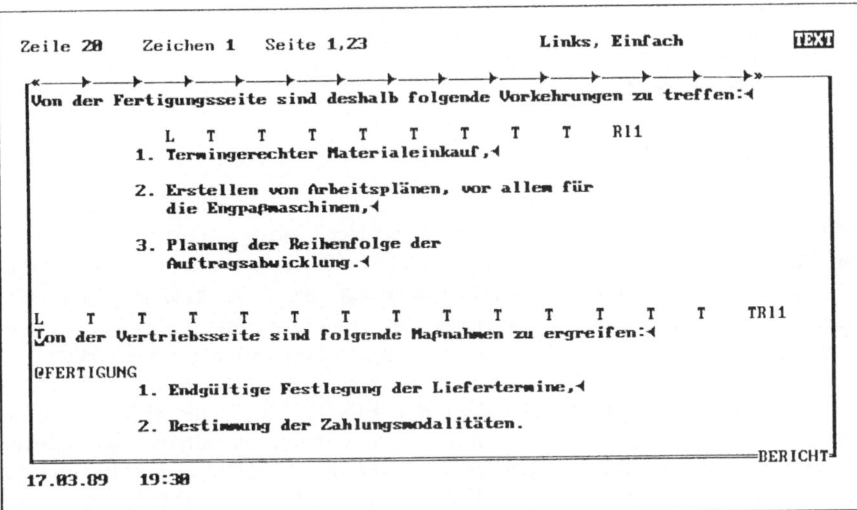

Zeile 20 Zeichen 1 Seite 1,23 Links, Einfach TEXT

Von der Fertigungsseite sind deshalb folgende Vorkehrungen zu treffen:

L T T T T T T T T R11

1. Termingerechter Materialeinkauf,

2. Erstellen von Arbeitsplänen, vor allem für die Engpaßmaschinen,

3. Planung der Reihenfolge der Auftragsabwicklung.

L T T T T T T T T T T T T T TR11

Von der Vertriebsseite sind folgende Maßnahmen zu ergreifen:

@FERTIGUNG

1. Endgültige Festlegung der Liefertermine,

2. Bestimmung der Zahlungsmodalitäten.

BERICHT

17.03.89 19:30

Bild 9-64 Text nach erfolgter Formatierung

Aus diesem Bild ist zu erkennen, daß durch die Verbindung der Formatierung die Vertriebsmaßnahmen wieder in der in Zeile 9 definierten Formatierung angezeigt sind.

Hinweis! Eine benannte Formatzeile können Sie an beliebigen Textstellen im gleichen Arbeitsblatt verwenden. Möchten Sie dieselbe Formatierung in anderen Arbeitsblättern durchführen, dann müssen Sie den {Service}-Befehl Transfer Kombiniere (<F10> TK) verwenden.

Achtung! Wenn Sie eine verbundene Formatzeile mit dem {Menü}-Befehl Format Aendere Aktuelle (<F10> FAA) ändern, wird die Verbindung gelöst und es erscheint eine Formatzeile mit Zeilenlineal. Wollen Sie die Verbindungen beibehalten, dann müssen die Änderungen in der benannten Ausgangszeile vorgenommen werden.

9.13 Vorrücken von Zeichen und Einrücken von Textteilen

Wie Bild 9-64 zeigte, ist der Textblock nach der Formatierungsvorschrift eingerückt, während die Zahlen mit dem Punkt *vor* dem linken Rand plaziert sind. Der Grund dafür ist, daß die Zahlen mit einem *Punkt* markiert sind. Tabelle 9-6 zeigt die Markierungen, die das *Vorrücken* von Zeichen bewirken.

Tabelle 9-6 Markierungen zum Vorrücken von Zeichen

Markierungszeichen	
.	Punkt
:	Doppelpunkt
+	Plus
–	Minus
=	Gleich
>	Größer
)	runde Klammer zu
]	eckige Klammer zu
~	Tilde
*	Stern

Hinweis! Das Vorrücken von Zeichen ist nur möglich, wenn genügend Platz vorhanden ist, d.h. die Anzahl der vorgerückten Zeichen muß kleiner als die Anzahl Leerzeichen bis zum linken Rand - 1 sein (steht z.B. der linke Rand auf 6, so sind noch 5 Leerzeichen vor dem linken Rand frei, so daß maximal 4 Zeichen vorangestellt werden können; dies reicht für eine dreistellige Zahl mit einem Punkt).

In Symphony bewirkt das Drücken der EINRÜCK-Taste <F3> ebenfalls ein Einrücken des linken Randes von ganzen Absätzen, die durch <RETURN>, Formatzeilen, Leerzeilen und leere Zellen gekennzeichnet sind. Vor der Betätigung der EINRÜCK-Taste <F3> müssen Sie zum Anfang des Absatzes gehen, da sie sonst unwirksam ist.

Um die Funktionsweise zu studieren, kehren wir wieder zu unserem Ausgangstext in Bild 9-11 zurück. Die Vorkehrungen in der Fertigung sollen 10 Zeichen eingerückt werden. Dazu wird folgendermaßen vorgegangen:

- bringen Sie den Cursor zum ersten Zeichen der Zeile 9,

- drücken Sie 8 mal die <LEERTASTE>,

- bringen Sie den Cursor zu Zeichen 8,

- drücken Sie die EINRÜCK-Taste <F3>.

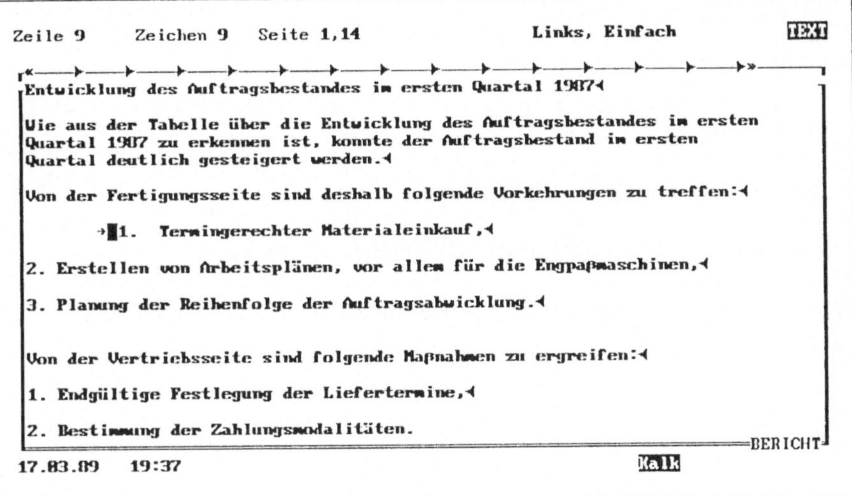

Bild 9-65 Funktionsweise der EINRÜCK-Taste

Wie Bild 9-65 zeigt, ist die Einrückung durch einen kleinen Pfeil markiert. Um die anderen beiden Absätze einzurücken, wird in gleicher Weise vorgegangen, so daß zum Schluß folgendes Bild erscheint:

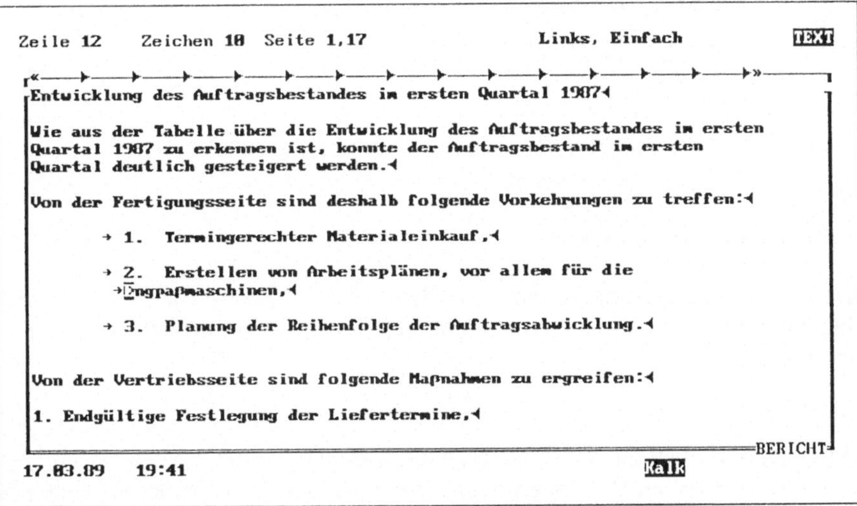

Bild 9-66 Text nach Einrücken durch die EINRÜCK-Taste

Selbstverständlich kann hier auch eine Einrückung mit vorangestellten Zeichen erfolgen. Dies soll an den beiden Vertriebsmaßnahmen erläutert werden.

- setzen Sie den Cursor in der ersten Absatzzeile (Zeile 19) auf den Buchstaben E,
- drücken Sie 4 mal die <LEERTASTE>,
- betätigen Sie anschließend die EINRÜCK-Taste <F3>.

Mit dem Text für die zweite Vertriebsmaßnahme verfahren Sie entsprechend.

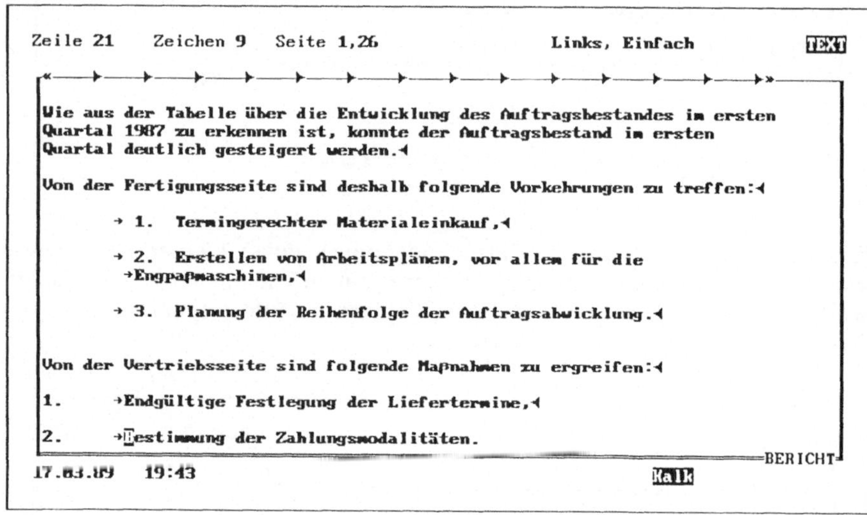

Zeile 21 Zeichen 9 Seite 1,26 Links, Einfach TEXT

Wie aus der Tabelle über die Entwicklung des Auftragsbestandes im ersten Quartal 1987 zu erkennen ist, konnte der Auftragsbestand im ersten Quartal deutlich gesteigert werden.

Von der Fertigungsseite sind deshalb folgende Vorkehrungen zu treffen:

1. Termingerechter Materialeinkauf,

2. Erstellen von Arbeitsplänen, vor allem für die Engpaßmaschinen,

3. Planung der Reihenfolge der Auftragsabwicklung.

Von der Vertriebsseite sind folgende Maßnahmen zu ergreifen:

1. Endgültige Festlegung der Liefertermine,

2. Bestimmung der Zahlungsmodalitäten.

BERICHT

17.03.89 19:43 Kalk

Bild 9-67 Einrücken des Textes mit vorangestellten Zeichen

9.14 Suchen und Ersetzen

Das Textverarbeitungssystem in Symphony besitzt die Möglichkeit, bestimmte Zeichenfolgen (maximal 50 Zeichen) zu suchen und durch andere zu ersetzen.

a) Suchen

Als Beispiel wird das Wort **Auftragsbestand** gesucht. Dazu kehren wir mit <HOME> wieder an den Beginn des Textes zurück und drücken folgende Tasten:

<F10> t Auswählen der {Menü}-Funktion Textsuche.

Auf die Frage: "*Was suchen?*" geben Sie den Suchbegriff ein:

Auftragsbestand <RETURN> Eingabe des Suchbegriffs.

Aus dem anezeigten Menü können Sie auswählen, ob der Text *Vorwärts* oder *Rückwärts* durchsucht werden soll, oder ob Sie die Suche durch *Stop* abbrechen wollen.

v Auswahl der Funktion *Vorwärts.*

Bild 9-68 zeigt das erste Wort an, das den Suchbegriff *enthält.*

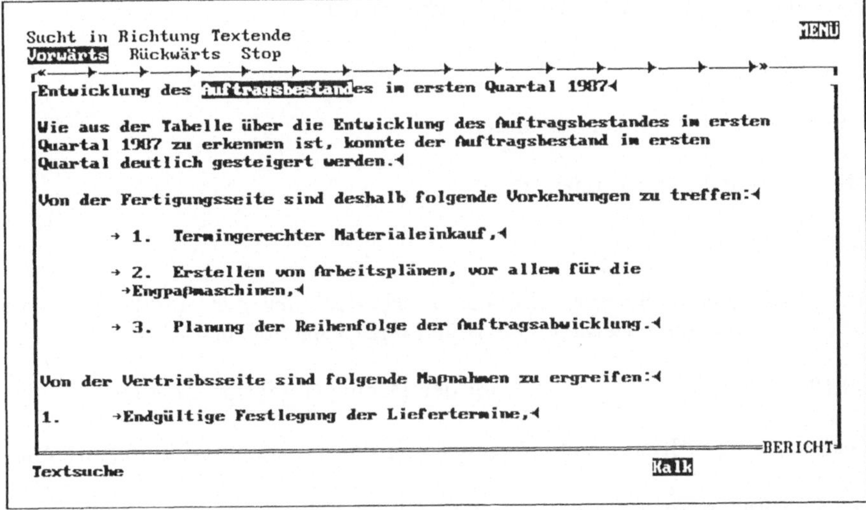

Bild 9-68 Anzeige eines gesuchten Textes

Wenn Sie weiterhin V eingeben (Vorwärts), dann wird der folgende gesuchte Text angezeigt.

Spezielle Zeichenfolgen können als *Globalzeichen* definiert werden (gekennzeichnet durch umgekehrte Schrägstriche; in MS-DOS durch die Tastenkombination <ALT> 92 (\) darstellbar). In Tabelle 9-7 sind die Suchmöglichkeiten zusammengestellt.

Tabelle 9-7

Kennung	Zeichenfolge
\?\	Beliebiges Zeichen
\#\	Beliebige Ziffer (0 ... 9)
\a\	Beliebiger Buchstabe (a ... z; A ... Z)
\A\	Beliebiger Großbuchstabe (A ... Z)
\&\	Beliebiges alphanumerisches Zeichen (a ... z; A ... Z; 0 ... 9)
\–\	Beliebiges Leerzeichen (z. B. Leerstelle, Tab)
\^\	Tabulatorzeichen
\:\	Zeichen für Seitenwechsel (: :)
\ \	Umgekehrter Querstrich

So werden beispielsweise bei der Suchvorschrift:

B\aa\d

folgende Bezeichnungen gefunden:

"Bund", "Band", "Bild" oder "Bald".

b) Ersetzen

Im vorliegenden Beispiel soll das Wort *Vorkehrungen* durch das Wort *Maßnahmen* ersetzt werden. Wir gehen dazu folgendermaßen vor:

<F10> e Wahl der {Menü}-Funktion Ersetze.

Auf die Frage: "*Was ersetzen?*" geben wir den zu ersetzenden Begriff ein:

Vorkehrungen <RETURN> Zu ersetzender Begriff.

Es erscheint die Frage: "*Womit ersetzen?*". Hier wird der neue Begriff eingegeben:

Maßnahmen <RETURN>.

Folgendes Auswahlmenü wird sichtbar:

```
Ersetzt dieses Vorkommen und kehrt zurück zur Texteingabe           MENÜ
Einmal  Weiter  Negiere  Textfolge  Stop
```

Bild 9-69 Auswahlmenü zum Ersetzen

Einmal: Der Text wird nur einmal ersetzt;

Weiter: Der erste Text wird ersetzt und der nächste angezeigt;

Negiere: Der Text wird nicht ersetzt und der nächste angezeigt;

Textfolge: Alle Textstellen werden durch den neuen Begriff ersetzt.

Im vorliegenden Fall wählen wir *Einmal*, indem wir mit der <RETURN>-Taste bestätigen.

<RETURN> Der Suchbegriff wird einmal ersetzt.

Hinweis! Sie können den zu ersetzenden Begriff auch in einer anderen Schriftart (s. Tabelle 9-5) darstellen. Vor den zu ersetzenden Begriff drücken Sie die Tastenfolge <CTRL> B und das entsprechende Kennzeichen (z.B. <CTRL> BI für kursiv) und nach dem Begriff <CTRL> E.

c) Doppelte Leerstellen durch einfache ersetzen

Wie bereits erwähnt, setzt Symphony *zwei Leerzeichen* nach einem Punkt. Will man zwei Leerstellen durch eine ersetzen, kann dies nicht mit der Funktion Ersetze zwei Leerstellen durch eine Leerstelle geschehen, weil Symphony eine und zwei Leerstellen als eine Leerstelle auffaßt. Um dieses Problem zu lösen, gehen Sie folgendermaßen vor:

- Bewegen des Cursors zum Textanfang,

- Ausschalten des Justierungs-Kommandos, damit eine erneute Einfügung von zwei Leerstellen hinter einem Punkt, Doppelpunkt oder Fragezeichen verhindert wird:

<F10> fpjo {Menü}-Befehl **F**ormat **P**arameter **J**ustierung **O**hne,

- Aufrufen des {Menü}-Befehls **E**rsetze:

<F10> e.

- Eingabe auf die Frage: "*Was ersetzen?*"

. <LEERTASTE> <RETURN> Eingabe eines Punktes *mit Leerzeichen.*

- Eingabe auf die Frage: "*Womit ersetzen?*":

. <RETURN> Eingabe eines Punktes *ohne Leerzeichen.*

- Wählen der Funktion Textfolge:

t mit Textfolge ersetzt Symphony alle doppelten Leerzeichen automatisch durch ein einziges.

d) Tastenkombinationen und ihre Bedeutung

Einige wichtige Befehlsfolgen können in Symphony auch durch Tastenkombinationen eingegeben werden (s. Tabelle 9-8).

Tabelle 9-8

Tastenfolge	Funktion
⟨Ctrl⟩ B	Druckattribute einschalten
⟨Ctrl⟩ E	Druckattribute ausschalten
⟨Ctrl⟩ F	Formatzeilen einfügen
⟨Ctrl⟩ G	Groß bzw. Kleinschreibung einschalten
⟨Ctrl⟩ J	Auto-Justierung ein-/ausschalten
⟨Ctrl⟩ K	Kopieren des Textes
⟨Ctrl⟩ L	Löschen bis Zeilenanfang
⟨Ctrl⟩ M	Einfügen Mischzeilen
⟨Ctrl⟩ N	Seitenwechsel einfügen
⟨Ctrl⟩ P	Text einsetzen
⟨Ctrl⟩ R	Löschen bis Zeilenende
⟨Ctrl⟩ S	Suchen nach Text
⟨Ctrl⟩ T	Ersetzen von Text
⟨Ctrl⟩ W	Bewegen von Text
⟨Ctrl⟩ Z	Löschen Zeile
⟨Ctrl⟩ ⟨PgDn⟩	Anfang nächste Seite
⟨Ctrl⟩ ⟨PgUp⟩	Anfang aktuelle Seite
⟨Ctrl⟩ ⟨Rucktaste⟩	Löschen vorheriges Wort

9.15 Übernahme von Texten in andere Symphony-Bausteine

In Kapitel 4 wurde die statistische Auswertung des Ausschusses in der Fertigung vorgenommen. Zu diesem Zweck wurden für die Wochentage und die Maschinentypen u. a. der gemeinsame Mittelwert, die Standardabweichung und die Varianz errechnet und in Bild 4-9 zusammengestellt. In diesem Abschnitt soll gezeigt werden, wie die Daten aus dem Arbeitsblatt (BLATT-Fenster) in einen Text, der im TEXT-Fenster erfaßt wurde, integriert werden können. Dazu gehen wir in folgenden Schritten vor:

- Erfassen von Text im TEXT-Fenster,

- Umschalten des TEXT-Fensters in ein BLATT-Fenster und Eingabe der Daten aus der Statistik,

- Bearbeiten der Daten im TEXT-Fenster,

- Kombinieren von Arbeitsblättern und Texten.

a) Erfassen von Text im TEXT-Fenster

Mit dem {Service}-Befehl **Fenster Erstelle** (**<F9> FE**) wird das Fenster **Statistik** genannt und als Fenster-Typ ein TEXT-Fenster gewählt:

<F9> fe	Auswahl des {Service}-Befehls **Fenster Erstelle.**
Statistik <RETURN>	Benennung des Fensters.
t <RETURN>	Auswahl des Fenstertyps TEXT. Begrenzung wurde keine vorgenommen.
s	Auswahl des Befehls Stop.

Das Textfenster ist zur Eingabe bereit und Sie geben folgenden Text ein:

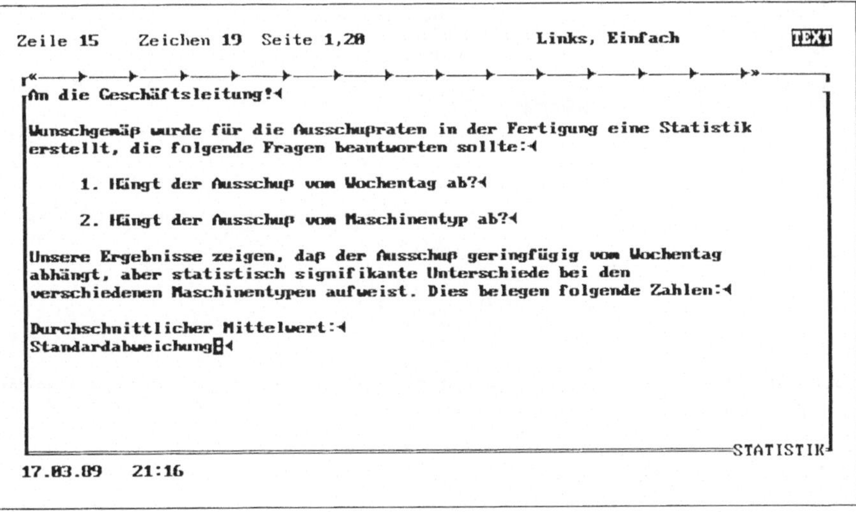
Zeile 15 Zeichen 19 Seite 1,20 Links, Einfach TEXT

An die Geschäftsleitung!

Wunschgemäß wurde für die Ausschußraten in der Fertigung eine Statistik erstellt, die folgende Fragen beantworten sollte:

1. Hängt der Ausschuß vom Wochentag ab?

2. Hängt der Ausschuß vom Maschinentyp ab?

Unsere Ergebnisse zeigen, daß der Ausschuß geringfügig vom Wochentag abhängt, aber statistisch signifikante Unterschiede bei den verschiedenen Maschinentypen aufweist. Dies belegen folgende Zahlen:

Durchschnittlicher Mittelwert:
Standardabweichung

STATISTIK

17.03.89 21:16

Bild 9-70 Texteingabe im TEXT-Fenster

Sie sehen in Bild 9-70 die beiden Größen durchschnittlicher Mittelwert und Standardabweichung, hinter denen noch keine Werte eingetragen sind.

Hinweis! Wenn Sie die zugehörigen Zahlenwerte einfach eintragen, werden die Zahlen wie Text behandelt und nicht wie Zahlenwerte, die Sie an anderen Stellen weiterverwenden können.

b) Eingabe der Zahlenwerte im BLATT-Modus

Zunächst wird das TEXT-Fenster durch Drücken der **Typ**-Taste (<ALT> <F10>) und Auswahl des Fenstertyps **BLATT** in ein BLATT-Fenster umgewandelt:

<ALT> **<F10> b**	Umwandlung des TEXT-Fensters in ein BLATT-Fenster

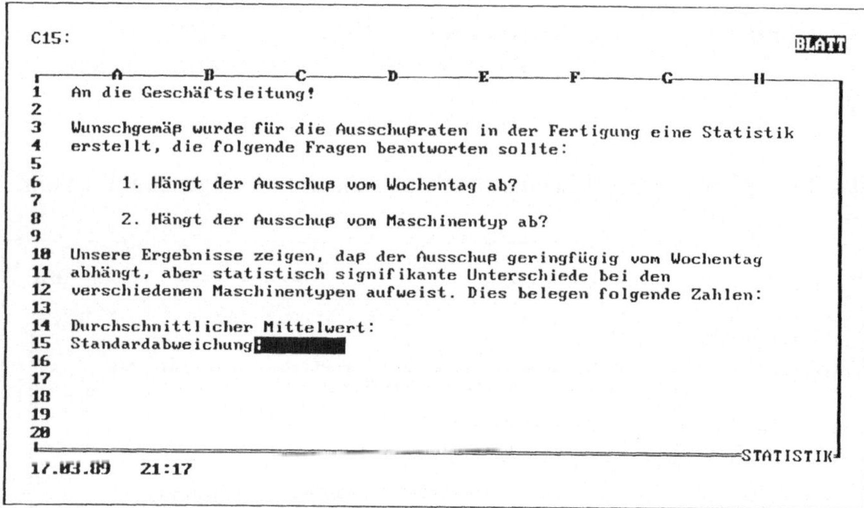

Bild 9-71 Umwandlung in ein BLATT-Fenster

Danach bewegen wir den Cursor in die entsprechenden Zellen und geben die Werte ein:

<F5> e14 <RETURN>	Sprung zur Zelle E14.
15,53 <PFEIL UNTEN>	Eingabe des durchschnittlichen Wertes für die Wochentage. Sprung zur Zelle E15.
4 <RETURN>	Eingabe der Standardabweichung für die Wochentage.

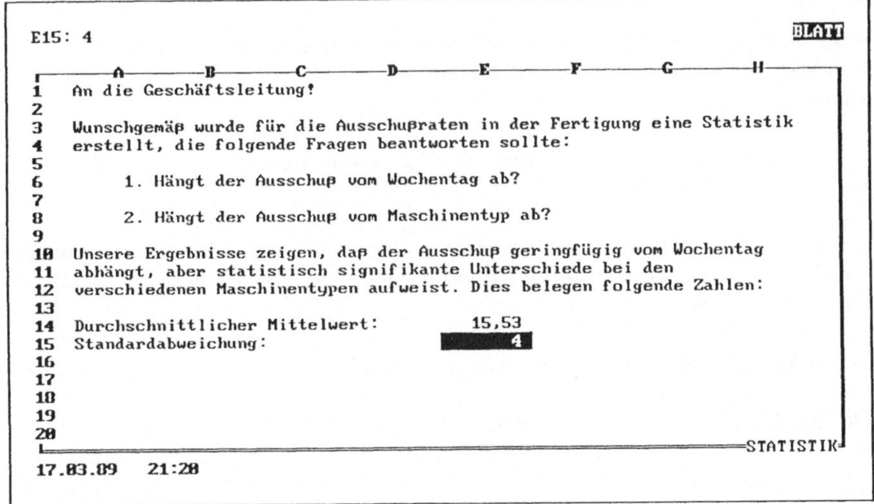

Bild 9-72 Eintragungen der Zahlenwerte in das BLATT-Fenster

Nachdem im BLATT-Fenster die Zahleneingabe erfolgt ist, wird mit der Tastenkombination <ALT> <F10> wieder in das TEXT-Fenster umgeschaltet.

<ALT> <F10> t Umschalten in ein TEXT-Fenster.

Das Ergebnis ist in Bild 9-73 dargestellt.

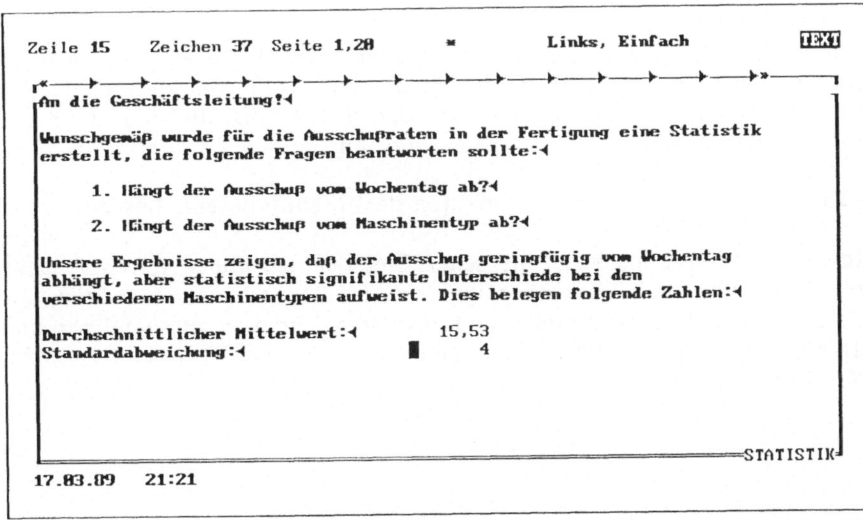

Bild 9-73 TEXT-Fenster nach erfolgter Dateneingabe im BLATT-Modus

Hinweis! Die Zahlenwerte, die Sie im BLATT-Modus eingegeben haben, können Sie im TEXT-Modus nicht ändern. Bei einem solchen Versuch hören Sie ein akustisches Warnsignal.

Befinden Sie sich in einer solchen Zelle, so sehen Sie einen Stern in der Mitte der obersten Bildschirmzeile.

Die eventuellen Änderungen der Zahlenwerte müssen Sie im BLATT-Modus vornehmen, indem Sie mit der Tastenkombination <ALT> <F10> und Auswahl des BLATT-Modus in diesen umschalten.

Diese Einschränkungen lassen sich gut erklären:

Da Symphony im TEXT-Fenster den gesamten Text in der Spalte A speichert und die einzutragendenden Daten außerhalb dieser Spalte liegen, können diese auch nicht bearbeitet werden. Daraus folgt natürlich, daß Texteintragungen in der Spalte A vorgenommen werden können, d.h. Textveränderungen sind möglich.

Hinweis! Überschreiben Sie im BLATT-MODUS einen Text mit einem Wert, dann wird der ursprüngliche Text ausgeblendet und dieser Wert erscheint auch im TEXT-Modus. Wird der Wert wieder gelöscht, dann kommt der ursprüngliche Text wieder zum Vorschein.

c) Bearbeiten der Daten im TEXT-Fenster

Auch wenn im TEXT-Modus keine Änderung der Zahlenwerte möglich ist, so können trotzdem die Befehle **B**ewege, **K**opiere und **L**ösche verwendet werden.

Wir wollen die Zahl 4 in Zelle E15 löschen. Dazu bewegen wir den Cursor in diese Zelle, wobei in der Mitte der ersten Bildschirmzeile der "Stern" als Zeichen für gesperrt zu sehen ist. Anschließend wird der {Menü}-Befehl Lösche (**<F10> L**) aufgerufen.

<F10> l Aufrufen des {Menü}-Befehls Lösche.

In der zweiten Bildschirmzeile sehen Sie, daß der Block durch Angabe der Zeile und Stelle gekennzeichnet ist (15,21 bedeutet: 15. Zeile, 21. Zeichen). Wird bis zur Stelle 16,1 mit dem Cursor weitergefahren und anschließend die <RETURN>-Taste gedrückt, dann ist der Wert 4 gelöscht, wie Bild 9-74 zeigt.

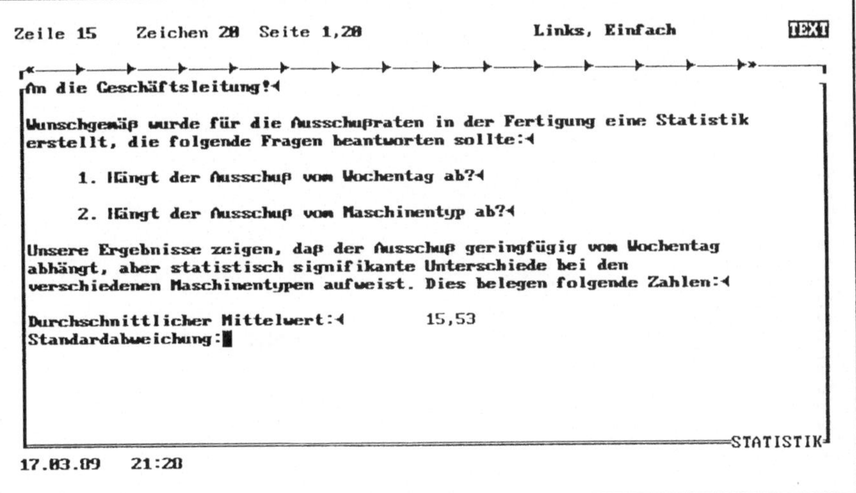

Bild 9-74 Löschen von Daten im TEXT-Modus

Hinweis! Mit den Befehlen Bewege, Kopiere und Lösche können nicht Teile einer Zelle bewegt, gelöscht oder kopiert werden, sondern nur ganze Zellen.

Um den Wert 4 wieder in die Zelle E15 einzugeben, schalten wir in den BLATT-Modus um, geben den Wert 4 ein, drücken die <RETURN>-Taste und schalten wieder in den TEXT-Modus.

Die anderen Befehle **B**ewege und **K**opie können entsprechend angewandt werden.

d) Kombinieren von Arbeitsblättern (BLATT) und Texten (TEXT)

Prinzipiell ist es möglich, Arbeitsblätter im BLATT-Modus zu erstellen und ebenso Texte im TEXT-Modus, die sich auf dieses Arbeitsblatt beziehen und auf Werte im Arbeitsblatt Bezug nehmen. Dabei sollten Sie zweckmäßigerweise folgende Reihenfolge wählen:

1. Erstellen des Arbeitsblattes mit den entsprechenden Kalkulationen.

2. Schreiben des erklärenden Textes.

Für unser Beispiel wird eine stark vereinfachte Gewinn- und Verlustrechnung für einen Handwerksbetrieb gewählt, wie dies Bild 9-75 zeigt.

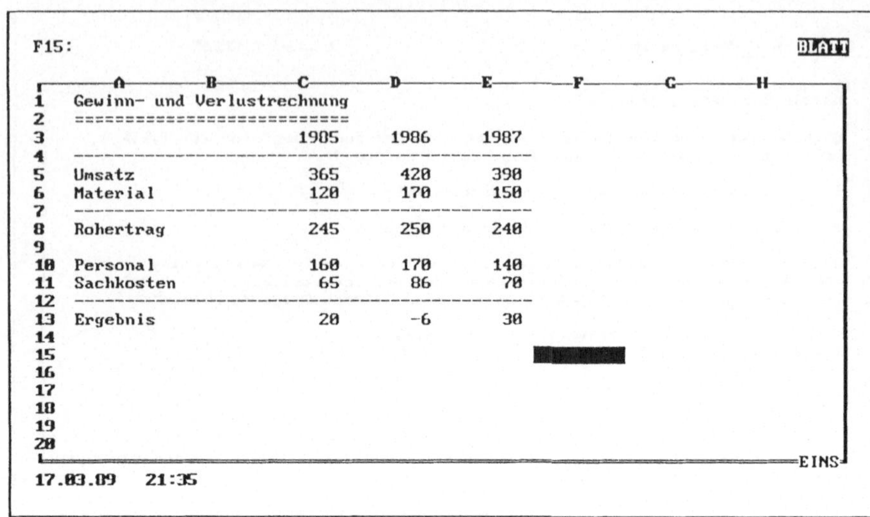

Bild 9-75 Gewinn- und Verlustrechnung

Im zweiten Schritt wird ab Spalte A16 ein erläuternder Text zur Gewinn- und Verlustrechnung geschrieben. Dazu wird mit der Tastenkombination <ALT> <F10> und der Auswahl Text ein TEXT-Blatt aufgerufen:

<ALT> <F10> t Umschalten in ein TEXT-Arbeitsblatt.

Bild 9-76 zeigt das TEXT-Arbeitsblatt mit dem geschriebenen Text.

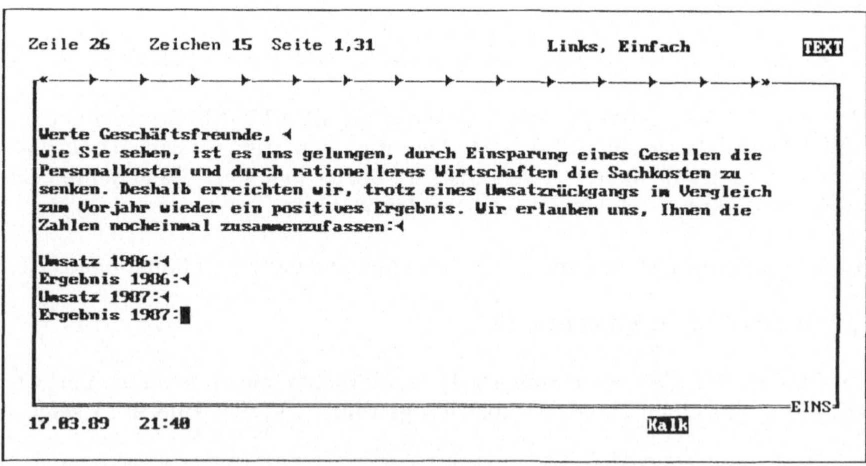

Bild 9-76 Erläuternder Text

Im folgenden wird wieder in den BLATT-Modus umgeschaltet und in die entsprechenden Felder der Wert der Zellen im Kalkulations-Arbeitsblatt eingegeben:

<ALT> <F10> b	Umschalten in den **B**latt-Modus.
<F5> c23 <RETURN>	Sprung zu Zelle C23.

Hier wird der Umsatz 1986 eingetragen, der in Zelle D5 gespeichert ist. Deshalb wird in Zelle C23 eingegeben:

+d5 <PFEIL UNTEN>	Der Wert von Zelle **D5** wird in diese Zelle abgelegt, weshalb auch die Zahl 420 erscheint. Anschließend wird zur Zelle C24 weitergegangen.
+d13 <PFEIL UNTEN>	In dieses Feld wird der Wert der Zelle **D13** eigegeben und zur Zelle C25 weitergegangen.

Nun erfolgen in der gleichen Weise die Eintragungen für den Umsatz und das Ergebnis im Jahre 1987.

+e5 <PFEIL UNTEN>	Eingabe des Wertes aus Zelle E5 und weiteres Vorrücken zu Zelle C26.
+e13 <PFEIL UNTEN>	Eingabe des Wertes aus Zelle E13 und Vorrücken des Cursors um eine Zeile.

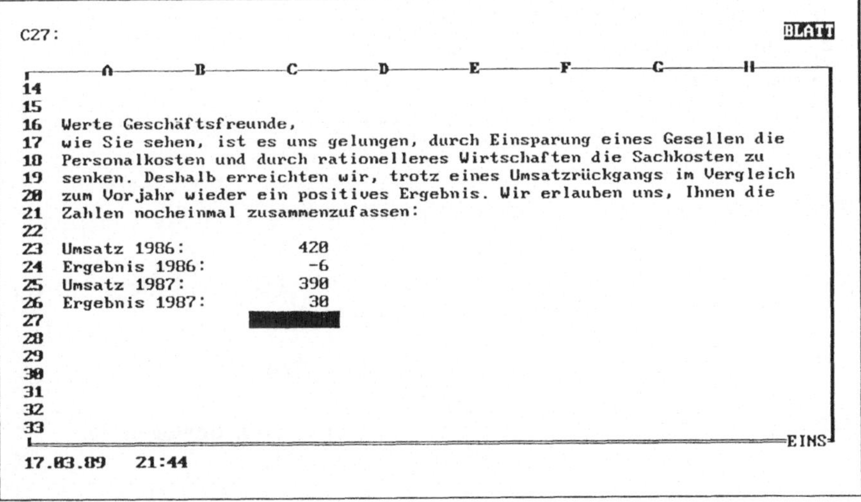

Bild 9-77 Einfügen von Formeln

Der entscheidende Vorteil der Verbindung des Textes mit dem Arbeitsblatt besteht darin, daß *geänderte Werte* im Arbeitsblatt auch sofort im Textteil *mit verändert* werden.

Um dies zu zeigen, spielen wir die erwarteten Werte für 1988 durch und geben sie unter dem Jahr 1986 ein.

<F5> d5 <RETURN>	Sprung zur Zelle **D5**, in der der Umsatz für 1986 steht.
410 <RETURN>	Eingabe des neuen Umsatzwertes von **410.**

Wie man sofort sieht, ändert sich das Ergebnis auf -16. Dies wird sowohl im Kalkulations-Arbeitsblatt in der Zelle D13, als auch im Text in Zelle C24 sichtbar.

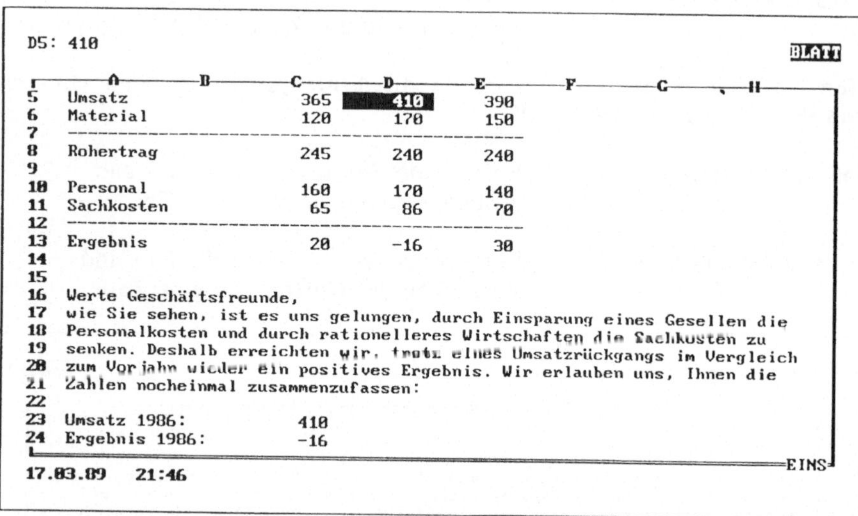

```
D5: 410                                                              BLATT
 ----A-----------B-----------C---------D---------E---------F---------G-----H---
5   Umsatz                  365       410       390
6   Material                120       170       150
7   -------------------------------------------------
8   Rohertrag               245       240       240
9
10  Personal                160       170       140
11  Sachkosten               65        86        70
12  -------------------------------------------------
13  Ergebnis                 20       -16        30
14
15
16  Werte Geschäftsfreunde,
17  wie Sie sehen, ist es uns gelungen, durch Einsparung eines Gesellen die
18  Personalkosten und durch rationelleres Wirtschaften die Sachkosten zu
19  senken. Deshalb erreichten wir, trotz eines Umsatzrückgangs im Vergleich
20  zum Vorjahr wieder ein positives Ergebnis. Wir erlauben uns, Ihnen die
21  Zahlen nocheinmal zusammenzufassen:
22
23  Umsatz 1986:            410
24  Ergebnis 1986:          -16
                                                                       EINS
17.03.89    21:46
```

Bild 9-78 Geänderte Werte im Arbeitsblatt und im Textteil

Da in unserem Fall die Personalkosten nur 170 TDM und die Sachkosten 70 TDM betragen, werden diese Werte geändert.

<F5> d10 <RETURN>	Sprung zur Zelle **D10.**
140 <PFEIL UNTEN>	Eingabe des Wertes **140.** Bewegen des Cursors zu Zelle D11.
70 <RETURN>	Eingabe des Wertes 70.

Wie Bild 9-79 zeigt, werden die veränderten Werte sofort in das Arbeitsblatt übernommen.

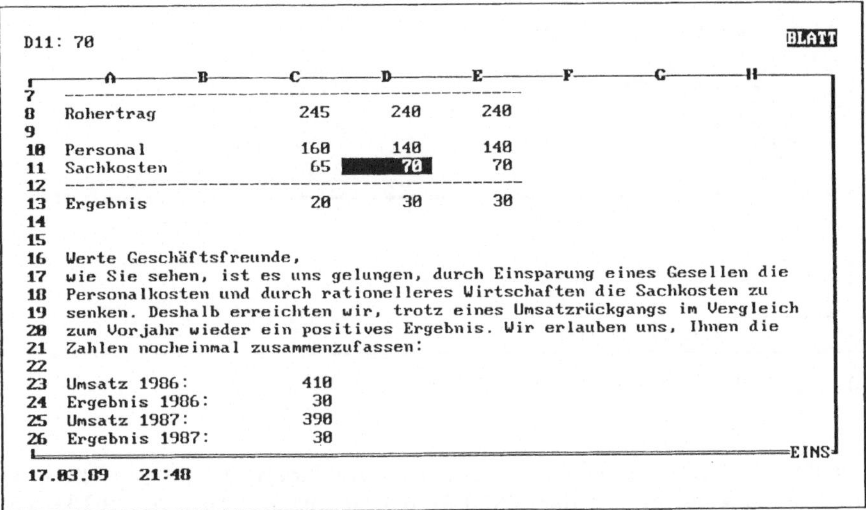

Bild 9-79 Geänderte Werte im Arbeitsblatt und im Textteil

Hinweis! Wenn Sie Ihren Text verändern, also beispielsweise Zeilen einfügen, dann bleiben die Beziehungen zwischen dem Kalkulations-Arbeitsblatt und dem Textteil bestehen.

Es ist natürlich auch möglich, Texte in ein Arbeitsblatt zu kopieren. In diesem Fall können Sie ebenfalls Texte mit dem Kalkulations-Arbeitsblatt verbinden. Jede Änderung des Textes erscheint dann auch im entsprechenden Textteil des Kalkulations-Arbeitsblattes.

9.16 Drucken eines Textes

Um Texte für den Ausdruck vorzubereiten, gibt es in Symphony zwei Möglichkeiten:

1. Festlegen der Druck-Parameter

Im {Service}-Menü können mit dem Befehl Ausdruck (<F9> A) die Druck-Parameter eingestellt werden:

<F9> a	Wahl des {Service}-Befehls Ausdruck.

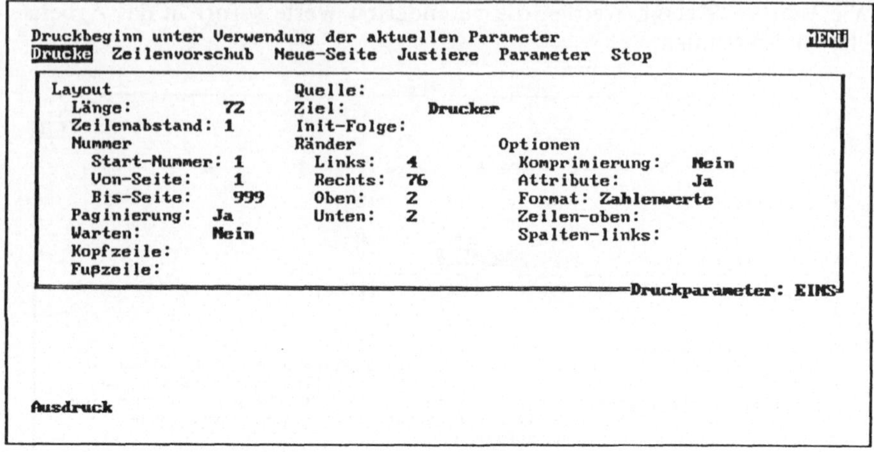

Bild 9-80 Druckparameter des {Service}-Befehls Ausdruck

Ist der Text im TEXT-Fenster mit den *Standardparametern* erfaßt worden, dann kann er mit dem {Menü}-Befehl **J**ustiere **D**rucke (**<F10> JD**) ausgedruckt werden. Voraussetzung ist, daß Sie in Ihrem Drucker Papier eingelegt haben und sich der Druckkopf am Papieranfang befindet.

jd Auswahl des Befehls **J**ustiere **D**rucke.

Damit wird der Text, der sich im aktuellen Arbeitsblatt befindet, gedruckt.

Für die Gestaltung des Ausdrucks dient der bereits erwähnte {Service}-Befehl **A**usdruck (**<F9> A**), der im wesentlichen folgende Möglichkeiten bietet:

- Einstellung des linken Randes,

- Länge einer Zeile,

- Einstellung des rechten Zeilenrandes,

- Einstellung des Zeilenabstandes,

- Wahl eines Textausschnittes,

- Auswahl bestimmter Seiten,

- Drucken von Kopf- und Fußzeilen.

a) Einstellung des linken Randes

Wie Bild 9-80 zeigt, ist der *Standardwert* für den linken Rand *4 Zeichen.* Das bedeutet, daß der Ausdruck erst ab dem 5. Zeichen erfolgt.

Mit dem {Service}-Befehl Ausdruck **P**arameter **R**änder **L**inks (**<F9> APRL**) läßt sich der linke Rand zwischen 1 und 240 Zeichen einstellen. Der Wert für den linken Rand muß natürlich kleiner sein als der Wert für den rechten Rand.

Hinweis! Die tatsächliche Breite des linken Randes hängt von der Schriftart (und vom Drucker, der die Schriftart erzeugt) ab. Deshalb sollten Sie die Breite des linken Randes ausprobieren.

b) Länge einer Zeile

Die Anzahl der Zeichen, die in einer Zeile gedruckt werden können, hängt von dem linken und rechten Seitenrand ab. Berechnet werden kann die Anzahl der Zeichen durch die Differenz des rechten und Seitenrand + 1 gemäß folgender Formel:

Anzahl Zeichen pro Zeile = Rechter Rand - Linker Rand + 1.

Als Beispiel: Beträgt der rechte Rand 68 Zeichen und der linke Rand 10 Zeichen, dann ist die Länge der Zeile 68 - 10 + 1 = 59 Zeichen.

c) Einstellung des rechten Zeilenrandes

Der Standardwert des rechten Randes liegt bei 76 Zeichen (s. Bild 9-80). Das bedeutet, daß ab der Spalte 77 kein Zeichen mehr ausgedruckt wird.

Der rechte Rand kann mit dem {Service}-Befehl Ausdruck **P**arameter **R**änder **R**echts (**<F9> APRR**) verschoben werden. Der rechte Rand kann, wenn die Anzahl der Zeichen pro Zeile bekannt ist, durch Umstellung der bereits genannten Formel wie folgt berechnet werden:

Rechter Rand = Anzahl Zeichen pro Zeile + linker Rand - 1.

d) Einstellung des Zeilenabstandes

Für den Zeilenabstand ist ausschließlich die Angabe im *Text-Parameterblatt* maßgebend.

e) Wahl eines Textausschnittes

Mit dem {Service}-Befehl Ausdruck **P**arameter **Q**uelle **B**ereich (<F9> **APQB**) kann der Textbereich ausgewählt werden, der ausgedruckt werden soll.

Die erste Zeile des Abschnitts wird invers dargestellt. Mit der <PFEIL UNTEN>-Taste können Sie den auszudruckenden Bereich festlegen.

Hinweis! Sie können die Verankerung des Bereiches durch Drücken der <ESC>-Taste lösen, den Cursor an die gewünschte Position fahren und durch Drücken der <TAB>-Taste den Bereich wieder verankern.

f) Auswahl bestimmter Seiten

Wie Bild 9-80 zeigt, ist es möglich,

- die Startnummer der Seiten zu wählen,

- Von Seite bis Seite einzustellen,

- Drucker-Steuerbefehle zu verwenden.

Dazu dient der {Service}-Befehl Ausdruck **P**arameter **L**ayout **N**ummer (<F9> **APLN**).

```
Startnummer der fortlaufenden Seitennumerierung in Kopf- oder Fußzeilen     MENÜ
Startnummer  Von-Seite  Bis-Seite
```

Bild 9-81 Menü zur Wahl des Ausdrucks bestimmter Seiten.

Aus diesem Menü können Sie Ihre Wahl treffen.

g) Drucken von Kopf- und Fußzeilen

Auf jeder Druckseite können Sie eine Kopf- und eine Fußzeile mit ausdrucken. Dazu dient der {Service}-Befehl Ausdruck **P**arameter **L**ayout **K**opfzeile bzw. **F**ußzeile (<F9> **APLK** bzw. **F**).

Der Ausdruck der Kopf- oder Fußzeilen kann ausgeschaltet werden, wenn der {Service}-Befehl Ausdruck **P**arameter **L**ayout **P**aginierung **N**ein (<F9> **APLPN**) verwendet wird.

2. Verwendung von Drucker-Steuerbefehlen

Die meisten Drucker bieten eine Fülle von Möglichkeiten, um die Zeichengröße, die Schriftart oder andere Druckfunktionen, wie Unterstreichen, Fettdruck u. ä. einzusetzen. Um diese Möglichkeiten in Symphony auszunutzen, müssen die entsprechenden *Steuerzeichen* im *ASCII-Code* (Dezimalwert) bekannt sein (s. Druckerhandbuch). Die einzelnen Steuerbefehle werden durch den *Rückwärts-Querstrich* (Backslash, d.h. ASCII-Zeichen 92) voneinander getrennt. Der Rückwärts-Querstrich zeigt den Anfang der Codierung.

Für unseren Epson-Drucker LQ800 ist der Steuercode für Fettdruck:

<ESC> E oder im ASCII-Wert: 27 69.

Daraus ergibt sich für Symphony folgender Steuerbefehl:

\027\069.

Die Drucker-Steuerzeichen werden mit dem {Service}-Befehl Ausdruck **P**arameter **I**nitialisierung (**<F9> API**) eingegeben und mit der <RETURN>-Taste bestätigt.

10 Datenaustausch mit anderen Programmen

Sie können mit Symphony einen Informationsaustausch mit anderen Programmen durchführen. Dabei kann es sich um Textverarbeitungsprogramme (z. B. Word, WordStar,Word Perfect oder Lotus Manuscript), Datenbanken (beispielsweise dBase der verschiedensten Versionen) oder Tabellenkalkulationsprogramme (z. B. Lotus 1-2-3, VisiCalc oder Multiplan) handeln. Symphony kann Dateien, die von solchen Programmen erstellt wurden, lesen und auch Dateien, die in Symphony erstellt wurden, für solche Programme lesbar machen. Der Datenaustausch kann auf zwei Arten erfolgen:

1. Direktes Einlesen der Dateien

2. Umwandeln der Dateien.

10.1 Direktes Einlesen der Dateien

Mit dem {Service}-Befehl Transfer Fremd (**<F9> TF**) können Textdateien und/oder Zahlendateien im ASCII-Format direkt in ein BLATT- oder TEXT-Fenster eingelesen werden. Mit dem Cursor wird angezeigt, an welcher Stelle im Arbeitsblatt die kopierte Datei stehen soll. Schon vorhandene Einträge werden dabei überschrieben. Freie Zeilen in der hereinkopierten Datei verursachen im aktuellen Arbeitsblatt eine Zeile, die übersprungen werden muß, wobei sich der Inhalt dieser Arbeitsblattzeilen nicht ändert.

Im folgenden soll ein im Textverarbeitungsprogramm Word erstellter Text in ein TEXT-Fenster geladen werden. Es wird davon ausgegangen, daß Sie sich in einem leeren BLATT-Fenster befinden und der Zellzeiger in der linken oberen Ecke des Arbeitsblattes steht.

<ALT> <F10> t	Umschalten in ein TEXT-Fenster.
<F9> tf	Wahl des {Service}-Befehls Transfer Fremd.

Auf dem Bildschirm erscheint folgendes Menü (s. Bild 10-1):

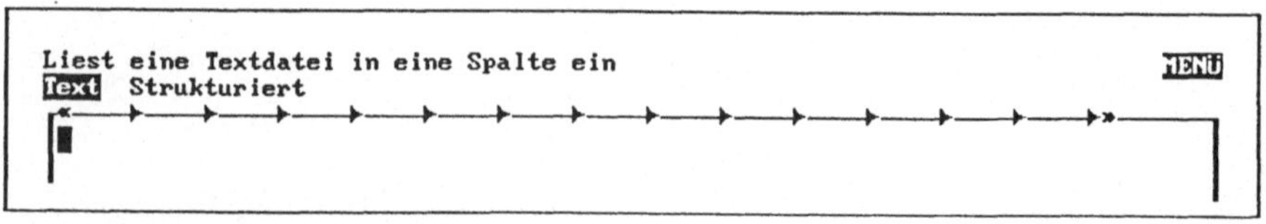

Bild 10-1 Übertragungsarten

Die Übertragung kann im Text- oder im Strukturiert-Modus erfolgen.

Text

Wenn Sie diesen Modus wählen, entspricht jede Zeile in der Kopie einer Zeile in der Ursprungsdatei. Für jede Zeile der eingelesenen Datei erstellt Symphony ein separates, linksjustiertes Label.

Strukturiert

Bei dieser Übertragungsart werden nur Zahlen bzw. in Anführungzeichen stehende Buchstaben kopiert. Der übrige Inhalt der Datei wird ignoriert. Einträge, die länger als die aktuelle Zeilenbreite sind, werden abgeschnitten, wenn daneben noch ein Eintrag erfolgt.

Um eine Word-Datei in das Arbeitsblatt zu kopieren, wird der Befehl Text gewählt.

t Auswahl des Befehls Text.

Nun wird nach dem Namen der Datei gefragt, die gelesen werden soll. Bild 10-2 zeigt eine eingelesene Word-Datei. Die eingelesene Datei enthält noch alle Sonderzeichen und erscheint unformatiert.

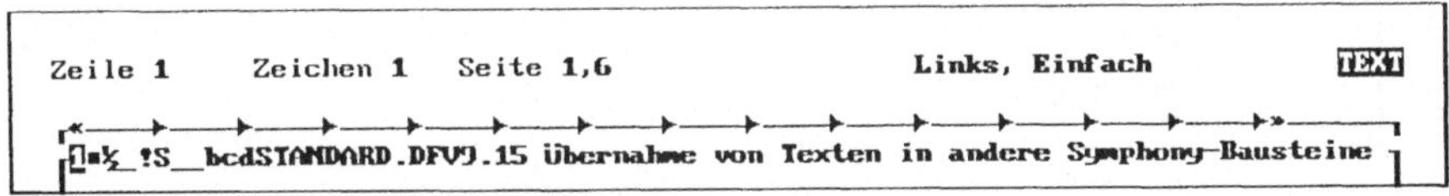

Bild 10-2 Eingelesene Word-Datei

Achtung! Die Dateien einiger Textverarbeitungsprogramme, wie z.B. Word enthalten Zeichen, die außerhalb des Standard-ASCII-Bereiches von 32 bis 127 liegen. Obwohl diese Zeichen in Word nicht erkennbar sind, werden Sie von Symphony übernommen und angezeigt.

Diese Sonderzeichen müssen gelöscht werden und der Text mit den Textverarbeitungs-Befehlen von Symphony neu formatiert werden.

10.2 Umwandeln der Dateien

Mit dem Hilfsprogramm TRANSLATE bietet Symphony die Möglichkeit, Daten aus anderen Programmen in Symphony zu lesen, oder Symphony-Dateien in anderen Programmen zu verarbeiten. Voraussetzung dabei ist, daß die zu übertragenden Dateien die richtige Dateinamenserweiterung tragen. Mit dem DOS-Befehl **Rename** können Sie, wenn nötig, eine Datei entsprechend umbenennen.

Im folgenden wird gezeigt, wie eine dBase III-Datei mit dem Translate-Dienstprogramm in Symphony eingelesen werden kann. Es wird davon ausgegangen, daß Sie sich im Access-Menü befinden (im gültigen Verzeichnis **access** <RETURN> eingeben und das **D**ienstprogramm-Translate aufrufen):

d	Wahl des **D**ienstprogramms-Translate im Access-Menü.

Symphony fordert dazu auf, die Dienstprogramm-Translate Diskette einzulegen. Nach dem Einlegen der Diskette sollte Ihr Bildschirm Bild 10-3 entsprechen:

```
                Symphony Version 2.0 Dienstprogramm-Translate
  Copyright 1986,1987 Lotus Development Corporation  Alle Rechte vorbehalten

  Umsetzung - QUELLTYP?

            1-2-3 Version 1A
            1-2-3 Version 2 oder 2.01
            dBase II
            dBase III
            DCA RFT Format
            DIF
            SYMPHONY 1.0
            SYMPHONY 1.1, 1.2, 2.0

      Menüzeiger auf die gewünschte Option setzen und [RETURN] drücken.
              Drücken Sie [HILFE] für weitere Informationen.
         [ESCAPE] drücken, um Translate-Dienstprogramm zu verlassen.
```

Bild 10-3 Quelltypen für die Umwandlung

Aus diesem Menü können Sie nun den Dateityp, den Sie umsetzen möchten, auswählen. Bewegen Sie den Zellzeiger mit den <PFEIL>-Tasten in das betreffende Feld (dBase III) und drücken Sie die <RETURN>-Taste. Symphony fragt nach dem Zieltyp. In unserem Fall wollen wir die dBase III-Datei in eine Symphony-Datei konvertieren (s. Bild 10-4).

```
        Symphony Version 2.0 Dienstprogramm-Translate
Copyright 1986,1987 Lotus Development Corporation  Alle Rechte vorbehalten

Umsetzen VON: dBase III               Umsetzung - ZIELTYP?

                                               1-2-3 Version 1A
                                               1-2-3 Version 2 oder 2.01
                                               SYMPHONY 1.0
                                               SYMPHONY 1.1, 1.2, 2.0

     Menüzeiger auf die gewünschte Option setzen und [RETURN] drücken.
   Drücken Sie [ESCAPE], um zum Menü der Quelloptionen zurückzukehren.
          Drücken Sie [HILFE] für weitere Informationen.
```

Bild 10-4 Umsetzung Zieltyp-Menü

Es wird nun die Diskette eingelegt, auf der sich die zu konvertierende dBase III-Datei befindet. Geben Sie das Diskettenlaufwerk (A:) und den Namen der Datei (acdus.dbf) ein, in unserem Fall:

a:acdus.dbf <RETURN>.

Dann sehen Sie Bild 10-5.

```
        Symphony Version 2.0 Dienstprogramm-Translate
Copyright 1986,1987 Lotus Development Corporation  Alle Rechte vorbehalten

Umsetzen VON: dBase III                 Umsetzen NACH: SYMPHONY 2.0

Quelldatei: A:\acdus.dbf

 ACDUS    DBF   5/18/88  11:30a      90203

         ACDUS    DBF

     Menüzeiger auf die umzusetzende Datei setzen und [RETURN] drücken.
     Drücken Sie [ESCAPE], um zum Menü der Zieloptionen zurückzukehren.
          Drücken Sie [HILFE] für weitere Informationen.
```

Bild 10-5 Umzusetzende Datei von dBase III nach Symphony

Hinweis! Im Programmverzeichnis wird nur nach den Dateien gesucht, die die richtige Dateinamenserweiterung haben. Wollen Sie Dateien von einem anderen Laufwerk haben, drücken Sie die <ESC>-Taste und geben dann das betreffende Laufwerk, das Verzeichnis und den Dateinamen ein.

Nach dem Betätigen der <RETURN>-Taste wird die Konvertierung gestartet. Anschließend wird gefragt, ob mit der Umsetzung fortgefahren werden soll (s. Bild 10-6).

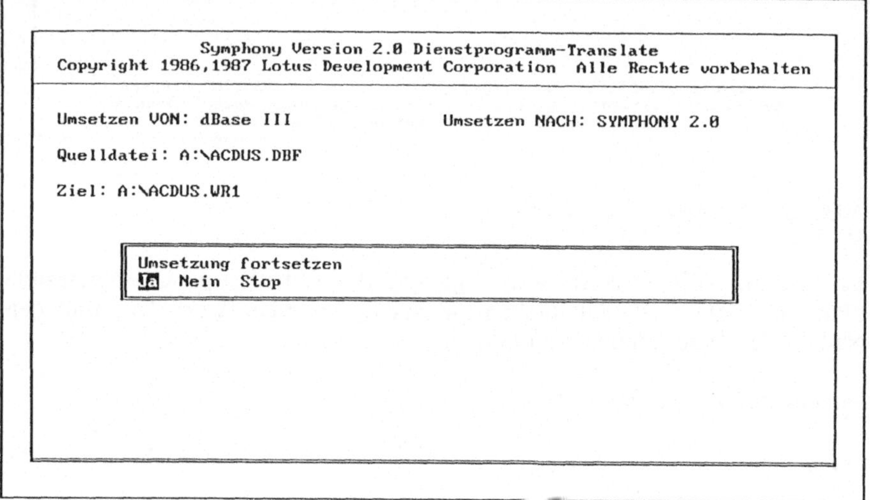

Bild 10-6 Fortsetzung der Umsetzung

Ist die Umsetzung gelungen, bringt Symphony die folgende Meldung (s. Bild 10-7).

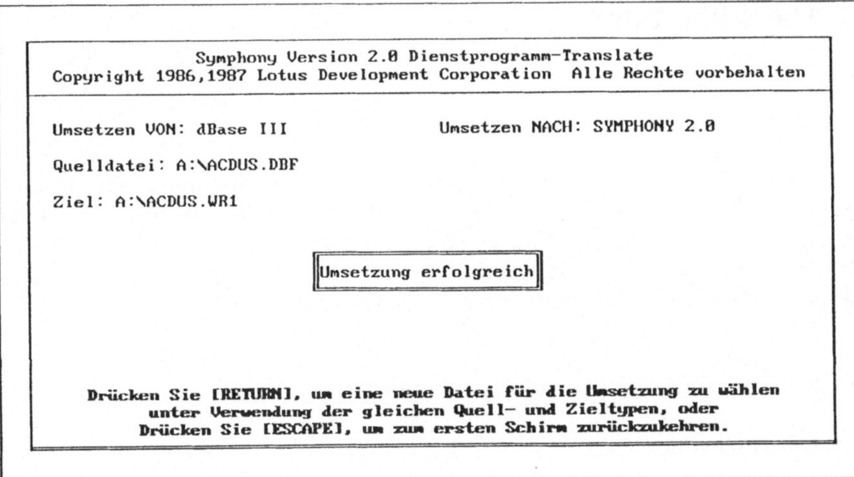

Bild 10-7 Bildschirm nach erfolgreicher Umsetzung

Nach der Umsetzung der Dateien eines anderen Programmpaketes wird das Dienstleistungprogramm-Translate verlassen und Symphony neu gestartet. Folgen Sie dabei den Anweisungen am Bildschirm.

Mit dem {Service}-Befehl Transfer Lade (**<F9> TL**) wird die umgewandelte Datei vom entsprechenden Laufwerk aufgerufen. Bild 10-8 zeigt die konvertierte dBase III-Datei im BLATT-Fenster von Symphony.

C16: 'Desglaubtkoinerring 52 BLATT

	A	B	C
1	NACHNAME	VORNAME	STRSEM
2	Aichinger	Ortrud	
3	Almer	Christine	
4	Antmann	Manuela	Klimbimstr. 35
5	Baxivanelis	Konstantin	Sapperlotweg 13
6	Bezler	Martin	Soeinequatschgasse 11
7	Bezler	Sonja	Lassemichdonostr. 35A
8	Blankenship	Mary	Deskogarnetseiweg 17B
9	Bonnaire	Andreas	
10	Bruder	Markus	Bleibelasserallee 45
11	Brüstle	Elke	
12	Bräu	Renate	
13	Buchecker	Claudia	Hanogasse 47
14	Bächle	Doris	Sodeleweg 78
15	Crane	Julie	
16	Döring	Christian	Desglaubtkoinerring 52
17	Ebel	Agnes	
18	Epple	Joachim	
19	Ernst	Max	
20	Feißt	Margit	

EINS

17.03.89 22:52

Bild 10-8 Umgewandelte dBase III-Datei

11 Datenübertragung

Symphony bietet zusätzlich zu dem Kalkulationsprogramm, der Datenbank, der Textverabeitung und den Möglichkeiten der graphischen Auswertung ein weiteres leistungsfähiges Modul an, die *Kommunikation* (KOMM-Fenster). Mit ihm können Daten von unterschiedlichen Computern übernommen oder zu anderen Rechnern gesendet werden.

11.1 Gründsätzliches über die Kommunikation

11.1.1 Ausrüstung

Um eine Kommunikation mit einem anderen Computer zu ermöglichen, müssen beide Computer mit folgenden Teilen ausgerüstet sein:

1. Modem oder Akustikkoppler;

2. Serielle Schnittstelle;

3. Software für die Datenübertragung.

a) Modem oder Akustikkoppler

Modem und Akustikkoppler haben die Aufgabe, die digitalen Signale des Computers in akustische umzuwandeln und umgekehrt.

Ein *Modem* ist ein Gerät, das den Computer direkt mit der Telefonleitung verbindet. Ein Telefonapparat wird nicht benötigt. Das Wort **Mo**dem setzt sich aus den Abkürzungen der Begriffe **Mo**dulation und **Dem**odulation zusammen. Bei der Modulation werden die *digital* vorliegenden Informationen des Computers (Bits) in *analoge* Informationen (Tonfrequenzsignale) umgewandelt. Diese Tonfreguenzsignale werden dann über die Telefonleitung an den gekoppelten Computer bzw. an das davorgeschaltete Modem gesendet. Dort erfolgt die Demodulation, d.h. das Tonfrequenzsignal wird in ein binäres Signal zurückverwandelt.

Ein *Akustikkoppler* koppelt die akustischen Binärsignale des Computers über den *Telefonhörer* an das Telefonnetz. Durch den direkten Anschluß des *Modems* an das Fernsprechnetz ist eine größere *Übertragungsgeschwindigkeit* möglich und die Daten werden *sicherer* übertragen als bei einem Akustikkoppler.

b) Serielle Schnittstelle

Das Bindeglied zwischen Modem und Computer ist die *serielle Schnittstelle.* Bei einer seriellen Schnittstelle werden die Bits nacheinander gesendet. Ein Bit folgt dem anderen. Die Übertragung erfolgt über eine einzelnen Leitung. Die Datenübertragung über eine Telefonleitung muß seriell sein, weil die meisten Telefonleitungen nur aus zwei Leitungen bestehen.

Bei einer *parallelen Schnittstelle* erfolgt die Datenübertragung gleichzeitig über acht verschiedene Leitungen. Die acht binären Signale (Bits), die ein Zeichen darstellen, werden jedes über eine eigene Leitung übertragen. Alle Bits erreichen dann zum selben Zeitpunkt das Ziel. Parallel bedeutet somit, daß die Bits gleichzeitig über verschiedene Leitungen übertragen werden. Da bei einer parallelen Übertragung mindestens acht Leitungen benötigt werden, ist es unmöglich, über eine Telefonleitung parallel zu übertragen.

Die Bezeichnung für die serielle Schnittstelle lautet V.24 oder auch RS 232C, wobei die beiden Bezeichnungen nicht übereinstimmen. Mit RS 232C werden die elektrischen und funktionellen Eigenschaften definiert, bei V.24 nur die funktionellen, die elektrischen findet man unter V.28.

Bei der Benutzung einer seriellen Schnittstelle ist immer darauf zu achten, daß das Kabel zwischen Schnittstelle und Modem oder Akustikkoppler die richtige Verbindung herstellt. Um eine erfolgreiche Datenübertragung zu gewährleisten, müssen die Pinbelegungen auf beiden Seiten zueinander passen. Wenn Sie den Computer, das Modem und Symphony bei demselben Händler gekauft haben, kann man davon ausgehen, daß Sie auch das richtige Kabel erhalten haben.

Da die Kommunikation ein *wechselseitiges* Verfahren zur *Datenübertragung* darstellt, müssen der *Sender* und der *Empfänger* aufeinander *eingestellt* sein. Technisch bedeutet dies, daß folgende technische Daten festliegen und übereinstimmen müssen:

- **Baud-Rate**

Geschwindigkeit, mit der die Daten übertragen werden (Vorgabe: 1200 Baud).

- **Wortlänge**

Anzahl der Bits pro Wort (Vorgabe: 7 Bit).

- Stop-Bits

Anzahl der Stop-Bits (Vorgabe: 1 Stop-Bit).

- Parität

Die vorgegebene Parität ist *gerade.*

Diese notwendigen *Vereinbarungen* zur sicheren Datenübertragung werden *Protokoll* genannt. Es ist nochmals wichtig, darauf hinzuweisen, daß das *Protokoll* des Senders und des Empfängers übereinstimmen muß.

c) Software für die Datenübertragung

Wie bereits erwähnt, ist auch Symphony in der Lage, mit dem Datenübertragungsprogramm Kommunikation mit anderen Computern durchzuführen. Über dieses Programm ist es beispielsweise möglich, das Modem bzw. den Akustikkoppler und die serielle Schnittstelle zu steuern. Weiterhin können Sie festlegen, welche Informationen über die Datenübertragungsverbindung gesendet oder empfangen werden. Symphonys KOMM-Betriebsart ermöglicht Ihnen auch die Zeichenlänge, die Paritäts-Bits, die Stop-Bits und die Übertragungsgeschwindigkeit einzustellen.

11.1.2 Daten senden und empfangen

Grundsätzlich gibt es drei Möglichkeiten, mit Symphony Daten zu übertragen:

a) Tastatur

Die über Tastatur eingegebenen Zeichen sind auf dem eigenen Bildschirm und auf dem Bildschirm des zu empfangenden Computers zu sehen. Diese Möglichkeit kann eingesetzt werden für *On-Line-Dienste* (z.B. als Mail-Box) und Senden von kurzen Nachrichten an den Operator des Host-Rechners.

b) Bereiche aus Arbeitsblättern

Es können von Ihnen definierte Bereiche eines Arbeitsblattes übertragen bzw. empfangen werden. Damit können längere Berichte, Zahlentabellen oder ähnliches gesendet und in einem anderen Rechner gespeichert werden.

c) Dateien

Eine dritte Möglichkeit ist die Übertragung bzw. der Empfang ganzer Dateien, die auf Festplatte oder auf Diskette gespeichert sind. Die Übertragung ist nicht nur auf Symphony-Dateien beschränkt; man kann auch Dateien von fremden Programmen übertragen.

11.1.3 Asynchrone und synchrone Datenübertragung

Diese beiden Begriffe beschreiben die Art und Weise, wie der sendende und empfangende Computer zusätzliche Informations-Bytes einsetzt, um den Datenfluß zu steuern. Die asychrone Datenübertragung wird überwiegend bei Mikrocomputern eingesetzt. Der synchrone Datenaustausch erfolgt meist bei Großrechnern.

Bei der *asynchronen Datenübertragung* fügt der Computer am Anfang und am Ende eines jeden Bytes (acht Bits) zusätzliche Bits, nämlich die Start-Bits oder Stop-Bits hinzu. Das *Start-Bit* zeigt den Beginn eines Zeichens. Ein oder zwei *Stop-Bits* beenden ein Zeichen. Der empfangende Computer kann dann anhand der Start- und Stop-Bits erkennen, ob ein Daten-Byte endet oder ein neues Byte beginnt. Das zu sendende Byte wird dabei, wie erwähnt, von den Start- bzw. Stop-Bits eingerahmt. Bei der asynchronen Datenübertragung ist der Hardwareaufwand sehr gering (z.B. über jede Telefonleitung), nachteilig ist die relativ geringe Übertragungsrate, hervorgerufen durch die vielen Start- und Stop-Bits.

Bei der *synchronen Datenübertragung* werden nicht einzelne Bytes übermittelt, sondern, innerhalb eines genau definierten Zeitraums, ganze Datenblöcke. Im Gegensatz zur asynchronen Datenübertragung entfallen alle Start- und Stop-Bits. Stattdessen werden am Anfang und am Ende eines jeden Datenblocks genau definierte Zeichen gesendet. Da die synchrone Datenübertragung keinerlei Start- und Stop-Bits benötigt, ist sie schneller als die asynchrone Übertragung, erfordert allerdings auch einen höheren Hard- und Softwareaufwand.

11.1.4 Betriebsarten

Ein weiterer wichtiger Parameter für die Datenübertragung ist die Richtung der Datenübertragung. Im wesentlichen werden drei Arten unterschieden: nur in eine Richtung (*simplex*), abwechselnd in beiden Richtungen (*halbduplex*) oder gleichzeitig in beiden Richtungen (*vollduplex*). Voraussetzung für eine funktionierende Datenübertragung ist, daß beide Computer in der gleichen Betriebsart arbeiten.

a) Simplex

Der Simplexbetrieb erlaubt die Datenübertragung nur in eine Richtung. Bei dieser Betriebsart ist der eine Computer der Sender und der andere der Empfänger. Der Sender kann nur Daten senden; der Empfänger nur die Daten empfangen und nicht senden. Beispiele für den Simplexbetrieb sind Rundfunk und Fernsehen.

b) Halbduplex

Beim Halbduplexbetrieb kann die Datenkommunikation abwechselnd in beiden Richtungen geschehen. Jeder Computer kann Daten senden und empfangen. Damit wird ein Dialog zwischen den beiden Geräten ermöglicht. Die Übertragung kann jedoch gleichzeitig immer nur in eine Richtung stattfinden. Wann welcher Computer sendet bzw. empfängt, wird durch spezielle Signale festgelegt. Eine Halbduplex-Konfiguration wird bei der Datenübertragung zwischen Mikrocomputern häufig verwendet.

c) Vollduplex

Auch die Vollduplex-Konfiguration wird in vielen Fällen benutzt. Bei diesem Verfahren kann die Datenübertragung gleichzeitig in beiden Richtungen stattfinden. Das bedeutet, daß jeder Computer sowohl Sender als auch Empfänger der Daten sein kann.

11.1.5 Übertragungsgeschwindigkeit

Die Übertragungsgeschwindigkeit hängt einerseits von der Qualität der Leitungen und andererseits vom Übertragungsverfahren (synchron oder asynchron) ab. Die Übertragungsgeschwindigkeit der Daten wird in BAUD oder Bit pro Sekunde angegeben. Streng genommen sind beide Begriffe nicht identisch; dennoch bedeuten sie in Symphony dasgleiche. Die BAUD-Rate gibt deshalb die Anzahl der Bits pro Sekunde an, die übertragen werden. Auch dieser Parameter muß zwischen Sender und Empfänger genau übereinstimmen.

11.1.6 Zeichenlänge

Der bei den Mikrocomputern am meisten verwendete Zeichensatz ist der ASCII-Zeichensatz, der aus 256 Zeichen besteht. Die ersten 128 Zeichen (von 0 bis 127) sind genormt. Hier befinden sich die Groß- und Kleinbuchstaben, alle numerische Zeichen, die mathematischen Operatoren und die Satzzeichen. Für die Darstellung dieser Zeichen im ASCII-Zeichensatz werden nur 7 Bits benötigt. Die Zeichen über 127 sind selten standardisiert. Will man nur die ersten 128 Zeichen übertragen, also mit dem standardisierten Zeichensatz arbeiten, genügt eine Zeichenlänge von 7 Bit, denn 2 hoch 7 ergibt genau 128. Um die Zeichen darzustellen, die darüber liegen, also zwischen 127 und 256, werden 8 Bits benötigt, denn 2 hoch 8 ergibt 256.

Symphony bietet Ihnen die Möglichkeit, mit einer Zeichenlänge von 7 oder 8 Bits zu arbeiten. Benötigt man nur den Zeichensatz bis 127, genügt es, eine Zeichenlänge von 7 Bits zu wählen. Werden jedoch auch die ASCII-Zeichen größer als 127 benötigt, muß man 8 Bits als Zeichlänge angeben.

11.1.7 Paritäts-Bit

Eine Datenübertragung wird nie fehlerfrei sein. Ein Paritäts-Bit ist ein Fehlerprüf-Bit. Dieses *Fehlerprüf-Bit* kann beim ASCII-Code nur dann verwendet werden, wenn mit einer Zeichenlänge von 7 Bit gearbeitet wird. Das achte Bit ist dann das Prüf-Bit.

Parität kann als gerade oder ungerade definiert werden. Wird ungerade Parität gewählt, werden die Anzahl der binären Einsen in den sieben Zeichen-Bits gezählt und je nach Ergebnis eine binäre 1 oder 0 als achtes Zeichen hinzugefügt. Die Summe der binären Ziffern ist dann ungerade. Es ist genauso möglich, eine gerade Parität zu wählen. Auch hier wird, abhängig vom Ergebnis, eine Eins oder Null hinzugefügt, damit die Summe der acht Zeichen gerade wird.

11.1.8 Protokolle

Bei vielen Datenübertragungsprogrammen werden die über Leitung empfangenden Daten, bevor sie weiterverarbeitet werden, in einem *Übertragungspuffer* zwischengespeichert. Ist der zur Verfügung gestellte Datenpuffer für die gesendeten Daten voll, muß die Übertragung zwischen den Computern kurzzeitig gestoppt werden, damit kein Datenüberlauf stattfinden kann, wodurch Zeichen verloren gehen könnten. Sind die Daten im Puffer abgearbeitet, wird die Übertragung wieder fortgesetzt. Um solche Überläufe zu verhindern, wird die Datenübertragung mit dem X-On/X-Off-Protokoll gesteuert. Das Zeichen für Puffer voll ist <CTRL> S (X-Off) und wird vom Empfänger an den Sender geschickt, der dann die Datenübertragung zeitweise stoppt. Ist der Empfangspuffer wieder leer, sendet der empfangende Computer ein X-On-Kommando (<CTRL> Q). Dies ist das Zeichen, daß der Empfänger bereit ist, weitere Daten zu verarbeiten. Das X-On/X-Off-Protokoll kann für die Übermittlung von Bereichen aus Arbeitsblättern verwendet werden.

Das X-Modem-Protokoll wird dazu verwendet, Dateien zu übertragen, die auf Diskette oder Festplatte gespeichert sind. Die zu übertragende Information wird in Blöcken von 128 Bytes aufgeteilt. Nach jedem empfangenen Block wird eine Fehlerprüfung durchgeführt. Die Datenblöcke, die als fehlerhaft erkannt wurden, werden noch einmal übertragen, bis kein Fehler mehr festgestellt wird.

11.2 Erstellen eines KOMM-Fensters

Um das Symphony-Datenübertragungsmodul zu nutzen, müssen Sie ein **KOMM**-Fenster einrichten. Beim Laden von Symphony erscheint grundsätzlich das BLATT-Fenster mit dem Namen EINS auf dem Bildschirm. Um ein KOMM-Fenster zu erstellen, müssen Sie entweder den Fenstertyp wechseln oder ein neues Fenster erstellen.

11.2.1 Wechseln in ein KOMM-Fenster

Um von einem BLATT-Fenster in ein KOMM-Fenster zu wechseln, ist es am einfachsten, die TYP-Taste (**<ALT> <F10>**) zu betätigen. Im Kontrollbereich erscheint dann das Typ-Menü. Wird das KOMM-Fenster ausgewählt (**K**), sehen Sie folgenden Bildschirm:

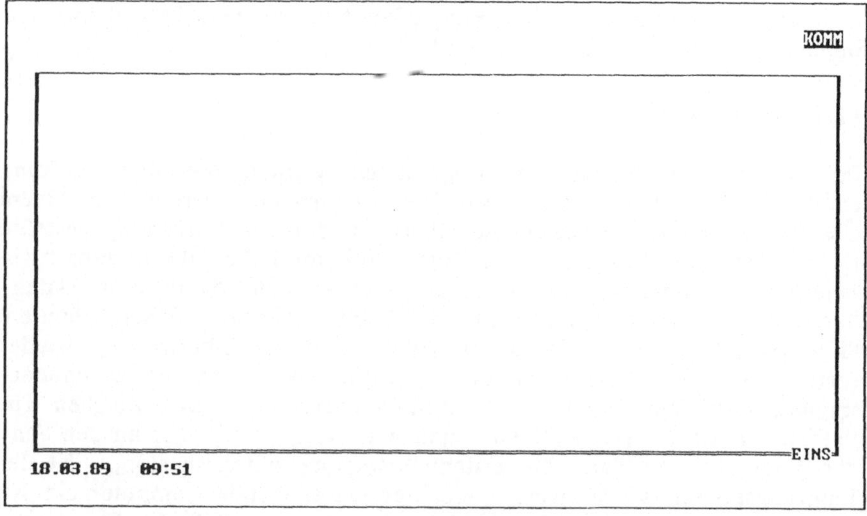

Bild 11-1 Symphony-Bildschirm im KOMM-Fenster

Mit der UMSCHALT-Taste (<ALT> <F9>) gelangen Sie wieder in das BLATT-Fenster zurück.

11.2.2 Neues KOMM-Fenster erstellen

Eine andere Möglichkeit besteht darin, ein völlig neues KOMM-Fenster einzurichten. Dies geschieht mit dem {Service}-Befehl **Fenster Erstelle** (**<F9> FE**). Es wird folgendermaßen vorgegangen:

<F9> fe Wahl des {Service}-Befehls **Fenster Erstelle**.

Symphony fragt nach einem Namen für das neue Fenster. Nach der Eingabe eines Namens legen Sie den Fenster-Typ fest. Um ein KOMM-Fenster anzulegen, müssen Sie natürlich auch **KOMM** wählen. Stellen Sie nun mit den Cursor-Tasten die Größe und Position am Bildschirm ein. Betätigen Sie anschließend die <RETURN>-Taste und wählen dann bei den Fensterparametern den Befehl **Stop**.

11.3 Das Hauptmenü des KOMM-Fensters

Das Hauptmenü des KOMM-Fensters erhalten Sie durch Drücken der {Menü}-Taste (<F10>). Das Hauptmenü des Datenübertragungsprogramms umfaßt die folgenden Funktionen (Bild 11-2):

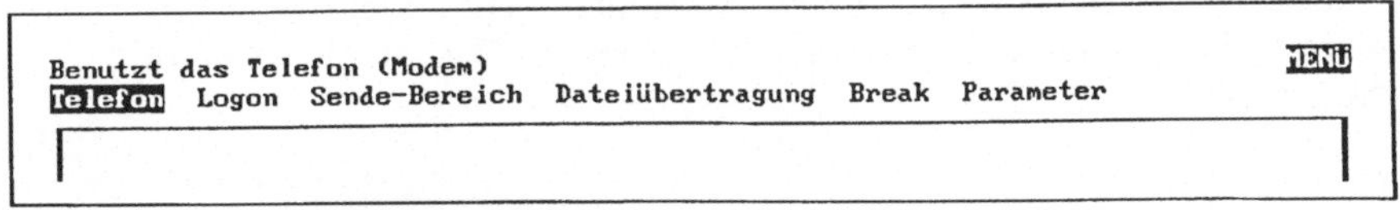

Bild 11-2 Hauptmenü des Datenübertragungsprogramms

Im folgenden werden diese Funktionen erläutert:

Telefon

Mit dieser Funktion ist das automatische Anwählen eines Computers über ein Modem möglich. Dazu sind allerdings nur bestimmte Modems geeignet. Mit einem Kommando können ankommende Anrufe beantwortet werden. Weitere Kommandos regeln das Ende des Gesprächs sowie den Übergang vom Gesprächsmodus zur Datenübertragung. Diese Menüfunktionen werden in diesem Buch nicht beschrieben.

Logon

Mit dieser Funktion können Sie sich bei einem Host-Rechner anmelden. Dabei können bis zu 10 Zeichenfolgen (A bis J) festgelegt werden, die für eine vollständige Anmeldung ausreichen. Die entsprechenden Logon-Sequenzen müssen mit dem Befehl **Parameter Logon (PL)** festgelegt worden sein (s. Abschn. 11.2.6).

Sende-Bereich

Mit dieser Funktion können Bereiche aus den Arbeitsblättern zu den angekoppelten Rechnern übertragen werden.

Dateiübertragung

Dateien können von Ihrer Platte bzw. Diskette zu den entsprechenden Platten oder Disketten des angekoppelten Computersystems übertragen (gesendet oder empfangen) werden.

Break

Diese Funktion bricht die Kommunikation zwischen den Rechnern ab.

Parameter

Mit diesem Kommando können Sie die verschiedenen Parameter entsprechend Ihren Anforderungen einstellen. Die wichtigsten Parameter wurden bereits in Abschnitt 11.1 beschrieben. Das Menü ist in Bild 11-3 dargestellt.

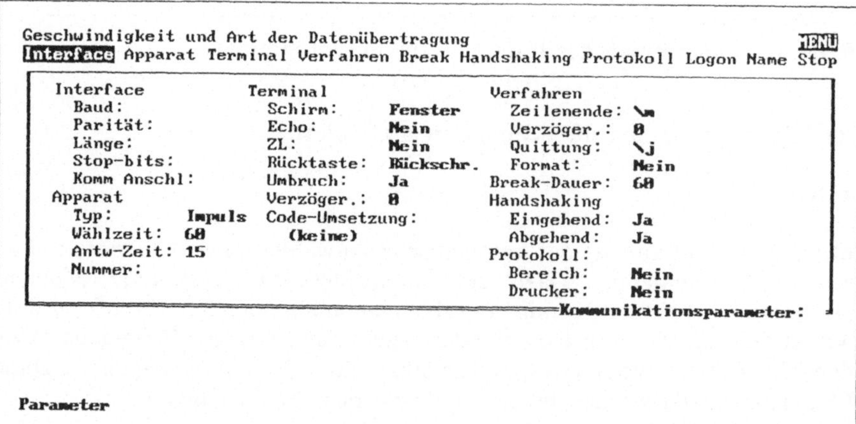

Bild 11-3 Das KOMM-Parameterblatt

Im folgenden werden die Funktionen für die Kommunikations-Parameter ausführlicher beschrieben.

11.4 Einrichten eines KOMM-Fensters

11.4.1 Einstellen der Interface-Parameter

Um eine erfolgreiche Datenübertragung zu gewährleisten, ist es notwendig, gewisse Grundeinstellungen vorzunehmen. Dazu dient der {Menü}-Befehl **Parameter Interface** (**<F10> PI**).

<F10> pi	Auswahl des {Menü}-Befehls Parameter Interface.

Es erscheint folgendes Bild:

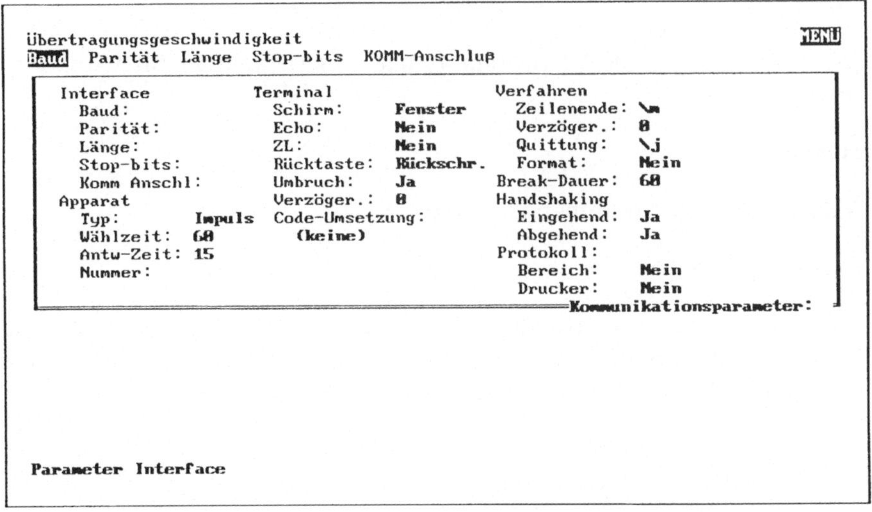

Bild 11-4 Funktionen zum Festlegen der Interface-Parameter

Folgende Funktionen können festgelegt werden:

Baud

Durch Eingabe der Ziffer 1 bis 8 können entsprechende Baudraten festgelegt werden (s. Tabelle 11-1).

Tabelle 11-1 Codierung der Baudraten

Code	Baudrate
1	110
2	150
3	300
4	600
5	1200
6	2400
7	4800
8	9600

Tabelle 11-2 Codierung der Parität

Code	Parität
1	Ohne
2	Ungerade
3	Gerade

Parität

Mit den Ziffern 1, 2 und 3 kann die Parität festgelegt werden (s. Tabelle 11-2).

Länge

Die Zeichenlänge von 7 (Auswahl 1) oder 8 (Auswahl 2) Bit wird festgelegt.

Stop-bits

Wahl der Anzahl der Stop-bits (1 oder 2).

Komm-Anschluß

Wahl der seriellen Schnittstelle 1 (COM1) oder 2 (COM2). Standardmäßig ist die serielle Schnittstelle 1 eingestellt. Nach erfolgter Einstellung können Sie mit der Datenübertragung beginnen.

11.4.2 Einstellen der Telefon-Parameter

Mit der Funktion Apparat (A) aus dem Parameter-Menü können folgende Einstellungen für das Telefon vorgenommen werden (s. Bild 11-5):

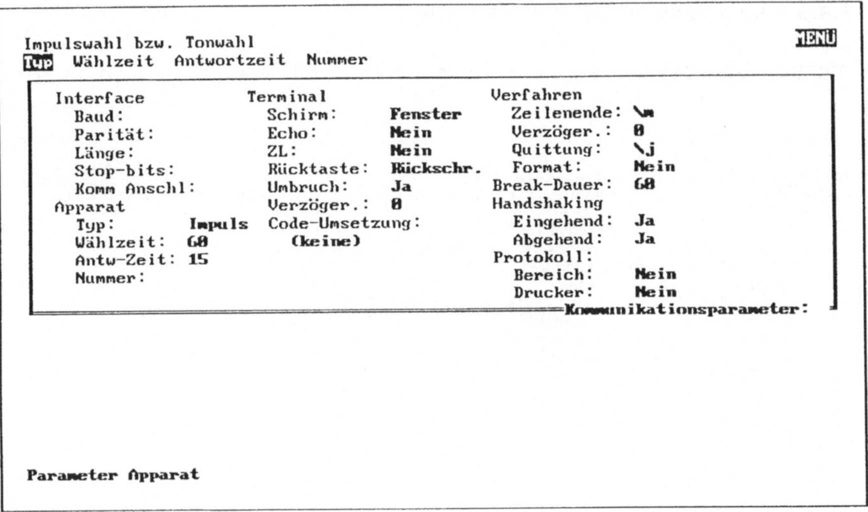

Bild 11-5 Telefon-Parameter

Typ

Einstellen des Apparates als Telefon mit Wählscheibe (W) oder Tasten (T).

Wählzeit

Hier ist der Standardwert von 60 Sekunden für die Wählzeit eingestellt. Diese Zeit reicht meist aus, damit sich das angewählte System melden kann.

Antwortzeit

Standardmäßig ist die Antwortzeit von 15 Sekunden eingestellt. Sie ist in der Regel ausreichend, um eine Verbindung zwischen Telefon und Modem herzustellen.

Nummer

Hier tragen Sie die von Ihnen gewünschte Telefonnummer ein. Es ist wichtig, durch Einfügen von Kommata zwischen den Ziffern erforderliche Verzögerungszeiten vorzusehen, um dem Telefonsystem die erforderliche Zeit zum Wählen der Nummern zu geben (ein Komma entspricht zwei Sekunden).

11.4.3 Einstellungen für den Bildschirm

Folgende Bildschirm-Parameter können eingestellt werden (s. Bild 11-6):

```
Ganzer Bildschirm bzw. Fensterausschnitt                                  MENÜ
Schirm Echo Zeilenvorschub Rückschalttaste Umbruch Verzögerung Code-Umsetzung

 Interface            Terminal                Verfahren
   Baud:                Schirm:    Fenster      Zeilenende: \m
   Parität:             Echo:      Nein         Verzöger.:  0
   Länge:               ZL:        Nein         Quittung:   \j
   Stop-bits:           Rücktaste: Rückschr.    Format:     Nein
   Komm Anschl:         Umbruch:   Ja         Break-Dauer:  60
 Apparat                Verzöger.: 0          Handshaking
   Typ:       Impuls    Code-Umsetzung:         Eingehend:  Ja
   Wählzeit:  60          (keine)               Abgehend:   Ja
   Antw-Zeit: 15                              Protokoll:
   Nummer:                                      Bereich:    Nein
                                                Drucker:    Nein
                                              Kommunikationsparameter:

Parameter Terminal
```

Bild 11-6 Bildschirm-Parameter

Schirm

Die Daten können auf dem ganzen Bildschirm (Schirm) oder durch ein Fenster (Fenster) dargestellt werden.

Echo

Echo besagt, daß eine Kopie des empfangenen Zeichens an den Sender zurückgeschickt wird. Damit wird dem Sender mitgeteilt, daß das Zeichen vom Empfänger richtig übernommen wurde. Ein *lokales Zeichenecho* muß beim Halbduplexbetrieb eingestellt werden, da kein Echo automatisch zurückgeschickt wird.

Sinnvollerweise nehmen Sie die Einstellung eines lokalen Zeichenechos folgendermaßen vor: Sehen Sie Ihre eingetippten Zeichen nicht am Bildschirm, so stellen Sie Echo Ja (EJ) ein; sind Ihre Zeichen am Bildschirm sichtbar, dann wählen Sie Echo Nein (EN).

Zeilenvorschub

Es kann nach jeder gesendeten Zeile ein Zeilenvorschub eingestellt werden. Dies ist allerdings nur in den Fällen erforderlich, in denen nach Beendigung einer Zeile nicht automatisch ein Wagenrücklaufzeichen steht.

Rückschalttaste

Beim Drücken der <RÜCKSCHALTTASTE> kann eingestellt werden, ob es sich dabei um einen Rückwärtschritt oder ein Löschzeichen handeln soll.

Umbruch

Paßt die gesendete Bildschirmzeile nicht in die Bildschirmzeile des empfangenden Rechners, dann legen Sie mit **U**mbruch **J**a (**UJ**) fest, daß für diese Zeile ein Umbruch erfolgt (nachdem die Zeile voll ist, findet Wagenrücklauf und Zeilenvorschub statt). Die Standardeinstellung ist Ja.

Verzögerung

Standardmäßig ist die Verzögerung auf 0 eingestellt. Das bedeutet, daß die Übertragung aufeinanderfolgender Zeichen ohne Verzögerung stattfindet. Eine Verzögerung bei der Zeichenübertragung kann mit dem Verzögerungsfaktor (Einheit in 1/128 Sekunde) eingestellt werden. Dies kann erforderlich werden, wenn der empfangende Computer die Zeichen langsamer verarbeitet als sie gesendet werden. Die Verzögerungswerte können zwischen 0 und 32767 (etwa 4,26 Minuten) liegen.

Code-Umsetzung

Damit können die gesendeten Zeichen beim Empfang umgewandelt werden. Normalerweise ist dies nicht erforderlich (Option Vorgabe).

Bei einer Verbindung ins Ausland können die entsprechenden nationalen Sonderzeichen ersetzt werden. In Symphony steht der Nationale Ersetzungscode (NRCS) für 10 Länder zur Verfügung und wird durch Angabe eines Buchstabens A bis J festgelegt (s. Tabelle 11-3).

Tabelle 11-3 Codierung des nationalen Ersetzungszeichensatzes (NRCS)

Code	NRCS-Umsetzung
A	Spanien
B	Großbritannien
C	Französisch-Kanada
D	Norwegen/Dänemark
E	Finnland
F	Frankreich
G	Deutschland
H	Schweden
I	Italien
J	Schweiz

11.4.4 Einstellung des Sende-Verfahrens

Für den Hauptmenü-Befehl Sende-Bereich wird durch den Befehl Parameter Verfahren (**PV**) bestimmt, wie die Daten übermittelt werden. Folgende drei Parameter stehen zur Auswahl:

Zeilenende

Die Standardeinstellung ist \m. Tabelle 11-4 zeigt die verschiedenen Codierungsmöglichkeiten für Zeilenende.

Tabelle 11-4

Steuercode	Dezimal-ASCII-Code	Zeilenende-Code
⟨Ctrl⟩ M (Return; Wagenrücklauf)	13	\013 oder \M oder \m
⟨Ctrl⟩ J (Zeilenvorschub)	10	\010 oder \J oder \j
⟨ESC⟩	27	\027
@	64	\064
A	65	\065
a	97	\097

Verzögerung

Nach jeder Zeile kann ein Verzögerungsfaktor (Einheit 1/128 Sekunde) eingestellt werden. Der Standardwert für die Verzögerung beträgt 0, da die meisten Rechner Symphony-Dateien so schnell empfangen können, wie sie gesendet werden.

Quittungszeichen

Die Standardeinstellung ist \j. Das bedeutet, daß der sendende Rechner so lange wartet, bis auf dem Empfangscomputer <CTRL> j gedrückt wurde. Werden Dateien nur zwischen Symphonyprogrammen ausgetauscht, so ist zu empfehlen, keine Quittungs-Zeichenfolge einzustellen (\n). Dadurch ist die Kommunikation weniger umständlich.

11.5 Protokoll der Datenübertragung

Mit dem Befehl **P**arameter **P**rotokoll (**PP**) kann ein Protokoll der Bildschirmarbeit erstellt werden. Dieses Protokoll kann ausgedruckt (**D**rucker) oder in ein Arbeitsblatt geschrieben (**B**ereich) werden. Mit dem Befehl **L**ösche (**L**) wird das Protokoll im Arbeitsblatt gelöscht, der Befehl **A**nnulliere (**A**) schaltet die Protokollierung aus.

11.6 Festlegen der Logon-Folgen

Wie bereits erwähnt, werden mit dem Befehl **P**arameter **L**ogon (**PL**) die Zeichenfolgen erstellt, die den Zugang zu einem Großrechner ermöglichen. Bild 11-7 zeigt das zugehörige Menü:

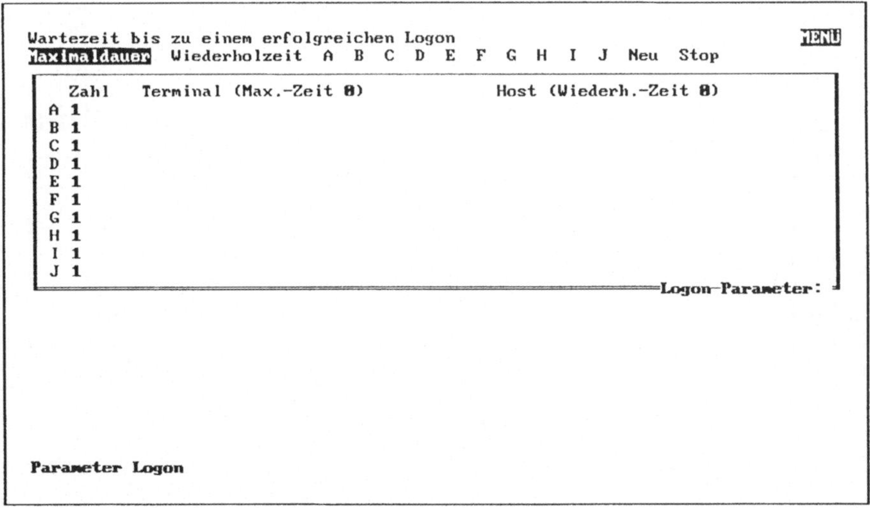

Bild 11-7 Festlegen der Logon-Parameter

Folgende Parameter können eingestellt werden:

Maximaldauer

Die gesamte Zeit, die für den erfolgreichen Aufbau einer Rechnerverbindung benötigt wird (einschließlich Sende- und Antwortzeiten), muß hier eingegeben werden (höchstens 32767 Sekunden). Es ist zu empfehlen, nicht zu kleine Maximalzeiten zu wählen, damit eine Verbindung tatsächlich zustande kommt.

Wiederholzeit

Die Wiederholzeit gibt an, wieviele Sekunden der Sender auf eine Antwort des Empfängers wartet. Sie sollte nicht größer sein als die Maximaldauer, da die Wiederholzeit meist nur ein Teil der gesamten für die Herstellung einer Verbindung notwendigen Zeit darstellt. Wenn innerhalb der Wiederholzeit der Empfänger keine oder eine falsche Antwort zurückmeldet, wird die Logon-Sequenz wiederholt oder die Verbindung abgebrochen. Die Anzahl der Wiederholungen kann bei den Logon-Sequenzen (A bis J) eingestellt werden.

Logon-Sequenzen A bis J

Es können maximal 10 Logon-Sequenzen (A bis J) erstellt werden. Wird beispielsweise A ausgewählt, so wird folgendes Menü sichtbar (s. Bild 11-8):

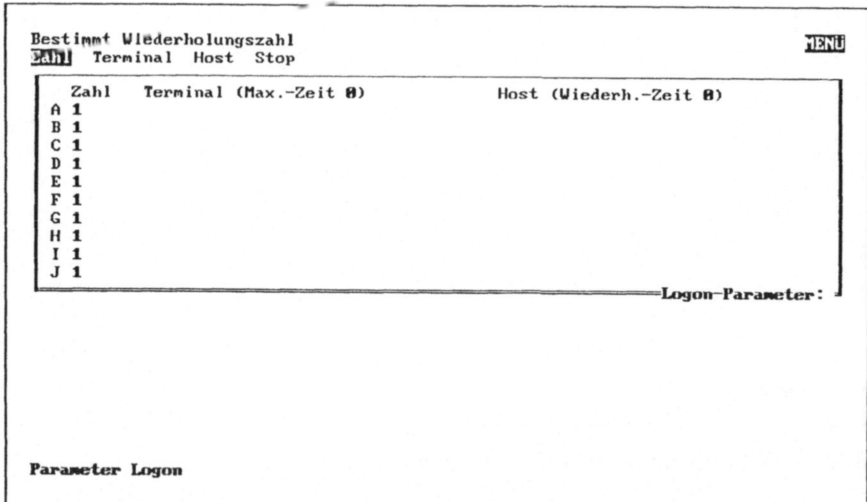

Bild 11-8 Festlegen der Parameter für eine Logon-Sequenz

Folgende Optionen sind möglich:

Zahl

Gibt die Anzahl der Wiederholungen an (Standardwert ist 1).

Terminal

Hier wird die zum Host zu sendende Logon-Zeichenfolge definiert.

Host

Die vom Host zu empfangende Zeichenfolge wird eingegeben.

Stop

Rückkehr ins vorherige Menü.

Neu

Mit diesem Kommando können die Logon-Parameter gelöscht werden.

11.7 Verwalten der Kommunikationsparameter

Die festgelegten Parameter, können in einer speziellen Datei, der Kommunikations-Konfigurations-Datei (.CCF) gespeichert werden. Dies ist vorteilhaft, wenn eine Kommunikation zwischen verschiedenen Rechnern aufgebaut wurde. Die einmal abgespeicherte Datei kann bei Bedarf aufgerufen werden, so daß man sich eine Neueinstellung sparen kann. Nach dem Befehl Parameter Name (PN) wird das Menü sichtbar (11-9).

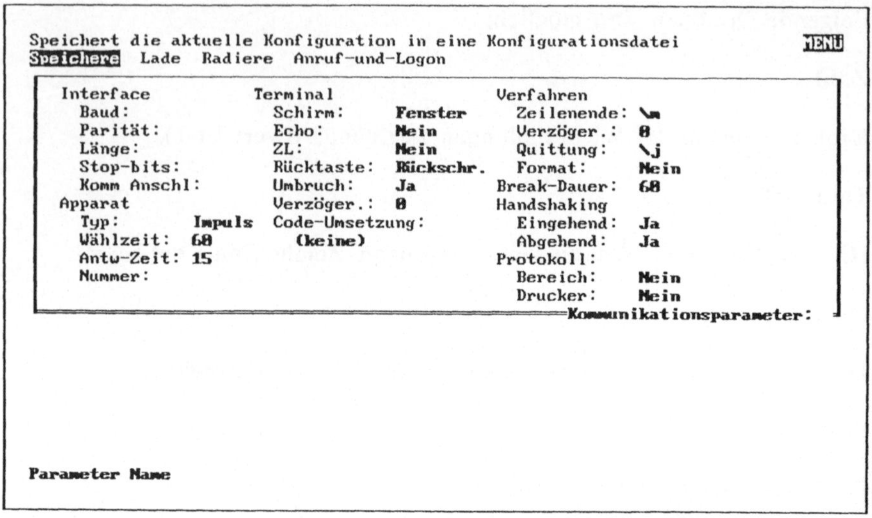

```
Speichert die aktuelle Konfiguration in eine Konfigurationsdatei          MENÜ
Speichere  Lade  Radiere  Anruf-und-Logon

  Interface              Terminal                      Verfahren
    Baud:                  Schirm:       Fenster         Zeilenende: \m
    Parität:               Echo:         Nein            Verzöger.:  0
    Länge:                 ZL:           Nein            Quittung:   \j
    Stop-bits:             Rücktaste:    Rückschr.       Format:     Nein
    Komm Anschl:           Umbruch:      Ja            Break-Dauer:  60
  Apparat                  Verzöger.:    0             Handshaking
    Typ:       Impuls      Code-Umsetzung:               Eingehend:  Ja
    Wählzeit:  60            (keine)                     Abgehend:   Ja
    Antw-Zeit: 15                                      Protokoll:
    Nummer:                                              Bereich:    Nein
                                                         Drucker:    Nein
                                                  Kommunikationsparameter:

Parameter Name
```

Bild 11-9 Erstellen einer Kommunikations-Konfigurations-Datei

Folgende Möglichkeiten stehen zur Verfügung:

Speichere

Die eingestellten Kommunikations-Parameter werden als Datei mit dem Zusatz .CCF abgespeichert.

Lade

Eine Kommunikations-Datei wird geladen.

Radiere

Löschen einer Kommunikations-Datei.

Anruf-und-Logon

Mit dieser Funktion wird eine Konfigurations-Datei geladen, die darin aufgeführte Telefonnummer gewählt und mit den gespeicherten Logon-Folgen eine Rechnerverbindung hergestellt.

11.8 Emulation des DEC-Terminals VT100

Mit der *Zusatzanwendung* VT100.APP (als Datei auf der Hilfe- und Tutorialdiskette) ist es möglich, das DEC-Terminal VT100 zu emulieren. Um dies zu erreichen, gehen wir in folgenden Schritten vor:

1. Kopieren der Datei SYMPHONY.DYN in den Pfad, in dem sich Symphony befindet.

2. Kopieren der Datei VT100.APP (von der Hilfe- und Tutorialdiskette) in den Pfad des Symphony-Programms.

3. Einbinden des Zusatzprogramms durch Wahl des {Service}-Befehls Zusatz **K**opple (**<F9> ZK**). Es erscheint folgendes Bild:

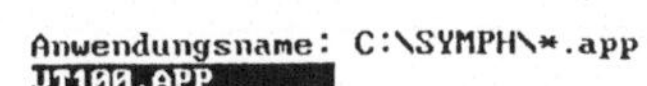

Bild 11-10 Einbinden der Zusatzanwendung VT100.APP

4. Einbinden der Zusatzanwendung durch Drücken der <RETURN>-Taste und des Befehls Stop. Danach ist das Arbeitsblatt von Symphony zu sehen.

5. Einstellen der Parameter im Parameterblatt.

Dazu wird mit <ALT> <F10> **k** in das Kommunikationsfenster umgeschaltet und im Menü die Funktion **P**arameter ausgewählt (**<F10> P**). Daraufhin werden die einstellbaren Parameter sichtbar.

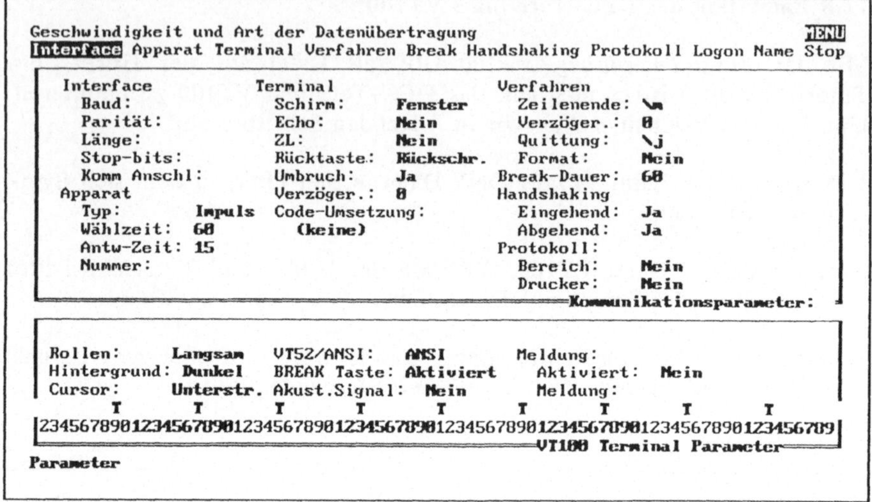

Bild 11-11 Parameter für die VT100-Emulation

Es können die speziellen Parameter und Zeichensätze eingestellt bzw. ausgesucht werden.

11.9 Vorbereitete Konfigurationsdateien

Technisch häufig verwendete Kommunikationsmöglichkeiten sind bereits als spezielle Kommunkationsdateien vorbereitet. Es sind dies unter anderem:

- *BTX-Anschluß* (BTX.CCF)

- *Datex-P-Anschluß* (DATEX300.CCF)

- *Mailbox-Anschluß* (MCIMAIL.CCF)

- *Vernetzungsmöglichkeit.*

Dazu dienen die beiden Dateien CSERVCSC.CCF und CSERVDXP.CCF, die sich auf der Hilfe- und Tutorial-Diskette (5,25"-Format) befinden.

12 Makros

Bisher wurden Arbeitsblätter so erstellt, daß bestimmte Tastenanschläge und Befehle nacheinander angegeben wurden. Mit Symphony haben Sie die Möglichkeit, eine Kombination von Tastenfolgen als Texteingabe in einem Arbeitsblatt abzuspeichern. Diese Folge von Anweisungen kann als eine Einheit, ein *Makro*, verstanden werden. Wird ein Makro aufgerufen, so liest Symphony diese Folge von Anweisungen und führt sie automatisch aus.

12.1 Erstellen eines einfachen Makros

Die Erstellung und der Umgang mit Makros soll in folgenden Schritten erfolgen:

1. Eingabe eines Makros

2. Benennen eines Makros

3. Ausführen eines Makros

4. Befehlsfolge als Makro

5. Funktionen als Makro

6. Der Lernmodus

   6.1 Makros erfassen mit dem Lernmodus

   6.2 Das Lösche-Kommando

   6.3 Das Annulliere-Kommando.

12.1.1 Eingabe eines Makros

Die Makros können spalten- oder zeilenweise eingegeben werden. Symphony arbeitet die Makros von links nach rechts und dann von oben nach unten ab. Ist eine Spalte leer, wird die nächste Zeile gesucht. Ist eine Zeile erreicht, die ohne Inhalt ist, wird das Makro beendet.

Es ist sinnvoll, ein Makro in einen Teil des Arbeitsblattes zu legen, an dem man nicht mit anderen Eintragungen in Konflikt kommt. In unseren Beispielen wollen wir die Makros in die Spalte AB ablegen. Die Makros sind damit einfach aufzufinden und zu ändern, desweiteren wird nicht zuviel Speicherplatz benötigt. Je größer ein Arbeitsblatt ist, desto mehr Hauptspeicherkapazität braucht man.

Um ein Makro übersichtlich zu gestalten, empfiehlt es sich, Kommentare einzufügen. In unserem Beispiel geben wir folgende Überschriften an: **Name** (Name des Makros) und **Befehle** (Befehlsfolge des Makros). Dies soll nun als erstes gemacht werden:

Wir gehen davon aus, daß Sie sich in einem leeren Arbeitsblatt befinden.

Bewegen Sie den Zellzeiger in Zelle AA1 und nehmen folgende Eingaben vor:

Name <PFEIL RECHTS>	Texteingabe in Zelle AA1.
Befehle <RETURN>	Texteingabe in Zelle AB1.

Bewegen Sie den Zellzeiger in die Zelle AA3.

Beispiel <PFEIL RECHTS>	Texteingabe in Zelle AA3.

Nach diesen Überschriften beginnt die Eingabe des Makros in Zelle AB3:

{home}Auftragsbestand~	Eingabe des ersten Makrobefehls in Zelle AB3.

Dieser Makrobefehl entspricht dem Drücken der <HOME>-Taste und der Texteingabe **Auftragsbestand**. Der Zellzeiger wird in die Zelle A1 des Arbeitsblattes bewegt. Durch die Tilde (Tastenfolge: <ALT><3>), sie entspricht dem Drücken der <RETURN>-Taste, erfolgt das Speichern des Textes Auftragsbestand in Zelle A1.

<PFEIL UNTEN>	Abspeichern des Makrobefehls in Zelle AB3 und Bewegen des Zellzeigers in Zelle AB4.
{rechts}"Januar-89~	Weitere Makroeingabe in Zelle AB4.

Das Wort {rechts} in diesem Makrobefehl entspricht dem Betätigen der <PFEIL RECHTS>-Taste. Wenn Symphony dieses Zeichen innerhalb eines Makros antrifft, wird der Zellzeiger eine Zeile nach rechts bewegt. Beachten Sie, daß das Wort rechts in geschweiften Klammern stehen muß

(Tastenfolge: <ALT><1> für geschweifte Klammer auf bzw. <ALT><2> für geschweifte Klammer zu). Durch das Zeichen " wird das Wort Januar-89 rechtsbündig in der Zelle justiert.

<PFEIL UNTEN>	Abspeichern des Makrobefehls in Zelle AB4 und Bewegen des Zellzeigers in Zelle AB5.

Geben Sie nun folgendes ein:

{rechts}"Februar-89~ <PFEIL UNTEN>	Makroeingabe in Zelle AB5.
{rechts}"März-89~ <PFEIL UNTEN>	Makroeingabe in Zelle AB6.
{Rechts}"Gesamt~ <RETURN>	Makroeingabe in Zelle AB7.

Ihr Bildschirm sollte nun Bild 12-1 entsprechen.

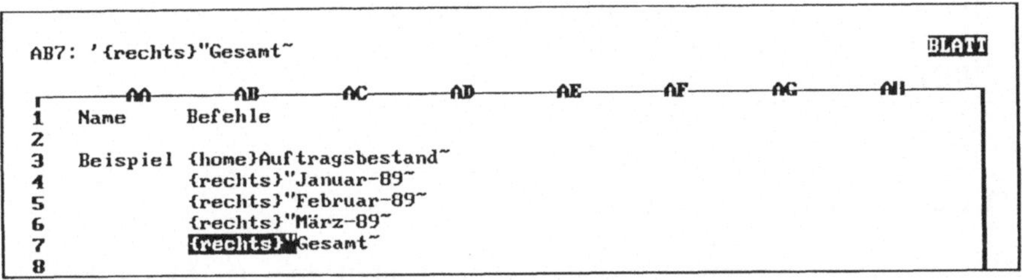

Bild 12-1 Makro zur Erstellung der Spaltenüberschriften

Hinweis! Etliche Sondertasten, beispielsweise <HOME> und <END> müssen in geschweiften Klammern ({ }) von der Tastatur aus eingegeben werden. Einzige Ausnahme bildet die <RETURN>-Taste (~). Das Zeichen ~ (Tilde) beendet häufig eine Folge von Befehlen oder Texteingaben und steht nicht in geschweiften Klammern.

Tabelle 12-1 Tasten und ihre Bezeichnung in einem Makro

Tabelle 12-1 Makrobezeichnungen für Spezialtasten

{ABS}	{JUSTIEREN}	{RÜCKTASTE} oder
{ABSATZ}	{KALK}	{RT}
{AUTO}	{KOPIE}	{SEITENANFANG}
{BEWEGEN}	{LINKS}	{SERVICE}
{BREAK}	{LÖSCHEN}	{SPRUNGLINKS}
{DEL}	{LÖSCHLINKS}	{SPRUNGRECHTS}
{EDIT}	{LÖSCHRECHTS}	{SUCHEN}
{EINRÜCKEN}	{LÖSCHWORT}	{TAB}
{EINSETZEN}	{LÖSCHZEILE}	{TYP}
{END}	{MAKGEN}	{UMSCHALTEN}
{ERSETZEN}	{MENÜ}	{UNTEN}
{ESC}	{NÄCHSTESEITE}	{WO}
{FENSTER}	{NEUESEITE}	{ZEICHNEN}
{FORMAT}	{OBEN}	{ZENTRIEREN}
{FUNKTION}	{PGDN} oder	{ZOOM}
{GEHEZU}	{SPRUNGUNTEN}	~ (‹RETURN›-Taste)
{GROSSKLEIN}	{PGUP} oder	{~} (Tilde)
{HILFE}	{SPRUNGOBEN}	{{} (Linke geschweifte Klammer)
{HOME}	{PROTOKOLL}	{}{ (Rechte geschweifte Klammer)
{INS}	{RECHTS}	

12.1.2. Benennen eines Makros

Um ein Makro wieder aufrufen zu können, muß man das Makro benennen. Es genügt, wenn Sie die erste Zelle, in der das Makro beginnt, mit einem Namen versehen. In unserem Beispiel ist das die Zelle AB3, der Sie einen Namen geben müssen. Symphony schließt automatisch alle in derselben Spalte stehenden darunter folgenden Zellen, bis zur ersten leeren Zelle ein. Man kann natürlich auch den gesamten Makrobereich benennen. Es ist ratsam, dem Makro einen sinnvollen Namen zu geben, der mit der Funktion in Zusammenhang steht. Der Name kann bis zu 15 Zeichen lang sein und beliebig geändert werden.

Es wird folgendermaßen vorgegangen:

<F10> bne	Auswahl des {Menü}-Befehls **B**ereich **N**ame **E**rstelle.

Nun wird nach dem Namen des Bereiches gefragt. Unser Makro soll folgenden Namen haben:

Beispiel <RETURN>	Eingabe und Abspeichern des Namens für das Makro.

Symphony fragt nach dem Bereich, der dem Namen zugewiesen werden soll. Bewegen Sie dazu mit der <PFEIL OBEN>-Taste den Zellzeiger in Zelle AB3, also in die Zelle, in der der erste Makrobefehl steht. Durch anschließendes Betätigen der <RETURN>-Taste wird dem Bereichsnamen Beispiel die Zelle AB3 zugewiesen.

Eine andere Möglichkeit, dem Makro einen Namen zu geben, wurde von Lotus 1-2-3 übernommen. Der Name beginnt mit einem umgekehrten Schrägstrich (\) und dann folgt entweder ein Klein- oder Großbuchstabe (z.B. \m). Solche Makros werden durch Drücken der <ALT>-Taste und gleichzeitigem Drücken der entsprechenden Buchstabentaste aufgerufen (z.B. <ALT> <M>).

Symphony ermöglicht auch die Vergabe von Makro-Namen, die aus einem umgekehrten Schrägstrich (\) und einer Zahl von 1 bis 10 bestehen. Diese Makros werden gestartet, wenn Sie die Taste FUNKTIONEN (<F7>-Taste) und dann eine der zehn Funktionstasten auf Ihrem PC drücken. Wenn Sie z.B. ein Makro mit dem Namen \6 angelegt haben, wird das Makro mit den Tasten <F7> <F6> gestartet.

12.1.3 Ausführen eines Makros

Wird die Taste FUNKTIONEN (<F7>-Taste) betätigt, der zugehörige Makro-Namen eingegeben und mit der <RETURN>-Taste abgeschlossen, dann wird das Makro aufgerufen und alle Befehle werden von oben nach unten bis zum Ende ausgeführt. Wenn Sie die FUKTIONEN-Taste drükken, erscheint die Meldung **FNKT** am unteren Bildschirmrand. Da diese Meldung nur 4 Zeichen lang ist, werden auch nur vier Zeichen des jeweiligen Makro-Namens dargestellt. Wenn Sie die <RETURN>-Taste drücken, beginnt das Makro zu arbeiten. Man sieht, wie die Texteingaben nacheinander auf dem Bildschirm erscheinen.

Um unser Makro zu starten, drücken Sie die FUNKTION-Taste (**<F7>**) und geben das Wort **Beispiel** ein Danach betätigen Sie die <RETURN>-Taste. Der Makroablauf beginnt. Ihr Bildschirm sollte nun Bild 12-2 entsprechen.

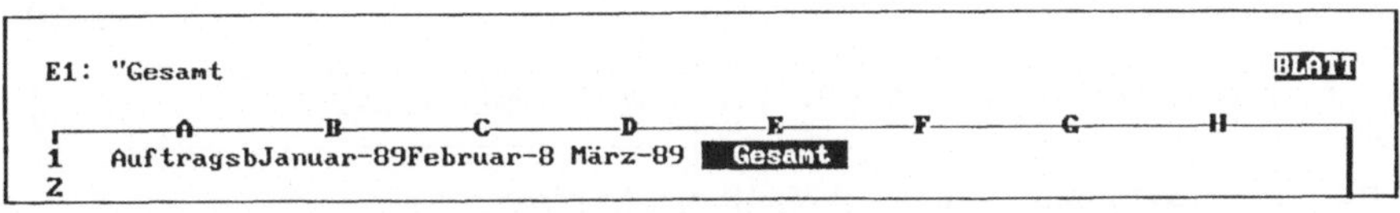

Bild 12-2 Arbeitsblatt nach Ablauf des Makros

12.1.4 Befehlsfolge als Makro

Wie in Kapitel 3, so sollen auch hier die Spalten des Arbeitsblattes auf bestimmte Breiten eingestellt werden. Das Makro, das wir nun eingeben wollen, enthält ein Symphony-Kommando. Bewegen Sie den Zellzeiger in die Zelle AB8 und nehmen nun folgende Eingabe vor:

{home}{menü}sb18~ Bewegen des Zellzeigers in die Spalte A({**home**}). Aufruf des {Menü}-Befehls({**menü**}) Spalte **B**estimme. Die Spalte Awird auf **18** Zeichen verbreitert. Der Befehl'wird durch das Betätigen der <RETURN>-Taste (~) ausgeführt.

<PFEIL UNTEN> Abspeichern des Makros in Zelle AB8 und Bewegen des Zellzeigers in Zelle AB9.

Beim nächsten Makrobefehl soll die restliche Spaltenbreite auf 12 Zeichen eingestellt werden. Geben Sie folgenden Makrobefehl ein:

{rechts}/sb12~{rechts}/sb12~{rechts}/sb12~{rechts}/sb18~
Der Zellzeiger wird eine Zelle nach rechts ({**rechts**}) bewegt. Aufruf des {Menü}-Befehls (/) Spalte **B**estimme. Spalte B wird auf **12** Zeichen eingestellt und anschließend die <RETURN>-Taste (~) betätigt. Dieselbe Vorgehensweise geschieht in den Spalten C,D und E. Wobei die Spalte E auf 18 Zeichen verbreitert wird.

<PFEIL UNTEN> Abspeichern des Makrobefehls in Zelle AB9 und Bewe-gen des Zellzeigers in Zelle AB10.

Nun rufen Sie das Makro durch Drücken der Taste **FUNKTION (<F7>)** und Eingabe des Makronamens **Beispiel** auf. Betätigen Sie dann die <RETURN>-Taste. Das Makro wird ausgeführt. Ihr Bildschirm sollte Bild 12-3 entsprechen.

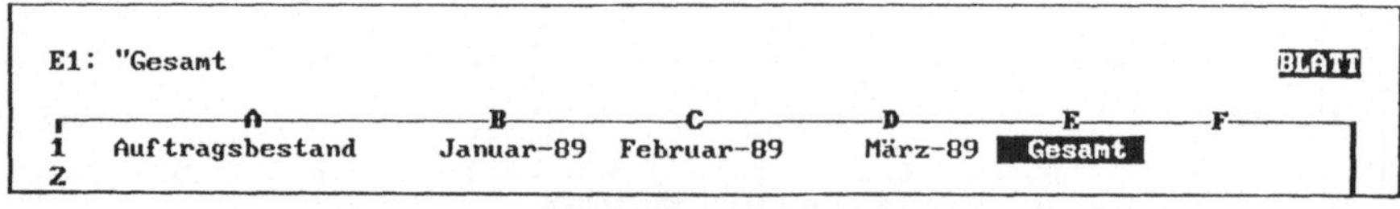

Bild 12-3 Arbeitsblatt nach Ablauf des Makros

Das Arbeitsblatt kann noch weiter ausgebaut werden. Die verschieden Maschinensparten und die dazugehörigen Daten sollen automatisch eingetragen werden. Geben Sie nun folgendes Makro in die Zelle AB10 ein:

{gehezu}a3~Drehbank~{rechts}48743~{rechts}93543~{rechts}65987~

Bewegen des Zellzeigers in Zelle A3, Eingabe der ersten Produktsparte (Drehbank) und der betreffenden Auftragswerte für Januar, Februar und März.

<PFEIL UNTEN> Abspeichern des Makros in Zelle AB10 und Bewegen des Zellzeigers in Zelle AB11.

{gehezu}a4~Fräsmaschine~{rechts}82654~{rechts}91236~{rechts}95079~

Bewegen des Zellzeigers in Zelle A4, Eingabe der zweiten Produktsparte (Fräsmaschine) und der betreffenden Auftragswerte für Januar, Februar und März.

<PFEIL UNTEN> Abspeichern des Makros in Zelle AB11 und Bewegen des Zellzeigers in Zelle AB12.

{gehezu}a5~Bohrautomat~{rechts}64343~{rechts}92234~{rechts}25079~

Bewegen des Zellzeigers in Zelle A5, Eingabe der dritten Produktsparte (Bohrautomat) und der betreffenden Auftragswerte für Januar, Februar und März.

<PFEIL UNTEN> Abspeichern des Makros in Zelle AB12 und Bewegen des Zellzeigers in Zelle AB13.

{gehezu}a6~Hobelautomat~{rechts}54780~{rechts}90765~{rechts}75090~

Bewegen des Zellzeigers in Zelle A6, Eingabe der vierten Produktsparte (Hobelautomat) und der betreffenden Auftragswerte für Januar, Februar und März.

<PFEIL UNTEN> Abspeichern des Makros in Zelle AB13 und Bewegen des Zellzeigers in Zelle AB14.

{gehezu}a7~\=~{menü}ka7~b7..e7~{unten}Gesamt~{unten}Prozent~
Bewegen des Zellzeigers in Zelle A7, die Zelle wird mit dem Zeichen = gefüllt und in die Zellen B7..E7 kopiert.

<PFEIL UNTEN> Abspeichern des Makros in Zelle AB14 und Bewegen des Zellzeigers in Zelle AB15.

12.1.5 Funktionen als Makro

In Zelle AB15 wird die folgende Funktion eingegeben:

{gehezu}b8~@summe(b3..b6)~{menü}kb8~c8..e8~
Bewegen des Zellzeigers zur Zelle B8. Der Inhalt der Zellen B3..B6 wird in der Zelle B8 summiert. Anschließend wird die Formel in Zelle B8 in die Zellen C8..E8 kopiert.

<PFEIL UNTEN> Abspeichern des Makros in Zelle AB15 und Bewegen des Zellzeigers in Zelle AB16.

{gehezu}e3~@summe(b3..d3)~{menü}ke3~e4..e6~
Bewegen des Zellzeigers zur Zelle E3. Der Inhalt der Zellen B3..D3 wird in der Zelle E3 summiert. Anschließend wird die Formel in Zelle E3 in die Zellen B3..D3 kopiert.

<PFEIL UNTEN> Abspeichern des Makros in Zelle AB16 und Bewegen des Zellzeigers in Zelle AB17.

{gehezu}b9~+b8/e8~{menü}k~c9..e9~
Bewegen des Zellzeigers zur Zelle B9. Eingabe der Formel zur Berechnung des Prozentanteils, wobei die Zelle E8 absolut eingegeben wird. Die Formel in Zelle B9 wird in die Zellen C9..E9 kopiert.

<PFEIL UNTEN> Abspeichern des Makros in Zelle AB17 und Bewegen des Zellzeigers in Zelle AB18.

{menü}f%2~b9..e9~{menü}fw2~e3..e8~
Die Zellen B9..E9 werden auf zwei Dezimalstellen mit dem Prozentformat eingestellt. Die Zellen E3..E8 werden mit dem Währungsformat eingestellt.

<RETURN> Abspeichern des Makros in Zelle AB17.

Ihr Bildschirm sollte Bild 12-4 entsprechen.

```
AB18: '{menü}f%2~b9..e9~{menü}fw2~e3..e8~                                BLATT

     AA          AB         AC         AD         AE         AF         AG         AH
1    Name        Befehle
2
3    Beispiel    {home}Auftragsbestand~
4                {rechts}"Januar-89~
5                {rechts}"Februar-89~
6                {rechts}"März-89~
7                {rechts}"Gesamt~
8                {home}{menü}sb18~
9                {rechts}/sb12~{rechts}/sb12~{rechts}/sb12~{rechts}/sb18~
10               {gehezu}a3~Drehbank~{rechts}48743~{rechts}93543~{rechts}65987~
11               {gehezu}a4~Fräsmaschine~{rechts}82654~{rechts}91236~{rechts}95079~
12               {gehezu}a5~Bohrautomat~{rechts}64343~{rechts}92234~{rechts}25079~
13               {gehezu}a6~Hobelautomat~{rechts}54780~{rechts}90765~{rechts}75090~
14               {gehezu}a7~\=~{menü}ka7~b7..e7~{unten}Gesamt~{unten}Prozent~
15               {gehezu}b8~@summe(b3..b6)~{menü}kb8~c8..e8~
16               {gehezu}e3~@summe(b3..d3)~{menü}ke3~e4..e6~
17               {gehezu}b9~+b8/$e$8~{menü}k~c9..e9~
18               {menü}f%2~b9..e9~{menü}fw2~e3..e8~
19
20
                                                                                 EINS
03.04.89    19:50
```

Bild 12-4 Vollständiges Makro

Nun rufen Sie das Makro durch Drücken der Taste **FUNKTION** (**<F7>**) und Eingabe des Makronamens **Beispiel** auf. Betätigen Sie dann die <RETURN>-Taste. Das Makro wird ausgeführt.

Speichern Sie dieses Makro mit dem {Service}-Befehl Transfer Speichere (**<F9> TS**) unter dem Namen **Beispiel** auf Ihrer Diskette bzw. Festplatte ab. Mit diesem Makro wird in Kapitel 12.3 nochmals gearbeitet.

Das war ein erster, kleiner Schritt auf dem Weg zur Arbeit mit Makros. Das einfache und problemlos zu verstehende Beispiel sollte den Umgang mit Makros und die Arbeitserleichterung, die Makrobefehle erzeugen können, demonstrieren. Sicherlich bekommen Sie Lust, Ihre eigenen Probleme mit Makros zu programmieren. Im Kapitel 12.2 stellen wir Ihnen dazu höhere Makrobefehle vor.

12.1.6 Der Lernmodus

12.1.6.1 Makros erfassen mit dem Lernmodus

Es ist nicht erforderlich die Anweisungen, aus denen das Makro bestehen soll, eine nach der anderen von Hand einzutippen. Symphony bietet mit dem Lernmodus eine sehr komfortable Möglichkeit für den Benutzer. Im Lernmodus werden alle Tasten, die Sie drücken, gespeichert und können später einfach abgerufen werden. Um die **Makro-Generierung** zu aktivieren, muß man zunächst im {Service}-Parameter Menü den Bereich definieren, in dem Symphony die Kommandos abspeichern soll. Danach kann der eigentliche Modus durch die MAKGEN-Taste (<ALT> <F5>) eingeschaltet werden. Folgendes Beispiel soll dies demonstrieren. Legen Sie zuvor ein neues Arbeitsblatt an. Vergessen Sie nicht, das alte Arbeitsblatt mit dem {Service}-Befehl Transfer Speichere (**<F9> TS**) und der Eingabe eines Dateinamens abzuspeichern.

<F9> pmb Auswahl des {Service}-Befehls **P**arameter **M**akrogenerierung **B**ereich.

Symphony erwartet nun die Eingabe des Bereiches, in dem der Makro gespeichert werden soll, der mit dem Lernmodus erfaßt wird. In unserem Beispiel soll das Makro in den Zellen A1..A10 stehen. Nehmen Sie die folgende Eingabe vor:

a1..a10 <RETURN> Angabe des Bereichs, indem das Makro stehen soll.

Um den Lernmodus einzuschalten, wird wie folgt vorgegangen:

Der Cursor wird an die Stelle gesetzt, von der das Makro später aufgerufen werden soll. Bewegen Sie den Zellzeiger in die Zelle A15. Drücken Sie die MAKGEN-Taste (<ALT> **<F5>**). In der untersten Zeile erscheint die Anzeige **Makgen**, des Makro-Generierungs-Modus ist jetzt eingeschaltet. Alle Tastendrücke, die Sie jetzt machen, werden automtisch gespeichert. Geben Sie ein:

Auftragsbestand <PFEIL RECHTS> **Januar** <PFEIL RECHTS> **Februar** <PFEIL RECHTS> **März** <PFEIL RECHTS> **Gesamt** <PFEIL LINKS> <PFEIL LINKS> <PFEIL LINKS> <PFEIL LINKS> **<F10> SB16** <RETURN>

Um den Lernmodus auszuschalten, wird nochmals die Taste MAKGEN (<ALT> <F5>) gedrückt. Ihr Bildschirm sollte Bild 12-5 entsprechen.

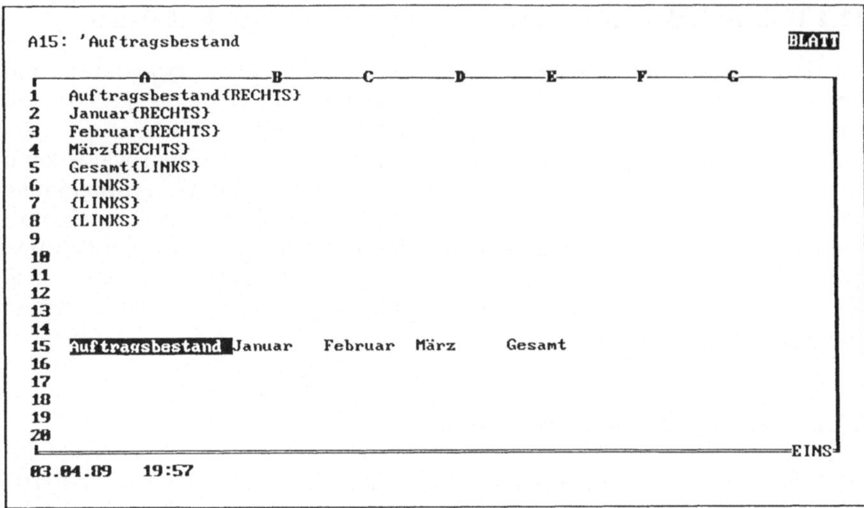

Bild 12-5 Ein mit dem Lernmodus erfaßtes Makro

Achtung! Jede Taste, die Sie drücken, während der Lern-Modus eingeschaltet ist, wird aufgezeichnet. Wenn Sie beispielweise während der Eingabe eines Befehls einen Fehler machen und die <ESC>-Taste verwenden, um diesen Fehler wieder zu bereinigen, dann wird der Fehler und das Betätigen der <ESC>-Taste mit in das Makro aufgenomen.

12.1.6.2 Das Lösche-Kommando

Mit dem {Service}-Befehl **Parameter Makro-Generierung Lösche Ja** (**<F9> PMLJ**) werden sämtliche Eintragungen aus dem Makro-Bereich gelöscht. Mit diesem Kommando können Sie Ihr erstelltes Makro-Programm auf einen Tastendruck löschen. Es empfiehlt sich deshalb, mit diesem Kommando vorsichtig umzugehen.

12.1.6.3 Das Annulliere-Kommando

Mit dem {Service}-Befehl **Parameter Makro-Generierung Annulliere** (**<F9> PMA**) wird die Definition des Makro-Bereiches gelöscht. Bei diesem Befehl wird lediglich die Definition des Bereiches gelöscht, der Inhalt in diesem Bereich des Arbeitsblattes bleibt bestehen.

12.2 Höhere Makrobefehle am Beispiel einer Zuschlagskalkulation

Im letzten Abschnitt wurden die Makros aus schon bekannten und beliebig kombinierbaren Symphony-Kommandos zusammengesetzt. In diesem Abschnitt werden auch solche Befehle behandelt, die ausschließlich in Makros verwendet werden können. Beispielsweise kann man genau wie in einer höheren Programmiersprache Unterprogramme schreiben, die mit einem bestimmten Befehl aus dem Symphony-Makro heraus aufgerufen und ausgeführt werden können. Nach der Ausführung erfolgt wieder ein Rücksprung in das eigentliche Hauptprogramm. Am Beispiel eines Makros, das eine Zuschlagskalkulation aufbaut, werden diese Befehle behandelt.

12.2.1 Aufbau der Zuschlagskalkulation

Bild 12-6 zeigt eine differenzierte Zuschlagskalkulation für zwei Fertigungsstellen.

Die Zuschlagskalkulation wird in folgenden Schritten aufgebaut:

1. Aufbau des Kalkulationsschemas

2. Eingabe der Daten

3. Durchführung der Berechnung

12.2.1.1 Aufbau des Kalkulationsschemas

Nach dem Aufrufen des Makros werden folgende Angaben benötigt:

a) Eingabe der Bezeichnung des Produkts

b) Anzahl der Fertigungsstellen

Die Festlegung der Fertigungsstellen ist notwendig, damit das Kalkulationsschema entsprechend aufgebaut werden kann. Werden mehrere Fertigungsstellen eingegeben, wird das Kalkulationsschema umfangreicher. Die Anzahl der eingegebenen Fertigungsstellen ist im ein Zähler, der angibt, wie oft die Fertigungskosten ermittelt werden müssen. In unserem Beispiel gehen wir von zwei Fertigungsstellen aus.

c) Bezeichnung der Fertigungsstellen

Die beiden Fertigungsstellen werden mit 1 und 2 bezeichnet.

A1: BLATT

A	B	C	D	E	F	G	H

Produkt: Hobelmaschine RS2000
Fert.St.: 2

Vertreterprovison:	5	
Kundenskonto:	3	
Kundenrabatt:	5	

Nr.	Position	%		Betrag	
1	Materialeinzelkosten			15000	
2	Materialgemeinkosten	10		1500	
3	Materialkosten			16500	
4	Fertigungslöhne 1			6000	
5	Fertigungsgemeinkosten	42		2520	
6	Stunden x Stundensatz	0	0	0	
7	Restgemeinkosten	0		0	
8	Fertigungskosten d. Kst.			8520	
9	Fertigungslöhne 2			2741	
10	Fertigungsgemeinkosten	38		1041,58	
11	Stunden x Stundensatz	0	0	0	
12	Restgemeinkosten	0		0	
13	Fertigungskosten d. Kst.			3782,58	
14	Fertigungskosten			12302,58	
15	HERSTELLKOSTEN			28802,58	
16	Verwaltungsgemeinkosten	15		4320,387	
17	Vertriebsgemeinkosten	10		2880,258	
18	SELBSTKOSTEN			36003,22	
19	kalk. Gewinnaufschlag in %	25		9000,806	
20	Selbstkosten + Gewinn			45004,03	87,15
21	Vertreterprovision (Basis Nettoerlös 1)	5		2581,986	5
22	BARVERKAUFSPREIS			47586,01	92,15
23	Kundenskonto	3		1471,732	2,85
24	ZIELVERKAUFSPREIS			49057,75	95
25	Kundenrabatt	5		2581,986	5
26	VERKAUFSPREIS 1 (Nettoerlös 1)			51639,73	100
27	Sondereinzelkst. der Fert.			0	
28	Sondereinzelkst. des Vertr.			300	
29	VERKAUFSPREIS 2 (Nettoerlös 2)			51939,73	
30	Mehrwertsteuer	14		7271,563	
31	BRUTTOPREIS			59211,30	

EINS

10/02/88 20:13

Bild 12-6 Differenzierte Zuschlagskalkulation für zwei Fertigungsstellen

12.2.1.2 Eingabe der Daten

Nachdem das Kalkulationschema automatisch aufgebaut worden ist, verlangt das Programm die Eingabe folgender Daten. Die Zahlenwerte in Klammern geben die Eingabewerte des Programmbeispiels an.

- Vertreterprovision in %: (5)

- Kundenskonto in %: (3)

- Kundenrabatt in %: (5)

- Materialeinzelkosten: (15000)

- Materialgemeinkosten in %: (10)

- Fertigungslöhne 1: (6000)

- Fertigungsgemeinkosten in %: (42)

- Stunden: (0)

- Stundensatz: (0)

- Restgemeinkosten in %: (0)

- Fertigungslöhne 2: (2741)

- Fertigungsgemeinkosten in %: (38)

- Stunden: (0)

- Stundensatz: (0)

- Restgemeinkosten in %: (0)

- Verwaltungsgemeinkosten in %: (15)

- Vertriebsgemeinkosten in %: (10)

- Gewinnaufschlag in % auf Basis der Selbstkosten: (25)

- Sondereinzelkosten der Fertigung: (0)

- Sondereinzelkosten des Vertriebs: (300)

- Mehrwertsteuer in %: (14).

12.2.1.3 Durchführung der Berechnung

Das Programm berechnet die entsprechenden Werte:

a) Materialgemeinkosten

Materialgemeinkosten = Materialeinzelkosten * Prozentsatz

(Materialgemeinkosten = 15000 * 0,1 = 1500).

b) Materialkosten

Materialkosten = Materialeinzelkosten + Materialgemeinkosten

(Materialkosten = 15000 + 1500 = 16500).

c) Fertigungsgemeinkosten der Fertigungsstellen

Die Fertigungskosten können entweder auf Basis von Maschinenstundensätzen (Stunden * Stundensatz) ermittelt werden oder als Summe von Fertigungslöhnen und Fertigungsgemeinkosten berechnet werden. Wir wählen die letztere Berechnungsweise.

Fertigungsgemeinkosten = Fertgungslöhne * Prozentsatz

(Fertigungsgemeinkosten 1 = 6000 * 0,42 = 2520).

(Fertigungsgemeinkosten 2 = 2741 * 0,38 = 1041,58).

d) Fertigungskosten

Fertigungskosten = Fertigungslöhne + Fertigungsgemeinkosten + Restgemeinkosten

(Fertigungskosten 1 = 6000 + 2520 + 0 = 8520).

(Fertigungskosten 2 = 2741 + 1041,58 = 3782,58).

Daraus ergeben sich die gesamten Fertigungskosten.

Fertigungskosten = Fertigungskosten 1 + Fertigungskosten 2

(Fertigungskosten = 8520 + 3782,58 = 12302,58).

e) Herstellkosten

Herstellkosten = Materialkosten + Fertigungskosten

(Herstellkosten = 16500 + 12302,58 = 28802,58).

f) Verwaltungsgemeinkosten

Verwaltungsgemeinkosten = Herstellkosten * Prozentsatz

(Verwaltungsgemeinkosten = 28802,58 * 0,15 = 4320,387).

g) Vertriebsgemeinkosten

Vertriebsgemeinkosten = Herstellkosten * Prozentsatz

(Vertriebsgemeinkosten = 28802,58 * 0,1 = 2880,258).

h) Selbstkosten

Selbstkosten = Herstellkosten + Verwaltungsgemeinkosten + Vertriebsgemeinkosten

(Selbstkosten = 28802,58 + 4320,387 + 2880,258 = 36003,22).

i) kalkulatorischer Gewinnaufschlag

Kalkulatorischer Gewinnaufschlag = Selbstkosten * Prozentsatz

(Kalkulatorischer Gewinnaufschlag = 36003,22 * 0,25 = 9000,806).

j) Selbstkosten + Gewinn

Selbstkosten + Gewinn = 36003,22 + 9000,806 = 45004,03

Achtung! Die folgenden Prozentzahlen werden auf der Basis des Verkaufspreises 1 ermittelt. In der rechten Spalte neben den Werten stehen die auf diese Weise errechneten Prozentzahlen.

k) Ermittlung der Prozentsätze

Die einzelnen Prozentsätze werden ermittelt:

Der *Zielverkaufspreis* beträgt nach Abzug von 5 % Kundenrabatt nur noch *95 %* des Verkaufspreises 1.

Von dieser Basis aus werden 3 % Kundenskonto abgezogen. Dies entspricht einem auf den Verkaufspreis 1 bezogenen Prozentsatz von 0,95 * 3 = 2,85 %. Deshalb ist der *Barverkaufspreis* nur noch *92,15 %* von Verkaufspreis 1.

Davon werden 5 % des Verkaufspreises 1 abgezogen, so daß die Summe aus *Selbstkosten und Gewinn 87,15 %* des Verkaufpreises 1 darstellen.

l) Vertreterprovision

Die Vertreterprovision in Höhe von 5 % wird auf der Basis des Verkaufspreises 1 ermittelt. Da Selbstkosten + Gewinn lediglich 87,15 % des Verkaufspreises ausmachen, wird folgendermaßen gerechnet:

Vertreterprovision = (Selbstkosten + Gewinn) / 87,15 * 5

(Vertreterprovision = 45004,03 / 87,15 * 5 = 2581,986).

m) Barverkaufspreis

Barverkaufspreis = Selbstkosten + Gewinn + Vertreterprovision

(Barverkaufspreis = 45004,03 + 2581,986 = 47586,01).

n) Kundenskonto

Der Barverkaufspreis beträgt 92,15 % des Verkaufspreises 1 und der Kundenskonto, bezogen auf den Verkaufspreis 1, beträgt 2,85 %. Deshalb errechnet sich der Betrag für den Kundenskonto wie folgt:

Kundenskonto = Barverkaufspreis / 92,15 * 2,85

(Kundenskonto = 47586,01 / 92,15 * 2,85 = 1471,732).

o) Zielverkaufspreis

Zielverkaufspreis = Barverkaufspreis + Kundenskonto

(Zielverkaufspreis = 47586,01 + 1471,732 = 49057,75).

p) Kundenrabatt

Der Zielverkaufspreis beträgt 95 % des Verkaufspreises 1 und der Kundenrabatt beträgt 5 %. Der Kundenrabatt wird wie folgt berechnet:

Kundenrabatt = Zielverkaufspreis / 95 * 5

(Kundenrabatt = 49057,75 / 95 * 5 = 2581,986).

q) Verkaufspreis 1

Verkaufspreis 1 = Zielverkaufspreis + Kundenrabatt

(Verkaufspreis 1 = 49057,75 + 2581,986 = 51639,73).

r) Verkaufspreis 2

Verkaufspreis 2 = Verkaufspreis 1 + Sondereinzelkosten der Fertigung + Sondereinzelkosten des Vertriebs

(Verkaufspreis 2 = 51639,73 + 0 + 300 = 51939,73).

s) Bruttopreis

Bruttopreis = Verkaufspreis 2 + Mehrwertsteuer

(Bruttopreis = 51939,73 + 0,14 * 51939,73 = 59211,30).

12.2.2 Aufbau des Makros

Die Makrobefehle sind in der Spalte P in 134 Zeilen abgelegt (von Zelle P1 bis Zelle P134). Bild 12-7 zeigt das gesamte Makro der Zuschlagskalkulation, wie es im vorigen Abschnitt besprochen wurde.

```
P1: '{Bedienfeldaus}~
P2: '{home}~
P3: '{Gehezu}B4~Produkt:~{Labeleintrag "Produktname ?: ";C4}~
P4: '{Gehezu}B5~Fert.St.:~{Zahleneintrag "Anzahl Fertigungsstellen ?: ";C5}~
P5: '{Gehezu}A13~
P6: "1~{rechts}Materialeinzelkosten~{links}{unten}
P7: '2~{rechts}Materialgemeinkosten~{links}{unten}
P8: '3~{rechts}Materialkosten~{unten}
P9: '\-~{rechts}\-~{links}
P10: '{Sei bz1;c5}~{unten}~
P11: 'Fertigungsl|hne~
P12: '{rechts 2}~/bneFTGST~~{Labeleintrag "Name der Ftg - Stelle: ";FTGST}~
```

```
P13: '/bnlFTGST~{links 2}
P14: '{unten}Fertigungsgemeinkosten~
P15: '{unten}Stunden x Stundensatz~
P16: '{unten}Restgemeinkosten~
P17: '{unten}Fertigungskosten d. Kst.~
P18: '{unten}\--{rechts}\--{links}
P19: '{Sei bz1;bz1-1}~
P20: '{Wenn bz1=0}{Sprung p23}~
P21: '{unten}{Sprung p11}~
P23: '{gehezu}a17~4~{unten}
P24: '+{oben}+1~
P25: '/k~{unten}.{unten 2}~{Wenn az1=1}{Sprung p36}~
P26: '{unten 5}
P27: '{Sei bz2;c5-1}~
P28: '+{oben 2}+1~/be~~{unten}
P29: '+{oben}+1~
P30: '/k~{unten}.{unten 2}~
P31: '{Sei bz2;bz2-1}~
P32: '{Wenn bz2=0}{Sprung p36}~
P33: '{unten 5}{Sprung p28}~
P36: '{unten 5}+{oben 2}+1~{rechts}Fertigungskosten
P37: '{Format}~
P38: '{unten}{links}
P39: '+{oben 2}+1~
P40: '{rechts}HERSTELLKOSTEN~{unten}
P41: '{Format}~
P42: '{unten}{links}
P43: '+{oben 3}+1~{rechts}
P44: 'Verwaltungsgemeinkosten~{links}{unten}
P45: '+{oben}+1~{rechts}
P46: 'Vertriebsgemeinkosten~
P47: '{Format}~
P48: '{unten}{links}+{oben 2}+1~{rechts}SELBSTKOSTEN~{links}{unten}
P49: '+{oben}+1~{rechts}
P50: 'kalk. Gewinnaufschlag in %~
P51: '{Format}~
P52: '{unten}{links}+{oben 2}+1~{rechts}
P53: 'Selbstkosten + Gewinn~
P54: '{unten 2}{links}+{oben 2}+1~{rechts}
P55: 'Vertreterprovision~{unten}'(Basis Nettoerl|s 1)~
P56: '{Format}~
P57: '{unten}{links}+{oben 3}+1~{rechts}
P58: 'BARVERKAUFSPREIS~{unten}
P59: '{Format}~
P60: '{unten}{links}+{oben 3}+1~{rechts}Kundenskonto~
P61: '{Format}~
P62: '{unten}{links}+{oben 2}+1~{rechts}
P63: 'ZIELVERKAUFSPREIS~{unten}
P64: '{Format}~
P65: '{unten}{links}+{oben 3}+1~{rechts}Kundenrabatt~
P66: '{Format}~
P67: '{unten}{links}+{oben 2}+1~{rechts}
P68: 'VERKAUFSPREIS 1  (Nettoerl|s 1)~{unten}~
P69: '{Format}~
P70: '{unten}{links}+{oben 3}+1~{rechts}
P71: 'Sondereinzelkst. der Fert.~{unten}{links}+{oben}+1~{rechts}
P72: 'Sondereinzelkst. des Vertr.~
P73: '{Format}~
P74: '{unten}{links}+{oben 2}+1~{rechts}
P75: 'VERKAUFSPREIS 2  (Nettoerl|s 2)~{unten}
```

```
P76: '{Format}~
P77: '{unten}{links}+{oben 3}+1~{rechts}Mehrwertsteuer~
P78: '{Format}~
P79: '{unten}{links}+{oben 2}+1~{rechts}BRUTTOPREIS~
P80: '{home}
P81: '{Gehezu}B7~Vertreterprovison:~{Zahleneintrag "Provision in % ?: ";E7}~
P82: '{Gehezu}B8~Kundenskonto:~{Zahleneintrag "Kundenskonto in % ?: ";E8}~
P83: '{Gehezu}B9~Kundenrabatt:~{Zahleneintrag "Kundenrabatt in % ?: ";E9}~
P84: '{gehezu}g13~/bneMEK~~
P85: '{Zahleneintrag "EINGABE: ";MEK}~
P86: '{unten}{links 2}~/bneMGK~~
P87: '{Zahleneintrag "GK in %: ";MGK}~{rechts 2}(MGK/100)*MEK~
P88: '{unten}+MEK+{oben}~
P89: '{Sei bz3;c5}~
P90: '{unten 2}~/bneFK~~
P91: '{Zahleneintrag "EINGABE: ";FK}~
P92: '{unten}{links 2}~/bneFGK~~
P93: '{Zahleneintrag "GK in %: ";FGK}~{rechts 2}(FGK/100)*FK~
P94: '{unten}{links 2}~/bneSTD~~
P95: '{Zahleneintrag "Stunden: ";STD}~{rechts}~
P96: '/bneSTDS~~{Zahleneintrag "Stundensatz: ";STDS}~{rechts}~+STD*STDS~
P97: '{unten}{links 2}~/bneRGK~~{Zahleneintrag "Rest-GK in %: ";RGK}~
P98: '{rechts 2}(RGK/100*FK)~{unten}~@summe({oben}..{oben 4})~/bneXY~~
P99: '{Sei ba1;ba1+xy}~/bnlXY~/bnlFK~/bnlFGK~/bnlSTD~/bnlSTDS~/bnlRGK~
P100: '{Sei bz3;bz3-1}
P101: '{Wenn bz3=0}{sprung p104}~
P102: '{sprung p90}~
P104: '{unten 2}/kba1~~
P105: '{unten 2}+{oben 2}+g15~
P106: '{unten}\=~{unten 2}{links 2}~/bneVWGK~~
P107: '{Zahleneintrag "GK in %: ";VWGK}~{rechts 2}(VWGK/100)*{oben 3}~
P108: '{unten}{links 2}~/bneVTRGK~~
P109: '{Zahleneintrag "GK in %: ";VTRGK}~{rechts 2}(VTRGK/100)*{oben 4}~
P110: '{unten 2}+{oben 2}+{oben 3}+{oben 6}~
P111: '{unten}{links 2}/bneGEWINN~~{Zahleneintrag "Gewinn in %: ";GEWINN}~
P112: '{rechts 2}(Gewinn/100)*{oben}~{unten 2}+{oben 2}+{oben 3}~{unten}\=~
P113: '{oben}{rechts}((100-E9)*(1-E8/100))-E7~
P114: '{unten 2}/kE7~~{links 3}~/kE7~~
P115: '{rechts 2}({oben 2}/{oben 2}{rechts})*{rechts}~
P116: '{rechts}{unten 3}(100-E9)*(1-E8/100)~
P117: '{links}({oben 3}/{oben 3}{rechts})*{rechts}~{unten}\=~{rechts}
P118: '{unten 2}/kE8~{links 3}~(100-E9)*(E8/100)~
P119: '{links}({oben 3}/{oben 3}{rechts})*{rechts}~{rechts}
P120: '{unten 2}+{oben 2}+{oben 5}~
P121: '{links}({oben 2}/{oben 2}{rechts})*{rechts}~{unten}\=~{rechts}
P122: '{unten 2}/kE9~{links 3}~/kE9~~
P123: '{links}({oben 3}/{oben 3}{rechts})*{rechts}~{rechts}
P124: '{unten 2}100~
P125: '{links}({oben 2}/{oben 2}{rechts})*{rechts}~{unten}\=~
P126: '{unten 2}/bneSEKF~~{Zahleneintrag "Eingabe: ";SEKF}~
P127: '{unten}/bneSEKVtr~~{Zahleneintrag "Eingabe: ";SEKVtr}~
P128: '{unten 2}@Summe({oben 2}..{oben 4})~{unten}\=~
P129: '{links 2}{unten 2}/bneSTEUER~~{Zahleneintrag "Steuer in %: ";STEUER}~
P130: '{rechts 2}(STEUER/100)*{oben 3}~
P131: '{unten 2}+{oben 2}+{oben 5}~
P132: '{unten}\=~{stop}
P134: 'Unterprogramm:
R134: '{unten}\-~/k~{rechts}.{rechts 4}~
```

Bild 12-7 Makro der Zuschlagskalkulation

Das Makro besteht aus zwei Teilen. Im ersten Teil wird das Kalkulationsschema aufgebaut und im zweiten Teil erfolgt die Kalkulation. Im folgenden werden nur die Zeilen des Makros erklärt, in denen wichtige Befehle vorkommen.

12.2.2.1 Makro des Kalkulationsschemas

Das Makro besteht aus folgenden Teilen (siehe Bild 12-8):

```
W1:                                                              BLATT

      P       Q       R       S       T       U       V       W
1   {Bedienfeldaus}~
2   {home}~
3   {Gehezu}B4~Produkt:~{Labeleintrag "Produktname ?: ";C4}~
4   {Gehezu}B5~Fert.St.:~{Zahleneintrag "Anzahl Fertigungsstellen ?: ";C5}~
5   {Gehezu}A13~
6   1~{rechts}Materialeinzelkosten~{links}{unten}
7   2~{rechts}Materialgemeinkosten~{links}{unten}
8   3~{rechts}Materialkosten~{unten}
9   \-~{rechts}\-~{links}
10  {Sei bz1;c5}~{unten}~
11  Fertigungslöhne~
12  {rechts 2}~/bneFTGST~~{Labeleintrag "Name der Ftg - Stelle: ";FTGST}~
13  /bnlFTGST~{links 2}
14  {unten}Fertigungsgemeinkosten~
15  {unten}Stunden x Stundensatz~
16  {unten}Restgemeinkosten~
17  {unten}Fertigungskosten d. Kst.~
18  {unten}\-~{rechts}\-~{links}
19  {Sei bz1;bz1-1}~
20  {Wenn bz1=0}{Sprung p23}~
21  {unten}{Sprung p11}~
22
23  {gehezu}a17~4~{unten}
24  +{oben}+1~
25  /k~{unten}.{unten 2}~{Wenn az1=1}{Sprung p36}~
26  {unten 5}
27  {Sei bz2;c5-1}~
28  +{oben 2}+1~/be~~{unten}
29  +{oben}+1~
30  /k~{unten}.{unten 2}~
31  {Sei bz2;bz2-1}~
32  {Wenn bz2=0}{Sprung p36}~
33  {unten 5}{Sprung p28}~
34
35
36  {unten 5}+{oben 2}+1~{rechts}Fertigungskosten
37  {Format}~
38  {unten}{links}
39  +{oben 2}+1~
40  {rechts}HERSTELLKOSTEN~{unten}
41  {Format}~
42  {unten}{links}
43  +{oben 3}+1~{rechts}
44  Verwaltungsgemeinkosten~{links}{unten}
45  +{oben}+1~{rechts}
46  Vertriebsgemeinkosten~
47  {Format}~
48  {unten}{links}+{oben 2}+1~{rechts}SELBSTKOSTEN~{links}{unten}
49  +{oben}+1~{rechts}
50  kalk. Gewinnaufschlag in %~
51  {Format}~
52  {unten}{links}+{oben 2}+1~{rechts}
```

```
53 Selbstkosten + Gewinn~
54 {unten 2}{links}+{oben 2}+1~{rechts}
55 Vertreterprovision~{unten}'(Basis Nettoerlös 1)~
56 {Format}~
57 {unten}{links}+{oben 3}+1~{rechts}
58 BARVERKAUFSPREIS~{unten}
59 {Format}~
60 {unten}{links}+{oben 3}+1~{rechts}Kundenskonto~
61 {Format}~
62 {unten}{links}+{oben 2}+1~{rechts}
63 ZIELVERKAUFSPREIS~{unten}
64 {Format}~
65 {unten}{links}+{oben 3}+1~{rechts}Kundenrabatt~
66 {Format}~
67 {unten}{links}+{oben 2}+1~{rechts}
68 VERKAUFSPREIS 1  (Nettoerlös 1)~{unten}~
69 {Format}~
70 {unten}{links}+{oben 3}+1~{rechts}
71 Sondereinzelkst. der Fert.~{unten}{links}+{oben}+1~{rechts}
72 Sondereinzelkst. des Vertr.~
73 {Format}~
74 {unten}{links}+{oben 2}+1~{rechts}
75 VERKAUFSPREIS 2  (Nettoerlös 2)~{unten}
76 {Format}~
77 {unten}{links}+{oben 3}+1~{rechts}Mehrwertsteuer~
78 {Format}~
79 {unten}{links}+{oben 2}+1~{rechts}BRUTTOPREIS~
80 {home}
                                                        ZWEI
10/02/88   20:49
```

Bild 12-8 Makro des Kalkulationsschemas

- Eingabeteil (Zelle P1 bis P4)

- Eingabe der Nummern und der Materialkosten (Zelle P6 bis P8)

- Aufbau der Fertigungskostenstellen (P10 bis P21)

- Numerierung der Fertigungskostenstellen (P23 bis P33)

- Aufbau des restlichen Schemas (P36 bis P80).

a) Eingabeteil

{Bedienfeldaus} (Zelle P1)

Mit diesem Kommando erscheint der Kontrollbereich nicht auf dem Bildschirm. Es werden keine Kommandos gezeigt, die vom Makro ausgeführt werden.

{LABELEINTRAG Text; Adresse} (Zelle P3)

Der Ablauf des Makros wird unterbrochen und der Benutzer kann eine Labeleingabe vornehmen. Nach dem Betätigen der <RETURN>-Taste wird die Eingabe in der angegebenen Adresse gespeichert. Der Text erscheint als Eingabeaufforderung.

Als Adresse kann auch ein Bereichsname angegeben werden. Der Bereichsname wird mit dem {Menü}-Befehl **B**ereich **N**ame **E**rstelle angelegt. Zuvor muß der Zellzeiger allerdings in die entsprechende Zelle bewegt werden. Dann erst kann der Makrobefehl {Labeleintrag} benutzt werden. In Zelle P12 wird beispielsweise so vorgegangen:

{ZAHLENEINTRAG Text; Adresse} (Zelle P4)

Der Ablauf des Makros wird unterbrochen und der Benutzer kann eine Zahl eingeben. Die Eingabe wird in der angegebenen Adresse gespeichert. Der Text erscheint als Eingabeaufforderung. Wie bereits oben beschrieben, kann auch bei diesem Befehl mit Bereichsnamen gearbeitet werden.

b) Eingabe der Nummern und die Bezeichnungen der Materialkosten

In diesem Teil erfolgt die bereits bekannte Eingabe der Zahlen bzw. Texte.

c) Aufbau der Fertigungskostenstellen

{Sei} (Zelle P10)

Mit diesem Kommando können Sie einer Zelle einen Wert zuweisen, ohne den Zellzeiger auf diese Zelle zu bringen oder das Kopie-Kommando verwenden zu müssen.

{Wenn} (Zelle P20)

Die weitere Ausführung des Makros wird nach der Auswertung des logischen Ausdrucks fortgesetzt. Ist die Bedingung falsch (Wert 0), dann springt das Makro in die nächste Zeile. Ist die Bedingung wahr (Wert 1), dann wird das Kommando ausgeführt, das direkt hinter dem {Wenn}-Kommando steht.

{Sprung}

Mit diesem Kommando kann innerhalb des Makros zu einer angegebenen Adresse gesprungen werden. Dort wird mit der weiteren Makroausführung fortgefahren. Das {Sprung}-Kommando wird hauptsächlich in Verbindung mit dem {Wenn}-Kommando verwendet.

d) Numerierung der Fertigungskostenstellen

Die Numerierung der Fertigungskostenstellen erfolgt über eine Schleife (Zelle P27 bis P33). Diese Schleife wird entsprechend der Anzahl der Fertigungsstellen durchlaufen.

e) Aufbau des restlichen Schemas

{Format} (Zelle P37)

Auch mit Symphony ist es möglich, Unterprogramme zu schreiben. Das Unterprogramm wird aus dem Makro heraus von verschiedenen Stellen aufgerufen und ausgeführt. Dazu ist erforderlich, daß der Bereich, in dem das Unterprogramm steht, einen Namen hat. Der Name des Unterprogramms steht in geschweiften Klammern und kann beliebig oft vom Hauptprogramm aus aufgerufen werden. Wird nun das Hauptprogramm abgearbeitet, wird jedesmal bei Erreichen der Zeile mit dem Namen des Unterprogramms in dieses verzweigt. Symphony arbeitet nun dieses Unterprogramm ab, springt zurück an die Stelle, an der die Verzweigung erfolgte und arbeitet im Hauptprogramm weiter.

In unserem Beispiel steht die erste Verzweigung vom Hauptprogramm in das Unterprogramm in Zelle P37 (**{Format}**). Das Unterprogramm selbst steht in der Zelle R134. Zelle R134 hat den Namen **Format**. Dieses einfache Unterprogramm sorgt dafür, daß vier Zellen mit dem Unterstreichungszeichen ausgefüllt werden.

12.2.2.2 Makro der Kalkulation

Dieses Makro besteht aus folgenden Teilen (Bild 12-9):

```
W100:                                                                    BLATT

    P         Q         R         S         T         U         V         W
81  {Gehezu}B7~Vertreterprovison:~{Zahleneintrag "Provision in % ?: ";E7}~
82  {Gehezu}B8~Kundenskonto:~{Zahleneintrag "Kundenskonto in % ?: ";E8}~
83  {Gehezu}B9~Kundenrabatt:~{Zahleneintrag "Kundenrabatt in % ?: ";E9}~
84  {gehezu}g13~/bneMEK~~
85  {Zahleneintrag "EINGABE: ";MEK}~
86  {unten}{links 2}~/bneMGK~~
87  {Zahleneintrag "GK in %: ";MGK}~{rechts 2}(MGK/100)*MEK~
88  {unten}+MEK+{oben}~
89  {Sei bz3;c5}~
90  {unten 2}~/bneFK~~
91  {Zahleneintrag "EINGABE: ";FK}~
92  {unten}{links 2}~/bneFGK~~
93  {Zahleneintrag "GK in %: ";FGK}~{rechts 2}(FGK/100)*FK~
94  {unten}{links 2}~/bneSTD~~
95  {Zahleneintrag "Stunden: ";STD}~{rechts}~
96  /bneSTDS~~{Zahleneintrag "Stundensatz: ";STDS}~{rechts}~+STD*STDS~
97  {unten}{links 2}~/bneRGK~~{Zahleneintrag "Rest-GK in %: ";RGK}~
98  {rechts 2}(RGK/100*FK)~{unten}~@summe({oben}..{oben 4})~/bneXY~~
99  {Sei ba1;ba1+xy}~/bnlXY~/bnlFK~/bnlFGK~/bnlSTD~/bnlSTDS~/bnlRGK~
100 {Sei bz3;bz3-1}
101 {Wenn bz3=0}{sprung p104}~
102 {sprung p90}~
103
104 {unten 2}/kba1~~
105 {unten 2}+{oben 2}+g15~
106 {unten}\=~{unten 2}{links 2}~/bneVWGK~~
107 {Zahleneintrag "GK in %: ";VWGK}~{rechts 2}(VWGK/100)*{oben 3}~
108 {unten}{links 2}~/bneVTRGK~~
109 {Zahleneintrag "GK in %: ";VTRGK}~{rechts 2}(VTRGK/100)*{oben 4}~
110 {unten 2}+{oben 2}+{oben 3}+{oben 6}~
111 {unten}{links 2}/bneGEWINN~~{Zahleneintrag "Gewinn in %: ";GEWINN}~
112 {rechts 2}(Gewinn/100)*{oben}~{unten 2}+{oben 2}+{oben 3}~{unten}\=~
113 {oben}{rechts}((100-E9)*(1-E8/100))-E7~
114 {unten 2}/kE7~~{links 3}~/kE7~~
115 {rechts 2}({oben 2}/{oben 2}{rechts})*{rechts}~
116 {rechts}{unten 3}(100-E9)*(1-E8/100)~
117 {links}({oben 3}/{oben 3}{rechts})*{rechts}~{unten}\=~{rechts}
118 {unten 2}/kE8~{links 3}~(100-E9)*(E8/100)~
119 {links}({oben 3}/{oben 3}{rechts})*{rechts}~{rechts}
120 {unten 2}+{oben 2}+{oben 5}~
121 {links}({oben 2}/{oben 2}{rechts})*{rechts}~{unten}\=~{rechts}
122 {unten 2}/kE9~{links 3}~/kE9~~
123 {links}({oben 3}/{oben 3}{rechts})*{rechts}~{rechts}
124 {unten 2}100~
125 {links}({oben 2}/{oben 2}{rechts})*{rechts}~{unten}\=~
126 {unten 2}/bneSEKF~~{Zahleneintrag "Eingabe: ";SEKF}~
127 {unten}/bneSEKVtr~~{Zahleneintrag "Eingabe: ";SEKVtr}~
128 {unten 2}@Summe({oben 2}..{oben 4})~{unten}\=~
129 {links 2}{unten 2}/bneSTEUER~~{Zahleneintrag "Steuer in %: ";STEUER}~
130 {rechts 2}(STEUER/100)*{oben 3}~
131 {unten 2}+{oben 2}+{oben 5}~
132 {unten}\=~{stop}
133
134 Unterprogramm:    {unten}\-~/k~{rechts}.{rechts 4}~
135
136
137
138
139
140
                                                                     ZWEI
10/02/88   20:52
```

Bild 12-9 Makro der Kalkulation

- Eingabeteil von Provision, Skonto und Rabatt (P81 bis P83)

- Berechnung der Selbstkosten mit den Eingaben (P84 bis P110)

- Berechnung von Verkaufspreis 1 mit den Eingaben (P111 bis P124)

- Berechnung des Bruttopreises mit den Eingaben (P125 bis P132).

12.2.2.3 Starten des Makros mit Auto-Ablauf

Mit dem {Service}-Befehl **P**arameter **A**uto-Ablauf **B**estimme (**<F9> PAB**) können Sie eine Zelle bestimmen, in der mit der Abarbeitung des Makros begonnen werden soll. Die Abarbeitung des Makros beginnt mit dem Laden des Arbeitsblattes. Sie können diese Zelle durch Angabe des Namens oder durch die Eingabe der Zelladresse festlegen. In unserem Beispiel ist die betreffende Zelle die Zelle P1.

Das Auto-Parameter Makro wird zusammen mit dem Arbeitsblatt abgespeichert (Befehlsfolge: <F9> TS). Daher müssen Sie, wenn das Makro automatisch beim Laden des Arbeitsblattes aufgerufen werden soll, das Arbeitsblatt speichern, nachdem Sie die Definition des Auto-Makros durchgeführt haben.

Mit dem {Service}-Befehl **P**arameter **A**uto-Ablauf **A**nnulliere (**<F9> PAA**) wird die Ausführung des Auto-Ablaufes gelöscht.

12.3 Makromanager

Mit dem Makromanager können Makros, Formeln und Datenbereiche an einer zentralen Stelle auf der Festplatte oder Diskette abgelegt und gespeichert werden. Dadurch ist es möglich Makros, Formeln und Datenbereiche in einem anderen Arbeitsblatt, d.h. nicht in dem Arbeitsblatt in dem sie erstellt wurden, zu verwenden. Die Daten die durch den Makromanager abgespeichert wurden bleiben erhalten, auch wenn das Arbeitsblatt gelöscht wird und man ein neues Arbeitsblatt anlegt.

Der Makromanager speichert einen bestimmten Bereich eines Arbeitsblattes in die sog. Bibliothek. Die Bibliothek ist eine vom Arbeitsblatt unabhängiger Bereich auf der Diskette oder Festplatte. Alle Arbeitsblätter, die über den Makromanager abgelegt werden erhalten den Zusatz **.MLB**.

Die Arbeit mit dem Makromanager bietet den Vorteil, daß Makros nicht mehr mit jedem Arbeitsblatt einzeln abgespeichert werden müssen. Das in der Bibliothek abgespeicherte Makro kann in jedem beliebigen Arbeitsblatt verwendet werden. Wird ein Arbeitsblatt mit dem {Service}-Befehl Neu (<F9> N) gelöscht, bleiben die in der Bibliothek gespeicherten Daten im Hintergrund erhalten und können in das neue Arbeitsblatt geladen werden.

Um mit dem Makromanager zu arbeiten, muß er gekoppelt werden. Dann können Daten aus dem Arbeitsblatt während der aktuellen Symphony-Sitzung in die Bibliothek abgelegt werden. Dabei werden die Daten zum einen im Arbeitsspeicher im Hintergrund gehalten und zum zweiten eine Kopie auf Platte oder Diskette fest abgespeichert. Die Datei erhält den Zusatz .MLB. Diese Datei kann in späteren Arbeitssitzungen wieder geladen werden.

Im folgenden wollen wir das in Abschnitt 12.1 erstellte Makro in einer Bibliothek abspeichern und danach starten. Es wird in folgenden Arbeitsschritten vorgegangen:

1. Koppeln des Makromanagers

2. Speichern des Makros in der Bibliothek

3. Starten der Bibliothek

4. Makromanager-{Menü}-Befehle

12.3.1 Koppeln des Makromanagers

Bevor Sie Daten vom Arbeitsblatt in eine Bibliothek ablegen wollen, muß der Makromanager gekoppelt werden. Dazu sind folgende Schritte notwendig:

1. Bei einem Diskettensystem muß die Hilfe- und Tutorialdiskette in das Laufwerk eingelegt werden. Arbeiten Sie mit einer Festplatte, gehen wir davon aus, daß die Hilfe- und Tutorialdiskette auf der Festplatte installiert wurde.

2. Wahl des {Service}-Befehls Zusatz Kopple (<F9 ZK). Durch Drücken der <F10>-Taste erscheinen alle Zusatzanwendungen auf dem Arbeitsblatt (s. Bild 12-10).

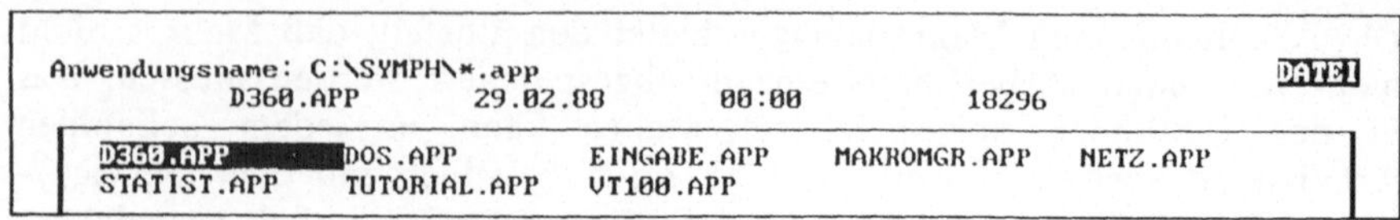

Bild 12-10 Menü der Zusatzanwendungen

3. Bewegen Sie nun den Zellzeiger über die Zusatzanwendung **MACROMG.APP** und Drücken die <RETURN>-Taste. Der Makromanager wird in den Arbeitsspeicher geladen.

4. Mit der <ESC>-Taste wird das {Service}-Menü verlassen.

Durch das Laden des Makromanagers in den Arbeitsspeicher hat sich eine Änderung im {Service}-Menü ergeben. Rufen Sie das {Service}-Menü durch Betätigen der <F9>-Taste auf. Wie Sie sehen erscheint der Befehl Makros als letzte Menüoption im {Service}-Menü (s. Bild 12.11).

```
Ändert das aktuelle Fenster oder benutzt ein anderes Fenster                    MENU
Fenster  Transfer  Ausdruck  Konfiguration  Zusatz  Parameter  Neu  Ende  Makros
```

Bild 12-11 {Service}-Menü mit dem Befehl Makros

Ebenfalls erscheint Makro bei dem {Service}-Befehl Transfer **D**ateiliste (**<F9> TD**), Transfer **T**abelle (**<F9> TT**) und Transfer **R**adiere (**<F9> TR**).

12.3.2 Speichern eines Makros in der Bibliothek

Im folgenden soll unser im Kapitel 12.1 erstelltes Makro mit dem Namen **Beispiel** in einer Bibliothek abgespeichert werden.

Dazu rufen Sie den {Service}-Befehl **T**ranfer **L**ade (**<F9> TL**) auf und wählen aus dem Verzeichnis die Datei **Beispiel**. Das Arbeitsblatt erscheint auf dem Bildschirm.

Löschen Sie mit dem {Menü}-Befehl **R**adiere (**<F10> R**) die vom Makro erstellte Tabelle im Bereich **A1 bis E9**.

Bewegen Sie den Zellzeiger in die Zelle wo das eigentliche Makro beginnt, also in die Zelle **AB3**. Versetzen Sie nun das gesamte Makro mit dem {Menü}-Befehl **V**ersetze (**<F10> V**) von **AB3..AB18** in den Bereich

A1..A16. Nun sind die nötigen Vorarbeiten geleistet um das Makro in eine Bibliothek abzuspeichern. Ihr Arbeitsblatt sollte Bild 12-12 entsprechen.

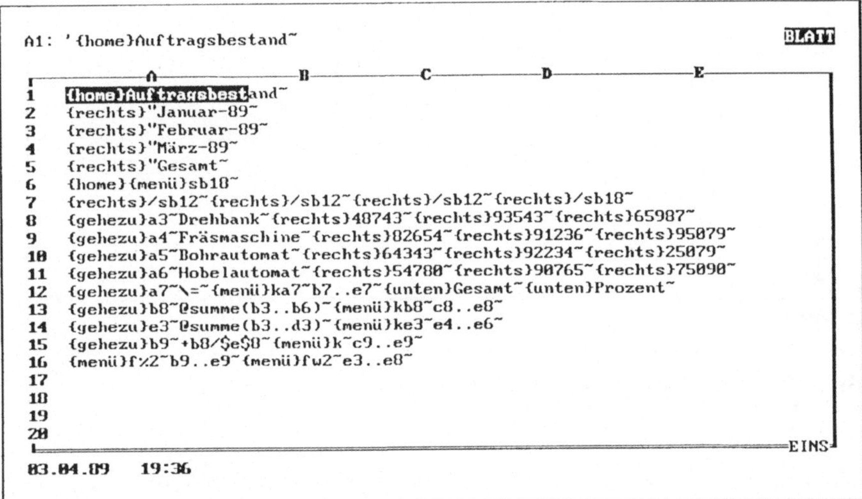

Bild 12-12 Arbeitsblatt nach Versetzen des Makros

Es ist nicht unbedingt nötig, das Makros in die Zelle A1 zu bringen. Damit soll demonstriert werden, wie durch den Makromanager das Makro unabhängig vom jeweiligen Arbeitsblatt im Hintergrund arbeitet.

Achtung! Bevor ein Makro in einer Bibliothek abgespeichert wird, sollte es davor im Arbeitsblatt fehlerfrei laufen.

Benennen Sie die Zelle A1 mit dem {Menü}-Befehl **B**ereich **N**ame **E**rstelle (**<F10> BNE**) mit dem Namen **Beispiel**. Drücken Sie die {Service}-Taste und wählen Sie den Befehl **Makros** aus dem Menü (**<F9> M**). Es erscheint das Makro-Manager Menü.

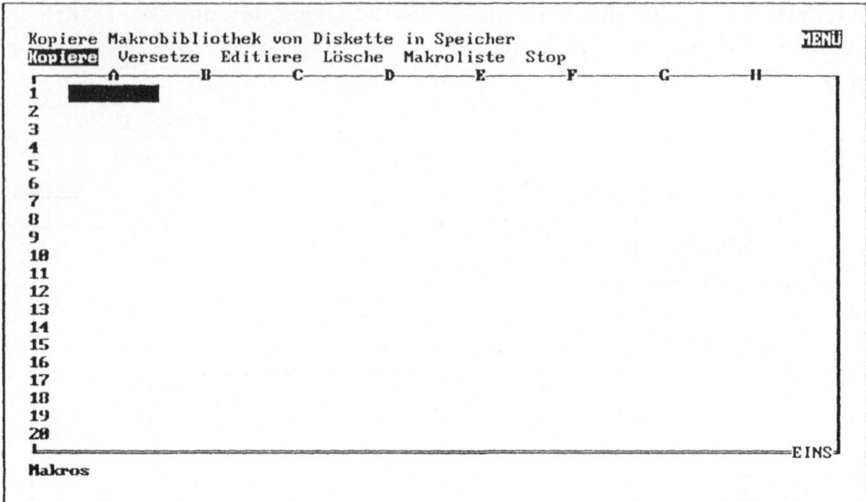

Bild 12-13 Das Makro-Manager Menü

Wählen Sie die Option **Versetze** (V) aus dem Menü. Symphony fragt nach dem Namen die die Bibliotkek erhalten soll. Geben Sie der Bibliothek den Namen **AB89** (Auftragsbestand 89). Eine Dateierweiterung braucht nicht eingegeben zu werden, da .MLB automatisch hinzugefügt wird. Es folgt die Aufforderung nach Angabe des Bereiches. Unser Makro steht im Bereich A1..A15. Bewegen Sie den Zellzeiger in Zelle A1, verankern Sie die Zelle A1 mit der <PUNKT>-Taste und erweitern Sie den Zellzeiger bis zur Zelle A15. Nach der Angabe des Bereiches kann dem Makro ein Kennwort gegeben werden. Wir arbeiten ohne Kennwort, also Auswahl von **Nein**. Nach dem Betätigen der <RETURN>-Taste wird das Makro in der Bibliothek gespeichert und auf dem Bildschirm erscheint das leere Arbeitsblatt.

12.3.3 Starten der Bibliothek

Um das Makro Beispiel zu starten, bringen Sie den Zellzeiger in Zelle A1 und drücken die {Funktion}-Taste (<F7>-Taste). Geben Sie **Beispiel** ein und Drücken die <RETURN>-Taste. Das Makro erstellt nun die Tabelle über den Auftragsbestand 89.

Durch den Makromanager wird das Makro in der Bibliothek ausgeführt. Das Makro erscheint nicht mehr auf dem Arbeitsblatt. Sichtbar ist nur noch das Ergebnis. Der Cursor erscheint nur auf dem Arbeitsblatt, wenn die Spaltenbreite verändert wird.

12.3.4 Makromanager-Menübefehle

Im folgenden werden die sechs Makromanager-Menübefehle aufgeführt und erklärt. Wir gehen davon aus, daß MACROMGR.APP gekoppelt ist. Mit dem {Service}-Befehl Makros (<F9> M) erscheint das Makromanager-Menü auf dem Bildschirm. Die Optionen werden im folgenden erklärt:

Kopiere

Mit diesem Befehl werden bereits angelegte Daten von Ihrer Diskette bzw. Festplatte mit der Erweiterung .MLB in eine Bibliothek in den Arbeitsspeicher geladen. Eine Kopie der Bibliothek bleibt in einer .MLB-Datei auf Diskette bzw. Festplatte.

Versetze

Dieser Befehl holt einen Bereich vom Arbeitsblatt in eine Bibliothek und speichert gleichzeitig den von ihnen definierten Bereich auf Diskette bzw. Festplatte ab.

Editiere

Kopiert eine Bibliothek in eine von ihnen bestimmte Stelle in das Arbeitsblatt. Dabei werden Arbeitsblattdaten überschrieben die in dem Bereich stehen.

Lösche

Dabei wird eine Makrobibliothek aus dem Speicher gelöscht. Die .MLB Datei bleibt auf der Diskette bzw. Festplatte erhalten. Wollen Sie eine bereits im Speicher gelöschte Bibliothek wieder verwenden muß sie mit dem Befehl Kopieren wieder geladen werden.

Makroliste

Es wird ein Liste der in einer Bibliothek enthaltenen Bereichsnamen angegeben.

Stop

Durch die Wahl von Stop verschwindet das Makromanager-Menü vom Bildschirm. Der Makromanager bleibt jedoch gekoppelt. Mit dem Befehl Makros im {Service}-Menü kann das Makromanager-Menü jederzeit wieder aufgerufen werden. Kopierte oder versetzte Daten von Bibliotheken sind jederzeit verfügbar.

13 Zusatzanwendungen

Mit den Zusatzanwendungen ist es möglich, von Symphony aus andere Programme auszuführen. Symphony wurde für diese Anwendungen als *offene Architektur* entworfen. Die Möglichkeit, externe Programme in ein Softwarepaket einzubinden, wird *Add-In-Technik* genannt. Folgende acht Zusatzprogramme sind standardmäßig vorhanden:

D360.APP, DOS.APP, EINGABE.APP, MAKROMGR.APP, NETZ.APP, STATIST.APP, TUTORIAL.APP, VT100.APP.

Sie werden im folgenden vorgestellt.

a) D360.APP

Beim Rechnen mit Finanzfunktionen besitzt in der Bundesrepublik Deutschland das Jahr 360 Tage und jeder Monat 30 Tage (im angelsächsischen Bereich werden die tatsächlichen Tage des Jahres und der Monate berücksichtigt). Mit der Zusatzanwendung D360 werden die deutschen finanzmathematischen Berechnungen durchgeführt.

b) DOS.APP

DOS.APP ist ein Programm, mit der Sie in die DOS-Umgebung gelangen. Dort können Sie DOS-Funktionen aufrufen. Haben Sie die Arbeit beendet, kehren Sie wieder in die Symphony-Anwendung zurück. So ist es beispielsweise möglich, die Symphony-Sitzung zu verlassen, um eine Diskette zu formatieren und anschließend zu Symphony zurückzukehren.

Es ist auch möglich, Programme aufzurufen, wie beispielsweise dBASE III. Voraussetzung dafür ist allerdings, daß der Arbeitsspeicher genügend groß ist. Bei diesen Anwendungen empfehlen wir, zuvor das Arbeitsblatt grndsätzlich zu sichern. Damit verhindern Sie, daß Ihre Daten nicht verloren gehen, wenn während Ihres Ausfluges doch irgend etwas passieren sollte. Durch das Kopppeln von DOS.APP erscheint im (Service)-Menü der zusätzliche Befehl DOS. Diesen können Sie als Option direkt aufrufen.

c) EINGABE.APP

Mit dieser Zusatzanwendung kann der Zellzeiger nur in die *ungeschützten* Zellen innerhalb eines angegebenen Bereiches bewegt werden. Die geschützten Zellen werden gar nicht mehr angefahren.

d) MAKROMAGR.APP

Der Makromanager wurde bereits in Abschnitt 12.3 behandelt.

e) NETZ.APP

Die Zusatzanwendung NETZ.APP ist im Zusammenhang mit der Vernetzung von PC's interessant. Der Benutzer erhält mehr Kontrolle über Arbeitsblattdateien. Die Zusatzanwendung NETZ.APP verhindert, daß Netzwerkbenutzer auf ein sich gerade in Arbeit befindliches Arbeitsblatt zugreifen können. Damit wird sichergestellt, daß die Daten nur von einer Stelle definiert geändert werden können.

f) STATIST.APP

Bei dieser Anwendung sind Matrizenoperationen möglich, wie sie vor allem bei statistischen Auswertungen vorkommen (z. B. Multiplikation von Matrizen oder Bilden der inversen Matrix).

g) TUTORIAL.APP

TUTORIAL.APP ist das Lernprogramm von Symphony. Es kann während einer Symphony-Sitzung aufgerufen werden.

h) VT100.APP

Diese Zusatzanwendung emuliert für die Datenfernübertragung das DEC VT100 Terminal (s. Abschn. 11.9).

13.1 Der Befehl Zusatz Kopple

Durch den {Service}-Befehl Zusatz Kopple (**<F9> ZK**) wird das Zusatzprogramm mit Symphony gekoppelt. Nach dem Aufruf des Befehls erscheinen die möglichen Zusatzanwendungen, die über Zellzeiger ausgewählt werden können (s. Bild 13-1). Nach dem Betätigen der <RETURN>-Taste wird die Zusatzanwendung geladen.

```
Anwendungsname: C:\SYMPH\*.app                                        DATEI
            D360.APP         29.02.88         00:00          10296

 D360.APP       DOS.APP        EINGABE.APP    MAKROMGR.APP   NETZ.APP
 STATIST.APP    TUTORIAL.APP   VT100.APP
```

Bild 13-1 Zusatzanwendungen

Achtung! Jede zusätzliche Anwendung braucht Speicherplatz, d.h. die maximale Größe eines Arbeitsblatts verringert sich.

13.2 Der Befehl Zusatz Wähle

Eine durch den Befehl Zusatz Kopple gekoppelte Anwendung kann durch den {Service}-Befehl Zusatz Wähle (<F9> ZW) aufgerufen werden. Es erscheint eine Liste der bisher gekoppelten Zusatzanwendungen, aus der Sie die gewünschte auswählen können.

Achtung! Es muß die Anwendung zuerst gekoppelt werden, bevor diese gewählt werden kann.

13.3 Der Befehl Zusatz Entkopple

Mit dem {Service}-Befehl Zusatz Entkopple (<F9> ZE) wird nur *eine bestimmte* Anwendung aus dem Arbeitsspeicher entfernt.

13.4 Der Befehl Zusatz Annulliere

Mit dem {Service}-Befehl Zusatz Annulliere (<F9> ZA) werden *alle* Zusatzanwendungen aus dem Speicher gelöscht.

Anhang

Datums- und Zeitfunktionen

Umwandlung von Datumsfunktionen in Seriennummern und umgekehrt:

@DATUM (*Jahr; Monat; Tag*)

@DATUMSWERT (*Datum-Folge*)

@JAHR (*Datumseriennummer*)

@JETZT

@MINUTE (*Zeitseriennummer*)

@MONAT (*Datumseriennummer*)

@SEKUNDE (*Zeitseriennummer*)

@STUNDE (*Zeitseriennummer*)

@TAG (*Datumseriennummer*)

@ZEIT (*Stunde; Minute; Sekunde*)

@ZEITWERT (*Zeit-Folge*)

Finanzfunktionen

@AFADEG (*Kosten; Restwert; Lebensdauer; Periode*)
Degressive Abschreibung

@AGFADIG (*Kosten; Restwert; Lebensdauer; Periode*)
Digitale Abschreibung

@AFALIN (*Kosten; Restwert; Lebensdauer*)
Lineare Abschreibung für eine Periode

@AKTWERT (*Investition; Zinssatz; Perioden*)
Gegenwartswert von Kapitaleinsätzen

@ANN (*Zahlung; Zinssatz; Zukwert*)
Anzahl der Zahlungsperioden einer nachschüssigen Rente

@INTZINS (*Startzinssatz; Rückfluß-Bereich*)
Interner Zinsfuß

@LAUF (*Zinssatz; Zukwert; Aktwert*)
Laufzeit eines Darlehens

@NETAKTWERT (*Zinssatz; Rückfluß-Bereich*)
Barwert (Kapitalwert) von Rückflüssen

@RATE (*Kapital; Zinssatz; Perioden*)
Periodische Rückzahlung eines Darlehens

@ZINS (*Zukwert; Aktwert; Perioden*)
Periodischer Zinssatz

@ZUKWERT (*Investition; Zinssatz; Perioden*)
Zukünftiger Wert einer Kapitalanlage

Logische Funktionen

@FALSCH
Logischer Wert 0 (FALSCH)

@ISTFEHLER (*x*)
Wenn *x* den Wert Fehler enthält, dann 1 (WAHR): sonst 0 (FALSCH)

@ISTFOLGE (*x*)
Wenn *x* einen Zeichenfolgewert enthält, dann 1 (WAHR); sonst 0 (FALSCH)

@ISTNV (*x*)
Wenn *x* den Wert NV enthält, dann 1 (WAHR); sonst 0 (FALSCH)

@ISTZAHL (*x*)
Wenn *x* einen numerischen Wert enthält, dann 1 (WAHR); sonst 0 (FALSCH)

@WAHR
Logischer Wert 1 (WAHR)

@WENN (*Bed.; x; y*)
Wenn Bedingung WAHR, dann *x*; sonst *y*

Mathematische Funktionen

@ABS (*x*)
Absolutwert von *x*

@ACOS (*x*)
Arcuscosinus von *x*

@ASIN (*x*)
Arcussinus von *x*

@ATAN (*x*)
Arcustangens von *x* (zwei Quadranten)

@ATAN2 ($x; y$)
Arcustangens von x (vier Quadranten)

@COS (x)

@EXP (x)

@GANZZAHL (x)
Ganzzahliger Teil von x

@LN (x)
Natürlicher Logarithmus von x

@LOG (x)
Zehnerlogarithmus von x

@MOD ($x; y$)
Rest von x geteilt durch y

@PI

@RUNDEN ($x; n$)
Wert von x wird auf n Stellen gerundet

@SIN (x)

@TAN (x)

@WURZEL (x)

@ZUFALLSZAHL
Zufallszahl zwischen 0 bis 1

Sonderfunktionen

@@(*Ort*)
Inhalt der Zelle, auf die mit der Zelladresse in *Zelle* Bezug genommen wird

@FEHLER
Der numerische Wert Fehler

@HVERWEIS (*Argument; Zeilen-Bereich; Versatz*)
Horizontaler Tabellenverweis: Das *Argument* in einem *Bereich* ist wieder nach *Versatz* Zeilen zu finden

@INDEX (*Bereich; Spaltenr.; Zeilenr.*)
Inhalt der Zelle am Schnittpunkt zwischen Spalte und Zeile

@NV
Numerischer Wert nicht verfügbar

@SPALTEN (*Bereich*)
Anzahl Spalten in einem Bereich

@VVERWEIS (*Argument; Spalten-Bereich; Versatz*)
Vertikaler Tabellenverweis: Das *Argument* in einem Bereich ist wieder nach *Versatz* Spalten zu finden

@WAHL (*Selektor-Zahl; Argument 0;... Argument n*)
Die *Selektorzahl* wählt unter verschiedenen Möglichkeiten (*Argumenten*) aus

@ZEILEN (*Bereich*)
Anzahl Zeilen in einem *Bereich*

@ZELLE (*Folge; Bereich*)
Informationen über die *Folge* in der oberen Ecke des *Bereichs* (z. B. numerisches Format)

@ZELLZEIGER (*Folge*)
Informationen über die hervorgehobenen Zellen (durch Zellzeiger hellmarkiert)

Statistische Funktionen

@ANZAHL (*Argument-Liste*)
Anzahl der Einträge in der *Argument-Liste*

@MAX (*Argument-Liste*)
Höchstwert in der *Argument-Liste*

@MIN (*Argument-Liste*)
Kleinster Wert in der *Argument-Liste*

@MITTELWERT (*Argument-Liste*)
Mittelwert der Werte in der *Argument-Liste*

@STDABW (*Argument-Liste*)
Standardabweichung der Werte in der *Argument-Liste*

@SUMME (*Argument-Liste*)
Summe der Werte in der *Argument-Liste*

@VAR (*Argument-Liste*)
Varianz der Werte in der *Argument-Liste*

Statistische Datenbankfunktionen

@DANZAHL
(*Datenbank-Bereich; Spaltennummer; Kriterien-Bereich*)
Anzahl der Zellen in der *Spaltennummer* des *Datenbank-Bereiches*, die den Kriterien im *Kriterien-Bereich* entsprechen

@DMAX
(*Datenbank-Bereich; Spaltennummer; Kriterien-Bereich*)
Höchstwert in der *Spaltennummer* des *Datenbank-Bereiches*, der den Kriterien des *Kriterien-Bereiches* entspricht

@DMIN
(*Datenbank-Bereich; Spaltennummer; Kriterien-Bereich*)
Geringster Wert in der *Spaltennummer* des *Datenbank-Bereiches*, der den Kriterien des *Kriterien-Bereiches* entspricht

@DMITTELWERT
(*Datenbank-Bereich; Spaltennummer; Kriterien-Bereich*)
Mittelwert der Werte in der *Spaltennummer* des *Datenbank-Bereiches*, der den Kriterien des *Kriterien-Bereiches* entspricht

@DSTABW
(*Datenbank-Bereich; Spaltennummer; Kriterien-Bereich*)
Standardabweichung der Werte in der *Spaltennummer* des *Datenbank-Bereiches*, der den Kriterien des *Kriterien-Bereiches* entspricht

@DSUMME
(*Datenbank-Bereich; Spaltennummer; Kriterien-Bereich*)
Summe der Werte in der *Spaltennummer* des *Datenbank-Bereiches*, der den Kriterien des *Kriterien-Bereiches* entspricht

@DVAR
(*Datenbank-Bereich; Spaltennummer; Kriterien-Bereich*)
Varianz der Werte in der *Spaltennummer* des *Datenbank-Bereiches*, der den Kriterien des *Kriterien-Bereiches* entspricht

Zeichenfolgenfunktionen

@CODE (*Zeichenfolge*)
ASCII/LICS-Codenummer des ersten Zeichens in der *Zeichenfolge*

@EIGENNAME (*Zeichenfolge*)
Die Wörter in der *Zeichenfolge* beginnen mit einem großen Buchstaben

@ERSETZEN (*Original-Zeichenfolge Startnummer; Anzahl n; Ersatz-Zeichenfolge*)
Ab der *Startnummer* werden *n* Zeichen aus der *Original-Zeichenfolge* gelöscht und die *Ersatz-Zeichenfolge* an dieser Stelle eingefügt

@F (*Bereich*)
Wert der Zeichenfolge der linken oberen Eckzelle des *Bereichs*

@FINDEN (*Suchfolge; Zeichenfolge; Startnummer*)
Position, bei der die *Suchfolge* das erste Mal in der *Zeichenfolge* auftritt, wobei mit dem *Startwert* begonnen wird

@FOLGE (*x; n*)
Setzt den Wert *x* in eine Zeichenfolge mit *n* Dezimalstellen um

@GLEICH (*Zeichenfolge 1; Zeichenfolge 2*)
Wenn *Zeichenfolge 1* gleich *Zeichenfolge 2*, dann 1 (WAHR), sonst 0 (FALSCH)

@GROSS (*Zeichenfolge*)
Sämtliche Buchstaben in der *Zeichenfolge* werden Großbuchstaben

@KLÄREN (*Zeichenfolge*)
Entfernt Kontrollzeichen (einschließlich der Formatierungszeichen in der Textverarbeitung) aus einer *Zeichenfolge*

@KLEIN (*Zeichenfolge*)
Sämtliche Buchstaben in der *Zeichenfolge* werden Kleinbuchstaben

@KOMPR (*Zeichenfolge*)
Zeichenfolge ohne führende, abschließende oder aufeinanderfolgende Leerzeichen

@LÄNGE (*Zeichenfolge*)
Anzahl Zeichen in der *Zeichenfolge*

@LINKS (*Zeichenfolge; n*)
Die ersten *n* Zeichen der *Zeichenfolge*

@MITTE (*Zeichenfolge; Startnummer; Längennummer*)
Gibt die *Zeichenfolge* an, die bei der *Startnummer* beginnt und die Länge *Längennummer* hat

@RECHTS (*Zeichenfolge; n*)
Die letzten *n* Zeichen einer *Zeichenfolge*

@W (*Bereich*)
Numerischer Wert der linken, oberen Eckzelle im *Bereich*

@WERT (*Zeichenfolge*)
Wandelt eine *Zeichenfolge* in einen numerischen Wert um

@WIEDERHOLEN (*Zeichenfolge; n*)
Eine *Zeichenfolge* wird *n* mal wiederholt

@ZEICHEN (*x*)
ASCII/LICS-Zeichen, das durch die Codenummer *x* dargestellt wird

Makrofunktionen

{?}
Hält die Ausführung eines Makros zur Eingabe von der Tastatur an. Fortsetzung durch Drücken der ⟨RETURN⟩-Taste

{**Unterprogramm-Name** ⟨*Wahlweises Argument*⟩}
Ruft ein Unterprogramm auf

{**ANZEIGE** *Zeichenfolge*}
Ändert die Anzeige in der rechten oberen Ecke des Bildschirms (maximal 5 Zeichen)

{**BEDIENUNGSFELDAUS**}
Unterdrückt während der Makroausführung die erneute Anzeige des Bedienfeldes

{BEDIENFELDEIN}
Zeigt das Bedienfeld während der Makroausführung wieder an und macht den Befehl {BEDIENFELDEIN} wieder rückgängig

{BEIFEHLER *Sprungort; ⟨Fehlermeldungsart⟩*}
Bei einem Fehler wird die Ausführung ab dem *Sprungort* weitergeführt und eventuell die *Fehlerart* ausgegeben

{BERECHNE *Ort*}
Berechnet die Formeln in einem angegebenen Bereich Zeile für Zeile neu

{BERECHNESPALTEN *Ort*}
Berechnet die Formeln in einem angegebenen Bereich Spalte für Spalte neu

{BREAKAUS}
Schaltet die *Breaktaste* während der Makroausführung aus

{BREAKEIN}
Schaltet die *Breaktaste* während der Makroausführung ein und macht den Befehl {BREAKAUS} rückgängig

{DATEIUMFANG *Ort*}
Bestimmt die Anzahl der Bytes in der gerade geöffneten Datei

{DEFINITION *Ort 1 : Typ 1; Ort 2 : Typ 2 . .* }
Gibt Zellen an, die Argumente in einem Unterprogramm-Aufruf speichern

{EINTRAG *Ort*}
Hält die Ausführung eines Makros vorübergehend an und speichert ein einzelnes Zeichen, das in eine bestimmte Zelle eingegeben wurde

{ERÖFFNE *Dateiname; Zugriffsmodus*}
Öffnet eine Datei zum Lesen oder Schreiben (oder beides)

{FENSTERAUS}
Unterdrückt die erneute Anzeige des Bildschirms während einer Makroausführung

{FENSTEREIN}
Zeigt während der Makroausführung den Bildschirm erneut an und macht den Befehl {FENSTERAUS} rückgängig

{FÜR *Arbeitsort; Start-Nummer; Stop-Nummer; Schritt-Nummer; Startort*}
Zählschleife ab *Start-Nummer* bis *Stop-Nummer* in einer Schrittweite (*Schritt-Nummer*), beginnend ab *Startort*

{FÜRBREAK}
Beendet die aktuelle FÜR-Schleife sofort

{HOLADRESSE *Ort*}
Sprung zu einem *Ort*

{HOLPOS *Ort*}
Zeigt in einer geöffneten Datei die aktuelle Position des Dateizeigers in einem angegebenen *Ort* an

{INHALT *Zielort; Quellort; ⟨Breite-Zahl⟩; ⟨Format-Zahl⟩*}
Setzt den Inhalt einer Zelle (Quellort) als Label in eine andere Zelle (Zielort), verwendet nach Wahl die angegebene Spaltenbreite und formatiert das Ergebnis

{LABELEINTRAG *Aufforderungszeichenfolge; Ort*}
Die Makroausführung wird angehalten, um eine Labeleingabe abzuwarten, die in *Ort* gespeichert wird

{LEER *Ort*}
Löscht den Inhalt einer angegebenen Zelle oder eines angegebenen Bereichs

{LIES *Bytezahl; Ort*}
Liest ein Zeichen aus einer Datei in ene als *Ort* bezeichnete Zelle

{LIESZL *Ort*}
Kopiert eine Zeile mit Zeichen aus der gerade geöffneten Datei in einen bestimmten *Ort*

{MENÜAUFRUF *Ort*}
Hält die Makroausführung an, fordert zur Eingabe einer Option aus dem Menü auf und ruft diese Option als Unterprogramm auf

{MENÜSPRUNG *Ort*}
Hält die Makroausführung an, fordert zur Eingabe einer Option aus dem Menü auf und führt anschließend einen Sprung nach diesem Ort aus

{RESTART}
Löscht im Unterprogramm die ZURÜCK-Anweisungen. Das Makro wird beim nächsten Zeichen weiter ausgeführt

{SCHLIESSE}
Schließt eine Datei, die mit einem {ERÖFFNE}-Befehl geöffnet wurde

{SCHREIBE *Zeichenfolge*}
Kopiert Zeichen in eine geöffnete Datei

{SCHREIBEZL *Zeichenfolge*}
Fügt zu einer Zeichenfolge eine Zeilenvorschub-Folge hinzu und schreibt sie in die Datei

{SEI *Ort; Zahl*}
{SEI *Ort; Zeichenfolge*}
Speichert eine *Zahl* oder eine *Zeichenfolge* in einer angegebenen Zelle

{SETZE *Ort; Spaltennummer; Zeilennummer; Zahl*}
{SETZE *Ort; Spaltennummer, Zeilennummer, Zeichenfolge*}
Speichert eine *Zahl* oder eine *Zeichenfolge* in einer Zelle des angegebenen Bereiches ab

{SETZEPOS *Datei-Position*}
Setzt den Dateizeiger in der gerade geöffneten Datei an eine neue *Position*

{SPRUNG *Ort*}
Springt zu einem bestimmten Ort

{STOP}
Beendet die Makroanweisung

{TASTE *Ort***}**
Prüft während der Makroausführung, ob ein Zeichen eingegeben wurde

{TELEFONIERE *Zahlenfolge***}**
Telefoniert mit der angegebenen Zahlenfolge

{TON ⟨*Zahl*⟩**}**
Löst ein akustisches Signal aus

{WARTEN ⟨*Zeitseriennummer*⟩**}**
Wartet eine Zeitlang, bevor die weiteren Makroausführungen bearbeitet werden

{WENN *logischer Ausdruck***}**
Führt bedingte Befehle (oder Tastenanschläge) aus, die dem {WENN}-Befehl folgen

{ZAHLENEINTRAG *Aufforderungszeichenfolge; Ort***}**
Hält die Makroausführung an und fordert den Benutzer zu einer Zeicheneingabe auf, die als Zahl in *Ort* gespeichert wird

{ZURÜCK}
Rücksprung aus dem Unterprogramm

Literaturhinweis

Ekbert Hering:
Mathematische Probleme der Betriebswirtschaft in BASIC.
Finanzmathematik, Investitionsrechnung und Statistik
Verlag Vieweg, Braunschweig 1987

Sachwortverzeichnis